BILL BRYSON
Sommer 1927

Buch

Der Sommer von 1927 ist nicht nur für Amerika ein wichtiger Meilenstein auf dem Weg zur Weltmacht. Innerhalb weniger Monate verändert Amerika auch die ganze Welt für immer.

Der amerikanische Aktienmarkt boomt, ein Bildhauer entwickelt den aberwitzigen Plan, vier große Köpfe in den völlig unzugänglichen Mount Rushmore zu hauen, und ein junger Flieger namens Charles Lindbergh gilt am Ende des Sommers als der berühmteste Mann der Welt. Es ist die Zeit, in der die Filme sprechen lernen, das Fernsehen erfunden wird und Al Capones Macht ihren kriminellen Höhepunkt erreicht. Außerdem werden in diesen Monaten die fatalen Entscheidungen getroffen, die zwei Jahre später zur großen Depression und letztlich zur Weltwirtschaftskrise führen werden.

Und das sind nur einige Ereignisse dieses unvergleichlichen Sommers. Bill Bryson erzählt eine mitreißende, witzige und lehrreiche Abenteuergeschichte und hat es wieder einmal geschafft, aus historischen Ereignissen ein grandios unterhaltsames Buch zu machen, voller unvergesslicher Persönlichkeiten und Momente.

Weitere Informationen zu Bill Bryson sowie zu lieferbaren Titeln des Autors finden Sie am Ende des Buches.

Bill Bryson
Sommer 1927

Aus dem Englischen
von Thomas Bauer

GOLDMANN

Die Originalausgabe erschien 2013 unter dem Titel
»One Summer. America 1927« bei Doubleday,
an imprint of Transworld Publishers, London.

Der Verlag weist ausdrücklich darauf hin, dass im Text
enthaltene externe Links vom Verlag nur bis zum Zeitpunkt
der Buchveröffentlichung eingesehen werden konnten.
Auf spätere Veränderungen hat der Verlag keinerlei Einfluss.
Eine Haftung des Verlags ist daher ausgeschlossen.

Dieses Buch ist auch als E-Book erhältlich.

Verlagsgruppe Random House FSC® N001967

1. Auflage
Taschenbuchgabe April 2016
Copyright © 2013 by Bill Bryson
Copyright © 2014 der deutschsprachigen Ausgabe
by Wilhelm Goldmann Verlag, München,
in der Verlagsgruppe Random House GmbH,
Neumarkter Str. 28, 81673 München
Copyright © der Illustrationen: Neil Gower 2013
Umschlaggestaltung: UNO Werbeagentur, München,
in Anlehnung an die Gestaltung der HC-Ausgabe
Umschlagmotiv: FinePic®, München
Redaktion: Regina Carstensen
DF · Herstellung: Str.
Druck und Einband: GGP Media GmbH, Pößneck
Printed in Germany
ISBN: 978-3-442-15883-6
www.goldmann-verlag.de

Besuchen Sie den Goldmann Verlag im Netz

*Für Annie, Billy und Gracie, und zum Gedenken an
Julia Richardson*

Inhalt

Prolog 9
Mai: Der Junge 39
Juni: Das »Babe« 145
Juli: Der Präsident 249
August: Die Anarchisten 351
September: Sommerende 461
Epilog 551

Literatur 587
Anmerkungen zu den Quellen
 undLeseempfehlungen 599
Dank 609
Register 611
Fotonachweis 639

Prolog

An einem warmen Frühlingsabend kurz vor Ostern 1927 kamen die Bewohner hoher Gebäude in New York ins Grübeln, als das hölzerne Baugerüst um den Turm des brandneuen Sherry-Netherland-Apartment-Hotels Feuer fing und sich zeigte, dass die städtische Feuerwehr nicht über die Mittel verfügte, um Wasser in eine solche Höhe zu befördern.

Schaulustige strömten in Scharen in die Fifth Avenue, um sich den Brand anzusehen, den größten, den es in der Stadt seit Jahren gegeben hatte. Mit achtunddreißig Stockwerken war das Sherry-Netherland das höchste jemals errichtete Wohngebäude – und das Gerüst, das für den letzten Bauabschnitt aufgestellt worden war, umgab die obersten fünfzehn Geschosse und lieferte genug Holz, um die gewaltige Feuersbrunst um seine Spitze zu nähren. Aus der Ferne erinnerte der Bau an ein soeben entzündetes Streichholz. Die Flammen waren noch aus zwanzig Meilen Entfernung zu sehen. Aus der Nähe betrachtet präsentierte sich die Situation deutlich dramatischer. In 150 Metern Höhe lösten sich bis zu fünfzehn Meter lange, brennende Gerüstteile, die zur hämischen Freude der Schaulustigen in einem Funkenregen auf die Straßen hinunterstürzten und die schuftenden Feuerwehrmänner gefährdeten. Auch auf die Dächer benachbarter Gebäude fielen glühende Holzstücke und steckten vier davon in Brand. Die Feuerwehrmänner richteten ihre Schläuche auf das Sherry-Netherland, wobei es sich allerdings nur um eine symbolische Geste handelte, da ihr Strahl nicht höher als bis zum dritten oder vierten Stockwerk reichte. Glücklicherweise war das Gebäude noch nicht fertiggestellt und deshalb unbewohnt.

Im Amerika der zwanziger Jahre fühlten sich die Menschen von Spektakeln ungewöhnlich stark angezogen, und bis zweiundzwanzig Uhr war die Menge auf geschätzte 100 000 Menschen angewachsen – eine riesige Ansammlung für ein unangekündigtes Ereignis. 700 Polizisten mussten hinzugezogen werden, um für Ordnung zu sorgen. Der *New York Times* zufolge nahmen sich einige wohlhabende Beobachter, die beim abendlichen Feiern unterbrochen worden waren, Zimmer im Plaza Hotel auf der gegenüberliegenden Straßenseite und veranstalteten spontane »Brandzimmerpartys«. Bürgermeister Jimmy Walker traf ein, um sich vor Ort ein Bild zu machen, und wurde nass bis auf die Haut, als er in den Wasserstrahl eines Schlauchs geriet. Einen Augenblick später schlug in seiner Nähe ein loderndes, drei Meter langes Brett auf dem Bürgersteig auf, und er befolgte den Rat, sich zurückzuziehen. Das Feuer richtete im oberen Teil des Gebäudes erheblichen Schaden an, breitete sich aber glücklicherweise nicht nach unten aus und erlosch gegen Mitternacht von selbst.

Die Flammen und der Rauch boten zwei Männern eine willkommene Abwechslung: Clarence Chamberlin und Bert Acosta kreisten seit halb zehn an diesem Vormittag in einem kleinen Flugzeug über dem Roosevelt Field auf Long Island, um den Ausdauer-Weltrekord zu brechen, den zwei Jahre zuvor zwei französische Piloten aufgestellt hatten. Dabei ging es zum Teil um die Ehre der Nation – Amerika, der Geburtsort der Luftfahrt, war inzwischen sogar gegenüber den kleinsten europäischen Ländern hoffnungslos ins Hintertreffen geraten – und zum Teil darum zu untermauern, dass Flugzeuge lange genug in der Luft bleiben konnten, um Langstreckenflüge zu bewerkstelligen.

Der Trick der Übung, wie Chamberlin später erklärte, bestand darin, dem Flugzeug die maximale Reichweite zu entlocken, indem man den Gashebel und das Treibstoffgemisch so einstellte, dass das

Flugzeug gerade noch in der Luft blieb – ihm »Hungerrationen« verabreichte, wie Chamberlin es formulierte. Als Acosta und er an ihrem dritten Tag in der Luft kurz vor ein Uhr mittags schließlich wieder zurück zur Erde glitten, flogen sie im Grunde nur noch mit Treibstoffdämpfen. Sie hatten sich einundfünfzig Stunden, elf Minuten und fünfundzwanzig Sekunden ununterbrochen in der Luft befunden und den bisherigen Rekord damit um fast sechs Stunden übertroffen.

Grinsend stiegen die beiden unter dem lautstarken Beifall einer großen Zuschauerschar aus ihrem Flugzeug. (In den zwanziger Jahren kam es bei fast allen Ereignissen zu riesigen Menschenansammlungen.) Die erfolgreichen Piloten waren müde und verspannt – und extrem durstig. Wie sich herausstellte, hatte ein Mitglied ihrer Bodencrew vor lauter Aufregung Seifenwasser in ihre Feldflaschen gefüllt, sodass sie zwei Tage lang nichts zu trinken gehabt hatten. Abgesehen davon war der Flug ein großer Erfolg – groß genug, um es am Karfreitag, dem 15. April, auf die Titelseite der *New York Times* zu schaffen. Über drei Spalten Berichterstattung erstreckte sich folgende Überschrift:

PILOTEN STELLEN REKORD MIT 51 STUNDEN IN DER LUFT AUF, TAG UND NACHT OHNE ESSEN UND WASSER, ERSCHÖPFT NACH DER LANDUNG, ABER BEGIERIG DARAUF, NACH PARIS ZU FLIEGEN

Die beiden waren 4100 Meilen geflogen – 500 Meilen mehr als die Strecke von New York nach Paris. Genauso beachtlich war die Tatsache, dass es ihnen gelungen war, mit 1400 Litern Treibstoff abzuheben, eine enorme Last für die damalige Zeit, und dazu nur 400 Meter Startbahn benötigt hatten. All das war enorm ermutigend für diejenigen, die es sich zum Ziel gesetzt hatten, über den Atlantik zu fliegen – und im Frühling 1927 gab es davon etliche, unter ihnen auch Chamberlin und Acosta, die es ganz gewiss versuchen wollten.

Ironischerweise sicherte das Ereignis, das Amerika in der Luftfahrt weit hinter die restliche Welt zurückfallen ließ, gleichzeitig seine Überlegenheit in vielen anderen Bereichen: der Erste Weltkrieg.

Vor 1914 spielten Flugzeuge bei militärischen Überlegungen fast keine Rolle. Das französische Fliegerkorps war mit drei Dutzend Flugzeugen größer als sämtliche anderen Luftstreitkräfte zusammen. Deutschland, Großbritannien, Italien, Russland, Japan und Österreich verfügten jeweils über maximal vier Flugzeuge in ihrer Luftflotte; die Vereinigten Staaten besaßen nur zwei. Doch nach Beginn der Kampfhandlungen wurde Militärkommandeuren schnell bewusst, wie nützlich Flugzeuge sein konnten: zur Überwachung feindlicher Truppenbewegungen, zum Dirigieren von Artilleriefeuer und allem voran als neuartige Methode zum Töten von Menschen.

In den Anfangstagen waren Bomben oft nicht mehr als mit Benzin oder Kerosin gefüllte und mit einem einfachen Zünder versehene Weinflaschen, wenngleich einige Piloten auch Handgranaten abwarfen und manche eigens angefertigte, als »Flechets« bezeichnete Pfeile, die einen Helm durchbohren oder auf andere Weise für Schmerz und Entsetzen bei denjenigen sorgen konnten, die sich unten in den Schützengräben befanden. Die Entwicklung schritt wie immer, wenn es ums Töten geht, rasch voran, und 1918 wurden bereits Fliegerbomben von bis zu zwei Tonnen abgeworfen. Allein Deutschland ließ im Lauf des Krieges eine Million Bomben mit insgesamt etwa 25 000 Tonnen Sprengstoff regnen. Die Bombardierung war nicht besonders zielgenau – eine aus 3000 Metern abgeworfene Bombe traf nur selten ihr Ziel und verfehlte es häufig um eine halbe Meile oder mehr –, doch der psychologische Effekt, den der Einschlag jeder großen Bombe hatte, war erheblich.

Schwerere Bombenladung verlangte nach größeren und leistungsstärkeren Flugzeugen, was im Gegenzug die Entwicklung von schnelleren, wendigeren Kampfflugzeugen zu deren Verteidigung oder Angriff vorantrieb. Das wiederum führte zu den berühmten Luftkämpfen, die die Fantasie von Schuljungen anheizten und die Vorstellung einer ganzen Generation von der Luftfahrt prägten.

Der Luftkrieg löste eine unersättliche Nachfrage nach Flugzeugen aus. In vier Jahren investierten die vier wichtigsten am Krieg beteiligten Nationen eine Milliarde Dollar – eine gigantische Summe, die fast vollständig von Amerika geliehen wurde – in ihre Luftflotten. In Frankreich entstand beinahe aus dem Nichts eine Flugzeugindustrie, die fast 200 000 Menschen beschäftigte und etwa 70 000 Flugzeuge produzierte. Großbritannien baute 75 000 Flugzeuge, Deutschland 48 000 und Italien 20 000 – eine beachtliche Entwicklung, wenn man bedenkt, dass die weltweite Luftfahrt noch wenige Jahre zuvor aus zwei Brüdern in einem Fahrradladen in Ohio bestanden hatte.

Bis 1914 waren weltweit etwa einhundert Personen in Flugzeugen ums Leben gekommen. Jetzt starben Tausende Männer. Im Frühjahr 1917 betrug die Lebenserwartung eines britischen Piloten acht Tage. Insgesamt wurden in vier Jahren zwischen 30 000 und 40 000 Flieger getötet oder so schwer verletzt, dass sie ihre Tätigkeit nicht mehr ausüben konnten. Die Ausbildung war kaum weniger gefährlich als der Kampfeinsatz. Bei Unfällen in Flugschulen kamen mindestens 15 000 Männer ums Leben oder wurden zu Invaliden. Amerikanische Piloten waren besonders benachteiligt. Als die Vereinigten Staaten im April 1917 in den Krieg eintraten, hatte kein einziger ranghoher Militärangehöriger jemals ein Kampfflugzeug gesehen, geschweige denn eines befehligt. Als sich der Forscher Hiram Bingham, der Entdecker von Machu Picchu und inzwischen Professor mittleren Alters in Yale, als Ausbilder anbot, ernannte ihn die Armee zum Oberstleutnant und übertrug ihm die Verantwortung für das gesamte Schulungsprogramm, und zwar nicht, weil er über Erfahrung als Fluglehrer verfügte – was nicht der Fall war –, sondern einfach nur deshalb, weil er ein Flugzeug fliegen konnte. Viele angehende Piloten wurden von Ausbildern unterrichtet, die selbst gerade erst ausgebildet worden waren.

Amerika unternahm eine gewaltige, aber letztendlich vergebliche Anstrengung, um in der Luftfahrt den Anschluss zu finden. Der Kongress genehmigte 600 Millionen Dollar zum Aufbau von Luftstreitkräften. Wie Bingham in seinen Memoiren schreibt: »Als wir in den Krieg eintraten, besaß der Air Service zwei kleine Flugplätze, 48 Offiziere, 1330 Männer und 225 Flugzeuge, von denen kein einziges in der Lage war, über feindliche Stellungen zu fliegen. Binnen anderthalb Jahren wuchs dieser Air Service auf fünfzig Flugplätze, 20 500 Offiziere, 175 000 Männer und 17 000 Flugzeuge an.« Bedauerlicherweise erreichte kaum eines dieser 17 000 Flugzeuge Europa, da fast der gesamte Platz auf Schiffen für den Truppentransport benötigt wurde. Deshalb flogen amerikanische Piloten, wenn sie an die Front kamen, überwiegend mit notdürftig zusammengeflickten, von den Alliierten geliehenen Maschinen und wurden somit fast ohne Ausbildung und in meist zweitklassigen überzähligen Flugzeugen gegen einen Feind mit wesentlich mehr Erfahrung in die gefährlichste Form moderner Kriegsführung geschickt. Trotzdem gab es auf keiner Seite und zu keinem Zeitpunkt einen Mangel an freiwilligen Piloten. Die Aussicht darauf, in eine Höhe von 4000 Metern aufzusteigen, mit einer Geschwindigkeit von 130 Meilen in der Stunde zu fliegen und im Gefecht um Leben und Tod durch die Lüfte zu jagen und zu rollen und in den Sturzflug zu gehen, hatte für viele Piloten einen solchen Reiz, dass es zur Sucht wurde. Die damit verbundene Romantik und Anziehung lässt sich aus heutiger Sicht kaum noch nachvollziehen, doch damals galten Piloten als die größten Helden überhaupt.

Dann ging der Krieg zu Ende, und sowohl Flugzeuge als auch Piloten wurden mit einem Mal weitgehend bedeutungslos. Amerika machte auf einen Schlag Flugzeugbestellungen für 100 Millionen Dollar rückgängig und verlor mehr oder weniger jegliches offizielle Interesse an der Fliegerei. Bei anderen Nationen wurden ähnlich drastische Einschnitte gemacht. Piloten, die weiterhin in der Luft bleiben wollten, hatten nur wenige Möglichkeiten. Viele von ihnen gaben sich mangels besserer Alternativen für waghalsige Kunststücke her. Die Galeries Lafayette in Paris setzten in einem Moment unüberlegten Leichtsinns eine Belohnung von 25 000 Francs für denjenigen aus, dem es gelang, ein Flugzeug auf dem

Dach des Kaufhauses zu landen. Eine tollkühnere Herausforderung war kaum vorstellbar: Das Dach war nur knapp dreißig Meter lang und von einer einen Meter hohen Brüstung umgeben, die eine Landung noch um einiges gefährlicher machte. Ein ehemaliges Kriegsass namens Jules Védrines beschloss trotzdem, einen Versuch zu wagen. Védrines positionierte mehrere Männer auf dem Dach, die sein Flugzeug bei der Landung an den Tragflächen festhalten sollten. Den Männern gelang es tatsächlich, das Flugzeug daran zu hindern, vom Dach und in die feiernde Menschenmenge unten auf der Place de l'Opéra zu stürzen, allerdings nur, indem sie es gegen ein gemauertes Nebengebäude lenkten, in dem der Aufzugsmechanismus des Kaufhauses untergebracht war. Das Flugzeug wurde dabei völlig zertrümmert, doch Védrines stieg unversehrt aus dem Wrack wie ein Magier nach einem verblüffenden Zaubertrick. Solches Glück konnte jedoch nicht andauern: Drei Monate später kam er bei einem Absturz ums Leben, als er versuchte, auf ganz traditionelle Weise von Paris nach Rom zu fliegen.

Védrines' Tod auf einem französischen Feld veranschaulichte zwei Tatsachen, die Unbehagen hervorriefen, was Flugzeuge anbetraf: Trotz aller Verbesserungen in Bezug auf Geschwindigkeit und Wendigkeit waren sie nach wie vor gefährliche Transportmittel und nicht besonders gut für lange Strecken geeignet. Nur einen Monat nach Védrines' Absturz unterstrich die US-Marine unabsichtlich diesen Punkt, als sie drei Curtiss-Flugboote auf eine haarsträubend schlecht geplante Reise von Neufundland über die Azoren nach Portugal schickte. Entlang der Route positionierte die Marine sechsundsechzig Schiffe, die zu Hilfe eilen sollten, falls eines der Flugboote in Schwierigkeiten geriet, was vermuten lässt, dass ihr eigenes Vertrauen in das Unterfangen womöglich nicht ganz unerschütterlich war. Es war durchaus von Vorteil, dass Vorkehrungen getroffen wurden. Eines der Flugboote musste bereits im Wasser notlanden und gerettet werden, bevor es überhaupt in Neufundland ankam. Die anderen beiden landeten während der Reise selbst frühzeitig im Meer und mussten zu den Azoren geschleppt werden; eines von ihnen sank unterwegs. Von den drei Flugbooten, die ursprünglich aufgebrochen waren, schaffte es nur eines bis nach Portugal – und benötigte dazu elf Tage. Wäre der Zweck der Übung der gewesen zu zeigen, dass Flugzeuge noch längst nicht bereit für Ozeanüberquerungen waren, hätte sie gar nicht erfolgreicher verlaufen können.

Die Überquerung des Ozeans ohne Zwischenlandung schien eine völlig unerreichbare Zielsetzung zu sein. Als zwei britischen Fliegern im Sommer 1919 jedoch genau das gelang, waren deshalb alle ziemlich überrascht, die beiden Männer selbst offenbar auch. Ihre Namen lauteten Jack Alcock und Arthur Whitten (Teddy) Brown, und sie hätten es eigentlich verdient, wesentlich berühmter zu sein. Ihr Flug war einer der wagemutigsten aller Zeiten, allerdings ist er heute leider in Vergessenheit geraten. Aber auch damals wurde ihm nur wenig Aufmerksamkeit zuteil.

Alcock, damals sechsundzwanzig Jahre alt, war der Pilot und Brown, dreiunddreißig, der Navigator. Beide Männer waren in Manchester aufgewachsen, wobei Brown amerikanische Eltern hatte. Sein Vater war Anfang des 20. Jahrhunderts nach Großbritannien geschickt worden, um dort für Westinghouse Electric eine Fabrik zu bauen, und die Familie war dageblieben. Obwohl Brown nie in den Vereinigten Staaten gelebt hatte, sprach er mit amerikanischem Akzent und hatte erst kurz zuvor seine amerikanische Staatsbürgerschaft abgelegt. Alcock und er kannten sich kaum und waren erst dreimal miteinander geflogen, als sie sich im Juni 1919 in St. John's in Neufundland in das offene Cockpit einer leicht gebauten und kastenförmigen Vickers Vimy zwängten und in die unfreundliche graue Leere über dem Atlantik starteten.*

---

* Die Vickers Vimy hängt im Science Museum in London, doch nur wenige Besucher nehmen sie zur Kenntnis. Alcock und Brown wurde erst fünfunddreißig Jahre nach ihrem Flug am Flughafen Heathrow ein Denkmal errichtet. Als ich Graham Wallace' Bericht über die Unternehmung, *The Flight of Alcock & Brown, 14–15 June 1919,* aus der London Library auslieh, war ich nach siebzehn Jahren der Erste, der das tat.

Wahrscheinlich haben niemals irgendwelche anderen Flieger in einem derart fragilen Flugzeug größeren Gefahren getrotzt. Die Vickers Vimy war kaum mehr als ein motorisierter Kastendrachen. Alcock und Brown flogen stundenlang durch das wildeste Wetter – durch Regen und Hagel und Schneegestöber. Blitze erleuchteten die Wolken, von denen sie umgeben waren, und Windböen schleuderten sie heftig in alle Richtungen. Ein Auspuffrohr platzte und ließ zum verständlichen Entsetzen der beiden Flammen an der Stoffbespannung des Flugzeuges entlangzüngeln. Brown musste sechsmal auf die Tragflächen hinauskriechen, um die Lufteinlässe mit bloßen Händen von Eis zu befreien. Den Großteil der restlichen Zeit brachte er damit zu, Alcocks Schutzbrille abzuwischen, da dieser die Bedienhebel nicht für einen Moment loslassen konnte. Beim Flug durch Wolken und Nebel verloren sie jegliche Orientierung. Als sie irgendwann wieder freie Sicht hatten, mussten sie erstaunt feststellen, dass sie sich nur zwanzig Meter über dem Wasser befanden und *seitwärts* flogen, im 90-Grad-Winkel zur Wasseroberfläche. Während einer der wenigen kurzen Phasen, in denen Brown in der Lage war zu navigieren, stellte er fest, dass sie versehentlich umgedreht waren und zurück nach Kanada flogen. Es hat tatsächlich nie einen haarsträubenderen Blindflug gegeben.

Nach sechzehnstündigem turbulentem Chaos tauchte wie durch ein Wunder Irland unter ihnen auf, und Alcock legte eine Bruchlandung auf einem sumpfigen Feld hin. Die beiden waren 1890 Meilen geflogen, was zwar nur wenig mehr als die Hälfte der Strecke von New York nach Paris war, aber trotzdem eine beachtliche Leistung darstellte. Nachdem sie unversehrt aus ihrem völlig ramponierten Flugzeug geklettert waren, hatten sie jedoch Probleme, irgendjemandem glaubhaft zu machen, was sie soeben vollbracht hatten. Da die Nachricht von ihrem Abflug in Neufundland mit Verspätung eingetroffen war, hatte in Irland niemand mit ihrer Ankunft gerechnet, und jegliche Vorfreude und Begeisterung fehlte. Die junge Frau im Telegrafenamt von Clifden, der nächstgelegenen Ortschaft, war offenbar nicht besonders gut in ihrem Job und nur in der Lage, kurze, leicht verdrehte Botschaften zu übermitteln, die noch zur Verwirrung beitrugen.

Als sich Alcock und Brown wieder in England einfanden, wurden sie dort wie Helden empfangen – bekamen Medaillen verliehen und wurden vom König zum Ritter geschlagen. Sie kehrten jedoch schnell wieder in ihr ruhiges früheres Leben zurück und gerieten in Vergessenheit. Alcock kam ein halbes Jahr später bei einem Flugunfall in Frankreich ums Leben, als er bei Nebel gegen einen Baum prallte. Brown flog nie wieder. Als der Traum, über den Atlantik zu fliegen, 1927 konkrete Formen annahm, erinnerte sich kaum noch jemand an die Namen der beiden.

Völlig zufällig und fast genau zur selben Zeit, als Alcock und Brown ihren Meilensteinflug unternahmen, hatte der New Yorker Geschäftsmann Raymond Orteig, der überhaupt keine Verbindung zur Fliegerei hatte, sondern einfach nur Gefallen an Flugzeugen fand, die Idee für einen Wettkampf, der die Luftfahrt revolutionieren sollte und als das »Great Atlantic Air Derby« bekannt wurde. Orteig stammte ursprünglich aus Frankreich, war jedoch inzwischen ein erfolgreicher Hotelier in New York. Inspiriert von den Heldentaten der Piloten im Ersten Weltkrieg setzte er einen Preis von 25 000 Dollar für den- oder diejenigen aus, dem oder denen es innerhalb der folgenden fünf Jahre gelang, ohne Zwischenstopp von New York nach Paris oder umgekehrt zu fliegen. Das war ein großzügiges Angebot, aber auch ein vollkommen risikoloses, da es kein Flugzeug gab, das eine solche Strecke in einem Stück hätte zurücklegen können. Wie Alcock und Brown schmerzhaft unter Beweis gestellt hatten, stieß bereits ein Flug über die Hälfte dieser Distanz an die äußersten Grenzen von Technik und Glück.

Niemand machte von Orteigs Angebot Gebrauch, doch 1924 erneuerte er es, und langsam schien der Gedanke in den Bereich des Möglichen zu rücken. Die Entwicklung luftgekühlter Motoren – Amerikas einziger herausragender Beitrag zur Luftfahrttechnologie in dieser Zeit – steigerte die Reichweite und Zuverlässigkeit von Flugzeugen. Außerdem gab es weltweit eine Fülle von talentierten, oft sogar brillanten und fast immer unterbeschäftigten Luftfahrtingenieuren und -konstrukteuren, die darauf brannten zu zeigen, was in ihnen steckte. Für viele war der Orteig-Preis nicht nur die größte Herausforderung weit und breit, sondern die einzige.

Der Erste, der einen Versuch wagte, war der große französische Pilot René Fonck, und zwar in Zusammenarbeit mit dem emigrierten russischen Konstrukteur Igor Sikorsky. Niemand hatte Erfolg dringender nötig als Sikorsky. Er war früher ein führender Flugzeugkonstrukteur in Europa gewesen, hatte jedoch 1917, während der Russischen Revolution, alles verloren und war nach Amerika geflüchtet. Jetzt, 1926, mit siebenunddreißig Jahren, hielt er sich über Wasser, indem er ebenfalls ausgewanderte Landsleute in Chemie und Physik unterrichtete und Flugzeuge baute, wenn sich die Gelegenheit ergab.

Sikorsky hatte eine Vorliebe für gut ausgestattete Flugzeuge – eines seiner Vorkriegsmodelle verfügte über eine Toilette und ein »Promenadendeck« (wobei es sich, zugegeben, um eine recht großzügige Beschreibung handelte) –, und das Flugzeug, das er jetzt für den Atlantikflug baute, war das luxuriöseste von allen. Es besaß eine Lederausstattung, ein Sofa und Sessel, eine Kochmöglichkeit und sogar ein Bett – alles, was eine Crew von vier Personen sich in Bezug auf Komfort und Eleganz wünschen konnte. Die Idee dahinter war, unter Beweis zu stellen, dass der Atlantik nicht nur überquert werden konnte, sondern mit Stil überquert werden konnte. Sikorsky wurde von einem Verband von Investoren unterstützt, die sich selbst »die Argonauten« nannten.

Als Piloten wählten sie René Fonck aus, Frankreichs größtes Kriegsass. Fonck hatte fünfundsiebzig deutsche Flugzeuge abgeschossen – er selbst behauptete, es seien über 120 gewesen –, eine Leistung, die aufgrund der Tatsache, dass er nur in den letzten zwei Jahren des Krieges geflogen war, umso bemerkenswerter war. Die ersten zwei Jahre hatte er damit verbracht, Schützengräben auszuheben, bevor es ihm gelang, die französische Luftwaffe davon zu überzeugen, ihm eine Chance in ihrer Flugschule zu geben. Fonck war geschickt beim Abschießen feindlicher Flugzeuge, besaß aber noch größeres Talent dafür, seine eigene Haut zu retten. Bei allen seinen Gefechten wurde Foncks Flugzeug nur einmal von einer feindlichen Kugel getroffen. Leider sind die Fähigkeiten und das Temperament, die im Kampfeinsatz gefragt sind, nicht unbedingt dieselben, die erforderlich sind, um ein Flugzeug erfolgreich über einen großen und leeren Ozean zu fliegen.

Was die Vorbereitung anbelangte, stellte Fonck nicht unbedingt gesunden Menschenverstand unter Beweis. Zuerst beharrte er darauf zu starten, bevor das Flugzeug hinreichend getestet worden war, und brachte Sikorsky damit beinahe zum Verzweifeln. Dann, was noch schlimmer war, belud er es viel zu schwer. Er packte zusätzlichen Treibstoff, eine Fülle von Notfall-Ausrüstungsgegenständen, zwei verschiedene Funkgeräte, Wechselbekleidung, Geschenke für Freunde und Unterstützer und jede Menge Essen und Getränke ein, unter anderem Wein und Champagner. Er wollte sogar ein Abendessen aus Wasserschildkröte, Truthahn und Ente mitnehmen, das zubereitet und gegessen werden sollte, nachdem sie Paris erreicht hatten, als hätten sie nicht darauf zählen können, in Frankreich verpflegt zu werden. Beladen wog das Flugzeug über zwölfeinhalb Tonnen, weit mehr, als konstruktionsbedingt vorgesehen war und als es vermutlich tragen konnte.

Am 20. September kam die Nachricht, dass zwei Franzosen, ein Major namens Pierre Weiss und ein gewisser Leutnant Challé, ohne Zwischenlandung von Paris nach Bandar Abbas in Persien (heute Iran) geflogen waren, eine Strecke von 3230 Meilen und damit fast genauso weit wie von New York nach Paris. Ermutigt von dieser Demonstration der scheinbar angeborenen Überlegenheit französischer Flieger bestand Fonck auf sofortige Vorbereitungen zum Abflug.

Am folgenden Morgen wurde die »Sikorsky« – die vor lauter Eile nicht einmal einen Namen bekommen hatte – vor den Augen einer großen Menschenmenge in Position gerollt, und ihre drei mächtigen silberfarbenen Motoren wurden angelassen. Schon von dem Augenblick an, als sie begann, die Rollbahn hinunterzurumpeln, war klar, dass irgendetwas nicht stimmte. In den zwanziger Jahren waren Flugfelder im Grunde genau das, Felder, und das Roosevelt Field war nicht besser als die meisten anderen. Da das Flugzeug einen besonders langen Anlauf brauchte, musste es zwei unbefestigte Zufahrtsstraßen überqueren, von denen keine geglättet worden war – eine schmerzhafte Erinnerung daran, wie unüberlegt und vorschnell das ganze Unterfangen war. Als die »Sikorsky« mit hohem Tempo über die zweite Zufahrtsstraße holperte, brach ein Teil ihres Fahrwerks ab und beschädigte das linke Seitenruder, und ein gelöstes Rad rollte hüpfend von dannen. Fonck ließ sich jedoch nicht abbringen, gab Gas und nahm immer mehr Geschwindigkeit auf, bis er beinahe schnell genug war, um abzuheben. Beinahe war jedoch leider nicht genug. Tausende Hände wurden vor Münder gehalten, als das Flugzeug das Ende der Rollbahn erreichte, ohne auch nur einen Fingerbreit abgehoben zu haben, schwerfällig eine sechs Meter hohe Böschung hinunterpurzelte und aus dem Blickfeld verschwand.

Einige Augenblicke lang stand die Zuschauermenge in fassungsloser und unheimlicher Stille da. Vogelgezwitscher war zu hören und vermittelte den Eindruck von Beschaulichkeit, die in krassem Widerspruch zu der Katastrophe stand, welche sich soeben vor den Augen aller Anwesenden ereignet hatte. Dann kehrte mit einer gewaltigen Gasexplosion die schreckliche Realität zurück, als fast 11 000 Liter Flugbenzin in Flammen aufgingen und einen Feuerball fünfzehn Meter hoch in die Luft warfen. Fonck und seinem Navigator Lawrence Curtin gelang es irgendwie, ins Freie zu klettern, doch die anderen beiden Besatzungsmitglieder verbrannten auf ihren Sitzen. Der Vorfall schockierte die Fliegerschaft. Der Rest der Welt war ebenfalls geschockt, aber gleichzeitig beinahe krankhaft begierig nach mehr.

Für Sikorsky war der Vorfall sowohl in emotionaler als auch in finanzieller Hinsicht ein Schlag. Der Bau des Flugzeugs hatte mehr als 100 000 Dollar verschlungen, doch seine Geldgeber hatten bislang nur einen Bruchteil davon bezahlt und weigerten sich jetzt, nachdem das Flugzeug nicht mehr existierte, den Rest auszuhändigen. Sikorsky fand schließlich mit dem Bau von Helikoptern eine neue berufliche Aufgabe, doch fürs Erste waren Fonck und er, ihr Flugzeug und ihre Träume erledigt.

Bis auf Weiteres war es auch für andere potenzielle Ozeanflieger zu spät. Da die Wetterverhältnisse das sichere Überfliegen des Nordatlantiks nur während weniger Monate im Jahr zuließen, mussten alle bis zum nächsten Frühling warten.

Der Frühling kam, und Amerika hatte drei Teams im Rennen, alle mit hervorragenden Flugzeugen und erfahrener Besatzung. Allein die Namen der Flugzeuge – *Columbia, America, American Legion* – zeigten, wie sehr es inzwischen bei der Angelegenheit um Nationalstolz ging. Der ursprüngliche Favorit war die *Columbia* gewesen, der Eindecker, mit dem Chamberlin und Acosta kurz vor Ostern ihren Ausdauerrekord aufgestellt hatten. Doch zwei Tage nach diesem geschichtsträchtigen Flug wurde ein noch eindrucksvolleres und weitaus teureres Flugzeug aus seinem Werk in Hasbrouck Heights in New Jersey gerollt. Bei diesem Flugzeug handelte es sich um die *America,* die über drei leistungsstarke, brüllende Motoren verfügte und einer Besatzung von vier Mann Platz bot. Der Chef des *America*-Teams war der siebenunddreißigjährige Marine-Kommandant Richard Evelyn Byrd, der scheinbar zum Helden geboren war. Er stammte aus einer der ältesten, angesehensten Familien Amerikas und war weltmännisch und gut aussehend. Die Byrds hatten in Virginia seit der Zeit von George Washington eine Vormachtstellung inne. Richard Byrds Bruder Harry war Gouverneur des Bundesstaats, und er selbst war 1927 bereits ein gefeierter Abenteurer. Im vorangegangenen Frühling hatte er zusammen mit dem Piloten Floyd Bennett als Erster den Nordpol überflogen (wobei seit langem angezweifelt wird, ob dem tatsächlich so war, wie wir noch sehen werden).

Bei Byrds aktueller, selbst zur patriotischsten erklärter Expedition handelte es sich zudem um die mit Abstand am besten finanzierte – dank Rodman Wanamaker, seines Zeichens Eigentümer von Kaufhäusern in Philadelphia und New York, der selbst eine halbe Million Dollar zur Verfügung gestellt und zusätzliche Mittel in unbestimmter Höhe von anderen führenden Geschäftsleuten gesammelt hatte. Durch Wanamaker hatte Byrd jetzt die Kontrolle über die Verpachtung des Roosevelt Field, bei dem es sich um das einzige Flugfeld im ganzen Bundesstaat New York handelte, dessen Rollbahn lang genug war, um einem zur Überquerung des Atlantiks gebauten Flugzeug Platz zu bieten. Ohne Byrds Zustimmung konnte niemand anderer auch nur in Erwägung ziehen, im Rennen um den Orteig-Preis mitzumischen.

Wanamaker bestand darauf, dass es sich bei dem Unterfangen um eine durch und durch amerikanische Angelegenheit handeln solle. Darin lag eine gewisse Ironie, da der Konstrukteur des Flugzeugs, ein eigensinniger und schwieriger Zeitgenosse namens Anthony Fokker, Holländer war und die Maschine zum Teil in den Niederlanden gebaut worden war. Noch schlimmer, wenn auch nur selten erwähnt, war die Tatsache, dass Fokker die Kriegsjahre in Deutschland verbracht und Flugzeuge für die Deutschen gebaut hatte. Er hatte sogar die deutsche Staatsbürgerschaft angenommen. Im Zuge seines Engagements für die deutsche Lufthoheit hatte er außerdem das synchronisierte Maschinengewehr erfunden, das in der Lage war, Kugeln zwischen den Flügeln des sich drehenden Propellers abzufeuern. Erstaunlicherweise hatten Flugzeughersteller bis dahin nicht mehr tun können, als die Propeller mit einer Panzerung zu versehen und zu hoffen, dass die Kugeln, die die Propellerflügel trafen, nicht nach hinten abprallten. Die einzige Alternative war, die Maschinengewehre in größerer Entfernung zum Propeller zu montieren, was jedoch bedeutete, dass die Piloten weder nachladen noch Munitionsstaus beheben konnten, die es häufig gab. Fokkers synchronisiertes Maschinengewehr verschaffte deutschen Fliegern eine Zeit lang einen tödlichen Vorteil und sorgte dafür, dass er vermutlich für mehr Tote unter den Alliierten verantwortlich war als irgendeine andere Einzelperson. Jetzt behauptete er allerdings, nie wirklich auf der Seite Deutschlands gestanden zu haben. »Mein Heimatland blieb während des großen Konflikts die ganze Zeit über neutral, und in gewissem Sinn tat ich das ebenfalls«, schreibt er in seiner Nachkriegs-Autobiografie *Der fliegende Holländer. Die Memoiren des Anthony H. G. Fokker.* Er erklärte nie, in welchem Sinn er sich für neutral hielt, was zweifellos daran lag, dass es keinen Sinn gab, in dem er es gewesen war.

Byrd hatte Fokker noch nie leiden können, und im April 1927 wurde die Feindschaft zwischen den beiden noch erbitterter. Kurz vor sechs Uhr abends zwängten sich Fokker und die drei anderen Mitglieder des Byrd-Teams – der Copilot Floyd Bennett, der Navigator George Noville und Byrd selbst – ungeduldig ins Cockpit. Fokker übernahm bei dem Jungfernflug den Steuerknüppel. Die *America* hob problemlos ab und funktionierte in der Luft einwandfrei, doch bei der Landung zeigte sich, dass die unvermeidliche Last der Schwerkraft sie dazu zwang, sich nach vorne zu neigen und mit der Nase zuerst aufzusetzen. Das Problem war, dass sich das ganze Gewicht im vorderen Bereich befand und sich keiner der vier Männer an Bord nach hinten begeben konnte, um die Beladung umzuverteilen, da ein großer Treibstofftank den mittleren Teil des Rumpfs vollständig ausfüllte.

Fokker kreiste über dem Flugfeld, während er sich überlegte, welche Optionen er hatte (oder sich vielmehr überlegte, dass er keine Optionen hatte), und setzte dann zu einer möglichst sanften Landung an. Was genau als Nächstes geschah, sorgte sofort für hitzige Diskussionen. Byrd behauptete, Fokker habe den Steuerknüppel losgelassen, alles unternommen, um sich selbst zu retten, und die anderen ihrem Schicksal überlassen. Fokker stritt das vehement ab. Aus einem abstürzenden Flugzeug zu springen sei unmöglich, sagte er. »Vielleicht bildete sich Byrd das in der Aufregung nur ein«, schrieb Fokker später mit gequältem Sarkasmus in seiner Autobiografie. Erhalten gebliebene Filmaufnahmen von der Bruchlandung, die sowohl kurz als auch unscharf sind, zeigen, wie das Flugzeug unsanft landete, mit der Nase aufsetzte und dann aufs Heck kippte – alles in einer flüssigen Bewegung wie ein Kind, das einen Purzelbaum schlägt. Fokker und alle übrigen Insassen konnten nichts anderes getan haben, als sich abzustützen und festzuhalten.

Bei Betrachtung der Filmaufnahmen wirkt der Schaden unerheblich, doch im Inneren des Flugzeugs herrschte heftiges Chaos. Ein Teil des Propellers war ins Cockpit eingedrungen und hatte sich in Bennetts Brust gebohrt. Er war schwer verletzt und verlor viel Blut. Noville, der das Feuer, das zwei von Foncks Männern getötet hatte, noch schmerzhaft in Erinnerung hatte, boxte sich den Weg nach draußen durch die Stoffverkleidung des Flugzeugs frei. Byrd folgte ihm. Vor lauter Wut auf Fokker nahm er angeblich nicht einmal zur Kenntnis, dass sein linker Arm wie ein Zweig abgeknickt war und auf grauenhaft unnatürliche Weise herabhing. Fokker, der unverletzt war, stand da, schrie Byrd ebenfalls an und warf ihm vor, das Flugzeug auf seinem ersten Flug überladen zu haben.

Der Vorfall säte beträchtlichen Hass im Byrd-Lager und warf das Team bei seinen Plänen um Wochen zurück. Bennett wurde schnellstens nach Hackensack ins Krankenhaus gebracht, wo er die nächsten zehn Tage mit dem Tod rang. Für das Team fiel er damit endgültig aus. Das Flugzeug musste fast vollständig neu aufgebaut und zu einem großen Teil umkonstruiert werden, um für eine vernünftigere Gewichtsverteilung zu sorgen. Das Byrd-Team war also vorerst aus dem Rennen.

Somit blieben zwei andere amerikanische Flugzeuge übrig, aber leider meinte es das Schicksal mit ihnen auch nicht gut. Am 24. April, acht Tage nach der Byrd-Bruchlandung, ließ sich Clarence Chamberlin dazu überreden, mit der neunjährigen Tochter des *Columbia*-Eigentümers Charles A. Levine und der Tochter eines Beamten des Brooklyn Chamber of Commerce eine kurze Runde über Long Island zu drehen. Der Flug wurde für Chamberlins junge Passagiere aufregender, als sie erwartet hatten, da während des Starts das Fahrwerk auseinanderfiel und ein Rad zurückblieb, was bedeutete, dass er zum Landen nur noch ein Rad hatte. Chamberlin gelang trotzdem eine beinahe perfekte Landung, bei der weder er selbst noch seine Passagiere verletzt wurden, doch eine Tragfläche schlug auf dem Boden auf, und der Schaden am Flugzeug reichte aus, um den Zeitplan des *Columbia*-Teams erheblich zu verzögern.

Alle Hoffnung richtete sich jetzt auf zwei beliebte Marineoffiziere der Hampton Roads Naval Airbase in Virginia, auf Noel Davis und Stanton H. Wooster. Die beiden waren clevere, fähige Piloten, und ihr Flugzeug, eine in Bristol gebaute Keystone Pathfinder, war funkelnagelneu und wurde von drei Wright-Whirlwind-Motoren angetrieben. Was die Öffentlichkeit nicht wusste, war, dass das Flugzeug bei der Auslieferung gut 500 Kilo mehr auf die Waage brachte als ursprünglich geplant. Davis und Wooster unternahmen eine Reihe von Testflügen, bei denen sie jedes Mal vorsichtig den Treibstoffvorrat erhöhten, und hatten bislang keine Probleme gehabt. Ihren letzten Testflug setzten sie für den 26. April an, zwei Tage nach Chamberlins Notlandung. Dieses Mal wollten sie mit einer Gesamtbeladung von 7700 Kilogramm starten, über 25 Prozent mehr, als das Flugzeug bislang zu heben versucht hatte.

Unter denjenigen, die gekommen waren, um den beiden zuzujubeln, befanden sich Davis' junge Frau mit dem gemeinsamen Baby in den Armen sowie Woosters Verlobte. Dieses Mal hatte das Flugzeug Mühe, sich vom Boden zu lösen. Zu guter Letzt erhob es sich aber doch in die Lüfte, allerdings nicht hoch genug, um eine Baumreihe am Rand eines angrenzenden Feldes zu überfliegen. Wooster ging scharf in die Querlage, worauf das Flugzeug überzog und mit einem scheußlichen Krachen auf die Erde fiel. Davis und Wooster waren sofort tot, und Amerika hatte zumindest vorläufig keine Anwärter auf den Orteig-Preis mehr.

Zu allem Übel lief es für Ausländer ziemlich gut. Während die amerikanischen Flieger ihre gesamte Energie in Landflugzeuge steckten, sahen die Italiener die Zukunft in Wasserflugzeugen. Letztere boten einige Vorteile: Sie konnten Meere inselhüpfend überqueren, Flüssen tief in Dschungelgebiete folgen, in Küstengemeinden landen, bei denen es keinen Platz für Landepisten gab, und andere Orte erreichen, an die herkömmliche Flugzeuge nicht gelangten.

Niemand demonstrierte die Vielseitigkeit und Nützlichkeit von Wasserflugzeugen besser als der italienische Pilot Francesco de Pinedo. Als Sohn eines Rechtsanwalts aus Neapel war Pinedo gut ausgebildet und strebte eine Karriere in einem gehobenen Beruf an, bis er die Fliegerei für sich entdeckte, die zu seinem Lebensinhalt wurde. 1925 flog Pinedo in Begleitung eines Mechanikers namens Ernesto Campanelli von Italien nach Australien und über Japan wieder zurück. Die beiden schafften die Strecke in verhältnismäßig kurzen Etappen, blieben immer in der Nähe des Festlands und brauchten sieben Monate, um ihre Reise zu vollenden – doch sie legten insgesamt 34 000 Meilen zurück, eine gewaltige Distanz, ganz egal, welche Maßstäbe man anlegte. Pinedo wurde zum Nationalhelden und von Benito Mussolini, der 1922 an die Macht gekommen war, mit Ehrungen überhäuft. Mussolini war von der Fliegerei begeistert – von ihrer Geschwindigkeit, dem dafür erforderlichen Wagemut und der Verheißung technologischer Überlegenheit. Seiner Ansicht nach verkörperte der kleine Neapolitaner, der zu seinem Abgesandten der Lüfte wurde, alle diese Eigenschaften auf magische Weise.

Die Zeitschrift *Time,* damals vier Jahre alt und verliebt in Stereotypen, beschrieb Pinedo im Frühjahr 1927 als »dunkelhäutiges Faschisten-Fliegerass«. (Die *Time* bezeichnete damals fast jeden, der von der Südseite der Alpen kam, als »dunkelhäutig«.) In Wirklichkeit war Pinedo nicht besonders dunkelhäutig und ganz bestimmt kein Fliegerass – er hatte den Krieg damit zugebracht, Aufklärungsflüge zu machen –, doch er war in der Tat ein treu ergebener Faschist. Mit seinem schwarzen Hemd, seinem vor Brillantine glänzenden Haar, seinem markanten Kinn und seiner Angewohnheit, mit in die Hüften gestützten Händen dazustehen, war er in beinahe lächerlichem Maße der Inbegriff des umherstolzierenden, selbstgefälligen Faschisten. Das stellte für niemanden ein Problem dar, solange Pinedo in Europa blieb. Aber im Frühjahr 1927 kam er nach

Amerika. Schlimmer noch, er kam auf die denkbar heldenhafteste Art und Weise.

Während sich Amerikas Atlantik-Aspiranten bemühten, ihre Flugzeuge fertigzustellen, bahnte sich Pinedo effizient den Weg in die Vereinigten Staaten an der Küste Afrikas entlang, über die Kapverden, Südamerika und die Karibik. Dabei handelte es sich um die erste Überquerung des Atlantiks mit einem Flugzeug in westlicher Richtung – eine wahre Meisterleistung, auch wenn sie nicht ohne Zwischenlandung erfolgte. Pinedo erreichte die Vereinigten Staaten Ende März in New Orleans und begann eine aufwendige, wenn auch nicht immer ganz willkommene Rundreise durch das Land.

Es war schwierig zu entscheiden, was man von ihm halten sollte. Einerseits war er ohne Zweifel ein begabter Flieger und hatte ein Recht auf die eine oder andere Parade. Andererseits handelte es sich bei ihm um einen Repräsentanten einer abscheulichen Regierungsform, die von vielen italienischen Einwanderern bewundert wurde und dadurch eine Bedrohung für den »American Way of Life« darstellte. In einer Zeit, in der Amerika bei seinen Bemühungen auf dem Gebiet der Luftfahrt einen Rückschlag nach dem anderen hinnehmen musste, wirkte Pinedos ausgedehnte Ehrenrunde durch das Land ein wenig unsensibel.

Nach seiner Ankunft in New Orleans flog Pinedo Richtung Westen nach Kalifornien weiter und legte unterwegs Zwischenstopps in Galveston, San Antonio, Hot Springs und anderen Gemeinden ein, um aufzutanken und sich von kleinen Gruppen von Anhängern und einer deutlich größeren Anzahl von ausschließlich Neugierigen feiern zu lassen. Am 6. April, auf dem Weg zu einem Empfang in San Diego, landete er in der Wüste westlich von Phoenix auf einem Stausee mit dem Namen Roosevelt Lake. Selbst an einem so abgeschiedenen Ort wie diesem versammelte sich eine Menschenmenge. Während die Anwesenden ehrerbietig zusahen, wie das Flugzeug gewartet wurde, zündete sich ein Jugendlicher namens John Thomason eine Zigarette an und warf das Streichholz gedankenlos ins Wasser. Die Wasseroberfläche war mit Öl und Flugbenzin bedeckt und fing mit einem heftigen Knall Feuer, der die Schaulustigen auseinanderstieben ließ. Binnen Sekunden stand Pinedos geliebtes Flugzeug in Flammen, und die Mechaniker schwammen um ihr Leben.

Pinedo, der in einem Hotel am See zu Mittag aß, blickte von seinem Teller auf und sah Rauch, wo sich soeben noch sein Flugzeug befunden hatte. Die Maschine wurde bis auf ihren Motor, der auf den Grund des Sees in zwanzig Metern Tiefe sank, völlig zerstört. Die italienische Presse, die bereits überempfindlich auf die antifaschistische Stimmung in Amerika reagierte, kam zu dem Schluss, dass es sich um einen heimtückischen Sabotageakt gehandelt habe. »Abscheuliches Verbrechen gegen den Faschismus«, beklagte sich eine Zeitung in einer Überschrift. »Abstoßende Tat von Antifaschisten«, echote eine andere. Der amerikanische Botschafter in Italien, Henry P. Fletcher, machte die Sache noch schlimmer, indem er rasch einen Entschuldigungsbrief an Mussolini schrieb, in dem er das Feuer als einen »Akt krimineller Torheit« bezeichnete und versprach, der Schuldige werde »ausfindig gemacht und schwer bestraft«. Anschließend berichtete ein *Times*-Korrespondent tagelang aus Rom, die italienischen Bürger würden über kaum etwas anderes als diesen katastrophalen Rückschlag für »ihren Helden, ihren Übermenschen, ihren Halbgott de Pinedo« sprechen. Letztendlich beruhigten sich jedoch alle Seiten und nahmen hin, dass es sich um einen Unfall gehandelt hatte, doch die Verdächtigungen kochten auf kleiner Flamme weiter, und von nun an wurden Pinedo und seine Habseligkeiten von Furcht einflößenden *Fascisti*-Freiwilligen bewacht, die mit Stiletten und Schlagstöcken bewaffnet waren.

Pinedo überließ es seinen Helfern, den durchnässten Motor aus dem See zu bergen und wieder zu trocknen, während er sich auf den Weg Richtung Osten nach New York machte, um dort auf das Eintreffen eines Ersatzflugzeugs aus Italien zu warten, das ihm Mussolini sofort zugesagt hatte.

Was Pinedo natürlich nicht ahnen konnte, war, dass seine Probleme, sowohl im Leben als auch in der Luft, gerade erst begonnen hatten.

Die Aufmerksamkeit der Welt schwenkte auf Paris, wo im Morgengrauen des 8. Mai zwei Männer leicht fortgeschrittenen Alters in unförmigen Fluganzügen unter dem respektvollen Applaus derer, die ihnen alles Gute wünschten, aus einem Verwaltungsgebäude am Flugplatz Le Bourget auftauchten. Die beiden Männer, Captain Charles Nungesser und Captain François Coli, bewegten sich steif und etwas unsicher voran. In ihrer schweren Montur, die nötig war, da sich die beiden anschickten, 3600 Meilen in einem offenen Cockpit zu fliegen, hatten sie eine verblüffende Ähnlichkeit mit kleinen Jungen in Schneeanzügen.

Viele der Anwesenden hatten die ganze Nacht im Freien gewartet und trugen noch immer Abendbekleidung. Die *New York Times* verglich die Szene mit einer Gartenparty. Unter denjenigen, die gekommen waren, um die beiden Flieger zu verabschieden, befanden sich auch der Boxer Georges Carpentier, ein Freund von Nungesser, und der Sänger Maurice Chevalier mit seiner Geliebten, einer berühmten Chanteuse und Schauspielerin, die unter dem sinnlichen Pseudonym Mistinguett bekannt war.

Nungesser und Coli waren Kriegshelden und spazierten normalerweise mit dem lässigen und großspurigen Auftreten von Männern umher, die sich von Gefahren nicht aus der Ruhe bringen ließen, doch an diesem Tag war alles ein wenig anders. Coli war mit seinen sechsundvierzig Jahren eine ehrwürdige Figur: Nicht viele Piloten lebten und flogen in diesem Alter noch. Er trug ein verwegenes schwarzes Monokel vor seinem fehlenden rechten Auge – eine von fünf Verletzungen, die er im Kampfeinsatz davongetragen hatte. Das war allerdings nichts verglichen mit Nungessers ausschweifender Neigung zu Blessuren. Niemand war im Krieg häufiger verwundet gewesen – zumindest niemand, der anschließend wieder aufstand. Nungesser erlitt so viele Verletzungen, dass er sie nach dem Krieg alle auf seiner Visitenkarte auflistete. Dazu zählten: sechs Kieferbrüche (viermal Oberkiefer, zweimal Unterkiefer); eine Schädel- und Gaumenfraktur; Schussverletzungen am Mund und an den Ohren; Luxation des Handgelenks, der Schulter, des Fußknöchels und der Knie; der Verlust von Zähnen; Granatsplitterwunden am Oberkörper; mehrere Gehirnerschütterungen; mehrere Beinbrüche; mehrere innere Verletzungen sowie »zu viele Prellungen, um sie aufzulisten«. Außerdem wurde er bei einem Autounfall, bei dem ein Kamerad ums Leben kam, schwer verwundet. Oft war er so lädiert, dass er von Crewmitgliedern zu seinem Flugzeug getragen und vorsichtig ins Cockpit gesetzt werden musste. Trotz seiner Wunden schoss Nungesser vierundvierzig feindliche Flugzeuge ab (er selbst behauptete, wesentlich mehr), eine Zahl, die unter französischen Fliegern nur von René Fonck übertroffen wurde, und erhielt so viele Medaillen, dass er beim Gehen beinahe rasselte. Letztere listete er ebenfalls auf seiner Visitenkarte auf.

Wie bei so vielen Fliegern sorgte der Waffenstillstand bei ihm für eine gewisse Ratlosigkeit. Er arbeitete eine Zeit lang als Gaucho in Argentinien, gab zusammen mit einem Freund, dem Marquis de Charette, Flugvorführungen in Amerika und spielte die Hauptrolle in einem Spielfilm mit dem Titel *The Sky Raider,* der auf dem Roosevelt Field in New York gedreht wurde, wo sich jetzt die Anwärter auf den Orteig-Preis versammelten.

Mit seinem gallischen Charme und einer Brust voller Medaillen erwies sich Nungesser für Frauen als unwiderstehlich, und im Frühling 1923 verlobte er sich nach einer stürmischen Romanze mit einer jungen Dame der New Yorker Gesellschaft mit dem herrlichen, nicht verbesserungsfähigen Namen Consuelo Hatmaker. Miss Hatmaker, die erst neunzehn war, stammte aus einer langen Linie quirliger Frauen. Ihre Mutter, die ehemalige Nellie Sands, war eine bekannte Schönheit und hatte sich bereits für drei Ehemänner als nicht zu bändigen erwiesen, unter ihnen der namengebende Mr Hatmaker, dessen sie sich bei ihrer Scheidung im Jahr 1921 entledigte. Dieser fassungslose, aber wohlmeinende Gentleman hatte – auf den ersten Blick durchaus berechtigte –

Einwände gegen die Hochzeit seiner Tochter mit Captain Nungesser, und zwar aufgrund der Tatsache, dass Nungesser mittellos, ein körperliches Wrack, ein ziemlicher Rabauke, außer in Kriegszeiten erwerbsunfähig und Franzose war. Mr Hatmaker wurde darin allerdings nicht von seiner Exfrau unterstützt, die mit der Heirat nicht nur einverstanden war, sondern ankündigte, dass sie zum selben Zeitpunkt ihren neuesten Liebhaber, Captain William Waters, ehelichen werde, einen Amerikaner von liebenswerter Anonymität, der offenbar nur zweimal in seinem Leben das flüchtige Interesse der Öffentlichkeit erregte: einmal, als er sich mit Mrs Hatmaker vermählte, und einmal, als sich die beiden wenige Jahre später wieder scheiden ließen. Also heirateten Mutter und Tochter bei einer gemeinsamen Zeremonie in Dinard in der Bretagne, nur unweit von dem Ort entfernt, wo Charles Nungesser im Frühjahr 1927 einen letzten Blick von seinem Heimatboden erhaschen sollte.

Die Ehe von Consuelo und Charles war kein Erfolg. Sie verkündete von vornherein, dass sie nicht in Frankreich leben wolle, während er es für unter seiner Würde hielt, irgendwo anders zu leben. Die beiden trennten sich schnell wieder und wurden 1926 geschieden. Doch Nungesser überlegte es sich offenbar noch einmal anders, da er in Gegenwart von Freunden plötzlich laut darüber nachdachte, ob eine heldenhafte Geste womöglich dabei helfen würde, ihn mit der üppigen Consuelo und ihrem nicht minder üppigen Vermögen wieder zu vereinen. Was ihm bei seinen Bestrebungen half, war die Pechserie von Fonck, dessen Bruchlandung im vorangegangenen Herbst es Nungesser erleichterte, den Flugzeughersteller Pierre Levasseur zu überreden, ihn mit einer Maschine auszustatten, damit er den französischen Nationalstolz wiederherstellen konnte. Wenn ein Preis, der von einem Franzosen gestiftet worden war, von französischen Piloten in einem französischen Flugzeug gewonnen worden wäre, hätte das dem Ansehen Frankreichs zweifellos Vorschub geleistet. Coli schloss sich dem Vorhaben bereitwillig als Navigator an. Die beiden tauften ihr Flugzeug *L'Oiseau Blanc*,

»Weißer Vogel«, und lackierten es weiß, damit es leichter zu finden sein würde, falls es ins Meer stürzte.

In Paris zu starten war eine patriotische Eitelkeit, die sich nach Ansicht vieler als ihr Verderben erweisen würde. Es bedeutete, dass sie gegen vorherrschende Winde fliegen mussten, die ihre Geschwindigkeit reduzieren und ihren Treibstoffverbrauch drastisch erhöhen würden. Ihr Flugzeug war mit einem wassergekühlten Lorraine-Dietrich-Motor ausgerüstet, dem gleichen Modell, mit dem Pinedo nach Australien geflogen war, daher besaß es einen Stammbaum, allerdings handelte es sich dabei nicht um einen Motor, der für lange Ozeanüberquerungen konstruiert worden war. Auf jeden Fall konnten sie nur Treibstoff für vierzig Flugstunden mitnehmen, was ihnen fast keinen Spielraum für Fehler ließ. Nungesser schien sich darüber im Klaren zu sein, dass das, was sie zu erreichen hofften, wahrscheinlich nicht möglich war. Als er am 8. Mai um sein Flugzeug herumging, lächelte er diejenigen, die ihnen alles Gute wünschten, gequält an und wirkte abwesend. Um seine Wachsamkeit zu steigern, ließ er sich eine intravenöse Koffein-Injektion verabreichen, die seinen Nerven sicherlich nicht guttat.

Coli dagegen machte einen völlig entspannten Eindruck, gab Nungesser jedoch recht, dass das Flugzeug überladen war und erleichtert werden sollte. Die beiden beschlossen, einen Großteil ihres Reiseproviants sowie ihre Rettungswesten und ein Schlauchboot zurückzulassen. Falls sie gezwungen waren, auf dem Wasser notzulanden, hätten sie nichts bei sich gehabt, das ihnen dabei geholfen hätte zu überleben, außer einer Vorrichtung zum Destillieren von Meerwasser, einem Stück Angelschnur mit Haken und einer merkwürdigen Auswahl an Nahrungsmitteln: drei Dosen Tunfisch und eine Dose Sardinen, ein Dutzend Bananen, ein Kilo Zucker, eine Thermosflasche mit heißem Kaffee und Brandy. Nach dem Ausladen von Ausrüstungsgegenständen wog ihr Flugzeug noch immer knapp fünf Tonnen. Es hatte nie zuvor mit einer solchen Beladung abgehoben.

Als die Vorbereitungen abgeschlossen waren, umarmten sich Coli und seine Frau, dann winkten er und Nungesser den Anwesenden zum Abschied und kletterten an Bord. Um 5:15 Uhr morgens nahmen sie schließlich ihre Startposition ein. Die Rollbahn in Le Bourget war zwei Meilen lang, und sie würden fast alles davon brauchen. Das Flugzeug überquerte die Grasfläche erschreckend langsam, nahm aber nach und nach Geschwindigkeit auf. Nach einiger Zeit hob es kurz ab, sackte jedoch wieder herunter und legte hüpfend weitere 300 Meter zurück, ehe es sich endlich mit Mühe in die Lüfte aufschwang. Der Chefingenieur, der einen großen Teil der Strecke neben dem Flugzeug hergelaufen war, fiel weinend auf die Knie. Allein der Start war ein einzigartiger Triumph. Bislang hatte das kein anderes Flugzeug im Atlantikwettkampf geschafft. Die Zuschauermenge brachte lautstark ihre Anerkennung zum Ausdruck. Dann kletterte die *L'Oiseau Blanc* mit schmerzlicher Langsamkeit in den milchigen Dunst des westlichen Himmels und nahm Kurs auf den Ärmelkanal. Eine Stunde und siebenundzwanzig Minuten später, um 6:48 Uhr, erreichten Nungesser und Coli bei Étretat die Kalkklippen der Normandie. Eine Staffel von vier Begleitflugzeugen neigte zum Gruß die Tragflächen und drehte ab, und die *L'Oiseau Blanc* flog allein auf die Britischen Inseln und den kalten Atlantik dahinter zu.

Ganz Frankreich hielt gespannt den Atem an.

Am folgenden Tag traf die freudige Nachricht ein, dass die beiden Flieger es geschafft hätten. »*Nungesser est arrivê*«, verkündete die Pariser Zeitung *L'Intransigeant* aufgeregt (so aufgeregt, dass sie einen Zirkumflex anstelle eines Accent aigu auf »*arrivé*« setzte). Ein Konkurrenzblatt, die *Paris Presse,* zitierte Nungessers erste Worte zum amerikanischen Volk nach der Landung. Diesem Bericht zufolge hatte Nungesser eine sanfte und elegante Landung im Hafen von New York hingelegt und das Flugzeug vor der Freiheitsstatue zum Stehen gebracht (die ebenfalls aus Frankreich stamme, wie die Zeitung stolz anmerkte). An Land seien die beiden Flieger dann von einer zutiefst beeindruckten und jubelnden Stadt empfangen und bei ihrer Parade auf der Fifth Avenue mit Konfetti überschüttet worden.

In Paris brachte die frohe Kunde die Stadt beinahe zum Erliegen. Glocken läuteten. Fremde lagen sich weinend in den Armen. Menschenmengen scharten sich um jeden, der im Besitz einer Zeitung war. Levasseur schickte ein Glückwunschtelegramm. Im Haus von Colis Mutter in Marseille wurde Champagner hervorgeholt. »Ich wusste, mein Sohn würde es schaffen, weil er mir das versprochen hat«, sagte Colis Mutter, auf deren Wangen Tränen der Freude und Erleichterung glänzten.

Wie sich jedoch bald herausstellte, basierten die beiden Berichte nicht nur auf Missverständnissen, sondern waren traurigerweise frei erfunden. Nungesser und Coli waren nicht in New York angekommen. In Wirklichkeit waren sie verschollen, und man befürchtete, dass sie abgestürzt waren.

Daraufhin wurde unverzüglich mit einer riesigen Suchaktion auf dem Meer begonnen. Schiffe der Marine wurden ausgesandt, und Handelsschiffe wurden angewiesen, genau Ausschau zu halten. Das Marine-Luftschiff USS *Los Angeles* erhielt den Befehl, aus der Luft zu suchen. Der Passagierdampfer *France,* der von Le Havre nach New York unterwegs war, wurde von der französischen Regierung angewiesen, trotz des Risikos von Eisbergen einen nördlicheren Kurs zu nehmen als sonst, in der Hoffnung, dass er auf die womöglich im Meer treibende *L'Oiseau Blanc* stoßen würde. Am Roosevelt Field setzte Rodman Wanamaker eine Belohnung von 25 000 Dollar aus, falls es jemandem gelang, die vermissten Piloten zu finden – tot oder lebendig.

Ungefähr einen Tag lang klammerten sich die Menschen an die Hoffnung, dass Nungesser und Coli jeden Moment triumphierend ins Blickfeld getuckert kämen, doch jede Stunde, die verstrich, zählte gegen sie, und jetzt verschlechterte sich auch noch das ohnehin düstere Wetter merklich. Dichter Nebel machte sich über dem östlichen Atlantik breit und verhüllte die nordamerikanische Meeresküste von Labrador bis zu den Mittelatlantikstaaten. Der Leuchtturmwärter von Ambrose Light, einem schwimmenden Leuchtturm vor der Einfahrt zum New Yorker Hafen, berichtete, dass Tausende Vögel, die sich auf ihrer alljährlichen Wanderung nach Norden verirrt hatten, verzweifelt an jeder Oberfläche, an der sie sich festkrallen konnten, Schutz suchen würden. Auf Sandy Hook, New Jersey, schwenkten vier Suchscheinwerfer unablässig, aber sinnlos über den Himmel, da ihr Lichtstrahl nicht imstande war, die alles verhüllende Düsternis zu durchdringen. In Neufundland gingen die Temperaturen in den Keller, und leichter Schneefall setzte ein.

Da einigen Berichterstattern nicht bewusst war, dass sich die beiden Flieger im letzten Moment von einigen Vorräten getrennt hatten, merkten sie an, Nungesser und Coli hätten genug Nahrungsmittel eingepackt, um sich wochenlang versorgen zu können. Außerdem behaupteten sie, ihr Flugzeug sei darauf ausgelegt, sich unbegrenzt an der Wasseroberfläche zu halten (was nicht zutraf). Viele Leute schöpften aus der Tatsache Hoffnung, dass zwei Jahre zuvor der amerikanische Pilot Commander John Rodgers und seine drei Besatzungsmitglieder neun Tage lang tot geglaubt durch den Atlantik getrieben waren, ehe sie von einem U-Boot gerettet wurden, nachdem es ihnen nicht gelungen war, von Kalifornien nach Hawaii zu fliegen.

Nungesser und Coli wurden daraufhin an den unterschiedlichsten Orten vermutet: in Island, in Labrador, auf irgendeinem vorbeifahrenden Schiff, das sie aus dem Meer gefischt hatte. Drei Personen in Irland behaupteten, sie gesehen zu haben, was manchen Zuversicht vermittelte, während andere der Meinung waren, dass drei Sichtungen in einem Land mit drei Millionen Einwohnern nicht viel seien. Sechzehn Neufundländer, überwiegend aus Harbour Grace und Umgebung, gaben an, ein Flugzeug gehört oder gesehen zu haben, wenngleich sich keiner von ihnen sicher war, dass es sich dabei um das von Nungesser und Coli gehandelt hatte. Entsprechende Meldungen kamen aus Nova Scotia, Maine, New Hampshire und sogar aus dem deutlich südlicher gelegenen Port Washington auf Long Island.

Ein kanadischer Trapper präsentierte eine angeblich von Nungesser unterschriebene Botschaft, doch bei genauerer Untersuchung zeigte sich, dass diese verdächtig viele Schreibfehler enthielt und in einer Handschrift verfasst war, die der von Nungesser überhaupt nicht ähnlich sah, dafür aber der des Sohns des Trappers. Flaschenpost wurde ebenfalls gefunden und tauchte noch bis 1934 auf. Was jedoch nicht entdeckt wurde, war eine Spur von der *L'Oiseau Blanc* oder von ihren Insassen.

In Frankreich zirkulierte das Gerücht, der US-Wetterdienst habe den Franzosen wichtige Informationen vorenthalten, um den Vorteil amerikanischer Flieger zu wahren. Der Botschafter der Vereinigten Staaten, Myron Herrick, telegrafierte nach Washington, dass ein amerikanischer Flug zu diesem Zeitpunkt unklug wäre.

Die ganze Woche entpuppte sich als Desaster für die französische Luftfahrt. Zur selben Zeit, als Nungesser und Coli von Le Bourget starteten, kam ein anderes ehrgeiziges französisches Flugprojekt ins Rollen – das heute in Vergessenheit geraten ist und bereits damals vom Rest der Welt kaum zur Kenntnis genommen wurde –, bei dem die drei Flieger Pierre de Saint-Roman, Hervé Mouneyres und Louis Petit vom Senegal, an der afrikanischen Westküste, Richtung Brasilien starteten. Als sie nur noch 120 Meilen von der brasilianischen Küste entfernt waren, gaben sie über Funk die frohe Kunde durch, sie würden in einer guten Stunde ihr Ziel erreichen – zumindest berichtete das ein Korrespondent der Zeitschrift *Time*. Anschließend hörte nie wieder jemand etwas von ihnen. Ein Flugzeugwrack wurde nie gefunden.

Innerhalb von neun Monaten waren elf Menschen beim Versuch, den Atlantik zu überfliegen, ums Leben gekommen. Genau zu diesem Zeitpunkt traf ein schlaksiger junger Mann mit dem Spitznamen »Slim« aus dem Westen ein und verkündete sein Vorhaben, den Ozean allein mit dem Flugzeug zu überqueren. Sein richtiger Name lautete Charles Lindbergh.

Der Beginn eines außergewöhnlichen Sommers stand unmittelbar bevor.

MAI
Der Junge

*Im Frühjahr 27 blitzte etwas Strahlendes und
Neuartiges durch den Himmel.*

F. Scott Fitzgerald,
Geschichten aus der Jazz-Ära

Erstes Kapitel

Zehn Tage bevor Charles Lindbergh so berühmt wurde, dass es vor jedem Gebäude, in dem er sich aufhielt, zu Menschenaufläufen kam und sich Kellner um einen Maiskolben zankten, den er auf seinem Teller zurückließ, hatte noch niemand etwas von ihm gehört. Die *New York Times* hatte ihn einmal im Zusammenhang mit bevorstehenden Atlantikflügen erwähnt und dabei seinen Namen falsch geschrieben.

Was die ganze Nation in Bann hielt, als 1927 der Frühling dem Sommer wich, war die Nachricht von einem grauenhaften Mord in einem bescheidenen Familienheim auf Long Island – zufälligerweise in der Nähe des Roosevelt Field, wo sich jetzt die Atlantikflieger versammelten. Die Zeitungen nannten ihn voller Begeisterung den *Sash Weight Murder Case*, den »Schiebefenster-Gegengewichts-Mordfall«. Die Geschichte war folgende:

Als Mr und Mrs Albert Snyder am späten Abend des 20. März 1927 in ihrem Haus in der 222. Straße, einer ruhigen Mittelklassegegend von Queens Village, nebeneinander in Einzelbetten schliefen, hörte Mrs Snyder plötzlich Geräusche aus dem Flur im Obergeschoss. Sie stand auf, um nach dem Rechten zu sehen, und fand unmittelbar vor ihrer Schlafzimmertür einen großen Mann vor – einen »Riesen«, wie sie der Polizei sagte. Er unterhielt sich in einer Fremdsprache mit einem anderen Mann, den sie nicht sehen konnte. Bevor Mrs Snyder reagieren konnte, packte sie der Riese und schlug sie so heftig, dass sie für sechs Stunden das Bewusstsein verlor. Dann begaben sich er und sein Komplize ans Bett von Mr

Snyder, strangulierten den armen Mann mit einem Stück Bilderdraht und schlugen ihm mit dem Gegengewicht eines Schiebefensters den Schädel ein. Dieses Gegengewicht entfachte die Fantasie der Öffentlichkeit und gab dem Fall seinen Namen. Anschließend rissen die beiden Schurken im ganzen Haus Schubladen heraus und flohen mit Mrs Snyders Schmuck, sie hinterließen jedoch auf einem Tisch im Erdgeschoss ein Indiz in Form einer italienischsprachigen Zeitung.

Die *New York Times* zeigte sich am nächsten Tag fasziniert, aber auch irritiert. In einer großen Überschrift auf Seite eins titelte sie:

KUNSTREDAKTEUR IM BETT ERSCHLAGEN
EHEFRAU GEFESSELT, HAUS DURCHSUCHT
MOTIV STELLT DIE POLIZEI VOR RÄTSEL

In dem Artikel hieß es, ein gewisser Dr. Vincent Juster vom St. Mary Immaculate Hospital habe Mrs Snyder untersucht und keine Beule an ihr feststellen können, die ihre sechsstündige Bewusstlosigkeit hätte erklären können. Tatsächlich stellte er überhaupt keine Verletzungen bei ihr fest. Vielleicht, spekulierte er vorsichtig, sei eher das Trauma, das sie aufgrund des Vorfalls erlitten habe, für ihren länger andauernden Zusammenbruch verantwortlich gewesen als eine tatsächliche Schädigung.

Die Ermittler der Polizei waren inzwischen allerdings eher argwöhnisch als verwirrt. Zum einen waren am Haus der Snyders keinerlei Spuren für ein gewaltsames Eindringen zu erkennen, und überhaupt handelte es sich dabei um ein merkwürdig bescheidenes Ziel für mordlustige Schmuckdiebe. Die Ermittler fanden es außerdem eigenartig, dass Albert Snyder von dem heftigen Handgemenge unmittelbar vor seiner Tür nicht aufgewacht war. Die neunjährige Tochter der Snyders, Lorraine, hatte in ihrem Zimmer auf der gegenüberliegenden Seite des Flurs ebenfalls nichts gehört. Außerdem erschien es merkwürdig, dass sich Einbrecher Zugang zu einem Haus verschafft und dann offenbar eine Pause eingelegt hatten, um eine anarchistische Zeitung zu lesen, die sie ordentlich auf einem Tisch ablegten, ehe sie sich ins Obergeschoss begaben. Am allerseltsamsten war jedoch die Tatsache, dass Mrs Snyders Bett – aus dem sie angeblich aufgestanden war, um nach dem Lärm im Flur zu sehen – ordentlich gemacht war, als hätte niemand darin geschlafen. Sie war nicht in der Lage, das zu erklären, und berief sich auf ihre Gehirnerschütterung. Während sich die Ermittler wegen dieser Unregelmäßigkeiten den Kopf zerbrachen, hob einer von ihnen gedankenverloren eine Ecke der Matratze auf Mrs Snyders Bett an und förderte dabei den Schmuck zutage, den sie als gestohlen gemeldet hatte.

Alle Augen richteten sich auf Mrs Snyder. Sie erwiderte die Blicke unsicher, dann brach sie zusammen und gestand das Verbrechen – wobei sie einem Rohling namens Judd Gray, ihrem heimlichen Liebhaber, die ganze Schuld daran gab. Mrs Snyder wurde verhaftet, die Suche nach Judd Gray wurde eingeleitet, und die Zeitung lesende Bevölkerung war im Begriff, in außerordentliche Begeisterung zu geraten.

Die zwanziger Jahre waren allgemein ein großartiges Jahrzehnt, was Lesen anbelangte – aller Wahrscheinlichkeit nach die Blütezeit des Lesens im amerikanischen Leben. Bald sollte es von der passiven Ablenkung überholt werden, die das Radio bot, doch zunächst blieb Lesen für die meisten Menschen die wichtigste Methode, um Leerzeiten zu füllen. Amerikanische Verlage produzierten jährlich 110 Millionen Bücher und mehr als 10 000 verschiedene Titel: doppelt so viel wie zehn Jahre zuvor. Für diejenigen, die sich von einer solchen Fülle literarischer Möglichkeiten einschüchtern ließen, hatte gerade ein hilfreiches neues Phänomen, der Buchclub, seinen Einstand gefeiert. Der Book-of-the-Month Club wurde 1926 gegründet, gefolgt von der Literary Guild, der »literarischen Gilde«. Beide waren auf Anhieb ein Erfolg. Autoren wurden auf eine Art und Weise verehrt, wie es heute kaum noch vorstellbar ist. Als Sinclair

Lewis in seine Heimat Minnesota zurückkehrte, um an seinem Roman *Elmer Gantry* (der im Frühjahr 1927 erschien) zu arbeiten, strömten die Leute aus einem meilenweiten Umkreis herbei, nur um ihn zu Gesicht zu bekommen.

Zeitschriften und Magazine boomten ebenfalls. Die Werbeeinnahmen schnellten in einem Jahrzehnt um 500 Prozent nach oben, und viele Publikationen von bleibender Bedeutung feierten ihr Debüt: *Reader's Digest* 1922, *Time* 1923, der *American Mercury* und *Smart Set* 1924, der *New Yorker* 1925. *Time* erlangte vermutlich am schnellsten große Bedeutung. Die von den beiden ehemaligen Yale-Kommilitonen Henry Luce und Briton Hadden gegründete Zeitschrift war äußerst beliebt, aber extrem schludrig. Über Charles Nungesser hieß es darin zum Beispiel, er habe im Krieg »einen Arm, ein Bein und das Kinn verloren«, was ganz offensichtlich in allen Einzelheiten falsch war, da Nungesser jeden Tag auf Fotos in Zeitungen mit einem vollen Satz Gliedmaßen und mit einem unbestreitbar »bekinnten« Gesicht zu sehen war. Die *Time* war bekannt für ihre monotone Vorliebe für bestimmte Wörter – »dunkelhäutig«, »geschmeidig«, »luchsäugig« – und für zusammengeschusterte Neologismen wie *cinemaddict*, »Kinosüchtiger«, oder *cinemactress*, »Kinoschauspielerin«. Außerdem hatte sie ein Faible für seltsam verdrehte Redewendungen, sodass aus *in the nick of time,* »im letzten Moment«, *in time's nick* wurde. Vor allem aber hatte sie eine merkwürdige, typisch deutsche Vorliebe, die normale Wortfolge umzustellen und so viele Substantive, Adjektive und Adverbien wie möglich vor dem Verb in einen Satz zu packen – oder wie Wolcott Gibbs es in seiner berühmten Kurzbiografie von Luce im *New Yorker* formulierte: »Rückwärts liefen die Sätze, bis sie taumelten, die Gedanken.« Ihren hochmodernen verbalen Eskapaden zum Trotz waren Luce und Hadden zutiefst konservativ. So stellten sie zum Beispiel keine Frauen in Positionen über der einer Sekretärin oder Büroassistentin ein.

In erster Linie aber waren die zwanziger Jahre die Blütezeit der Zeitungen. Die Zeitungsverkäufe stiegen um ein Fünftel, auf sechsunddreißig Millionen Exemplare täglich – oder 1,4 Zeitungen für jeden Haushalt. Allein in New York City gab es zwölf Tageszeitungen, und fast alle anderen Städte, die diese Bezeichnung verdient hatten, verfügten über mindestens zwei oder drei. Darüber hinaus konnten Leser in vielen Städten ihre Nachrichten jetzt einer neuen, revolutionären Form der Publikation entnehmen, die die Erwartungen der Menschen, wie tagesaktuelle Nachrichten aussehen sollten, völlig veränderte: dem Boulevardblatt. Boulevardzeitungen richteten ihren Schwerpunkt auf Verbrechen, Sport und Klatsch über Prominente und maßen allen drei Sparten dabei eine Bedeutung zu, die sie bislang nicht annähernd genossen hatten. Eine 1927 durchgeführte Studie zeigte, dass Boulevardblätter zwischen einem Viertel und einem Drittel ihres Umfangs der Verbrechensberichterstattung widmeten – bis zu zehnmal so viel wie seriöse Zeitungen. Ihrem Einfluss war es zu verdanken, dass ein unspektakulärer, aber blutiger Mord wie der an Albert Snyder landesweit Schlagzeilen machte.

Das Boulevardblatt – sowohl als Format als auch als Mittel zum Herausfiltern der anzüglichen Essenz aus Nachrichten – gab es in England schon seit einem Vierteljahrhundert. Doch niemand hatte daran gedacht, es auch in den Vereinigten Staaten auszuprobieren, bis zwei junge Mitglieder der *Chicago Tribune*-Verlegerfamilie, Robert R. McCormick und sein Cousin Joseph Patterson, den Londoner *Daily Mirror* zu Gesicht bekamen, als sie im Ersten Weltkrieg in England Militärdienst leisteten, und beschlossen, zu Hause etwas Ähnliches anzubieten, sobald wieder Frieden herrschte. Das Ergebnis war die *Daily Illustrated News,* lanciert im Juni 1919 in New York für einen Preis von zwei Cent. Das Konzept war kein unmittelbarer Erfolg – zwischenzeitlich ging die Auflage auf 11 000 zurück –, aber nach und nach baute sich die Zeitung eine treue Anhängerschaft auf und war Mitte der zwanziger Jahre mit einer Auflage von einer Million, mehr als das Doppelte der *New York Times,* die mit Abstand bestverkaufte Zeitung im ganzen Land.

Der Erfolg inspirierte unweigerlich Nachahmer. Als Erstes erschien im Juni 1924 der *New York Daily Mirror* von William Randolph Hearst, gefolgt drei Monate später vom wunderbar haarsträubenden *Evening Graphic*. Beim *Graphic* handelte es sich um die Schöpfung eines exzentrischen Geschäftsmanns mit buschigem Haar namens Bernarr Macfadden, der sein Leben fünfzig Jahre zuvor eher nüchtern als Farmjunge mit dem Namen Bernard MacFadden in Missouri begonnen hatte. Macfadden, wie er sich jetzt nannte, war ein Mann starker und exotischer Überzeugungen. Er hatte etwas gegen Ärzte, Rechtsanwälte und Kleidungsstücke, war aber ein leidenschaftlicher Verfechter von Muskeltraining, von vegetarischer Ernährung, des Anrechts von Pendlern auf anständige Eisenbahnverbindungen und der Freikörperkultur. Er und seine Frau irritierten oft ihre Nachbarn in Englewood, New Jersey – unter ihnen Dwight Morrow, eine Figur von zentraler Bedeutung für diese Geschichte –, indem sie sich auf ihrem Rasen nackt der Körperertüchtigung widmeten. Macfaddens Gesundheitsbewusstsein war so ausgeprägt, dass er nach dem Herztod einer seiner Töchter bemerkte: »Es ist besser, dass sie tot ist. Sie hätte mich nur blamiert.« Mit weit über achtzig sah man ihn noch immer mit einem Zwanzig-Kilo-Sandsack auf dem Rücken in Manhattan umherspazieren, weil er sich fit halten wollte. Er starb im Alter von siebenundachtzig Jahren.

Als Geschäftsmann schien er dem Motto zu folgen, dass keine Idee zu dumm ist, wenn es darum geht, der Bevölkerung etwas zu verkaufen. Er häufte drei verschiedene Vermögen an. Das erste als Erfinder einer kultischen Wissenschaft, die er *Physcultopathy* nannte und die das strikte Einhalten seiner Prinzipien der vegetarischen Ernährung und der Körperertüchtigung durch Muskeltraining forderte, mit Vorstößen in den Nudismus für diejenigen, die sich trauten. Die Bewegung brachte dann Vermögen zwei und drei, eine ganze Kette erfolgreicher Gesundheitsfarmen sowie einschlägige Publikationen hervor. Als Auswuchs dieser wartete Macfadden 1919 mit einer noch genialeren Erfindung auf: der sogenannten Beicht-Zeitschrift. Von *True Story,* seinem Flaggschiff in diesem Tätigkeitsfeld, verkauften sich bald 2,2 Millionen Exemplare im Monat. Sämtliche Geschichten in *True Story* waren unverblümt und pikant, mit einem »deftigen sexuellen Unterton«, wie ein zufriedener Leser es formulierte. Macfadden war äußerst stolz darauf, dass angeblich kein Wort in *True Story* erfunden war. Diese Behauptung brachte ihm jedoch gewisse finanzielle Unannehmlichkeiten ein, als sich durch einen unglücklichen Zufall herausstellte, dass ein 1927 erschienener Artikel mit dem Titel »Ein aufschlussreicher Kuss«, er ging über Scranton in Pennsylvania, die Namen von acht achtbaren Bürgern dieser schönen Stadt enthielt. Die Betroffenen klagten, und Macfadden musste zugeben, dass die Geschichten in *True Story* es in Wirklichkeit mit der Wahrheit nicht so genau nahmen und nie genommen hatten.

Als Boulevardzeitungen groß in Mode kamen, lancierte Macfadden den *Graphic*. Charakteristischstes Merkmal war, dass das Blatt fast nichts mit der Wahrheit gemein hatte und oft nicht einmal einen Bezug zur Realität erkennen ließ. In ihm wurden imaginäre Interviews mit Leuten geführt, die nie jemand getroffen hatte, und es enthielt Geschichten von Personen, die diese unmöglich geschrieben haben konnten. Als 1926 Rudolph Valentino starb, brachte der *Graphic* eine Serie angeblich von ihm verfasster Artikel aus dem Jenseits. Das Blatt wurde außerdem berühmt für eine ganz besondere Art der Illustration seiner eigenen Erfindungen, dem »Komposographen«, bei dem die Gesichter von Personen des öffentlichen Interesses auf die Körper von Models gesetzt wurden, die vor Kulissen fotografiert worden waren, um auf diese Weise fesselnde Bilder zu kreieren. Die berühmteste dieser visuellen Schöpfungen entstand im Jahr 1927 während des Aufhebungsverfahrens zwischen Edward W. »Daddy« Browning und seiner jungen und bemerkenswert sprunghaften Braut, die von allen liebevoll »Peaches« genannt wurde. Der *Graphic* veröffentlichte ein Foto, das Peaches (ohne wirklich plausibel wirken zu wollen) nackt im Zeugenstand zeigte. An diesem Tag wurden zusätzliche 250 000 Exemplare der Zeitung verkauft. Der *New Yorker* bezeichnete den *Graphic* als einen »grotesken Pilz«, doch es handelte sich um einen phänomenal erfolgreichen Pilz. 1927 stieg seine Auflage auf rund 600 000 Exemplare. Diese Zahlen waren ernst zu nehmen und beunruhigend. Die meisten Herausgeber von herkömmlichen Zeitungen reagierten, indem sie sich den Boulevardblättern deutlich annäherten – nicht in der Aufmachung, aber stilistisch. Selbst die *New York Times,* obwohl noch immer ergeben seriös und grau, fand im Lauf des Jahrzehnts Platz für jede Menge pikanter Geschichten und präsentierte sie in einer Prosa, die oft fast genauso hitzig war. Als es dann zu einem Mord wie dem an Albert Snyder kam, löste das bei sämtlichen Zeitungen so etwas wie Ekstase aus.

Dass die Täter spektakulär unfähig waren – und zwar so unfähig, dass der Schriftsteller und Journalist Damon Runyon den Prozess als »Dumbbell Murder Case«, als »Dummkopf-Mordfall«, bezeichnete – und weder besonders attraktiv noch besonders einfallsreich, spielte kaum eine Rolle. Es genügte, dass Begierde, Untreue, eine herzlose Frau und das Gegengewicht eines Schiebefensters zur Tat gehörten. Das waren Dinge, mit denen sich Zeitungen verkaufen ließen. Dem Fall Snyder-Gray wurde eine längere Berichterstattung zuteil als jedem anderen Verbrechen dieser Ära, und er wurde in dieser Hinsicht erst von dem Prozess gegen Bruno Hauptmann anlässlich der Entführung von Charles Lindberghs Baby im Jahr 1935 übertroffen. Was seinen Einfluss auf die Populärkultur anbelangte, reichte selbst die Lindbergh-Entführung nicht an die Mordtat heran.

Im Amerika der zwanziger Jahre waren Prozesse oft eine erstaunlich zügige Angelegenheit. Gray und Snyder wurden von einem Großen Geschworenengericht beschuldigt und saßen weniger als einen Monat nach ihrer Verhaftung auf der Anklagebank. Im Queens County Court House, einem Gebäude von klassischer Erhabenheit, herrschte Volksfestatmosphäre. 130 Zeitungen aus dem ganzen Land und sogar aus dem fernen Norwegen schickten Reporter. Western Union installierte die größte Telefonzentrale, die sie jemals errichtet hatte – größer als alle, die bislang für

Nominierungsparteitage oder World-Series-Baseballspiele benutzt worden waren. Vor dem Gerichtsgebäude wurden am Bordstein Imbisswagen aufgestellt, und Souvenirverkäufer boten Krawattennadeln in der Form von Schiebefenster-Gegengewichten für zehn Cent das Stück an. Jeden Tag fanden sich Scharen von Menschen in der Hoffnung ein, einen Sitzplatz im Gerichtssaal zu ergattern. Diejenigen, die leer ausgingen, schienen zufrieden damit zu sein, draußen herumzustehen und das Gebäude in dem Wissen anzustarren, dass darin wichtige Entscheidungen gefällt wurden, die sie weder sehen noch hören konnten. Wohlhabende, modisch gekleidete Menschen tauchten ebenfalls auf, unter ihnen die Marquess of Queensberry und die nicht namentlich genannte Ehefrau eines Richters am Obersten Gerichtshof der Vereinigten Staaten. Wer das Glück hatte, einen Platz im Gerichtsgebäude zu ergattern, durfte am Ende jedes Verhandlungstags nach vorne kommen und die bewunderten Beweisstücke des Falls begutachten: das Schiebefenster-Gegengewicht, den Bilddraht und die Flasche Chloroform, die an dem Verbrechen mitgewirkt hatten. Die *News* und der *Mirror* veröffentlichten täglich bis zu acht Artikel über den Prozess. Wenn es im Lauf des Tages irgendwelche besonders fesselnden Enthüllungen gab – zum Beispiel, dass Ruth Snyder am Abend des Mordes Judd Gray in einem blutroten Kimono empfangen hatte –, gingen hastig Sonderausgaben in Druck, als sei Amerika der Krieg erklärt worden. Für diejenigen, die zu ungeduldig oder zu überwältigt waren, um sich auf die Worte zu konzentrieren, präsentierte der *Mirror* während des dreiwöchigen Prozesses 160 Fotos, Diagramme und andere Illustrationen, die *Daily News* sogar an die 200. Für kurze Zeit zählte ein gewisser Edward Reilly zu Grays Anwälten, der später durch die Verteidigung von Bruno Hauptmann im Prozess um die Entführung des Lindbergh-Babys fragwürdige Berühmtheit erlangte. Doch Reilly war ein hoffnungsloser Trinker, und bei Grays Verteidigung wurde er bereits zu einem frühen Zeitpunkt gefeuert, wenn er denn nicht freiwillig zurückgetreten war.

Drei Wochen lang lauschten Geschworene, Reporter und Zuschauer jeden Tag in gespanntem Schweigen, während die ganze Tragik von Albert Snyders Weg in den Tod dargestellt wurde. Die Geschichte hatte zehn Jahre zuvor begonnen, als sich Snyder, der einsame Herausgeber der Zeitschrift *Motor Boating* mit schütterem Haar, in eine lebensfrohe, nicht sonderlich intelligente Redaktionssekretärin namens Ruth Brown verliebte. Sie war dreizehn Jahre jünger als er und fühlte sich nicht besonders zu ihm hingezogen, doch als er ihr nach ihrer dritten oder vierten Verabredung einen Verlobungsring von der Größe einer Kaugummikugel präsentierte, bröckelte ihre Tugendhaftigkeit. »Ich konnte mir diesen Ring doch nicht entgehen lassen«, erklärte sie einer Freundin hilflos.

Die beiden heirateten vier Monate nachdem sie sich kennengelernt hatten, und sie zog in sein Haus in Queens Village ein. Ihre eheliche Glückseligkeit war selbst nach den Maßstäben unglücklicher Ehen nur von kurzer Dauer. Snyder sehnte sich nach einem Leben ruhiger Häuslichkeit. Ruth – die bei ihren engen Freundinnen unter dem Spitznamen »Tommy« bekannt war – wünschte sich Rampenlicht und Vergnügungen. Er machte sie wütend, indem er sich weigerte, Fotos einer ehemaligen Liebsten abzuhängen. Binnen zwei Tagen nach der Hochzeit eröffnete sie ihm, dass sie ihn eigentlich gar nicht mochte. Und so begannen zehn Jahre einer Ehe ohne Liebe.

Ruth fing an, allein auszugehen. 1925 lernte sie in einem Café in Manhattan Judd Gray kennen, einen Vertreter für den Miederwarenhersteller Bien Jolie, und die beiden begannen eine Affäre. Gray sah nicht wie ein Bösewicht aus. Er trug eine eulenhafte Brille, wog gerade einmal fünfundfünfzig Kilo und nannte Ruth »Mommie«. Wenn er nicht mit wollüstiger Untreue beschäftigt war, unterrichtete er in der Sonntagsschule, sang im Kirchenchor, sammelte Spenden für das Rote Kreuz und war glücklich verheiratet und Vater einer zehnjährigen Tochter.

Als Ruth mit ihrer Ehe zunehmend unzufrieden wurde, brachte sie ihren nichts ahnenden Gatten mit einer List dazu, eine Versicherungspolice mit einer Unfallzusatzversicherung zu unterschreiben, die ihr in dem Fall, dass er eines gewaltsamen Todes sterben sollte, fast 100 000 Dollar einbringen würde – und widmete sich fortan hartnäckig der Aufgabe sicherzustellen, dass dieser Fall tatsächlich eintrat. Sie tat Gift in seinen abendlichen Whisky und rührte diesen in seine Dörrpflaumencreme (ein Aspekt, mit dem sich die Reporter eingehend befassten). Da das nicht genügte, um ihn zur Strecke zu bringen, mischte sie dem Gebräu zerstoßene Schlaftabletten bei. Auch verabreichte sie ihm Quecksilberchloridtabletten unter dem Vorwand, es handle sich bei ihnen um eine gesunde Medizin, und sie versuchte sogar, ihn zu vergasen, aber der ahnungslose Mr Snyder erwies sich auf hartnäckige Weise als unzerstörbar. In ihrer Verzweiflung wandte sich Ruth an Judd Gray. Gemeinsam planten sie, was sie für den perfekten Mord hielten. Gray nahm den Zug nach Syracuse und checkte im Hotel Onondaga ein, wobei er sicherstellte, dass ihn möglichst viele Leute sahen, ehe er zu einem Hinterausgang wieder hinausschlüpfte und in die Stadt zurückkehrte. Mit einem Freund hatte er vereinbart, dass sich dieser in seiner Abwesenheit in sein Hotelzimmer begeben, das Bett durcheinanderbringen und auch sonst dafür sorgen solle, dass es den Anschein hatte, als sei der Raum bewohnt. Außerdem ließ er dem Freund Briefe da und bat ihn, diese zur Post zu bringen. Nachdem Gray sich ein hieb- und stichfestes Alibi verschafft hatte, begab er sich nach Queens Village und fand sich spätabends vor dem Haus der Snyders ein. Ruth, die noch wach war und in ihrem bald berühmten scharlachroten Kimono in der Küche saß, ließ ihn ein. Der Plan war, dass sich Gray in das eheliche Schlafzimmer schleichen und Snyder mit einem Schiebefenster-Gegengewicht, das Ruth zu diesem Zweck auf den Toilettentisch gelegt hatte, den Schädel einschlagen sollte. Allerdings lief nicht alles wie geplant. Grays erster Schlag erwies sich als zu zaghafter Versuch und diente allein dazu, den zum Opfer Auserkorenen zu wecken. Verwirrt, aber hellwach, als er bemerkte, dass sich ein kleiner fremder Mann über ihn beugte und ihn mit einem stumpfen Gegenstand auf den Kopf schlug, schrie Snyder vor Schmerz auf, packte Gray an dessen Krawatte und würgte ihn.

»Mommie, Mommie, um Himmels willen, hilf mir doch!«, krächzte Gray.

Ruth Snyder nahm ihrem sich abmühenden Liebhaber das Schiebefenster-Gegengewicht aus der Hand, ließ es energisch auf den Schädel ihres Ehemanns hinabsausen und brachte diesen zum Schweigen. Dann stopften sie und Gray Snyder Chloroform in die Nasenlöcher und erdrosselten ihn mit Bilderdraht, den sie ebenfalls bereitgelegt hatten. Anschließend leerten sie im ganzen Haus Schubladen und Schränke aus, um den Eindruck zu erzeugen, als sei es durchsucht worden. Offenbar dämmerte es keinem von beiden, dass es eine gute Idee sein könnte, Ruths Bett so aussehen zu lassen, als hätte sie darin geschlafen. Gray fesselte seine Geliebte locker an den Hand- und Fußgelenken und legte sie bequem auf den Fußboden. Für seine raffinierteste Finte hielt Gray den Einfall, eine italienische Zeitung auf einen Tisch im Erdgeschoss zu legen, damit die Polizei zu dem Schluss käme, bei den Einbrechern habe es sich um subversive Ausländer wie die berüchtigten Anarchisten Sacco und Vanzetti gehandelt, die zum damaligen Zeitpunkt in Massachusetts auf ihre Hinrichtung warteten. Als sich alles an Ort und Stelle befand, küsste Gray Ruth zum Abschied und fuhr mit dem Taxi in die Stadt und dann mit dem Zug zurück nach Syracuse.

Gray war überzeugt davon, dass die Polizei – selbst wenn er unter Verdacht geraten sollte – nicht in der Lage sein würde, ihm irgendetwas nachzuweisen, da er sich seinem Alibi zufolge zweifellos im 300 Meilen entfernten Syracuse aufgehalten hatte. Zu seinem Unglück erinnerte sich ein Taxifahrer an Gray, dem dieser auf Long Island bei einem Fahrpreis von drei Dollar fünfzig nur fünf Cent Trinkgeld gegeben hatte – was selbst in den zwanziger Jahren ein kümmerliches Zeichen der Dankbarkeit war – und der es jetzt kaum erwarten konnte, als Zeuge gegen ihn auszusagen. Gray wurde im Hotel Onondaga ausfindig gemacht, wo er sein Erstaunen darüber kundtat, wie die Polizei darauf verfiele, ihn zu verdächtigen. »Aber ich habe doch noch nicht mal einen Strafzettel wegen zu schnellen Fahrens bekommen«, sagte er und behauptete selbstbewusst, er könne beweisen, dass er sich das ganze Wochenende im Hotel aufgehalten habe. Leider – um nicht zu sagen erstaunlicherweise – hatte er den Abriss seiner Zugfahrkarte in den Papierkorb geworfen. Als ein Polizist ihn herausfischte und Gray damit konfrontierte, legte dieser prompt ein Geständnis ab. Als er erfuhr, dass Mrs Snyder ihm die Schuld an allem gab, beharrte er darauf, dass sie die Drahtzieherin sei und ihn zum Mitmachen erpresst habe, indem sie ihm damit drohte, seiner liebevollen Ehefrau von seinem Seitensprung zu erzählen. Es war klar, dass er und Mrs Snyder nie wieder Freunde werden würden.

Das Interesse an dem Prozess war so groß, dass kein Aspekt der Angelegenheit, wie nebensächlich auch immer, von den Zeitungen übersehen wurde. Die Leser erfuhren zum Beispiel, dass der Vorsitzende Richter, Townsend Scudder, jeden Abend, wenn er in sein Haus auf Long Island heimkehrte, von seinen 125 Hunden, die er alle selbst fütterte, begrüßt und vermutlich beinahe überrannt wurde. Wie ein anderer Reporter feststellte und feierlich berichtete, belief sich das Alter der Geschworenen zusammengerechnet auf genau 500 Jahre. Einem von Ruth Snyders Strafverteidigern, Dana Wallace, wurde besondere Aufmerksamkeit zuteil, da er der Sohn des Eigentümers des berüchtigten Frachters *Mary Celeste* war, der 1872 im Atlantik treibend gefunden worden war, seine Besatzung auf mysteriöse Weise verschwunden. Ein Journalist namens Silas Bent nahm eine sorgfältige Überprüfung der Spaltenlängen vor und fand heraus, dass über den Fall Snyder-Gray mehr geschrieben wurde als über den Untergang der *Titanic*. Viele Analysen und Kommentare stammten von prominenten Beobachtern, einer ganzen Meute, darunter die Krimiautorin Mary Roberts Rinehart, der Dramatiker Ben Hecht, der Filmregisseur D. W. Griffith, die Schauspielerin Mae West und der Historiker Will Durant, dessen Buch *Die großen Denker* zum damaligen Zeitpunkt ein phänomenaler Bestseller war, auch wenn es offensichtlich nichts mit dem Strafprozess auf Long Island zu tun hatte. Aus unerklärlichen Gründen ebenfalls anwesend war ein Magier, der den Künstlernamen Thurston trug. Für den moralischen Kontext sorgten drei führende Evangelisten: Billy Sunday, Aimee Semple McPherson und John Roach Straton. Letzterer war dafür bekannt, dass er fast alles hasste: »Kartenspiele, Cocktails, Pudel, Jazz-Musik, das Theater, tief ausgeschnittene Kleider, Scheidung, Romane, stickige Räume, Clarence Darrow, übermäßiges Essen, das Museum of Natural History, die Evolution, den Einfluss von Standard Oil auf die Baptistengemeinde, Profiboxen, das Privatleben von Schauspielern, Aktmalerei, das Spiel Bridge, den Modernismus und Windhundrennen«, wenn man einem parteiischen Zeitgenossen Glauben schenken darf. Dieser Liste fügte er nun bereitwillig Ruth Snyder und Judd Gray hinzu; was ihn betraf, konnten die beiden gar nicht schnell genug hingerichtet werden. McPherson zeigte sich gemäßigter, bot an zu beten und verlieh ihrer Hoffnung Ausdruck, Gott werde junge Männer allerorts lehren zu denken. »Ich wünsche mir eine Ehefrau wie meine Mutter – und keinen heißen Feger.«

Der Kritiker Edmund Wilson fragte sich in einem Essay, warum ein so stumpfsinniger und einfallsloser Mord so viel ernsthaftes Interesse erregte, ohne dabei in Erwägung zu ziehen, dass man sich dieselbe Frage stellen könnte, was seinen Beitrag betraf. Für ihn handelte es sich in erster Linie um einen weiteren Fall mit einem »vertrauten Motiv«: eine »skrupellose, nach Höherem strebende Frau, die einen unterwürfigen Mann herumkommandiert«. Fast alle waren sich einig, dass Ruth Snyder die Schuldige war und Judd Gray der unglückselige Gelackmeierte. Gray erhielt so viele, fast ausschließlich mitfühlende Briefe, dass sie zwei benachbarte Zellen im Queens-County-Gefängnis füllten.

Die Zeitungen gaben sich alle Mühe, Ruth Snyder als eine böse Verführerin darzustellen. »Ihr von Natur aus blondes Haar war bis zur Perfektion onduliert«, schrieb ein Beobachter mit scharfer Zunge, als hätte allein das ihre Schuld bewiesen. Der *Mirror* nannte sie »die marmorne Frau ohne Herz«, woanders wurde sie als »menschliche Schlange«, als »die Frau aus Eis« und, in einem Moment journalistischen Hyperventilierens, als »schwedisch-norwegischer Vampir« bezeichnet. Fast alle Artikel widmeten sich Ruth Snyders tödlich gutem Aussehen, doch das war entweder eine Wahnvorstellung oder ausgesprochen großzügig. 1927 war Ruth Snyder sechsunddreißig Jahre alt, füllig, mitgenommen und erschöpft. Ihre Gesichtshaut war fleckig und ihr Gesichtsausdruck permanent finster. Freimütigere Kommentatoren bezweifelten, dass sie jemals attraktiv gewesen war. Ein Reporter des *New Yorker* schlug vor: »Bislang hat niemand zufriedenstellend analysieren können, was Ruth Snyder interessant macht ... Ihr unwiderstehlicher Charme ist nur für Judd Gray sichtbar.« Gray wirkte mit seinen dicken runden Brillengläsern unwahrscheinlich intellektuell und professoral und viel älter, als er mit seinen fünfunddreißig Jahren war. Auf Fotos hatte er einen Gesichtsausdruck immerwährender Überraschung, als könne er nicht fassen, wo er plötzlich gelandet war.

Weshalb der Snyder-Mord tatsächlich eine so leidenschaftliche Anhängerschaft fand, ließ sich schon damals schwer und lässt sich heute überhaupt nicht mehr sagen. In jenem Jahr gab es allein in New York eine Menge anderer, gelungenerer Morde, auf die sich die Aufmerksamkeit der Öffentlichkeit hätte richten können. Einer davon war der »Gravesend-Bay-Versicherungsmord«, wie die Zeitungen ihn tauften, bei dem ein Mann namens Benny Goldstein den Plan schmiedete, sein eigenes Ertrinken in der Gravesend Bay in Brooklyn vorzutäuschen, damit sein Freund Joe Lefkowitz von der Versicherung 75 000 Dollar kassieren konnte, die sich die beiden anschließend teilen wollten. Lefkowitz änderte den Plan jedoch in einem entscheidenden Punkt: Er warf Goldstein in der Mitte der Bucht aus dem Boot, anstatt ihn wie vereinbart an einem Strand in New Jersey abzusetzen. Da Goldstein nicht schwimmen konnte, war sein Tod eine sichere Sache, und Lefkowitz strich das gesamte Geld ein. Allerdings konnte er sich nicht lange daran erfreuen, da er schnell gefasst und verurteilt wurde.

Der Fall Snyder war im Gegensatz dazu plump und banal und versprach nicht einmal aufregende Enthüllungen im Gerichtssaal, da beide Angeklagten ein volles Geständnis abgelegt hatten. Trotzdem wurde er ohne bewusste Übertreibung als das »Verbrechen des Jahrhunderts« bekannt und hatte einen enormen kulturellen Einfluss, vor allem auf Hollywood, den Broadway und das eher reißerische Ende des Spektrums der Unterhaltungsliteratur. Der Produzent Adolph Zukor brachte einen Film mit dem Titel *The Woman Who Needed Killing,* »Die Frau, die töten musste«, heraus (der später zu *A Dangerous Woman,* »Die gefährliche Frau«, abgemildert wurde), und die Journalistin Sophie Treadwell, die für den *Herald Tribune* über den Prozess berichtet hatte, schrieb ein Theaterstück mit dem Titel *Machinal,* das sich sowohl bei Kritikern als auch kommerziell als Erfolg erwies. (Die Rolle des Judd Gray in der Treadwell-Inszenierung übernahm übrigens ein vielversprechender junger Schauspieler namens Clark Gable.) Dem Romanautor James M. Cain hatte es der Fall derart angetan, dass er ihn gleich in *zwei* Büchern als zentrales Handlungselement verwendete: In *Wenn der Postmann zweimal klingelt* und in *Doppelte Abfindung.* Letzteres machte Billy Wilder 1944 zu dem kunstvoll beleuchteten Spielfilm *Frau ohne Gewissen* mit Fred MacMurray und Barbara Stanwyck in den Hauptrollen. Dieser Spielfilm gilt als Wegbereiter des Film noir und wurde zur Vorlage für eine ganze Generation von Hollywood-Melodramen. Bei der Filmfassung von *Doppelte Abfindung* handelt es sich tatsächlich um die Geschichte von Snyder und Gray, allerdings mit bissigeren Dialogen und besser aussehenden Protagonisten.

Der Mord am armen Albert Snyder hatte noch eine weitere Besonderheit: Die Täter wurden gefasst, was in Amerika in den zwanziger Jahren nicht oft vorkam. New York verzeichnete im Jahr 1927 insgesamt 372 Morde; in 115 dieser Fälle wurde niemand festgenommen. Wenn es zu Verhaftungen kam, betrug die Verurteilungsrate weniger als 20 Prozent. Landesweit blieben einer Studie der Metropolitan Life Insurance Company zufolge – und es ist bemerkenswert, dass die besten Statistiken von Versicherungsgesellschaften geführt wurden, nicht von Polizeibehörden – 1927 zwei Drittel aller Kapitalverbrechen in Amerika ungelöst. Mancherorts wurde nicht einmal diese äußerst unbefriedigende Quote erreicht. Chicago erlebte im Jahr durchschnittlich zwischen 450 und 500 Morde und konnte nicht einmal ein Viertel davon aufklären. Insgesamt blieben der oben erwähnten Studie zufolge 90 Prozent aller Schwerverbrechen in Amerika ungesühnt. Nur einer von hundert Morden endete mit einem Todesurteil. Dass Ruth Snyder und Judd Gray angeklagt, verurteilt und letzten Endes hingerichtet wurden, ließ also darauf schließen, dass sie sich ganz besonders dumm angestellt hatten. Dem war so.

Am Spätnachmittag des 9. Mai beendeten die Rechtsanwälte ihre Schlussplädoyers, und die zwölf Geschworenen – es handelte sich ausschließlich um Männer, da Frauen 1927 im Bundesstaat New York zu Mordprozessen nicht zugelassen waren – zogen sich zur Beratung zurück. Eine Stunde und vierzig Minuten später kamen sie mit ihrem Urteil wieder in den Gerichtssaal geschlurft: Beide Angeklagten wurden des vorsätzlichen Mordes für schuldig befunden. Ruth Snyder weinte bitterlich auf ihrem Stuhl. Judd Gray starrte die Geschworenen mit gerötetem Gesicht, aber ohne Feindseligkeit an. Richter Scudder beraumte die Urteilsverkündung für den folgenden Montag an, wenngleich es sich dabei eigentlich nur noch um eine Formalität handelte. Die Strafe für vorsätzlichen Mord war Hinrichtung auf dem elektrischen Stuhl.

Durch Zufall entwickelte sich genau zu dem Zeitpunkt, als sich der Fall Snyder-Gray seinem unausweichlichen Ende zuneigte, eine andere, noch größere Geschichte. Drei Tage nachdem die Verhandlung vorbei war und nur ein kleines Stück entfernt, landete ein silberfarbenes Flugzeug mit dem Namen *Spirit of St. Louis* auf Long Island, auf dem unmittelbar neben dem Roosevelt Field gelegenen Curtiss-Flugfeld. Aus der Maschine kletterte grinsend ein junger Mann aus Minnesota, über den fast nichts bekannt war.

Charles Lindbergh war fünfundzwanzig, sah aber aus wie achtzehn. Er war einen Meter achtundachtzig groß und wog achtundfünfzig Kilo. Außerdem lebte er beinahe grotesk gesund: Er rauchte und trank nicht – nicht einmal Kaffee oder Coca-Cola – und hatte noch nie ein Rendezvous gehabt. Sein Sinn für Humor war seltsam unterentwickelt, und er liebte Scherze, die gefährlich an Grausamkeit grenzten. Einmal füllte er an einem heißen Tag den Wasserkrug eines Freundes mit Kerosin und stand fröhlich daneben, als dieser einen kräftigen Schluck nahm. Der Freund landete im Krankenhaus. Lindberghs bislang rühmlichste Leistung war, dass er, soweit bekannt, aus mehr abstürzenden Flugzeugen erfolgreich mit dem Fallschirm abgesprungen war als irgendjemand anderer. Er hatte vier Notfall-Fallschirmsprünge auf seinem Konto – einen davon aus einer Höhe von nur gut hundert Metern – und war mit einem fünften Flugzeug in einem Sumpf in Minnesota bruchgelandet, aber anschließend unversehrt aus der Maschine geklettert. Sein erster Soloflug lag gerade einmal vier Jahre zurück. In der Fliegergemeinde auf Long Island wurden seine Chancen, den Atlantik erfolgreich zu überqueren, gleich null eingeschätzt.

Nachdem Snyder und Gray von den Titelseiten verschwunden waren, gab es Bedarf an einer neuen Story, und dieser selbstbewusste, etwas undurchschaubare junge Mann aus dem Mittelwesten sah so aus, als könne er sie liefern. In Reporterkreisen wurde nur eine einzige Frage diskutiert: Wer ist dieser Junge?

Zweites Kapitel

Charles Lindberghs ursprünglicher Familienname lautete Månsson. Sein Großvater, ein mürrischer Schwede mit üppigem Bart und Gift-und-Galle-Miene, hatte ihn zu Lindbergh geändert, als er 1859 überstürzt und unter dubiosen Umständen nach Amerika gekommen war.

Bis kurz vor diesem Zeitpunkt war Ola Månsson ein achtbarer Bürger gewesen und allem Anschein nach ein zufrieden verheirateter Mann, der mit seiner Frau und seinen acht Kindern in einer Ortschaft in der Nähe von Ystad am südlichsten Rand von Schweden lebte. 1847 wurde er im Alter von vierzig Jahren in den Riksdag, das Landesparlament, gewählt und verbrachte von da an viel Zeit im 600 Kilometer weiter nördlich gelegenen Stockholm. Dort wurde sein Leben ungewöhnlich kompliziert. Er begann eine Affäre mit einer zwanzig Jahre jüngeren Bedienung und zeugte mit ihr ein außereheliches Kind: Charles Lindberghs Vater. Zur selben Zeit war Månsson in einen Finanzskandal verwickelt, weil er für einige Kumpanen auf unlautere Art und Weise für Bankdarlehen gebürgt hatte. Wie ernst die Anschuldigungen waren, ist nicht klar. In Amerika behaupteten die Lindberghs immer, sie seien von politischen Feinden erfunden worden. Sicher ist jedoch, dass Ola Månsson Schweden 1859 Hals über Kopf verließ, ohne zu den Vorwürfen gegen ihn Stellung zu nehmen, seine ursprüngliche Familie im Stich ließ, sich mit seiner Geliebten und seinem neuen Kind im ländlichen Minnesota niederließ und seinen Namen in August Lindbergh änderte – alles Tatsachen, die Charles Lindbergh in seinen diversen autobiografischen Werken überging oder leichtfertig beschönigte.

Die Lindberghs (der Name bedeutet so viel wie »Linden-Berg«) ließen sich in der Nähe von Sauk Centre nieder, der zukünftigen Heimatstadt des Romanautors Sinclair Lewis, aber damals am äußersten Rand der Zivilisation. Sauk Centre war auch der Ort, an dem sich der ältere Lindbergh zwei Jahre nach ihrer Ankunft eine schreckliche Verletzung zuzog. Bei der Arbeit in einem Sägewerk rutschte er aus und fiel in ein surrendes Sägeblatt, das an der Schulter in seinen Oberkörper eindrang und dabei ein Loch hinterließ, das so groß war, dass seine inneren Organe freilagen – ein Zeuge behauptete, er habe das Herz des armen Mannes schlagen sehen –, und das dafür sorgte, dass sein Arm nur noch von ein paar glitzernden Sehnen gehalten wurde. Die Sägewerkarbeiter verbanden die Wunde, so gut es ging, und trugen Lindbergh nach Hause, wo er drei Tage lang in stillen Todesqualen dalag und auf das Eintreffen eines Arztes aus dem vierzig Meilen entfernten St. Cloud wartete. Als der Arzt schließlich erschien, amputierte er den Arm und nähte die klaffende Öffnung zu. Lindbergh soll dabei fast keinen Laut von sich gegeben haben. Bemerkenswerterweise erholte sich August Lindbergh wieder und lebte noch dreißig Jahre. Stoische Ruhe wurde zum bestentwickelten Charakterzug in der Familie Lindbergh.

Charles Lindberghs Vater, der als Schwedisch sprechendes Kleinkind mit dem Namen Karl August Månsson in Amerika angekommen war, wuchs zu einem kräftigen, aber trübseligen jungen Mann namens Charles August Lindbergh heran. Freunde und Kollegen nannten ihn C. A. Als Jugendlicher entwickelte C. A. eine Begabung darin, Bisamratten zu fangen, deren Felle Kürschner zu Jacken und Stolen verarbeiteten und unter der ansprechenderen Bezeichnung »Hudson-Seal« vertrieben. C. A. verdiente bei dem Handel genug, um sich damit sein Jurastudium an der University of Michigan zu finanzieren. Nach seinem Abschluss eröffnete er in Little Falls in Minnesota eine Anwaltskanzlei, heiratete, zeugte drei Töchter und war erfolgreich genug, um sich etwa anderthalb Meilen außerhalb der Stadt ein Holzhaus auf einem Felsvorsprung mit Blick auf den Mississippi bauen zu können. Alles in seinem Leben lief ausgesprochen gut, bis seine Frau im Frühjahr 1898 nach einem Eingriff, bei dem ihr ein Unterleibstumor entfernt wurde, plötzlich verstarb.

Drei Jahre später heiratete C. A. erneut – dieses Mal eine hübsche, ziemlich ernsthafte junge Chemielehrerin aus Detroit, die kurz zuvor eine Stellung an der Little Falls High School angetreten hatte. Für die damalige Zeit und für Little Falls war Evangeline Lodge Land eine ungewöhnlich gebildete Frau. Sie hatte ebenfalls in Michigan studiert, war aber noch akademischer geprägt als ihr Mann und absolvierte später ein Zweitstudium an der Columbia University. Außer körperlicher Anziehung – beide waren überaus attraktiv – hatte das neue Ehepaar Lindbergh wenig gemein. C. A. Lindbergh war gut aussehend, aber ernst und bedächtig. Seine Frau war kühl und fordernd. Am 4. Februar 1902 setzten sie einen weiteren C. A. Lindbergh in die Welt – dieser hieß allerdings Charles August*us,* mit einer zusätzlichen klassischen Silbe am zweiten Vornamen. Von seinem Vater erbte Charles sein Grübchen am Kinn und sein stets zerzaustes Haar, von seiner Mutter seine Verträumtheit und von beiden seine Neigung zur Eigensinnigkeit. Er sollte das einzige gemeinsame Kind bleiben. Der junge Charles – er war nie Charlie oder irgendetwas anderes, Zwangloseres und Geläufigeres – wuchs in einem angenehm behüteten Haushalt auf (die Familie hatte drei Bedienstete), in dem es jedoch an Wärme mangelte. Seine Eltern waren nahezu unfähig, Zuneigung zu zeigen. Lindbergh und seine Mutter umarmten sich nie. Vor dem Schlafengehen schüttelten sie sich die Hand. Als Junge, aber auch als erwachsener Mann unterschrieb Charles Briefe an seinen Vater mit »hochachtungsvoll, C. A. Lindbergh«, als korrespondiere er mit seinem Bankdirektor.

Charles war ein schüchterner, ziemlich selbstvergessener Junge. In Little Falls hinterließ er so wenig Eindruck, dass sich 1927, als Journalisten auf der Suche nach Anekdoten aus seiner Jugend über die Stadt herfielen, keiner seiner ehemaligen Mitschüler an eine erinnern konnte. Als Erwachsener sagte Lindbergh, er habe keine

Erinnerungen an seine Zeit als Kind. In seiner ersten autobiografischen Anstrengung mit dem Titel »*Wir zwei« – Mit der Spirit of St. Louis über den Atlantik* widmet er seinen ersten Lebensjahren nur achtzehn Zeilen.

Im Jahr 1906, als Charles noch nicht ganz fünf Jahre alt war, wurde sein Vater als Republikaner in den Kongress gewählt, was bedeutete, dass der kleine Charles zwischen Little Falls, das er mochte, und Washington, das er nicht mochte, pendeln musste. Das verschaffte ihm eine ereignisreiche, aber zerrissene Kindheit. Er machte Erfahrungen, von denen andere Jungen nur träumen konnten – er spielte im Garten des Weißen Hauses und in den Korridoren des Kapitols, besuchte mit elf den Panamakanal, ging mit den Söhnen von Theodore Roosevelt zur Schule. Doch er musste so häufig umziehen, dass er nie Teil von irgendetwas wurde.

Im Lauf der Jahre entfremdeten seine Eltern sich zunehmend voneinander. Lindberghs Biograf A. Scott Berg zufolge hielt seine Mutter seinem Vater mindestens einmal eine Pistole an den Kopf (nachdem sie erfahren hatte, dass er mit seiner Stenografin schlief), und er schlug sie mindestens einmal, als er in Rage war. Als Charles zehn war, lebten seine Eltern dauerhaft getrennt, wenngleich sie das der politischen Karriere von Charles senior zuliebe geheim hielten. Charles besuchte bis zu seinem Highschool-Abschluss elf verschiedene Schulen und zeichnete sich an jeder davon durch seine Mittelmäßigkeit aus. Im Herbst 1920 begann er sein Studium an der University of Washington mit der Absicht, Ingenieur zu werden. Charles überlebte in erster Linie, indem er sich seine wissenschaftlichen Arbeiten von seiner Mutter schreiben ließ, doch letztlich genügte das nicht. In der Mitte seines zweiten Studienjahrs flog er von der Universität – und verkündete daraufhin überraschend sein Vorhaben, Pilot zu werden. Aus der Sicht seiner Eltern war das ein demütigendes Ziel. Die Fliegerei war schlecht bezahlt, enorm gefährlich und als Beruf unsicher, und nirgendwo waren diese drei Aspekte deutlicher ausgeprägt als in den Vereinigten Staaten.

Amerika fiel in keinem anderen wichtigen Technologiebereich jemals weiter hinter den Rest der Welt zurück als in den zwanziger Jahren in der Luftfahrt. Europa besaß mit KLM bereits 1919 seine erste Fluglinie, und andere folgten schnell. Noch vor Ende des Jahres wurden tägliche Flugverbindungen zwischen London und Paris eingeführt, und bald flogen jede Woche mehr als tausend Menschen allein auf dieser Route. Mitte der zwanziger Jahre konnte man in Europa fast überallhin fliegen: von Berlin nach Leipzig, von Amsterdam nach Brüssel, von Paris ins ferne Konstantinopel (über Prag und Bukarest). 1927 hatte Frankreich neun Fluggesellschaften in Betrieb, Maschinen britischer Fluglinien legten beinahe eine Million Meilen im Jahr zurück, und Deutschland brachte 151 000 Passagiere sicher an ihr Ziel. Als in Amerika der Frühling 1927 anbrach, belief sich dort die Zahl der Passagierlinienflüge auf ... null.

In den Vereinigten Staaten war die Luftfahrt fast völlig ungeregelt. Das Land hatte kein System der Lizenzvergabe und stellte keine speziellen Anforderungen an die Ausbildung. Jeder konnte sich ein Flugzeug kaufen, in jedem Zustand, und damit legal zahlende Passagiere befördern. Die Vereinigten Staaten waren so nachlässig, was das Fliegen betraf, dass dort über Flugzeugabstürze und Todesopfer nicht einmal Statistik geführt wurde. Die zuverlässigste Quelle, das *Aircraft Year Book,* sammelte seine Zahlen aus Zeitungsausschnitten. Die anonymen Verfasser dieses jährlich erscheinenden Bands hatten keine Zweifel daran, dass das Fehlen von Vorschriften den Fortschritt aufhielt und unnötige Opfer forderte. Sie schrieben: »Seit dem Waffenstillstand, als Flugzeuge erstmals allgemein verfügbar waren und qualifizierten und unqualifizierten, verantwortungsbewussten und verantwortungslosen Personen in die Hände fielen, wurden bei Flugzeugunfällen, die hätten verhindert werden können, wenn ein Statut aufgestellt und durchgesetzt worden wäre, nach vorsichtigen Schätzungen mehr als 300 Menschen getötet und 500 zum Teil lebensgefährlich verletzt.«

Da es keine Fluggesellschaften gab, die amerikanische Piloten hätten einstellen können, mussten diese jede Arbeit annehmen, die sie erhalten konnten: Schädlingsbekämpfung aus dem Flugzeug, Rundflüge auf Jahrmärkten, Zuschauer mit akrobatischen Flugkunststücken begeistern, Reklamebanner über den Himmel ziehen, Luftaufnahmen machen oder Post zustellen – immerhin ein Gebiet, auf dem Amerika herausragend war. Von allen Beschäftigungen in der Luft war das Zustellen von Post die wirtschaftlich sicherste, aber gleichzeitig auch die gefährlichste: Einunddreißig der ersten vierzig Luftpostpiloten kamen bei Abstürzen ums Leben, und Unfälle waren die ganzen zwanziger Jahre hindurch an der Tagesordnung. Luftpostpiloten flogen bei jedem Wetter und häufig auch nachts, und das mehr oder weniger ohne navigatorische Hilfsmittel. Im März 1927 merkte ein Artikel im *Scientific American* mit der Überschrift »Unsichtbare Strahlen leiten Flieger auf Flügen zwischen europäischen Städten« bewundernd an, Piloten in Europa könnten ihre Position jederzeit mithilfe von Funkbaken feststellen. Amerikanische Piloten, die sich verflogen hatten, mussten dagegen nach einer Ortschaft Ausschau halten und hoffen, dass irgendjemand deren Namen auf das Dach eines Gebäudes geschrieben hatte. Falls ein solcher Hinweis fehlte – und in der Regel war dem so –, mussten die Piloten in den Tiefflug gehen und versuchen, die Schilder des örtlichen Bahnhofs zu lesen, wobei es sich oft um ein riskantes Manöver handelte. Für einen Wetterbericht riefen sie meistens vor dem Abflug bei Weichenwärtern entlang ihrer Route an und baten sie, den Kopf zur Tür hinauszustrecken und ihnen zu sagen, was sie sahen.

Solche Unzulänglichkeiten waren bezeichnend für fast alle Bereiche des zivilen amerikanischen Flugwesens. Bis 1924 besaß Detroit, die viertgrößte Stadt des Landes, kein einziges Flugfeld. Dasselbe galt noch 1927 für San Francisco und Baltimore. Das Lambert Field in St. Louis, aufgrund seiner Lage im Herzen des Kontinents eines der wichtigsten Flugfelder im ganzen Land, existierte nur, weil Bürgermeister Albert B. Lambert, selbst ein begeisterter Flieger, sich bereit erklärte, es aus eigener Tasche mitzufinanzieren. Der Ballungsraum New York besaß vier Flugfelder – drei auf

Long Island und eines auf Staten Island –, die sich jedoch alle in Privatbesitz befanden oder vom Militär betrieben wurden und nur einfach ausgestattet waren. Keines von ihnen verfügte über einen Kontrollturm. Letzteren suchte man auch auf allen anderen amerikanischen Flugfeldern vergeblich.

Erst 1925 fing das Land endlich an, sich zumindest ansatzweise um seine flugtechnischen Defizite zu kümmern. Für die Verbesserung der Situation war in erster Linie Dwight Morrow verantwortlich, ein New Yorker Banker, der überhaupt nichts von der Fliegerei verstand, aber trotzdem die Leitung des President's Aircraft Board übertragen bekam – ein Ausschuss, der mit der Untersuchung der Sicherheit und Effizienz der amerikanischen Luftfahrt beauftragt wurde –, da er mit Präsident Calvin Coolidge befreundet war. Aufgrund eines außergewöhnlichen Zufalls sollte Morrow 1929 Charles Lindberghs Schwiegervater werden. Hätte Morrow jemand gesagt, dass seine schüchterne, intellektuelle Tochter, die das Smith College in Massachusetts besuchte, vor Ende des Jahrzehnts einen ehemaligen Luftpostpiloten und Stuntflieger heiraten würde, wäre er vermutlich aus allen Wolken gefallen. Hätte ihm außerdem jemand gesagt, dass fraglicher Pilot zu diesem Zeitpunkt der berühmteste Mensch auf der ganzen Welt sein würde, wäre er aller Wahrscheinlichkeit nach völlig sprachlos gewesen. Auf jeden Fall unterzeichnete Präsident Coolidge dank Morrows Bemühungen am 20. Mai 1926 – zufällig auf den Tag genau ein Jahr vor Lindberghs Flug – den Air Commerce Act. Diese Verordnung formulierte zumindest minimale Anforderungen an die Ausbildung von Piloten, forderte die Überprüfung von Flugzeugen, die bundesstaatenübergreifend eingesetzt wurden, und verlangte vom Handelsministerium, Statistik über Todesopfer zu führen. Das war zwar nicht viel, aber immerhin ein Anfang.

In dieser zwanglosen, äußerst riskanten Welt erlernte Charles Lindbergh die Fliegerei. Sein erster Flug – oder vielmehr seine erste Begegnung mit einem Flugzeug aus nächster Nähe – fand am

9. April 1922, zwei Monate nach seinem zwanzigsten Geburtstag, in einer Flugschule in Lincoln, Nebraska, statt. Er war auf der Stelle begeistert und begann fast sofort eine kurze, aber gefährliche Karriere als Stuntman. Binnen einer Woche spazierte er auf Tragflächen umher, und binnen eines Monats sprang er – ohne vorheriges Training – zur Freude von vielen herbeigeströmten Zuschauern aus schwindelerregenden Höhen mit dem Fallschirm ab. Im Rahmen dieser Tätigkeiten erlernte er auch auf ganz und gar informelle Weise, selbst ein Flugzeug zu fliegen. Dabei erwies er sich als ungewöhnlich begabt. Wie die meisten jungen Männer war Lindbergh zu haarsträubenden Torheiten imstande. Ein Teil des Jobs umherziehender Stuntflieger bestand darin, die Bevölkerung mit ihren Flugkünsten zu beeindrucken, und bei einem Gastspiel im texanischen Camp Wood beschloss Lindbergh, dazu von der Hauptstraße der Ortschaft zu starten – ein gewagtes Unterfangen, da der Abstand zwischen den Telefonmasten in der Straße nur vierzehn Meter betrug, sein Flugzeug aber eine Tragflächenspannweite von knapp dreizehneinhalb Meter hatte. Als er auf der Straße beschleunigte, sorgte eine Bodenwelle dafür, dass seine Maschine mit einer Tragflächenspitze an einem Telefonmasten hängen blieb, gedreht wurde und in das Schaufenster einer Eisenwarenhandlung raste. Dass dabei weder er noch einer der Zuschauer verletzt wurde, grenzt an ein Wunder.

Durch die Arbeit als Stuntman konnte Lindbergh viel praktische Erfahrung sammeln – er schaffte in zwei Jahren mehr als 700 Flüge –, eine fachliche Ausbildung ersetzte das aber nicht. 1924 machte er dieses Defizit wett, indem er sich für einen Einjahreskurs bei den Reserve-Luftstreitkräften der Armee einschrieb, die damals die modernste und anspruchsvollste Ausbildung anboten. Er schloss als Bester seiner Klasse ab – das erste Mal in seinem Leben, dass er bei etwas Schulischem hervorragend abschnitt – und bekam den Rang eines Captain verliehen. Dieser Erfolg wurde allerdings von der Tatsache getrübt, dass er mit dem Tod seines Vaters im Mai 1927, Folge einer unbestimmten neurologischen Störung, zusammenfiel. Da beim Militär keine Posten verfügbar waren, nahm Lindbergh eine Stelle als Luftpostpilot auf der Route zwischen St. Louis und Chicago an, bei der er sich die Art von Einfallsreichtum aneignete, die beim Fliegen billiger und launischer Flugzeuge unter allen erdenklichen Bedingungen unerlässlich war. Dank seiner abwechslungsreichen Lehrzeit war Lindbergh im Frühjahr 1927 ein erfahrener und kompetenter Flieger – und ein äußerst begabter. Seinen Konkurrenten war das so nicht bewusst. Wie die Ereignisse zeigen sollten, konnte man mit nur fünfundzwanzig kein besserer Pilot sein.

In vieler Hinsicht bestand Charles Lindberghs größte Leistung 1927 nicht darin, dass er über den Atlantik flog, sondern darin, dass es ihm gelang, ein Flugzeug bauen zu lassen, das dazu in der Lage war. Irgendwie schaffte er es, sich die Unterstützung von neun knallharten Geschäftsmännern aus St. Louis zu sichern, unter ihnen A. B. Lambert, indem er ihnen erklärte, ein Flugzeug mit »St. Louis« in seinem Namen könne der Stadt in wirtschaftlicher Hinsicht nur Vorteile bringen. Das war jedoch eine äußerst dubiose Behauptung. Viel größer war die Wahrscheinlichkeit, dass Lindberghs Sponsoren mit dem sinnlosen Tod eines jungen, idealistisch gesonnenen Piloten in Verbindung gebracht werden würden. Doch dieser Gedanke, falls er ihnen überhaupt in den Sinn kam, scheint sie nicht beunruhigt zu haben. Im Spätherbst 1926 hatte Lindbergh von seinen Sponsoren die Zusage für Fördergelder in Höhe von 13 000 Dollar sowie ein Eigenkapital von 2000 Dollar: keineswegs ein üppiges Budget, doch mit etwas Glück, so hoffte er, genug, um damit ein einmotoriges Flugzeug zu erwerben, das imstande war, einen Ozean zu überfliegen.

Anfang Februar 1927 fuhr Lindbergh mit dem Zug nach New York, um sich dort mit Charles Levine zu treffen, dem Eigentümer der *Columbia* – dem Flugzeug, mit dem Chamberlin und Acosta zwei Monate später den Ausdauerweltrekord aufstellten. Chamberlin war bei der Zusammenkunft im Februar ebenso zugegen wie

Giuseppe Bellanca, der brillante, liebenswürdige Konstrukteur des Flugzeugs, wenngleich keiner der beiden Männer viel sagte.

Das Treffen fand in Levines Büro im Woolworth Building in Manhattan statt. Levine hörte sich Lindberghs Vortrag an und erklärte sich dann bereit, ihm das Flugzeug für 15 000 Dollar zu verkaufen – ein ziemlich erstaunliches Angebot, da Chamberlin bis zu diesem Moment damit gerechnet hatte, dass er die Maschine nach Paris fliegen würde. Außerdem handelte es sich um einen sehr günstigen Preis für ein Flugzeug, das ohne Frage zu den besten der Welt zählte und das einzige war, mit dem Lindbergh allein nach Europa fliegen konnte. Lindbergh reiste verständlicherweise beschwingt nach St. Louis zurück, um dort einen Scheck zu ziehen und sich die Unterstützung seiner Sponsoren zusichern zu lassen. Anschließend begab er sich sofort abermals nach New York, um das Geschäft abzuschließen. Als Lindbergh bei seiner Rückkehr einen Bankscheck über den vollen Kaufpreis überreichte, erwähnte Levine beiläufig, dass sie sich freuen würden, wie vereinbart fortzufahren, sich aber natürlich das Recht vorbehalten würden, die Crew auszusuchen.

Lindbergh hätte gar nicht geschockter sein können. Der Vorschlag war lächerlich. Er hatte auf gar keinen Fall die Absicht, ein Flugzeug zu kaufen, mit dem dann ein von Levine ausgewählter Pilot fliegen und den gesamten Ruhm einstreichen würde. Lindbergh hatte soeben erfahren – wie viele andere vor ihm und nach ihm –, dass Charles A. Levine in unternehmerischen Angelegenheiten ein Talent dafür hatte, andere vor den Kopf zu stoßen. Fast jeder, der mit Levine Geschäfte tätigte, fand Gründe, ihm zu misstrauen und ihn zu verachten. Bellanca beendete seine Zusammenarbeit mit ihm, noch bevor der Juni zu Ende war. Lindbergh nahm seinen Scheck wieder an sich und trat enttäuscht die lange Zugreise nach St. Louis an.

Lindberghs Situation hätte kaum aussichtsloser sein können. In seiner Verzweiflung telegrafierte er nach San Diego, erkundigte sich bei Ryan Airlines, einem winzigen Flugzeughersteller, ob er dort eine Maschine zur Überquerung des Atlantiks bauen lassen könne und wenn ja, mit welchen Kosten und welcher Wartezeit er zu rechnen habe. Prompt erhielt er eine Antwort, die überraschend ermutigend klang. Ryan sah sich imstande, das gewünschte Flugzeug in sechzig Tagen zu bauen, und zwar für 6000 Dollar plus Kosten für den Motor, den Ryan gegen Aufpreis einbauen wollte. Wie sich herausstellte, brauchte Ryan den Auftrag genauso dringend wie Lindbergh das Flugzeug.

Am 23. Februar, knapp sechs Wochen nach seinem fünfundzwanzigsten Geburtstag und drei Monate vor seinem Flug nach Paris, traf Lindbergh in der Flugzeugwerft von Ryan Airlines in San Diego ein. Dort lernte er deren Präsidenten B. F. Mahoney und Chefingenieur Donald Hall kennen, die beide nur wenig älter waren als er selbst. Das Unternehmen hieß zwar Ryan, war jedoch nur wenige Wochen zuvor an Mahoney verkauft worden, sodass dieser noch keine Zeit gefunden hatte, den Firmennamen zu ändern. Donald Hall war dem Unternehmen ebenfalls erst einen Monat zuvor beigetreten – ein echter Glücksfall für Lindbergh, da Hall ein begabter und gewissenhafter Konstrukteur war und damit genau das, was Lindbergh brauchte.

Während der nächsten zwei Monate arbeitete die gesamte fünfunddreißigköpfige Belegschaft von Ryan auf Hochtouren an Lindberghs Flugzeug. Hall verausgabte sich bis zur völligen Erschöpfung – einmal war er sogar sechsunddreißig Stunden nonstop im Einsatz –, aber nur auf diese Weise konnte das Flugzeug so schnell gebaut werden. Die Mitarbeiter von Ryan hatten jedoch auch allen Grund, hart anzupacken. Die Flugzeugwerft hatte keine anderen Aufträge und stand kurz vor der Insolvenz, als Lindbergh sich an sie wandte. Es ist schwierig, sich vorzustellen, was die Angestellten von dem schlaksigen jungen Mann aus dem Mittelwesten hielten, der jeden ihrer Handgriffe auf eine Art und Weise in Zweifel zog, die ihre Geduld auf eine harte Probe stellte. Lindbergh und Hall verstanden sich allerdings hervorragend, und darauf kam es schließlich an.

Die *Spirit of St. Louis* basierte auf einem bereits existierenden Modell, der Ryan M-2, doch es waren etliche Anpassungen nötig, um sie für einen Ozeanflug tauglich zu machen. Die ungewöhnlich schwere Treibstofflast zwang Hall dazu, die Tragflächen, den Rumpf, das Fahrwerk und die Querruder umzukonstruieren – alles tief greifende Veränderungen. Notgedrungen beruhte ein großer Teil der Maßnahmen auf Improvisation und Spekulation, manchmal in alarmierendem Maße. Als ihnen bewusst wurde, dass sie keine genaue Vorstellung hatten, wie weit es auf der kürzesten Route von New York nach Paris war, begaben sie sich in eine öffentliche Bibliothek und maßen die Entfernung mit einem Stück Schnur auf einem Globus. Mit solchen Mitteln wurde eines der großartigsten Flugzeuge aller Zeiten gebaut.

Lindbergh wollte nicht zwischen dem Motor und dem Tank eingeklemmt sein – zu viele Piloten waren bei Notlandungen auf diese Weise erdrückt worden –, deshalb wurde der Haupttank in den vorderen Bereich des Flugzeugs verlegt, wo sich normalerweise das Cockpit befand, und das Cockpit selbst wurde weiter nach hinten verschoben. Das hatte zur Folge, dass er keine Sicht nach vorn hatte, was ihn jedoch weniger beunruhigte, als man vermuten könnte. Beim Start konnte er aufgrund der Neigung des Flugzeugs nach hinten den Boden vor sich ohnehin nicht sehen, und sobald er sich in der Luft befand, würde er über ein freies Meer fliegen, über dem es nichts gab, womit er hätte kollidieren können. Einen Blick auf das, was vor ihm lag, konnte er erhaschen, indem er mit einem »Vorhaltewinkel« flog, einem Manöver, bei dem das Flugzeug leicht gedreht wird, während es nach wie vor geradeaus fliegt. Auf diese Weise wurde eines der Seitenfenster vorübergehend zur Frontscheibe. Trotzdem installierte einer der Mechaniker, ein ehemaliger U-Boot-Fahrer namens Charlie Randolph, ein einfaches Teleskop, das Lindbergh bei Bedarf benutzen konnte, was er allerdings nie tat.

Das fertige Flugzeug war alles andere als auf dem neuesten Stand der Technik. Lindbergh flog mit zwei Fußpedalen und einem Steuerknüppel zwischen den Beinen. Das Armaturenbrett besaß nur zehn ziemlich primitive Instrumente – elf, wenn man die Uhr mitzählte. Auffallend war das Fehlen einer Tankanzeige. Lindbergh hielt diese für nicht zuverlässig genug und wollte seinen Treibstoffverbrauch lieber selbst berechnen, wenngleich es sich dabei eigentlich um eine rein theoretische Übung handelte: Entweder würde er genug Treibstoff haben oder nicht. Außerdem besaß das Flugzeug keine Bremsen. Ihr Fehlen würde unter den meisten Umständen keine Rolle spielen, sich jedoch später, als überall, wo Lindbergh landete, Scharen von Menschen auf die Rollbahn strömten, als nervenaufreibend herausstellen.

Das Gerüst der Maschine war mit Pima-Baumwolle bespannt, die mit sechs Schichten aluminiumpigmentiertem Lack gestrichen wurde – einer Beschichtung aus aromatischen Harzen, die den Baumwollstoff schrumpfen ließ, sodass er das Holz- und Rundstahlskelett des Flugzeugs fest umschloss. Wenngleich die *Spirit of St. Louis* aussah, als bestünde sie aus Blech, und in Zeitungsartikeln auch häufig so beschrieben wurde, war nur die Motorverkleidung tatsächlich aus Metall. Mit nur einer dünnen Lage Stoff zwischen Lindbergh und der Außenwelt war die *Spirit of St. Louis* ohrenbetäubend laut und beunruhigend fragil, sodass es sich für ihn angefühlt haben muss, als würde er den Ozean in einem Zelt überqueren. Für Lindbergh und die anderen Atlantikwettkämpfer kam eine großartige Erfindung dieser Zeit etwas zu spät: sogenanntes Alclad, eine neue Art von korrosionsfreiem Aluminium, das von der Alcoa Incorporation entwickelt wurde. Achtzig Jahre lang (bis zur Einführung von Carbonfasern) besaß fast jedes weltweit gebaute Flugzeug eine Alclad-Außenhülle – allerdings noch nicht im Sommer 1927. Immerhin verfügte Lindberghs Maschine über einen Propeller aus Stahl, der wesentlich zuverlässiger und bruchsicherer war als die bis kurz zuvor verwendeten Holzpropeller. Die amerikanischen Piloten hatten gegenüber ihren europäischen Konkurrenten noch einen weiteren Vorteil, der damals noch niemandem bewusst war. Sie verwendeten alle Flugbenzin aus Kalifornien, das sauberer verbrannte und den Verbrauch senkte.

Niemandem war klar, weshalb es höherwertiger war, da man damals noch nichts von Oktanzahlen wusste – darauf kam man erst in den dreißiger Jahren. Aber es war der Grund dafür, dass es die meisten amerikanischen Flugzeuge über den Ozean schafften, während andere im Meer verschwanden.

Die fertige *Spirit of St. Louis* war, oft genug erwähnt, wenig mehr als ein fliegender Treibstofftank. Wenngleich die Maschine wesentlich schnittiger war als andere Flugzeuge noch ein paar Jahre zuvor, hatte sie trotzdem einen ziemlich hohen, konstruktionsbedingten Luftwiderstand: die ausladenden Zylinder des Motors, die zahlreichen Verstrebungen und Spannseile und das nicht einklappbare Fahrwerk mit seinen zwei herabhängenden Rädern, die sie unter sich herzog – all das wirkte wie ein Arm, den man zum Fenster eines fahrenden Autos hinaushält. Um den Treibstoffverbrauch zu minimieren, wurde auf jedes überflüssige Gramm Gewicht verzichtet. Lindbergh nahm nichts mit, was er nicht unbedingt brauchte. Angeblich schnitt er sogar den weißen Rand seiner Landkarten ab.

Aufgrund der vielen Konstruktionskompromisse war das Flugzeug nicht annähernd so stabil, wie es hätte sein sollen – eine Tatsache, die Hall eine Menge Kopfzerbrechen bereitete. Doch es war keine Zeit mehr vorhanden, um Verbesserungen vorzunehmen, und Lindbergh war überzeugt, vermutlich zu Recht, dass es ihm dabei helfen würde, wach zu bleiben, wenn er härter arbeiten musste. »Lindbergh wollte kein innovatives Flugzeug«, erklärt Alex Spencer vom Smithsonian National Air and Space Museum in Washington. »Er wollte nichts anderes als bewährte Technik.«

Nur beim Motor, einem Wright J-5 Whirlwind mit 223 PS, handelte es sich um eine neue Konstruktion. Als einziges Bauteil des Flugzeugs war er ohne Frage auf dem neuesten Stand der Technik. Der J-5 war luftgekühlt, was ihn einfacher, leichter und zuverlässiger als herkömmliche wassergekühlte Motoren machte. Darüber hinaus hatte er noch zwei weitere Vorteile: Er besaß als weltweit erster Verbrennungsmotor, entwickelt von Samuel D. Heron, natriumgekühlte Ventile, die das ernstzunehmende Problem verbrannter Auslassventile eliminierten, sowie selbstschmierende Kipphebelwellen, die sicherstellten, dass die Ventile stundenlang zufrieden vor sich hin arbeiteten, ohne dass man ihnen besondere Aufmerksamkeit schenken musste. Der J-5 war erstmals 1926 von Richard Byrd bei seinem Flug zum Nordpol eingesetzt worden und hatte dabei seine Aufgabe auf bewundernswerte Weise erledigt. Wie sich noch zeigen wird, besteht die Ironie darin, dass Byrd niemals auch nur in die Nähe des Nordpols gelangte.

Lindbergh unternahm seinen ersten Testflug am 28. April, auf den Tag genau zwei Monate nach Auftragserteilung. Das Flugzeug funktionierte besser, als er zu hoffen gewagt hatte. Es war wendig und schnell – er erreichte bei seinem ersten Flug eine Geschwindigkeit von 128 Meilen in der Stunde –, und es sprang förmlich vom Boden in die Luft, zumindest mit leichter Beladung. In den folgenden zehn Tagen unternahm Lindbergh noch zweiundzwanzig weitere kurze Testflüge, von denen die meisten nur fünf bis zehn Minuten dauerten. Bei einer Reihe von Versuchen am 4. Mai erhöhte er die Treibstoffmenge schrittweise von 150 auf 1150 Liter, wobei es sich dabei trotzdem erst um zwei Drittel der Menge handelte, die er schließlich beim Start in New York geladen hatte. Aufgrund des hohen Risikos von Landungen mit vollen Tanks wagte er es nicht, die Treibstoffmenge noch weiter zu erhöhen. Ein wirklicher Test würde erst auf dem Flug nach Paris stattfinden.

Lindbergh konnte es jetzt kaum noch erwarten, sich auf den Weg zu machen. Aus New York war zu hören, dass sowohl Byrds *America* als auch Levines *Columbia* startbereit seien, allein das schlechte Wetter hielte sie zurück. Dann kam die Nachricht, Nungesser und Coli seien in Paris gestartet und unterwegs nach Amerika. Lindbergh zog in Erwägung, der Verzweiflung nahe, seine Pläne völlig über den Haufen zu werfen und zu versuchen, als erster Pilot den Pazifik zu überqueren, indem er über Hawaii nach Australien flog: eine wesentlich größere Herausforderung, die er aller Wahrscheinlichkeit nach mit dem Leben bezahlt hätte. Er ließ diesen Gedanken allerdings sofort wieder fallen, als die Nachrichten verkündeten, dass Nungesser und Coli vermisst wurden und vermutlich tot waren. Wenn er es schaffte, nach New York zu gelangen, bevor die Stürme wieder abzogen, die fast auf dem gesamten Kontinent tobten, hatte er nach wie vor eine Chance.

Am Nachmittag des 10. Mai, kurz vor sechzehn Uhr kalifornischer Zeit, kletterte Charles Lindbergh ins Cockpit seines schnittigen neuen Flugzeugs und hob ab. Sobald er genug Höhe gewonnen hatte, drehte er die Nase seiner Maschine nach Osten und flog mit großer Zuversicht Richtung St. Louis und einem der schlimmsten Unwetter entgegen, die Amerika seit Jahren erlebt hatte.

Drittes Kapitel

Die meisten Menschen konnten sich an nichts Vergleichbares erinnern. In großen Teilen des Landes regnete es monatelang ohne Unterbrechung, manchmal in noch nie dagewesenen Mengen. Im Süden von Illinois wurden in drei Monaten über sechzig Zentimeter Niederschlag gemessen, in Teilen von Arkansas fiel sogar fast ein Meter. Unzählige Flüsse – der San Jacinto in Kalifornien, der Klamath, der Willamette und der Umpqua in Oregon, der Snake, der Payette und der Boise in Idaho, der Colorado River in Colorado, der Neosho und der Verdigris in Kansas, der Ouachita und der St. Francis in Arkansas, der Tennessee und der Cumberland im Süden, der Connecticut in Neuengland – traten über die Ufer. Einer Berechnung zufolge hätte der Niederschlag, der zwischen Spätsommer 1926 und dem folgenden Frühling in den damals achtundvierzig Bundesstaaten fiel, einen Wasserwürfel mit einer Kantenlänge von 250 Meilen ergeben. Das ist eine Menge Wasser, und es war erst der Anfang.

Am Karfreitag, den 15. April, beutelte ein gewaltiges Sturmsystem das mittlere Drittel Amerikas mit Regenfällen von einer Dauer und Intensität, die keiner, der sie miterlebte, so schnell vergessen würde. Vom Westen Montanas bis nach West Virginia und von Kanada bis zum Golf fiel Regen in einem Ausmaß, das nur als Sintflut beschrieben werden kann. An den meisten Orten fielen fünfzehn bis zwanzig Zentimeter, an manchen wurden sogar mehr als dreißig gemessen. Der größte Teil dieser Wassermassen strömte zunächst in Bäche und Flüsse, deren Ufer übertraten, und nahm dann, mit ungewohnter Wucht, Kurs auf die große zentrale Ader des Kontinents, den Mississippi River. Der Mississippi und seine Nebenflüsse entwässern 40 Prozent der Fläche von Amerika, also mehr als drei Millionen Quadratkilometer, die sich über einunddreißig Bundesstaaten (und zwei kanadische Provinzen) erstrecken. Niemals zuvor in der Geschichte war dieses Flusssystem in seiner Gesamtheit einer solchen Belastung ausgesetzt gewesen.

Ein Fluss, der Hochwasser führt, ist Unheil verheißend, und der Mississippi verwandelte sich jetzt in ein brutales, schnell fließendes Ungetüm, das selbst abgehärtete Beobachter beunruhigte. Am gesamten Oberlauf des Stroms standen Menschen am Ufer und beobachteten stumm, wie er ihnen Indizien für das Ausmaß der Zerstörung weiter nördlich vor Augen führte: Bäume, tote Kühe, Scheunendächer. An St. Louis rauschten über 25 000 Kubikmeter Wasser in der Sekunde vorbei – ein Rekordwert und mehr als doppelt so viel wie bei der großen Flut von 1993. Man brauchte kein Experte zu sein, um zu sehen, dass das eine untragbare Belastung war. Überall entlang des Mississippi schichteten ganze Armeen von Männern mit Schaufeln und Sandsäcken Schutzwälle gegen die Flut auf, doch der Druck der Wassermassen war einfach zu stark. Am 16. April gab im Südosten von Missouri, bei einer Ortschaft namens Dorena, an einer großen Biegung des Flusslaufs der erste Damm nach. Die Erdböschung brach auf einer Länge von 350 Metern auf, und Wassermassen, die denen der Niagarafälle entsprachen, trieben durch die Kluft. Das Tosen war meilenweit zu hören.

Bald platzten sowohl flussaufwärts als auch flussabwärts Dämme auf wie Knöpfe eines zu engen Hemds. Bei Mounds Landing, Mississippi, wurden hundert schwarze Arbeiter, die von bewaffneten Männern beaufsichtigt wurden, in den Tod gerissen, als ein Damm nachgab. Der Gerichtsmediziner verzeichnete aus nicht genannten Gründen nur zwei Todesopfer. Mancherorts strömten die Flutwellen mit solch einer Geschwindigkeit durch die Landschaft, dass die Menschen keine Gelegenheit mehr hatten, die Flucht zu ergreifen. In Winterville kamen dreiundzwanzig Frauen und Kinder ums Leben, als das Haus, in dem sie Zuflucht gesucht hatten, von den Wassermassen mitgerissen wurde.

In der ersten Maiwoche erstreckte sich die Flut bereits über 500 Meilen vom Süden Illinois' bis nach New Orleans, und das überschwemmte Gebiet war stellenweise bis zu 150 Meilen breit. Insgesamt stand eine Fläche unter Wasser, die fast so groß wie Schottland war. Aus der Luft sah das Mississippi-Tal aus wie ein gigantischer See – was es momentan auch tatsächlich war. Mit schauriger Präzision wurde festgehalten: 67 059 Quadratkilometer Land überschwemmt; 203 504 Gebäude zerstört oder beschädigt; 637 476 Menschen obdachlos. Die Anzahl getöteter Nutztiere wurde mit derselben Genauigkeit protokolliert: 50 490 Rinder, 25 325 Pferde und Maultiere, 148 110 Schweine, 1 276 570 Hühner und anderes Geflügel. Das Einzige, was merkwürdigerweise nicht sorgfältig aufgezeichnet wurde, war die Anzahl der Menschenleben, die die Flut gefordert hatte. Mit Sicherheit waren es mehr als tausend, vielleicht sogar mehrere tausend Opfer. Genauere Angaben existieren leider nicht, da die Ertrunkenen zum größten Teil arm und schwarz waren. Es ist schockierend, dass die Verluste bei Nutztieren gewissenhafter gezählt wurden als bei Menschen. Kaum weniger bestürzend ist die Tatsache, dass in der Presse über die Flut außerhalb der betroffenen Regionen weniger berichtet wurde als über den Mordprozess gegen Ruth Snyder und Judd Gray.

Ungeachtet des Desinteresses der Nation war die Mississippi-Flut von 1927, jedenfalls was ihr Ausmaß, ihre Dauer und die Menge der Leidtragenden betrifft, die gewaltigste Naturkatastrophe, die Amerika jemals erlebt hat. Der wirtschaftliche Schaden war so groß, dass er sich im Grunde nicht beziffern ließ. Die Schätzungen reichten von 250 Millionen bis zu einer Milliarde Dollar. Letztlich zerstörte diese Flut mehr Existenzen und Gebäude als jede andere, und sie dauerte wesentlich länger an als jede andere zuvor. Der Mississippi sollte insgesamt 153 Tage hintereinander Hochwasser führen.

Glücklicherweise besaß Amerika eine Figur von unerschütterlicher Gelassenheit – einen »Übermenschen«, wie er sich in privater

Korrespondenz ohne Scham bezeichnete –, an den sich das Land in solchen Krisenzeiten wenden konnte. Sein Name lautete Herbert Hoover, und er sollte bald zum meistverspotteten Präsidenten seiner Zeit werden – eine beachtliche Leistung für jemanden, der im Frühling 1927 der Mensch war, der weltweit das mit Abstand größte Vertrauen genoss. Kurioserweise war er gleichzeitig der wahrscheinlich unsympathischste Held, den Amerika jemals hervorgebracht hat. Im Sommer 1927 sollte er in beiderlei Hinsicht noch ein wenig hinzugewinnen.

Herbert Clark Hoover kam 1874 dreißig Meilen westlich des Mississippi auf die Welt (er sollte 1929 der erste amerikanische Präsident werden, der von der Westseite dieser symbolisch bedeutsamen Grenzlinie stammt), und zwar in einem kleinen Ort namens West Branch, Iowa, in einem winzigen weißen Häuschen, das noch heute existiert. Seine Eltern, strenggläubige Quäker, starben tragisch früh – sein Vater an rheumatischem Fieber, als der kleine Bert erst sechs war, seine Mutter drei Jahre später an Typhus. Daraufhin wurde er zu einem Onkel und einer Tante nach Oregon geschickt. Diese mürrischen Verwandten, ebenfalls leidenschaftliche Quäker, hatten gerade einen geliebten Sohn verloren und sorgten dafür, dass Bert während seiner prägenden Jahre tagtäglich die düstere Last des Todes auf seinen Schultern spürte. Sämtliche Lebensfreude, mit der er das Licht der Welt erblickte – wobei es keinesfalls als sicher angesehen werden kann, dass er jemals welche empfunden hatte –, wurde von den Erfahrungen seiner Jugend gründlich ausgelöscht. Herbert Hoover starb mit neunzig, und soweit bekannt ist, erlebte er während all dieser Zeit tatsächlich keinen einzigen wirklich glücklichen Moment.

Obwohl Hoover die Highschool nie abschloss – sein Onkel schickte ihn seiner Intelligenz zum Trotz stattdessen nach Salem, Oregon, wo er als Bürogehilfe arbeitete –, entwickelte er den Ehrgeiz, sich zu verbessern. 1891 bestand er im Alter von siebzehn Jahren die Aufnahmeprüfung an der neu gegründeten Leland Stanford Junior

University, die damals noch keine Studiengebühren verlangte. Als Student des allerersten Stanford-Jahrgangs war er im Fach Geologie eingeschrieben, dort lernte er auch seine zukünftige Frau Lou Henry kennen, die ebenfalls aus Iowa stammte (die beiden heirateten 1899). Nach seinem Abschluss nahm Hoover den einzigen Job an, den er finden konnte, und zwar in einer Goldmine in Nevada City, Kalifornien, wo er für zwanzig Cent in der Stunde, was selbst damals ein karger Lohn war, zehn Stunden am Tag, sieben Tage in der Woche eine Erzkarre belud und schob. Dass dieses Schicksal für seine Minenarbeiterkollegen von Dauer war, schien ihn nie gestört zu haben. Hoover glaubte fest an das Prinzip der Eigenverantwortung – und lebte auch danach.

1897 wurde er, mit Anfang zwanzig, von der großen und altehrwürdigen britischen Minengesellschaft Bewick, Moreing and Co. angestellt, und im folgenden Jahrzehnt war er als deren Chefingenieur und Problemlöser in einem fort auf der ganzen Welt unterwegs: in Burma, China, Australien, Indien, Ägypten und an allen anderen Orten, an denen die mineralogischen Interessen seines Arbeitgebers es verlangten. Hoover reiste fünfmal um den Globus. Er überlebte den Boxeraufstand in China, schlug sich durch die Dschungel von Borneo, ritt auf Kamelen durch die roten Weiten Westaustraliens, traf im Klondike-Saloon mit Wyatt Earp und Jack London zusammen und campierte neben den großen Pyramiden des Alten Ägypten. Dabei sammelte er die denkwürdigsten Erfahrungen, die ein junger Mann sammeln kann, war aber von keiner davon wirklich beeindruckt. In seinen Memoiren, die er gegen Ende seines Lebens verfasste, räumt er ziemlich gereizt ein, dass er viele herrliche Orte besucht und viele wundersame Dinge gesehen habe, lässt den Leser jedoch wissen, dass er nicht näher darauf eingehen wird. »Für diejenigen, die sich für Romantik und Abenteuer interessieren, gibt es ganze Bibliotheken voller Bücher mit allen erdenklichen geografischen Schauplätzen«, schreibt er. Stattdessen gibt er dem Leser einen emotionslosen Überblick über erfüllte Pflichten und ausgegrabene Minerale. Sein Leben bestand aus Arbeit. Sonst gab es für ihn nichts.

Nach einem Jahrzehnt im Außendienst wurde Hoover nach London zurückgeholt und bei Bewick, Moreing and Co. zum Partner gemacht. Da er inzwischen ein Familienvater mit zwei kleinen Söhnen war, zog er in ein großes Haus auf dem Campden Hill in Kensington und wurde zu einer Säule der britischen Geschäftswelt. Er nahm sogar ein wenig am gesellschaftlichen Leben teil, allerdings in nur sehr begrenztem Maß. Bei Abendeinladungen in seinem Haus herrschte häufig fast völliges Stillschweigen. »Man hörte nie, dass er ein Gedicht, ein Theaterstück oder ein Kunstwerk erwähnte«, bemerkte ein Zeitzeuge. Stattdessen häufte er stetig Vermögen an, und bereits mit vierzig Jahren besaß er etwa vier Millionen Dollar.

Aller Wahrscheinlichkeit nach hätte er sein restliches Leben anonym und in Wohlstand verbracht, hätte ihn nicht eine plötzliche Veränderung der Umstände unerwartet ins Rampenlicht gestellt. Als der Erste Weltkrieg ausbrach, wurde Hoover als prominenter Amerikaner um Hilfe bei der Evakuierung in Europa gestrandeter Landsleute angesucht – von denen es erstaunlicherweise mehr als 120 000 gab. Er erledigte diese Aufgabe so ausgezeichnet und effizient, dass er gebeten wurde, eine größere Herausforderung anzunehmen: die Leitung der Hilfsorganisation Commission for Relief in Belgien.

Belgien wurde vom Krieg regelrecht überrollt: Seine Landwirtschaft wurde zerstört, Fabriken mussten geschlossen werden, und die Nahrungsmittelreserven beschlagnahmten die Deutschen. Acht Millionen Belgier waren vom Hungertod bedroht. Hoover gelang es, zweieinhalb Jahre lang jede Woche Nahrungsmittel im Wert von 1,8 Millionen Dollar zu beschaffen – insgesamt zweieinhalb Millionen Tonnen – und an Bedürftige zu verteilen, die sonst gestorben wären. Diese Leistung kann gar nicht hoch genug bewertet werden. Es handelte sich dabei um die weltweit größte Hilfsaktion aller Zeiten, die ihn verdienterweise international zum Helden machte. Schätzungen zufolge rettete Hoover bis 1917 mehr Menschenleben als irgendeine andere Person in der Geschichte. Ein begeisterter

Verehrer nannte ihn den »größten Vertreter des Humanitätsgedankens seit Jesus Christus«, was natürlich das entgegenkommendste Kompliment überhaupt ist. Die Bezeichnung hielt sich: Hoover wurde auf der ganzen Welt als »der große Vertreter des Humanitätsgedankens« bekannt.

Zwei Dinge waren für Hoovers glorreichen Ruf verantwortlich: Er kam seinen Pflichten prompt und mit unermüdlicher Effizienz nach, und er stellte sicher, dass seine Errungenschaften niemals irgendjemandem irgendwo entgingen. Myron Herrick, der onkelhafte amerikanische Botschafter in Paris, vollbrachte im besetzten Frankreich ähnliche Heldentaten, ohne dass ihm dafür ein später Dank der Nachwelt zuteilwurde, was jedoch allein daran lag, dass er darauf keinen Wert legte. Hoover dagegen achtete gewissenhaft darauf, dass jede gute Tat, an der er beteiligt war, zu maximaler Bedeutung aufgebauscht und mit einer Pressemitteilung bedacht wurde.

In Wirklichkeit fehlte ihm jegliches Mitgefühl für diejenigen, die er rettete. Er weigerte sich, Gebiete zu besuchen, in denen Hilfsaktionen stattfanden, oder auf andere Art und Weise mit den bedauernswerten Opfern zu interagieren. Als ihn ein unwissender Helfer einmal in eine Feldküche in Brüssel brachte, schreckte Hoover zurück. »Zeigen Sie mir so etwas nie wieder«, fauchte er wütend. Für diejenigen, die ihn kannten, hatte es den Anschein, als habe er überhaupt keine Empfindungen. Ein Bekannter von ihm stellte fest, dass er ohne irgendeine Emotion über seine Hilfsaktionen in Europa sprach. »Nicht ein einziges Mal zeigte er auch nur die geringste Gefühlsregung oder machte den Versuch, mir ein Bild von den Tragödien zu vermitteln, die dort stattfanden«, berichtete der Freund voller Verwunderung.

Hoover war außerdem extrem intolerant gegenüber allem, von dem er glaubte, es könne sein Ansehen schmälern. Als ein Artikel in der *Saturday Evening Post* fälschlicherweise andeutete, die New Yorker Geschäftsstelle der Kommission für das belgische Hilfswerk sei in Wirklichkeit der wichtigste und produktivste Teil der Organisation und Lindon Bates, deren amerikanischer Vorsitzender, sei ihr wahrer Chef, reagierte Hoover äußerst ungehalten. Er setzte einen langen Brief auf, in dem er behauptete, der Artikel enthalte »sechsundvierzig absolute Unwahrheiten und sechsunddreißig Halbwahrheiten«, und behandelte der Reihe nach jeden strittigen Punkt. Er wies die New Yorker Geschäftsstelle an, keine Pressemitteilungen mehr herauszugeben und sämtliche Bekanntmachungen zuerst seiner Geschäftsstelle in London vorzulegen, und behinderte deren Mitarbeiter damit erheblich beim Beschaffen von Spenden.

Belgien war für Hoover nur der Anfang. Krisenmanagement wurde zu seiner Lebensaufgabe. Als Amerika in den Krieg eintrat, beorderte Präsident Woodrow Wilson Hoover nach Hause und bat ihn, Administrator der nationalen Lebensmittelüberwachungsbehörde zu werden. In dieser Funktion kümmerte er sich um sämtliche Aspekte der amerikanischen Nahrungsmittelproduktion in Kriegszeiten und stellte sicher, dass genug angebaut wurde, jeder Bürger versorgt war und Preistreiberei ausgemerzt wurde. Hoover prägte den Slogan »Essen wird den Krieg gewinnen« und warb so effektiv damit, dass Millionen Menschen glaubten, Hoover habe mehr als jeder andere zu Amerikas Triumph beigetragen. Nach Kriegsende wurde er wieder zurück nach Europa geschickt, um als Chef der American Relief Administration (ARA) Zigtausende vor dem Verhungern zu retten. Diese Herausforderung war größer als jede andere zuvor. Hoover war für das Wohlbefinden von 400 Millionen Menschen verantwortlich und leitete Hilfsaktionen in mehr als dreißig Ländern. Allein in Deutschland betrieb die ARA 35 000 Essensausgaben und verteilte insgesamt 300 Millionen Mahlzeiten an Bedürftige, die anderenfalls nichts auf ihren Tellern gehabt hätten.

In Österreich war die Lage besonders schlimm, als Hoover dort eintraf. »Die Friedensstifter hatten ihr Bestes gegeben, um Österreich zu einer Nation ohne Nahrung zu machen«, bemerkte er in seinen Memoiren. (Für einen Menschen, der im wirklichen Leben überhaupt keinen Sinn für Humor besaß, war sein Schreibstil oft beißend ironisch.) Hoover schätzte, dass Österreich Nahrungsmittelhilfe in Höhe von 100 Millionen Dollar benötigen würde, um die Zeit bis zur nächsten Ernte zu überstehen. Es gelang ihm aber nicht, auch nur einen kleinen Teil davon aufzutreiben. Die Vereinigten Staaten waren nicht in der Lage zu helfen, da es nach amerikanischem Gesetz nicht erlaubt war, gegnerischen Nationen Geld zu leihen, auch wenn diese inzwischen keine Feinde mehr waren. Um diese Hürde zu umgehen, arrangierte Hoover, dass die USA Großbritannien, Frankreich und Italien 45 Millionen Dollar lieh, die die Summe daraufhin Österreich unter der Bedingung liehen, dass sie zum Kauf amerikanischer Nahrungsmittel verwendet wurde. Dieser clevere Schachzug verhinderte eine Hungersnot in Österreich und half gleichzeitig Farmern in der Heimat, überschüssige Ernteerträge loszuwerden. Bei den drei alliierten Nationen sorgte das Vorgehen jedoch verständlicherweise für Bestürzung, da der US-Kongress später, als Österreich in Verzug geriet, auf die Rückzahlung des Darlehens bestand. Die Alliierten wiesen darauf hin, dass sie das Geld nur auf dem Papier geliehen und von der Vereinbarung nicht profitiert hätten, während sich amerikanische Farmer um 45 Millionen Dollar bereichert hätten. Der Kongress blieb hart und bestand auf die Rückzahlungen. Solche Maßnahmen steigerten den Wohlstand der Vereinigten Staaten, trugen aber nicht dazu bei, ihre Beliebtheit und ihr Ansehen im Ausland zu verbessern.

Nichts von alledem fiel auf Hoover zurück, der eine dauerhafte Schuldimmunität zu genießen schien. Bei genauerer Betrachtung zeigt sich jedoch, dass Hoover nicht so heroisch und edel war, wie die meisten seiner Zeitgenossen glaubten. Der Enthüllungsjournalist John Hamill behauptet in seinem Buch *The Strange Career of Mr Hoover Under Two Flags,* Hoover habe von dem belgischen Nahrungshilfsprogramm persönlich profitiert – und zwar erheblich. Diese Anschuldigung wurde niemals bewiesen – möglicherweise, wie man anmerken muss, weil sie unbegründet war –, doch ein anderer, noch schwerwiegenderer Vorwurf war berechtigt: Während des Krieges kaufte Hoover im Rahmen seiner Geschäftstätigkeit illegal Chemikalien aus Deutschland. Das galt in Kriegszeiten als äußerst schweres Vergehen. Erstaunlicherweise tat er es nicht, weil die fraglichen Chemikalien in Großbritannien nicht erhältlich waren, sondern einfach nur deshalb, weil sie in Deutschland günstiger waren. Er hatte offenbar keine moralischen Bedenken, die deutsche Wirtschaft zu unterstützen, obwohl das Land versuchte, die Söhne und Brüder der Menschen zu töten, mit denen er arbeitete und lebte. Es ist beinahe unvorstellbar, dass Herbert Hoover, der große Vertreter des Humanitätsgedankens, nur etwas mehr als ein Jahrzehnt bevor er Präsident der Vereinigten Staaten wurde, an einer Tat beteiligt war, für die er an eine Wand gestellt und erschossen hätte werden können.

Nachdem Hoover seine Aufgabe in Europa erledigt hatte, kehrte er 1919 dauerhaft nach Amerika zurück. Zwanzig Jahre hatte er im Ausland gelebt und war in gewisser Weise ein Fremder in seiner eigenen Heimat, trotzdem wurde er so verehrt, dass ihn *beide* politischen Parteien als potenziellen Präsidentschaftskandidaten umwarben. Oft wurde geschrieben, Hoover sei so lange außer Landes gewesen, dass er nicht mehr wisse, ob er Republikaner oder Demokrat sei. Das entspricht jedoch nicht der Wahrheit, da er 1909 der Republikanischen Partei beigetreten war. Es stimmt allerdings, dass er kein besonders politischer Mensch war und selbst nie bei einer Präsidentschaftswahl seine Stimme abgegeben hatte. Im März 1921 trat er Warren G. Hardings Kabinett als Wirtschaftsminister bei. Als Harding 1923 unerwartet verstarb, setzte er seine Arbeit im selben Amt unter Calvin Coolidge fort.

Hoover zeichnete sich in beiden Regierungen durch seine Gewissenhaftigkeit und seinen Fleiß aus, hatte jedoch erstaunlich wenig Liebenswertes an sich. Sein Auftreten war kalt, selbstgefällig, gereizt und schnippisch. Er bedankte sich nie bei Untergebenen und erkundigte sich nie nach ihrem Befinden. Freundlichkeit und Wärme schienen ihm völlig fremd zu sein. Er vermied es sogar, anderen die Hand zu geben. Wenngleich Coolidges Humor dem eines Schuljungen glich – einer seiner Lieblingsscherze war, sämtliche

Bedienstetenglocken im Weißen Haus gleichzeitig zu läuten und sich dann hinter dem Vorhang zu verstecken, um die Verwirrung auszukosten, die darauf folgte –, so hatte er zumindest einen Sinn für Humor. Hoover besaß keinen. Einer seiner engsten Vertrauten merkte an, dass er Hoover in dreißig Jahren kein einziges Mal laut lachen gehört habe.

Coolidge führte das Ruder der Nation mit äußerst leichter Hand. Er waltete über eine Regierung, die sich in den Worten eines Beobachters »der Tatenlosigkeit verschrieben« hatte. Sein Finanzminister Andrew Mellon verbrachte einen Großteil seiner Arbeitszeit damit, Steuersenkungen zu überwachen, die praktischerweise seinen eigenen Wohlstand steigerten. Dem Historiker Arthur M. Schlesinger Jr. zufolge verschaffte sich Mellon mit einem einzigen Gesetz eine größere Steuererleichterung als fast allen Einwohnern Nebraskas zusammen. Um selbst möglichst wenig Steuern zahlen zu müssen, ließ Mellon seine Steuererklärungen von den besten Mitarbeitern der Bundessteuerbehörde erstellen. Der Leiter der Behörde war Mellon sogar mit einer Liste von Steuerschlupflöchern behilflich. Wie Mellons Biograf David Cannadine feststellt, machte er außerdem auf illegale Weise von seiner Position Gebrauch, um seine Geschäftsinteressen voranzutreiben – zum Beispiel, indem er den Außenminister bat, eine seiner Firmen dabei zu unterstützen, einen Bauauftrag in China zu bekommen. Dank solcher Manöver verdoppelte sich Mellons Privatvermögen während seiner Amtszeit auf über 150 Millionen Dollar, und das Vermögen seiner Familie, deren Oberhaupt er war, stieg auf mehr als zwei Milliarden Dollar an.

1927 arbeitete Coolidge nicht mehr als etwa viereinhalb Stunden am Tag – »ein wesentlich geringeres Arbeitspensum als das der meisten anderen Präsidenten oder vielmehr der meisten anderen Menschen«, wie der Politikwissenschaftler Robert E. Gilbert einmal feststellte – und verbrachte den größten Teil der übrigen Zeit mit Schlafen. »Kein anderer Präsident, den ich miterlebt habe«, erinnerte sich der Amtsdiener des Weißen Hauses, »hat so viel geschlafen.« Wenn er gerade kein Nickerchen hielt, saß er oft mit den

Füßen auf einer offenen Schreibtischschublade da (eine lebenslange Angewohnheit) und zählte die Autos, die auf der Pennsylvania Avenue vorbeifuhren.

All das versetzte Hoover in eine ideale Position, um sich auch in Bereichen außerhalb seiner offiziellen Verantwortlichkeit verdient zu machen, und nichts erfreute ihn mehr, als neue administrative Territorien zu erobern. Er mischte sich überall ein: in Arbeitskämpfe, die Reglementierung des Rundfunks, die Festlegung von Flugrouten, die Überwachung von Auslandsanleihen, die Beseitigung von Verkehrsstaus, die Vergabe von Wasserrechten entlang größerer Flüsse, den Gummipreis, die Einführung von Hygienevorschriften für Kindereinrichtungen und in vieles andere, das oft nur in indirektem Zusammenhang mit Binnenhandelsfragen zu stehen schien. Bei seinen Kollegen war er als »Wirtschaftsminister und Staatssekretär aller anderen Angelegenheiten« bekannt. Als Flugzeuglizenzen eingeführt wurden, war es Hoovers Abteilung, die sie ausstellte. Als ein zweitklassiger Broadway-Theaterdirektor namens Earl Carroll öffentlich Mädchen im Highschool-Alter einlud, um für seine schlüpfrigen Bühnenshows vorzusprechen, war Hoover derjenige, den eine Initiative mit dem Namen »Moms of America« (erfolgreich) um Hilfe ansuchte. Als AT&T eine neue Erfindung mit der Bezeichnung »Fernsehen« vorführen wollte, war Herbert Hoover derjenige, der vor die Kameras trat. Im Frühjahr 1927 fand er sogar die Zeit, einen Artikel für den *Atlantic Monthly* zu schreiben, in dem es darum ging, wie die Fischbrutbetriebe des Landes verbessert werden könnten. (»Ich wünschte, ich wäre in der Lage, eine Tatsache zu nennen, eine Situation zu betrachten, von einem Experiment zu berichten, einen Vorschlag zu unterbreiten, Widerspruch einzulegen und die Gründe für alles zu nennen«, schrieb er im ersten Absatz des Artikels und stellte damit unter Beweis, dass es keine Angelegenheit gab, die so unbedeutend war, dass sie seiner immensen Blasiertheit hätte entgehen können.) Wenn er gerade nicht damit beschäftigt war, die Probleme der Nation aus der Welt zu schaffen, reiste er ausgiebig, um Auszeichnungen entgegenzunehmen. Im Lauf seines Lebens erhielt er mehr als 500 Preise, darunter Ehrendoktorwürden von fünfundachtzig verschiedenen Universitäten.

Coolidge hielt nicht besonders viel von Hoover. Er konnte die meisten Leute nicht leiden, doch Hoover konnte er offenbar überhaupt nicht ausstehen. »Dieser Mann gibt mir seit sechs Jahren unaufgefordert Ratschläge, und alle davon waren schlecht!«, soll Coolidge einmal gebellt haben, als das Gespräch auf Hoover fiel. Im April verblüffte Coolidge die ganze Welt, indem er eine Erklärung abgab, die besagte, Hoover werde niemals zum Außenminister ernannt werden. Die Überschrift auf der Titelseite der *New York Times* vom 16. April 1927 lautete:

HAUPTSTADT VERWUNDERT
ÜBER HOOVERS ANSEHEN
BEIM PRÄSIDENTEN

WEISSES HAUS ERKLÄRT, ER WIRD
AUCH IM FALL VON KELLOGGS RÜCKTRITT
NICHT AUSSENMINISTER WERDEN

Warum Coolidge diese Erklärung überhaupt abgab und warum mit solcher Bestimmtheit, stellte jeden politischen Kommentator im Land vor ein Rätsel. Da Hoover kein Interesse an dem Posten bekundet hatte und der Amtsinhaber Frank B. Kellogg nicht beabsichtigte, es niederzulegen, waren die Journalisten genauso überrascht wie jeder andere.

Mit vernichtender Geringschätzung bezeichnete Coolidge seinen unermüdlichen Wirtschaftsminister als »Wunderknaben«, doch sosehr er auch spottete, er war froh, jemanden zu haben, der ihm einen großen Teil seiner Arbeit abnahm. Und als jetzt der Mississippi weiter über seine Ufer trat als je zuvor, war Herbert Hoover derjenige, an den er sich wandte. Eine Woche nachdem Präsident Coolidge sein seltsames Versprechen gegeben hatte, Hoover niemals ins

Amt des Außenministers zu berufen, ernannte er ihn zum Leiter der Hilfsaktionen und übertrug es ihm, sich um die Notsituation zu kümmern. Abgesehen von dieser einen Maßnahme tat Coolidge überhaupt nichts. Er weigerte sich, die Überschwemmungsgebiete zu besuchen. Er weigerte sich, Bundesmittel zur Verfügung zu stellen oder den Kongress zu einer Sondersitzung einzuberufen. Er weigerte sich, in einer landesweit ausgestrahlten Radioansprache einen Spendenaufruf an die Bevölkerung zu richten. Er weigerte sich, dem beliebten Humoristen Will Rogers eine Botschaft der Hoffnung und des Mitgefühls zu übermitteln, die dieser im Rahmen einer nationalen Radioausstrahlung hätte vorlesen können. Er weigerte sich, zwölf Autogrammkarten zur Verfügung zu stellen, die zugunsten der Flutopfer hätten versteigert werden sollen.

Nominell schlug Hoover sein Hauptquartier in Memphis auf, doch während der nächsten drei Monate war er überall anzutreffen: in Little Rock, Natchez, New Orleans, Baton Rouge. Wo auch immer ein Würdenträger gebraucht wurde, stand Hoover bereit. Man muss dem Wirtschaftsminister lassen, dass er ein staatsmännisches Auftreten hatte, das dem Präsidenten fehlte. Hoover war derjenige, der sich im Radio an die Bevölkerung wandte. »Die Gewalt des Mississippi, wenn er Hochwasser führt, lässt sich nur schwer mit Worten beschreiben«, berichtete er aus Memphis in einer Ansprache an die Nation.

Es mag wenig beeindruckend klingen, wenn ich sage, dass er zwei Häuserblocks von der Stelle entfernt, an der ich mich in diesem Moment befinde, zehnmal so viel Wasser führt wie die Niagarafälle. Vielleicht ist es anschaulicher zu sagen, dass die Flut bei Vicksburg fast 2000 Meter breit und fünfzehn Meter tief ist und mit einer Geschwindigkeit von sechs Meilen in der Stunde dahinströmt. Hinter ihr liegt der Ruin von 200 000 Menschen. Tausende klammern sich noch immer an ihre Häuser, in denen die oberen Geschosse noch trocken sind ... Das ist das erbärmliche Elend einer verlorenen Schlacht.

Es sollte allerdings noch viel schlimmer kommen. In den nächsten zwei Wochen stieg die Zahl der Obdachlosen auf eine halbe Million an. Hoover war jedoch in seinem Element. Er musste eine gewaltige Krise lösen und hatte die Befugnis, Mitarbeiter einer Vielzahl von Ressorts und Behörden – vom Roten Kreuz, dem Weather Bureau, dem Public Health Service, der Küstenwache, dem Veterans' Bureau, der Interstate Commerce Commission, dem Nationalen Leuchtturmdienst und noch mindestens einem Dutzend mehr – zu unterweisen und einzusetzen *und* unmittelbar in die Führung von vier großen Ministerien einzugreifen: des Landwirtschaftsministeriums, des Marineministeriums, des Kriegsministeriums und des Finanzministeriums. Außer dem Präsidenten hatte niemals jemand einen so großen Zuständigkeitsbereich gehabt. Hoovers konzentrierter Aufmerksamkeit entging kein Aspekt der Hilfsmaßnahmen. Er genehmigte den Bau von 154 Flüchtlingslagern und gab genaue Anweisungen, wie jedes einzelne davon angelegt und organisiert werden sollte: Die Zelte sollten sechs mal sechs Meter groß sein und in ordentlichen Reihen entlang genau siebeneinhalb Meter breiter Straßen aufgestellt werden, mit einer jeweils drei Meter breiten Seitengasse zwischen den Zeltreihen. (Tatsächlich wurde diese geometrische Perfektion aus praktischen Gründen, die in erster Linie mit dem Untergrund zu tun hatten, fast nirgendwo erreicht.) Die Menge an Nahrungsmitteln, die Unterhaltungsangebote, das Ausmaß medizinischer Versorgung und sämtliche anderen Details des Lagerlebens waren in ähnlicher Weise vorgeschrieben, auch wenn sich kaum einer daran hielt. Erstaunlicherweise betrachtete Hoover die Lager als glückliche Orte. Für viele der dort untergebrachten Flutopfer, behauptete er, sei dies »der erste richtige Urlaub, den sie jemals gemacht haben«. Man erinnere sich, dass er von Menschen sprach, die soeben alles verloren hatten.

Wie schon in Europa fühlte sich Hoover nicht wohl in Gegenwart der Menschen, deren Leben er wieder in Ordnung bringen sollte. Eine besondere Abneigung hegte er gegen die Cajuns in Louisiana, die seiner Ansicht nach »französischen Kleinbauern glichen wie ein Ei dem anderen«. Vor allem ärgerte er sich darüber, wie viele Cajuns wiederholt die Aufforderung ignorierten, sich in höher gelegene Regionen zu begeben. Ein Farmer musste sechsmal »gerettet« werden. Als in Melville nachts ein Schutzdamm nachgab, kamen zehn Menschen ums Leben, weil sie sich nicht in Sicherheit gebracht hatten, als sie dazu aufgefordert worden waren. Neun von ihnen stammten aus ein und derselben Familie: eine Frau und ihre acht Kinder. Hoover betrachtete das weniger als Tragödie, sondern eher als Ärgernis: »Ich schloss daraus, dass sich ein Cajun erst dann in Bewegung setzen würde, wenn das Wasser unter seinem Bett stand.«

Die Cajuns waren im Gegenzug auch nicht gerade begeistert von Hoover. In der Nähe von Caernarvon schoss ein Mann mit seinem Gewehr auf Hoover und dessen Begleiter, als die in einem Boot vorbeifuhren, und verschwand wieder im Wald, bevor er gefasst werden konnte. Die Feindscligkeit des Mannes war vielleicht verständlich. Hoover und seine Begleiter inspizierten einen Damm, der kurz darauf gesprengt werden sollte, um das Hochwasser um New Orleans herumzuleiten – eine Maßnahme, die weithin als unnötig betrachtet wurde. Zerstörte Dämme weiter im Norden hatten bereits für einen Rückgang des Wasserpegels des Flusses gesorgt und jede unmittelbare oder potenzielle Bedrohung für die Stadt abgewendet, doch die Sprengung des Damms wurde trotzdem beschlossen. Zwei große Gemeinden wurden für den Seelenfrieden von Geschäftsleuten geopfert. Die Stadt New Orleans versprach den Betroffenen eine Entschädigung in vollem Umfang, die sie jedoch nie bekamen.

Hoover erwies sich wie immer als unermüdlicher Selbstdarsteller. Er reiste in einem privaten Zug durch den Süden, zu dem ein eigens für die Öffentlichkeitsarbeit reservierter Waggon gehörte. Von dort wurde ein Strom von Pressemeldungen herausgegeben, die sich überwiegend mit Hoovers Vision und seiner harten Tätigkeit befassten. Außerdem stellte er sicher, dass jeder republikanische Senator ein Exemplar eines Zeitschriftenartikels erhielt, in dem er gelobpreist wurde. Jeder Zeitung, die seine Bemühungen infrage stellte oder kritisierte, und war sie noch so unbedeutend, schrieb er persönlich einen Brief, der eine Zurechtweisung beinhaltete. Manche dieser Antworten erstreckten sich über mehrere Seiten.

Hoover prahlte damit, dass nicht mehr als drei Menschen bei der Überschwemmung gestorben seien, seit er die Kontrolle übernommen hatte (»bei einem von ihnen handelte es sich um einen zu neugierigen Schaulustigen«), doch in Wirklichkeit waren es mindestens 150, möglicherweise sogar noch viel mehr. Letzten Endes waren seine Bemühungen weit von einem uneingeschränkten Erfolg entfernt. Hilfsgelder wurden oftmals verschwendet oder fehlgeleitet. Notvorräte wurden gewöhnlich den größten Landbesitzern zur Verteilung an ihre Pächter anvertraut, und so mancher skrupellose Landbesitzer verlangte von seinen Pächtern Geld für die Rationen oder behielt sie für sich selbst. Häufig wurde Hoover auf Missstände aufmerksam gemacht, er wies aber alle Meldungen zurück. Die Flüchtlingslager selbst waren alles andere als behaglich, und die Verpflegung war oft so schlecht und ungesund, dass viele Bewohner unter ernährungsbedingten Erkrankungen wie Pellagra litten. Solche Fakten wurden in Hoovers Pressemeldungen nicht erwähnt.

Für die breitere Masse festigte das Mississippi-Hochwasser jedoch Hoovers Ruf als Koloss und ließ es fast als sicher erscheinen, dass er der nächste republikanische Präsidentschaftskandidat werden würde. »Es ist fast unvermeidlich«, erklärte er einem Freund ohne Umschweife.

Unter normalen Umständen hätte das Mississippi-Hochwasser Charles Lindbergh nicht gestört, doch es fiel zufällig mit einem breiten Band turbulenten Wetters zusammen, das genau quer zu seiner Flugroute lag. Ein gewaltiges Sturmtief verdunkelte den Himmel über riesigen Teilen des Mittelwestens und des Südwestens und schickte Tornados, die sich wie dämonische Kreisel drehten, über acht Bundesstaaten von Texas bis Illinois. In Poplar Bluff, Missouri, starben achtzig Menschen, und 350 wurden verletzt, als sich ein Tornado den Weg durch das Geschäftsviertel bahnte. Anderenorts in Missouri forderten Tornados ein Dutzend weitere Menschenleben, und in Texas, Arkansas, Kansas, Louisiana und Illinois gab es ebenfalls etliche Tote zu beklagen. In St. Louis verursachten starke Winde umfangreichen Schaden und töteten einen Mann (»einen Neger«, wie die *New York Times* feierlich erklärte), der von herabfallenden Trümmern erschlagen wurde. In Wyoming erfroren drei Menschen, die in einem plötzlichen Schneesturm gefangen waren. Insgesamt forderte der Sturm in zwei Tagen einen Tribut von 228 Toten und 925 Verletzten.

In St. Louis flaute der Wind am Morgen von Lindberghs Ankunft ab, wurde aber von dichtem Nebel abgelöst. Die Spieler einer Baseballbegegnung zwischen den St. Louis Browns und den New York Yankees, die an diesem Tag im Sportsman's Park stattfand, beklagten sich, dass sie keine drei Meter weit sehen könnten. Babe Ruth sah jedenfalls gut genug, um einen Double und einen Home-Run zu schlagen, seinen achten der noch jungen Saison. Noch ahnte niemand, was für einen Sommer er haben würde. Die Yankees entschieden das Spiel mit 4:2 für sich.

Während über dem Osten von Missouri frostiger feuchter Nebel hing, litt Chicago unter sengender Hitze, während Colorado und die nördlichen Bundesstaaten der Great Plains unter schwerem spätem Schnee begraben waren. In mehreren Regionen Nebraskas fiel bizarrerweise ebenfalls Schnee, während aus der südwestlichsten Ecke des Bundesstaats bei schwüler Witterung zwei Tornados gemeldet wurden. Nie zuvor war das Wetter unbeständiger und seltsamer gewesen. Lindbergh schien sich dessen zum Glück nicht bewusst zu sein. Falls er irgendwelche Probleme gehabt hatte, Lambert Field im Nebel zu finden, erwähnte er das mit keinem Wort. Tatsächlich erwähnte er in keinem seiner veröffentlichten Berichte über diese ereignisreichen Tage schlechtes Wetter, abgesehen von der Bemerkung, dass er froh über das Sturmsystem gewesen sei, weil es die anderen Piloten in New York festhielt, bis er dort ankam. Dass er womöglich als einziger Mensch zwischen den beiden Küsten so tollkühn war, sich in die Lüfte zu schwingen, schien ihm weder zum damaligen Zeitpunkt noch später bewusst gewesen zu sein.

In St. Louis präsentierte Lindbergh sein neues Flugzeug den Männern, die es bezahlt hatten, legte sich ein wenig aufs Ohr, schlang in Louie's Café neben dem Flugfeld ein Steak und vier Eier hinunter und hob dann wieder ab, dieses Mal in Richtung New York. Schon allein die Tatsache, dass er St. Louis erreicht hatte, war ein beeindruckender Doppelerfolg: Er war als erster Mensch nachts über die Rocky Mountains geflogen, und er hatte einen Rekord für den längsten Alleinflug ohne Zwischenlandung aufgestellt, den jemals ein amerikanischer Pilot unternommen hatte. Wenn alles nach Plan lief, würde er jetzt mit dem Flug nach New York auch noch den Rekord für den schnellsten Flug von einer Küste des Kontinents zur anderen brechen. Bemerkenswerterweise sorgte genau zu diesem Zeitpunkt dichter Nebel an der ganzen Ostküste dafür, dass Zugvögel nicht weiterflogen und die Suche nach Nungesser und Coli zwecklos war. Kein Pilot im Osten der Vereinigten Staaten konnte irgendwohin fliegen. Francesco de Pinedo, der seine feierliche Rundreise durch Amerika in einem Ersatzflugzeug fortsetzen wollte, versuchte drei Tage lang, von New York nach Philadelphia zu fliegen, wurde aber jedes Mal von strömendem Regen und tief hängenden Wolken zur Umkehr gezwungen.

Eigentlich hätte das Wetter, das andere Piloten vom Fliegen abhielt, Lindbergh daran hindern sollen, sein Ziel zu erreichen, doch normale Regeln galten für ihn offenbar nicht. Zumindest vorerst schien sich der junge Charles Lindbergh eine merkwürdige Unsterblichkeit angeeignet zu haben.

Viertes Kapitel

Besuchern aus Übersee, die 1927 zum ersten Mal in die Vereinigten Staaten kamen, fiel vor allem auf, wie erstaunlich wohlhabend das Land war. Amerika war die reichste Nation der Welt. In den Haushalten glänzten modernste Geräte und Konsumgüter – Kühlschränke, Radios, Telefone, Ventilatoren, Rasierapparate –, die woanders erst mindestens eine Generation später zur Selbstverständlichkeit wurden. Von den 26,8 Millionen Haushalten besaßen elf Millionen einen Plattenspieler, zehn Millionen ein Auto und 17,5 Millionen ein Telefon. Jedes Jahr kamen in Amerika mehr Telefone hinzu (781 000 im Jahr 1926), als Großbritannien insgesamt besaß.

42 Prozent sämtlicher weltweit gefertigten Waren wurden in den Vereinigten Staaten hergestellt. Amerika produzierte 80 Prozent aller Spielfilme und 85 Prozent aller Autos. Allein in Kansas gab es mehr Autos als in ganz Frankreich. In einer Zeit, in der Goldreserven ein wesentlicher Gradmesser nationalen Wohlstands waren, besaßen die USA die Hälfte der weltweiten Bestände oder – anders ausgedrückt – genauso viel wie alle übrigen Nationen zusammen. Kein Land war jemals so finanzkräftig gewesen, und Amerika wurde in geradezu schwindelerregendem Tempo von Tag zu Tag vermögender. Der Aktienmarkt, der ohnehin bereits boomte, sollte 1927 aufgrund einer »Orgie wilder Spekulation«, wie Herbert Hoover es später nannte, um ein Drittel anwachsen, doch im Frühling und im Sommer des Jahres machte sich deshalb weder er noch irgendjemand anderer Sorgen.

Das Amerika, über das Charles Lindbergh im Mai 1927 flog,

unterschied sich ziemlich stark vom heutigen Amerika. Zum einen war es wesentlich weniger dicht besiedelt und deutlich ländlicher. Mit einer Bevölkerung von knapp unter 120 Millionen hatten die Vereinigten Staaten damals nur etwa 40 Prozent der Einwohner, die sie heute haben. Die Hälfte dieser 120 Millionen lebte auf Farmen oder in Kleinstädten, was heute nur noch 15 Prozent tun, sodass ländlichen Gegenden eine deutlich größere Bedeutung zukam.

Städte waren im Großen und Ganzen angenehm kompakt: Es gab noch nicht die vorstädtischen Expansionen, ebenso wenig führten die größeren Straßen aus ihnen hinaus. Wenn Menschen 1927 verreisten oder Waren verschickten, taten sie das fast ausschließlich mit der Eisenbahn. Asphaltierte Schnellstraßen waren in den meisten Gegenden eine Seltenheit. Selbst der große, neu gebaute Lincoln Highway – der stolz als erste transkontinentale Fernstraße der Welt bezeichnet wurde – hatte nur von New York City bis zum westlichen Iowa einen durchgehenden Straßenbelag. Von dort bis San Francisco war nur ungefähr die Hälfte der Strecke asphaltiert. In Nevada war er mit den Worten eines Zeitzeugen noch »überwiegend theoretisch« und verfügte nicht einmal über Markierungen am Straßenrand, die wenigstens symbolisch auf seine Existenz hingewiesen hätten. Hier und da tauchten andere, kürzere Schnellstraßen wie der Jefferson Highway oder der Dixie Highway auf, allerdings handelte es sich bei ihnen eher um faszinierende Neuheiten als um echte Vorboten. In der Vorstellung der Menschen bestand die Zukunft des Fernverkehrs nicht aus Highways, sondern aus Flugzeugen und riesigen Luftschiffen, die zwischen Stadtzentren pendelten.

Deshalb war der Orteig-Preis für einen langen und abenteuerlichen Flug ausgesetzt worden und nicht für ein Straßenrennen. Außerdem war es der Grund dafür, weshalb in dieser Zeit immer mehr Ankermasten auf Wolkenkratzern auftauchten: damit Luftschiffe daran festmachen konnten. Dass das ganz offensichtlich nicht zu empfehlen war – man stelle sich vor, wie die in Flammen aufgegangene *Hindenburg* auf den Times Square stürzt –, scheint keinem Architekten in den Sinn gekommen zu sein. Selbst bei Routine-Anlegemanövern mussten Luftschiffe zugunsten der Stabilität oft große Mengen von Ballastwasser ablassen, und es ist unwahrscheinlich, dass Passanten auf der Straße eine regelmäßige Dusche gutgeheißen hätten.

Eine andere Vision auf dem Gebiet des städtischen Personenverkehrs war der Wolkenkratzer-Flugplatz mit Rollbahnen, die von hohen Dächern auskragten oder zwischen Gebäuden verliefen. Ein einfallsreicher Architekt hatte die Idee, eine Art riesigen Tisch zu bauen, mit vier Wolkenkratzern als Beine, auf denen eine 16 000 Quadratmeter große Landeplattform ruhte. Die *New York Times* stellte sich dagegen eine persönlichere Lösung vor: »Helikopter und Gyroskop werden es jedem ermöglichen, von einer Plattform vor dem Fenster seiner Wohnung zu starten und wieder auf ihr zu landen«, hieß es in einem Leitartikel zur nahen Zukunft mit optimistischer Überzeugung.

Dass nichts von alledem umsetzbar war – technisch, architektonisch, aeronautisch, finanziell, sicherheitstechnisch sowie in Hinblick auf die Bauordnung und sämtliche anderen Vorschriften –, schien keine Rolle zu spielen. Die zwanziger Jahre waren eine Epoche, in der es den Menschen nicht gefiel, wenn ihren Träumereien praktische Bedenken in die Quere kamen. In der populären Zeitschrift *Science and Invention* prophezeite einer der Autoren selbstbewusst, Menschen jeden Alters würden sich bald – und mit hoher Geschwindigkeit – auf motorisierten Rollschuhen fortbewegen. Der bekannte Baumeister Harvey W. Corbett prognostizierte, dass Hochhäuser Hunderte Stockwerke hoch in den Himmel emporragen würden und dass die Bewohner der oberen Etagen ihre Mahlzeiten über Funk erhalten würden, ohne zu erklären, wie das seiner Ansicht nach funktionieren sollte. Rodman Wanamaker, der Kaufhausmagnat und Sponsor von Richard Byrds Flug, finanzierte in New York eine Ausstellung mit dem Titel »Die Titanenstadt«, die eine Zukunftswelt präsentierte, in der prachtvolle Stadthochhäuser durch schicke schwebende Schnellstraßen miteinander verbunden waren, während die Bewohner in pneumatischen Zügen durch gläserne Röhren geschossen wurden und auf Laufbändern majestätisch von einem Ort zum anderen glitten. Was auch immer die Zukunft bereithielt, alle waren sich einig, dass sie technologisch fortgeschritten, von Amerika dominiert und spannend sein würde.

Was die Gegenwart anbelangte, waren sich die Menschen seltsamerweise weniger sicher. Der Krieg hatte eine Welt hinterlassen, die viele für oberflächlich, korrupt und verdorben hielten – selbst diejenigen, die sie aus genau diesen Gründen genossen. Die Prohibition befand sich in ihrem achten Jahr und hatte sich als spektakulärer Misserfolg erwiesen. Sie hatte Gangstern und ratternden Maschinengewehren den Weg geebnet und normale Bürger in Kriminelle verwandelt. In New York gab es jetzt mehr Kneipen als vor der Prohibition, und der Konsum alkoholischer Getränke war weiterhin so weit verbreitet, dass der Bürgermeister von Berlin bei einem Besuch in New York seinen Amtskollegen Jimmy Walker angeblich fragte, wann das Alkoholverbot denn nun eingeführt werde. Die Metropolitan Life Insurance Company berichtete 1927, dass aktuell mehr Menschen an den Folgen von Alkoholkonsum starben als zu irgendeinem Zeitpunkt vor Einführung der Prohibition.

Der moralische Verfall war überall erkennbar, sogar auf der Tanzfläche. Mit ihren aufdringlichen Rhythmen und dem Schlenkern von Gliedmaßen spielten Tango, Shimmy und Charleston auf sexuelle Ekstase an, was viele besorgte Menschen beunruhigend fanden. Noch entsetzlicher war ein beliebter Tanz namens Black Bottom, bei dem man vor- und zurückhüpfte und sich dabei mit der flachen Hand aufs Hinterteil schlug – ein Akt skandalöser Hemmungslosigkeit, der ein Körperteil in den Mittelpunkt stellte, von dem sich nicht wenige wünschten, es würde gar nicht existieren. Selbst vom langsamen Walzer hieß es, er besäße eine gewisse Sinnlichkeit, die ihn zu einer Art musikalischem Vorspiel mache. Am allerschlimmsten war Jazz, der weithin als Ausgangspunkt für Drogenmissbrauch und Promiskuität galt. »Ist Jazz die Sünde in Synkopen?«, fragte eine Autorin im *Ladies' Home Jour-*

nal. Und ob, lautete die Antwort. In einem Leitartikel im *New York American* wurde Jazz als »krankhafte, nervenaufreibende und Lust erzeugende Musik« bezeichnet.

Viele stellten mit Bestürzung fest, dass Amerika inzwischen – nach der Sowjetunion – die weltweit höchste Scheidungsrate hatte. (Um daraus Profit zu schlagen, reduzierte Nevada 1927 die für eine Scheidung erforderliche Mindestaufenthaltsdauer auf drei Monate und wurde damit zur Heimat der »Blitzscheidung«.)

Die größte Sorge galt jungen Frauen, die sich allerorts Gewohnheiten hinzugeben schienen, die als verwerflich erachtet wurden. Sie rauchten, tranken, schminkten sich, ließen sich das Haar zu einem Bob schneiden und trugen seidene Kleider von atemberaubender Knappheit. Die Menge an Stoff, aus der ein Kleid im Durchschnitt bestand, verringerte sich Berechnungen zufolge von achtzehn Metern vor dem Krieg auf spärliche sechseinhalb danach. Der Sammelbegriff für Frauen mit lebenslustiger und liberaler Gesinnung war damals *flapper*, »Flatterer« – ein Wort, das gegen Ende des 19. Jahrhunderts in England entstanden und ursprünglich für Prostituierte verwendet worden war. (Es handelte sich dabei um einen Ableger einer anderen ornithologischen Bezeichnung für Frauen, die in England noch heute gebräuchlich ist: *bird.*)

Spielfilme fingen die für die Zeit charakteristische unbekümmerte Stimmung nicht nur geschickt ein, sondern heizten sie oft auch an. Ein Kinoereignis versprach seinem geifernden Publikum den Plakaten zufolge »wunderschöne Jazz-Babys, Champagnerbäder, mitternächtliche Feierlichkeiten und Petting-Partys in der violetten Morgendämmerung, die allesamt in einem grandiosen, hinreißenden Höhepunkt enden, der Ihnen den Atem verschlagen wird«. In einem anderen Film gab es »Knutscher, Fummler, weiße Küsse, rote Küsse, vergnügungssüchtige Töchter und sensationslüsterne Mütter« zu bewundern. Man brauchte nicht allzu viel Fantasie zu besitzen, um den unmittelbaren Zusammenhang zwischen dem liederlichen Verhalten der modernen Frau und den mörderischen Instinkten einer Ruth Snyder zu erkennen. In Zeitungsartikeln wurde oft angemerkt, die niederträchtige Mrs Snyder habe vor ihrem Untergang ein Faible für frivole Filme gehabt.

Die Gesetzesmacher versuchten verzweifelt, die moralische Integrität durch Verordnungen zu retten. In Oshkosh, Wisconsin, erklärte ein dort verabschiedetes Gesetz zur strafbaren Handlung, wenn sich Tanzpartner zu tief in die Augen sahen. In Utah zog die bundesstaatliche Legislative in Erwägung, Frauen nicht mit einer Geldstrafe zu belegen, sondern sie ins Gefängnis zu stecken, wenn ihr Rock mehr als siebeneinhalb Zentimeter Bein oberhalb des Knöchels frei ließ. In Seattle versuchte eine Organisation mit dem Namen »Clean Books League« sogar, die Erzählungen des Abenteurers Richard Halliburton verbieten zu lassen, und zwar mit der Begründung, sie würden »die Reiselust schüren«. Im ganzen Land wurden Bestimmungen zum Erhalt der Moral erlassen, die – wie die Prohibition – fast überall ignoriert wurden. Konservativ gesinnte Menschen hatten allen Grund zu verzweifeln.

Als die *Spirit of St. Louis* auf Long Island landete und ein junger Mann aus ihr herauskletterte, der all das zu verkörpern schien, was als sittsam, tugendhaft und gut galt, horchte deshalb ein sehr großer Teil der Nation auf und schöpfte Hoffnung.

Lindbergh war bis dahin ein »entfernter, vager Konkurrent« gewesen, erinnerte sich Clarence Chamberlin später. Den meisten, die nichts mit der Fliegerei zu tun hatten, war seine Person kein Begriff, doch jetzt wurde er im Handumdrehen zum Liebling der Bevölkerung. Nur vierundzwanzig Stunden nach seinem Eintreffen merkte ein Reporter der *New York Times* an: »Lindbergh hat mit seinem verschämten Lächeln, seinem unerschütterlichen Mut und seinem stürmischen Flug vom Pazifik hierher die Herzen der New Yorker erobert.« Schaulustige strömten zu den Flugfeldern, um den Mann zu Gesicht zu bekommen, den die Zeitungen (zu seiner Verärgerung) »Lucky Lindy« nannten. Am Sonntag nach seiner Ankunft tauchten am Curtiss Field 30 000 Menschen auf – so viele wie zu einem Spiel der Yankees –, in dem Wunsch, einen Blick von dem jungen Piloten zu erhaschen, während er sich mit seinen Mechanikern unterhielt oder an seinem Flugzeug arbeitete. Auf das Dach einer kleinen Lackiererei neben dem Hangar, in dem die *Spirit of St. Louis* stand, kletterten so viele Leute, dass es unter ihrem Gewicht nachgab. Glücklicherweise hielt sich zu diesem Zeitpunkt niemand im Gebäude auf, und von denjenigen, die sich auf dem Dach befunden hatten, wurde keiner ernsthaft verletzt.

In puncto Romantik hatten die beiden größten Flugfelder auf Long Island, Roosevelt und sein kleinerer Nachbar Curtiss, nur wenig zu bieten. Sie befanden sich in einer trostlosen, halb industrialisierten Landschaft aus Lagerhallen und niedrigen Fabrikgebäuden mit vereinzelten Gärtnereien und charakterlosen Wohnsiedlungen. Die Flugfelder selbst waren allein auf Zweckmäßigkeit ausgelegt. Ihre Hangars und Wartungsgebäude wirkten provisorisch und waren ungestrichen. Auf den Parkplätzen wimmelte es von Schlaglöchern und braunen Pfützen. Nach den wochenlangen Regenfällen befand sich auf den Wegen zwischen den Gebäuden eine glänzende Schlammschicht.

Das Roosevelt Field war dank Rodman Wanamaker, der nach René Foncks schrecklichem Unfall acht Monate zuvor ins Walzen und Planieren der Rollbahn investiert hatte, das deutlich bessere der beiden Flugfelder.* Es besaß die einzige Rollbahn in New York, die lang genug für einen Atlantikflug war. Das hätte sich als Problem erweisen können, da es jetzt exklusiv an Wanamaker zur Benutzung durch Byrd verpachtet war, doch Byrd bestand darauf, dass seine Konkurrenten es ebenfalls benutzen durften.** Man muss ihm hoch anrechnen, dass er sein Möglichstes tat, um seinen Mitstreitern zu helfen. Zum Beispiel gab er seine persönlichen Wetterberichte

---

* Das Flugfeld war nach Theodore Roosevelts Sohn Quentin benannt, der im Ersten Weltkrieg im Luftkampfeinsatz gefallen war. Lindbergh hatte ihn gekannt, zumindest flüchtig. Die beiden hatten zur selben Zeit die Sidwell Friends School in Washington besucht, wenngleich Roosevelt fünf Jahre älter war.

** Byrd wurde nicht nur von Wanamaker gesponsert, sondern auch von John D. Rockefeller, der National Geographic Society und interessanterweise von Dwight Morrow, Charles Lindberghs zukünftigem Schwiegervater.

großzügig weiter. Außerdem suchte er als einer der Ersten Lindbergh in dessen Hangar am Curtiss Field auf, um ihm viel Glück zu wünschen. Andererseits war Byrd mit so großem Abstand der Favorit und Lindbergh so viel schwächer, dass Byrd es sich erlauben konnte, großzügig zu sein.

Trotz aller Aufmerksamkeit, die Lindbergh mit einem Mal zuteilwurde, räumten ihm die meisten anderen Piloten und Crewmitglieder keine großen Chancen ein. Bernt Balchen, ein Mitglied des Byrd-Teams, erinnert sich in seinen Memoiren, dass Lindbergh allgemein als haushoch unterlegen betrachtet wurde. Der Präsident der American Society for the Promotion of Aviation sagte ganz offen, er glaube nicht, dass Lindbergh oder irgendein anderer Pilot eine Option habe.

Im Vergleich zu Byrds Vorbereitungen waren die von Lindbergh tatsächlich bemerkenswert einfach gehalten. Byrd hatte ein Team von vierzig Personen: Mechaniker, Telegrafisten und sogar Küchenpersonal, das eine eigene Kantine betrieb. Lindbergh dagegen war in New York mehr oder weniger auf sich allein gestellt. Seine Sponsoren in St. Louis schickten einen jungen Mann namens George Stumpf, der über keinerlei relevante Erfahrung verfügte, in der vagen Hoffnung, er könne Besorgungen erledigen oder sich sonst irgendwie nützlich machen. Außerdem stellte die Wright Corporation Mechaniker, die ihm technisch halfen (was sie im eigenen Interesse für alle Teams tat, die ihre Motoren verwendeten), und schickte außerdem einen PR-Mann, Richard Blythe, der sich um Presseangelegenheiten kümmern sollte. Die Wright Corporation hielt Lindbergh jedoch für einen solchen Außenseiter, dass sie die beiden Männer im Garden City Hotel gemeinsam in einem Zimmer unterbrachte. Abgesehen davon war Lindbergh völlig auf sich allein gestellt. Vorsichtigen Schätzungen zufolge kosteten Byrds Planungen eine halbe Million Dollar, während sich Lindberghs gesamte Ausgaben – für sein Flugzeug, Treibstoff, Essen, Unterkunft und alles andere – auf gerade einmal 13 500 Dollar beliefen.

Byrd war zu wohlerzogen, um seine Gedanken preiszugeben, er muss jedoch entsetzt über das gewesen sein, was er sah, als er Lindbergh einen Besuch abstattete. Lindbergh wirkte jungenhaft und hatte keine relevante Erfahrung vorzuweisen. Sein Flugzeug besaß kein Funkgerät und nur einen Motor – Byrd hatte darauf bestanden, dass sein eigenes mit drei Motoren ausgerüstet wurde – und war von einem Hersteller gebaut worden, von dem noch nie jemand etwas gehört hatte. Lindbergh hatte vor, auf ein Rettungsboot zu verzichten und fast keinen Reiseproviant mitzunehmen. Vor allem aber beabsichtigte er, allein aufzubrechen, was bedeutete, dass er anderthalb Tage lang mit einem instabilen Flugzeug durch Wind und Wetter und Dunkelheit fliegen würde, während er den Treibstoffzufluss aus fünf Tanks umständlich über vierzehn Ventile regulierte. Wenn er seine Position überprüfen oder eine Eintragung in sein Logbuch machen wollte, musste er seine Karten auf dem Schoß ausbreiten und den Steuerknüppel währenddessen zwischen die Knie klemmen; nachts musste er dabei auch noch eine kleine Taschenlampe mit den Zähnen halten. Zusammengenommen handelte es sich dabei um Aufgaben, die eine dreiköpfige Besatzung auf die Probe gestellt hätten. Jedem, der etwas vom Fliegen verstand, war klar, dass das niemand allein bewältigen konnte. Es war purer Irrsinn.

Mehrere Zeitungsjournalisten versuchten, Lindbergh von seinem selbstmörderischen Vorhaben abzubringen, allerdings ohne Erfolg.

»Vernünftige Argumente interessieren ihn nicht«, beklagte sich einer von ihnen bei Balchen. »Er ist ein eigensinniger Sturkopf.«

Die Stimmung auf den Flugfeldern war ausgesprochen angespannt, wie sich Lindbergh Jahre später in seiner Autobiografie *Mein Flug über den Ozean* erinnerte. Es lag erst gut zwei Wochen zurück, dass Davis und Wooster in Virginia tödlich verunglückt waren, und weniger als eine Woche, dass Nungesser und Coli als vermisst galten. Myron Herrick, der US-Botschafter in Paris, hatte öffentlich verkündet, dass es besser sei, wenn vorerst kein amerikanischer Pilot versuchen würde, nach Frankreich zu fliegen. Momentan saßen ohnehin alle wegen des schlechten Wetters fest. Die Situation war äußerst frustrierend.

Was den Druck noch erhöhte, der ohnehin auf Lindbergh lastete, war sein wachsendes Unbehagen im Umgang mit der Presse. Reporter stellten ihm hartnäckig persönliche Fragen, die nichts mit der Fliegerei zu tun hatten – wie zum Beispiel, ob er eine Freundin habe oder ob er gern tanzen würde –, die er peinlich und aufdringlich fand, und Fotografen verstanden nicht, warum er sich nicht von ihnen ablichten ließ, wenn er sich ausruhte oder mit anderen Piloten und den Mechanikern herumalberte. Schließlich versuchten sie nur, ihn normal wirken zu lassen. Einmal stürmten zwei von ihnen in sein Zimmer im Garden City Hotel, in der Hoffnung, ihn beim Rasieren oder beim Lesen oder bei *irgendeiner* anderen Beschäftigung zu ertappen, die auf sympathische jungenhafte Normalität hingedeutet hätte.

Am 14. Mai traf Charles' Mutter aus Detroit ein, um ihm eine gute Reise zu wünschen. Die beiden posierten widerwillig für Fotos, auf denen sie steif herumstehen wie zwei Menschen, die einander gerade erst vorgestellt wurden. Mrs Lindbergh lehnte sämtliche Bitten, ihren Sohn zu umarmen oder zu küssen, mit der Begründung ab, sie seien »zurückhaltender nordischer Abstammung«, was in ihrem Fall überhaupt nicht stimmte. Stattdessen tätschelte sie ihrem Sohn den Rücken und sagte: »Viel Glück, Charles.« Dann fügte sie noch unheilschwanger hinzu: »Und leb wohl.« Der *Evening Graphic,* der sich nicht von der Schüchternheit der beiden abschrecken ließ, fertigte für seine Leser eine rührende Fotocollage an, in der die Köpfe von Charles und seiner Mutter auf die Körper weniger zurückhaltender Fotomodelle montiert waren – wenngleich kein Artdirector etwas gegen das Fehlen von Emotion im seltsam leeren Blick von Mutter und Sohn tun konnte.

Berichten zufolge waren alle drei amerikanischen Wettbewerber abflugbereit – Lindbergh mit der *Spirit of St. Louis,* Byrd mit der *America,* Chamberlin und Acosta mit Bellancas *Columbia.* Deshalb wurde auch allgemein angenommen, sie würden gemeinsam starten, sobald sich das Wetter verbesserte, und die Atlantiküberquerung würde ein spannendes Dreierrennen werden. Weder Lindbergh noch der Rest der Welt wusste, dass es in den beiden anderen Lagern in Wirklichkeit nicht besonders gut lief. Seltsamerweise hatte es den Anschein, als würde sich Byrd nur widerwillig auf den Flug nach Paris einlassen. Zur Verwunderung seiner Crew und zum maßlosen Ärger von Tony Fokker, dem leicht aufbrausenden Konstrukteur seines Flugzeugs, testete er jedes System der Maschine immer und immer wieder. »Mir kam es so vor, als würde er jede Gelegenheit zur Verzögerung ergreifen«, erinnerte sich Fokker vier Jahre später in seiner Autobiografie. »Ich fing an, mich zu fragen, ob Byrd den Transatlantikflug überhaupt machen wollte.« Zur Überraschung aller Beteiligten beraumte Byrd die offizielle Einweihung seines Flugzeugs – mit eintönigen Ansprachen und einer in Fahnen eingehüllten *America* – für Samstag, den 21. Mai, an, was bedeutete, dass er nicht vor dem Wochenende starten konnte, auch wenn das Wetter es zugelassen hätte.

Im Lager der *Columbia* war die Situation sogar noch unerfreulicher, was allein an dem merkwürdigen und streitsüchtigen Wesen von Charles A. Levine lag. Als Sohn eines Schrotthändlers hatte Levine nach dem Ersten Weltkrieg ein Vermögen mit dem An- und Verkauf von überschüssigen Patronenhülsen gemacht, deren Messing recycelt werden konnte. Als er Interesse an der Fliegerei entwickelte, wurde er fast zwangsläufig als der »Fliegende Schrottmann« bekannt. 1927 behauptete er, ein Vermögen von fünf Millionen Dollar zu besitzen, wobei viele, die sein bescheidenes Holzhaus im Belle-Harbor-Viertel von Rockaway am weniger vornehmen Ende von Long Island zu Gesicht bekommen hatten, das für eine Übertreibung hielten.

Levine war glatzköpfig, kampfeslustig, untersetzt und ungefähr einen Meter achtundsechzig groß. Er kleidete sich wie ein Gangster und trug Zweireiher mit dicken Nadelstreifen und Hüte mit breiter Krempe. Er besaß den Scharfsinn und den wachsamen, umherstreifenden Blick von jemandem, der immer auf der Suche nach

Gelegenheiten ist. Sein Lächeln glich einer Grimasse. Vor kurzem hatte er seinen dreißigsten Geburtstag gefeiert.

Seine beiden größten Charakterschwächen waren seine krankhafte Unfähigkeit, zu anderen Menschen ehrlich zu sein – Levine schien manchmal nur um des Lügens willen zu lügen –, und sein ähnlich stark ausgeprägtes Unvermögen, legale Aktivitäten von illegalen zu unterscheiden. Außerdem besaß er die fatale Neigung, seine Geschäftspartner zu verprellen und oft auch zu betrügen. Deswegen landete er regelmäßig im Gefängnis. Die Tatsache, dass er mit dem Gesetz auf Kriegsfuß stand, sollte bald sein Schicksal besiegeln.

Levines gegenwärtiges Problem bestand darin, dass er seinen Chefpiloten Clarence Chamberlin nicht ausstehen konnte. Das war ziemlich ungewöhnlich, da es sich bei Chamberlin um einen anständigen, liebenswerten Kerl und um einen erstklassigen Flieger handelte. Ihm fehlte es nur an Ausstrahlung. Das Peppigste an ihm war sein Kleidungsstil. Er bevorzugte modische Fliegen und auffällige Schottenmustersocken, gepaart mit weiten Knickerbockerhosen, doch in allen anderen Belangen war er beinahe schmerzlich zurückhaltend.

Verärgert über Chamberlins Mangel an Dynamik machte Levine keinen Hehl daraus, dass er ihn in seiner Funktion als Chefpilot gern ausgetauscht hätte. »Er wollte mich loswerden, weil ich kein ›Spielfilmtyp‹ war und mich nach dem großen Abenteuer als nicht besonders fotogen erweisen würde«, erinnert sich Chamberlin vergnügt in seiner Autobiografie.

Trotz der Einwände von Giuseppe Bellanca, der Chamberlin sehr mochte und bewunderte, ernannte Levine dann den stattlicheren, extrovertierteren Lloyd Bertaud zum Chefpiloten. Bertaud war zweifellos ein guter Flieger und ein furchtloser obendrein. Als Junge hatte er sich in Kalifornien einen Hängegleiter gebaut und ihn selbst getestet – erfolgreich, wenn auch nicht gerade wohlüberlegt –, indem er damit am Meer von einem hohen Kliff sprang. Außerdem besaß er einen guten Riecher für Publicity. Sein einfallsreichster

Stunt bestand darin, sich ehelichen zu lassen, während er ein Flugzeug steuerte und ein Pastor zwischen ihm und seiner willfährigen Braut kauerte. Mit solchen Tolldreistigkeiten machte er sich bei Levine natürlich beliebt.

Also schloss sich Bertaud dem *Columbia*-Team an. Da Bert Acosta dem Team ebenfalls angehörte, bedeutete das, dass Levine mehr Piloten beschäftigte, als im Flugzeug Platz hatten. Levine rief Acosta und Chamberlin zu sich und teilte ihnen mit, dass er sich noch nicht entschieden habe, wer von ihnen als Bertauds Copilot nach Paris fliegen würde. Er wollte die Entscheidung durch Werfen einer Münze am Morgen des Flugs fällen. Acosta starrte ihn einen langen Moment ungläubig an, dann überquerte er das Flugfeld und schloss sich dem Byrd-Team an. Bertaud erklärte daraufhin, er wolle unter keinen Umständen mit Chamberlin fliegen, sondern sich seinen Copiloten selbst aussuchen, während Bellanca verlauten ließ, er würde sein Flugzeug nicht ohne Chamberlin an Bord abheben lassen.

Giuseppe Bellanca war 1927 einundvierzig und somit deutlich älter als fast alle anderen, die in die Atlantikflüge involviert waren. Er war klein (nur einen Meter fünfundfünfzig groß), zurückhaltend und freundlich, war in Sizilien als Sohn eines Getreidemühlenbesitzers aufgewachsen und hatte während seines Studiums der Ingenieurswissenschaften an der Technischen Universität in Mailand ein Interesse für die Luftfahrt entwickelte. 1911 wanderte er mit seiner großen Familie – mit den Eltern und acht Geschwistern – nach Brooklyn aus, wo er im Keller ihres neuen Hauses ein Flugzeug baute. Seine Mutter nähte die Stoffbespannung, sein Vater half ihm bei den Holzarbeiten. Dann transportierte er es auf ein Feld und brachte sich selbst das Fliegen bei. Zunächst machte er nur kleine, vorsichtige Hüpfer, deren Weite und Dauer er nach und nach erhöhte, bis er tatsächlich abhob. Bellanca war ein brillanter und innovativer Konstrukteur. Seine Flugzeuge gehörten weltweit zu den ersten, die mit luftgekühlten Motoren ausgestattet waren, ein geschlossenes Cockpit besaßen (aus aerodynamischen Gründen, nicht für den Komfort der Insassen) und bei denen jedes Detail des Außendesigns darauf ausgelegt war, möglichst strömungsgünstig zu sein. Eine Verstrebung an einem Bellanca-Flugzeug stützte nicht nur die Tragfläche, sie verbesserte auch den Auftrieb oder verringerte zumindest den Luftwiderstand. Daher war Bellancas Maschine für ihre Größe die wahrscheinlich beste auf der ganzen Welt.

Bedauerlicherweise war Bellanca ein hoffnungsloser Geschäftsmann und musste immer um Geldmittel kämpfen. Eine Zeit lang konstruierte er für die Wright Corporation, doch dann beschloss Wright, sich aus dem Flugzeugbau zurückzuziehen und sich stattdessen auf Motoren zu konzentrieren, und verkaufte zu Bellancas mutmaßlichem Entsetzen dessen Flugzeug an Charles Levine. Da es sich bei der Maschine um das einzig existierende Vorführmodell handelte, blieb Bellanca nichts anderes übrig, als seinem Flugzeug zu folgen. Und so begann seine kurze, glücklose Verbindung zu Charles Levine.

Sämtliche Mitglieder im Team von Levine stritten sich ununterbrochen. Levine bestand darauf, das Flugzeug mit einem Funkgerät auszurüsten – nicht aus Sicherheitsgründen, sondern damit die Besatzung Berichte an vorbeifahrende Schiffe senden konnte, die er dann gewinnbringend an Zeitungen verkaufen konnte. Um solche Kontakte leichter zu ermöglichen, wollte Levine, dass die *Columbia* der Hauptschifffahrtsroute folgte anstatt der Großkreisroute (der kürzesten, direktesten Überquerung), was das Unterfangen sowohl langwieriger als auch gefährlicher machte. Bellanca, normalerweise ein sanfter Mensch, reagierte aufgebracht. Ein Funkgerät, so seine Argumentation, sorge für zusätzliches Gewicht, das sie sich auf keinen Fall leisten könnten, stelle ein Feuerrisiko dar und würde mit großer Wahrscheinlichkeit die Funktion der Kompasse im Flugzeug beeinträchtigen. Außerdem seien die Männer an Bord ohnehin zu sehr mit dem Fliegen beschäftigt, als dass sie für Zeitungen fröhliche Berichte über ihre Abenteuer schreiben könnten. Mindestens viermal wies Levine die Bodencrew an, ein Funkgerät zu installieren, und jedes Mal ließ Bellanca es wieder ausbauen:

eine Maßnahme, die Levine jeweils 75 Dollar kostete und ihn vor Wut kochen ließ.

Kurz vor dem geplanten Abreisetag machte Levine das Ganze noch viel schlimmer, indem er Bertaud und Chamberlin Verträge zur Unterzeichnung vorlegte. Wochenlang hatte er ihnen versprochen, die Hälfte sämtlicher Einnahmen aus dem Flug zukommen zu lassen und großzügige Lebensversicherungen für sie abzuschließen, damit für ihre Ehefrauen gesorgt war, falls ihnen bei dem Überquerungsversuch etwas zustoßen sollte – doch in dem Dokument, das er ihnen jetzt vorlegte, stand nichts von alledem. Stattdessen legte es fest, dass Levine den gesamten Gewinn einstreichen konnte und dass sie für den Zeitraum von einem Jahr nach dem Flug die Regie über ihr Leben vollständig an ihn abtreten mussten. Allein Levine würde über Werbeverträge, Filmrollen, Touren und andere berufliche Verpflichtungen entscheiden. Von diesen Einkünften würde Levine jedem von ihnen 150 Dollar in der Woche abtreten, die er von Zeit zu Zeit mit nicht näher bezeichneten »Bonuszahlungen« aufstocken wollte, wenn er es für angebracht hielt. Als Levine nach den Lebensversicherungen gefragt wurde, sagte er, er werde darüber nachdenken, wenn Bertaud und Chamberlin die Verträge unterzeichnet hätten. Nachdem Levine Bertaud und Chamberlin eröffnet hatte, dass er alles, was sie verdienten, in die eigene Tasche stecken würde, informierte er die Journalisten, dass »jeder Cent des Preisgelds an die Piloten der *Columbia* geht«.

Bertaud, wegen Levines ständigen falschen Spiels mit seiner Geduld am Ende, suchte sich einen Anwalt. Clarence Nutt erwirkte eine einstweilige Verfügung, die es Levine untersagte, das Flugzeug irgendwohin zu schicken, bis die Versicherungsfrage geklärt und ein fairer Vertrag abgeschlossen war. Eine Gerichtsverhandlung wurde für den 20. Mai angesetzt – ein Datum, das sich für alle Beteiligten als schicksalhaft erweisen sollte. Levine stellte unter Beweis, dass seiner Unberechenbarkeit keine Grenzen gesetzt waren, und verkündete mit einem Mal, er werde Lindbergh 25 000 Dollar zahlen, damit ihn dieser nach Paris mitnehme. Lindbergh wies ihn höflich darauf hin, dass es in seinem Flugzeug keinen Platz für einen Passagier gab.

Das Ende vom Lied war, dass Lindbergh die Rollbahn plötzlich ganz für sich allein hatte, zumindest bis zum Wochenende. Jetzt brauchte nur noch das Wetter mitzuspielen. Mittlerweile war es ihm auch gelungen, den einen oder anderen zu überzeugen. Nachdem Edward Mulligan, einer der Mechaniker, die Lindbergh zugeteilt worden waren, eine Woche für ihn gearbeitet hatte, stürzte er auf einen Kollegen zu und rief voller Verwunderung und Begeisterung: »Ich sage dir, Joe, der Junge wird es schaffen! Das wird er!«

Fünftes Kapitel

Das Wetter blieb miserabel, nicht nur in New York, sondern auch überall sonst. In Washington, D. C., senkte sich ein Tornado mit einem Durchmesser von fünfzehn Metern an der Basis auf den Prospect-Hill-Friedhof herab und zog launisch die Rhode Island entlang, wobei er Bäume entwurzelte und bei Schaulustigen Entsetzen hervorrief, ehe er sich, etwa eine Minute nachdem er sich gebildet hatte, wieder in nichts auflöste. Weiter im Westen überraschten für diese späte Jahreszeit unübliche Schneestürme einen großen Teil des Landes. In Detroit musste ein Spiel zwischen den Tigers und den Yankees deswegen verlegt werden – der späteste jemals verzeichnete Ausfall eines Major-League-Spiels wegen Schnee. Das geplagte mittlere und untere Mississippi-Tal wurde weiterhin von schweren Regenfällen heimgesucht.

In Chicago traf Francesco de Pinedo, der seine Reise durch die Vereinigten Staaten wieder aufgenommen hatte, wegen schlechten Wetters mit mehr als fünf Stunden Verspätung aus Memphis ein. Für seine Gastgeber wurde die Tour zunehmend unangenehm, da seine Kundgebungen immer unverhohlener politisch wurden und immer häufiger in Ausschreitungen endeten, während Pinedo selbst dazu neigte, seltsam unpassende Äußerungen von sich zu geben. »Ich glaube, New York ist die beste faschistische Stadt auf der ganzen Welt«, erklärte er wohlwollend, aber verstörend nach einem Treffen mit Bürgermeister Jimmy Walker. Als Pinedo zwei Tage später auf einer faschistischen Versammlung eines Stützpunkts der Italienischen Legion an der Second Avenue sprach, marschierten

2000 antifaschistische Demonstranten vor dem Saal auf. Fensterscheiben wurden mit Ziegelsteinen eingeworfen, und die meisten, die sich im Inneren befanden, stürmten nach draußen und prügelten sich mit den Demonstranten. Beim Eintreffen von Polizeikräften in großer Zahl hatten sich Schätzungen zufolge bereits 10 000 Menschen versammelt. Die Polizisten stellten die Ordnung wieder her, indem sie sich den Weg durch die Menge bahnten und mit Schlagstöcken kräftig auf die Leute einschlugen. Pinedo fuhr unterdessen mit seiner Rede fort, wobei es ihm scheinbar nicht bewusst war, dass er in einem fast völlig leeren Saal sprach. Die Anzahl der Verletzten ist nicht dokumentiert.

Chicago war der letzte von Pinedos vierundvierzig Zwischenstopps in den Vereinigten Staaten, bevor er sich über Québec und Neufundland auf den Rückweg nach Europa machen wollte. Seine Hoffnung war, den Roosevelt-Field-Piloten ein Schnippchen zu schlagen, indem er vor ihnen den Atlantik überquerte. Für den Orteig-Preis konnte er sich nicht qualifizieren, da er unterwegs auf den Azoren nachtanken musste, aber es wäre trotzdem ein glorreicher symbolischer Triumph für den Faschismus gewesen, wenn er in Le Bourget gewartet hätte, die Fäuste auf die Hüften gestützt, um die ersten amerikanischen Flieger, die dort ankamen, mit herablassender Fröhlichkeit zu begrüßen.

Zum Glück fanden in Chicago keine antifaschistischen Demonstrationen statt – wenngleich Pinedo ironischerweise Gefahr lief, von den überschwänglichen Schulterklopfern und erdrückenden Umarmungen mehrerer hundert Anhänger in schwarzen Hemden verletzt zu werden, die ihn auf dem Quai des Chicago Yacht Club empfingen.

Unter denjenigen, die darauf warteten, Pinedo bei seinem offiziellen Empfang zu begrüßen, befand sich auch Chicagos führender italoamerikanischer Geschäftsmann Al Capone. Selbst in Chicago, der korruptesten Stadt in ganz Amerika, fiel es auf, dass der berüchtigtste Gangster des Landes Umgang mit dem Bürgermeister, dem Chef der örtlichen Küstenwache sowie mehreren Richtern und anderen Würdenträgern pflegte. Es war das erste Mal, dass Al Capone zu einer offiziellen Zeremonie in seiner Wahlheimatstadt eingeladen worden war – und das erste Mal, dass überhaupt irgendein Boss einer kriminellen Organisation eine gesellschaftliche Einladung erhalten hatte. Deshalb war es ein stolzer Moment für Capone. Was er noch nicht ahnen konnte, war, dass er in Wirklichkeit nur noch einen Tag vom Beginn seines Niedergangs entfernt war.

Bei der Person, die für diese unerwartete Wende des Schicksals verantwortlich war, handelte es sich um eine zierliche, äußerst bemerkenswerte siebenunddreißigjährige Frau. Mabel Walker Willebrandt war knapp über ein Jahrzehnt zuvor noch eine anonyme Hausfrau in Kalifornien gewesen, doch als ihr dieses Leben zu langweilig wurde, schrieb sie sich für ein Abendstudium an der University of Southern California ein und machte 1916 ihren Abschluss in Jura. In den folgenden fünf Jahren vertrat sie misshandelte Frauen und Prostituierte – damals eine ungewöhnlich edelmütige Verwendung eines Jura-Abschlusses. (Irgendwann wurde sie außerdem durch eine Scheidung Mr Willebrandt los.) Sie profilierte sich in solchem Maß, dass sie 1921 nach Washington gerufen und in der Harding-Regierung zur stellvertretenden Justizministerin ernannt wurde. Damit war sie die ranghöchste Frau in der Landesregierung. Ihr wurde besondere Verantwortung bei der Durchsetzung der Prohibition und der Einkommenssteuergesetze übertragen. Das war eine wunderbar vorausschauende, wenn auch unbeabsichtigte Kombination von Rollen, da sie auf diese Weise auf eine geniale Methode zur Bekämpfung der organisierten Kriminalität stieß.

Bis dahin waren organisierte Gangster scheinbar unverwundbar gewesen. Sie konnten nicht wegen Mordes oder anderer schwerer Straftaten angeklagt werden, weil niemand den Mut besaß, gegen sie auszusagen. Außerdem war es fast unmöglich, sie mit ihren illegalen Geschäften in Verbindung zu bringen, da sie nie ihren Namen auf Verträge oder andere verfängliche Dokumente setzten. Willebrandt fiel jedoch auf, dass diese Leute nie eine Einkommenssteuererklärung abgaben, obwohl sie nachweislich vermögend waren.

Also beschloss sie, ihnen auf diese Weise das Handwerk zu legen. Heutzutage ist die Strategie, Kriminelle wegen Steuerhinterziehung anzuklagen, so weit verbreitet, dass man leicht übersehen kann, wie genial – wie verblüffend innovativ und neuartig – diese Idee war, als Willebrandt erstmals darauf kam. Viele Justizbehörden hielten sie damals allerdings für völlig idiotisch.

Die Probe aufs Exempel machte Willebrandt bei einem Schwarzhändler aus South Carolina namens Manley Sullivan. Seine Anwälte argumentierten, Kriminelle könnten keine Einkommenssteuer abgeben, ohne sich selbst zu belasten, und das würde eine Verletzung ihrer im 5. Zusatzartikel zur Verfassung der Vereinigten Staaten sichergestellten Rechte bedeuten. Weiterhin behaupteten die Anwälte, die Regierung mache sich an der ursprünglichen Straftat mitschuldig, wenn sie einen Anteil an dem illegalen Profit beanspruche, da das einem Verstoß gegen ihre treuhänderische Verantwortung gleichkäme. Der unnachgiebigste Gegner von Willebrandts Strategie war ein Richter des Bundesberufungsgerichts. Martin Thomas Manton schrieb: »Es ist nur schwer vorstellbar, dass der Kongress jemals im Sinn gehabt hat, der Regierung einen Teil der Einkünfte, Erträge oder Gewinne aus der erfolgreichen Verübung dieser Straftat zuteilwerden zu lassen.« Weiter hieß es: »Man mag kaum glauben, dass beabsichtigt wurde, einen Schwarzhändler seines illegalen Profits wegen als Steuerzahler zu würdigen, damit die Regierung sein Geld für Regierungszwecke entgegennehmen kann, wie sie die Steuerzahlungen ehrlicher Händler entgegennimmt.«

Trotz Mantons Einwänden und denen vieler anderer verlief der Prozess problemlos und kam bis vors Verfassungsgericht. Unter der offiziellen Bezeichnung »Vereinigte Staaten gegen Sullivan, 274 U.S. 259« wurde das Gerichtsurteil für den 16. Mai 1927 anberaumt – jenem Tag, an dem sich Al Capone und Pinedo in Chicago treffen sollten. Mabel Walker Willebrandt brachte insgesamt vierzig Prozesse vor das Verfassungsgericht, doch keiner hatte eine solche potenzielle Tragweite wie dieser – falls sie ihn gewann.

Sie gewann ihn.

Aufgrund einer feinen Ironie des Schicksals – in der Tat ist es schwierig, eine feinere zu finden – wurde der rechthaberische Richter Manton im folgenden Jahrzehnt von der Bundessteuerbehörde erfolgreich wegen Steuerhinterziehung angeklagt, nachdem *er* der Annahme von Bestechungsgeldern in Höhe von 186 000 Dollar für schuldig befunden worden war. Er verbüßte eine Haftstrafe von siebzehn Monaten in einem Bundesgefängnis.

Dank des »Vereinigte Staaten gegen Sullivan«-Prozesses waren Al Capones Tage gezählt, wenngleich er und fast alle anderen Mitglieder organisierter Banden sich dessen noch nicht bewusst waren. Die *New York Times,* darin keine Ausnahme, schenkte ihm kaum Beachtung und berichtete nur in einem kleinen Artikel auf Seite einunddreißig über ihn – genauso wie sie einem weiteren bahnbrechenden Fall vor dem Bundesverfassungsgericht in diesem Monat, dem »Buck versus Bell«-Fall (mehr dazu später), nur wenig Aufmerksamkeit zuteilwerden ließ. Stattdessen maß sie an diesem Tag einer kurzen, aber schwungvollen Rückkehr von Ruth Snyder und Judd Gray in die Schlagzeilen wesentlich mehr Bedeutung bei. Am Morgen des 16. Mai waren sie nämlich unter chaotischen Bedingungen, die an eine Szene aus einer Keystone-Kops-Slapstick-Komödie erinnerten, von ihrem Gefängnis auf Long Island in den Todestrakt der fünfunddreißig Meilen entfernten Sing-Sing-Strafvollzugsanstalt transportiert wurden.

10 000 Menschen – von denen viele auf Dächern oder Feuerleitern standen, um bessere Sicht zu haben – versammelten sich vor dem Queens-County-Gefängnis und sahen zu, als sich eine Fahrzeugkolonne aus vierzehn Autos, eskortiert von sechs Polizeimotorrädern mit Beiwagen (in denen jeweils ein Polizist mit Gewehr saß), kurz nach halb elf am Vormittag mit den zwei bekanntesten Mördern Amerikas in Bewegung setzte. Zu dem Konvoi gehörten auch Gefängnisbedienstete, Zeitungsreporter und die Stadträte James Murtha und Bernard Schwartz, die nichts damit zu tun hatten, aber dennoch mitfuhren. »Die beiden wurden von ihren

Frauen und Kindern begleitet, die den Ausflug zu genießen schienen«, merkte ein Korrespondent der *New York Times* an.

Vom Gefängnis fuhr die Kolonne mit hoher Geschwindigkeit (was in den zwanziger Jahren etwa vierzig Meilen in der Stunde entsprach) zuerst über die Queensboro Bridge und dann durch den Central Park nach Manhattan, wo sie jedoch immer wieder im Stau stecken blieb.

Kein Ort auf der Welt war für einen schnellen Konvoi ungünstiger als New York, das in dieser Zeit die verkehrsreichste Stadt auf der Erde war. Es gab dort mehr Autos als in ganz Deutschland, aber zusätzlich auch 50 000 Pferde. Die Kombination aus rasch fahrenden motorisierten Vehikeln, schwerfälligen Pferdekarren und hektischen Fußgängern machte die New Yorker Straßen zu einem außerordentlich gefährlichen Pflaster. 1927 starben in der Stadt über tausend Menschen bei Verkehrsunfällen – viermal so viele wie heute. Allein Taxis waren in jenem Jahr für fünfundsiebzig Verkehrstote verantwortlich.

Um die Situation zu verbessern, waren in Manhattan drei Jahre zuvor Verkehrsampeln eingeführt worden, doch bislang hatten diese nur wenig erkennbare Wirkung gezeigt. Auch sonst wurden alle erdenklichen Maßnahmen zur Erhöhung der Verkehrssicherheit getroffen, die zunächst aber nur für ein noch größeres Chaos sorgten. Entlang der Park Avenue wurde die baumbestandene Promenade auf beiden Seiten um jeweils sechs Meter verschmälert, damit zwischen der Vierundsechzigsten und der Fünfundsiebzigsten Straße zusätzliche Fahrspuren eingerichtet werden konnten, und die Park Avenue somit eines großen Teils ihres Grüns beraubt. Auf der Westseite von Manhattan sorgte der Bau des Holland Tunnels, der im Herbst eröffnet werden sollte, für noch mehr Lärm und Stau. In der damaligen Zeit galt er als Wunder – er war der längste Unterwassertunnel der Welt und sollte unter dem Hudson River verlaufen. Doch die Herausforderung, eine anderthalb Meilen lange, dreißig Meter unter der Erde gelegene Röhre zu bohren und zu belüften, war so gewaltig, dass Clifford M. Holland, Konstrukteur des Tunnels und Bauleiter, vor dessen Fertigstellung stressbedingt tot zusammenbrach. Er wurde nur einundvierzig Jahre alt, konnte sich aber zumindest damit trösten, dass der Tunnel nach ihm benannt wurde. Sein Nachfolger Milton H. Freeman segnete ebenfalls nach nur vier Monaten und einem Herzinfarkt das Zeitliche, ihm wurde jedoch kein ehrendes Gedenken bewahrt. Während des Baus kamen außerdem dreizehn Arbeiter ums Leben. Für die meisten New Yorker war der Holland Tunnel im Sommer 1927 jedoch nicht mehr als ein gewaltiges Verkehrshindernis.

Demnach war es optimistisch gewesen, davon auszugehen, der Snyder-Gray-Konvoi könne sich irgendwie den Weg durch die chaotischen Straßen bahnen. Da die Fahrzeugkolonne sofort zu erkennen war, strömten jedes Mal, wenn sie langsamer wurde oder ganz stehen blieb, Scharen von Menschen herbei, in der Hoffnung, einen Blick auf die beiden Mörder zu erhaschen, durch die Scheiben zu spähen und ihr Vorankommen noch mehr zu verzögern. Die Nachricht vom Eintreffen der Eskorte verbreitete sich jedes Mal wie ein Lauffeuer. »Fahrgäste in Straßenbahnen erhoben sich von ihren Sitzplätzen, um hinaus auf die Fahrbahn zu laufen«, berichtete ein *Times*-Reporter mit einigem Erstaunen.

Setzte sich der Konvoi wieder in Bewegung, wurde die Situation sogar noch schlimmer. Viele aufgeregte Schaulustige traten auf die Fahrbahn, um besser sehen zu können, und zwangen damit die Motorräder zu gefährlichen Ausweichmanövern. Mehrere Fahrzeuge des Begleitschutzes waren in kleinere Unfälle verwickelt, einige davon sogar mehrmals, oft miteinander. Der Leiter der Motorradstaffel, Sergeant William Cassidy, wurde von seiner Maschine und seitlich gegen das Auto geschleudert, in dem Ruth Snyder saß, was sie veranlasste zu kreischen. Cassidy erlitt dabei zum Glück nur leichte Verletzungen. Der Wagen von Stadtrat Murtha überhitzte und schaffte es nicht aus der Stadt hinaus – vermutlich zur Enttäuschung seiner Frau und seiner Kinder. Letzten Endes kamen Snyder und Gray jedoch bei der Sing-Sing-Strafvollzugsanstalt an, wo sie durch die Tore und von den Titelseiten aller Zeitungen im

Land verschwanden. Sie sollten erst wieder im folgenden Januar Schlagzeilen machen, der als Termin für ihre Hinrichtung festgelegt wurde.

Dann fand das schockierendste Ereignis des ganzen Sommers statt.
Am 19. Mai sahen sich die Leser der *New York Times* mit folgender Überschrift konfrontiert:

GEISTESKRANKER SPRENGT AUS PROTEST
GEGEN ZU HOHE STEUERN SCHULE IN DIE LUFT:
42 TOTE, ÜBERWIEGEND KINDER

Der fragliche Geisteskranke war ein gewisser Andrew Kehoe, den bis zu diesem Tag alle, die ihn in seiner Heimatstadt Bath in Michigan kannten, für einen völlig normalen und angenehmen Menschen gehalten hatten. Kehoe war Absolvent der Michigan State University, betrieb nur ein kurzes Stück entfernt in Lansing Landwirtschaft und war Teilzeit-Schatzmeister der örtlichen Schulbehörde. Er war so sehr über jeden Verdacht erhaben, dass ein Lehrer der betroffenen Schule ihn erst am Tag davor angerufen und gefragt hatte, ob auf seinem Land ein Schulpicknick abgehalten werden dürfe. Was der Lehrer nicht wusste, war, dass Kehoe zum Zeitpunkt des Anrufs seine arme Frau entweder gerade abgeschlachtet hatte oder im Begriff war, sie abzuschlachten. Rückblickend besteht kein Zweifel daran, dass Kehoe völlig aus dem Gleichgewicht geraten war. Seine Farm stand kurz vor der Zwangsversteigerung, wofür er die örtlichen Schulsteuern verantwortlich machte, und er war drauf und dran, auf die denkbar schaurigste Art und Weise zu reagieren.

In den frühen Morgenstunden des 18. Mai, während die übrigen Einwohner von Bath noch schliefen, trug Andrew Kehoe mehrere Kisten voller Dynamit und Pyrotol in den Keller der Schule. Insgesamt verteilte er fast 250 Kilo Sprengstoff im Untergeschoss. Anschließend verkabelte er sämtliche Sprengsätze miteinander und legte eine Hauptleitung nach draußen zu seinem Wagen, den er vor dem Gebäude geparkt hatte. Später am Morgen fanden sich die Schüler wie üblich zum Unterricht ein; die Schule von Bath wurde von Kindern und Jugendlichen besucht, vom Kindergartenalter bis zur zwölften Klasse. An diesem Tag waren jedoch etwas weniger Schüler da als sonst – es war Abschlusswoche, und die Zwölftklässer hatten frei bekommen.

Um 9:40 Uhr riss dann eine gewaltige Explosion den Nordflügel des Gebäudes in Stücke, in dem die jüngeren Schüler untergebracht waren. »Zeugenaussagen zufolge saß Kehoe vor der Schule in seinem Auto und beobachtete mit hämischer Freude, wie Kinder nach seinem teuflischen Attentat durch die Luft geschleudert wurden«, berichtete die *New York Times* entsetzt. Neunzig Kinder waren in den Trümmern gefangen, viele von ihnen schwer verletzt.

Als die Menschen von Bath zum Schauplatz des Geschehens eilten, wollte Kehoe eine zweite Dynamit- und Petroladung im Kofferraum seines Wagens zünden, die jedoch nicht detonierte. Emory Huyck, der Leiter der Schule, versuchte, Kehoe daran zu hindern, weiteren Schaden anzurichten, doch diesem gelang es, eine Pistole zu ziehen und sie in seinen Kofferraum abzufeuern, womit er eine zweite Explosion auslöste, die ihn, Huyck und eine dritte Person tötete. Insgesamt starben an diesem Tag vierundvierzig Menschen: siebenunddreißig Kinder und sieben Erwachsene. Drei Familien verloren jeweils zwei Kinder. Als die Feuerwehr und die Polizei anschließend das Gebäude durchsuchten, fanden sie zu ihrem Entsetzen mehrere Sprengsätze unter den anderen Flügeln des Gebäudes, die nicht in die Luft gegangen waren. Wären sie ebenfalls explodiert, hätte es Hunderte Tote gegeben.

Zufällig befand sich genau auf der anderen Seite der Felder von Bath, in Round Lake, ein Haus, in dem Al Capone häufig anzutreffen war – vor allem dann, wenn er sich wegen polizeilicher Ermittlungen versteckt halten musste. Capone hatte den gesamten vorangegangenen Sommer dort verbracht. Zum Zeitpunkt des Schulmassakers war er jedoch in Chicago, um beim Besuch des Piloten Francesco de Pinedo die italienisch-amerikanische Gemeinde zu repräsentieren. Ein anderer, ebenfalls mit der Örtlichkeit vertrauter Prominenter war Babe Ruth, der im Juni zuvor ganz in der Nähe, in der Ortschaft Howell, wegen illegalen Angelns vor Saisonbeginn verhaftet worden war.

Nach dem Massaker stellte sich heraus, dass es sich möglicherweise nicht um Kehoes erste Morde handelte. Jahre zuvor hatte er aller Wahrscheinlichkeit nach schon seine Stiefmutter getötet. Die Unglückselige, die zweite Frau seines Vaters, starb unter grässlichen Schmerzen, als ein Ölofen, den sie entzünden wollte, vor ihrem Gesicht explodierte und sie mit brennendem Öl übergossen wurde. Die Ermittlungen ergaben, dass der Ofen manipuliert worden war. Andrew Kehoe, damals noch ein Junge, war die einzige Person, die als Täter infrage kam. Da ihm jedoch nichts nachgewiesen werden konnte, wurde keine Anklage erhoben.

Bei dem Attentat von Bath handelte es sich um das größte und kaltblütigste Massaker auf Kinder in der Geschichte der Vereinigten Staaten, trotzdem geriet es schnell in Vergessenheit. Bereits nach zwei Tagen berichtete die *New York Times* fast gar nicht mehr darüber. Stattdessen richtete sie ihre gesamte Aufmerksamkeit auf einen jungen Mann aus Minnesota und seinen heroischen Flug nach Paris. In den nächsten Wochen ging es mit nur zwei Ausnahmen in jeder Titelgeschichte in der *New York Times* um die Fliegerei.

Sechstes Kapitel

Am letzten Abend in seinem Leben, an dem sich Charles Lindbergh frei in der Welt bewegen konnte, ging er auf den Vorschlag von Richard Blythe ein, dem PR-Mann der Wright Cooperation, sich in der Stadt eine Vorstellung anzusehen.

1927 war ein großartiges Jahr für Theaterbesucher – am Broadway das beste aller Zeiten, jedenfalls was die Auswahl anbelangte, wenn es auch nicht unbedingt auf die Qualität zutraf. 264 Inszenierungen feierten Premiere, mehr als jemals zuvor und jemals danach. Lindbergh und Blythe hatten ungefähr fünfundsiebzig Theaterstücke, Musicals und Revuen zur Auswahl. Die beiden entschieden sich für *Rio Rita,* eine Musicalkomödie in zwei Akten – eine gute Wahl, da das Stück nicht nur ein Riesenerfolg war, sondern auch im verschwenderisch gestalteten neuen Ziegfeld Theatre in der Sixth Avenue, Ecke Fifty-Fourth Street aufgeführt wurde, das an sich schon eine Attraktion war.

Das Theater hatte im März eröffnet und war ein Beispiel architektonischer Extravaganz. Neben vielen anderen üppigen Dingen hatte es das größte Ölgemälde der Welt vorzuweisen. Es zeigte berühmte Liebespaare aus der Geschichte und war gigantischer als die Deckenfresken in der Sixtinischen Kapelle – wenn auch einfacher zu betrachten, wie ein Reporter des *New Yorker* trocken anmerkte, da man sich nicht auf den Rücken legen musste, um es zu genießen. Das neue Theater war so feudal, stellten viele Beobachter fest, dass seine Sitze sogar auf der Rückseite gepolstert waren.

Die Handlung von *Rio Rita* war erstaunlich unglaubwürdig. Sie spielte in Mexiko und Texas, und die folgenden Figuren traten darin auf: eine irisch-amerikanische Sängerin namens Rio Rita, ein Ranger aus Texas, der inkognito nach einem Banditen namens Kinkajou suchte (bei dem es sich um Ritas Bruder gehandelt haben mochte oder auch nicht), ein bigamistischer Seifenvertreter namens Chick Bean und eine Figur, die nur als Montezumas Tochter bezeichnet wurde. Diese Charaktere sowie einige weitere, genauso wenig schlüssig wie die Handlung, waren in eine Reihe amüsanter Missverständnisse verwickelt, die immer wieder von Songs unterbrochen wurden, welche kaum oder nichts mit der Handlung davor oder danach zu tun hatten. Eine Besetzung von 130 Schauspielern und ein vollständiges Orchester sorgten für eine Menge Getöse und Spektakel, selbst wenn das Ganze nicht viel Sinn ergab.*

Wie es scheint, legten damalige Zuschauer auf Plausibilität keinen großen Wert. In *Katy Did,* das in der Woche zuvor in Daly's 63rd Street Theatre Premiere gefeiert hatte, ging es um eine Kellnerin, die sich der Inhaltsangabe zufolge in einen »Tellerwäscher und Teilzeit-Schwarzhändler verliebt, der sich als der im Exil lebende König von Suavia entpuppt«. *Stigma* von Dorothy Manley und Donald Duff drehte sich um die einsame Frau eines Professors, die dem Charme eines gut aussehenden Untermieters (gespielt von Duff) erliegt, dann jedoch den Verstand verliert, als sie herausfindet, dass dieser ihr schwarzes Dienstmädchen geschwängert hat. In Walter Elwoods *Spellbound* ging es um eine Mutter, die den Kaffee ihrer beiden Söhne in dem merkwürdigen Glauben vergiftet, sie dadurch davon abhalten zu können, Alkohol zu trinken. Das hat jedoch unglücklicherweise zur Folge, dass ein Sohn anschließend gelähmt ist und der andere eine Hirnschädigung davonträgt. Die arme Mutter sucht verzweifelt das Weite, um als Missionarin zu arbeiten. Dieses Stück war selbst nach den großzügigen Maßstäben von 1927 so schlecht, dass es nach drei Tagen wieder abgesetzt wurde.

---

* Besetzungen waren in den zwanziger Jahren oft riesig. Bei *Das Mirakel,* einer Max-Reinhardt-Inszenierung von 1924, wirkten 700 Schauspieler mit.

Allerdings war nicht alles seichte Unterhaltung und Melodrama: Eugene O'Neill inszenierte 1927 *Seltsames Zwischenspiel,* sein längstes und vielschichtigstes Stück, das fünf Stunden dauerte und dem Publikum einen umfassenden, um nicht zu sagen ermüdenden Überblick über Wahnsinn, Abtreibung, Liebeskummer, Unehelichkeit und den Tod bot. Das Publikum sah den ersten Teil des Stücks zwischen 17:15 und 19:00 Uhr und hatte dann eine Pause, um zu Abend zu essen, ehe es um 20:30 Uhr zu weiteren dreieinhalb Stunden strapaziösem Trübsinn zurückkehrte.

Lindberghs Gruppe (ein oder zwei andere vom Flugfeld hatten sich ihm und Blythe angeschlossen) schaffte es an jenem Abend jedoch nicht ins Theater. Der Pilot beschloss, ein letztes Mal an diesem Tag die Wettervorhersage zu prüfen. Es regnete leicht, und der obere Teil der Wolkenkratzer um ihn herum war in Dunkelheit gehüllt, sodass es sich bei seinem Anruf im Grunde nur um eine Formalität handelte. Doch zu seiner Verwunderung erfuhr er, dass es über dem Meer aufzuklaren begann und einigermaßen gutes Wetter erwartet wurde. Umgehend kehrten Lindbergh und seine Begleiter nach Long Island zurück, um den Abflug am nächsten Morgen vorzubereiten.

Sie hatten viel zu tun: Unter anderem mussten sie Lindberghs Maschine vom Curtiss Field zum Roosevelt Field schleppen lassen. Lindbergh selbst hantierte noch ein paar Stunden an seinem Flugzeug herum, bis ihn seine Mechaniker aufforderten, im Garden City noch etwas zu schlafen. In der Lobby des Hotels warteten Reporter auf ihn, die von seinem geplanten Abflug erfahren hatten und für die Morgenausgaben Informationen von ihm haben wollten. Mit ihren Fragen hielten sie ihn ungefähr eine halbe Stunde auf. Als Lindbergh endlich im Bett lag, war es bereits nach Mitternacht. Gerade war er dabei einzuschlafen, als plötzlich die Tür aufflog und George Stumpf hereingestürmt kam, der draußen postiert worden war, um aufzupassen, dass niemand Lindbergh störte. »Slim, was soll ich nur machen, wenn du weg bist?«, erkundigte er sich in klagendem Tonfall – eine seltsame Frage, da sich die beiden erst seit einer Woche kannten. Lindbergh sprach ein bis zwei Minuten geduldig mit Stumpf, dann schickte er ihn wieder aus dem Zimmer. Inzwischen war er selbst so aufgeregt, dass er in dieser Nacht letzten Endes überhaupt nicht schlief.

Kurz vor drei kehrte er zum Roosevelt Field zurück. Ein leichter Nieselregen hing in der Luft, doch die Vorhersage versprach eine Wetterverbesserung am Morgen. Das Betanken des Flugzeugs dauerte fast die ganze Nacht – ein komplizierter Vorgang, da der Treibstoff durch ein Seihtuch gefiltert werden musste, damit bestimmte Verunreinigungen nicht passieren konnten. Außerdem mussten sämtliche Systeme überprüft werden. Falls Lindbergh nervös war, ließ er sich das nicht anmerken. Auch während der letzten Vorbereitungen blieb er ruhig und freundlich. Als Reiseproviant packte er sich fünf Schinken- und Hähnchensandwiches ein, von denen er allerdings nur eines aß, als er sich bereits über Frankreich befand. Außerdem nahm er einen Liter Wasser mit.

Irgendwann nach sieben faltete Lindbergh seine schlaksige Gestalt ins Cockpit. Der Motor des Flugzeugs sprang mit einem heiseren Grollen an und hustete eine Wolke blauen Rauchs aus, ehe er in ein rhythmisches Röhren verfiel – in ein ziemlich lautes, aber beruhigend gleichmäßiges Röhren. Nach ein paar Sekunden nickte Lindbergh, und *die Spirit of St. Louis* setzte sich langsam in Bewegung.

Die Startbahn war nach den wochenlangen Regenfällen aufgeweicht und mit Pfützen übersät. Die Maschine rollte auf ihr dahin wie auf einer ausgeleierten Matratze. Fast alle anderen Flieger und Crews waren gekommen, um zuzusehen. Fokker fuhr mit seiner großen, mit Feuerlöschern beladenen Lancia-Limousine ans andere Ende der Rollbahn. Unmittelbar hinter ihm trug die Stelle, an der Fonck acht Monate zuvor verunglückt war, noch immer Brandmale.

Langsam nahm Lindberghs Flugzeug Geschwindigkeit auf, schien jedoch »auf dem Boden zu kleben«, wie sich Fokker später erinnerte. Der Propeller war in einem Winkel angebracht worden, um maximale Kraftstoffeffizienz in der Luft zu erreichen, was jedoch auf Kosten des Auftriebs beim Start ging – ein Manko, das auf beunruhigende Art und Weise sichtbar wurde, als das Flugzeug mehr und mehr Rollbahn hinter sich ließ, ohne irgendwelche Anstalten zu machen abzuheben. Lindbergh hatte in seinem Cockpit noch mit einem weiteren Problem zu kämpfen. Wie ihm jetzt bewusst wurde, konnte er sich aufgrund der Tatsache, dass ihm die Sicht nach vorn versperrt war, unmöglich sicher sein, ob er genau geradeaus Anlauf nahm, was absolut unerlässlich war. Seine Maschine war noch nie zuvor so schwer beladen gewesen – genau genommen war noch nie ein Wright-Whirlwind-Motor mit so viel Gewicht in die Luft gegangen.

»150 Meter vor dem Ende der Startbahn haftete das Flugzeug noch immer am Boden«, schreibt Fokker in seinen Memoiren. »Vor ihm befand sich ein Traktor; am Rand des Felds waren Telefonleitungen gespannt. Mein Herz stand still.« Wie Nungesser und Coli in Le Bourget hob Lindbergh mehrmals nur zögerlich ab und plumpste dann immer wieder unbeholfen auf die Erde. Beim dritten Versuch schaffte er es schließlich. Es hatte den Anschein, berichteten mehrere Zuschauer, als habe Lindbergh sein Flugzeug mit Willenskraft in die Luft gezwungen. Sogar Lindbergh selbst betrachtete es als eine Art Wunder: »5000 Pfund balancierten auf einem Luftstoß«, schrieb er in *Mein Flug über den Ozean*.

Die Maschine gewann so schwerfällig an Höhe, dass sie kaum eine Chance zu haben schien, nicht an den Telefonleitungen vor ihr hängen zu bleiben – Leitungen, die Lindbergh selbst nicht sehen konnte. Er würde von seinem Scheitern erst erfahren, wenn die Leitungen sein Flugzeug ruckartig abbremsten. Unmittelbar darauf würde ein Absturz erfolgen, den kein Mensch überleben konnte. Bernt Balchen, der den Start von der Mitte der Rollbahn aus beobachtete, war sich sicher, dass Lindbergh es nicht packen würde. Er schrie vor Erleichterung auf, als dieser die Leitungen schließlich doch knapp überflog. Er bezeichnete den Start als genial. Chamberlin stellte fest: »Mir rutschte das Herz in die Hose. Das Ganze erschien unmöglich und erforderte großen Mut.« Fokker prophezeite, dass Lindbergh Europa zwar erreichen, aber nicht einmal in die Nähe von Paris kommen werde, da es bei einem Alleinflug unmöglich sei zu navigieren. Byrd zollte Lindbergh besondere Anerkennung: »Sein Start war die größte Meisterleistung, die ich jemals einen Piloten habe vollbringen sehen«, sagte er Reportern. »Er ist ein wunderbarer Junge.«

Woran sich die meisten Zuschauer anschließend erinnerten, war die Stille. Als sich die *Spirit of St. Louis* in die Lüfte erhob, ertönte kein Jubel – es herrschte nur unbehagliches Schweigen, weil Lindbergh den Leitungen so nahe gekommen war und sich jetzt völlig auf sich allein gestellt in seinem kleinen, mit Stoff bespannten Flugzeug befand. Als offizielle Startzeit wurde 7:52 Uhr vermerkt. Die Zuschauer sahen dem Flugzeug hinterher, bis es nicht mehr zu erkennen war, dann zerstreuten sie sich leise und in nachdenklicher Gemütsverfassung.

Lindbergh drehte vom Rooscvelt Field nach Norden ab und flog über die großen Anwesen am North Shore von Long Island, bevor er bei Port Jefferson den Weg über die neblig trüben Gewässer des Long Island Sound einschlug. Auf der anderen Seite der Meerenge, in fünfunddreißig Meilen Entfernung, befand sich die Küste von Connecticut. Welche Herausforderung ihm bevorstand, verdeutlicht vielleicht die Tatsache, dass es sich bereits dabei um eine größere Wasserfläche handelte, als er sie jemals in einem Flugzeug überquert hatte.

Während des größten Teils des Freitags konnte Lindberghs Vorankommen ziemlich genau verfolgt werden. Als die *Spirit of St. Louis* über Connecticut, Rhode Island und Massachusetts glitt, trafen fast ununterbrochen Berichte ein, die seine Position bestätigten und darauf hindeuteten, dass er sich wacker schlug. Gegen Mittag befand er sich bereits über Nova Scotia und am Nachmittag über der Kap-Breton-Insel. In Washington unterbrach der Kongress seine Beratungen, um sich regelmäßig über Lindberghs Fortschritte zu informieren, während Mrs Lindbergh in Detroit an der Cass

Technical High Chemie unterrichtete wie an jedem anderen Tag. Sie wollte den Flug aus ihren Gedanken verbannen, doch Schüler und Kollegen versorgten sie ständig mit den neuesten Nachrichten. Kurz nach achtzehn Uhr Eastern Standard Time flog Lindbergh über die letzten Felsenformationen auf der Halbinsel Avalon im Osten Neufundlands und hinaus aufs offene Meer.

Wenn alles nach Plan lief, würde er allein für die nächsten sechzehn Stunden von der Bildfläche verschwinden – wenn nicht, für immer.

Im New Yorker Yankee Stadium senkten an diesem Abend 23 000 Zuschauer, die einem Boxkampf zwischen Jack Sharkey und Jim Maloney beiwohnten, in einem kurzen stillen Gebet die Köpfe, bevor Sharkey Maloney bewusstlos schlug. Überall in Amerika, wo sich Menschen versammelten, wurden Gebete gesprochen. Niemand konnte etwas anderes tun, als abzuwarten. Für viele war die Anspannung zu groß. Rund 10 000 Menschen riefen bei der *New York Times* an, um Neuigkeiten zu erfahren, obwohl jeder wusste, dass es keine geben konnte.

In Paris löste Lindberghs mögliche Ankunft zunächst nur wenig Vorfreude aus. Als der US-Botschafter Myron Herrick am Samstag, den 21. Mai, aufwachte, ahnte er noch nicht, welch aufregende Ereignisse das Wochenende für ihn bereithielt. Er hatte vor, den Samstag im Stade Français in Saint-Cloud zu verbringen, um seinen Landsleuten Bill Tilden und Francis T. Hunter zuzusehen, wenn sie beim französisch-amerikanischen Tennis-Mannschaftswettbewerb, einer Art Aufwärmtraining für das bevorstehende Davis-Cup-Turnier, gegen Jean Borotra und Jacques Brugnon spielten.

Herrick, ein wohlhabender Witwer in den Siebzigern und ehemaliger Gouverneur von Ohio (Warren G. Harding war sein Vizegouverneur gewesen), war ein exzellenter und engagierter Botschafter. Er besaß das Aussehen eines Filmstars – silbergraues Haar, perfekte Zähne, adretter Schnurrbart – und die Art von natürlichem Charme, mit dem man Herzen gewinnt. Sein Vermögen hatte er als

Anwalt und Banker in Cleveland gemacht. Die Pariser mochten ihn wegen seiner herzlichen Art, auch erfreute er sich großer Beliebtheit wegen seiner Großzügigkeit. 400 000 Dollar investierte er von seinem eigenen Geld in Veranstaltungen, auch in Verbesserungen, die die Botschaft betrafen.

Das Match in Saint-Cloud bot eine willkommene und überaus spannende Abwechslung, da Tennis 1927 eine enorme Attraktion besaß und Bill Tilden der größte Spieler der damaligen Zeit war. Er war unfassbar erfolgreich und dominierte seit beinahe sieben Jahren den Tennissport wie kein anderer. Davor hatte er erstaunlicherweise kein besonderes Talent für diesen Sport gezeigt.

Tilden wuchs in Philadelphia in einer reichen und angesehenen Familie auf – ein Cousin von ihm, Samuel Tilden, war 1876 demokratischer Präsidentschaftskandidat gewesen –, doch sein Leben war von Tragödien geprägt. Noch bevor er volljährig wurde, starben seine vier Geschwister und seine Eltern. Der herausragende Tennisspieler in seiner Familie war sein älterer Bruder Herbert Marmaduke gewesen, Tilden schaffte es nicht einmal in die Tennismannschaft der University of Pennsylvania. Nach dem Tod seines Bruders, der 1915 eine Lungenentzündung nicht überlebt hatte, setzte Tilden es sich in den Kopf, selbst ein großer Spieler zu werden. Unermüdlich widmete er sich, nahezu schon wie besessen, ohne die Hilfe eines Trainers dem Ziel, sein Spiel zu verbessern. Er schlug so lange Bälle gegen eine Wand, bis er über eine makellose Technik verfügte. Nach vier Jahren intensiven Trainings war er nicht nur der beste Spieler der Welt, sondern der beste Spieler, den es jemals gegeben hatte.

Tilden wurde erst im fortgeschrittenen Alter von siebenundzwanzig Jahren zur Nummer eins – und hielt diese Position sieben Jahre ohne Unterbrechung inne. Während dieser Zeit musste er in keinem einzigen wichtigen Turnier eine Niederlage hinnehmen. Unter seiner Führung gewann Amerika sieben Mal in Folge den Davis-Cup. Er selbst gewann sieben US-Sandplatztitel und fünf US-Doppelmeisterschaften. 1924 verlor er kein einziges Match, und im Sommer 1925, mit zweiunddreißig Jahren, legte er eine Siegesserie von siebenundfünfzig gewonnenen Spielen hin – eine Meisterleistung vom selben Seltenheitswert wie Babe Ruths sechzig Home-Runs oder Joe DiMaggios Hits in sechsundfünfzig aufeinanderfolgenden Spielen.

Auf dem Court agierte Tilden mit der Grazie eines Balletttänzers. Anstatt zu laufen, schien er über den Platz zu gleiten, und er besaß eine beinahe unheimliche Gabe, für jeden Rückschlag perfekt positioniert zu sein. Oft hatte es den Anschein, als würde der Ball ihm über den Platz folgen und nicht er dem Ball. Beim Aufschlag nahm er gern fünf Bälle in die Hand, schlug vier Asse hintereinander und warf dann den nicht mehr benötigten fünften Ball beiseite. Sein Auftreten war arrogant und unausstehlich. Die meisten anderen Spieler hassten ihn, doch sein Können auf dem Platz steigerte die Attraktivität des Tennissports enorm.

Tildens Karriere hätte beinahe geendet, bevor sie überhaupt begann. Im September 1920 kämpfte er in Forest Hills vor 10 000 Zuschauern gerade um seinen ersten Landesmeisterschaftstitel im Einzel, als ein Flugzeug mit einem Piloten und einem Fotografen auftauchte, die Luftaufnahmen von dem Wettbewerb machen wollten. Als sich die Maschine dem Stadion näherte, begann ihr Motor zu stottern und starb dann ganz ab. Ein paar Sekunden lang sahen Tilden, sein Gegner Bill Johnston und sämtliche Zuschauer auf der Haupttribüne bei gespenstischer Stille zu, wie das Flugzeug, das ebenfalls kein Geräusch von sich gab, geradewegs auf sie zukam. Die Maschine flog knapp über den Platz hinweg und stürzte anschließend auf einer freien Fläche ab, nur eine kurze Distanz entfernt. Der Pilot und der Fotograf waren sofort tot. Tilden und Johnston warfen dem Schiedsrichter einen verunsicherten Blick zu, der ihnen mit einem Nicken zu verstehen gab, dass sie weiterspielen sollten. Tilden schlug auf und gewann den Punkt, dann den Satz und schließlich das Match mit 6:1, 1:6, 7:5, 5:7 und 6:3. Das war der Beginn seiner Erfolgssträhne.

Was Tildens ungebrochene Siegesserie noch bemerkenswerter

machte, war die Tatsache, dass er sich mittendrin eine Verletzung zuzog, die seine Laufbahn eigentlich endgültig hätte beenden sollen. Während eines völlig unbedeutenden Turniers in Bridgeton, New Jersey, hechtete er nach einem Ball und blieb dabei mit dem Mittelfinger seiner Schlaghand an der Umzäunung des Platzes hängen. Die Verletzung selbst war unbedeutend, entzündete sich jedoch, und zwei Wochen später musste ihm das oberste Fingerglied amputiert werden. Heute würde ein solches Problem mit Antibiotika gelöst werden, 1922 konnte er von Glück reden, dass er nicht den ganzen Arm oder sogar sein Leben verlor. (Calvin Coolidges Sohn sollte im Jahr darauf an einer ähnlichen Infektion sterben.)

In den zwanziger Jahren hatte Tennis noch einen gewissen harmlosen Charakter. Im spannenden Wimbledon-Finale im Herreneinzel von 1927 besiegte Henri Cochet den »hüpfenden Basken« Jean Borotra mit einem zweifelhaften Schlag, bei dem er den Ball allem Anschein nach zweimal traf, was ihn eigentlich den Punkt hätte kosten sollen. Als der Schiedsrichter ihn fragte, ob dem tatsächlich so gewesen sei, erwiderte Cochet mit kindlich unschuldiger Miene: »*Mais non.*« Daraufhin wurden ihm der Punkt, das Match und der Titel mit der Begründung zugesprochen, Tennis sei ein Gentlemansport, und ein Gentleman würde nicht lügen – obwohl für alle Anwesenden wenig Zweifel dran bestand, dass Cochet genau das gerade getan hatte.

Um in den zwanziger Jahren ein größeres Turnier zu gewinnen, musste ein Spieler fünf oder sechs Matches in ebenso vielen Tagen gewinnen, was den Sport äußerst anstrengend machte. Gleichzeitig war Tennis eine Angelegenheit von Amateuren. Da die Spieler keine Preisgelder erhielten und für ihre Kosten selbst aufkommen mussten, blieb der Sport den Wohlhabenden vorbehalten. Diejenigen, die nicht dieser Kategorie angehörten – und Tilden gehörte ihr im Prinzip nicht an, seit sein Vater tot war –, mussten sich anderweitig Geld beschaffen. Auf dem Höhepunkt seiner Karriere beschloss Tilden, Broadway-Impresario zu werden. Er begann zu schreiben, zu inszenieren und sich selbst die Hauptrolle in Stücken zu geben, mit denen er jedes Mal ein Vermögen verlor. 1926 lancierte er eine Inszenierung mit dem Titel *That Smith Boy*. Die Produktion erwies sich als derart peinliche Angelegenheit, dass der Besitzer des Theaters ihn nach zwei Wochen bat, es wieder abzusetzen, obwohl Tilden sich bereit erklärte, sämtliche Kosten zu tragen. Nachfolgende Stücke hatten kaum mehr Erfolg und erschöpften seine Ersparnisse. Bemerkenswerterweise nahm er in dieser Zeit häufig tagsüber an einem US-Open- oder Davis-Cup-Turnier teil und eilte dann zum Theater, um am Abend auf der Bühne zu stehen.

Es ist kaum überraschend, dass ihn sein Alter irgendwann einzuholen begann. Im Sommer 1927 war er noch immer ein großartiger Spieler, aber nicht mehr unbesiegbar. Frankreich stellte inzwischen vier der weltbesten Spieler: Cochet, Borotra, Brugnon und René Lacoste.

Tilden und Hunter schlugen sich an jenem Samstag im Stade Français wacker gegen Borotra und Brugnon, doch die Franzosen erwiesen sich als zu jugendlich und zu stark und gewannen das Match mit 4:6, 6:2 und 6:2. Ein Reporter der Nachrichtenagentur Associated Press bezeichnete das Spiel als »das wahrscheinlich beste Herrendoppel, das jemals in Frankreich ausgetragen wurde«. Herrick bekam es leider nicht komplett zu sehen. Mitten im dritten Satz wurde ihm ein Telegramm überreicht, das ihn darüber informierte, Lindbergh sei über Irland gesichtet worden und werde am Abend in Paris eintreffen. Später erinnerte sich Herrick, dass ihm die Bedeutung von Lindberghs Start bis zu diesem Augenblick nicht bewusst gewesen war. Rodman Wanamaker hatte ihn mit Überseetelegrammen derart überhäuft, dass es ihm gar nicht in den Sinn gekommen war, jemand anderer als Byrd könnte als Erster in Europa eintreffen. Eilends verließ er das Stadion. Für ihn war die Aussicht auf Lindberghs Landung in Paris keine gute Nachricht, sondern ein ernster Grund zur Sorge.

Amerikaner waren 1927 in Europa nicht besonders beliebt, und in Frankreich noch weniger. Das Beharren Amerikas auf die volle Rückzahlung – mit Zinsen – der zehn Milliarden Dollar, die es Europa während des Krieges geliehen hatte, erschien den Europäern überzogen, da fast das gesamte geliehene Geld für US-Waren ausgegeben worden war und die Vereinigten Staaten im Fall einer Erstattung von ein und denselben Anleihen doppelt profitiert hätten. Das hielten die Europäer vor allem deshalb für unfair, weil ihre Volkswirtschaften durchweg stark angeschlagen waren, während die amerikanische boomte. Viele Amerikaner teilten diese Meinung nicht. Schulden waren ihrer Ansicht nach Schulden und mussten getilgt werden. Europas Zahlungsunwilligkeit interpretierten sie als schäbigen Vertrauensbruch. Amerikanern mit einer isolationistischen Neigung – deren freimütigster Fürsprecher unser Held Charles Lindbergh eines Tages werden sollte – bot die Situation ein gewichtiges Argument für ihre Auffassung, Amerika solle Verwicklungen mit anderen Ländern generell aus dem Weg gehen. Als Resultat trieben die Vereinigten Staaten ihre ohnehin hohen Zollbarrieren nach oben und machten es vielen europäischen Industriezweigen beinahe unmöglich, durch Exporte wieder zu Wohlstand zu kommen.

All das hatte eine deutlich antiamerikanische Stimmung zur Folge, vor allem in Frankreich, wo die am Hungertuch nagende Bevölkerung mit ansehen musste, wie Touristen aus Übersee – viele von ihnen jung, laut und entweder aufgrund von Alkoholeinfluss oder von Natur aus unausstehlich – wie Könige lebten und es krachen ließen. Der Wert des Dollar hatte sich innerhalb eines Jahres im Verhältnis zum Franc fast verdreifacht, was das Leben für die Landesbewohner zu einem Kampf und für Besucher zu einem Zuckerschlecken werden ließ. Darüber hinaus bereitete den Franzosen das schmachvolle Scheitern von Nungessers und Colis Mission arge Schwierigkeiten; viele von ihnen hegten nach wie vor den Verdacht, dass amerikanische Meteorologen den beiden Franzosen wichtige Informationen vorenthalten hatten. Dollar-Touristen in Reisebussen vernahmen hin und wieder den dumpfen Schlag eines vor Wut geworfenen Steins oder hatten manchmal Probleme, in Cafés bedient zu werden. Zweifellos herrschte eine angespannte Atmosphäre, und Botschafter Herrick hatte allen Grund, zur Vorsicht zu mahnen. Niemand konnte auch nur annähernd wissen, was geschehen würde, wenn der erste Amerikaner landete.

Letzten Endes aber geschah etwas Erstaunliches: 100 000 Menschen ließen alles stehen und liegen und machten sich voller Begeisterung auf den Weg nach Le Bourget.

Charles Lindberghs Leistung, ohne Begleitung den Weg von Long Island zu einem Flugfeld außerhalb von Paris zu finden, hat es verdient, dass kurz darauf eingegangen wird. Mithilfe von Koppelnavigation den Kurs zu halten bedeutet, dass man genau auf die Kompassnadel, auf die eigene Geschwindigkeit, auf die seit der letzten Berechnung vergangene Zeit und auf jegliche Kursabweichungen durch ein Abtreiben achten muss. Wie schwierig das war, wird deutlich durch die Tatsache, dass Byrd im folgenden Monat – obwohl zum Team ein Pilot, ein Copilot, ein Navigator und ein Bordfunker gehörten – den geplanten Ort seiner Landung um 200 Meilen verfehlte. Häufig waren sie sich ihrer Position nur vage bewusst, und einen Leuchtturm an der Küste der Normandie hielten sie für die Lichter von Paris. Im Gegensatz zur Byrd-Expedition traf Lindbergh all seine Ziele genau – Nova Scotia, Neufundland, die Dingle-Halbinsel in Irland, das Cap de la Hague in Frankreich, Le Bourget bei Paris –, und das, indem er auf dem Schoß seine Berechnungen anstellte und gleichzeitig ein instabiles Flugzeug flog. Allein diese Leistung macht ihn ohne Frage zu einem Kandidaten für den Titel des besten Piloten seiner Zeit, wenn nicht sogar aller Zeiten. Und in diesem Jahr 1927 war er tatsächlich der einzige Pilot, der sein geplantes Ziel nicht verfehlte. Alle anderen, die in diesem Sommer einen Flug unternahmen – und davon gab es viele –, stürzten entweder ab, mussten auf dem Wasser notlanden oder wussten nach ihrer Landung nicht, wo sie sich befanden. Lindbergh hielt es offenbar für die natürlichste Sache der Welt, geradewegs nach Le Bourget zu fliegen. Allem Anschein nach war es das für ihn auch.

Als Lindbergh den letzten Streckenabschnitt von Cherbourg nach Paris zurücklegte, ahnte er nicht, dass ihm Ruhm in einem Maß und einer Intensität zuteilwerden würde wie noch keinem anderen Menschen zuvor.

Nicht einen Moment dachte er daran, dass ihn womöglich viele Menschen empfangen würden. Stattdessen fragte er sich, ob auf dem Flugfeld wohl irgendjemand Englisch sprechen würde und ob er womöglich Schwierigkeiten zu erwarten hätte, weil er kein französisches Visum besaß. Sein Plan war, sich als Erstes darum zu kümmern, dass sein Flugzeug sicher verstaut wurde. Danach wollte er seine Mutter anrufen, um ihr mitzuteilen, dass er angekommen sei. Er ging davon aus, dass er der Presse ein oder zwei Interviews zu geben hatte, falls die Reporter in Frankreich noch zu dieser späten Stunde arbeiteten. Dann würde er sich ein Hotel suchen müssen, und irgendwann würde er sich auch etwas zum Anziehen und ein paar andere Dinge kaufen müssen, da er überhaupt nichts eingepackt hatte – nicht einmal eine Zahnbürste.

Ein unmittelbareres Problem stellte für ihn allerdings der Umstand dar, dass Le Bourget nicht auf seiner Karte eingezeichnet war. Er wusste nur, dass sich der Flugplatz etwa sieben Meilen nordöstlich der Stadt befand und ziemlich groß war. Nachdem er den Eiffelturm umkreist hatte, flog er in diese Richtung, doch die einzige Fläche, die infrage kam, war von hellen Lichtern umringt, als handle es sich um einen Industriekomplex. Von diesem gingen lange Tentakel mit zusätzlichen Lichtern aus, die sich nach allen Seiten ausstreckten. All das hatte nichts mit dem verschlafenen Flugfeld zu tun, das er erwartet hatte. Was er nicht realisierte, war die Tatsache, dass das rege Treiben unter ihm allein seinetwegen stattfand und dass es sich bei den Licht-Tentakeln um die Scheinwerfer Zigtausender Autos handelte, die alle spontan nach Le Bourget aufgebrochen waren und jetzt im größten Verkehrsstau in der Geschichte von Paris feststeckten. Überall entlang der Straßen zum Flugplatz stiegen Menschen einfach aus Straßenbahnen aus oder ließen ihre Autos kurzerhand stehen.

Um 22:22 Uhr Pariser Zeit – einem offiziellen Barografen zufolge, den die National Aeronautic Association of America kurz vor dem Start in dem Flugzeug installiert hatte, genau dreiunddreißig Stunden, dreißig Minuten und 29,8 Sekunden nach Abflug – setzte die *Spirit of St. Louis* auf der riesigen Grasfläche von Le Bourget auf. In diesem Moment rollte eine Woge der Begeisterung um die Erde. Binnen Minuten wusste ganz Amerika, dass Lindbergh sicher in Paris gelandet war. Le Bourget brach augenblicklich in einen Freudentaumel aus, Zehntausende Menschen preschten über das Flugfeld zu Lindberghs Maschine: »Eine kochende, jubelnde Menschenmasse ... die aus allen Himmelsrichtungen auf ihn zuströmte«, wie ein Augenzeuge bemerkte. Der zweieinhalb Meter hohe Maschendrahtzaun, der das Flugfeld umgab, wurde umgerissen, und mehrere Motorräder wurden von unzähligen Füßen zertrampelt. Unter den Heranstürmenden befanden sich auch die Tänzerin Isadora Duncan (die vier Monate später bei einem außergewöhnlichen Unfall ums Leben kommen sollte, als sich ihr langer Schal im Rad eines Autos verfing) und Jean Borotra, der zusammen mit Jacques Brugnon an diesem Tag Bill Tilden und Francis T. Hunter in Saint-Cloud geschlagen hatte.

Für Lindbergh war die Situation äußerst beunruhigend, da er gewissermaßen in der Falle saß und tatsächlich Gefahr lief, in Stücke gerissen zu werden. Die Menschenmenge zerrte ihn aus dem Cockpit und trug ihn wie ein Beutestück davon. »Ich fand mich ausgestreckt auf der Menge liegend wieder, inmitten eines Meeres von Köpfen, das sich, so weit das Auge reichte, in die Dunkelheit erstreckte«, berichtete er. »Es war, als würde ich in einem menschlichen Ozean ertrinken.« Irgendjemand riss ihm seinen ledernen Fliegerhelm vom Kopf, während andere zu seiner Beunruhigung an seiner Bekleidung zu zerren begannen. Hinter ihm ging zu seinem noch größeren Entsetzen sein geliebtes Flugzeug in die Brüche, als unzählige Menschen darauf herumkletterten. »Ich hörte hinter mir Holz brechen, als sich jemand zu fest gegen einen Teil der Verkleidung lehnte. Dann knickte ein zweites und ein drittes Stück Verkleidung ein, und man hörte Stoff reißen.« Lindbergh wurde bewusst, dass Souvenirjäger außer Rand und Band geraten waren.

In dem ganzen Durcheinander stand er irgendwann wieder auf den Füßen. Wie durch ein Wunder richtete sich der Fokus der Menge im schlechten Licht auf einen unglückseligen amerikanischen Schaulustigen, der eine flüchtige Ähnlichkeit mit Lindbergh hatte und der jetzt davongetragen wurde, obwohl er sich wand und heftig protestierte. Ein paar Minuten später wurden Mitarbeiter im Büro des Flugplatzleiters vom Geräusch zersplitternden Glases und dem Anblick des unglücklichen Opfers erschreckt, das durch die Scheibe zu ihnen geschoben wurde. Dem entsetzt dreinblickenden und völlig verschmutzten Neuankömmling fehlten Jacke, Gürtel, Krawatte, ein Schuh und ungefähr die Hälfte seines Hemds; ein großer Teil seiner übrigen Bekleidung hing ihm in Fetzen am Körper, was ihn eher wie einen Überlebenden eines Grubenunglücks aussehen ließ. Er erklärte den verwirrten Angestellten, dass er Harry Wheeler heiße und Pelzhändler aus der Bronx sei. Er sei nach Paris gereist, um hier Kaninchenfelle zu kaufen, und es hätte ihn aus einem Impuls heraus nach Le Bourget getrieben, nicht anders als die meisten Pariser. Jetzt wolle er nur nach Hause.

Lindbergh wurde in der Zwischenzeit von zwei französischen Piloten gerettet, die ihn zum offiziellen Empfangsbereich geleiteten. Dort traf er Myron Herrick sowie dessen Sohn Parmely und dessen Schwiegertochter Agnes, die Lindbergh kurz Zeit gaben, um wieder zu Atem zu kommen, und ihm versicherten, dass sein Flugzeug in Sicherheit gebracht werde. Es dauerte Stunden, bis sich Lindbergh und die Herricks den Weg durch die verstopften Straßen zum Amtssitz des Botschafters in der Avenue d'Iéna im Zentrum von Paris gebahnt hatten. Dort lehnte Lindbergh das Angebot einer medizinischen Untersuchung ab, akzeptierte aber dankbar ein Glas Milch und eine kleine Mahlzeit, gefolgt von einem kurzen heißen Bad.

Inzwischen war Lindbergh seit mehr als sechzig Stunden am Stück wach, er willigte aber trotzdem ein, die Reporter zu empfangen, die sich vor dem Amtssitz eingefunden hatten und von Parmely Herrick eingelassen wurden. Wenngleich Lindbergh völlig übermüdet war, unterhielt er sich ein paar Minuten freundlich mit ihnen. Er erzählte ihnen, er habe auf einer Strecke von tausend Meilen mit Graupelschauern und Schnee zu kämpfen gehabt, manchmal sei er in einer Höhe von nur drei Metern geflogen, manchmal aber auch in einer von 3000 Metern. Anschließend kroch er in einem Pyjama, den er sich von Parmely ausgeliehen hatte, ins Bett. Inzwischen war es 4:15 Uhr.

Der berühmteste Mensch der Welt schloss die Augen und schlief die nächsten zehn Stunden durch.

Siebtes Kapitel

In Amerika war heller Tag. Die Nachricht von Lindberghs Ankunft verbreitete sich binnen Minuten. Hupen ertönten, Sirenen heulten, Kirchenglocken läuteten. Dieser Triumph musste gefeiert werden, eine Nation war nicht zu halten, es war, als hätte man das Ende eines Krieges verkündet.

Die Zeitungsjournalisten hatten damit zu kämpfen, Formulierungen zu finden, die Lindberghs überragender Leistung gerecht wurden. Die *New York Evening World* bezeichnete seine Atlantiküberquerung als »größte Heldentat einer Einzelperson in der Geschichte der Menschheit«. Eine andere Zeitung sprach von »dem bedeutendsten Ereignis seit der Auferstehung«. Dem *North American Review* zufolge hallte die Erde mit »der lang wartenden Freude der Menschheit über die Ankunft des ersten Weltbürgers nach, der wahrhaft dazu berechtigt ist, ›Die Erde‹ als seine Adresse anzugeben, des ersten Sonderbotschafters der Schöpfung«.

Die *New York Times* widmete Lindberghs Flug vier Zeitungsseiten, obwohl es wenig mehr zu sagen gab, als dass er es geschafft hatte. In den ersten vier Tagen nach der Landung brachten amerikanische Zeitungen geschätzte 250 000 Artikel mit insgesamt sechsunddreißig Millionen Wörtern über Lindbergh und seinen Flug. Nicht wissend, wie viel Aufmerksamkeit er erhalten würde, schloss Lindbergh ein Zeitungsausschnitt-Abonnement ab und ließ die Artikel an die Adresse seiner Mutter schicken, die mit Entsetzen feststellen musste, dass bereits am Ende der ersten Woche von einer Lastwagenflotte mehrere Tonnen Zeitungsartikel geliefert werden sollten.

Die Nation wurde von einer wahren Manie überrollt. Es wurden Vorschläge gemacht, Lindbergh lebenslänglich von der Zahlung von Steuern zu befreien, einen Stern oder einen Planeten nach ihm zu benennen, ihn auf Lebenszeit als Leiter eines neuen Luftfahrtressorts ins Kabinett zu berufen und den 21. Mai zum Nationalfeiertag zu erklären. Er bekam eine in allen Stadien gültige Dauerkarte für sämtliche Major-League-Baseballspiele – lebenslang. Minnesota zog eine Weile sogar in Betracht, sich in »Lindberghia« umzubenennen.

Präsident Coolidge gab bekannt, dass der 11. Juni in Amerika in Zukunft der Lindbergh Day sei – die größte Ehrung, die jemals einer Privatperson zugedacht wurde. Die amerikanische Post gab hastig Luftpost-Sondermarken heraus; noch nie zuvor war eine lebende Person auf diese Weise geadelt worden.

Parks wurden nach ihm benannt, Kinder, Straßen, Berge, Krankenstationen, Zootiere, Flüsse, Highschools und Brücken. Es wurde einfach alles nach ihm benannt. Chicago plante den Bau eines 405 Meter hohen Lindbergh-Leuchtturms, dessen Lichtstrahl aus 300 Meilen Entfernung zu sehen war.

Der Flieger erhielt mehr als dreieinhalb Millionen Briefe – wie es hieß, überwiegend von Frauen – und darüber hinaus 15 000 Pakete mit Geschenken und Andenken. Viele Briefschreiber legten in der offenkundigen Verblendung, dass er die Zeit finden würde, ihnen zu antworten, Rückporto bei, das Schätzungen zufolge einen Gesamtwert von etwa 100 000 Dollar hatte. Western Union musste für die Nachrichten, die Lindbergh bekam, achtunddreißig Vollzeitstellen schaffen, damit alle bearbeitet werden konnten. Eine Mitteilung aus Minneapolis enthielt 15 000 Wörter Text und 17 000 Unterschriften und war ausgerollt fast 160 Meter lang. Weniger Einfallsreiche konnten bei Western Union unter zwanzig vorformulierten Glückwunschbotschaften auswählen. Tausende machten von diesem Angebot Gebrauch.

In Hollywood ließ sich ein junger Cartoonist namens Walt Disney zu einem kurzen Animationsfilm mit dem Titel *Plane Crazy* inspirieren, in dem es um eine Maus ging, die ebenfalls Pilot war. Die Maus hieß ursprünglich Oswald, nahm aber bald unter dem Namen Micky einen festen Platz im Herzen der Nation ein. Robert Ripley, der Autor der in mehreren Zeitungen erscheinenden Kolumne »Ripley's Believe It or Not«, erhielt 200 000 wütende Briefe und Telegramme, nachdem er darauf hingewiesen hatte, dass vor Lindbergh bereits siebenundsechzig Personen den Atlantik auf dem Luftweg überquert hätten. (Die meisten davon in Luftschiffen. Eine sorgfältigere Zählung ergab, dass es sogar an die 120 Menschen waren.)

Mindestens 250 beliebte Songs wurden Lindbergh und seinem Flug zu Ehren geschrieben. Der populärste von ihnen hieß »Lucky Lindy« und wurde häufig bei Dinnerpartys gespielt, denen er beiwohnte – »was mich sehr verlegen machte und ärgerte«, wie er später anmerkte. Der »Lindbergh Hop« wurde zu einem beliebten Tanz – dabei hatte der keusche Lindbergh noch nie mit einem Mädchen getanzt.

Der Freudentaumel in Paris war indes nicht weniger ausufernd. Auf dem Flugplatz von Le Bourget sammelten Reinigungskräfte an dem Morgen nach Lindberghs Ankunft verlorene Gegenstände ein, mehr als eine Tonne, darunter sechs künstliche Gebisse. Unter Herricks fürsorglicher Vormundschaft machte Lindbergh alles richtig. An seinem ersten wirklichen Tag in Frankreich trat er auf den Balkon der Botschaft, begrüßte die Menschenmenge und schwenkte eine französische Flagge, womit er bei den Zigtausenden, die sich unten auf der Straße drängten, frenetischen Beifall auslöste. Dann besuchten er und Herrick Nungessers verwitwete Mutter in ihrer winzigen Wohnung im sechsten Stock am Boulevard du Temple in der Nähe der Place de la République. Seit dem Verschwinden ihres Sohnes waren auf den Tag genau zwei Wochen vergangen. Wenngleich der Besuch nicht öffentlich angekündigt wurde, versammelten sich vor Lindberghs Eintreffen etwa 10 000 Menschen auf der Straße. An diesem ziemlich hektischen ersten Tag rief Lindbergh auch über die neue transatlantische Telefonleitung zu Hause an, womit er zu den ersten Privatpersonen gehörte, die nicht nur über den Atlantik geflogen waren, sondern auch transatlantische Gespräche führten. Außerdem besuchte er kranke Soldaten im Hôtel des Invalides.

In den darauffolgenden Tagen erhielt er im Élysée-Palast von Präsident Gaston Doumergue den Orden der Ehrenlegion – das erste Mal, dass ein französischer Präsident einem Amerikaner die höchste nationale Auszeichnung persönlich verlieh. Lindbergh redete vor der Abgeordnetenkammer, wurde vom Aéro-Club de France gefeiert, man ehrte ihn mit einer Parade, der bis zu eine Million Menschen beiwohnten, und bekam im Hôtel de Ville den Stadtschlüssel überreicht. Wann immer er sprach, tat er das mit Bescheidenheit und Bedacht, und er verpasste nie eine Gelegenheit, um die Errungenschaften der französischen Luftfahrt und die Liebenswürdigkeit der Franzosen im Allgemeinen zu loben. Seine Leistung, stellte er klar, sei nur ein kleiner Teil einer großen gemeinsamen Anstrengung. In tränenreicher Freude drückte Frankreich Lindbergh an seine Brust und nannte ihn »le boy«.

Kein Besucher aus dem Ausland war in Frankreich jemals so überschwänglich geehrt worden. Auf dem Quai d'Orsay, gleichzusetzen mit dem Außenministerium der Französischen Republik, wurde die amerikanische Flagge gehisst – das erste Mal, dass die Old Glory über dem heiligen Gebäude flatterte. In diesen ereignisreichen Tagen fiel vor allem Lindberghs äußere Erscheinung auf: Alles, was er trug, war geliehen – und nicht viele Menschen besaßen Kleidungsstücke, die einer so großen und so schlaksigen Person passten. Die Presse war zu taktvoll oder zu ehrfurchtsvoll, um diese Tatsache zu erwähnen, doch es war nicht zu übersehen, dass Lindbergh in Jacken, deren Ärmel ihm nicht bis zu den Handgelenken reichten, und in Hosen, die oberhalb seiner Schuhe endeten, durch Paris marschierte.

Fünf Tage nach seiner Ankunft säumten noch immer unzählige Menschen die Straßen, wohin er auch ging. In jener Zeit lächelte er viel und winkte jedes Mal, wenn ihn eine Menschenmenge begrüßte. Das sollte jedoch nicht so bleiben.

Am 26. Mai, ein Donnerstag, fuhr Lindbergh nach Le Bourget, um nach seinem Flugzeug zu sehen. Die freudetrunkene Menschenmenge hatte es schwer beschädigt, doch es wurde jetzt gewissenhaft repariert. Während er sich auf dem Flugplatz aufhielt, lieh er sich ein französisches Nieuport-Kampfflugzeug aus und drehte damit eine Runde. Obwohl er noch nie zuvor eine Nieuport geflogen hatte und sich ihrer Leistungsgrenzen nicht sicher sein konnte, führte er eine Reihe von Loopings, Fassrollen, Trudelmanövern und anderen Flugkunststücken aus. Die französischen Flugplatzmitarbeiter sahen wie benommen zu, als der am meisten geschätzte und verehrte Mensch der Welt am Himmel über ihnen Kunststücke vollführte und ein Flugzeug, das er überhaupt nicht kannte, an seine Limits trieb. Mit verzweifelten Handzeichen und sonstigem körperlichem Einsatz flehten sie ihn an, seine gefährlichen Manöver zu beenden und auf den Boden zurückzukehren. Lindbergh leistete ihrer Bitte schließlich Folge. Die Begebenheit war eine faszinierende Demonstration der These, dass Lindbergh wahrscheinlich nicht nur der beste Pilot aller Zeiten war, sondern auch der glücklichste.

Lindbergh hatte vor, durch Europa zu touren – vor allem wollte er Schweden besuchen, das Land seiner Vorfahren – und anschließend nach Amerika zurückzukehren. Noch war er unentschlossen, ob er einen Rückflug über den Atlantik gegen die vorherrschende Windrichtung riskieren oder den Weg nach Osten fortsetzen und über Asien und den nördlichen Pazifik nach Hause fliegen sollte. Herrick teilte ihm jedoch mit, dass er nichts von beidem tun würde. Präsident Coolidge hatte einen Kreuzer der Marine ausgesandt, die USS *Memphis,* der ihn holen sollte, damit Amerika ihn persönlich und im großen Stil ehren konnte. Der Präsident wollte unbedingt die Feierlichkeiten hinter sich bringen, um ohne Verzögerung seinen Urlaub in den Black Hills in South Dakota antreten zu können.

Lindbergh bekam immerhin die Erlaubnis, Brüssel und London kurze Besuche abzustatten und damit bereits gegebene Versprechen einzulösen. Erstaunlicherweise wurde es ihm gestattet, selbst zu fliegen.

Mehr als 100 000 Menschen erwarteten Lindbergh am Croydon Aerodrome außerhalb der britischen Hauptstadt – so viele, dass es der Polizei nicht gelang, die Rollbahn freizuhalten. Lindbergh musste die Landung zweimal abbrechen, als die begeisterte Menge auf die Grasfläche drängte – vermutlich ein zutiefst beunruhigender Anblick für einen Piloten, dem die Sicht nach vorn komplett versperrt war. Später wurde das Auto umlagert, in dem Lindbergh saß. Der Polizei gelang es nur, ihm den Weg durch die Menge zu bahnen, indem sie ihn baten, sich hinzulegen und unter einem Mantel zu verstecken. Den Schaulustigen sagten sie, in dem Wagen werde eine schwer verletzte Frau transportiert.

Letzten Endes erreichte Lindbergh den Buckingham Palace, wo ihn der König mit der berühmten Frage erschreckte, wie er während des Fluges seine Blase entleert habe. Lindbergh erklärte verlegen, er habe für diesen Zweck einen Eimer dabeigehabt.

Da George V. diesen Aspekt des Fluges gänzlich verstehen wollte, ließ er sich nicht davon abbringen nachzubohren, wie oft Lindbergh von dem Eimer Gebrauch gemacht hätte.

Lindberghs familiärer Hintergrund lässt vermuten, dass er noch nie zuvor mit jemandem über die Verrichtung seiner Notdurft gesprochen hatte, und jetzt tat er es mit dem König von England.

»Zweimal«, flüsterte Lindbergh heiser und erweckte dabei den Eindruck, als würde er jeden Moment in Ohnmacht fallen.

»Und wo war das?«, hakte der König nach.

»Einmal über Neufundland und einmal über dem offenen Meer.« Der König nickte nachdenklich und schien zufrieden zu sein.

Drei Tage später ging Lindbergh in Cherbourg an Bord der USS *Memphis*, um den Nachhauseweg anzutreten. Er winkte der Menge zum Abschied zu, die ihm voller Bewunderung zujubelte. Viele warfen Blumen. Sämtliche französischen Zeitungen würdigten ihn mit warmherzigen Artikeln und wünschten dem jungen Amerikaner *bon voyage*.

Dann kehrte in Frankreich wieder die Normalität ein. Und wenige Tage später wurden Reisebusse mit amerikanischen Touristen wieder mit Steinen beworfen, zudem hatten diese auf der Champs-Élysées große Mühe, die Aufmerksamkeit der Kellner auf sich zu lenken. Wie sich herausstellen sollte, war das nur der Anfang. Bevor der Sommer vorüber war, hassten Millionen Franzosen Amerika mehr als je zuvor, und Amerikaner waren auf Frankreichs Straßen nicht mehr sicher. Der Sommer 1927 sollte für Amerika nicht nur einer der erfreulichsten Sommer seit Jahren werden, sondern zum Teil auch ein ziemlich hässlicher.

JUNI
Das »Babe«

Er war berühmter als der Präsident. Einmal machten wir auf dem Weg nach Norden in einem Ort in Illinois Halt, in einem kleinen Nest. Es war etwa zehn Uhr abends und schüttete wie aus Kübeln. Der Zug blieb zehn Minuten stehen, um Wasser nachzutanken oder so. Der Ort hatte höchstens 5000 Einwohner, aber ich schwöre bei Gott, dass 4000 von ihnen im Regen dastanden und warteten, nur um Babe zu Gesicht zu bekommen.

Richards Vidmer, Sportreporter der *New York Times*

Achtes Kapitel

Ende des 19. Jahrhunderts war Baltimore die sechstgrößte Stadt der Vereinigten Staaten (inzwischen ist sie auf Rang einundzwanzig abgerutscht) und eine der rauesten, und der rauseste Stadtteil von Baltimore war ein Viertel in der Nähe von Inner Harbor, das man ohne Ironie oder Zuneigung »Pig Town« nannte.

Dort wurde am 6. Februar 1895 George Herman Ruth in einen Haushalt hineingeboren, der mehr oder weniger mittellos, emotional verarmt und scheinbar todgeweiht war. Sechs seiner sieben Geschwister starben noch während ihrer Kindheit, gefolgt von beiden Eltern, da war George noch sehr jung, seine Mutter an Tuberkulose, sein Vater bei einer Messerstecherei vor dem eigenen Saloon. Seine Familie wurde nicht gerade vom Glück verwöhnt.

Der erste Satz von Ruths Autobiografie lautet: »Ich war ein böses Kind« – was nur zum Teil der Wahrheit entspricht. Ein paar Zeilen später fügt er hinzu: »Ich kannte meine Eltern kaum« – damit kommt man der Sache schon näher. Ruth zog sich in jungen Jahren mehr oder weniger selbst groß. Seine Eltern waren nicht unbedingt Rabeneltern, sondern eher von anderen Dingen abgelenkt. Ruths Mutter verbrachte den Großteil seiner Kindheit damit, in der überfüllten Wohnung über dem Saloon deprimiert vor sich hin zu sterben. Einer gesunden Partnerin beraubt musste sich sein Vater im Alleingang um den Betrieb im Erdgeschoss kümmern – eine Aufgabe, die fast alle seine wachen Stunden in Anspruch nahm. Wahrscheinlich gibt nichts Ruths dürftiges, distanziertes Familienleben besser wieder als die Tatsache, dass er aufwuchs, ohne sein genaues

Alter zu kennen. Bis er zum ersten Mal seine Geburtsurkunde sah, als er im Alter von neununddreißig Jahren einen Reisepass beantragte, ging er davon aus, er sei ein Jahr älter, als er tatsächlich war. Ruth war seinerseits auch kein besonders aufmerksamer Sohn. In seiner Autobiografie gibt er an, seine Mutter sei gestorben, als er dreizehn war. In Wirklichkeit war er bereits sechzehn. Außerdem verwechselt er den Mädchennamen seiner Mutter.

Der Saloon, über dem Ruth aufwuchs, existiert schon lange nicht mehr. Durch einen glücklichen Zufall liegt die Stelle, an der er sich früher befand, genau unter dem Center Field von Camden Yards, der Heimat der Baltimore Orioles – nicht unpassend, da Ruth seine Baseball-Profikarriere als Baltimore Oriole begann und dort seinen Spitznamen »Babe« bekam.

Im Frühjahr 1902, während der Säugling Charles Lindbergh in Minnesota in einem Plüsch-Stubenwagen gluckste, ging Babes Vater mit dem kleinen George zur St. Mary's Industrial School for Boys in Baltimore – einem großen, dunklen, abweisenden Gebäude an der Wilkens Avenue etwa drei Meilen westlich von »Pig Town« – und ließ ihn dort. St. Mary's war um 1900 eines von dreißig Heimen für verwaiste oder schwer erziehbare Kinder in Baltimore, was die schlimme soziale Situation in der Stadt zu dieser Zeit widerspiegelt. Für die nächsten zwölf Jahre sollte es Ruths Zuhause bleiben.

St. Mary's war eine ungewöhnliche Institution: zum Teil Waisenhaus, zum Teil Erziehungsanstalt, zum Teil Privatschule. Bei etwa der Hälfte der 850 dort lebenden Jungen handelte es sich um Internatsschüler, die Schulgebühren bezahlten. Eltern aus ganz Amerika schickten ihre Söhne dorthin, oft ein letzter Ausweg, wenn andere Schulen sie hatten durchfallen lassen.

Die Einrichtung wurde von den Xaverian Brothers geleitet, einem römisch-katholischen Orden, dessen Mitglieder sich in Frömmigkeit übten und im Zölibat lebten, aber keine Priester waren. Die Zustände waren allgemein streng mönchisch zu nennen. Die Schüler hatten keinerlei Privatsphäre, alles, was sie taten – schlafen, duschen, essen, lernen –, taten sie gemeinsam. Betten, Schreibtische und Duschkabinen waren wie in einem viktorianischen Zuchthaus in langen, straff organisierten Reihen angeordnet. Trotzdem war die St. Mary's für eine Einrichtung ihrer Art kein schlechter Ort. Die Kinder wurden menschlich behandelt, sogar mit einer gewissen barschen Zuneigung ging man mit ihnen um, und für gutes Benehmen wurden sie mit einem wöchentlichen Taschengeld von fünfundzwanzig Cents belohnt. Die Jungen an der St. Mary's erhielten eine solide schulische Grundausbildung und erlernten einen Beruf. Ruth machte eine Ausbildung zum Schneider und Hemdenmacher und begeisterte noch Jahre später seine Mannschaftskameraden, wenn er ihnen demonstrierte, wie geschickt er einen Kragen aufstellen oder eine Manschette hochkrempeln konnte.

Alle Schüler hatten eine Vorgeschichte mit Verhaltensproblemen, doch die Brüder schoben das eher auf Versäumnisse bei der Erziehung als auf irgendeine Charakterschwäche, wobei es sich zur damaligen Zeit um eine ausgesprochen fortschrittliche Einstellung handelte. Sie waren der Ansicht, dass jeder Junge, der anständig behandelt, respektiert und ermutigt wurde, zu einem Musterbürger heranwachsen würde, und sie behielten damit fast immer recht. 95 Prozent der Xaverian-Schüler führten später ein normales, stabiles Leben.

Als Junge war Ruth eine korpulente, wichtigtuerische, pausbäckige, unbekümmerte und ziemlich liebenswert tragische Gestalt. Er war immer deutlich größer als seine Mitschüler – und zwar um so viel größer, dass er einmal, als Helfer eines Wohltätigkeitsvereins Weihnachtsgeschenke verteilten, für einen Aufseher gehalten und übergangen wurde. Als der Fehler auffiel, bekam George seine eigene riesige Schachtel mit Pralinen. Anstatt sie aufzubewahren – und man muss sich vor Augen halten, dass er vermutlich noch nie in seinem Leben etwas so Besonderes bekommen hatte –, verteilte er ihren Inhalt sofort an alle anderen. Er war ein Junge, der eine glücklichere Kindheit verdient gehabt hätte. Zwischen 1912 und 1914 besuchte ihn keine einzige Person.

Die Brüder an der St. Mary's waren leidenschaftliche Baseballanhänger. Die Schule schickte nicht weniger als vierundvierzig Teams auf den Platz, alle komplett ausgerüstet und in Spielbekleidung. Kein Geld der Welt hätte Ruth eine bessere Vorbereitung auf eine Baseballkarriere ermöglichen können. Baseball war dafür verantwortlich, dass er »den großartigsten Menschen kennen und lieben lernte, der mir jemals begegnet ist«: Bruder Matthias Boutilier. Matthias stammte aus Cape Breton in Nova Scotia, hatte französische Vorfahren und war ein sanfter, gutmütiger Riese. Er war knapp zwei Meter groß und brachte 115 Kilo auf die Waage, sprach aber immer mit leiser Stimme. Er war nicht nur selbst ein ausgezeichneter Baseballspieler, sondern auch ein begabter Trainer – und mit Babe Ruth hatte er einen Jungen, der sowohl talentierter als auch fleißiger war als alle anderen, die ihm jemals begegnet waren. Im Alter von acht Jahren spielte George mit Zwölfjährigen; als er selbst zwölf war, mit Sechzehnjährigen. Als Jugendlicher war er in jeder Position auf dem Platz besser als alle seine Mitschüler – sogar als Catcher, obwohl er dabei einen Rechtshänder-Handschuh tragen musste, da die Schule keinen Handschuh für Linkshänder besaß. Als Batter konnte ihm niemand das Wasser reichen. Bereits als Teenager war Ruth einen Meter achtundachtzig groß, knapp neunzig Kilo schwer und enorm kräftig.

Als sich 1914 herumsprach, dass es an der St. Mary's einen außerordentlich talentierten Jungen gab, tauchte ein Scout der Baltimore Orioles, damals noch ein Minor-League-Team in der International League, in der Schule auf, um sich mit eigenen Augen davon zu überzeugen. Als George an das Plate kam, nahm der Scout überrascht zur Kenntnis, dass der Right Fielder seine normale Position verließ und zu einer wesentlich weiter entfernten Stelle trottete – und zwar so weit entfernt, dass er sich bereits auf einem anderen Spielfeld befand. Ruth schlug den Ball trotzdem über ihn hinweg. Dabei handelte es sich um einen von drei weiten Schlägen, die ihm an diesem Tag gelangen. Erstaunlicherweise zeigte sich der Scout von Ruths Schlagkraft nicht besonders beeindruckt. Die Fähigkeit, einen Baseball weit schlagen zu können, galt 1914 als interessant, aber nicht als förderungswürdig. Was die Orioles brauchten, war jemand, der werfen konnte, und deshalb verpflichteten sie ihn als Pitcher.

Also verabschiedete sich George Herman Ruth, der gerade neunzehn Jahre alt geworden war, Anfang März 1914 von Bruder Matthias und seinen Freunden an der St. Mary's und stieg in einen Zug nach Fayetteville in North Carolina, um an seinem ersten Frühjahrstraining teilzunehmen und ein neues Leben als Profi-Baseballspieler zu beginnen. Er fuhr zum ersten Mal mit einem Zug, verließ zum ersten Mal Maryland, sah zum ersten Mal kleine Städte und die freie Natur, übernachtete zum ersten Mal in einem Hotelzimmer und bestellte zum ersten Mal von einer Speisekarte. Er hätte gar nicht unbedarfter sein können. Ihm war nicht einmal bewusst, dass die Major League aus zwei Ligen bestand. Der Spitzname, den ihm seine Mannschaftskollegen gaben, »Babe« (wegen seiner Arglosigkeit und seiner Jugendlichkeit) hätte kaum passender sein können. Ruth war in jeder Hinsicht – außer in physischer – noch ein kleiner Junge. Von seinem ersten Lohn kaufte er sich ein Fahrrad. Wenn er sich in einem Hotel aufhielt und es nichts anderes zu tun gab, fuhr er stundenlang mit dem Aufzug. Nachdem er jahrelang in einer Gemeinschaft gelebt hatte, kannte er überhaupt kein Schamgefühl, wenn er nackt war oder auf der Toilette saß, und Privateigentum war für ihn ein Fremdwort. Sein erster Zimmergenosse, Ernie Shore, stellte Wochen nach Saisonbeginn mit Entsetzen fest, dass Ruth die ganze Zeit seine Zahnbürste mitbenutzt hatte.

Fast sofort entwickelte Ruth den riesigen Appetit, für den er berühmt wurde. In den Speisesälen von Hotels alles bestellen zu können, worauf er Lust hatte, war ein Genuss, dessen er niemals überdrüssig wurde. Sex entdeckte er ebenfalls recht bald. Auch in dieser Hinsicht hatte er keine Hemmungen. Ein Mannschaftskollege namens Larry Gardner erinnerte sich, dass er einmal ein Zimmer betrat, in dem sich Ruth gerade mit einer Prostituierten auf dem Fußboden vergnügte. »Er rauchte eine Zigarre und aß Erdnüsse, während die Frau sich an ihm zu schaffen machte«, berichtete Gardner in einem Tonfall verständlicher Verwunderung.

»Wenn er Freigang hatte«, erinnerte sich ein anderer Teamkollege, »war das so, als hätte man ein wildes Tier aus dem Käfig gelassen.« Weder damals noch später war Ruth besonders wählerisch. Marshall Hunt von der *New York Daily News* merkte einmal zu Ruths Frauen an, dass sie in der Regel »nur einem Mann gefallen hätten, der nach fünfzehn Jahren Haft gerade aus dem Gefängnis entlassen worden war«.

Das Team der Orioles steckte 1914 in Schwierigkeiten. Seine Fans liefen in Scharen zu den Baltimore Terrapins über, die in der neuen (und kurzlebigen) Federal League spielten.*

Irgendwann spielten die Orioles vor nur siebzehn Zuschauern, während die Terrapins auf der anderen Straßenseite ein volles, tosendes Stadion unterhielten. Als die Besitzer der Orioles ihre Spieler nicht mehr bezahlen konnten, fingen sie an, sie zu verkaufen. Im Juli seiner ersten Saison musste Ruth feststellen, dass er über Nacht an die Boston Red Sox abgestoßen worden war. Er eilte nach Norden und wurde noch am Tag seiner Ankunft in Boston am 11. Juli als Pitcher auf den Platz geschickt, was bedeutete, dass er in der ersten Major-League-Begegnung, die er jemals sah, selbst mitspielte.** Er machte acht Hits zunichte, und sein Team gewann mit 4:3.

---

* Ein Jahr bevor Ruth Profi wurde, rief eine Gruppe von Geschäftsleuten eine neue Konkurrenzliga ins Leben, die sogenannte Federal League, und lockten einige der führenden Spieler aus der American League und der National League in die neue Liga, indem sie ihnen eine bessere Bezahlung boten. Letzten Endes scheiterte die Federal League, doch eine Zeit lang unterwanderte sie den heimeligen Status quo des Major-League-Baseballs erheblich.

** Eine kurze Einführung für all diejenigen, die nicht mit dem amerikanischen Baseballsport vertraut sind: Auf der höchsten Ebene gibt es zwei Ligen, die American League und die National League. Diese beiden werden mit dem Oberbegriff »Major Leagues« bezeichnet. Dort wollte jeder ernsthafte Baseballspieler irgendwann landen, doch die meisten fingen in unbedeutenderen Teams an, in den sogenannten »Minor Leagues« (oder »Minors«), bis sie gut genug waren, um in die höchste Spielklasse aufzusteigen. Die Tatsache, dass Babe Ruth bereits in seiner ersten Saison vom Minor-League-Team Baltimore Orioles zum Major-League-Team Boston Red Sox wechselte, war äußerst ungewöhnlich und ein Zeichen für sein Talent.

Somit war Babe Ruth nur vier Monate nach seinem Weggang von der St. Mary's Industrial School ein Major-League-Baseballspieler, ohne jemals unabhängig in der Außenwelt gelebt zu haben. In jenem Sommer frühstückte Ruth häufig in einem Café namens Lander's. Dort plauderte er gern mit der hübschen Kellnerin Helen Woodford. Wenn man Ruths Darstellung Glauben schenken kann, sagte er eines Tages zu ihr: »Wie wär's, wenn wir beiden heiraten, Schatz?« Nach kurzem Überlegen willigte sie ein, und die beiden vermählten sich im Herbst 1914. Ruth war neunzehn, sie vermutlich nicht älter als fünfzehn. Die Ehe war kein großer Erfolg. In seiner Autobiografie gab Ruth ihr versehentlich einen falschen Namen.

Aus heutiger Sicht ist es nur schwer zu begreifen, wie wichtig – wie kulturell und emotional dominierend – Baseball zu Zeiten von Babe Ruth für das amerikanische Leben war. Unangefochten war es die Freude und die Leidenschaft der gesamten Bevölkerung und wurde als das »National Game« bezeichnet, mit großen Anfangsbuchstaben. In sportlicher Hinsicht dachten die meisten Amerikaner für einen großen Teil des Jahres an nichts anderes.

Bei Megaveranstaltungen wie der World Series stellten Zeitungen in jeder bedeutenden Stadt riesige Anzeigetafeln vor ihren Redaktionen auf, die stets Menschenmassen anlockten. In vielen Städten wurden Theater oder andere Veranstaltungsorte (wie zum Beispiel der Madison Square Garden) angemietet, um zahlenden Zuschauern simulierte Spiele zu bieten. Bei einer Variante wurden auf dem riesigen Schaubild eines Baseballfelds mit farbigen Lampen Bälle, Strikes und Outs angezeigt, mit einem Klingeln Hits signalisiert und mit weißen Fußspuren die Bewegungen zwischen den Bases nachgezeichnet. Ein Kommentator auf der Bühne berichtete anhand von bruchstückhaften Informationen, die ein Tickerband lieferte, von den Ereignissen auf einem fernen Spielfeld – und schmückte diese manchmal kreativ aus –, während die Anzeigetafel zur Unterstützung aufleuchtete, klingelte und Bewegungen der Spieler nachvollzog. Bei einer anderen Variante wirkten Jungen mit, die die echten Spieler repräsentierten und deren Positionen auf einem Baseballfeld auf der Bühne einnahmen, auf dem sie einen imaginären Ball warfen, schlugen und fingen und von Base zu Base rannten, wie die ferne Realität es verlangte. Wie ein Zeitzeuge staunend feststellte, würdigte »kein Stadionpublikum gelungene Spielzüge mit lauterem Jubel als die Millionen Zuschauer, die in verschiedene Säle gepfercht waren oder sich vor Zeitungsredaktionen auf der Straße drängten«.

Das war die glückliche und spannende Welt, in der sich Babe Ruth jetzt wiederfand. In Anbetracht dessen, was er mit seinem Schläger später alles bewerkstelligte, ist es höchst ungewöhnlich, dass er das erste Viertel seiner Karriere als Pitcher zubrachte – und nicht nur als *irgendein* Pitcher, sondern als einer der besten im gesamten Baseballsport. Im Jahr 1915, in seiner ersten vollen Saison bei den Red Sox, hatte er eine Bilanz von achtzehn zu acht, die viertbeste der Liga. Er schickte 112 Batter ins Aus, gab pro Spiel weniger Hits auf als jeder andere Spieler in der Liga (bis auf einen) und beendete die Saison mit einem außerordentlich respektablen Earned Run Average von 2,44. In der nächsten Saison hatte er eine Bilanz von dreiundzwanzig Wins und zwölf Losses und führte die Liga in den Kategorien Earned Run Average, Shutouts und gegnerischem Batting Average an. Er hatte die dritthöchste Anzahl von Wins vorzuweisen, war Zweitbester, was Winning Percentage und Strikeouts anbelangte, und konnte die viertmeisten vollständigen Spiele für sich verbuchen. Mit seinen neun Shutouts (was so viel bedeutet wie »Zu-Null-Siege«) hält er bis heute den Rekord für Linkshänder. 1917 dominierte er fast alle Pitcher-Kategorien – oder tauchte zumindest in ihnen auf – und hatte eine Bilanz von vierundzwanzig Wins und dreizehn Losses. Beinahe zufällig startete er zur selben Zeit in der World Series eine Serie von neunundzwanzig und zwei Dritteln aufeinanderfolgender punktloser Innings – ein Rekord, der dreiundvierzig Jahre lang Bestand hatte.

Es ist fast unmöglich zu übertreiben, wie herausragend diese

Leistung war. Schuljungen marschierten nicht einfach auf Baseballplätze der Major League und führten erfahrene Batter wie Ty Cobb und Shoeless Joe Jackson an der Nase herum. Selbst die besten jungen Pitcher brauchten Zeit, um Selbstvertrauen und Übersicht zu gewinnen. Walter Johnson hatte in seinen ersten drei Major-League-Jahren eine Bilanz von zweiunddreißig Wins und achtundvierzig Losses. Bei Christy Mathewson betrug das Verhältnis vierunddreißig zu siebenunddreißig. Ruth konnte über denselben Zeitraum eine Bilanz von dreiundvierzig zu einundzwanzig aufweisen. Während seiner gesamten Zeit als Pitcher hatte er eine Win-Loss-Bilanz von vierundneunzig zu sechsundvierzig und einen Earned Run Average (ein wesentlicher statistischer Anhaltspunkt für die Spielstärke eines Pitchers) von nur 2,28, ein wirklich beeindruckender Wert. Seine Winning Percentage von 0,671 ist die siebtbeste aller Zeiten.

Das Problem war – und noch nie zuvor hatte jemand dieses Problem gehabt –, dass er auch ein einzigartiger Schlagmann war. 1915, in seiner ersten vollen Saison, schlug Ruth vier Home-Runs bei zweiundneunzig At Bats.* Das waren nur drei weniger als Braggo Roth geschlagen hatte, der die American League in der Kategorie Home-Runs anführte, aber mehr als viermal so viele Einsätze am Plate gehabt hatte. Um sich Ruths Qualitäten als Batter zunutze zu machen, fingen die Red Sox 1918 an, ihn am ersten Base oder im Outfield einzusetzen, wenn er nicht gerade pitchte. 1918 erwies sich als das schlechteste Jahr aller Zeiten, was Home-Runs im Major-League-Baseball anbetraf. Das ganze Team der Senators schlug

---

* At Bat ist ein wichtiges, wenn auch etwas obskures Konzept beim Baseball. Grob gesagt gibt es Aufschluss darüber, wie oft ein Spieler innerhalb eines bestimmten Zeitraums zur Plate gegangen ist, um zu schlagen. Der Batting Average eines Spielers errechnet sich aus der Anzahl seiner At Bats geteilt durch die Anzahl, wie oft er das Base mit einem Hit sicher erreicht hat. Der Batting Average wird in Tausendstel eines Prozentsatzes angegeben. Ein Batting Average von 0,333 bedeutet somit, dass ein Schlagmann bei einem Drittel seiner verzeichneten At Bats Safe Hits hatte. Ein Batting Average von 0,300 gilt als gut, 0,350 oder besser gelten als überragend. Nur ein paarmal ist es Spielern gelungen, eine Saison mit einem Batting Average von 0,400 oder besser abzuschließen.

in diesem Jahr nur vier Home-Runs. Die Browns schlugen fünf, die White Sox acht und die Indians neun. Babe Ruth allein schlug elf. Im folgenden Jahr erzielte Ruth neunundzwanzig Home-Runs, obwohl er 133 und ein Drittel Innings pitchte (einschließlich zwölf vollständiger Spiele), und verdoppelte damit den bisherigen, 1902 von Socks Seybold von den Philadelphia Athletics aufgestellten Rekord. In 111 Spielen im Outfield konnte er sechsundzwanzig Assists für sich verbuchen und hatte nur zwei Errors. Sein Fielding Average von 0,996 war mit großem Abstand der beste der Liga. Das war eine beeindruckende Leistung – und es war natürlich erst der Anfang.

Moderner Baseballsport hat etwas Zeitloses an sich, was von seinen Fans hoch geschätzt wird. Würde jemand von heute in ein Baseballstadion der zwanziger Jahre versetzt werden, hätte er in fast jeder Hinsicht das Gefühl, sich in völlig vertrauter Umgebung zu befinden. Das Geschehen auf dem Spielfeld, der Jubel der Zuschauer und das Geschrei der Verkäufer kämen ihm im Gegensatz zu vielen anderen Aspekten des Lebens im Amerika der zwanziger Jahre allesamt beruhigend bekannt vor. (Derselbe Zeitreisende hätte dagegen Schwierigkeiten, ein Auto anzulassen, ein Telefonat zu führen, einen Radiosender zu suchen oder auch nur eine betriebsame Straße zu überqueren.) Aber auch im Baseballstadion würden ihm bald Unterschiede auffallen.

Zunächst einmal waren Spiele in der Regel damals viel schneller vorbei. Traditionell begannen sie um drei Uhr nachmittags und dauerten selten viel länger als bis fünf. (Die Beliebtheit der Abendzeitungen hatte viel damit zu tun, dass darin die Baseballergebnisse des Tages veröffentlicht wurden.) Neunzigminütige Spiele waren keine Seltenheit, manchmal waren sie sogar noch kürzer. An einem denkwürdigen Tag, dem 26. September 1926, schlugen die Browns die Yankees in St. Louis in nur einer Stunde und zwölf Minuten im ersten Spiel eines sogenannten Doubleheader. Dann kamen sie wieder zurück und gewannen das zweite Spiel in fünfundfünfzig Minuten mit 6:2. Beide Partien gingen über volle neun Innings. Wie ihnen das gelang, grenzt an ein Wunder. Die beiden Teams hatten zusammen fünfundzwanzig Hits im ersten Spiel und zwanzig im zweiten, also handelte sich nicht um klassische Pitcher-Duelle. Damals wurde einfach nicht lange gefackelt.

Die Spiele waren zudem oft deutlich wilder. Schlägereien waren an der Tagesordnung, und manchmal waren sowohl Fans als auch Spieler daran beteiligt. 1924 räumte eine Prügelei zwischen Ruth und seinem großen Rivalen Ty Cobb nicht nur beide Bänke leer, sondern sorgte selbst auf der Tribüne für Ausschreitungen. Sitze wurden aus der Verankerung gerissen und auf das Spielfeld geworfen, und mindestens tausend Zuschauer stürmten auf den Platz. Die Partie musste abgebrochen werden. Manche Spieler zögerten nicht, auf Zuschauer loszugehen, wenn diese von den Rängen aus sie so lange mit Zwischenrufen gestört hatten, dass ihnen der Geduldsfaden riss. 1920 sprang Ruth auf die Tribüne, um einen Mann zur Rede zu stellen, der ihn als »großes Stück Käse« bezeichnet hatte – machte jedoch klugerweise einen Rückzieher, als der Mann ein Messer zückte. Ty Cobb ging einmal auf einen Zuschauer los, der ihn den ganzen Nachmittag beleidigt hatte, und prügelte den Mann windelweich. Als Fans Cobb daraufhin anschrien, weil der Mann ein Kriegsveteran war und keine Hände mehr besaß, rief der: »Mir wäre auch egal, wenn er keine Füße mehr hätte« – und prügelte weiter auf ihn ein, bis die Polizei kam und ihn wegzerrte. Cobb wurde wegen dieses Vorfalls zehn Tage lang gesperrt. Ruth verpasste einmal einem Schiedsrichter bei einem Streit einen Fausthieb gegen den Kiefer, wofür er 100 Dollar Strafe zahlen musste und ebenfalls für zehn Tage gesperrt wurde. Dabei konnte er von Glück reden, so glimpflich davongekommen zu sein.

Das Leben der Spieler war nicht sonderlich glamourös. War ein Team zu einem Auswärtsspiel unterwegs und traf in einer anderen Stadt ein, gingen die Spieler normalerweise zu Fuß vom Bahnhof zum Hotel und trugen ihr Gepäck selbst. Oft traten sie in schmutziger Spielbekleidung an, vor allem in Chicago, wo Charles Comiskey, der Eigentümer der White Sox, von seinen Spielern für das Waschen ihrer Bekleidung Geld verlangte.

Die Major Leagues waren damals mit nur sechzehn Teams aus zehn Städten heimeliger und übersichtlicher als heutzutage mit dreißig Mannschaften aus siebenundzwanzig Städten. Boston, Chicago, St. Louis und Philadelphia hatten jeweils zwei Major-League-Teams; New York hatte drei. St. Louis war die westlichste Stadt in den Major Leagues, Washington die südlichste.

Baseballstadien hatten häufig charakteristische Eigenheiten, die ihnen eine interessante Unberechenbarkeit verliehen. Das Outfield der Polo Grounds, Spielstätte der New York Giants, fiel zum Beispiel zur Umzäunung hin so stark ab, dass von den Spielerbänken nur die Köpfe und Schultern der Outfielder zu sehen waren wie Schiffe, die am Horizont vorbeifuhren. (Polo wurde dort nie gespielt. Die Polo Grounds waren nach einem früheren Platz in der Nähe des Central Park benannt, wo einst Polo gespielt wurde.) Im Griffith Stadium in Washington verlief die Außenfeldumrandung in einem wilden Zickzack um einen ausladenden Baum und fünf Häuser herum, deren Besitzer sich geweigert hatten, ihre Grundstücke zu verkaufen, als das Stadion gebaut worden war – was für faszinierende Winkel bei Abprallern und amüsante Verwirrung bei Außenfeldspielern der Gastmannschaften sorgte. In mindestens drei Baseballstadien, darunter auch das Yankee Stadium, standen Fahnenmasten im Fair Territory und warteten darauf, sich jedem Center Fielder in den Weg zu stellen, der vergessen hatte, dass sie existierten. Im Fenway Park in Boston mussten Left Fielder eine steile Böschung hinaufklettern, um Bälle zu fangen, die zur Umrandung geschlagen wurden.

Am meisten würde einen Zeitreisenden beim Besuch eines Baseballstadions der zwanziger Jahre vermutlich irritieren, wie schlecht die Spielfelder damals gepflegt wurden. Das Outfield war in der Regel nur wenig besser als eine Kuhweide, und stark frequentierte Bereiche wie die Basepaths oder die Umgebung des Home-Plate waren oft zertrampelt und kahl, was sich im Lauf der Saison noch verschlimmerte. Hatte es geregnet, verschütteten Platzwarte manchmal Benzin auf dem Infield und entzündeten es, um die Erde auszutrocknen – was für die Fruchtbarkeit des Bodens kaum förderlich war.

Sicherheitsvorkehrungen gab es fast gar keine. Helme für Batter existierten nicht. Die Außenfeldumrandung war nicht gepolstert. Die Handschuhe waren so primitiv, dass einhändiges Fangen »großes Aufsehen erregte«, wie Ruth-Biograf Marshall Smelser feststellte. Schlägerständer waren noch nicht an der Tagesordnung, sodass die Spieler ihre Schläger in den meisten Baseballstadien vor den Spielerbänken auf dem Boden aufreihten, was ein beträchtliches Risiko für Catcher und Innenfeldspieler darstellte, die im Foul Territory aufspringenden Bällen hinterherliefen. Außenfeldspieler ließen ihre Handschuhe ebenfalls auf dem Spielfeld liegen, wenn ihr Team an den Schlag ging. Kurz gesagt: Es gab eine Menge Dinge, über die man stolpern oder gegen die man prallen konnte, was auch häufig passierte.

Für die Fans war es in den zwanziger Jahren auch wesentlich schwieriger, den Überblick über den Spielverlauf zu behalten. Damals besaß noch kein einziges amerikanisches Baseballstadion eine Lautsprecheranlage. Normalerweise gab es nur einen Ansager, der über ein Megafon die Namen der Batter verkündete, aber sonst recht wenig. Unbekannte Spieler waren nur schwer zu identifizieren, da die Trikots keine Nummern hatten. Erst 1929 fingen die Yankees und die Indians an, ihre Spielbekleidung mit Nummern zu versehen. Die Yankees gaben den Spielern Nummern in der Reihenfolge (mehr oder weniger), in der sie schlugen, weshalb Ruth die Nummer drei trug und Gehrig die Nummer vier. Da Hits und Errors auf den Anzeigetafeln nicht aufgelistet wurden, mussten sich die Zuschauer selbst auf dem Laufenden halten, ob gerade ein No-Hitter oder ein Perfect Game im Gang war. Jeder, der auf seinem Platz gewissenhaft über den Spielstand Protokoll führte, wurde zur Informationsquelle für alle um ihn herum.

Auf dem Platz fügten Spieler anderen viel leichtfertiger Verletzungen zu als heutzutage. Ty Cobb, der nicht weit von einer psychopathischen Persönlichkeitsstörung entfernt war, rutschte immer in der aufrichtigen Hoffnung, Blut zu vergießen, mit erhobenen Stollen voraus auf das Base. Aber auch viele andere Spieler nahmen nur wenig Rücksicht auf ihre Sportkameraden. Auf Batter zu zielen war eine verbreitete und allseits akzeptierte Strategie. Burleigh Grimes von den Brooklyn Dodgers, der für seine Übellaunigkeit berüchtigt war, stellte eine Art Rekord auf, indem er auf einen Batter warf, bevor dieser das Plate überhaupt betreten hatte. Walter Johnson von den Washington Senators warf zwar nie absichtlich auf andere, traf jedoch mehr als nur ein paar Gegner versehentlich. Er setzte der Karriere von Lee Tannehill von den White Sox ein Ende, als er ihm den Arm unmittelbar über dem Handgelenk so unglücklich brach, dass Tannehill nie wieder einen Baseballschläger halten konnte. Zwei Wochen später zertrümmerte Johnson einem Liganeuling namens Jack Martin den Kiefer. (Johnson, ein hochanständiger Mensch, war jedes Mal, wenn er einen anderen Spieler verletzte, am Boden zerstört und musste aus dem Spiel genommen werden.) Ruth merkt in seiner Autobiografie an, dass er einmal gegen einen Spieler namens Max Flack einen Brushback Pitch werfen wollte und diesen dabei versehentlich mitten auf der Stirn traf. Flack brach auf der Stelle zusammen, überlebte jedoch. Ruth berichtet von dem Ereignis, um ein Beispiel für die amüsanten Dinge zu geben, die sich auf dem Platz ereigneten.

Eigentlich würde man unter solchen Bedingungen mit Todesopfern rechnen, doch es starb tatsächlich nur ein einziger Spieler durch ein Spiel. Das war im August 1920, und Babe Ruth war zugegen, als es passierte. Am späten Nachmittag warf der Yankees-Pitcher Carl Mays, der für seine Aggressivität bekannt und bei fast allen, seine Mannschaftskameraden eingeschlossen, unbeliebt war, einen Inside Pitch auf einen Spieler der Indians namens Ray Chapman, den dieser nicht kommen sah. Da die Bälle während eines Spiels nur selten ausgetauscht wurden, waren sie nach einiger Zeit meist schmutzig und verschrammt – eine Tatsache, die Pitcher bei nachlassendem Licht oft ausnutzten. Darüber hinaus setzte Mays seine Würfe sehr tief an, was es noch schwieriger machte, den Ball zu treffen. Chapman sah den Ball jedenfalls nicht auf sich zufliegen, der ihn mit einem scheußlichen dumpfen Geräusch und mit solcher Wucht an der Schläfe traf, dass er wieder zu Mays zurückflog, der ihn fing und dem ersten Baseman zuwarf, da er glaubte, er sei von Chapmans Schläger abgeprallt. Dann wurde allen bewusst, was soeben Schreckliches passiert war. Der schwer verletzte Chapman ließ seinen Schläger fallen und ging benommen auf das zweite Base zu, allem Anschein nach steuerte er auf das Clubhaus im Center Field zu. Nach ein paar Schritten gaben seine Beine nach, und er kollabierte. Daraufhin wurde er ins St. Lawrence Hospital gebracht, wo er am nächsten Tag verstarb. Er kam nicht mehr zu Bewusstsein.

In seiner Autobiografie erwähnt Ruth den Vorfall zwar, schreibt aber nur, er habe bei den Indians so sehr provoziert, dass Mays in diesem Jahr nicht mehr gegen sie zum Einsatz kam. Chapman ist bis heute der einzige Major-League-Baseballspieler, der auf dem Spielfeld tödlich verletzt wurde.

Das Gefährlichste an Baseballstadien waren die Tribünen. Beim schlimmsten Zwischenfall in der Geschichte des Baseballsports gab im Jahr 1903 in der Baker Bowl in Philadelphia die Rückwand der Haupttribüne, auf der Fans saßen, ohne Vorwarnung nach, und Hunderte Zuschauer stürzten nach hinten auf die zehn Meter tiefer gelegene Straße. Zwölf Menschen starben, und 200 wurden verletzt, viele davon schwer. Bemerkenswerterweise hätte sich im selben Stadion im Frühling 1927, in der Woche vor Charles Lindberghs Flug nach Paris, beinahe eine noch schlimmere Katastrophe ereignet. Im siebten Inning einer Begegnung zwischen den Philadelphia Phillies und den St. Louis Cardinals am 14. Mai veranlasste ein Wolkenbruch – der zum selben hartnäckigen Sturmtief gehörte, das die Atlantikflieger auf Long Island festnagelte – Hunderte Fans auf der nicht überdachten Tribüne unter der überdachten oberen Ebene der Haupttribüne an der ersten Baseline Schutz zu suchen.

Im vorangehenden Inning war den Phillies ein Eight-Run gelungen, was in Philadelphia solchen Seltenheitswert hatte, dass die Fans vor Freude völlig aus dem Häuschen waren. Man vermutet, dass ihr überschwängliches Aufstampfen das in die Jahre gekommene Bauwerk über seine fragilen Grenzen hinaus beanspruchte. Unter dem zusätzlichen Gewicht mehrerer hundert Menschen gab die Haupttribüne ein langes, klagendes Stöhnen von sich und brach abrupt und auf spektakuläre Weise in sich zusammen. Wie durch ein Wunder wurde niemand sofort getötet. Ein fünfzigjähriger Lithograf namens Robert Haas wurde jedoch in der Panik, die daraufhin ausbrach, zu Tode getrampelt. Fünfzig Zuschauer wurden so schwer verletzt, dass sie im Krankenhaus behandelt werden mussten, doch bis auf zwei wurden alle innerhalb von vierundzwanzig Stunden wieder entlassen. Niemals in der Geschichte Amerikas war eine Sportkatastrophe gleichzeitig spektakulärer und gnädiger.

Hinter der nachlässigen Instandhaltung von Baker Bowl und vielen anderen in die Jahre gekommenen Baseballstadien verbarg sich ein simpler, wenn auch nicht besonders ehrenwerter Grund: die wirtschaftliche Situation. Baseball war eine geschätzte Institution, aber eine schlechte Geldanlage. Das Hauptproblem bestand darin, dass die Spiele tagsüber ausgetragen wurden, während die meisten Menschen arbeiteten. In vielen Städten – in Boston bis 1929, in Pittsburgh und Philadelphia bis 1933 – war sonntags Baseball nicht gestattet, sodass vielen Teams nur ein Tag in der Woche blieb, der Samstag, an dem für sie Hoffnung bestand, viele Zuschauer anlocken zu können. Selbst die erfolgreichsten Teams spielten oft vor mehr leeren als besetzten Sitzplätzen. Das Yankee Stadium brach am Tag seiner Eröffnung am 18. April 1923 mit einer Zuschauerzahl von über 70 000 (darunter auch viele Stehplatzinhaber) sämtliche Rekorde, doch am nächsten Tag tauchten nur noch 12 500 Menschen auf. Ein Jahrzehnt zuvor kamen durchschnittlich 4000 Zuschauer zu Major-League-Spielen.

Abgesehen von einer Beteiligung an Konzessionen und an Einnahmen aus Freundschaftsspielen hatten die Teams so gut wie keine Einkommensquelle neben dem Ticketverkauf, und mit Letzterem mussten sie ein eindrucksvolles Spektrum an Kosten decken: Gehälter, das Frühjahrstraining, Fahrten zu Auswärtsspielen, Spielbekleidung und sonstige Ausrüstung, die Clubhaus-Belegschaft, ein Netzwerk von Talentscouts und ein Stadion für Heimspiele. Letzteres konnte unglaublich teuer sein. 1913 investierte Charles Hercules Ebbets, Besitzer der Dodgers, 750 000 Dollar – so viel, wie ein großes Bürogebäude in Manhattan kostete – in den Bau des Ebbets Field in Brooklyn. Danach versuchte er den Rest seines Lebens es zu füllen – vergeblich. An dem Tag, an dem Lindbergh nach Paris flog, spielten die Dodgers zum Beispiel vor nicht einmal 4000 Zuschauern, was auch in guten Jahren ziemlich typisch für sie war. Andere Teams wie die St. Louis Browns, die nie gute Zeiten vorweisen konnten, hatten in manchen Jahren im Durchschnitt gerade einmal 1500 Zuschauer. Bei vielen Teams ist es ein Wunder, dass sie überhaupt so lange durchhielten.

Überraschenderweise handelte es sich bei dem Mann, der mit Baseball mehr Geld verdiente als fast alle anderen, um einen geschäftstüchtigen Engländer namens Harry Stevens, der um die Jahrhundertwende als junger Mann nach Amerika kam, sich Hals über Kopf in den Baseballsport verliebte und die beste Idee seines Lebens hatte – nämlich, dass Fans während eines Spiel womöglich gern einen warmen Snack zu sich nehmen würden. Er experimentierte mit verschiedenen Sandwich-Kombinationen und fand heraus, dass eine Wurst in einem Brötchen länger warm blieb als alles andere, was er ausprobierte. Daraufhin sicherte er sich die Rechte, seine »heißen Roten«, wie er sie ziemlich generös nannte, in den Polo Grounds verkaufen zu dürfen, und machte fast sofort gute Geschäfte. Stevens' Produkte waren es, die der Comiczeichner Tad Dorgan »Hotdogs« taufte, in scherzhafter Anspielung auf ihren angeblichen Hauptinhalt. Stevens gefiel der Begriff, und in den zwanziger Jahren wurden Hotdogs bereits im ganzen Land mit Baseballspielen assoziiert. Stevens besaß nicht nur die Konzession für alle drei New Yorker Baseballstadien, sondern auch für andere wie etwa im fernen Chicago. Die meisten Baseballclub-Besitzer konnten nur davon träumen, jemals so reich zu werden wie er.

In ihrer Verzweiflung führten Teambesitzer Sparmaßnahmen ein, die sie oft lächerlich erscheinen ließen. Die meisten bestanden zum Beispiel auf die Rückgabe von Bällen, die in die Tribünen geschlagen wurden. Ein paar Fortschrittlichere wie Barney Dreyfuss von den Pittsburgh Pirates ließen Fans Bälle als Souvenirs behalten, doch andere waren ganz wild darauf zu verteidigen, was sie als ein wichtiges Eigentumsrecht betrachteten. 1923 spitzte sich die Lage zu, als Robert Cotter, ein elfjähriger Junge, im Baker-Bowl-Stadion in Philadelphia – passenderweise, wie es scheint – einen ins Aus geschlagenen Ball fing und sich weigerte, ihn wieder herauszugeben. Als sich dann noch herausstellte, dass er kein Ticket besaß, sondern sich ins Stadion geschlichen hatte, ließ das Management der Phillies den jungen Cotter verhaften und klagte ihn wegen Diebstahls an. Er verbrachte eine Nacht im Gefängnis und wurde am nächsten Tag einem Richter vorgeführt. Zur Freude der Stadtbewohner entschied der Richter, es sei vollkommen verständlich, dass der Junge den ins Foul Territory geschlagenen Ball behalten wolle – vor allem deshalb, weil Cotter ein wirklich guter Fang gelungen sei. Von da an gaben es fast alle Teams auf, ins Aus geschlagene Bälle zurückzufordern.

Das paradoxe Fazit aus alldem war, dass der Baseballsport zu der Zeit, als Babe Ruths Karriere begann, enorm populär, aber gefährlich unwirtschaftlich war – und das galt für kein Team mehr als für die New York Yankees. 1914, dem Jahr, in dem Ruth zu den Red Sox wechselte, wurde in Baseballkreisen bekannt, dass die Yankees zum Verkauf stünden, falls jemand sie erwerben wolle. Die Yankees waren kein verlockendes Angebot. Sie hatten keinen einzigen wirklich talentierten Spieler, schlossen die Saison meist am unteren Ende der Tabelle ab, lockten nur wenige Zuschauer an und besaßen nicht einmal eine eigene Spielstätte. Sie spielten im Stadion der Giants, den Polo Grounds. Bis vor kurzem hatten sie noch nicht einmal einen festen Namen gehabt, sondern nannten sich abwechselnd und salopp Highlanders, Hilltoppers oder Americans.

Die Besitzer der Yankees, William S. Devery und Frank J. Farrell, baten John McGraw von den Giants um Hilfe bei der Suche nach einem neuen Eigentümer. McGraw wandte sich an zwei Männer, die sich noch nie begegnet waren, aber eine Schwäche für Baseball hatten: Jacob Ruppert, ein New Yorker Bier-Baron, und ein Geschäftsmann aus Ohio, der sich des Namens Tillinghast L'Hommedieu Huston erfreute. Leider war Huston nicht so exotisch oder auch nur so interessant, wie sein Name hoffen ließ. Er wurde 1866 geboren, ein Jahr vor Ruppert, wuchs in einem Mittelklassehaushalt in Cincinnati auf, durchlief eine Ausbildung zum Ingenieur und machte ein Vermögen beim Wiederaufbau Kubas nach dem Spanisch-Amerikanischen Krieg 1898. Er trank gern Alkohol, war ein ziemlicher Chaot, hatte immer gute Laune und liebte Baseball. Damit ist fast alles über ihn gesagt.

Ruppert dagegen war eine komplexere Persönlichkeit. Als Spross einer wohlhabenden Brauerfamilie wuchs er in einem weitläufigen Herrenhaus in der deutsch-amerikanischen Enklave Yorkville an der Upper East Side in Manhattan auf – im selben Viertel, das in bescheideneren Verhältnissen Lou Gehrig und die Marx Brothers hervorgebracht hat –, in der Nähe des Hefegeruchs der Ruppert-Brauerei, der größten ihrer Art im ganzen Land, die ein riesiges Gelände zwischen der neunzehnten und der neununddreißigsten Straße einnahm. Dort wurden die Biersorten »Knickerbocker«, »Ruppert« und »Ruppiner« gebraut, die sich allesamt nicht zufällig sehr gut in Baseballstadien verkauften.

Jacob Ruppert war ein etwas merkwürdiger und einzelgängerischer Zeitgenosse und lebte allein in dem großen Haus seiner Familie, umsorgt von fünf Bediensteten. Von 1899 bis 1907 leistete er vier Amtsperioden als Abgeordneter der Demokratischen Partei ab, dann schien er jedoch das Interesse an der Politik zu verlieren. Er sprach mit deutschem Akzent – Ruth nannte er zum Beispiel »Rut« –, was ein wenig verwunderlich war, da er, wie auch schon seine Eltern, sein ganzes Leben in Amerika verbracht hatte. Er sammelte Jade, Bücher, Keramik, Hunde, Pferde und Kunstwerke und besaß, was als »Amerikas feinste Sammlung von kleinen Affen« bezeichnet wurde. Wenngleich er selbst nicht abenteuerlustig war, hatte er großes Interesse an Entdeckungsfahrten und finanzierte 1933 eine Antarktis-Expedition von Richard Byrd. Rupperts faszinierendste Sünde war, dass er in Garrison, New York, einen Zweitwohnsitz unterhielt, in dem sich ein Schrein für seine verstorbene Mutter befand, und zwar in Form eines Zimmers, das alles enthielt, was sie gebraucht hätte, falls sie wieder zum Leben erwacht wäre. Vielleicht erklärt das zumindest zum Teil, weshalb er nie heiratete.

Abgesehen von Wohlstand und ihrer Liebe für den Baseballsport hatten Ruppert und Huston wenig gemein. Trotz dieser Hindernisse zahlten die beiden am letzten Tag des Jahres 1914 jeweils 225 000 Dollar für die Hälfte der Anteile an den Yankees – eine schwindelerregende Summe, wenn man bedenkt, dass Devery und Farrell das Team nur ein Jahrzehnt zuvor für 18 000 Dollar gekauft hatten. McGraw war hocherfreut, wozu er auch allen Grund hatte. Für jeden objektiven Beobachter waren Ruppert und Huston Idioten.

Wie sich herausstellte, hätten die beiden zu keinem schlechteren Zeitpunkt in den Besitz eines Baseballteams kommen können. In den folgenden Jahren musste der Major-League-Baseballsport einen Rückschlag nach dem anderen hinnehmen. Zuerst machte die Konkurrenz durch die Federal League die Einnahmen zunichte. Die Zuschauerzahlen in Baseballstadien der American League und der National League gingen in den ersten zwei Jahren nach der Gründung der Federal League um ein Viertel zurück. Dann drückte Amerikas Eintritt in den Ersten Weltkrieg die Besucherzahlen noch weiter. Darauf folgte die große Spanische Grippeepidemie von 1918, die weltweit Millionen Tote forderte und dafür sorgte, dass die Menschen eine starke Abneigung dagegen entwickelten, sich an öffentlichen Orten zu versammeln. Zur selben Zeit kündigte Präsident Woodrow Wilson an, dass die Major-League-Saison im Jahr 1918 mit Rücksicht auf die Kriegsanstrengungen auf 130 Begegnungen reduziert werden würde. Die Gesamtzuschauerzahl in diesem Jahr fiel auf gerade einmal drei Millionen – 50 Prozent weniger als zehn Jahre zuvor. 1919 verabschiedete der Kongress schließlich den Volstead Act, der den Beginn der Prohibition im Januar 1920 festlegte. Das bedeutete das Ende des Bierverkaufs in Baseballstadien, der eine wichtige Einnahmequelle darstellte.

Viele Teams konnten sich nur mit Mühe über Wasser halten, doch für keinen Clubbesitzer war die Situation prekärer als für den bald berüchtigten Harrison Herbert Frazee von den Boston Red Sox. Harry Frazee war eigentlich Theaterimpresario, doch er hatte auch eine Schwäche für Baseball, und 1916 kaufte er zusammen mit einem Partner namens Hugh Ward die Red Sox, das damals beste Team überhaupt. Die beiden zahlten eine Million Dollar – weit mehr, als sie sich leisten konnten – und mussten sehr bald feststellen, dass ihnen die Darlehensrückzahlung Schwierigkeiten bereitete.

Als Frazee in der ersten Januarwoche 1920 unmittelbar vor der Zahlungsunfähigkeit stand, tat er etwas, das die Fans der Red Sox für den Rest des Jahrhunderts beschäftigte: Er verkaufte Babe Ruth für 100 000 Dollar in bar und einen Kredit von 350 000 Dollar an die Yankees. Was weit weniger zur Kenntnis genommen wurde, aber für das Team genauso verheerend war, ist die Tatsache, dass Frazee zwischen 1918 und 1923 sechzehn weitere Spieler an die Yankees abstieß. Die Yankees übernahmen sogar seinen Manager Ed Barrow. In gewisser Weise wurde das Red-Sox-Franchise nach New York verlagert. 1923 verkaufte Frazee dann ganz. Zufällig sollte Huston im selben Jahr alle seine Anteile an Ruppert veräußern.

Was noch weniger Beachtung fand, war das Timing des Ruth-Deals. Es war gewiss kein Zufall, dass die New York Yankees Babe Ruth genau in dem Monat erwarben, in dem die Prohibition in Kraft trat. Jacob Ruppert war zum Zeitpunkt der Transaktion nur drei Wochen davon entfernt, sein Brauereigeschäft zu verlieren, und brauchte dringend eine andere Einnahmequelle. Er hatte jetzt vor herauszufinden, ob es tatsächlich möglich war, durch den Besitz eines Baseballteams reich zu werden, und zwar, indem er fast alles auf den brillantesten, eigensinnigsten, undiszipliniertesten, liebenswertesten, faszinierend originellsten und störrischsten Mistkerl setzte, der jemals in Baseball-Spielbekleidung geschlüpft ist.

Ihm stand eine ziemliche Achterbahnfahrt bevor.

Neuntes Kapitel

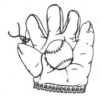

Bevor Babe Ruth alles veränderte, war ein Home-Run im Baseball ein ziemlich seltenes Phänomen. John Franklin Baker von den Philadelphia Athletics ging nicht deshalb als »Home-Run-Baker« in die Geschichte ein, weil er einen Home-Run nach dem anderen schlug, sondern weil ihm bei der World Series im Jahr 1911 zwei entscheidende Home-Runs in zwei Spielen hintereinander gelangen. In der restlichen Zeit schlug Baker nicht besonders viele Home-Runs – 1910 zum Beispiel nur zwei in der gesamten Saison. Trotzdem war er einer der herausragenden Schlagmänner des Baseballsports, und niemand hielt seinen Spitznamen »Home-Run-Baker« für lächerlich.

In der sogenannten Deadball-Ära, wie die Zeit vor 1920 im Baseballsport allgemein genannt wird, waren die Teams nicht auf raketenartige Hits und lange Rallys aus, sondern fabrizierten Runs »wissenschaftlich«, indem sie Singles schlugen und Runner auf alle möglichen Arten und Weisen voranbewegten – durch Bunts und Walks und andere geduldige Schritt-für-Schritt-Strategien. Manche Teams trainierten sogar, von Würfen getroffen zu werden. Die Endstände waren in der Regel niedrig, aber knapp.

Dafür gab es einen guten Grund. Einen Baseball zu schlagen ist schwierig, und in vieler Hinsicht war das zu Babe Ruths Zeiten noch schwieriger, als es heute ist. Ein Baseball, der mit einer Geschwindigkeit von neunzig Meilen in der Stunde geworfen wird, kommt, vier Zehntelsekunden nachdem er die Hand des Pitchers verlassen hat, beim Catcher an, womit dem Batter eindeutig nicht viel Zeit zum Überlegen bleibt. Darüber hinaus muss der Batter seinen Schlag bereits nach zwei Zehntelsekunden beginnen, wenn der Ball erst auf halbem Weg ist, um seinen Schläger rechtzeitig über das Plate zu bringen und ihn zu empfangen. Beschreibt der Pitch eine Kurve, steht fast die gesamte Abweichung noch aus. Die Hälfte davon tritt erst auf den letzten fünf Metern auf. Falls es sich um eine andere Art von Pitch handelt – etwa um einen Fastball, einen Changeup oder einen Cutter –, kommt der Ball zu einem minimal anderen Zeitpunkt und in einer minimal anderen Höhe an. Aufgrund der Reibung verliert der Ball auf seiner kurzen Reise von der Hand des Pitchers zum Plate außerdem ungefähr fünf Meilen pro Stunde an Geschwindigkeit. Zu Babe Ruths Zeiten hatten Pitcher den zusätzlichen Vorteil, dass die Erhebung, auf der sie standen, fünfzehn Inches hoch war, anstatt wie heute nur zehn. Auch das macht einen Unterschied.

Also muss der Batter in dem lächerlichen Bruchteil eines Sekundenbruchteils, den er hat, um sich zu entscheiden, alle diese Variablen abwägen, muss kalkulieren, wo und wann der Ball das Plate überqueren wird, und muss sicherstellen, dass sein Schläger den Ball trifft. Schon die geringste Fehleinschätzung – und das ist es, worauf der Pitcher zählt – hat einen ins Foul Territory geschlagenen Ball, einen Pop-up oder irgendeinen anderen routinemäßigen Fehler zur Folge. Einen Single zu schlagen ist schwierig genug – weshalb auch die allerbesten Schlagmänner bei zehn Versuchen im Durchschnitt fast siebenmal scheitern –, doch den Ball mit voller Wucht zu treffen erfordert enormes und unerschütterliches Selbstvertrauen.

Babe Ruth war darin besser als jeder andere zuvor. Er benutzte eine mächtige Keule von einem Schläger – mit einem Gewicht von 1530 Gramm – und packte ihn am äußersten Ende, ganz hinten am Knauf, was seine peitschenartige Schlagbewegung noch unterstützte. Das Ergebnis war eine fokussierte und massive Kombination aus Wucht und Timing, die eine Kraft von mehr als dreieinhalb Tonnen erzeugte (Wissenschaftler maßen sie tatsächlich im Labor) und durch das Wunder der Physik in einer Tausendstelsekunde – der Dauer des Kontakts – einen mit neunzig Meilen in der Stunde heranzischenden Baseball in ein abgehendes Geschoss verwandelte, das mit 110 Meilen in der Stunde in den Himmel katapultiert wurde.

Es vermittelte den Eindruck, als sei der Ball aus einem Gewehr abgefeuert worden. Es war hypnotisch – und ein seltenes Erlebnis. Aber hier war ein Mann, dem das mit ziemlicher Regelmäßigkeit gelang. Babe Ruths Home-Runs waren nicht nur zahlreicher, sondern auch majestätischer. Niemals zuvor hatte man Bälle so hoch und so weit fliegen sehen.

»Sämtliche Cleveland-Spieler unterbrachen das Schlagtraining, um ihm zuzuschauen«, erinnerte sich Willis Hudlin, damals ein Pitcher der Indians, mehr als siebzig Jahre später für die Zeitschrift *Sports Illustrated*. »Er ist der Einzige, für den die Spieler das jemals getan haben.«

Kein anderer Spieler im Baseballsport hat eine solche Begeisterung ausgelöst. Wenn Ruth an das Plate trat, verstummte das gesamte Stadion. »Selbst die Erdnussverkäufer unterbrachen ihr Geschrei und sahen zu«, stellte ein Zeitzeuge fest. Wenn Ruth zum Schlagen antrat, wie Marshall Smelser es in seiner Biografie von 1993 formuliert, wurde die Partie zu einem Wettkampf »zwischen zwei Männern anstatt zwischen achtzehn«.

1920, in seinem ersten Jahr bei den Yankees, schlug Ruth vierundfünfzig Home-Runs – mehr als jedes andere *Team* in den Major Leagues. Er erzielte einen Batting Average von 0,376 und führte die Liga in zehn verschiedenen Batting-Kategorien an. Es war beinahe unvorstellbar, dass irgendjemand anderer einmal eine bessere Saison haben könnte – oder, was das betrifft, eine besser getimte. Der Baseballsport war 1920 kurz davor, wegen seines größten Skandals am Abgrund zu stehen, ausgelöst durch die absichtliche Niederlage der Chicago »Black Sox« in der World Series von 1919. Für diesen Betrug war eine Gruppe von White-Sox-Spielern verantwortlich, die – als sie aufflogen – das Vertrauen der Fans völlig zerstörten. Ruths kolossale Schmetterschläge waren die größte Ablenkung. Er veränderte den Baseballsport nicht nur, sondern rettete ihn wahrscheinlich sogar.

1921 spielte Ruth eine noch bessere Saison als 1920. Er schlug neunundfünfzig Home-Runs – eine Zahl, die so hoch ist, dass es kein sinnvolles Adjektiv dafür gibt – und erzielte mehr Runs, Extra-Base-Hits und Total Bases als irgendein anderer Spieler zuvor. Er führte die Liga in den Kategorien Runs Batted In und Base on Balls an und hatte mit 0,378 den dritthöchsten Batting Average, unmittelbar hinter Harry Heilmann und Ty Cobb. Außerdem stahl Ruth siebzehn Bases und führte die Yankees zu ihrer ersten Liga-Meisterschaft. Niemals zuvor hatte ein Spieler eine so gute Saison gehabt.

Erstaunlicherweise schlug jedoch nicht nur Babe Ruth Home-Runs in Mengen, als die zwanziger Jahre begannen. Mit einem Mal flogen allerorts Bälle aus Stadien hinaus. Zwischen 1918 und 1922 beschrieb die Home-Run-Statistik der American League eine unerwartet beeindruckende Kurve, wie die folgenden Zahlen zeigen:

1918: 96
1919: 240
1920: 369
1921: 477
1922: 525

Insgesamt stieg die Zahl der Home-Runs in den Major Leagues von 235 im Jahr 1918 auf über tausend 1922 an – eine Vervierfachung in nur vier Jahren und ein noch nie dagewesenes Maß an Veränderung. Was war passiert? Nun, genau genommen eine ganze Menge.

Zunächst einmal wurden die Schiedsrichter infolge des Todes von Ray Chapman dazu angehalten, stets dafür zu sorgen, dass sich der Spielball in einem ordentlichen Zustand befand. Werfern war es nicht mehr gestattet, den Ball mit Erde oder Tabaksaft braun einzufärben und ihn damit in späten Innings beinahe unsichtbar zu machen. In den Major Leagues wurde auch das verboten, was im Volksmund als *spitball,* »Spuckeball«, bezeichnet wurde. Das Aufbringen von Spucke (oder Fett, Tabaksaft, Vaseline oder irgendeiner anderen klebrigen Substanz) auf einer Seite des Balls führte zu einem Ungleichgewicht, das den Ball abrupt und unberechenbar eiern und absinken ließ, und zwar beinahe so wie einen modernen Knuckleball, aber mit dem Unterschied, dass ein Spitball hart geworfen werden konnte.

Jeder Spitball-Pitcher hatte seine bevorzugte Substanz. Eddie Cicotte von den Chicago White Sox benutzte mit großem Erfolg Paraffinwachs – wie er es allerdings schaffte, sich dabei über neun Innings nicht selbst zu vergiften, blieb ein absolutes Rätsel. Heimmannschaften auf der Empfängerseite manipulierter Bälle versuchten manchmal, gegnerischen Pitchern das Handwerk zu legen, indem sie die Spielbälle mit Senföl, Paprikatinktur oder irgendeiner anderen feurigen Überraschung bestrichen, was den Spielern des eigenen Teams zumindest Belustigung in Aussicht stellte, wenn nicht sogar mehr schlagbare Pitches.

Nach der Saison 1919 wurde beschlossen, den Spitball zu verbieten, außer für siebzehn Pitcher, deren Karriere davon abhing. Ihnen wurde gestattet, ihre Wurftechnik bis zum Ende ihrer sportlichen Laufbahn beizubehalten. Der letzte legale Spitballer war Burleigh Grimes, der seine Karriere 1934 beendete. Babe Ruth gehörte zu denjenigen, die der Meinung waren, dass ohne das Verbot manipulierter Bälle kein Batter die ausholenden Schläge hätte riskieren können, die zum Erzielen von Home-Runs erforderlich waren.

Die wichtigste Veränderung war jedoch die, dass der Ball selbst »lebendiger« wurde – wann genau, warum genau und um wie viel sind jedoch Fragen, die überraschend schwierig zu beantworten sind.

Die Entwicklung eines robusteren, strapazierfähigeren Baseballs war eine langwierige Angelegenheit. Ben Shibe, Miteigentümer der Philadelphia Athletics und Sportartikelhersteller, der seine bunte Karriere in der Lederwarenbranche begonnen hatte und sich deshalb mit genähten Produkten auskannte, widmete jahrelang einen großen Teil seiner Freizeit dem Ziel, bessere Bälle herzustellen.

1909 erfand er den Baseball mit einem Kern aus Kork. Korkkerne waren leichter als Gummikerne, was bedeutete, dass die Bälle mehr und fester gewickelte Schnur benötigten, um in Hinsicht auf ihr Gewicht und ihren Umfang den Vorschriften zu entsprechen. Fast alle waren sich einig, dass Shibes neuer Ball merklich flexibler war. Schläge wirkten schärfer, vor allem in späteren Innings, wenn die Bälle normalerweise schwammiger wurden. Irgendwann nach dem Krieg – wann genau, ist ebenfalls seltsam vage – begann Shibes Firma A. J. Reach mit dem Import einer hochwertigeren Wolle aus Australien, die noch elastischer war und noch fester um den federleichten Korkkern gewickelt werden konnte. Das Ergebnis war aufgrund seiner Elastizität allgemein als »Kaninchenball« bekannt.

Interessanterweise stritt der Hersteller Reach heftig ab, dass der neue Ball biegsamer sei, und legte Messergebnisse des National Bureau of Standards vor, die zeigten, dass der neue Ball weder elastischer noch unelastischer als sein Vorgänger war. Die meisten Spieler waren jedoch anderer Ansicht. »Es bestand ein großer Unterschied zwischen dem Ball, der in Gebrauch war, als ich anfing, und dem Kaninchenball, der vor ein paar Saisons eingeführt wurde«, sagte Walter Johnson im Sommer 1927 einem Reporter. »Dieser Ball fliegt nach einem Hit viel schneller als der alte.«

Obwohl die Zahl von Home-Runs insgesamt anstieg, kam niemand auch nur annähernd an Babe Ruths Ausbeute heran. 1920, als Ruth vierundfünfzig Home-Runs schlug, gelangen keinem anderen Spieler auch nur zwanzig. Seine neunundfünfzig Home-Runs von 1921 waren elf mehr als die beiden nächstbesten Schlagmänner zusammen erzielten. Im Juli 1921, nach gerade einmal zwei Jahren als Vollzeit-Batter, hatte Ruth bereits 139 Home-Runs auf seinem Konto, mehr als irgendein anderer Spieler vor ihm in seiner gesamten Laufbahn. »Seine Präsenz am Plate ist so fesselnd und jede seiner Bewegungen so pittoresk und prächtig und köstlich melodramatisch, dass er aus dem Blickwinkel des Betrachters selbst dann Erfolg hat, wenn er scheitert«, schrieb ein Zeitzeuge. Selbst seine Pop-ups (das heißt Bälle, die weit nach oben geschlagen und aus der Luft gefangen werden) waren sensationell und stiegen oft so hoch, dass er gemütlich das zweite Base umrundete, bevor der Ball in den Handschuh eines Innenfeldspielers fiel.

In Babe Ruths erstem Jahr in New York stieg die Zuschauerzahl der Yankees um mehr als das Doppelte auf 1 289 000 an, obwohl sie nur Dritte wurden. Die Giants hatten nie eine Million Fans im Jahr anlocken können. Zu den Yankees kamen jetzt nie weniger. John McGraw war so verärgert über Ruths Attacke auf die Prinzipien des »wissenschaftlichen« Baseballs und so neidisch auf den Erfolg der Yankees, dass er sie aufforderte, die Polo Grounds zu verlassen und sich ein neues Zuhause zu suchen. Jacob Ruppert begann daraufhin 1922 mit dem Bau des Yankee Stadium – des größten Baseballstadions, das es je gegeben hatte. Er errichtete es auf einem Grundstück, das sorgfältig danach ausgewählt worden war, dass es sich in Sichtweite von McGraws Polo Grounds befand. Das Stadion kostete zweieinhalb Millionen Dollar und war nach seiner Fertigstellung um 50 Prozent größer als alle bereits existierenden Baseballstadien. Vom Tag seiner Eröffnung an war es als »das Haus, das Ruth gebaut hat« bekannt.

Babe Ruth erlangte eine Berühmtheit wie noch kein anderer Sportler vor ihm. In den Worten des Autors Paul Gallico war alles an ihm überlebensgroß: »Seine Statur, sein riesiger, von lockigem blauschwarzem Haar gekrönter Kopf, sein gewaltiger Klumpen von einer Nase, der großzügig über sein Gesicht verteilt war.« Ruth war nicht gut aussehend, aber er war unwiderstehlich charismatisch. Wie sein Freund und Mannschaftskollege Waite Hoyt es formulierte: »Er war einzigartig. Wenn er nicht Baseball gespielt hätte, wenn man noch nie etwas von ihm gehört hätte und er einem auf dem Broadway begegnet wäre, hätte man sich trotzdem umgedreht und ihn angesehen.«

Ruths Aufstieg zur Berühmtheit hätte gar nicht perfekter getimt sein können. Er fiel genau mit der Geburt der Boulevardzeitungen, der Wochenschau, der Fanzeitschriften und des Radios zusammen – allesamt wichtige Zahnräder in der neuen Starkultur –, und seine Ankunft in New York brachte ihn mitten ins pochende Herz der Medienwelt. Zeitungen begannen mit der Veröffentlichung einer täglich erscheinenden Kolumne, die den Titel »Was Babe Ruth heute getan hat« trug. Als Ruth sich an einem Fußballen operieren ließ, wurde landesweit darüber berichtet. Das Interesse an ihm ging allerdings weit über den Sportteil hinaus. Er erschien auf den Titelseiten Dutzender Zeitschriften, die nichts mit Baseball zu tun hatten, von *Hardware Age* bis hin zu *Popular Science*. *Literary Digest* brachte ein Porträt von ihm, das in jeder Zeile Bewunderung erkennen ließ, und der *New Yorker,* kurz nachdem er auf dem Markt war, folgte der Publikation. Keinem Baseballspieler war jemals in der breiteren Öffentlichkeit eine solche Aufmerksamkeit zuteilgeworden.

Im Lauf der Zeit wurde Babe Ruth beinahe wie ein Gott verehrt. 1921 schloss ihn ein Team von Professoren der Columbia University mit Kabeln an etwas, das sich Hipp'sches Chronoskop nannte und eine Art elektromechanischer Stoppuhr war, man unterzog ihn auch einer Reihe physischer und mentaler Tests und erklärte ihn anschließend zu »einem Menschen unter einer Million«, was seine Reflexe, sein Sehvermögen, sein Gehör und seine »psychische Stabilität« anbelangte. Selbst sein Intelligenzquotient lag zehn Prozent über dem Durchschnitt – eine Tatsache, mit der er sich mit besonderem Stolz jedem gegenüber rühmte, der bereit war, ihm zuzuhören.

Die Menschen liebten ihn – das ist wirklich kein zu starkes Wort –, und das nicht ohne Grund. Er war freundlich und großzügig, vor allem Kindern gegenüber, und sympathisch bescheiden. Als Ruth an einem drückend heißem Tag im Griffith Stadium in Washington Präsident Coolidge vorgestellt wurde, wischte er sich mit einem Taschentuch das Gesicht ab und sagte: »Höllisch heiß, nicht wahr, Prez?« Bei einer Party bezeichnete er die Gastgeber als *»hostess and hoster«*. Als ihm einmal ein Verkehrspolizist zurief: »Hey, das ist eine Einbahnstraße!«, schrie Ruth zurück: »Ich fahre ja nur in eine Richtung!« Der Sportjournalist Red Smith war der Überzeugung, dass Ruth über ein erstklassiges Gehirn verfüge – eines, das Cleverness mit Schlichtheit verbinde und Arglosigkeit mit durchdringender Wahrnehmung. »In gewisser Weise war er ein Genie«, beharrte Smith.

Diejenigen, die Ruth kannten, waren sich dessen allerdings weniger sicher, denn sein Gedächtnis hatte verwunderliche Lücken. Er konnte sich zum Beispiel keinen Namen merken. Als sein bester Freund Waite Hoyt das Team nach elf Jahren verließ und zu den Detroit Tigers wechselte, verabschiedete sich Ruth mit den Worten von ihm: »Pass auf dich auf, Walter.« Genauso hoffnungslos sah es bei ihm aus, wenn es um das Auswendiglernen von Text ging. Einmal wurde ihm für eine landesweit ausgestrahlte Radiosendung immer und immer wieder eingepaukt, was er sagen solle, darunter ein ganz bestimmter Satz: »Wie der Duke of Wellington einst gesagt hat, wurde die Schlacht von Waterloo auf dem Sportplatz von Eton gewonnen.« Als der Zeitpunkt kam, um diesen Ausspruch zu zitieren, platzte Ruth stolz heraus: »Wie Duke Ellington einst gesagt hat, wurde die Schlacht von Waterloo auf dem Sportplatz von Elkton gewonnen.«

Seine Extravaganz war legendär. Bei einer Auswärtsspieltour trug er innerhalb von drei Tagen zweiundzwanzig verschiedene Seidenhemden, die er dann bei seiner Abreise komplett dem Zimmermädchen schenkte. Auf Kuba verlor er bei einem einzigen Pferderennen 26 000 Dollar und binnen weniger Tage weitere 65 000. »Seine Arbeitgeber müssen ihn von Detektiven beobachten lassen, um ihn vor sich selbst und vor Trickbetrügern, Erpressern, Kartenschwarzhändlern und Buchmachern bei Pferderennen und durchtriebenen jungen Damen zu schützen«, berichtete der *New Yorker* 1926. Trotz seines Wohlstands besaß er oft nicht genug Geld, um seine Einkommensteuer zu bezahlen, nicht einmal 1927, als Ruppert ihn zum bestbezahlten Baseballspieler aller Zeiten machte. Im Lauf seiner Karriere verlor oder verschwendete er eigenen Schätzungen zufolge über eine Viertelmillion Dollar.

Seine Mannschaftskollegen taten, was sie konnten, um ihm zu

helfen. Abwechselnd gingen sie seine Post durch, damit nichts Wichtiges verloren ging. »Ruth hatte vierundzwanzig Sekretärinnen«, stellte Hoyt fest. Doc Woods, der Trainer des Teams, fand in der Post einmal Schecks im Wert von 6000 Dollar, die Ruth einfach weggeworfen hatte. Woods fälschte auch regelmäßig Ruths Unterschrift auf Baseballbällen und Fotos – angeblich etwa zehntausendmal im Jahr.

Ruths scheinbar grenzenloser Appetit auf Sex und Essen gab stets Anlass zur Verwunderung. Marshall Hunt, der Sportredakteur der *New York Daily News,* berichtete, wie sie auf Fahrten zu Auswärtsspielen Umwege machten, um nach Restaurants Ausschau zu halten, die Gerichte mit Huhn anboten. »Was Babe wirklich wollte«, erzählte Hunt, »war ein gutes Hühnchengericht mit der Tochter des Wirts als Beilage, und das bekam er viel häufiger, als man denken würde.«

Seine Fehltritte führten oft zu Komplikationen. Fred Lieb (Sportjournalist des *New York Evening Telegram,* der als Erster das Yankee Stadium als »das Haus, das Ruth gebaut hat« bezeichnete) beobachtete einmal, als Ruth von einer Frau (angeblich handelte es sich bei ihr um die Ehefrau eines Parlamentariers), die mit einem Messer bewaffnet war, am Bahnhof von Shreveport, Louisiana, durch einen Zug gejagt wurde. Ruth entkam ihr nur, indem er aus der Bahn sprang und anschließend wieder hinein, als der Zug gerade losfuhr. Bei einer anderen Gelegenheit wurde er »fast nackt« von einem wütenden Ehemann, der eine Pistole in der Hand hielt, aus einem Hotel gescheucht. Als jemand seinen Yankee-Teamkollegen Ping Bodie fragte, wie es sei, sich mit Ruth ein Zimmer zu teilen, erwiderte Bodie: »Keine Ahnung. Ich teile mir das Zimmer mit seinem Koffer.«

Als die zwanziger Jahre fortschritten, stieg Ruth immer häufiger auf eigene Kosten in besseren Hotels ab als der Rest der Mannschaft. Dort empfing er jeden, der Lust hatte vorbeizukommen. Waite Hoyt zählte einmal im Lauf eines Abends 250 Besucher in seiner Suite. Ruth kannte die Besucher nur selten. Bei einer Party in seinen Räumen im Book Cadillac Hotel in Detroit stellte sich

Ruth auf einen Stuhl und rief: »Alle Frauen, die nicht vögeln wollen, können jetzt gehen!«

Wenn Sex nicht verfügbar war, aß er einfach. Marshall Hunt behauptete steif und fest, er habe Ruth achtzehn Hotdogs hintereinander essen sehen. Mehrere Zeugen berichteten, er habe sich Mahlzeiten bestellt, die aus doppelten Portionen von allem bestanden hätten – zwei Porterhouse-Steaks, zwei Berge Bratkartoffeln, zwei Salate, zwei Stücke Apfelkuchen mit Eiscreme –, um dann sechs Stunden später zurückzukommen und die gleiche Mahlzeit noch einmal zu verschlingen; dazwischen vertilgte er acht Hotdogs und trank sechs Flaschen Limonade. »Mein Gott, er aß einfach zu viel«, sagte sein Teamkollege Harry Hooper dem Autor Lawrence Ritter in einem Interview für *The Glory of Their Times*. Berechnungen zufolge nahm Ruth im Lauf seiner Karriere fast zweieinhalb Tonnen zu und wieder ab.

Sein eigensinniger Lebenswandel bereitete ihm im Großen und Ganzen keine Probleme, aber wenn er einmal nicht davonkam und ins Straucheln geriet, dann geriet er auf spektakuläre Weise ins Straucheln. 1922 war ein schreckliches Jahr für ihn. Er wurde fünfmal wegen verschiedener Verhaltensverstöße gesperrt und verpasste dadurch ungefähr ein Drittel der Saison. Außerdem stritt er sich ständig mit seinem Trainer, dem leidgeprüften Miller Huggins. Als Huggins Ruth und dessen Mannschaftskollegen Bob Meusel wegen ihrer mangelnden Disziplin und Leistung während einer Zugfahrt kritisierte, trug Ruth den zierlichen Huggins zur hinteren Plattform des Aussichtswagens und hielt ihn mit dem Kopf nach unten über die Gleise, bis er seine Vorwürfe zurücknahm. Nach Huggins' Tod behauptete eine von dessen Schwestern, Ruth habe ihn fünf Jahre seines Lebens gekostet.

Bei einem Ehrendinner im Winter 1922 tadelte Jimmy Walker, der zukünftige Bürgermeister von New York und ein Mann, der durchaus mitreden konnte, was ausschweifendes Leben anbetraf, Ruth öffentlich, indem er ihn als »großen Sportler, aber auch großen Dummkopf« bezeichnete. Ruth, so sagte er, habe mit seinem provozierenden Verhalten während der Saison alle enttäuscht. »Am allerschlimmsten ist jedoch«, fuhr Walker fort:

> *Sie haben die Kinder Amerikas enttäuscht. Überall in Amerika, auf jeder freien Fläche, auf der Kinder Baseball spielen, und auch in den Krankenhäusern, wo gelähmte Kinder von Bewegung träumen, die ihren dürren und krummen kleinen Körpern für immer versagt bleiben wird – all diese Kinder denken an Sie, ihren Helden. Sie blicken zu Ihnen auf, verehren Sie. Und was tun Sie? Sie feiern Gelage und misshandeln Ihren großartigen Körper ... Die Kinder müssen mit ansehen, wie sich ihr Idol selbst zerstört. Und damit zerplatzen auch ihre Träume.*

Ruth schluchzte an diesem Punkt bereits erbärmlich – doch es sollte noch schlimmer kommen. Als er die Veranstaltung an diesem Abend verließ, wurde ihm auf Veranlassung einer gewissen Dolores Dixon aus Brooklyn, die ihm vorwarf, der Vater ihres ungeborenen Kindes zu sein, eine Vorladung zugestellt. Ruth war in der unangenehmen Lage, sich nicht mehr erinnern zu können, ob er mit der Frau geschlafen hatte oder nicht. Letzten Endes hatte es den Anschein, als habe er es nicht getan. Wie sich herausstellte, handelte es sich bei »Dolores Dixon« um einen Fantasienamen, und die fragliche Dame war nicht in der Lage, Daten und Orte zu nennen, die mit Ruths bekannten Aufenthaltsorten übereinstimmten. Die Klage wurde wieder fallen gelassen, aber erst nachdem Ruth absolut lächerlich gemacht worden war.

1925 lief erneut alles schief. Ruth erschien mit fast zwanzig Kilo Übergewicht zum Frühjahrstraining und hatte Mühe, zu seiner alten Form zurückzufinden. Als die Yankees Anfang April auf dem Rückweg vom Frühjahrstraining eine Serie von Freundschaftsspielen absolvierten, klagte er über Unwohlsein. Bei der Ankunft des Teams in Asheville hatte er dann Fieber und wirkte benommen. Als er aus dem Zug ausstieg, kollabierte er. Da er ganz offensichtlich nicht in der Lage war, an einem Freundschaftsspiel teilzunehmen, forderte ihn sein Trainer Miller Huggins auf, nach New York weiterzufahren. An der Grand Central Station brach Ruth abermals mit Krämpfen zusammen und wurde umgehend ins St. Vincent's Hospital eingeliefert.

Es ging das Gerücht um, Ruth habe zu viele Hotdogs gegessen. Die Episode wurde als »die Bauchschmerzen, die rund um die Welt zu hören waren« bekannt. Das Krankenhaus äußerte sich nur seltsam vage über Ruths Gesundheitszustand und Behandlung, weshalb einige annahmen, er werde wegen Syphilis oder irgendeiner anderen peinlichen Geschlechtskrankheit behandelt. Aus heutiger Sicht scheint klar zu sein, dass Ruths Beschwerden, worum auch immer es sich handelte, äußerst akut waren und sicher im Zusammenhang mit seinem Magen gestanden hatten. Einen Monat lang lag er im Bett, und anschließend war er so schwach, dass er einen Rollstuhl brauchte. Insgesamt verbrachte er fast sieben Wochen in der Klinik. Als er schließlich zu den Yankees zurückkehrte, hatte er eine frische Narbe am Unterleib und war nur noch ein Schatten seiner selbst: Während seiner Krankheit hatte er fünfunddreißig Kilo abgenommen und brachte jetzt nur noch schlanke, aber kraftlose zweiundachtzig Kilo auf die Waage, jedenfalls verglichen mit dem heiteren 117-Kilo-Fass, das er weniger als zwei Monate zuvor gewesen war. Seine Beine waren besonders dünn. In den Worten eines Zeitzeugen sah er aus wie »ein Sack Hafer auf zwei Zahnstochern«.

Allerdings kehrte er fast sofort zu seinen früheren Gewohnheiten zurück, und binnen eines Monats war er wieder ein übergewichtiger Nimmersatt. Bei einer Auswärtsspielserie im August boten die Yankees eine haarsträubende Leistung, und Ruth trug nur wenig bei, um sie besser werden zu lassen. Mehr als einmal prügelte er sich mit Teamkollegen. Nachdem Ruth in St. Louis die ganze Nacht durchgemacht hatte, erlegte ihm Huggins eine Geldstrafe von 5000 Dollar auf – eine riesige Summe, mehr als das Doppelte des Jahresgehalts mancher Spieler – und sperrte ihn auf unbefristete Zeit. Ruth kochte und schimpfte, zeigte letztlich jedoch Reue und wurde wieder in die Mannschaftsaufstellung integriert. In den nächsten neunundzwanzig Spielen schlug er zehn Home-Runs, erzielte einen Batting-Average von respektablen 0,345 und machte niemandem Schwierigkeiten. Die Yankees beendeten die Saison auf dem vorletzten Platz mit nur neunundsechzig Siegen gegenüber fünfundachtzig Niederlagen und einer auf 700 000 gesunkenen Zuschauer-Gesamtzahl.

1926 kam Ruth – wie so oft – wieder auf die Füße. Er durchlief ein intensives sechswöchiges Fitnessprogramm, wurde knapp zwanzig Kilo teigiges Fett los und verringerte seinen Taillenumfang um siebenundzwanzig Zentimeter. Eine gute Saison hatte er ebenfalls. Er schlug siebenundvierzig Home-Runs, erzielte einen Batting Average von 0,372 und fuhr 146 Runs ein. Vor allem aber benahm er sich weitgehend anständig. Im Spiel gegen die Cardinals in der World Series beendete Ruth das Jahr jedoch erstaunlich unbedacht. Bei zwei Outs im neunten Inning und den Yankees mit einem Run im Rückstand setzte Ruth zu einem Walk an und versuchte dann – zur Verwunderung aller – das zweite Base zu stehlen. Er wurde um drei Meter ausgeworfen, was das Ende des Spiels und den Gewinn der World Series für die Cardinals bedeutete. »Ich glaube, ich habe etwas überstürzt gehandelt«, gab Ruth anschließend zu. Fast alle waren sich einig, dass das eine der törichtsten Spielentscheidungen war, die in der World Series jemals getroffen worden waren, und dass sie fast alles ruinierte, was er während der Saison an Gutem geleistet hatte.

Zu Beginn des Jahres 1927 hatte Babe Ruth also wieder etwas wettzumachen. Dieses Mal würde es allerdings nicht einfach werden. Inzwischen war er fast zweiunddreißig Jahre alt und litt an niedrigem Blutdruck, chronischen Verdauungsstörungen und gelegentlicher Atemnot. Er befand sich nicht gerade auf seinem Höhepunkt, und es erschien äußerst unwahrscheinlich, dass er ein gutes Jahr haben würde. In Wirklichkeit stand er jedoch kurz davor, mehr als das zu haben. Er stand kurz davor, ein Jahr zu haben, das niemand, der sich für Baseball interessierte, jemals vergessen würde.

Zehntes Kapitel

Wenn Babe Ruth im Sommer 1927 dort, wo er sich üblicherweise aufhielt, nicht anzutreffen war, fand man ihn oft im Kino, auf einem Sitzplatz in der Mitte einer der vorderen Reihen, mit einer Mischung aus Stolz und Entzücken in seinem breiten Gesicht, während er sich einen aus sechs Filmrollen bestehenden Spielfilm mit dem Titel *Babe Comes Home* ansah, in dem er selbst und die schwedische Schauspielerin Anna Q. Nilsson die Hauptrollen spielten.

Der binnen zweiundzwanzig Tagen in den First National Studios in Burbank, Kalifornien, gedrehte Film war allen Berichten zufolge miserabel. Da keine Kopie überlebt hat, ist nicht klar, worin die Handlung genau bestand, doch sie soll grob auf Babe Ruths Leben basiert haben, mit dem Unterschied, dass er im Film natürlich nicht wie ein Nimmersatt in sich hineinschlang, gotteslästerlich fluchte und in kurzen Abständen auf dem Fußboden kopulierte. Der Spielfilm war auf jeden Fall kein Erfolg. Der große Hit der Saison war eine heiße Romanze mit dem Titel *Don Juan,* in der es dem Hollywoodschwarm John Barrymore gelang, gefügigen weiblichen Wesen nicht weniger als 143 Küsse zu verabreichen – so viele, dass sich später kaum jemand daran erinnerte, dass der Spielfilm vor allem deshalb denkwürdig war, weil er eine Tonspur besaß. Wenngleich *Don Juan* keine Dialoge, sondern nur aufgezeichnete Musik enthielt – und deshalb kein sogenannter *talkie* war –, hatte er als Tonfilm mehrere Monate Vorsprung vor *Der Jazzsänger.*

Als noch größerer Erfolg erwies sich eine Fox-Movietone-Wochenschau, die ausschließlich im neuen Roxy Theatre in Manhattan lief und Charles Lindberghs Abflug vom Roosevelt Field nach Paris zeigte. Auch diese Produktion enthielt das neuartige Element Ton. In den Flügeln des Theaters wurden Lautsprecher aufgestellt, und ein Techniker mit gutem Timing spielte eine separate Tonspur so ab, dass das anfängliche Stottern des Motors und sein letztendlich triumphierendes Röhren zu den Bildern auf der Leinwand passten. Selbst zur damaligen Zeit handelte es sich dabei nicht um die technisch fortschrittlichste Form der Präsentation, aber sie lockte bei jeder Aufführung 6000 Zuschauer an.

Dagegen war *Babe Comes Home* eine ziemlich fade Angelegenheit. Außerdem war das Timing seiner Premiere am 22. Mai, dem Tag nach Lindberghs Ankunft in Paris, äußerst unglücklich, da die ganze Welt noch in dem Freudentaumel gefangen war, den diese Leistung ausgelöst hatte. Allerdings war der Spielfilm so schlecht, dass er vermutlich ohnehin keine Anhänger gefunden hätte. All das war für Miss Nilsson besonders bedauerlich, die heute in Vergessenheit geraten ist, aber früher einmal so populär war, dass sie jede Woche 30 000 Briefe von Fans bekam. 1925 verletzte sie sich bei einem Sturz vom Pferd schwer und war während ihrer Genesung ein Jahr lang bewegungsunfähig. *Babe Comes Home* hätte ihr Comeback-Spielfilm werden sollen, starb aber einen stillen Tod, der von niemandem außer seinem männlichen Hauptdarsteller betrauert wurde.

Ebenfalls manövrierte sich zu dieser Zeit der zunehmend glücklose Francesco de Pinedo ins Abseits. Ihm und seinen beiden loyalen Besatzungsmitgliedern war es gelungen, vor Lindbergh in Neufundland anzukommen, wo sie dann jedoch von einer rauen See festgehalten wurden – einer der üblichen unvermeidlichen Nachteile von Wasserflugzeugen. Lindbergh flog am 20. Mai direkt über sie hinweg. Zwar gelang es Pinedo, seine Reise drei Tage später fortzusetzen, allerdings war er gezwungen, aufgrund von Motorenproblemen 360 Meilen vor den Azoren auf dem Meer notzulanden. Von einem vorbeikommenden portugiesischen Fischerboot musste er sich in den Hafen von Faial schleppen lassen. Zu dem Zeitpunkt, als von seiner Ankunft berichtet wurde, war Lindbergh bereits der Held der ganzen Welt, und niemand interessierte sich für einen Italiener, der sein Ziel am Ende eines Abschleppseils erreichte.

Pinedo machte trotzdem weiter, aber die letzten Etappen seiner Reise glichen kleinen Absätzen, die an andere Luftfahrtgeschichten angefügt wurden. Am 11. Juni erreichte er Lissabon. Am 15. Juni berichtete ein kurzer Artikel in der *New York Times,* dass Pinedo auf dem Flug nach Barcelona wegen schlechten Wetters bei Madrid habe landen und seine Reise mit dem Zug habe fortsetzen müssen. Als er schließlich in der Bucht von Ostia in der Nähe von Rom eintraf, nahm die breite Öffentlichkeit davon kaum Notiz.

Nachdem sich Lindbergh auf See und – abgesehen von einem täglichen, von einem Ghostwriter verfassten (oder zumindest mit Unterstützung eines Ghostwriters verfassten) Berichts in der *New York Times,* der fast immer stinklangweilig war – außer Reichweite befand, sehnte sich die Welt nach neuen spannenden Ereignissen. Glücklicherweise kam wieder Bewegung in die ganze Situation, und auf dem Roosevelt Field wurde es noch einmal spannend. Nach Lindberghs erfolgreichem Flug wusste nämlich niemand, wie es mit den beiden anderen Teams aussah. Würden sie einfach zusammenpacken und abreisen oder ihrerseits einen Versuch starten? Als die einstweilige Verfügung gegen Charles Levine wieder aufgehoben wurde, stellte dieser umgehend klar, dass er noch immer die Absicht habe, sein Flugzeug auf die Reise zu schicken.

Am frühen Morgen des 4. Juni wurde die *Columbia* auf die graslosbewachsene Rollbahn geschoben, und Clarence Chamberlin, bekleidet mit Lederjacke, Knickerbockerhosen und gemusterten Kniestrümpfen, die aus einer halben Meile Entfernung zu sehen waren, tauchte aus dem Hangar auf, winkte der Menschenmenge zu und kletterte allein ins Cockpit. Anscheinend war Levine der Ansicht, dass Chamberlin, wenn er schon nicht mehr vor Lindbergh in Europa ankommen konnte, zumindest auf seltsamere Art und Weise dorthin gelangen konnte. Überhaupt: Fast alles an dem Unterfangen war etwas merkwürdig. Zum einen weigerten sich er und Chamberlin zu sagen, welches Ziel das Flugzeug hatte. Außerdem verriet keiner von beiden, weshalb Chamberlin keinen Begleiter hatte, obwohl das Cockpit über einen zweiten Sitzplatz für einen Navigator und Copiloten verfügte.

Dann geschah etwas noch Überraschenderes. Nachdem Chamberlin das Flugzeug in die Startposition gebracht hatte, verringerte er kurzzeitig seine Geschwindigkeit. Daraufhin kam ein glatzköpfiger, untersetzter Mann im Businessanzug von der Seite angelaufen und kletterte hastig an Bord. Zum Erstaunen aller Anwesenden handelte es sich bei dieser Person um Charles Levine.

Die Ehefrau, die offenkundig verwirrt war, rief entsetzt: »Oh! Er fliegt doch nicht etwa mit? Er fliegt doch nicht etwa mit!« Als Mrs Levine feststellen musste, dass ihr Mann tatsächlich mitflog, wurde sie ohnmächtig und fiel in die Arme des hinter ihr Stehenden. Clarence Chamberlin gestand allerdings später einem Reporter, Mrs Levine habe von Anfang an gewusst, dass ihr Mann mitfliegen würde. Wie es scheint, galt die Theatralik also nur der Presse.

Minuten später befand sich die *Columbia* in der Luft, und der zweite Flug dieses Sommers nach Europa hatte begonnen – wobei nicht einmal die beiden Männer an Bord das genaue Ziel kannten. Ihr vorläufiger Plan war, Kurs auf Berlin zu nehmen, doch in Wahrheit wären sie mit fast jedem Ort zufrieden gewesen, der sich zum Landen eignete.

Levine erwies sich als fast völlig nutzlos. Er besaß keinerlei Navigationskenntnisse, und als Chamberlin ihm einmal den Steuerknüppel überließ, brachte er das Flugzeug sofort gefährlich ins Trudeln. Sein einziger echter Beitrag bestand darin, Dinge hinter dem Sitz hervorzuholen und Chamberlin wach zu halten. Den beiden wurde schnell bewusst, dass es nicht so einfach war, den Weg nach Europa zu finden, wie Lindbergh es hatte aussehen lassen. Als sie nach nicht einmal einer Flugstunde Newport auf Rhode Island erreichten, waren sie bereits vier Meilen vom Kurs abgekommen, auch funktionierte ihr Erdinduktionskompass nicht. Von da an konnten sie sich zu keinem Zeitpunkt mehr sicher sein, wo sie sich befanden. Zum Glück war Europa ein großes Ziel, und Chamberlin war der gelassenste Pilot, den man sich vorstellen kann. Es käme nur darauf an, in die richtige Richtung zu fliegen, beharrte er.

Chamberlin sollte bald – wenn auch nur für kurze Zeit und auf etwas weniger euphorische Art und Weise – fast so berühmt wie Lindbergh werden. Im Sommer 1927 war er dreiunddreißig Jahre alt. Er stammte ursprünglich aus Denison, Iowa, einer Stadt, die Lindberghs Little Falls einen Bundesstaat weiter nördlich sehr ähnlich, wenn auch etwas weniger abgelegen war, da sie am Lincoln Highway lag. Chamberlins Vater besaß ein Juweliergeschäft und eine Reparaturwerkstätte, sodass die Familie keine Geldsorgen hatte. Zur selben Zeit wuchs in Denison ein Mädchen namens Donna Mullenger auf, das später unter dem Pseudonym Donna Reed als Schauspielerin berühmt werden sollte. Die heutigen Einwohner von Denison erinnern sich mit großer Zuneigung an sie. An Clarence Chamberlin erinnert sich kaum jemand.

Chamberlins Mutter war Engländerin, und als er ungefähr zehn Jahre alt war, zog sie aus unbekannten Gründen nach England zurück und nahm Clarence mit. Chamberlins Autobiografie ist wenig aufschlussreich, was sein Privatleben betrifft. Er nennt darin nicht einmal den Vornamen seiner Ehefrau, die durchweg »Mrs Chamberlin« bleibt, und erwähnt nichts von seinem Zwischenspiel in England, außer dass er es gehasst hat. Nach ungefähr einem Jahr kehrten seine Mutter und er nach Denison zurück und setzten ihr Familienleben wie zuvor fort.

Nach der Highschool besuchte Clarence das Iowa State College, wie es damals hieß, und schloss sein Studium als Ingenieur ab. Die Fliegerei erlernte er, während er im Ersten Weltkrieg beim Signalkorps diente. Er wurde Fluglehrer, war allerdings in keinem Kampfeinsatz – tatsächlich verließ er Amerika nie. Wie die meisten Piloten musste Chamberlin nach dem Krieg jede Arbeit annehmen, die er finden konnte. Eine Zeit lang war er als Luftfotograf tätig. Einige bekannte Aufnahmen von wichtigen Ereignissen, unter anderem von der großen Eröffnungsfeier des Yankee Stadium im Jahr 1923, wurden von Chamberlin gemacht. Wie Lindbergh war auch er mit etlichen Flugzeugen abgestürzt – seinen eigenen Schätzungen zufolge mit ungefähr zehn. Außerdem war er an einem tödlichen Absturz bei einem fatalen Wettfliegen 1925 beteiligt gewesen, bei dem der Passagier, der ihn begleitet hatte, starb. Chamberlin kannte diesen Passagier nicht – es handelte sich um einen jungen Mann, der ihn gefragt hatte, ob er mitfliegen dürfe. Seltsamerweise scheint sich Chamberlin nie die Mühe gemacht zu haben, die Identität dieser Person herauszufinden. In seiner Autobiografie stellt er nur fest, dass er bei dem Absturz das Bewusstsein verlor und anschließend erfuhr, »dass mein Begleiter ums Leben gekommen war«. Chamberlin selbst war schwer verletzt, und seine Ärzte teilten ihm mit, dass er wahrscheinlich nie wieder würde gehen können. Er bewies ihnen, dass sie mit ihrer Diagnose nicht recht hatten. Wenn er sich auch sonst nicht durch viel ausgezeichnet hatte, furchtsam war er zumindest nicht.

Am frühen Morgen des 5. Juni erschraken die Passagiere des britischen Cunard-Linienschiffs *Mauretania,* das von Cherbourg nach New York unterwegs war, als sie ein Flugzeug aus dem Himmel herabstechen und knapp über Höhe des Decks über dem Schiff kreisen sahen. Das Flugzeug wurde sofort als die *Columbia* identifiziert. Die meisten Reisenden – zu denen zufällig auch Raymond Orteig zählte, der aus seinem Sommerdomizil in Frankreich nach Amerika zurückkehrte, um Lindbergh in der folgenden Woche den Orteig-Preis zu überreichen – gingen davon aus, dass es sich beim Auftauchen der *Columbia* um eine Art Salut handelte. Die beiden Männer in der Maschine winkten auch freundlich, doch in Wirklichkeit versuchte Chamberlin herauszufinden, wo er sich befand. Er hielt nach dem Namen des Schiffs Ausschau, um ihn mit einem Fahrplan in einer Ausgabe der *New York Times* zu vergleichen, die er bei sich hatte. Wusste er, wie lange sich das Schiff schon auf

See befand, hätte er eine Vorstellung, wie viel Ozean er noch überqueren musste. Tatsächlich hatte er es nur knapp verpasst, sich im Sinkflug der *Memphis* zu nähern und einem vermutlich irritierten Charles Lindbergh zuwinken zu können. Mit dem Kielwasser der *Mauretania* als eine Art Wegweiser justierte Chamberlin aber jetzt seinen Kurs, erhob sich wieder in die Wolken und setzte seinen Flug nach Europa fort.

Dann hörte und sah viele Stunden lang niemand mehr etwas von ihm und Levine, doch am Morgen des 6. Juni, nach fast zwei Tagen in der Luft, landeten die beiden auf einem Feld irgendwo im Nordosten Deutschlands. Erstaunlicherweise hatte weder Chamberlin noch Levine daran gedacht, irgendwelche Landkarten von Europa einzupacken, sodass sie nicht genau wussten, wo sie sich befanden. Fast dreiundvierzig Stunden hatten sie sich in der Luft befunden und waren 3905 Meilen geflogen, womit sie sowohl Lindberghs Entfernungsrekord als auch seinen Ausdauerrekord deutlich übertroffen hatten. Die erste Person, die sie begrüßte, war eine Bäuerin, die wegen des Schadens, den das Flugzeug an ihrem Getreide angerichtet hatte, vor Wut kochte. Unter den anderen, die ebenfalls auftauchten, befand sich – was als außerordentlicher Glücksfall betrachtet werden kann – ein Flugzeugmechaniker, der gerade zu Besuch bei seiner Mutter war. Er sprach gut Englisch und setzte die beiden darüber in Kenntnis, dass sie sich in Mansfeld in der Nähe von Eisleben befanden, 110 Meilen von Berlin entfernt, und in der falschen Richtung unterwegs gewesen waren. Der Mechaniker wusste, wie man Flugbenzin bestellte – wozu Chamberlin und Levine niemals in der Lage gewesen wären. Doch als der Tanklastwagen eintraf, stellte sich heraus, dass sein Rohrstutzen für das Flugzeug zu groß war, sodass dieses mühsam mithilfe einer Teekanne mit langem Ausguss betankt werden musste, die sie sich von der inzwischen vermutlich wieder etwas ruhiger gewordenen Bäuerin ausliehen.

Als der Tank des Flugzeugs schließlich wieder befüllt war und die beiden Abenteurer in die richtige Richtung gedreht worden waren, hoben sie abermals ab. Bald verloren sie jedoch erneut die Orientierung. Chamberlin und Levine verbrachten den Vormittag damit, blind umherzufliegen und sich über ihre Position zu streiten, bis ihnen ein zweites Mal der Treibstoff ausging und sie abermals zu einer Notlandung gezwungen waren. Dieses Mal stellten sie fest, dass sie ein gutes Stück an Berlin vorbeigeflogen waren und sich in einer kleinen Stadt namens Cottbus kurz vor der polnischen Grenze befanden.*

Da sie zu erschöpft waren, um ihre Reise fortzusetzen, mieteten sie sich im einzigen Hotel von Cottbus ein – und fielen ins Bett. Als sie aufwachten, stellten sie fest, dass sie in Deutschland zu Nationalhelden geworden waren und dass eine ganze Flotte von Militärflugzeugen eingetroffen war, um sie in die Hauptstadt zu geleiten. Am folgenden Morgen flogen die zwei Männer also unter Geleitschutz die letzte Etappe zum Berliner Flugplatz Tempelhof, wo sie von mehr als 150 000 Menschen empfangen wurden. Weitere 20 000 tauchten, von Gerüchten fehlgeleitet, am Flugplatz von Warschau auf und wurden zu ihrer Enttäuschung wieder fortgeschickt.

Deutschland bereitete Chamberlin und Levine einen Empfang, der genauso triumphal und gastfreundlich war wie der von Lindbergh in Paris. Bis zum Aufstieg von Adolf Hitler sollte niemand in Deutschland größere und enthusiastischere Menschenmengen anlocken. Und Amerika war fast genauso begeistert wie bei Lindberghs Landung. Die *New York Times* widmete den beiden Helden drei Tage hintereinander die größtmögliche Überschrift – dreizeilig und über acht Spalten – und erstattete detailliert Bericht über jeden ihrer Gedanken und jede ihrer Bewegungen. Als die Ehefrauen von Levine und Chamberlin zum Hoboken Pier reisten, um an Bord eines Schiffs zu gehen, das sie nach Deutschland bringen sollte, versammelten sich 6000 Menschen, um sie zu verabschieden – und das um ein Uhr nachts.

---

* Zufällig nur einen Steinwurf von Kamenz entfernt, der Heimatstadt von Bruno Hauptmann, der 1932 Lindberghs Baby entführte.

Die Feierlichkeiten nahmen jedoch bald einen faden Beigeschmack an. Präsident Coolidge übermittelte aus Amerika seine Glückwünsche, allerdings nur an Chamberlin. Diese Provokation wurde weithin als antisemitisch gedeutet. Die jüdische Zeitung *The Day* beobachtete von Manhattan aus: »Zwei Männer sind von New York aufgebrochen; zwei Männer haben ihr Leben riskiert; zwei Männer haben Heldenmut unter Beweis gestellt und einen Rekord aufgestellt, der den von Lindbergh noch übertrifft. Zwei Männer sind aufgebrochen; zwei Männer sind angekommen, beides Amerikaner. Doch der Präsident der Vereinigten Staaten gratuliert nur einem von ihnen, und aufgrund eines seltsamen Zufalls trägt derjenige, den der Präsident nicht für würdig erachtet, namentlich genannt zu werden, den Namen Levine …«

In seinen täglichen Berichten von der *Memphis* lobte Lindbergh Chamberlin ebenfalls großzügig, ohne Levine auch nur einmal zu erwähnen, wenngleich das aller Wahrscheinlichkeit nach eher aus Verbitterung über die Art und Weise geschah, wie Levine ihn bei der Abmachung mit Bellanca behandelt hatte, als aufgrund irgendwelcher antijüdischer Empfindungen.

Auch den Deutschen schien Levine etwas unbehaglich zu sein. Ein Restaurant in Berlin setzte Roastbeef à la Chamberlin mit Cottbus-Kartoffeln auf die Speisekarte, und eine Brauerei bat um Erlaubnis, ein Chamberlin-Bier auf den Markt bringen zu dürfen. Levine wurde abermals mit keinem Wort erwähnt.

Chamberlins Copilot unternahm aber auch seinerseits fast nichts, um sich in Deutschland zu integrieren. Er besuchte keine Krankenhäuser, suchte keine Witwen auf und verlor keine lobenden Worte über deutsche Piloten. Nicht einmal über Lindbergh hatte er etwas Gutes zu sagen, dessen Erfolg er eher den günstigen Wetterbedingungen zuschrieb als fliegerischem Können. »Lindbergh hatte Glück, und wir hatten keines«, sagte Levine Reportern. »Wenn wir nur ein Zehntel von Lindberghs Glück gehabt hätten, wäre es uns viel besser ergangen.« Sowohl für die deutschen als auch für die amerikanischen Behörden erwies es sich als überaus peinlich, als der deutsche Geschäftsmann Dr. Julius Puppe, den Levine bei einem Geschäft in Amerika um 5000 Dollar betrogen hatte, mit einer gerichtlichen Verfügung auftauchte und dessen Flugzeug beschlagnahmen lassen wollte. Chamberlin war stets freundlich, hatte aber nichts zu sagen und vermittelte den Eindruck, als habe er keinen einzigen Gedanken im Kopf, wenn er sich nicht gerade in der Luft befand, was vielleicht nicht weit von der Wahrheit entfernt war.

Der breiten Öffentlichkeit wurde schnell bewusst, dass sie Charles Levine nicht besonders mochte und aus Clarence Chamberlin nie etwas Interessantes herausbekommen würde – deshalb richtete sie ihre Aufmerksamkeit rasch wieder auf andere Dinge.

Wenngleich sich Lindbergh in weiter Ferne auf dem Meer befand und nur langsam Richtung Heimat schipperte, gelang es ihm mit der Nachricht, er sei nach dem Auslaufen in Cherbourg beinahe von Bord der *Memphis* gespült worden, einen Schauder der Erregung auszulösen. In der Überschrift auf der Titelseite der *New York Times* hieß es:

LINDBERGH IN GEFAHR
EINE WELLE ERASSTE IHN AM BUG

Wie sich herausstellte, hatte der beliebteste Held der Welt nach dem Abendessen bei rauer See einen Spaziergang unternommen. Gerade hatte er am Bug gestanden, als plötzlich mehrere große Wellen hintereinander auf das Deck schlugen und ihn vom Rest des Schiffs abgrenzten. Lindbergh musste sich an einer Rettungsleine festhalten, um nicht von den Füßen gerissen und womöglich über Bord gespült zu werden. B. F. Mahoney, der Eigentümer von Ryan Airlines, war ebenfalls zugegen, befand sich jedoch auf der anderen Seite der brechenden Wellen und war damit außer Gefahr. Lindbergh wartete etwa zehn Minuten, bis die Wellen nachließen, dann brachte er sich eleganten Schrittes in Sicherheit. »Das war ein aufregendes Erlebnis«, berichtete er anschließend. Allerdings war es kein gutes Omen für nervöse Besatzungsmitglieder, von denen es aller Wahrscheinlichkeit nach viele gab. Bei der USS *Memphis* handelte es sich um einen Ersatz für eine frühere USS *Memphis,* die 1916 in der Karibik von einer mysteriösen Monsterwelle versenkt worden war. Bei diesem Unglück waren rund vierzig Menschen ums Leben gekommen. Vielen Seeleuten war es sicher nicht entgangen, dass »Memphis« so etwas wie ein verfluchter Name zu sein schien.

Da Lindbergh vorübergehend nicht verfügbar war, brauchte Amerika also irgendeine Ablenkung, und sei sie noch so sinnlos. Ein Mann namens Shipwreck Kelly stand schon bereit, um sie zu bieten. Am 7. Juni erklomm Kelly um elf Uhr vormittags den fünfzehn Meter hohen Fahnenmast auf dem Dach des St. Francis Hotel in Newark, New Jersey, und blieb auf dessen Spitze sitzen. Mehr tat er ein paar Tage lang nicht, doch die Menschen waren entzückt und strömten nach Newark, um ihm bei diesem Nichtstun zuzusehen.

Kelly war in Hell's Kitchen, dem härtesten Viertel von Manhattan, unter den denkbar trostlosesten Umständen aufgewachsen. Sieben Monate vor seiner Geburt war sein Vater, ein Gerüstbauer, in den Tod gestürzt, als ein Gehilfe versehentlich den falschen Hebel an einem Drehkran betätigte, an dem er arbeitete. Kellys Mutter, todunglücklich und ihres Ernährers beraubt, starb dann bei der Geburt. Kelly wurde von dem Gehilfen adoptiert und wuchs somit bei dem Mann auf, der seinen Vater versehentlich, aber fahrlässig getötet hatte. Mit dreizehn lief Kelly davon, um als Matrose anzuheuern, und fuhr die nächsten fünfzehn Jahre zur See. Der Zeitschrift *Time* zufolge ging sein Spitzname darauf zurück, dass er 1912 den Untergang der *Titanic* überlebt hatte, doch dabei handelte es sich nur um das Hirngespinst eines Reporters. In Wirklichkeit hatte er seinen Spitznamen bekommen, weil er kurzzeitig versucht hatte, unter dem Namen »Sailor Kelly« eine Karriere als Boxer zu starten, aber so oft geschlagen wurde – er verlor elf Kämpfe in Folge –, dass er als »Shipwrecked Sailor«, »schiffbrüchiger Matrose«, bekannt wurde. Kelly selbst behauptete, während seiner arbeitsreichen Karriere als Turmarbeiter, Flugzeug-Stuntman und »menschliche Fliege« (womit jemand bezeichnet wurde, der zu Werbezwecken Gebäude erklomm) fünf Schiffbrüche, zwei Flugzeugabstürze, drei Autounfälle und ein Zugunglück überlebt zu haben, und zwar alle, ohne sich dabei auch nur eine Schramme zuzuziehen. Dann begann er 1924 mit dem Fahnenmast-Sitzen. 1927 hatte er sich diese Branche mehr oder weniger ganz zu eigen gemacht.

Kelly residierte tagelang, manchmal sogar wochenlang auf einem winzigen Hochsitz – einer gepolsterten Scheibe, die ungefähr den Durchmesser eines Barhockers hatte –, der am oberen Ende eines Fahnenmasts auf einem hohen Gebäude befestigt war. Seine eifrigsten Bewunderer zahlten fünfundzwanzig Cent, um das Dach des Gebäudes betreten zu dürfen, wo sie Kelly aus verhältnismäßig geringer Entfernung sehen und ihn sogar in eine Unterhaltung verwickeln konnten. Die übrigen scharten sich unten auf der Straße, sorgten für Verkehrsstaus und zertrampelten aufgrund ihrer zahlenmäßigen Stärke Blumenbeete und Zäune. Essen, Rasierzeug, Zigaretten und andere unverzichtbare Gegenstände wurden Kelly mithilfe eines Seils geliefert. Um im Schlaf nicht abzustürzen, schlang er die Fußgelenke um den Mast und hakte sich mit den Daumen in zwei kleinen, seitlich in den Sitz gebohrten Löchern ein. Normalerweise döste er nicht länger als zwanzig Minuten, damit er nicht in einen tiefen, achtlosen Schlaf fiel. Um die Zuschauer bei Laune zu halten und um seine verspannten Muskeln zu lockern, stellte er sich in regelmäßigen Abständen auf seine schwankende Sitzfläche – ein Vorgang, der enorme Beweglichkeit und nicht wenig Mut erforderte, vor allem dann, wenn es windig war. Während seiner gesamten Zeit in der Höhe verließ er seinen Sitz kein einziges Mal. Wie er sich um seine körperlichen Bedürfnisse kümmerte, ist offenbar nicht dokumentiert. Zwei Tage vor und während des Sitzens nahm er keine feste Nahrung zu sich – nur Milch, Fleischbrühe und Kaffee –, was die naheliegende Frage vermutlich zum Teil beantwortet. Außerdem rauchte er vier Schachteln Zigaretten am Tag. Ansonsten saß er einfach da. Er pries sich selbst als »Der glücklichste Narr der Welt« an.

Newark erwies sich mehr oder weniger als der Höhepunkt von Shipwreck Kellys kurzer Karriere. Er saß noch auf vielen weiteren Fahnenmasten – einmal für neunundvierzig Tage –, bei Schneestürmen, Gewittern und anderen meteorologischen Gefahren, doch nach und nach verlor die Welt das Interesse an ihm, und die Fahnenmast-Arbeit versiegte. Kelly verschwand in der Versenkung und tauchte erst im August 1941 kurz wieder in den Schlagzeilen auf, als er in Connecticut eine kurze Gefängnisstrafe wegen Trunkenheit am Steuer verbüßte. 1952 starb er, völlig verarmt, auf einer New Yorker Straße an einem Herzinfarkt. Zum Zeitpunkt seines Todes trug er ein Sammelalbum mit Zeitungsausschnitten über seine früheren Errungenschaften bei sich. Was sein Alter anbetraf, schwankten die Angaben zwischen neunundfünfzig und siebenundsechzig.

Selbst jetzt, 1927 in Newark, ließ das Interesse der Presse an Kelly nach den ersten paar Tagen nach, da es nie irgendetwas anderes zu berichten gab, als dass er sich noch immer dort oben befand. Als er, genau zwölf Tage und zwölf Stunden nachdem er hinaufgeklettert war, wieder herunterkletterte und seine Frau küsste, die er sechs Monate zuvor geheiratet hatte, zeigte sich die Öffentlichkeit wenig beeindruckt – und die Presse nahm es kaum zur Kenntnis

Außerdem fesselte eine viel, viel größere Geschichte die Aufmerksamkeit aller: Charles Lindbergh war wieder zu Hause.

Elftes Kapitel

Je berühmter ihr Sohn wurde, desto mehr zeigte sich, dass Evangeline Lodge Lindbergh ein wenig seltsam war. Als sie sich anlässlich von Charles' Heimkehr an die Ostküste begab, ignorierte sie die Einladung, bei dem Präsidenten und Mrs Coolidge zu wohnen, und checkte stattdessen still und heimlich in ein Hotel in Baltimore ein.

Da die Mitarbeiter im Weißen Haus keine Ahnung hatten, wo Mrs Lindbergh abgeblieben war, machten sie sich natürlich Sorgen. Schließlich konnte es nicht angehen, dass ihnen die Mutter des größten Volkshelden am Vorabend von dessen Rückkehr abhandenkam. Glücklicherweise enthüllte ein Zeitungsartikel ihren Aufenthaltsort, sodass ein Wagen geschickt werden konnte, um sie – sosehr sie sich auch sträubte – nach Washington zu holen.

Die Coolidges lebten zu diesem Zeitpunkt nicht im Weißen Haus. Sie hatten im März ausziehen müssen – wobei sich der Präsident vor Empörung gewunden haben soll –, damit dringende Reparaturen am Dach und in der zweiten Etage vorgenommen werden konnten. Stattdessen residierten sie im »provisorischen Weißen Haus«, einer Villa am Dupont Circle mit der Hausnummer 15, die ihnen eine gewisse Cissy Patterson aus dem *Chicago Tribune-New York Daily News*-Zeitungsclan vermietete.

Als Mrs Lindbergh eintraf, war noch ein anderer Gast zugegen, »ein zwergenhaft kleiner Mann von vierundfünfzig Jahren« – der zunehmend allgegenwärtige Dwight Morrow. Mrs Lindbergh schien sich in Morrows Gesellschaft wohlzufühlen und zu entspannen –

er war für seine Liebenswürdigkeit bekannt –, was auch gut war, da die beiden weniger als zwei Jahre später durch die Heirat zwischen ihrem Sohn und seiner Tochter verbunden werden sollten.

Morrow war als Banker bei J. P. Morgan & Co. fast schon absurd reich geworden. Die Familie besaß ein Haus mit zweiunddreißig Bediensteten in Englewood, New Jersey, das fast ausschließlich an Wochenenden genutzt wurde. Unter der Woche residierten sie in einer herrschaftlichen Wohnung in Manhattan. Anekdoten über Morrows Geistesabwesenheit gab es viele, und sie wurden mit Vorliebe in der »Talk of the Town«-Sektion des *New Yorker* erzählt. Der am häufigsten wiederholten Morrow-Anekdote zufolge stieg er einmal vollständig bekleidet in seine Badewanne. Ein anderes Mal soll er den kahlen Kopf eines Besuchers benutzt haben, um die Asche aus seiner Pfeife zu klopfen. Einmal begegnete ein Freund Morrow an der Grand Central Station. Morrow wirkte verwirrt und klopfte hilflos seine Taschen ab. »Hast du dein Ticket verloren?«, erkundigte sich der Freund. »Nein, schlimmer als das«, erwiderte Morrow niedergeschlagen. »Ich kann mich nicht mehr erinnern, wohin ich fahren wollte.«

Seine berühmte Unfähigkeit, darauf zu achten, dass er ordentlich gekleidet war, veranlasste die Morgan Bank dazu, einen Bediensteten in der Herrentoilette zu positionieren, dessen einzige Aufgabe es war sicherzustellen, dass Morrow sie stets in vorzeigbarem Zustand wieder verließ. In Wirklichkeit war Morrow bei all diesen Gelegenheiten weniger geistesabwesend, sondern vielmehr durch Alkohol beeinträchtigt. Wie es scheint, war er ein hoffnungsloser Säufer. Allerdings besaß er einen derart scharfen Verstand, dass selbst üppige Mengen Alkohol diesen nicht ganz betäuben konnten. Morrow war jahrelang einer der zuverlässigsten Seniorpartner von J. P. Morgan & Co. Sowohl Yale als auch die University of Chicago wollten ihn als ihren Präsidenten.

Morrow und Coolidge waren seit ihrer gemeinsamen Studienzeit am Amherst-College miteinander befreundet. Offenbar hatte Morrow in dieser Zeit zu den wenigen gehört, die der Meinung waren,

Calvin Coolidge besäße großes Potenzial. 1920 gründete er eine Arbeitsgemeinschaft, um für Coolidge, der zum damaligen Zeitpunkt Gouverneur von Massachusetts war, als Präsidentschaftskandidaten zu werben. Die Republikanische Partei entschied sich zwar letzten Endes für den charismatischeren Warren G. Harding, dass Coolidge jedoch als Vizepräsidentschaftskandidat ausgewählt wurde, war zu einem großen Teil Morrows Bemühungen hinter den Kulissen zu verdanken. Coolidge erwies sich allerdings als bemerkenswert undankbar. Als Harding drei Jahre später starb und Coolidge dessen Amt übernahm, wurde allgemein damit gerechnet, dass er Morrow als Außen- oder Finanzminister ins Kabinett berufen würde. Doch eine solche Nominierung blieb aus. Erst 1925 übertrug ihm Coolidge überhaupt ein Amt – bei dem es sich allerdings um die etwas erniedrigende Tätigkeit der Leitung einer Kommission handelte, die ja eingesetzt wurde, um ein wenig Ordnung und Disziplin in Amerikas chaotische Luftfahrtbranche zu bringen.

Jetzt wurde ihm angedient, Botschafter in Mexiko zu werden – ein weiteres dubioses Angebot, da sich Mexiko mitten in einer Revolution befand und dort eine stark antiamerikanische Stimmung herrschte. Banditen durchstreiften das Land und töteten zahlreiche Ausländer. Morrow sagte trotzdem zu.

Der Morgen des 11. Juni – Charles Lindbergh Day – brach heiß und wolkenlos an. Als die USS *Memphis* zu ihrem Liegeplatz im Washington Navy Yard dampfte, wurde sie von vier Zerstörern, achtundachtzig Flugzeugen, zwei riesigen Luftschiffen (eines davon die *Los Angeles,* deren letzter offizieller Einsatz die Suche nach Nungesser und Coli auf dem einsamen Nordatlantik gewesen war) und ganzen Flotten von Privatbooten begleitet, deren schiere Anzahl und schludrige Manöver den Geschehnissen einen Hauch von Chaos und Beinahekollisionen verliehen. An Land herrschte festliche Atmosphäre: Bands spielten fröhliche Melodien, und eine große Menschenmenge wartete in gespannter Vorfreude. Mrs Lindbergh war ebenfalls anwesend, zur Überraschung vieler jedoch nicht in Begleitung des Präsidenten. Calvin Coolidge fühlte sich nämlich in einem nautischen Umfeld nicht immer sonderlich wohl. Erst kurz zuvor war er im nahegelegenen Hampton Roads gewesen, um die amerikanische Flotte von der Brücke der *Mayflower,* der Präsidentenyacht, zu begutachten, wurde dabei jedoch seekrank, obwohl sich das Schiff nicht bewegte. Auch weigerte er sich, die bereitgestellte Marineuniform zu tragen – ein Verstoß gegen die Etikette und eine Beleidigung für die Navy. Nach nur zwanzig Minuten begab er sich unter Deck und schloss seine Visite aus einer zurückgelehnten Position ab, während er freudlos zu einem Bullauge hinausblickte. Bei Lindberghs Ankunft zog er es vor, in der Stadt zu warten.

Mrs Lindbergh wurde mit einem Pfeifensignal an Bord empfangen. Sie traf ihren Sohn unter vier Augen im Quartier des Kapitäns, dann traten die beiden hinaus aufs Deck. Charles, mit einem blauen Anzug bekleidet, wirkte nach einer Woche auf See ausgeruht und erfrischt. Die Menge stieß bei Lindberghs Anblick ein bewunderndes Grölen aus, und er wurde mit einem Salut von einundzwanzig Kanonenschüssen begrüßt – eine Ehrung, die normalerweise Staatsoberhäuptern vorbehalten war. Überall in der Stadt ertönten Fabrikpfeifen und Kirchenglocken.

Durch das ganze fröhliche Getöse hindurch kommentierte ein Rundfunksprecher namens Graham McNamee ohne Punkt und Komma die Geschehnisse. McNamee schrieb dabei selbst Geschichte: Seine Sendung wurde von der neuen National Broadcasting Company, dem ersten Rundfunknetz in Amerika (und auf der ganzen Welt), über fünfzig Radiosender ausgestrahlt. 12 000 Meilen AT&T-Telefonkabel waren verlegt worden, um Amerika seine erste Ausstrahlung von Küste zu Küste zu bescheren. Man ging davon aus, dass praktisch jedes Radiogerät im Land eingeschaltet war. Nie zuvor hatte jemand zu so vielen Menschen gesprochen wie jetzt Graham McNamee.

McNamee wurde durch puren Zufall zur glaubwürdigsten Stimme Amerikas. Er stammte wie Lindbergh aus Minnesota und war als junger Mann nach New York gezogen, um eine Laufbahn als Operetten- und Opernsänger einzuschlagen. Als er 1923 am unteren Teil des Broadways spazieren ging, kam er an den Büroräumen des Radiosenders WEAF vorbei. Da er wusste, dass Radiosender manchmal Liederabende ausstrahlten, erkundigte er sich, ob möglicherweise eine Chance auf ein Vorsingen bestünde. Der Chef des Senders, Samuel L. Ross, war der Ansicht, dass McNamee die perfekte Rundfunkstimme besaß – warm und klar –, deshalb engagierte er ihn auf der Stelle, damit er das Programm ansagte, Nachrichten las und gelegentlich sang. WEAF besaß die Rechte an der Ausstrahlung der World Series zwischen den Yankees und den Giants in jenem Herbst – das erste Mal, dass ein Massenpublikum sie zu hören bekommen sollte. W. O. McGeehan vom *Tribune* wurde engagiert, um die Spiele zu kommentieren, und McNamee wurde als sein Assistent mitgeschickt. McGeehan besaß kein Talent als Rundfunksprecher. Er sprach mit monotoner Stimme und gab sich keine Mühe, die Pausen zwischen den Spielen irgendwie zu füllen. Während des vierten Inning im dritten Spiel teilte er seinem Assistenten mit, dass er keine Lust mehr habe, und ging. McNamee blieb nichts anderes übrig, als zu übernehmen, was eine ziemliche Herausforderung war, da er nur sehr wenig über Profi-Baseball wusste.

McNamee war jedoch der geborene Rundfunksprecher. Er beschrieb die Zuschauerscharen, das Wetter, die Begeisterung, die durch das Stadion wogte. Er entdeckte Prominente in der Menge. Und er vermittelte seinen Zuhörern das Gefühl, dabei und willkommen zu sein wie alte Freunde. Die Menschen liebten seine Übertragungen, auch wenn er nicht immer alles erfasste, was auf dem Spielfeld passierte. Ring Lardner, Sportreporter und Schriftsteller, schrieb einmal: »Ich weiß nicht, über welches Spiel ich schreiben soll: über dasjenige, das ich heute gesehen habe, oder über dasjenige, das ich Graham McNamee habe kommentieren hören, als ich in den Polo Grounds neben ihm saß.« Bald war McNamees Stimme die bekannteste in ganz Amerika, und sie war nicht nur bei Spielen der World Series zu hören, sondern bei allen möglichen wichtigen Ereignissen: bei Meisterschafts-Boxkämpfen, bei politischen Tagungen, beim Rose Bowl und bei Charles Lindberghs Heimkehr.

Lindbergh Day in Washington war in vieler Hinsicht auch der Tag, an dem der Rundfunk erwachsen wurde. Um zu verstehen, wie neu Radio in den zwanziger Jahren war, bedarf es einiger Fantasie. Der Rundfunk war gewissermaßen das Wunder der damaligen Epoche. Zu Zeiten von Lindberghs Flug wurde ein Drittel des Geldes, das Amerikaner für Einrichtungsgegenstände ausgaben, in Radiogeräte investiert. Überall schossen Radiosender aus dem Boden. 1922 stieg ihre Zahl innerhalb eines einzigen Jahres von achtundzwanzig auf 570. Jeder konnte einen gründen. Sogar die Nushawg-Geflügelfarm in New Lebanon, Ohio, hatte ihren eigenen Sender – wie auch viele Kaufhäuser, Banken, Eisenwarenhandlungen, Kirchen, Zeitungen, versorgungswirtschaftliche Einrichtungen oder Schulen. Selbst das Programm größerer Sender war aus heutiger Sicht oft ziemlich amateurhaft. Wenn Norman Brokenshire, ein Rundfunksprecher bei WHN in New York, eine längere Pause füllen musste und nichts mehr zu sagen hatte, kündigte er an: »Ladys und Gentlemen, wir präsentieren Ihnen die Geräuschkulisse von New York City« – und hielt das Mikrofon zum Fenster hinaus.

Doch nicht jeder war von der neuen Technologie fasziniert. Viele hielten die unsichtbare Energie, die in der Luft umherschwirrte, für gefährlich. Eine weit verbreitete Meinung war, dass sämtliche Vögel, die tot auf dem Boden gefunden wurden, dort lägen, weil sie von Funkwellen getroffen worden seien. In seinem Wohnzimmer sitzen und einem Ereignis lauschen zu können, das an irgendeinem fernen Ort stattfand, erschien ähnlich wundersam wie Teleportation. Als es in einer Reklame hieß: »Das Radio überschreitet die Grenzen von Zeit und Entfernung!«, war das sowohl Ausdruck von Verwunderung als auch die Feststellung einer Tatsache. Für viele war die Rundfunkübertragung von Lindberghs Ankunft fast genauso bedeutend und aufregend wie die Ankunft selbst.

»Hier kommt der Junge!«, rief McNamee, als Lindbergh auf dem Deck der *Memphis* erschien. »Er steht ruhig da, bescheiden ... Er wirkt sehr ernst und *unglaublich* nett. Ein verdammt netter Junge!« Geschätzte dreißig Millionen verzückte Zuhörer hingen an diesem Tag an seinen Lippen. Was keiner von ihnen sehen konnte, waren die Freudentränen, die McNamee an den Wangen hinunterliefen.

Zum Empfangskomitee an Land gehörten der Marine- und der Kriegsminister sowie eine Phalanx von Vertretern der Marine, darunter auch Commander Richard E. Byrd, in blendendem Weiß gekleidet und seltsamerweise noch immer auffällig erdgebunden. Die Leute fragten sich, ob er jemals nach Europa aufbrechen würde, doch das war kein Thema, das Lindbergh und er jetzt besprechen würden, denn Lindbergh wurde zusammen mit seiner Mutter in ein Pierce-Arrow-Cabriolet verfrachtet, um von Kavallerie eskortiert zum Washington Monument zu fahren.

Niemand weiß, wie viele Menschen an diesem Tag die Straßen von Washington säumten, doch man war sich allgemein einig, dass es sich um die größte Versammlung handelte, die es in der Hauptstadt jemals gegeben hatte. Als sich sein Konvoi in Richtung National Mall in Bewegung setzte, winkte Lindbergh gelegentlich, die meiste Zeit starrte er jedoch ausdruckslos in die Menge. Viele von denjenigen, die die Straßen bevölkerten, weinten, als er an ihnen vorbeifuhr. »Sie wussten nicht, warum eigentlich«, stellte der Autor und Abenteurer Fitzhugh Green fest (der auch Herausgeber von Lindberghs Buch *»Wir zwei« – Mit der Spirit of St. Louis über den Atlantik* war). Beim Washington Monument bedeckte ein Meer von Köpfen die gesamte Gegend; so weit das Auge reichte, waren nur Menschen auszumachen – und kleine Jungen hingen in den Bäumen der Umgebung wie Weihnachtsschmuck. Am Fuß des Monuments war eine überdachte Plattform errichtet worden, auf der sich Präsident Coolidge und sämtliche Mitglieder seines Kabinetts versammelt hatten. Nur ein einziges fehlte, und dieser eine war Herbert Hoover. Er steckte in Gulfport, Mississippi, fest, wo er sich noch immer um die Mississippi-Flut kümmerte. Die war genauso schlimm wie eh und je, aber bei allen, die nicht unmittelbar von ihr betroffen waren, schien sie fast völlig in Vergessenheit geraten zu sein. Selbst Hoovers unermüdlichen PR-Leuten gelang es nicht, sie auf den Titelseiten zu halten, nachdem sich Lindbergh wieder im Land befand.

Als Lindbergh endlich die Rednerplattform erreichte, nickte er den Anwesenden zu und nahm den Jubel der Menge entgegen. Präsident Coolidge hielt eine kurze Willkommensrede, steckte ihm ein Distinguished Flying Cross aufgrund der heldenhaften Leistung ans Revers und lud ihn mit einer Geste ein, etwas zu sagen. Lindbergh beugte sich zum Mikrofon hinunter, das für ihn etwas zu tief eingestellt war, sagte, er freue sich, hier zu sein, bedankte sich mit knappen Worten und trat wieder zurück. Es folgte ein Augenblick unheimlicher Stille, in dem den unzähligen Zuschauern, von denen die meisten seit Stunden in der heißen Sonne gestanden hatten, bewusst wurde, dass sie es mit zweien der schweigsamsten Männer Amerikas zu tun hatten und dass die Feierlichkeiten beendet waren. Dann stellte sich bei den Menschen jedoch wieder das Gefühl ein, dass sie einem besonderen Anlass beiwohnten. Sie brachen in frenetischen Applaus aus und »klatschten, bis ihre Hände taub waren«. Viele weinten.

Danach begann Charles Lindberghs Leben als öffentliche Person. Von jetzt an sollte die gesamte Zeit, in der er wach war, eine endlose Folge von Festessen, Reden und Handschlägen sein. In den knapp sechsunddreißig Stunden, die Colonel Lindbergh (wie er sich jetzt nennen durfte) in Washington verbrachte, wohnte er drei Banketts bei, hielt mehrere (kurze) Ansprachen, besuchte kranke Soldaten im Walter Reed Hospital, legte einen Kranz am Grabmal des unbekannten Soldaten nieder und besuchte das Kapitol. Wohin er auch ging, standen Menschen an den Straßen, um ihm zuzujubeln. Das war eine rührende Demonstration, um ihre Bewunderung zum Ausdruck zu bringen, aber nur ein vager Vorgeschmack auf das, was ihn in New York erwartete.

In den zwanziger Jahren wurde Amerika zu einer Hochhaus-Nation. 1927 gab es im Land etwa 5000 Wolkenkratzer – selbst Beaumont in Texas verfügte über sechs Gebäude mit zehn oder mehr Etagen und damit über mehr als Paris, London, Berlin oder irgendeine andere europäische Stadt. In Detroit eröffnete J. L. Hudson 1927 das höchste Kaufhaus der Welt mit über zwanzig Geschossen, und in Cleveland wurde gerade der letzte Stein des zweiundfünfzigstöckigen Union Terminal Building gelegt, des zweithöchsten Gebäudes der Welt.

Los Angeles führte strenge Grenzen bei den Gebäudehöhen ein – was einer der Gründe dafür ist, dass sich L.A. so ausbreitete –, wobei die Stadt es trotzdem zuließ, dass sich das Rathaus achtundzwanzig Stockwerke hoch erhob und damit gegen die eigenen Vorschriften verstieß. Es hatte den Anschein, als könnte das Land es sich einfach nicht verkneifen, immer weiter in die Höhe zu bauen.

Als die Gebäude in den Himmel wuchsen, stieg auch die Zahl der Arbeitnehmer, die in die Stadtzentren strömten, weiter an. In die City von Boston kamen 1927 täglich 825 000 Menschen – mehr als die Gesamteinwohnerzahl der Stadt. Pittsburgh nahm jeden Tag 355 000 Arbeitnehmer auf, Los Angeles und San Francisco jeweils 500 000, Chicago und Philadelphia jeweils 750 000 und New York, ein Superlativ in jeder Hinsicht, sage und schreibe drei Millionen.

1927 hatte New York soeben London als größte Stadt der Welt überholt, es war auch die mit Abstand kosmopolitischste Metropole. Ein Viertel seiner acht Millionen Einwohner war im Ausland zur Welt gekommen, hier lebten mehr Einwanderer, als Philadelphia Einwohner hatte. Aber auch gebürtige Amerikaner zog es dorthin. 200 000 Schwarze aus dem Süden waren seit dem Ende des Ersten Weltkriegs nach New York umgesiedelt, und jetzt trieb die Mississippi-Flut Zehntausende weitere an die Ostküste.

New York war nicht nur Standort vieler wichtiger Dienstleistungsbranchen – Bankwesen, Effektenhandel, Kunst und Medien –, sondern auch das größte Industriezentrum des Landes.* 30 000 Fabriken waren hier beheimatet. Ein Zehntel von allem, was in Amerika produziert wurde, stammte aus der Millionenstadt. Mehr als 40 Prozent des gesamten Überseehandels liefen über den New Yorker Hafen, genauso wie der größte Teil des internationalen Personenverkehrs. Jeden Tag stachen bis zu 12 000 Passagiere von Piers auf der Westseite Manhattans in See, und um die 25 000 Menschen erschienen, um sie zu verabschieden. In der Umgebung des Hafens herrschte eine so hohe Personendichte, dass der Verkehr zwischen acht Uhr morgens und ein Uhr mittags immer wieder zum Erliegen kam.

Alle vier Jahre wuchs die Stadt um die Größe von Boston oder St. Louis an. Bauunternehmer konnten kaum mithalten. 1926 wurden in einer bestimmten Phase des Jahres gleichzeitig über tausend Bürogebäude neu errichtet oder umgebaut. Um der städtischen Verdichtung entgegenzuwirken, erließ man neue Verordnungen, nach denen hohe Gebäude nur auf großen Bauplätzen errichtet werden durften. Architekten wurden gezwungen, zurückgesetzte Fassaden einzuplanen, damit die Luft zwischen den Gebäuden besser zirkulieren konnte und mehr Licht den Boden erreichte. Der ungewollte Effekt dieser Vorschriften war, dass sie das urbane Wachstum sogar noch beschleunigten, da große Bauplätze letztlich riesige Häuser verlangten, um rentabel zu sein. Außerdem führten sie dazu, dass sich die Wolkenkratzer von Manhattan immer weiter nach Norden erstreckten. 1927 wies New York die Hälfte aller Hochhäuser des Landes auf, und die Hälfte davon stand wiederum im Zentrum der Stadt. Die schluchtartigen Straßenzüge und die gezackte Skyline, die man mit New York verbindet, sind überwiegend ein Phänomen der zwanziger Jahre.

Viele der neuen Gebäude trugen enorm zu dem Druck auf die

---

* Das 1913 errichtete, 241 Meter hohe Woolworth Building war noch immer das höchste Gebäude der Welt. Das Chrysler Building und das Empire State Building, die das Woolworth Building beide überragen sollten, wurden erst 1930 beziehungsweise 1931 gebaut.

überbeanspruchte Infrastruktur der Stadt bei. Als das kolossale Graybar Building, das größte Bürogebäude der Welt, im Frühjahr 1927 in der Lexington Avenue 420 seine Pforten öffnete, holte es 12 000 Büroangestellte an einen Ort. Ein einziger Häuserblock in Manhattan beherbergte inzwischen spielend 50 000 Menschen. Die Hochhausverdichtung machte New York zur anspruchsvollsten Stadt der Welt, was Wohnen und Fortbewegung anbelangte, doch sie bot auch eine berauschende und perfekte Kulisse für eine Konfettiparade. Und jetzt stand sie kurz vor der größten, die sie jemals erlebt hatte.

Am 13. Juni, ein Montag, flog Charles Lindbergh eigenhändig in einem geliehenen Flugzeug der Marine zum Mitchel Field auf Long Island, wo er für den kurzen Weiterflug in die Stadt in ein wartendes Amphibienflugzeug umstieg. Er konnte unmöglich auf das vorbereitet gewesen sein – niemand hätte darauf vorbereitet sein können –, was ihn erwartete. Was er jetzt sah, als er im New Yorker Hafen ankam, war der vielleicht außergewöhnlichste Anblick, der jemals einer Einzelperson zuteilwurde: Eine ganze Stadt, die größte der Welt, stand bereit, um ihn zu empfangen.

Der Hafen glich einem Mosaik aus Booten; dahinter, vom unteren Ende Manhattans bis zum Central Park, drängten sich Menschen auf allen Straßen, auf allen Dächern und an allen Bürofenstern. Niemand weiß, wie viele Menschen der Parade beiwohnten. Schätzungen zufolge waren es wohl zwischen vier und fünf Millionen. Aller Wahrscheinlichkeit nach handelte es sich um die größte Menschenansammlung, die es jemals zu Ehren einer Einzelperson gegeben hat.

Lindbergh wurde zuerst im Hafen empfangen, auf der Yacht des Bürgermeisters (ein Geschenk an die Stadt von Rodman Wanamaker), die ihn das kurze Stück zur Südspitze von Manhattan brachte, wo die Parade begann. Ein Buffet war aufgebaut worden, doch es stellte sich heraus, dass die Reporter und Fotografen, die sich dort zuerst eingefunden hatten, es bereits bis auf den letzten Bissen aufgegessen hatten, sodass sich Lindbergh mit leerem Magen in die Feierlichkeiten stürzen musste.

Im Battery Park, wo ungefähr 300 000 Menschen auf ihn warteten, stieg er in ein Packard-Cabriolet um und nahm auf der Rückbank neben Bürgermeister Jimmy Walker Platz, der einen etwas anachronistischen Zylinder trug. Lindbergh verzichtete wie immer auf eine Kopfbedeckung. Dann fuhren sie den Broadway hinauf, durch einen Blizzard aus Luftschlagen und Konfetti, der so dicht war, dass Lindbergh und Walker für diejenigen, die ihre Route säumten, zeitweise gar nicht zu sehen waren. Das Ereignis hatte ein noch nie dagewesenes Ausmaß. Nach der Waffenstillstandsparade 1918 beseitigten Straßenkehrer 140 Tonnen Müll, nach der Lindbergh-Parade waren es mehr als 1600 Tonnen. Einige Zuschauer leerten in ihrer Begeisterung an ihren Bürofenstern ganze Papierkörbe aus, ohne auch nur einen Gedanken daran zu verschwenden, dass sie womöglich schwere Gegenstände enthielten. Zu den am nächsten Tag eingesammelten Gegenständen gehörten Telefon- und Branchenbücher und andere sperrige Abfälle, die aus Fenstern weit oben fallen gelassen oder geschleudert worden waren und wie durch ein Wunder niemanden verletzt hatten.

Unter den Zuschauern befand sich auch eine junge Frau namens Gertrude Ederle, die sich als die am raschesten in Vergessenheit geratene Person in ganz Amerika qualifizierte. Ederle war die Tochter deutscher Einwanderer – ihr Vater besaß eine Metzgerei in der Amsterdam Avenue – und die beste Schwimmerin, die Amerika jemals hervorgebracht hatte. An einem einzigen Tag im Jahr 1922 brach sie sechs nationale Rekorde. Außerdem besaß sie eine enorme Kondition und war in der Lage, extrem lange Strecken zu schwimmen. Im August 1926 durchschwamm sie nicht nur als erste Frau den Ärmelkanal, sondern war dabei auch noch schneller als sämtliche Männer zuvor. Diese Leistung beeindruckte und begeisterte ihre amerikanischen Landsleute so sehr, dass auch ihr zu Ehren eine Konfettiparade veranstaltet wurde und ihr eine Zeit lang aufgrund ihrer Berühmtheit überallhin Menschenmengen folgten.

Auf dem Höhepunkt ihrer kurzen Berühmtheit wurden Ederle Werbeverträge über 900 000 Dollar angeboten, doch ihr Manager war der Ansicht, sie sei mehr wert, und ließ sie keinen davon unterzeichnen. Leider stellte die breite Öffentlichkeit zur selben Zeit fest, dass Trudie Ederle weder besonders interessant noch besonders attraktiv war, wenn sie sich nicht gerade im Wasser aufhielt. Sie war ein wenig untersetzt und nicht unbedingt mit Charisma gesegnet. Darüber hinaus war sie schwerhörig, was sie bei Interviews nervös und ungeduldig wirken ließ. Kurz nach ihrer Tat durchschwamm eine weitere Frau den Ärmelkanal, eine in Dänemark geborene Amerikanerin namens Mille Gade, was dafür sorgte, dass Ederles Leistung mit einem Mal ziemlich unspektakulär erschien. Die Öffentlichkeit verlor im Handumdrehen das Interesse an Gertrude Ederle, aber auch am Kanalschwimmen im Allgemeinen. Letzten Endes verdiente Ederle mit Auftritten insgesamt gerade einmal 19 793 Dollar. Zum Zeitpunkt von Lindberghs Parade verdiente sie 50 Dollar in der Woche als Schwimmlehrerin und konnte durch die Stadt gehen, ohne Aufmerksamkeit zu erregen. Wenn sie überhaupt erwähnt wurde, dann allenfalls als Beispiel für das Schicksal, das Charles Lindbergh ohne Zweifel ebenfalls blühte.

Mit Zwischenstopps bei der City Hall, bei der St. Patrick's Cathedral und im Central Park dauerte die Parade fast den ganzen Nachmittag. Sie war für Lindbergh der Beginn von vier Tagen intensiver Aktivität – weitere Ansprachen, Empfänge, Auszeichnungen und Paraden sollten folgen –, der Aufenthalt in der Stadt war aber auch eine verspätete Gelegenheit, um sich *Rio Rita* im Ziegfeld Theatre anzusehen. Für die Dauer ihres Besuchs war Lindbergh und seiner Mutter eine große Wohnung in der Park Avenue 270 zur Verfügung gestellt worden, die keinem anderen als Harry Frazee gehörte, dem Mann, der Babe Ruth an die Yankees verkauft hatte. Durch Zufall war Frazees Gebäude auch Charles Nungesser gut bekannt. Nungessers geliebte Consuelo Hatmaker hatte dort gewohnt, als er sie umwarb. Mrs Lindbergh erklärte sich, wenn auch widerwillig, bereit, in Frazees Wohnung Journalisten zu einer informellen Pressekonferenz zu empfangen. Ihr Auftritt war eine Lehrstunde im Nichtbeantworten von Fragen.

»Was, glauben Sie, wird Ihr Sohn als Nächstes tun?«, wollte einer der Reporter von ihr wissen.

Mrs Lindbergh antwortete, sie habe keine Ahnung.

»Hat er Ihnen aus Paris irgendein Souvenir mitgebracht?«, erkundigte sich ein anderer.

»Nein.«

»Würden Sie gerne einmal mit Ihrem Sohn über den Atlantik fliegen?«

»Er hat mich bislang nicht gefragt.«

»Welche Pläne haben Sie für die nächsten Tage?«

»Das liegt in der Hand des Organisationskomitees.«

In diesem Stil ging es noch eine halbe Stunde weiter, bis den Reportern die Fragen ausgegangen waren und nur noch lange, unangenehme Schweigepausen herrschten. Als ein Helfer das Zimmer betrat, um die Konferenz zu beenden, stieß Mrs Lindbergh einen hörbaren Seufzer der Erleichterung aus. »Ich habe bereits zu viel gesagt«, bekannte sie.

Es ließ sich nicht von der Hand weisen, dass beide Lindberghs ein wenig merkwürdig waren und dass sie gemeinsam mehr als nur ein wenig merkwürdig waren. Am Abend von Lindberghs Parade fuhren Charles und seine Mutter in Begleitung von Bürgermeister Walker zum Anwesen des Multimillionärs Clarence H. Mackay auf Long Island. Sie waren zum Bankett geladen, gefolgt von Tanz. Kurz nach dem Abendessen fiel auf, dass Lindbergh nicht mehr anwesend war. Mackay geriet in Panik und veranlasste eine Durchsuchung seines Besitzes, da er sich nicht vorstellen konnte, was mit seinem Ehrengast geschehen war. Wie sich herausstellte, hatten sich Lindbergh und seine Mutter auf den Rückweg nach Manhattan gemacht, ohne sich zu bedanken oder sich von ihrem Gastgeber, dem Gouverneur, dem Bürgermeister oder irgendeinem anderen der 500 Gäste zu verabschieden. Offensichtlich hatten sie dem Bürgermeister auch nicht gesagt, dass sie ihn ohne eine Mitfahrgelegenheit zurücklassen würden.

Die Berichterstattung über Lindbergh füllte drei Tage lang die Titelseite der *New York Times* und den Großteil der folgenden Seiten. Am Tag seiner Parade nahm sie sogar die ersten sechzehn Seiten der Zeitung ein. Das Interesse an allem, was mit Lindbergh zu tun hatte, war so groß, dass 500 Polizisten einen Kordon bilden mussten, um die Menge zurückzuhalten, als Mrs Lindbergh am 15. Juni zur Pennsylvania Station fuhr, um einen Zug zurück in den Mittelwesten zu nehmen.

Lindbergh war jetzt die wertvollste menschliche Handelsware auf dem Planeten, und er wurde mit lukrativen Angeboten bombardiert. Er konnte Filme drehen, Bücher und Zeitungskolumnen schreiben, Werbung für Produkte jeder Art machen, in Varieté-Stücken auftreten, um die Welt reisen und Vorträge halten. Seiner eigenen Erinnerung zufolge wurden ihm 500 000 Dollar und ein Anteil am Gewinn angeboten, wenn er die Hauptrolle in einer Verfilmung seines Lebens übernommen hätte, und 50 000 Dollar, wenn er Werbung für eine beliebte Zigarettenmarke gemacht hätte. Eine Firma bot ihm eine Million Dollar, wenn er das Mädchen seiner Träume suchen und heiraten und sich damit einverstanden erklären würde, dass das Ganze auf Film gebannt wurde. Wichtige Persönlichkeiten in Washington drängten ihn, in die Politik zu gehen. »Mir wurde gesagt«, schrieb Lindbergh später, »wenn ich eine politische Laufbahn einschlagen würde, hätte ich gute Chancen, letzten Endes Präsident zu werden.«

Die Anzahl derer, die versuchten, aus Lindberghs Name ohne dessen Zustimmung Kapital zu schlagen, war so groß, dass er ein Detektivbüro engagieren musste, um den Schlimmsten von ihnen das Handwerk zu legen. Die *New York Times* nannte das Beispiel eines Unternehmers in Cleveland. Dieser hatte einen Mann namens Charles Lindbergh ausfindig gemacht, der von Beruf Eisenbahnmechaniker war und nichts von Luftfahrt verstand, ihn aber pro forma zum Chef einer Firma mit dem Namen Lindbergh Aeronautics Corporation ernannt, mit der Absicht, Aktien im Wert von 100 Millionen Dollar an gutgläubige Interessenten zu verkaufen.

Das größte Ereignis in Lindberghs New Yorker Woche – in damals jedermanns Woche – war ein Dinner, das von der Stadt im Hotel Commodore für ihn veranstaltet wurde. Die *New York Times* gab die Anzahl der Gäste mit 3700 an – allesamt Männer, da keine Frauen eingeladen worden waren. Es handelte sich um das größte Bankett, das jemals in der Stadt veranstaltet worden war. Die Zeitungen zählten genüsslich die riesigen Mengen von Essen und Geschirr auf – 1130 Liter Schildkrötensuppe, 900 Kilo Fisch, 680 Kilo Virginia-Schinken, 2700 Kilo Hühnchen, 470 Liter Erbsen, 15 000 Brötchen, 2000 Kopfsalate, 380 Liter Kaffee, 880 Liter Eiscreme, 12 000 Stück Kuchen, 135 Kilo Butter, 36 000 Tassen und Teller, 50 000 Stück Besteck –, wenngleich festgestellt werden muss, dass die in den verschiedenen Publikationen genannten Zahlen nur selten übereinstimmten. Der Beginn des Dinners war für neunzehn Uhr angesetzt, doch aufgrund des Durcheinanders, das entstand, als derart viele Menschen nach ihrem Platz suchten, war es einundzwanzig Uhr, als endlich alle saßen und mit dem Auftischen begonnen werden konnte. Die Reden wurden erst ab dreiundzwanzig Uhr gehalten – mit drei Stunden Verspätung.

Der zunehmend surreale und nervenaufzehrende Charakter von Lindberghs Leben zeigte sich am Abend des 15. Juni. Nach einem Tag voller Ansprachen und Empfänge besuchte er endlich eine Aufführung von *Rio Rita,* doch das Publikum war so ekstatisch, ihn zu sehen, dass die Polizei gerufen werden musste, um es wieder zu beruhigen. Das Stück begann dann erst mit einer Stunde Verspätung. Es war noch nicht einmal annähernd zu Ende, als Lindbergh gehen musste, um im neu eröffneten Roxy Theatre einem Benefizabend für Nungesser und Coli beizuwohnen. Dort blieb er höflich eine Stunde lang sitzen, bevor er durch eine Seitentür verschwand und zum Mitchel Field gefahren wurde. Noch in seinem Smoking schlüpfte er in einen Fluganzug und hob Richtung Washington ab.

In Washington inspizierte er sorgfältig die Reparaturarbeiten, die an der *Spirit of St. Louis* vorgenommen worden waren, kletterte in das vertraute Cockpit und kehrte nach New York zurück. Um halb acht Uhr morgens landete er auf dem Mitchel Field und war zufrieden, endlich wieder mit seiner geliebten Maschine vereint zu sein. Nach einer schnellen Dusche und einem Bekleidungswechsel in der Frazee-Wohnung kam er weiter seinen öffentlichen Verpflichtungen nach, ohne geschlafen zu haben.

Wie sich herausstellte, waren die Pläne für Lindbergh an diesem Tag völlig überzogen und unrealistisch ehrgeizig. Er wurde zu einer langen Parade nach Brooklyn geschickt, zu der eine Rede vor 200 000 Menschen im Prospect Park gehörte, gefolgt von einem formellen Mittagessen mit einer brüderlichen Laienorganisation, der Knights of Columbus. Anschließend sollte er das Yankee Stadium besuchen, um die Yankees zu treffen und sich ihr Spiel gegen die St. Louis Browns anzusehen, ehe er für die Verleihung des Orteig-Preises im Hotel Brevoort zurück nach Manhattan zu eilen hatte, auf die ein weiteres formelles Dinner folgen sollte.

Im Yankee Stadium waren bestimmte Logenplätze anlässlich des Eintreffens von Lindbergh und seinen Begleitern frisch gestrichen worden, und 20 000 Fans kamen, um ihm zuzujubeln. Babe Ruth hatte versprochen, ihm zu Ehren einen Home-Run zu schlagen, aber bei Spielbeginn war der große Flieger nirgendwo zu sehen. Die beiden Teams und die Zuschauer warteten fast eine halbe Stunde darauf, dass Lindbergh eintraf, doch als bekannt wurde, dass er sich noch immer in Manhattan befand, begannen die Schiedsrichter das Spiel ohne ihn.

Baseball-Saisons kommen langsam in Gang, und zu diesem Zeitpunkt konnte noch niemand ahnen, dass sich diese Saison als ungewöhnlich produktiv für Ruth und einige andere Yankee-Spieler erweisen würde. Kurz vor Saisonbeginn sagte Ruth zu einem Reporter, dass er nicht damit rechne, seinen Home-Run-Rekord von 1921 jemals zu brechen. »Um das zu schaffen, muss man früh anfangen, und die Pitcher müssen einem zuwerfen«, erklärte er. »Ich fange nicht früh an, und die Pitcher haben mir seit vier Saisons nicht mehr zugeworfen.« Als wollte er beweisen, dass er damit recht hatte, brach er das erste Spiel wegen Schwindelgefühlen ab und war im ersten Monat der Saison nicht in der Lage, kraftvoll zu schlagen. Am 21. Mai, als Lindbergh in Paris landete, hatte Ruth in zweiunddreißig Spielen nur neun Home-Runs erzielt.

Dann passierten zwei Dinge: *Babe Comes Home* kam in die Kinos, und in Ruth kehrte plötzlich das Leben zurück. Weiß der Himmel, weshalb ihn der Film wachrüttelte, sicher ist nur, dass sein Start in den Filmtheatern genau damit zusammenfiel, dass Ruth eine Menge Home-Runs schlug – fünf innerhalb von zwei Tagen, wobei der Ball bei einem in Philadelphia sogar aus dem Stadion hinaus und über ein zweistöckiges Haus auf die gegenüberliegende Straßenseite flog. Am 7. Juni war die Gesamtzahl von Ruths Home-Runs bereits auf äußerst respektable und vielversprechende achtzehn hochgeschnellt. Zwei Tage später stahl Ruth gegen Chicago im Yankee Stadium das Home-Plate – etwas, das zweiunddreißigjährigen Männern mit Bauch in der Regel nicht gelang. Die Saison wurde mit einem Mal interessant.

Wie Ruth versprochen hatte, schlug er am Lindbergh Day einen Home-Run für den Flieger, und zwar in der zweiten Hälfte des ersten Inning gegen Tom Zachary, der am Ende der Saison einen noch folgenschwereren Home-Run an Ruth abtreten sollte. Lou Gehrig trat nach Ruth an das Plate und hämmerte einen Home-Run fast genau an derselben Stelle. Lindbergh traf leider nie im Stadion ein, um irgendetwas von alledem zu Gesicht zu bekommen. »Ich hatte mir diesen Homer für ihn aufgespart, und dann taucht er nicht auf«, sagte Ruth anschließend. »Anscheinend hält er das hier für eine Amateurliga.«

Lindbergh hatte es einfach nicht rechtzeitig dorthin geschafft, wobei es nicht seine Schuld war. Da an jeder Ecke Menschen mit ihm sprechen, ihm die Hand schütteln und einen Moment seiner Zeit in Anspruch nehmen wollten, traf er erst deutlich nach siebzehn Uhr im Yankee Stadium ein, als das Spiel fast zu Ende war. Man kam zu dem Schluss, dass ihm ohnehin keine Zeit blieb, um sich noch die letzten Minuten des Spiels anzusehen, und so drehte sein Konvoi um und fuhr zurück in die Stadt, damit er im Hotel Brevoort in Greenwich Village von Raymond Orteig den Orteig-Preis in Empfang nehmen konnte. Dort wurde er wie überall auch von einer Menschenmenge erwartet und musste durch ein Meer sich verrenkender Köpfe in das Gebäude geschleust werden.

Lindbergh wirkte inzwischen ziemlich mitgenommen. Der niederländisch-amerikanische Historiker Hendrik Willem VanLoon traf ihn inmitten all der Hektik und berichtete aufrichtig besorgt: »Ich habe noch nie jemanden gesehen, der so hoffnungslos übermüdet, so heldenhaft übermüdet war wie dieser Junge, dessen Gehirn noch eine Pflicht ausübte, während sein übriger Körper dazu nicht mehr imstande war. Noch drei solche Tage, und die Meute, die sich in seinem Glanz sonnt, wird ihn in den Tod getrieben haben.« In Wirklichkeit hatte Lindbergh viel mehr als drei Tage vor sich, und es sollte nur schlimmer werden.

Zumindest muss er sich gefreut haben, Raymond Orteig kennenzulernen, denn Orteig war ein reizender und liebenswerter Mensch, der die Gabe besaß, anderen ihre Befangenheit zu nehmen. Er hatte sein Leben in bescheidenen Verhältnissen begonnen, als Hirtenjunge in den französischen Pyrenäen, und 1882, im Alter von zwölf Jahren, folgte er einem Onkel nach Amerika. Dort brachte er sich selbst Englisch bei, suchte sich einen Job als Kellner in einem Hotel und arbeitete sich auf der Erfolgsleiter empor, bis er zunächst Oberkellner, dann Manager und schließlich Besitzer zweier der elegantesten Hotels in Manhattan war, des Lafayette und des Brevoort, die sich beide in Greenwich Village befanden. Für Orteig war Lindbergh ein Erlöser. Der Orteig-Preis, den er in einem Moment impulsiver Großzügigkeit gestiftet hatte, war für den Franzosen zu einem Albtraum geworden. Insgesamt waren sechs Menschen bei dem Versuch, den Preis zu gewinnen, ums Leben gekommen, und bis zu Lindberghs Triumph hatte es so ausgesehen, als würde diese Zahl weiter steigen. Kritiker hatten bereits festgestellt, dass Orteig, wenn auch wohlmeinend, ein Mörder sei – ein Gedanke, der für ihn verständlicherweise unerträglich war.

Deshalb überreichte er Lindbergh mit Freude und Erleichterung seinen Scheck, wenngleich ihn vermutlich ein ungutes Gefühl überkam, als er sich von einer derart hohen Summe trennen musste: 25 000 Dollar waren 1927 eine Menge Geld und gewiss mehr, als er sich ohne Weiteres leisten konnte.

Bedauerlicherweise ging Orteig nämlich langsam pleite. Schuld daran war das, was auch unzählige andere Menschen erledigte, und zwar manchmal allzu wörtlich: die Prohibition.

Zwölftes Kapitel

Irgendwann am Abend des 23. Juni 1927 kehrte Wilson B. Hickox, dreiundvierzig, ein wohlhabender Geschäftsmann aus Cleveland, Ohio (und zufälligerweise ein Nachbar von Myron Herrick, dem amerikanischen Botschafter in Frankreich), von einem abendlichen Ausflug in New York in sein Zimmer im Roosevelt Hotel zurück und schenkte sich einen Schlummertrunk ein.

Kurz darauf hatte Mr Hickox plötzlich das Gefühl, dass es ihm Kehle und Brust zuschnürte, und er spürte einen stechenden Schmerz, der sich in seinem ganzen Körper ausbreitete. Man kann sich gut vorstellen, wie ihm das Glas aus der Hand glitt und wie er sich mühsam erhob und zur Tür stolperte, um Hilfe zu holen. Seine Symptome verschlimmerten sich jedoch ungewöhnlich rasch. Der Reihe nach fielen seine Körperfunktionen aus, kein Wunder, ihn durchflutete die toxische Wirkung von Strychnin. Mr Hickox schaffte es nicht bis zur Tür, sondern starb jämmerlich auf dem Fußboden seines Hotelzimmers, fassungslos, verängstigt und unfähig, auch nur einen einzigen Muskel zu bewegen.

Das Bemerkenswerteste an Mr Hickox' Tod war nicht die Tatsache, dass er vergiftet worden war, sondern dass ihn seine eigene Regierung getötet hatte. Die zwanziger Jahre waren in vieler Hinsicht das seltsamste und verwunderlichste Jahrzehnt in der amerikanischen Geschichte, und nichts hatte daran einen größeren Anteil als die Prohibition. Sie war das mit Abstand extremste, am wenigsten durchdachte, teuerste und am meisten ignorierte Experiment zur Steuerung des Sozialverhaltens, das jemals von einer ansonsten vernünftigen Nation durchgeführt wurde. Außerdem machte sie auf einen Schlag dem fünftgrößten Industriezweig in Amerika den Garaus. Sie entriss legitimen Geschäftsleuten gut zwei Milliarden Dollar im Jahr und steckte sie mordlustigen Gangstern in die Taschen. Und sie machte ehrliche Menschen zu Kriminellen, außerdem führte sie dazu, dass im Land sogar mehr Alkohol getrunken wurde als zuvor.

Allerdings war nichts an der Prohibition absurder als der Umstand, dass es zu einer erklärten Methode der Regierung der Vereinigten Staaten wurde, eine beliebige Auswahl an Bürgern zu vergiften, um damit die übrigen nüchtern zu halten. Mr Hickox stellte nur in der Hinsicht eine Ausnahme dar, dass wohlhabende Menschen in der Regel nicht zu den Opfern gehörten, da sie darauf achteten, ihren Alkohol von verlässlichen Lieferanten zu beziehen. Aus diesem Grund machten Leute wie Al Capone ein so gutes Geschäft mit der Prohibition: Sie töteten ihre Kunden nicht.

Mr Hickox starb aufgrund eines Problems, das bei der Einführung der Prohibition nicht bedacht worden war – nämlich, dass Alkohol nicht nur getrunken wurde, sondern auch allen möglichen anderen Zwecken diente. Er war (und ist in vielen Fällen noch immer) ein wichtiger Bestandteil von Farbverdünnungen, Frostschutzmitteln, Lösungen, Antiseptika, Balsamierflüssigkeiten und vielem mehr. Deshalb musste seine Produktion für legale Zwecke weiterhin erlaubt bleiben. Zwangsläufig wurde ein Teil dieses nach wie vor legalen Alkohols (genau genommen riesige Mengen; einer Schätzung zufolge 230 Millionen Liter im Jahr) auf den Schwarzmarkt umgeleitet. Um industriellen Alkohol ungenießbar zu machen, fing die Regierung an, ihn zu »denaturieren«, indem sie ihn mit Giften wie Strychnin oder Quecksilber versetzte, die zum Erblinden, zu Lähmungserscheinungen und zum Tod führen konnten, wenn man sie trank. Denaturierter Alkohol wurde in den fröhlichen Worten eines Verfechters der Prohibition zu »Amerikas neuem Nationalgetränk«.

Die Zahlen, wie viele Menschen nach dem Konsum von denaturiertem Alkohol einen erbärmlichen Tod starben, variieren stark. In ihrer verlässlichen Studie *Eating in America* geben die Autoren Waverley Root und Richard De Rochemont an, allein 1927 seien 11 700 Menschen durch Alkohol ums Leben gekommen, der von der Regierung vergiftet worden war. Andere Quellen nennen eine deutlich niedrigere Zahl. Wie klein oder groß sie auch gewesen sein mag, die Bereitschaft der Bürokratie, die eigenen Bürger einen qualvollen Tod sterben zu lassen, weil sie sich für etwas engagiert hatte, das bis vor kurzem als Teil des zivilisierten Lebens akzeptiert, fast überall auf der Welt nach wie vor rechtmäßig und in Maßen genossen tendenziell harmlos war, ist mit Sicherheit die bizarrste und finsterste Episode in der amerikanischen Geschichte.

Fast alles an der Prohibition war entweder stümperhaft oder nichts weiter als eine Farce. Das Finanzministerium wurde mit der Durchsetzung der neuen Gesetze beauftragt, doch ihm fehlten für diese Aufgabe die erforderlichen Qualifikationen, die Geldmittel sowie der nötige Eifer. Da der Kongress dem Prohibition Department ausreichend Ressourcen verweigerte, beschäftigte dieses nur 1520 Agenten und übertrug ihnen die unmöglich zu erfüllende Aufgabe, die Produktion und den Konsum von Alkohol bei einer Einwohnerzahl von rund hundert Millionen Menschen (das bedeutete etwa 75 000 Personen pro Agent) auf einem Gebiet von neun Millionen Quadratkilometern zu stoppen und gleichzeitig 18 700 Meilen Küsten und Grenzen vor Schmugglern zu schützen.* Die Regierung erwartete von den Bundesstaaten, dass diese einspringen und für die Einhaltung der Gesetze Sorge tragen, doch fast alle Staaten legten bei dieser Aufforderung eine völlige Abneigung an den Tag. 1927 gaben sie im Durchschnitt achtmal so viel für die Durchsetzung von Gesetzen aus, die die Fischerei und das Glücksspiel betrafen, denn für die Prohibition.

Die wirtschaftlichen Kosten waren bei dieser Anstrengung für die

---

* Das Personal wurde später zahlenmäßig leicht verstärkt, überstieg aber nie 2300 Agenten.

Nation gewaltig. Die Regierung verlor im Jahr 500 Millionen Dollar, die sie sonst durch die Alkoholsteuer eingestrichen hätte – fast ein Zehntel des Nationaleinkommens. Auf Bundesstaatsebene waren die Einbußen manchmal sogar noch größer. Vor der Prohibition stammte etwa die Hälfte der Einnahmen des Staates New York aus Alkoholsteuern. Es ist kaum verwunderlich, dass sich die Bundesstaaten dagegen sträubten, Gelder aus ihrem reduzierten Budget dafür zu verwenden, um für die Einhaltung eines Gesetzes zu sorgen, das sie arm machte.

Illegale Bars, sogenannte *speakeasies*, vermehrten sich rasant. Im Zentrum von Manhattan gab es zum Beispiel einen Häuserblock, in dem man zweiunddreißig verschiedene Möglichkeiten hatte, um an ein alkoholisches Getränk zu kommen. Alkohol war so frei verfügbar und oft so wenig verborgen, dass die Prohibition manchmal gar nicht zu existieren schien. In Chicago, wo etwa 20 000 Bars weiterhin ihr Geschäft betrieben, operierten die Etablissements in manchen Stadtvierteln völlig unverhohlen und gaben nicht einmal vor, irgendetwas anderes zu sein. In New York gab es Schätzungen zufolge 32 000 Kneipen – doppelt so viele wie vor der Prohibition.

Und selbstverständlich unterlag der Alkohol, der in diesen neuen Etablissements verkauft wurde, keinerlei Kontrollen. In Chicago kippte ein Chemiker im städtischen Dienst etwas schwarzgebrannten Whisky in ein Waschbecken und beobachtete mit Verwunderung, wie dieser sich zischend durch das Porzellan fraß. Aus Neugier, was schwarzgebrannter Whisky genau enthielt, engagierte das *New York Telegram* einen Chemiker, der 341 Proben aus illegalen Bars der Stadt untersuchen sollte. Zu den Zutaten, die er herausfilterte, zählten Kerosin, Nikotin, Benzol, Formaldehyd, Jod, Schwefelsäure und Seife. Ungefähr jede sechste Probe, fand er heraus, stellte eine ernsthafte Bedrohung für die Gesundheit dar.

Somit drängt sich die Frage auf, wie es überhaupt so weit kommen konnte. Ein erstaunlich großer Teil der Antwort findet sich bei einem klein gewachsenen Mann mit Spitzmausgesicht, gepflegtem Schnurrbart und Kneifer namens Wayne B. Wheeler. Trotz seiner offenbar kaum bedrohlich wirkenden Erscheinung war Wheeler eine Zeit lang der am meisten gefürchtete und mächtigste Mann in ganz Amerika und möglicherweise – es sei denn, man ist der Meinung, dass Menschen nach dem Konsum von Alkohol einen schrecklichen Tod sterben sollten – auch der bösartigste.

Wayne Bidwell Wheeler wurde 1869 geboren und wuchs auf einer Farm im Osten von Ohio auf. Dort stieß ihm eines Tages ein alkoholisierter Farmarbeiter versehentlich eine Heugabel ins Bein. Wenngleich Trunkenheit Wheeler sonst keine Unannehmlichkeiten bereitet zu haben schien, entwickelte er einen beinahe missionarischen Eifer, Alkohol als Getränk aus dem amerikanischen Leben zu verbannen.

Nach seiner Zulassung als Anwalt wurde er Leiter der Anti-Saloon League in Ohio und zeigte dort schnell eine Begabung für politische Manipulation. 1905 legte er sich mit dem allseits beliebten Gouverneur von Ohio an, einem Mann, der zwei Jahre zuvor mit dem größten Stimmenvorsprung in der Geschichte des Bundesstaats ins Amt gewählt worden war und bereits als zukünftiger Präsidentschaftskandidat gehandelt wurde – der jedoch leider nicht den Wunsch der Anti-Saloon League unterstützte, Ohio trocken zu machen. Bei dem fraglichen Mann handelte es sich um Myron T. Herrick, der kurz davor war anzunehmen, dass es sich nicht lohnte, Wayne B. Wheeler zu widersprechen. Als meisterhafter Propagandist wich Wheeler nie von seinem Vorhaben ab, das darin bestand, jeden Politiker, der die Prohibition nicht rückhaltlos verteidigte, aus dem Amt zu treiben. Und um seinen Willen durchzusetzen, war ihm jedes Mittel recht. Oft engagierte er Privatdetektive, damit sie bei Politikern, die ihn nicht enthusiastisch genug unterstützten, Schmutz ans Tageslicht förderten. Erpressung betrachtete er als völlig legitimes Mittel, um seine Ziele zu erreichen.

Amerika trocken zu machen war das Einzige, was ihn interessierte. Während sich andere Abstinenzgruppen mit allen möglichen Randthemen befassten – mit Tabak, kurzen Röcken, Jazz, sogar mit Postamt-Richtlinien und einer Regierungs-Eigentümerschaft an versorgungswirtschaftlichen Einrichtungen –, wich Wheeler nie von seiner monotonen Botschaft ab: dass der Konsum von Alkohol für Armut, kaputte Ehen, Arbeitslosigkeit und alle anderen Übel der modernen Gesellschaft verantwortlich sei.

Myron Herricks letztendliche Ablehnung von Wheelers Aufruf zur Prohibition ließ ihn realitätsfremd und unbarmherzig erscheinen. Er erlitt eine vernichtende Niederlage und wurde nie wieder in ein Amt gewählt. Stattdessen wurde Herricks erstaunlich mittelmäßiger Vizegouverneur Warren G. Harding zum aufsteigenden Stern an Ohios Politikhimmel. Politiker aus ganz Amerika lernten schnell, entweder Wheeler und die Anti-Saloon League zu unterstützen oder jegliche Hoffnung aufzugeben, je wieder gewählt zu werden.

Unter dem »Wheelerism« – so lautete die Strategie der Anti-Saloon League, unter der sie auch bekannt wurde – war ein großer Teil Amerikas bereits vor der Inkraftsetzung der Prohibition trocken. 1917 waren siebenundzwanzig Bundesstaaten völlig trocken und einige weitere überwiegend trocken. Man konnte durch weite Teile des Landes reisen – von Texas zu den Dakotas, von Utah bis zur Ostküste –, ohne dabei in eine einzige Gegend zu kommen, in der Alkohol erhältlich war. Nur in ein paar weit verstreuten, abgelegenen Städten und Industriegebieten, in denen sich Einwanderer in durstigen Scharen versammelten, war es noch möglich, auf legale Weise an Alkohol zu gelangen. Dabei handelte es sich allerdings um Orte, an denen Alkoholkonsum hartnäckig verwurzelt war und die Anti-Saloon League kaum Chancen hatte, regionale oder bundesstaatliche Gesetze zu ändern. Doch dann kam das, was sich für Wheeler als Glücksfall erweisen sollte: der Erste Weltkrieg.

Als der Krieg ausbrach, waren die meisten Amerikaner zufrieden damit, dass dieser ein Konflikt im fernen Europa blieb. Doch dann leistete sich Deutschland verschiedene taktische Fehler, die die Stimmung kippen ließen. Der erste war die Bombardierung ziviler Ziele. Inzwischen ist man fast daran gewöhnt, dass in Kriegen Zivilisten ins Visier genommen werden (was es auch nicht besser macht), doch damals galt das Töten Unbeteiligter weithin als Barbarei. Als die Deutschen begannen, jeden Nachmittag gegen siebzehn Uhr als eine Art Experiment ein Flugzeug nach Paris zu schicken und eine einzelne Bombe auf die Stadt abzuwerfen, war Präsident Woodrow Wilson so aufgebracht, dass er einen persönlichen Beschwerdebrief an die deutschen Machthaber schrieb.

Dann kündigte Deutschland auch noch an, Passagierschiffe auf dem Meer unter Beschuss zu nehmen. Im Mai 1915 torpedierte ein deutsches U-Boot den Passagierdampfer *Lusitania* in neutralen Gewässern vor der irischen Küste in der Nähe von Kinsale. Das britische Schiff sank in nur achtzehn Minuten und nahm 1200 Menschen mit in den Tod. Bei einem Drittel der Opfer handelte es sich um Frauen und Kinder; 128 Tote waren Amerikaner, deren Land sich nicht einmal im Krieg befand. Empörung folgte auf dem Fuß, doch Deutschland machte alles noch wesentlich schlimmer, indem es den Tag des Massakers – unglaublich, aber wahr – zum Nationalfeiertag erklärte. Dr. Bernhard Dernburg, Leiter des Deutschen Roten Kreuzes in Amerika, sagte, die Passagiere der *Lusitania* hätten bekommen, was sie verdient hätten. Er wurde des Landes verwiesen und konnte von Glück reden, mit dem Leben davongekommen zu sein.

Anderen erging es weniger gut. Ein Deutscher in St. Louis, der angeblich schlecht über seine Wahlheimat gesprochen hatte, wurde von einer Meute aufgespürt, in eine amerikanische Flagge gewickelt, durch die Straßen gezerrt und gelyncht. Ein Geschworenengericht befand die Anführer des Mobs im Anschluss für nicht schuldig, da es sich um einen »patriotischen Mord« gehandelt habe. Deutsche Geschäfte wurden boykottiert, oder es wurden Ziegelsteine in ihre Schaufenster geworfen. Menschen mit deutschem Namen entschieden sich häufig aus Sicherheitsgründen dazu, diesen in einen weniger offensichtlich teutonischen ändern zu lassen. Einer von ihnen war Albert Schneider, der im folgenden Jahrzehnt besser als das Mordopfer Albert Snyder bekannt wurde. In Restaurants wurden keine deutschen Gerichte mehr angeboten oder nur unter geänderten Bezeichnungen; der ins Englische übernommene Begriff *sauerkraut* wurde zu *liberty cabbage,* »Freiheitskraut«. In einigen Gemeinden war es untersagt, die Musik deutscher Komponisten zu spielen. Iowa verbot sicherheitshalber in Schulen, in Kirchen und sogar am Telefon Unterhaltungen in *sämtlichen* Sprachen außer Englisch. Als einige Menschen dagegen protestierten, dass sie auf den Gottesdienst in ihrer Muttersprache verzichten mussten, erwiderte Gouverneur William L. Harding: »Es hat keinen Sinn, dass irgendjemand seine Zeit damit verschwendet, in einer anderen Sprache als Englisch zu beten.«

Niemandem entging, dass sich fast alle amerikanischen Brauereien im Besitz von Männern deutscher Abstammung mit mutmaßlich deutschen Sympathien befanden. Verfechter der Abstinenzbewegung stürzten sich darauf, um den Konsum von Bier wie einen beinahe verräterischen Akt erscheinen zu lassen. »Wir kämpfen gegen drei Feinde: Deutschland, Österreich und den Alkohol«, behauptete der Cornflakes-Hersteller Kellogg's in einer patriotischen Reklame, die unmittelbar nach dem Kriegseintritt Amerikas auftauchte. Diese Behauptung war tatsächlich nicht aus der Luft gegriffen. Wie sich herausstellte, hatte die National German-American Alliance, eine in erster Linie von Brauereien gegründete Organisation, nicht nur Lobbyarbeit gegen die Prohibition betrieben, sondern – was noch hinterhältiger war – im Auftrag von Kaiser Wilhelm. Diese Kombination konnte nicht viele Freunde für sich gewinnen.

Die zunehmend antideutsche Stimmung verlieh der Abstinenzbewegung einen riesigen Aufschwung. Der 18. Zusatzartikel zur Verfassung der Vereinigten Staaten, der die Produktion und den Konsum von Alkohol untersagte, war auf dem besten Weg zur Ratifizierung, nachdem er von einer neu erstarkten Anti-Saloon League fachmännisch durch eine bundesstaatliche Legislative nach der anderen geschleust wurde. Am 16. Januar 1919 billigte Nebraska das

Gesetz als sechsunddreißigster Staat und sorgte damit für die Dreiviertelmehrheit, die nötig war, damit es ein Jahr später beschlossen werden und in Kraft treten konnte.

Der 18. Zusatzartikel machte die Prohibition zwar zu einer gesetzlichen Realität, indem er berauschende Getränke verbot, er definierte jedoch nicht, wie dieses Verbot umgesetzt werden sollte oder was als berauschend galt und was nicht. Dazu war ein weiteres Gesetz erforderlich, der sogenannte Volstead Act, der sich mit den Details befasste. Die Verordnung war nach Andrew J. Volstead benannt, der wie Lindbergh aus Minnesota stammte und dessen Haupterkennungsmerkmal ein eindrucksvoller Schnurrbart war, der wie ein Bärenfellteppich von seiner Oberlippe hing. Wenngleich Volstead selbst keinen Alkohol trank, war er kein Fanatiker und hätte niemals ein landesweites Alkoholverbot angestrebt. Das Gesetz wurde nur deshalb nach ihm benannt, weil er Vorsitzender des House Committee on the Judiciary war und es deshalb formulieren musste. Volsteads Name war das ganze Jahrzehnt hindurch zu hören, er selbst wurde bei den nächsten Wahlen allerdings abgewählt und kehrte in seine Heimatstadt Granite Falls in Minnesota zurück, wo er sang- und klanglos als Anwalt tätig war und die Lektüre des *Congressial Record* als sein wichtigstes Hobby nannte. Wayne Wheeler behauptete immer, in Wirklichkeit habe er das Gesetz entworfen und verfasst, wogegen Volstead vehement protestierte. Es stellt sich die berechtigte Frage, weshalb überhaupt jemand die Urheberschaft eines Gesetzes für sich beanspruchte, das sich als erstaunlich schlecht konzipiert erwies.

Der Volstead Act wurde dem Kongress am 19. Mai 1919 vorgelegt. Seine Ziele, die in einer Einleitung kurz und bündig zusammengefasst waren, wirkten nicht besonders alarmierend. »Zum Verbot berauschender Getränke und zur Regulierung von Herstellung, Produktion, Verwendung und Verkauf hochprozentiger Spirituosen für andere Zwecke sowie zur Gewährleistung eines hinreichenden Angebots an Alkohol und zur Förderung seiner Verwendung in der wissenschaftlichen Forschung und in der Entwicklung von Treibstoffen, Färbemitteln und anderen rechtmäßigen Produkten.« Die Formulierung mochte etwas unbeholfen gewesen sein, doch der Tonfall klang nicht allzu bedrohlich. Nur dem Kleingedruckten war zu entnehmen, dass der Volstead Act alles mit einem Alkoholgehalt von mehr als einem halben Prozent – ungefähr dem von Sauerkraut – als berauschendes Getränk definierte. Viele von denen, die den Prohibitions-Zusatzartikel unterstützt hatten, waren davon ausgegangen, dass Bier und offene Weine nicht betroffen seien. Erst jetzt dämmerte es der Bevölkerung, wie radikal – wie erschreckend absolut – die Prohibition sein würde.

Vermutlich war genau das der bemerkenswerteste Aspekt bei der Einführung der Prohibition in Amerika: dass so viele Menschen von ihr überrumpelt wurden. Wie der Historiker und Publizist Frederick Lewis Allen in *Only Yesterday* feststellt: »Das Land akzeptierte sie nicht nur bereitwillig, sondern beinahe geistesabwesend.«

Die Prohibition war so fehlerhaft und das in so vieler Hinsicht, dass sogar viele von denjenigen, die sie prinzipiell befürwortet hatten, entsetzt darüber waren, wie sie sich in der Praxis entwickelte. Zum einen machte sie das Leben in Amerika erheblich gefährlicher. Die landesweite Mordrate stieg nach ihrer Einführung um fast ein Drittel an. Prohibitionsagent zu sein war riskant – in den ersten zweieinhalb Jahren der Prohibition wurden dreißig Agenten bei der Arbeit getötet. Schon allein sich in der Nähe von Agenten aufzuhalten war oft gewagt, da sich diese häufig als schießwütig erwiesen. Allein in Chicago erschossen Prohibitionsagenten innerhalb von zehn Jahren dreiundzwanzig unschuldige Zivilisten.

Trotz der Gefahren wurden Prohibitionsagenten schlechter bezahlt als Müllmänner, was Korruption geradezu herausforderte. Ein verbreiteter Trick war, dass Agenten Alkohol beschlagnahmten, um ihn dann den ursprünglichen Besitzern sofort wieder zu verkaufen. Bestechung war an der Tagesordnung. Illegale Bars zahlten im Durchschnitt 400 Dollar im Monat an Polizisten und Stadtbeamte, was sich allein in New York City im Jahr auf ungefähr 150 Millionen Dollar addierte. Kurz gesagt: Eine Menge Leute verdienten eine Menge Geld mit der Prohibition.

Die Verlockungen der Korruption erstreckten sich weit über amerikanische Küsten hinaus. Unter dem Druck der Vereinigten Staaten machte Kanada es seinen Brauereien und Brennereien beinahe unmöglich, ihre Produkte an Amerikaner zu verkaufen. Erfinderische Schmuggler entdeckten aber eine Alternative in Form der wenig bekannten Inselgruppe Saint-Pierre und Miquelon unmittelbar vor der Südspitze Neufundlands. Durch einen geschichtlichen Zufall gehörten diese »zwei Punkte Ginster und Granit« im Nordatlantik seit 1763 zu Frankreich und befanden sich damit außerhalb der amerikanischen und kanadischen Gerichtsbarkeit. Über Nacht wurden Saint-Pierre und Miquelon zu den weltgrößten Importeuren alkoholischer Getränke. Die Inseln führten drei Millionen Flaschen Champagner ein, wodurch sie zu Frankreichs größtem Überseemarkt wurden, sowie riesige Mengen Weinbrand, Armagnac, Calvados und andere alkoholische Getränke.

Als der Gouverneur der Inseln von den amerikanischen Behörden aufgefordert wurde zu erklären, weshalb 4000 Menschen plötzlich eine solche Zuneigung zu Alkohol entwickelt hätten, erwiderte dieser mit gallischer Gelassenheit, dass er sich keines merklichen Anstiegs der Alkoholimporte bewusst sei und die zwei Dutzend großen neuen Lagerhallen, die in der Umgebung des Haupthafens auf Saint-Pierre aus dem Boden geschossen waren, nicht zur Kenntnis genommen habe. Er versprach jedoch, der Sache nachzugehen. Anschließend bestätigte er den Amerikanern, dass sich tatsächlich etwas Wein auf Saint-Pierre und Miquelon befände, der allerdings für die Bahamas bestimmt sei, wo der Konsum von Alkohol legal war. Offenbar sei er auf Saint-Pierre nur zwischengelagert.

Die Prohibition sorgte auch für eine Menge Heuchelei. Im Sommer 1926 wurde Colonel Ned Green, der Prohibitionsverwalter für Nordkalifornien, vom Dienst suspendiert, nachdem herausgekommen war, dass er in den Büroräumen der Prohibitionsverwaltung in San Francisco Cocktailpartys veranstaltete. »Ich hätte schon vor langer Zeit suspendiert werden sollen«, äußerte er Reportern gegenüber freundlich.

Selbst wenn die Regierung illegalen Alkohol konfiszierte, passte sie nicht immer besonders gut darauf auf. In Chicago verschwanden im Sommer 1920 500000 Liter Whisky – 670000 Flaschen – aus einer Lagerhalle, wo sie nach der Beschlagnahmung untergebracht gewesen waren. Die Nachtwächter behaupteten – nicht ganz überzeugend, wie man sagen muss –, sie hätten während ihrer letzten Schichten nicht bemerkt, dass irgendetwas nicht in Ordnung sei. Landesweite Statistiken zeigten, dass von den 190 Millionen Litern Whisky, die zu Beginn der Prohibition in Lagerhallen der Regierung aufbewahrt worden waren, am Ende der Prohibition im Jahr 1933 zwei Drittel fehlten.

Die Prohibitionsgesetze durchzusetzen erwies sich ohnehin als beinahe unmöglich, da sie mit Schlupflöchern geradezu gespickt waren. Ärzten konnten ihren Patienten legal Whisky verschreiben, was sie mit solcher Begeisterung taten, dass sie damit gegen Ende der zwanziger Jahre 40 Millionen Dollar im Jahr verdienten. Dem *New Yorker* zufolge händigten Ärzte in den meisten Fällen einfach Blankorezepte aus. (In der Woche, in der Lindbergh nach Paris flog, autorisierte der US Prohibition Commissioner James M. Doran die Produktion weiterer 11,3 Millionen Liter Whisky für medizinische Zwecke. Als Stimmen laut wurden, dass das eine Menge Whisky für ein derart begrenztes Anwendungsgebiet sei, erklärte ein Mitarbeiter des Finanzministeriums, die Vorräte seien »aufgrund von Verdunstung« jedes Mal innerhalb kürzester Zeit erschöpft.)

Religiösen Gruppierungen war es gestattet, alkoholische Getränke für heilige Handlungen vorrätig zu halten, und dieser Markt erwies sich ebenfalls als erstaunlich stabil. Ein kalifornischer Winzer bot vierzehn verschiedene Kommunionsweine an, unter anderem Port und Sherry, was darauf schließen ließ, dass vielleicht nicht alle Weine gänzlich heilig sein sollten. In Kalifornien stieg die Fläche, die für den Anbau von Weintrauben zur Verfügung gestellt wurde, in den ersten fünf Jahren der Prohibition von 40 000 auf 285 000 Hektar an, und das lag nicht daran, dass plötzlich Unmengen von Rosinen gegessen wurden. Die wirkliche Ursache war, dass kein Wein mehr importiert wurde und der boomende Markt den Bedarf an einheimischen Weintrauben in die Höhe schnellen ließ.

Wenngleich die Produktion von Wein für den persönlichen Konsum ebenfalls illegal war, verschickten Weingutbesitzer Traubenkonzentrat, aus dem zu Hause Wein hergestellt werden konnte. Für den Fall, dass jemand nicht begriff, worum es ging, war die Verpackung mit einem Warnhinweis in Großbuchstaben versehen: »Achtung: Gärt und verwandelt sich innerhalb von sechzig Tagen in Wein.« Zum Leidwesen von Liebhabern guter Weine gruben Weinbauern den Großteil ihrer Reben aus und ersetzten sie durch Trauben, die Masse statt Qualität lieferten. Die kalifornischen Weingüter brauchten eine Generation, um sich davon zu erholen.

Der Verlust von Einnahmen aus dem Verkauf alkoholischer Getränke traf insbesondere viele Restaurants hart. Zu den Opfern in New York zählten Shanley's, Rector's, Sherry's und Browne's Chop House – allesamt beliebte Institutionen. Delmonico's, das altehrwürdigste Lokal von allen, hielt bis 1923 durch, ehe es kurz vor seinem hundertsten Geburtstag schließlich das Handtuch warf. Der Konsum von Alkohol hatte sich größtenteils in jene illegalen Bars verlagert, die durch kreative Namen wettmachten, was ihnen in der Regel an Eleganz fehlte. Zu den bekannteren Etablissements dieser Art gehörten der Hyena Club, das Furnace, das Ha! Ha!, der Eugenic Club, das Sawdust Inn und der Club Pansy. Für diejenigen, die zu ihren Drinks gern Musik hörten, war Harlem die Anlaufstelle schlechthin. Dort strömten die Menschen unter anderem ins Bamboo Inn, in den Lenox Club, ins Clam House, ins Smalls' Paradise, in Tillie's Chicken Shack, in den Cotton Club und ins einprägsam benannte Drool Inn. Der Sonntagabend war der wichtigste Abend. Stammkunden bekamen professionelle, individuelle Musik geboten, die von einem ganzen Heer von Talenten gespielt wurde: Duke Ellington, Cab Calloway, Fats Waller, Eubie Blake, Bessie Smith, Bill Basie (aus dem später Count Basie werden sollte), Louis Armstrong und zahlreiche andere. In vielen Clubs in Harlem hatten nur Weiße Zutritt. Die einzigen Schwarzen im Haus waren die Kellner und die Musiker. In den beliebtesten Lokalitäten betrug der Eintrittspreis bis zu 20 Dollar – annähernd so viel wie der wöchentliche Verdienst eines durchschnittlichen Arbeitnehmers –, und ein paar Runden Getränke konnten leicht noch einmal genauso teuer kommen.

Versuche, die Prohibition durchzusetzen, fanden bestenfalls sporadisch statt, doch gelegentlich machte die eine oder andere Behörde ernst. Der erfolgreiche Rechtsanwalt Emory Buckner, der im März 1925 zum Prohibitionsvollstrecker von New York ernannt wurde, ersann eine neue Strategie, die alle Alkoholliebhaber und diejenigen, die sie versorgten, eine Zeit lang in Angst und Schrecken versetzte.

Buckner führte das Prinzip ein, dass sämtliche Lokale, die gegen den Volstcad Act verstießen, geschlossen wurden. Das Gesetz erlaubte es ihm, solche Orte für ein Jahr zuzusperren, ohne deshalb vor Gericht gehen zu müssen. Anstatt ein paar unglückselige und entbehrliche Kellner und Barkeeper zu verhaften, wie es früher an der Tagesordnung gewesen war, konnten jetzt die Besitzer dort getroffen werden, wo es ihnen am meisten wehtat, nämlich in ihren Bilanzen. Buckner kündigte sein Vorhaben an, tausend Etablissements in New York zu schließen – und begann mit den berühmtesten Lokalen wie dem von Texas Guinan geführten El Fay Club und Owney Maddens Silver Slipper. Das war ein direkter Angriff auf die anspruchsvolleren Trinker der Stadt, die beinahe panisch reagierten.

Zum Glück für die Clubs erwies sich die Krise als vorübergehend. Die Prohibition war viel zu lukrativ, als dass man sie leicht hätte vereiteln können. Mindestens ein Etablissement benutzte die Zwangsschließung als Tarnung, ließ seinen Vordereingang verschlossen und empfing seine Gäste durch einen bescheideneren Hintereingang. Andere zogen einfach unter geändertem Namen in neue Räumlichkeiten um, sodass aus dem El Fay Club zunächst der Del Fay Club wurde, dann Fay's Follies, der Club Intime, der Club Abbey, der Salon Royal und schließlich der Three Hundred Club – wenngleich alle auch nach ihrer berühmten Inhaberin unter dem Namen Texas Guinan's bekannt waren. Guinan, die ursprünglich aus dem texanischen Waco stammte, hatte beinahe einen übermenschlichen Charakter. 1927 war sie dreiundvierzig Jahre alt, sie war von zierlicher Statur, mit platinblondem Haar und einem breiten Lächeln. Außerdem hatte sie die Angewohnheit, ihre Gäste zu beschimpfen, vor allem dann, wenn diese nicht großzügig Geld ausgaben. Dafür wurde sie von allen geliebt. Ihr Slogan lautete: »Hallo, Trottel«. Die meisten ihrer Clubs waren klein und überfüllt. Ihre Tänzerinnen waren fast vollkommen nackt und häufig erschreckend jung. Ruby Keeler fing mit gerade einmal vierzehn Jahren bei Texan Guinan's an und hörte drei Jahre später wieder auf, um Al Jolson zu heiraten, der sich – wie auch viele andere – von ihrer schlanken Figur und ihrem leichten, aber einnehmenden Lispeln verzaubern ließ. Eine andere Guinan-Tänzerin namens Ruby Stevens wurde später besser als Barbara Stanwyck bekannt.

Guinan fungierte als Zeremonienmeisterin. Sie liebte ihre Mädchen, nahm deren Talente jedoch nicht allzu ernst. Gern sagte sie so etwas wie: »Also, diese Kleine ist keine große Sängerin. Singen hat sie in einem Fernkurs gelernt und dabei ein paar Stunden Unterricht verpasst, aber sie ist das netteste Mädchen in der ganzen Show, deshalb möchte ich einen kräftigen Applaus für sie hören.« (Bei der noch heute gebräuchlichen Formulierung *a big hand* für »kräftigen Applaus« handelt es sich angeblich um eine Guinan-Schöpfung.) Die Schließung ihrer Etablissements machte Guinan so berühmt, dass die Brüder Shubert sie mit einer Hauptrolle in ihrer Broadway-Revue mit dem Titel *Padlocks of 1927* bedachten.

Da Clubs von heute auf morgen geschlossen werden konnten, wurde nur ein Minimum in ihre Einrichtung und Ausstattung investiert. Den Gästen schien das nichts auszumachen, solange sie etwas Anständiges zu trinken bekamen. Öffentlicheren und fester verwurzelten Institutionen wie Hotels boten sich deutlich weniger Möglichkeiten. Die Bar im Knickerbocker Hotel (angeblich der Geburtsort des Dry Martini) nahm vor der Prohibition 4000 Dollar am Tag ein – eine Summe, die sich nicht ohne Weiteres ersetzen ließ. Ohne seine Bar-Einnahmen ging das Knickerbocker bankrott. Genauso erging es dem Manhattan Hotel, wo der Cocktail »Manhattan« erfunden wurde. Manche Hotels versuchten zu überleben, indem sie sogenannte *set-ups* anboten – Eiswürfel, Selters, Angosturabitter und so weiter –, denen der Gast seinen eigenen Alkohol beifügen konnte, doch das machte die verlorenen Einnahmen aus dem Verkauf von alkoholischen Getränken nicht annähernd wett. Andere boten weiterhin heimlich Alkohol an in der Hoffnung, dass es den Behörden irgendwie entgehen würde. Früher oder später wurden sie jedoch fast immer enttäuscht.

Im März 1926 ließ Buckner den Speisesaal des Brevoort Hotel für sechs Monate zusperren. Das bedeutete, dass das Hotel nicht nur sämtliche Einnahmen aus dem Verkauf alkoholischer Getränke verlor, sondern auch sein Mittag- und Abendessengeschäft. Es konnte seinen Gästen nicht einmal mehr Frühstück servieren, da ihm so viele ganz den Rücken kehrten. Letzten Endes gab Raymond Orteig auf und schloss das Brevoort.

Buckners Schließungstaktik machte Schule und wurde landesweit angewendet, unter anderem auch bei einem Mammutbaum in Kalifornien, in dem eine illegale Brennerei entdeckt wurde (wenngleich das verdächtig nach einem Werbegag klingt). Insgesamt schlossen die Behörden im Spitzenjahr 1925 etwa 47 000 Schankorte in ganz Amerika.

Interessanterweise glaubte Buckner gar nicht an die Prohibition und gab zu, dass er allein deshalb für deren Einhaltung sorge, weil es sich bei ihr um ein Gesetz handle, und nicht aufgrund irgendeiner moralischen Überzeugung. »Ich habe kein besonderes Interesse daran, außer als rechtliches Problem«, erklärte er und machte kein Geheimnis daraus, dass er selbst oft genug Alkohol getrunken habe (allerdings nicht, seit er zum Bezirksstaatsanwalt ernannt worden sei). Seiner Ansicht nach war die ganze Sache ein schrecklicher Fehler. »Sie hat zu einer scheußlichen kriminellen Situation geführt, sorgt für Meineide, Morde, die moralische Vergiftung von Beamten, Körperverletzung, Diebstähle und alle möglichen anderen damit zusammenhängenden Formen von Gesetzesbruch. Was das Gesetz Gutes bewirken mag, ist wertlos im Vergleich zu der Kette schwerer Straftaten, die es jeden Tag verursacht.«

Fast alle betrachteten die Prohibition als kolossalen Misserfolg, und trotzdem hielt die Nation dreizehn Jahre lang beharrlich an ihr fest. Ein Gedicht in Franklin Pierce Adams' beliebter Zeitungskolumne »The Conning Tower« in der *New York World* fing die offizielle Haltung ein:

> *Prohibition is a awful flop.*
> (»Die Prohibition ist ein fürchterlicher Flop.«)
> *We like it.*
> (»Wir mögen sie.«)
> *It can't stop what it's meant to stop.*
> (»Sie kann nicht stoppen, was sie stoppen soll.«)
> *We like it.*
> (»Wir mögen sie.«)
> *It's left a trail of graft and slime,*
> (»Sie hat eine Spur von Bestechung und Schmiererei hinterlassen«)
> *It's filled our land with vice and crime,*
> (»Sie hat Laster und Verbrechen in unser Land gebracht«)
> *It don't prohibit worth a dime,*
> (»Sie verhindert überhaupt nichts«)
> *Nevertheless, we're for it.*
> (»Und trotzdem sind wir dafür.«)

Da sich die Prohibition als nicht besonders wirksam erwies, beharrten Wheeler und seine Unterstützer darauf, dass die Regierung Alkohol für industrielle Zwecke vergiften solle. Andere Denaturierungsmittel wie zum Beispiel Seife oder Reinigungsmittel hätten genauso zuverlässig dazu beigetragen, alkoholische Getränke ungenießbar zu machen, doch der harte Kern der Prohibitionisten gab sich damit nicht zufrieden. Wheeler glaubte allen Ernstes, dass Menschen, die vergifteten Alkohol tranken, bekämen, was sie verdient hätten. Seiner Ansicht nach handelte es sich um »vorsätzlichen Selbstmord«. Der Geistliche John Roach Straton, von dem wir hier letztmals gehört haben, als er auf eine zügige Hinrichtung von Ruth Snyder hoffte, zeigte sich noch unnachgiebiger. Als Straton erfuhr, dass sowohl der Gouverneur als auch der Generalbundesanwalt von Indiana todkranken Angehörigen auf Anraten von Ärzten kleine Mengen Whisky verabreicht hatten, erklärte er: »Sie hätten ihre Angehörigen sterben lassen sollen und hätten selbst sterben sollen, anstatt ihren Amtseid zu verletzen.«

Im Juni 1927 hatte es den Anschein, als würde die Prohibition noch ewig andauern. In Wirklichkeit stand sie jedoch kurz vor einem Wendepunkt. Wenngleich es bislang noch keine Anzeichen dafür gab, sollte sich der Sommer 1927 für Wheeler nicht nur als der schlechteste seines Lebens erweisen, sondern auch als der letzte.

Dreizehntes Kapitel

Nachdem Calvin Coolidge Charles Lindbergh am 11. Juni in Washington das Distinguished Flying Cross verliehen hatte, verlor er keine Zeit. Sobald er es sich erlauben konnte, das Weite zu suchen, begab er sich mit Mrs Coolidge zur Union Station, wo ein Sonderzug wartete, der sie und eine kleine Armee von Journalisten und Mitarbeitern des Präsidenten – insgesamt etwa fünfundsiebzig Personen sowie zwei Collies und ein zahmer Waschbär namens Rebecca – für einen langen Sommerurlaub nach South Dakota bringen würde. Coolidge litt an chronischen Verdauungsstörungen und an Asthma, weshalb er es kaum erwarten konnte, dem schwülen Washington zu entfliehen und saubere westliche Luft zu atmen. Es war das erste Mal, dass das Weiße Haus sein Lager an einem derart entlegenen Ort aufschlug.

Während der nächsten drei Monate sollte die Rapid City High School der faktische Sitz der Regierung der Vereinigten Staaten sein. Die Coolidges selbst quartierten sich allerdings in einer zweiunddreißig Meilen entfernten Residenz namens State Game Lodge am Fuß des Mount Harney im Custer State Park ein. »State Game Lodge« klingt ziemlich prachtvoll, bei der Unterkunft der Coolidges handelte es sich aber in Wirklichkeit nur um ein Wohnzimmer und ein Schlafzimmer mit einem Bad am Ende des Korridors. Das störte sie jedoch nicht im Geringsten. In der damaligen Zeit war eben alles einfacher.

Präsident Coolidge fand großen Gefallen daran, sich selbst in Wochenschauen zu sehen. Da er erst nach Einbruch der Dunkelheit bei seiner Unterkunft ankam, ließ er am nächsten Morgen die Präsidentengruppe – die, inzwischen um örtliche Beamte und Hilfskräfte ergänzt, auf etwa 200 Personen angewachsen war – sämtliche Taschen und Koffer wieder in Autos laden, 200 Meter die Straße hinunterfahren und die Ankunft des Präsidenten nachstellen, während Kameras den fiktiven historischen Moment einfingen.

Für South Dakota war die Anwesenheit des Präsidenten von großer Bedeutung, da der Bundesstaat unbedingt als attraktives Ziel für Touristen wahrgenommen werden wollte. Irgendjemand kam auf die Idee, dass Angler versucht sein könnten, ebenfalls dorthin zu reisen, wenn sie den Präsidenten dabei sehen würden, wie er sich beim Angeln in den funkelnden Gewässern des Bundesstaats vergnügte. Um sicherzugehen, dass die Sache von Erfolg gekrönt sein würde, wurden von der staatlichen Forellenzucht in Spearfish 2000 ausgewachsene Forellen geliefert. Diese Forellen – allesamt groß, träge und von Geburt an von Hand gefüttert – wurden heimlich und mithilfe strategisch unter Wasser von Böschung zu Böschung gespannter Netze in einem Bach vor der Unterkunft der Coolidges eingepfercht. Zum Entsetzen seiner Gastgeber erklärte Coolidge zunächst, er habe kein Interesse am Angeln, letztlich ließ er sich jedoch dazu überreden, es zumindest einmal zu versuchen. Bekleidet mit einem Anzug hielt er eine Angelrute mit Köder übers Wasser. Sofort brachen die hungrigen Fische um den Haken herum in silbrige Ekstase aus, und einen Augenblick später hievte Coolidge einen sich windenden Fang aus dem Wasser. Er strahlte von einem Ohr zum anderen und konnte anschließend nur mit Mühe dazu bewegt werden, sich von dem Bach loszureißen. Er und Mrs Coolidge verspeisten täglich stolz von ihm gefangene Forellen, obwohl diese dem Vernehmen nach beinahe ungenießbar gewesen sein sollen. Coolidge kümmerte sich allerdings nicht gern um Würmer und ließ sich seinen Haken von seinen Secret-Service-Männern mit einem Köder versehen. Abgesehen von der Sache mit den Würmern bereitete ihm sein neues Hobby große Freude.

Während sich die Coolidges in den Black Hills amüsierten, fuhr Charles Lindbergh mit stetig schwindender Begeisterung fort, sich der Bewunderung der amerikanischen Bevölkerung zu stellen. Alva Johnston, der für die *New York Times* aus St. Louis berichtete, war verblüfft darüber, wie ungerührt Lindbergh angesichts der Parade und anderer Ehrungen wirkte, die seinetwegen dort veranstaltet wurden. »Colonel Lindbergh ließ kein einziges Mal durch seine Mimik oder Gestik erkennen, dass ihm bewusst war, dass die Feierlichkeiten seinetwegen stattfanden«, schrieb Johnston. »Er lächelte nicht und winkte nicht. Nichts konnte ihn dazu bewegen anzuerkennen, dass es sich bei dem glitzernden Spektakel und dem ohrenbetäubenden Lärm um eine persönliche Hommage handelte.« Am Tag danach begeisterte Lindbergh 100 000 Zuschauer im Forest Park mit Luftakrobatik – als er landete, änderte sich seine Laune jedoch abrupt. »Die Urlaubsstimmung fiel von ihm ab, als er wieder auf der Erde aufsetzte«, berichtete Johnston. »Sobald er sein Element verließ, kehrte sein ernstes und ziemlich trübsinniges Gebaren zurück. Er scheint sich auf dem Boden einfach nicht wohlzufühlen.«

Das Ganze wurde allerdings noch richtig dramatisch. Von St. Louis flog Lindbergh nach Dayton, Ohio, um Orville Wright zu besuchen, der zusammen mit seinem inzwischen verstorbenen Bruder das Flugzeug erfunden hatte. Voller Begeisterung organisierte die Stadtverwaltung hastig einen Empfang und eine Parade und war bestürzt, als Lindbergh sich mit der Begründung, dass es sich um einen Privatbesuch handle, weigerte, daran teilzunehmen. Als die enttäuschten Stadtbewohner erfuhren, dass Lindbergh ihre Anerkennung verschmäht hatte, marschierten viele von ihnen zu Wrights Haus und verlangten, ihren Helden zu sehen. Als sich Lindbergh trotzdem weigerte, sich blicken zu lassen, wurde die Menge störrisch und drohte damit, Wrights Haus Schaden zuzufügen. Erst dann trat Lindbergh auf Wrights Flehen hin auf einen Balkon und winkte der Menge kurz zu.

Bei seiner Rückkehr nach New York am 24. Juni trafen ihn Journalisten nach seiner Landung auf dem Mitchel Field in missmutiger Stimmung an. »Colonel Lindbergh wirkte deutlich erschöpfter als bei seiner Abreise aus New York vor einer Woche. Er lächelte kein einziges Mal«, schrieb ein Reporter der *New York Times*. Als Lindbergh gerade für die Fahrt nach Manhattan in ein Auto steigen wollte, lief eine hübsche junge Frau auf ihn zu und fragte ihn, ob sie ihm die Hand schütteln dürfe. Seine Reaktion überraschte alle. »Er sah sie streng an und sagte: ›Ich schüttle keine Hände‹, und zog schnell den Arm weg«, schrieb der *Times*-Reporter. Die junge Frau war zutiefst enttäuscht – und Lindbergh verlegen. Doch er schien nicht in der Lage zu sein, sich entspannter und taktvoller zu verhalten.

Die breite Öffentlichkeit weigerte sich jedoch, ihn als irgendetwas anderes als einen warmherzigen Helden zu sehen, und die Presse hörte bald damit auf, seine merkwürdige Teilnahmslosigkeit und seinen mangelnden Enthusiasmus für seine Bewunderer hervorzuheben. Sie fuhr damit fort, ihn als den gefälligen Helden darzustellen, den die Welt sich wünschte.

Während Lindbergh auf dem Mitchel Field Herzen brach, verblüffte Commander Richard Byrd weiterhin die Fliegerschaft auf dem Roosevelt Field. Am Beginn der Startbahn war eine fünfzehn Meter lange und knapp zwei Meer hohe Erdrampe aufgeschüttet worden, die der *America* beim Abheben helfen sollte. Dreimal wurde das Flugzeug auf die Startrampe gezogen, und dreimal suchte Byrd mit ernster Miene den Himmel ab und entschied sich dann dafür, den Start zu verschieben. Die Verzögerungen »wirkten langsam mehr als lächerlich«, ärgerte sich Fokker.

Nachdem das Team auf Bennett endgültig verzichten musste, ernannte Byrd Bert Acosta zum Chefpiloten. Als gebräunter und verwegen aussehender Exot mexikanisch-indianischer Abstammung war Acosta ein berüchtigter Frauenheld. »Seine lateinamerikanische Anziehungskraft und seine tiefe, verheißungsvolle Stimme hatten bei den Damen verheerende Folgen«, schrieb ein bewundernder Biograf. Darüber hinaus war Acosta einer der tollkühnsten Stuntpiloten der Welt. Seine Spezialität war, mit der Tragflächenspitze ein Taschentuch vom Erdboden aufzuklauben. Selbstverständlich würden sich solche Fähigkeiten bei einer Ozeanüberquerung als irrelevant erweisen.

Zur Unterstützung von Acosta wählte Byrd den Norweger Bernt Balchen als Copiloten aus – wobei Balchen nur als Mechaniker und Ersatzpilot gelistet war, da Rodman Wanamaker auf eine rein amerikanische Unternehmung Wert legte. Balchen durfte überhaupt nur teilnehmen, nachdem er eingewilligt hatte, die amerikanische Staatsbürgerschaft zu beantragen. In einer Pressekonferenz sagte Byrd, dass Balchen in erster Linie Passagier sei, womöglich aber auch ein bisschen navigieren dürfe, wenn Byrd mit anderen Aufgaben beschäftigt sei. In Wirklichkeit flog Balchen fast die gesamte Strecke.

Bei einem frühen Testflug mit Acosta bekam Balchen einen Vorgeschmack auf die Probleme, die dem Team bevorstanden. Als die *America* in ein Wolkenfeld geriet, machte sich bei Acosta Anspannung und Nervosität breit. Binnen Minuten brachte er das Flugzeug gefährlich ins Trudeln. Balchen übernahm den Steuerknüppel, den Acosta dankbar abtrat. »Ich bin ein reiner Schönwetterflieger«, erklärte ihm Acosta errötend. »Wenn es bewölkt ist, bleibe ich lieber auf dem Boden.« Wie sich herausstellte, hatte Acosta keine Ahnung, wie man mithilfe von Instrumenten flog. Byrds Maschine schaffte es allein aus dem Grund nach Frankreich, weil Balchen bereit war, den Großteil der Strecke zu fliegen, ohne etwas von dem Verdienst und dem Ruhm für sich zu beanspruchen.

Das vierte Crewmitglied war das anonymste von allen. George Noville, der Bordfunker, war zurückhaltend, bebrillt und für die Geschichtsschreibung beinahe unsichtbar. Er war der Sohn eines wohlhabenden Hutherstellers aus Cleveland (der wichtig genug war, um sich einen Nachruf in der *New York Times* zu verdienen, was seinem Sohn verwehrt blieb). Falls Noville überhaupt irgendeinen Eindruck bei seinen Mitfliegern hinterlassen hatte, machte sich niemand die Mühe, das zu dokumentieren. In Byrds und

Balchens Autobiografien taucht er kaum auf, in denen aller anderen wird er überhaupt nicht erwähnt, und selbst verfasste er keinen Bericht.

Byrd hingegen war ein bemerkenswerter Mensch, allerdings kein einfach zu durchschauender. Als geborener Abenteurer umrundete er bereits im Alter von gerade zwölf Jahren zum ersten Mal die Welt, nachdem er seine Eltern – die offenbar äußerst nachgiebig waren – überredet hatte, ihn allein auf die Philippinen reisen zu lassen, um dort einen Freund der Familie zu besuchen. Anschließend kehrte er auf langem Wege nach Hause zurück. Als er seine Umrundung vollendete, war er fast vierzehn.

Byrd war clever, attraktiv, ziemlich mutig und ohne Frage großzügig. Aber er war auch beinahe krankhaft eitel, wichtigtuerisch und eigennützig. Jedes Wort, das er jemals über sich selbst schrieb, ließ ihn heldenmütig, besonnen und weise erscheinen. Außerdem und allem voran war er aller Wahrscheinlichkeit nach ein großer Lügner.

Am 9. Mai 1926 – fast genau ein Jahr vor dem Verschwinden von Nungesser und Coli – unternahmen Byrd und Floyd Bennett einen umjubelten Flug von Spitzbergen im Arktischen Ozean zum Nordpol und zurück in fünfzehneinhalb Stunden und schlugen damit knapp den Konkurrenzflug des norwegischen Forschers Roald Amundsen in einem Luftschiff (pilotiert von Umberto Nobile, einem weiteren faschistischen italienischen Flieger). Byrds Polarflug galt als Meisterleistung für die damalige Zeit. Bei seiner Rückkehr wurde Byrd zum Kommandanten befördert und mit zahlreichen Paraden und Medaillen geehrt. Kinder wurden nach ihm benannt. Straßen wurden nach ihm benannt. Ein überdrehter Bewunderer verfasste sogar eine Biografie über Byrds Hund Igloo.

Allerdings wurde Byrds Heldentat von Anfang an insgeheim angezweifelt. Sachkundige Beobachter waren der Ansicht, dass Byrd und Bennett den Hin- und Rückflug unmöglich in fünfzehneinhalb Stunden geschafft haben konnten. Balchen war mit demselben Flugzeug ausgiebig geflogen und hatte nie eine höhere Reisefluggeschwindigkeit als fünfundsechzig Knoten in der Stunde erreicht. Byrds Flug zum Pol wäre nur mit einer fast um ein Drittel höheren Reisefluggeschwindigkeit möglich gewesen. Darüber hinaus war Byrds Maschine für den Polarflug mit riesigen Kufen zur Landung im Schnee ausgerüstet worden, die den Luftwiderstand beträchtlich erhöhten und die Höchstgeschwindigkeit vermutlich um knapp fünf Knoten verringerten. Als Balchen zu Bennett sagte, er könne nicht verstehen, wie die beiden in so kurzer Zeit zum Nordpol und wieder zurückgeflogen seien, erwiderte dieser: »Das sind wir auch nicht.« Er gab Balchen gegenüber zu, dass sie kurz nach dem Start ein Ölleck festgestellt hätten und dann vierzehn Stunden lang hin und her geflogen seien, ohne Spitzbergen jemals aus den Augen zu verlieren.

Die Gerüchte, dass Byrd seine Errungenschaft zumindest übertrieben hatte, hielten sich jahrelang, und der Verdacht erhärtete sich aufgrund der Weigerung seiner Familie, Experten Einblick in seine Aufzeichnungen zu gewähren. Erst 1996, als Byrds Archiv von der Ohio State University für deren neues Byrd Polar Research Center erworben wurde, waren seine Notizen zu dem Flug zur Begutachtung verfügbar. Das Flugbuch zeigte umfangreiche Tilgungen an den Stellen, an denen Byrd seine Berechnungen der zurückgelegten Strecke notiert hatte, was für viele darauf hindeutete, dass er die Daten verfälscht hatte. Eine großzügigere Interpretation wäre, dass er bei seiner ersten Berechnung einen Fehler gemacht und noch einmal von vorn angefangen hatte. Niemand kann sich absolut sicher sein, aber Alex Spencer vom National Air and Space Museum in Washington zufolge sind sich die Experten heute im Allgemeinen darüber einig, dass Byrd und Bennett den Nordpol nie erreichten.

Sicher ist dagegen, dass Balchens Autobiografie, die 1959, zwei Jahre nach Byrds Tod, veröffentlicht wurde, den Zweifeln an Byrds Behauptungen Nahrung gab. Als Byrds Hinterbliebene wortreich protestierten, willigte Balchens Verlag ein, mehrere Passagen zu streichen und die ersten 4000 Exemplare des Buchs einzustampfen. Byrds Angehörige ließen sich damit allerdings nicht ganz beschwichtigen. Balchen war inzwischen amerikanischer Staatsbürger und ein angesehenes Mitglied der United States Air Force, aber angeblich blockierte Senator Harry Byrd, der Bruder des Forschers, Balchens Beförderung zum Brigadegeneral und ließ ihn still und heimlich seiner Aufgaben entheben. Den Rest seiner beruflichen Laufbahn verbrachte er damit, in der Bibliothek des Pentagon zu sitzen und zu lesen.

Als Zweifel laut wurden, ob Byrd jemals in Richtung Europa abheben würde, beschloss er, den Start nicht mehr länger hinauszuschieben. In den frühen Morgenstunden des 29. Juni wurde die *America* auf ihre Startrampe gerollt, um in der Dämmerung zu starten. Es handelte sich bei ihr um das erste große Flugzeug, das eine Atlantiküberquerung versuchen würde, seit Foncks Maschine abgestürzt und in Flammen aufgegangen war. Die *America* war gefährlich überladen, allein die Funkausrüstung wog an die 400 Kilo. Byrd wollte für jede Eventualität gerüstet sein. Er nahm sogar einen Winddrachen mit, der sowohl als Antenne für das Funkgerät als auch im Fall einer Notlandung als Segel dienen konnte, um das Flugzeug durchs Wasser zu ziehen. Außerdem packte er zwei Rettungsboote ein, Essensvorräte für drei Wochen, einen Sack voller Luftpost und eine »geweihte« amerikanische Flagge als Geschenk an das französische Volk. In letzter Minute wurde Byrd jedoch nervös und beschloss, die Last zu reduzieren. Er packte zwei Benzinkanister, eine Thermosflasche mit heißem Tee sowie vier Paar Mokassins wieder aus und entfernte die Schutzbleche von den Rädern des Flugzeugs, was keinen großen Unterschied gemacht haben kann, doch das spielte zum Glück keine Rolle. Nach einem fürchterlich mühsamen Start erhob sich die Maschine schwerfällig in die Luft, überflog die Hochspannungsleitung am Ende der Rollbahn und befand sich auf dem Weg nach Europa.

Byrds erklärtes Ziel bestand nicht darin, als Erster nach Paris zu fliegen – er wies voller Überheblichkeit darauf hin, dass er sich für den Orteig-Preis nicht einmal eingetragen habe –, sondern zu demonstrieren, dass die Welt bereit war für sichere und regelmäßige Transatlantikflüge mit vielen Passagieren. Was er letztendlich unter Beweis stellte, war, dass solche Flüge tatsächlich nahezu möglich waren, solange es denjenigen, die sich an Bord befanden, nichts ausmachte, ein gutes Stück vor ihrem Ziel im Wasser notzulanden. Wäre es Byrds Absicht gewesen zu zeigen, was für ein überragender Pilot Charles Lindbergh im Vergleich zu fast allen anderen war, hätte er es kaum besser hinbekommen können.

Trotz aller Vorbereitungen verlief bei dem Flug fast nichts nach Plan. Unter dem Haupttank in der Mitte des Flugzeugs war ein Kriechzwischenraum eingebaut worden, damit sich die Crew zwischen dem vorderen und dem hinteren Bereich der Maschine bewegen konnte. Niemand hatte aber daran gedacht, ihn unter Kaltwetterbedingungen zu testen. Byrd blieb aufgrund der Kälte zehn Minuten lang darin stecken, da ihn wegen des dröhnenden Motorenlärms niemand rufen hörte. Als Noville an seinem beengten Platz einen Krampf bekam und das Bein ausstreckte, trat er mit dem Fuß versehentlich gegen verschiedene Kabel, setzte das Funkgerät außer Gefecht und machte sich selbst damit arbeitslos. Irgendwo über dem Atlantik bat Balchen Acosta, kurz das Steuer zu übernehmen, während er unter seinem Sitz nach einer Schachtel mit Sandwiches tastete. Acosta brachte das Flugzeug in diesem kurzen Zeitraum in eine derart heftige Abwärtsspirale, dass die Fluggeschwindigkeit auf 120 Knoten anstieg – knapp unter der, bei der die Tragflächen abgerissen wären. Balchen brachte die Maschine nur mit Mühe wieder in eine stabile Lage. »Von jetzt an übernimmst besser du«, sagte Acosta kleinlaut zu ihm, und Balchen flog dann auch praktisch die gesamte restliche Strecke. Der Zeitschrift *Time* zufolge bekam Byrd es irgendwann so mit der Angst zu tun, dass er Acosta mit einer Taschenlampe auf den Kopf schlug. Eigentlich hätten sie bei Bray Head Land sichten sollen, doch sie verfehlten Irland und erreichten Europa in der Nähe von Brest, also in Frankreich, mehr als 200 Meilen von ihrem ursprünglichen Ziel entfernt.

In seinem Reisebericht *Himmelwärts,* der im folgenden Jahr erschien, erwähnt Byrd jedoch nichts von alledem, sondern lässt den Eindruck entstehen, als hätten er und seine Crew eine der heroischsten Unternehmungen in der Geschichte der Menschheit absolviert. »Stunde um Stunde ... war es vollkommen unmöglich zu navigieren«, schrieb Byrd. »Wir konnten nicht beurteilen, woher der Wind wehte, in welche Richtung wir abtrieben und welches Land oder Gewässer sich unter uns befand.« Abschließend fügte er hinzu: »Ich hoffe aufrichtig, dass kein anderer Flieger jemals diese Erfahrung machen muss.« Dabei übersah er die Tatsache, dass Charles Lindbergh fünf Wochen zuvor allein und unter ähnlichen Wetterbedingungen dieselbe Route geflogen und an seinem erklärten Ziel gelandet war – und dass er sich nicht ein einziges Mal über irgendetwas beklagt hatte.

In einer anderen Reportage, die Byrd im Herbst 1927 für *National Geographic* verfasste, konnte man versucht sein zu glauben, er habe sich bewusst schlechte Wetterverhältnisse ausgesucht. »Ich hatte beschlossen, nicht auf gute Bedingungen zu warten, weil ich der Meinung war, dass das Transatlantikflugzeug der Zukunft auch nicht auf *ideale* Verhältnisse würde warten können«, hielt er fest. »Außerdem konnten wir vermutlich mehr wissenschaftliche und praktische Erkenntnisse gewinnen, wenn wir auf widriges Wetter stießen.« Das Ergebnis, schrieb er, »war meiner Meinung nach die härteste Luftschlacht, die jemals stattgefunden hat«. Er fuhr fort: »Ich ließ mir meine Besorgnis vor meinen Begleitern nicht anmerken. Auf ihnen lastete ohnehin genug. Die Anspannung war gewaltig. Nur ein Flieger weiß, was es bedeutet, achtzehn Stunden lang den Boden oder das Wasser unter einem nicht zu sehen. Ich bezweifle, dass irgendein anderes Flugzeug jemals auch nur die Hälfte dieser Zeit blindgeflogen ist.«

All das steht in einem interessanten Kontrast zu dem Beitrag, den Balchen unmittelbar nach dem Flug für die *New York Times* erstellte: »Wir hatten ein gutes Flugzeug. Unsere Motoren machten uns überhaupt keine Schwierigkeiten. Während des gesamten

Flugs musste ich nicht ein einziges Mal auf die Tragflächen hinauskriechen, um die Motoren abzuwischen ... Diese Ozeanüberquerung war einer der langweiligsten und monotonsten Flüge, die ich jemals gemacht habe.« In seinem eigenen Buch beschrieb Balchen die Nacht in der Luft als eine, in der die ganze Zeit »wunderschönes Sternenlicht« geherrscht habe. Das war eine der Aussagen, die Byrds Angehörige später gestrichen haben wollten.

Beim Erreichen der französischen Küste gab Byrd Balchen die Anweisung, der Küstenlinie nach Le Havre zu folgen, anstatt über Land nach Paris zu fliegen – ein merkwürdiger Umweg. Wie Balchen später anmerkte, wiesen Bahngleise unter ihnen den direkten Weg nach Paris, doch Byrd bestand darauf, dass sie der Küste bis zur Mündung der Seine folgen sollten und anschließend dem Verlauf des Flusses – was den Flug um zwei Stunden verlängerte, mit der Folge, dass ihre Ankunft nicht bei schlechtem Wetter erfolgte.

Wie bei Lindbergh warteten Tausende in Le Bourget auf das Erscheinen der *America,* doch als Mitternacht verstrich und der Regen nicht aufhörte, gaben die meisten auf und gingen nach Hause. Unter den Anwesenden befanden sich auch Chamberlin und Levine, die an diesem Tag im Rahmen einer Hauptstädtetour durch Europa nach Paris geflogen waren.

Byrd schrieb: »Alle französischen Flieger, die uns in Le Bourget erwarteten, waren sich einig, dass es uns aufgrund des dichten Nebels unmöglich war zu landen und wir mit Sicherheit etliche Menschen getötet hätten, wenn wir es trotzdem versucht hätten.« Das widerspricht Chamberlins Bericht. »Es fiel nur ein leichter Nieselregen«, erinnerte er sich. »Die Wolken hingen tief, aber nicht so tief, dass das Flugzeug nicht sicher hätte landen können, wenn es das Leuchten von Paris durch den Nebel hindurch gesichtet hätte.« Byrd notierte in seinem Buch, sein Flugzeug sei auf dem Boden auf jeden Fall zu hören gewesen. Chamberlin sagte, sie hätten überhaupt nichts gehört.

»Meine Aufgabe bestand jetzt darin zu versuchen, niemanden unter uns zu töten und meine Begleiter zu retten«, fuhr Byrd fort und verwandelte sein offenkundiges Scheitern in einen Akt selbstlosen Heldentums. »Die einzige Möglichkeit war, in Richtung Meer umzukehren.« Das Flugzeug flog auf seine Anordnung zur Küste der Normandie zurück.

Als sie die erreichten, waren ihre Treibstoffvorräte beinahe aufgebraucht. Da es in der Dunkelheit zu riskant war, auf einem Feld niederzugehen, entschieden sie sich dazu, auf dem Meer notzulanden. Balchen legte etwa 200 Meter vor der Ortschaft Ver-sur-Mer eine perfekte Landung hin, und die vier Männer wateten an einer Stelle an Land, die siebzehn Jahre später als einer der Strände Berühmtheit erlangte, an denen die britischen Streitkräfte die Invasion am D-Day begannen. Bei der Notlandung scherten die Räder und das Fahrwerk ab, doch das Flugzeug blieb intakt.

Byrd schrieb: »Ich fühlte mich für das Leben meiner Begleiter voll und ganz verantwortlich. Ich glaube nicht, dass sie dachten, wir hätten große Chancen, sicher nach unten zu kommen, aber sie trugen es mit Fassung ... und führten bis zum Schluss Befehle aus. Balchen war zufällig am Steuer.« Das war atemberaubend unaufrichtig. In Wirklichkeit war Balchen bereits seit Stunden geflogen und hatte mit seiner geschickten Operation höchstwahrscheinlich allen das Leben gerettet.

Nicht genug der Lächerlichkeit. Alle vier Crewmitglieder litten wegen des Motorenlärms unter Taubheit und konnten sich gegenseitig nicht hören. Berichten zufolge hatte sich Acosta auch das Schlüsselbein gebrochen, wenngleich er später behauptete, zu diesem Zeitpunkt keine Schmerzen gehabt zu haben. Die anderen kamen ohne Verletzungen davon. Sie trotteten ans Ufer, wo ihnen ein Junge begegnete, der mit seinem Fahrrad die Küstenstraße entlangfuhr, aber beim Anblick der vier seltsamen Männer, die aus dem Meer kamen, die Flucht ergriff. Triefnass und frierend gingen sie von Haus zu Haus, konnten aber niemandem begreiflich machen, wer sie waren. Noville, der nach wie vor völlig taub war, verunsicherte die Dorfbewohner, indem er sie in schlechtem Französisch anschrie. Nach einiger Zeit erreichten sie einen Leuchtturm, der etwa eine halbe Meile landeinwärts auf einem Hügel stand. Marianne Lescop, die Tochter des Leuchtturmwärters, erinnerte sich später, sie und ihre Familie seien bereits vom Dröhnen des Flugzeugs – ein ungewöhnliches Geräusch in Ver-sur-Mer – geweckt worden und hätten zum Fenster hinausgesehen, ohne in der Dunkelheit etwas erkannt zu haben. »Gegen drei Uhr«, fuhr sie fort, »wurden wir von einem Hämmern an der Tür abermals geweckt. Vater sah unten vier Gestalten stehen. Einer von ihnen schrie auf Französisch: ›Flieger, Amerika!‹ Die vier Männer traten erschöpft ein, nachdem sie vergeblich an viele andere Türen geklopft hatten. Sie waren seltsam gekleidet, tropfnass, zerlumpt und schlammbedeckt. Wir waren ziemlich argwöhnisch ...«

Monsieur Lescop und seine Familie nahmen die Flieger aber schließlich bei sich auf, gaben ihnen Decken und versorgten sie mit heißen Getränken. Voller Verwunderung lauschten sie Novilles Schilderung des Flugs, sie konnten die Welt allerdings nicht über die Ankunft der *America* in Kenntnis setzen, da es in der Ortschaft zwischen sechs Uhr abends und acht Uhr morgens nicht möglich war zu telefonieren oder Telegramme zu versenden. Als Byrd und seine Männer in der Lage waren, zum Strand zurückzukehren und nach ihrem Flugzeug zu sehen, war es bereits Tag, und sie stellten fest, dass Einheimische es bereits an Land gezogen hatten. Weniger hilfreich war, dass dieselben Einheimischen es jetzt plünderten, wie sie es möglicherweise bei einem Schiffswrack getan hätten. Sechs Männer wankten unter dem Gewicht eines der großen Motoren den Strand hinauf. Byrd gelang es, sie zu überzeugen, den Motor zurückzubringen, aber andere Teile des Flugzeugs waren für immer verschwunden, darunter auch ein zwölf Meter langes Stoffbanner mit dem Namen des Flugzeugs: »*AMERICA*«. Das fehlende Banner soll später an einer Wand des Spielcasinos von Deauville gehangen haben. Das Flugzeug wurde nie wieder zusammengebaut. Heute sind nur noch ein paar Stofffetzen davon übrig, die sich in einer Glasvitrine im Museum von Ver-sur-

Mer befinden. Das zwölf Meter lange Banner ist offenbar endgültig verschwunden.

Von den Plünderungen abgesehen war der Empfang, der Byrd und seinen Männern in Paris bereitet wurde, als sie schließlich dorthin gelangten (am nächsten Tag mit dem Zug), nicht weniger stürmisch als bei Lindbergh. »Nie habe ich etwas erlebt, was sich mit der wilden Hysterie in Paris vergleichen lässt«, schrieb Balchen in seinen Memoiren. »Bei unserer Ankunft waren die Straßen um den Bahnhof herum von Menschenmassen blockiert, die sich um das Auto drängten und es beinahe umwarfen.« Frauen bedeckten sie mit Küssen. Das Gedränge war so groß, dass Acostas Schlüsselbein womöglich sogar von der schubsenden Menge gebrochen wurde. Auf jeden Fall bemerkte er erst dann den Schmerz. Das Auto, das sie zum Hotel Continental bringen sollte, sprang nicht an, deshalb schob die Meute sie unter jubelndem Geschrei einfach dorthin. »Frauen hüpften auf die Trittbretter und umarmten und küssten uns, bis unsere Gesichter rot verschmiert waren«, schrieb Balchen weiter. »Gendarmen rissen verzweifelt die Arme hoch, um den Verkehr unter Kontrolle zu bringen, und boxten sich durch die Menge zum Auto, um selbst um Autogramme zu bitten.«

In Amerika war die Begeisterung fast genauso groß, wie sie bei Lindbergh gewesen war, und wesentlich größer als bei Chamberlin und Levine. Die Zeitungen stellten hartnäckig jeden Aspekt des Flugs positiv dar. Die Tatsache, dass sich Byrds Flugzeug dreiundvierzig Stunden lang in der Luft befunden hatte – fast 25 Prozent länger als Lindberghs Maschine –, wurde an sich schon als Heldentat dargestellt und nicht als Indiz für sein Scheitern, das Ziel auf einer direkten Route zu erreichen. Byrd sagte gegenüber der *New York Times:* »Uns ging es so gut, wie es vier Männern nur gut gehen kann, die solchen Strapazen ausgesetzt waren wie wir in diesen vierzig Stunden.« Er gab offen zu, dass sie über weite Strecken des Flugs nicht wussten, wo sie sich befanden – ein Eingeständnis, das im Jahr darauf in seinem Buch über die Unternehmung fehlen sollte.

Aufgrund seines höheren Rangs war der offizielle Empfang für Byrd sogar noch eindrucksvoller als der für Lindbergh. Am zweiten Tag besuchte Byrd Les Invalides. Dort zeigte sich ein gelähmter Flieger namens Captain Legendre von Byrds Anwesenheit derart inspiriert, dass er sich aus seinem Stuhl erhob und zum ersten Mal seit neun Jahren wieder Schritte machte. Hand in Hand gingen er und Byrd zum Grab Napoleons, ein Anblick, der erwachsene Männer zu Tränen rührte.

Amerika, so schien es, war zu einem Land von Göttern geworden.

JULI

Der Präsident

Ich kann diesen Mann schon seit dem Tag nicht leiden, an dem Grace ihn geheiratet hat, und die Tatsache, dass er Präsident der Vereinigten Staaten geworden ist, ändert nichts daran.

Lemira Barrett Goodhue, Schwiegermutter
von Calvin Coolidge

Vierzehntes Kapitel

Für Warren G. Harding war der Sommer 1927 kein guter, was ein wenig seltsam klingen mag, da er zu diesem Zeitpunkt bereits seit fast vier Jahren tot war. Nur wenige Menschen haben eine schnellere und umfassend negativere Neubewertung erfahren als Amerikas neunundzwanzigster Präsident. Als er am 2. August 1923 in San Francisco überraschend verstarb, vermutlich an einer Gehirnblutung (wenngleich manche behaupteten, es sei Herzversagen gewesen, andere gingen von einer Leichenvergiftung aus), war er allseits beliebt und wurde von vielen bewundert. Er war 1920 mit größter Mehrheit ins Amt gewählt worden, einer Mehrheit, wie es sie in diesen modernen Zeiten noch nie gegeben hatte. Geschätzte drei Millionen Menschen versammelten sich, um die Ankunft des Trauerzugs aus San Francisco zu erwarten, in dem sich der Verstorbene und sein Sarg befanden. Die *New York Times* bezeichnete das als »die bemerkenswerteste Demonstration von Zuneigung, Respekt und Verehrung in der amerikanischen Geschichte«. In Wirklichkeit stand Präsident Harding zum Zeitpunkt seines Todes kurz davor, als Schurke und Dummkopf enttarnt zu werden.

Drei Jahre zuvor hatte noch kaum jemand, der nicht dem Kongress angehörte, überhaupt von ihm gehört. Er war einfach der Nachwuchssenator aus Ohio. Was seinen Hintergrund und sein Temperament anbelangte, war er ein Kleinstadt-Zeitungsverleger, und recht viel weiter hätten ihn seine Talente eigentlich auch nicht bringen sollen. Seine Nominierung zum Präsidentschaftskandidaten war eine der größten Überraschungen der damaligen Zeit und kam nur deshalb zustande, weil sich die Delegierten auf dem Parteitag der Republikaner 1920 in Chicago angesichts der schwachen vorgeschlagenen Kandidaten hoffnungslos festfuhren und sich, nach vier Tagen ohne eine Entscheidung während einer erbarmungslosen Hitzewelle, auf den schlechtesten einigten, der zur Auswahl stand. Hardings einzige offensichtliche Qualifikation für ein höheres Amt war sein ansprechendes Äußeres. »Er sah aus«, stellte ein Zeitzeuge fest, »wie man sich einen Präsidenten vorstellt.« In fast jeder anderen Hinsicht – Intelligenz, Charakter, Unternehmungsgeist – blieb er deutlich hinter dem Mittelmaß zurück. Sein schlechtes Benehmen im privaten Bereich war manchmal erschreckend. Der *New York Times*-Reporter Richards Vidmer vertraute einem Freund an, er hätte Harding einmal mitten in einer Unterhaltung aus seinem Sessel aufstehen und ungeniert in einen offenen Kamin im Weißen Haus urinieren sehen. Als Kandidaten für die Vizepräsidentschaft fiel die Wahl der Partei auf einen fast genauso unbekannten und noch weniger verheißungsvollen (wenn auch zumindest kultivierteren) Mann: Calvin Coolidge.

Hardings Regierung war die mit Abstand nachlässigste in der neueren Zeit. Er nahm zwar ein paar untadelige Ernennungen vor – Herbert Hoover zum Wirtschaftsminister, Henry C. Wallace zum Landwirtschaftsminister, Charles Evans Hughes zum Außenminister –, für viele Posten wählte er jedoch Personen aus, die er einfach mochte, ohne sich Gedanken darüber zu machen, ob sie qualifiziert waren oder nicht. Zum Leiter des Federal Reserve Board, der Zentralbank, ernannte er Daniel R. Crissinger, einen Freund und Nachbarn aus Marion, Ohio, dessen größte berufliche Leistung bislang darin bestanden hatte, dem Vorstand der Marion Steam Shovel Company anzugehören. Als verantwortlichen Militärberater wählte Harding Ora Baldinger aus, der früher der Zeitungszusteller der Familie gewesen war. Seiner Schwester übertrug Harding eine führende Position beim US Public Health Service, und ihren Mann ernannte er zum Vorsteher sämtlicher Bundesgefängnisse; zuvor waren die Eheleute Missionare der Siebenten-Tags-Adventisten in Burma gewesen.

Der außergewöhnlichste Berufene von allen war Charles Forbes, mit dem sich Harding auf Hawaii angefreundet hatte – er hatte dorthin eine Reise unternommen – und über den er fast gar nichts wusste. Nach seiner Ernennung zum Leiter des Ministeriums für Veteranenangelegenheiten gelang es Forbes, innerhalb von zwei Jahren 200 Millionen Dollar zu verprassen, zu stehlen oder zu veruntreuen. Andere von Harding Berufene richteten im Justiz-, Innen- und Marineministerium sowie in einem aus dem Ersten Weltkrieg übrig gebliebenen Ministerium namens Office of the Alien Property Custom, eine Art Ausländerbehörde, ähnlichen finanziellen Schaden an. Der korrupte Innenminister Albert Fall verkaufte gegen Zahlung eines »Darlehens« von 400 000 Dollar Pachtverträge von Ölfeldern an zwei »schmierige« Rohölhändler. Eines der Pachtobjekte befand sich in der Nähe von Casper, Wyoming. Offiziell wurde es als »US Naval Oil Reserve Number Three« bezeichnet, gemeinhin war es jedoch unter dem Namen »Teapot Dome« bekannt, wie auch der damit verbundene Skandal genannt wurde. Insgesamt kosteten die inkompetenten und gesetzeswidrigen Handlungen der Regierung Harding das Land geschätzte zwei Milliarden Dollar – eine Summe, die mehr als gewaltig ist, vor allem wenn man bedenkt, dass Hardings Präsidentschaft nur neunundzwanzig Monate andauerte.

Hardings Tod war so gut getimt, da dadurch weitere Eklats verhindert wurden, dass vielfach gemutmaßt wurde, seine Frau habe ihn um seines Rufs willen vergiftet. Ihr Benehmen nach seinem Tod war auf jeden Fall seltsam: Sie fing sofort damit an, alle seine Dokumente zu vernichten, und ließ nicht zu, dass eine Totenmaske angefertigt wurde. Außerdem weigerte sie sich entschieden, die Erlaubnis für eine Autopsie zu erteilen, sodass die tatsächliche Todesursache nie geklärt werden konnte. Sicher ist nur, dass sich der Präsident unwohl gefühlt hatte, seit er aus seinem Alaska-Urlaub nach Kalifornien zurückgekehrt war. Er schien sich allerdings wieder zu erholen, bis er am 2. August 1923 um 19:35 Uhr während einer Unterhaltung mit seiner Frau in ihrem gemeinsamen Zimmer im Palace Hotel plötzlich schauderte und verstummte. Einen Augenblick später war er tot.

An dem Abend, als Calvin Coolidge Präsident wurde, war er zu Besuch bei seinem Vater, in dem Haus in Vermont, in dem er aufgewachsen war. An der Ostküste war es nach Mitternacht, und Coolidge und seine Frau schliefen tief und fest, als die Nachricht von Hardings Ableben in dem nahegelegenen Gemischtwarenladen einging, in dem es das einzige Telefon der Stadt gab, und ihm anschließend übermittelt wurde.

Beim Licht einer Kerosinlampe – im Haus der Coolidges gab es damals wie in vielen Häusern in ländlichen Gegenden weder Strom noch sanitäre Anlagen – vereidigte Coolidges Vater, der von Beruf Notar war, seinen Sohn als Präsidenten. Rein äußerlich war Calvin Coolidge kein besonders beeindruckender Präsident. Er war klein gewachsen und stets kurz angebunden. Sein Gesicht war verkniffen, und er neigte dazu, finster dreinzublicken. In den gut gewählten Worten von Alice Roosevelt Longworth sah er aus, als habe er »in eine Zitrone gebissen«. Während Warren G. Harding Charme besaß, aber nicht gerade intelligent war, war Coolidge intelligent, besaß aber nur wenig Charme. Er war der am wenigsten umgängliche, gesellige und liebenswerte Präsident der jüngeren Vergangenheit. Trotzdem entwickelte Amerika Bewunderung für ihn. Obwohl er in den zwanziger Jahren so wenig wie möglich tat – was im Grunde seine erklärte Strategie als Präsident war –, steuerte er die Stimmung im Land wie nur wenige andere Präsidenten. Wenn die zwanziger Jahre irgendjemandes Zeitalter waren, dann waren sie das Zeitalter von Coolidge.

Calvin Coolidge wurde am 4. Juli 1872 in Plymouth Notch geboren, einem versprengten Dorf in einem hoch gelegenen Bergeinschnitt in den Green Mountains mitten in Vermont. Die »Kerbe«, wie der Bergeinschnitt genannt wurde, lag über einem einsamen Tal, etwa zwölf Meilen von Ludlow entfernt, der nächstgelegenen

Verbindung zur weiteren Welt. »Die Umgebung besaß eine natürliche Schönheit, die von den Bewohnern meiner Ansicht nach kaum zur Kenntnis genommen wurde«, schrieb Coolidge später in seinem Leben. Er kam in dem Gemischtwarenladen mit Postamt auf die Welt, den sein Vater führte, doch die Familie zog dann in ein größeres Haus auf der anderen Straßenseite – in das Haus, in dem Coolidge in der Nacht schlief, in der er erfuhr, dass er der neue Präsident war.

Die Coolidges waren einigermaßen wohlhabend. Seinem Vater gehörten zudem die Schmiede und eine kleine Farm, auf der er Apfelsirup und Käse produzierte. Doch der Familie wurde auch einiges Leid zuteil. Calvins Mutter starb an Tuberkulose, als er erst zwölf Jahre alt war – ein Ereignis, das ihn tief traf. Er schildert die Begebenheit in einfachen, aber bewegenden Worten in seiner Autobiografie:

Als sie spürte, dass ihr Ende nahte, rief sie uns Kinder an ihr Bett, wo wir uns hinknieten, um ihren letzten Segen zum Abschied zu empfangen. Eine Stunde später war sie tot. An ihrem neununddreißigsten Geburtstag. Ich war zwölf Jahre alt. Wir begruben sie während eines Schneesturms im März. Mir widerfuhr das größte Leid, das einem Jungen widerfahren kann. Das Leben war für mich nie wieder dasselbe.

Das war keine Übertreibung. Noch vierzig Jahre später im Weißen Haus, wie Coolidges Secret-Service-Agent Colonel E. W. Starling berichtete, »kommunizierte er mit ihr, sprach er mit ihr und fragte sie bei jedem Problem um Rat«. Coolidge verlor auch sein einziges Geschwister, seine geliebte Schwester Abbie. Sie starb fast auf den Tag genau fünf Jahre nach dem Tod seiner Mutter an einem Blinddarmdurchbruch.

Im Herbst 1891 begann Coolidge sein Studium am Amherst College in Massachusetts, damals eine kleine Institution mit etwa 350 Studenten. Er war eine kuriose Erscheinung. Sein Haar war rostrot, und sein Gesicht war mit Sommersprossen übersät. Außerdem war er fürchterlich schüchtern und fand keine einzige Studentenverbindung, die ihn als Mitglied aufnehmen wollte – ein Maß an Ablehnung, das es noch nie zuvor gegeben hatte. Nur der gutherzige Dwight Morrow freundete sich mit ihm an. Allen anderen gegenüber brachte Coolidge kaum ein Wort über die Lippen. »Oft sagte er tagelang fast gar nichts, mit Ausnahme von dem, was absolut notwendig war, um sich etwas zu essen zu besorgen und um seine Anwesenheit im Unterricht zu melden«, schrieb der Autor und Werbefachmann Bruce Barton, ebenfalls ein Amherst-Absolvent, Jahre später in seinen Memoiren.

Im Lauf der Zeit öffnete sich Coolidge ein wenig und wurde sogar in eine Studentenverbindung aufgenommen, doch Kontakte zu knüpfen war nie seine Stärke. Stattdessen arbeitete er hart und schloss sein Studium mit Auszeichnung ab. Vom Amherst College wechselte er dann auf die andere Seite des Connecticut River ins nahegelegene Northampton, um dort in der Kanzlei Hammond and Field, deren Partner ebenfalls Amherst-Absolventen waren, Jura zu studieren. 1899 kandidierte er spontan für einen Sitz im Stadtrat – und wurde gewählt. Das war der Beginn einer langen politischen Karriere. 1905 heiratete er Grace Goodhue (gegen die lautstarken Proteste ihrer Mutter, die ihn für zu schmächtig hielt), eine ebenfalls aus Vermont stammende Taubstummenlehrerin, die er in Northampton kennengelernt hatte und die so extrovertiert war wie er introvertiert. Grace erwies sich als große Stütze und übernahm bei gesellschaftlichen Anlässen für beide das Reden. Er hatte einen Narren an ihr gefressen und nannte sie »Mamma«.

Mit Grace an seiner Seite begann Coolidge seinen mühsamen politischen Aufstieg. Zuerst wurde er Bürgermeister von Northampton; dann Mitglied der obersten legislativen Behörde von Massachusetts, des General Court; danach Vizegouverneur des Bundesstaats und 1918 schließlich Gouverneur. In allen diesen Positionen zeichnete er sich durch seinen Fleiß, seine Sparsamkeit und seine Wortkargheit aus – allesamt Attribute, mit denen er die Zuneigung der Neuengländer gewann. Seine Anspruchslosigkeit war legendär. 1906 zog er mit Grace in eine gemietete Doppelhaushälfte in der Massasoit Street in Northampton und wohnte Zeit seines Lebens in bescheidenen Mietimmobilien.

1919 kam es in Boston zu einem berühmt gewordenen Polizeistreik. Die Polizisten der Stadt verdienten nur knapp 20 Dollar in der Woche und mussten sich davon selbst ihre Uniformen kaufen. Ihre Proteste waren also begründet, doch ihr Handeln stieß die Öffentlichkeit vor den Kopf und lieferte Boston gesetzlosen Elementen aus. Zwei Tage lang streiften Banden durch die Straßen, beraubten und bedrohten unschuldige Bürger. Außerdem hatte die große Stunde der Plünderer geschlagen. Als es den städtischen Behörden misslang, die Ordnung wiederherzustellen, schritt Coolidge in seiner Funktion als Gouverneur mit ungewohnter Forschheit ein. Er rief die Staatsgarde, entließ die Streikenden und stellte neue Polizeikräfte ein. »Niemand hat irgendwo und zu irgendeiner Zeit das Recht, gegen die öffentliche Sicherheit zu streiken«, erklärte er. Soweit bekannt war es das einzige Mal in seinem Leben, dass er eine derart eindringliche Stellungnahme abgegeben hat. Sein Eingreifen machte ihn zu einer Figur von landesweiter Bedeutung und brachte ihm im folgenden Jahr die Nominierung zum Vizepräsidentschaftskandidaten auf der Harding-Wahlliste ein.

Als Vizepräsident hinterließ er bei niemandem großen Eindruck, auch nicht innerhalb der Regierung. Theodore Roosevelt Jr., der stellvertretende Marineminister, sagte, er habe an unzähligen Kabinettssitzungen teilgenommen, denen auch Coolidge beiwohnte, und könne sich nicht erinnern, dass dieser auch nur einmal ein Wort gesagt habe.

Als die Nation im August 1923 mit der Nachricht aufwachte, dass Harding tot und der unbekannte Coolidge Präsident sei, waren die meisten verblüfft. Manche hatten aber auch stärkere Gefühle. Oswald Garrison Villard, Herausgeber der *Nation,* schrieb: »Ich bezweifle, dass die Präsidentschaft jemals in die Hände eines so kalten, so beschränkten, so rückschrittlichen, so wenig inspirierenden, so vorurteilsbehafteten Mannes gefallen ist oder an jemanden, der sie weniger verdiente als Calvin Coolidge.« Trotzdem entwickelten die meisten Menschen schnell Sympathie für Coolidge, ohne dass er viel dafür tat. Die Nation schloss seine Eigenarten ins Herz und schmückte diese häufig in Anekdoten aus. Seine berühmteste Eigenschaft war seine Einsilbigkeit. Einer oft erzählten, aber niemals nachgewiesenen Geschichte zufolge sprudelte eine Frau, die bei einem Dinner neben ihm saß, hervor: »Mr President, meine Freundin hat mit mir gewettet, dass ich Ihnen heute Abend keine drei Worte entlocken kann.«

Coolidge soll darauf erwidert haben: »Sie verlieren.«

Kein Zweifel besteht allerdings daran, dass der Präsident und Mrs Coolidge sich einmal ein Baseballspiel der Washington Senators ansahen, das über neun Innings ging, ohne auch nur ein Wort miteinander zu reden. Nur einmal fragte Coolidge nach der Uhrzeit, und sie erwiderte: »Sechs vor halb fünf.« Bei einer anderen Gelegenheit fragte ihn eine Frau, die bei einem offiziellen Abendessen neben ihm saß und hoffte, ihn in eine Unterhaltung verwickeln zu können, ob er es nicht satthabe, so viele Dinner über sich ergehen lassen zu müssen. Coolidge zuckte mit den Schultern und sagte: »Irgendwo muss ich ja essen«, und wandte sich wieder seiner Mahlzeit zu. Es ist keine Überraschung, dass er als »Silent Cal«, »der stille Cal«, bekannt war.

In manchen Situationen war Coolidge jedoch deutlich mitteilsamer – »beinahe redselig«, wie es einer seiner Biografen formulierte. Zweimal pro Woche hielt er private Pressekonferenzen ab, bei denen er sich mit Korrespondenten traf und frei und manchmal sogar angeregt sprach, obwohl alle seine Bemerkungen inoffiziell waren und sämtliche Fragen im Voraus bei seinem Privatsekretär eingereicht werden mussten, einem Mann mit einem Namen, der wie der eines Wunderheilers klingt: C. Bascom Slemp.

Coolidges private Verschrobenheiten waren sogar noch extremer als seine öffentlichen. Arthur M. Schlesinger Jr. zufolge ließ er sich beim Frühstücken gern von seinem Kammerdiener den Kopf mit

Vaseline einreiben. Außerdem war er ein so großer Hypochonder, dass er oft seine Arbeit unterbrach, um sich selbst den Puls zu messen. Er ließ sich jeden Tag vom Hausarzt des Weißen Hauses untersuchen, ob er sich unwohl fühlte oder nicht. Diejenigen, die eng mit ihm zusammenarbeiteten, lernten, vor Ausbrüchen »schierer Bösartigkeit« auf der Hut zu sein, um seinen leidgeprüften Berater Wilson Brown zu zitieren, mit der er vielen Menschen genussvoll das Leben zur Hölle machte. Auf einer Reise nach Florida bat Außenminister Frank B. Kellogg Coolidges Berater Brown, für ihn in Erfahrung zu bringen, wie er sich für eine später am Tag anberaumte Parade durch Palm Beach kleiden solle. Da Kellogg zu große Angst vor Coolidges Launen hatte, um den Präsidenten selbst zu fragen, suchte Brown diesen in seiner Unterkunft auf. Brown schrieb später:

Ich traf Mrs Coolidge friedlich strickend an, während sich der Präsident hinter einer Zeitung versteckte. Als ich ihm mitteilte, dass sich Mr Kellogg erkundigt habe, ob die Delegierten für die Fahrt durch die Stadt Zylinder und Frack tragen sollen oder Strohhut und Sommerbekleidung, erwiderte er, ohne hinter seiner Zeitung hervorzuschauen: »Das ist seine Sache.«
»Also, Calvin«, sagte Mrs Coolidge, »das ist doch keine Botschaft, die man dem Außenminister übermittelt.«
Mr Coolidge ließ verärgert seine Zeitung sinken, starrte mich wütend an und sagte: »Was soll ich denn Ihrer Meinung nach anziehen?«
Ich riet ihm zu einem Strohhut und Sommerbekleidung.
Er bellte: »Sagen Sie Kellogg, er soll einen Zylinder tragen.«

Niemand hat Trägheit jemals erfolgreicher zu einer Tugend gemacht als Calvin Coolidge während seiner Präsidentschaft. Er tat nichts, was er nicht unbedingt tun musste, sondern gab sich stattdessen einer »grimmigen, wachsamen Untätigkeit« hin, wie der politische Kommentator Walter Lippmann es formulierte. Er weigerte sich sogar, die National Education Week 1927 zu unterstützen, und zwar mit der Begründung, er sei als Präsident dazu nicht verpflichtet. In den letzten Jahren wird die revisionistische Ansicht vertreten, Coolidge sei in Wirklichkeit klüger und lebendiger gewesen, als die Geschichte ihn darstellt. Das mag stimmen. Mit Sicherheit kann gesagt werden, dass seine Präsidentschaft mit einer boomenden Wirtschaft zusammenfiel und dass er nichts unternahm, um ihr in die Quere zu kommen.

Kalkulierte Trägheit konnte nicht unbedingt als gute Strategie bezeichnet werden, für den größten Teil seiner Amtszeit war es allerdings auch keine schlechte. Da sich sämtliche Märkte auf dem aufsteigenden Ast befanden, brauchte er nichts anderes zu tun, als sich herauszuhalten. Unter Coolidges gutmütiger Aufsicht wuchs der Wert der Wall Street um mehr als das Zweieinhalbfache an. Es ist keine Überraschung, dass der Erfolg der Wirtschaft Wunder für Coolidges Beliebtheit wirkte. So schrieb der Zeitungsjournalist Henry L. Stoddard 1927: »Er löst die tiefe landesweite Zuversicht aus, dass es dem Land gut ergehen wird, solange er im Weißen Haus ist.« Dieses Phänomen wurde unter der Bezeichnung »Coolidge-Wohlstand« bekannt, als hätte es sich dabei um sein persönliches Geschenk an die Nation gehandelt.

Coolidge war außerdem moralisch untadelig und vom Scheitel bis zur Sohle ehrlich – Qualitäten, die umso löblicher und edler erschienen, je mehr Unlauteres der Regierung Harding ans Tageslicht kam. Der Teapot-Dome-Skandal und Hardings andere Verfehlungen nahmen während des restlichen Jahrzehnts eine Menge Kongress- und Gerichtszeit in Anspruch und waren im Sommer 1927 noch immer präsent. Am 6. Juli wurden der ehemalige Innenminister Albert Fall und der Ölmogul Edward L. Doheny letzten Endes wegen Bestechung in Washington, D.C., vor Gericht gestellt – eine Anschuldigung, gegen die beide schon kurz nach Hardings Tod kämpften.

Doheny wurde schließlich freigesprochen. Sein Partner Harry Sinclair, der 1927 ebenfalls wegen Korruption angeklagt wurde, wäre ähnlich ungeschoren davongekommen, wenn er nicht törichterweise zwölf Detektive der William Burns Agency engagiert und jeden von ihnen einen Geschworenen hätte beschatten lassen, um herauszufinden, ob einer von ihnen geschmiert, erpresst oder anderweitig beeinflusst werden konnte. Der Vorwurf der Korruption musste wieder fallen gelassen werden, aber wegen versuchter Manipulation der Geschworenen wurde Sinclair zu sechseinhalb Monaten Gefängnis verurteilt. Weitere drei Monate erhielt er für seine Weigerung, die Fragen eines Senatsausschusses zu beantworten, der die Pachtskandale bei den Ölfeldern untersuchte. Für diejenigen, die denken, unrecht Gut gedeihet nicht, ist Sinclair ein schmerzhaftes Gegenbeispiel. Nach seinem kurzen Gefängnisaufenthalt verwandelte er Sinclair Oil in einen der größten Ölkonzerne des Landes, machte im Zweiten Weltkrieg ein Vermögen mit der Lieferung von Chemikalien an das Militär, wurde Miteigentümer des St.-Louis-Browns-Baseballteams und in den bewundernden Worten des *American Dictionary of National Biography* zu »einem der am höchsten angesehenen Großunternehmer in den Vereinigten Staaten«. Als er 1956 starb, hatten seine Firmen einen Gesamtwert von 700 Millionen Dollar.

Marineminister Edwin Denby, mithin in den Teapot-Dome-Skandal verwickelt, musste sein Amt niederlegen und aus dem Kabinett ausscheiden, wurde aber nie wegen irgendetwas angeklagt. Fall wurde der Korruption für schuldig befunden und für neun Monate ins Gefängnis geschickt – das erste Mal, dass ein Minister wegen einer schweren Straftat verurteilt wurde. Ebenfalls ins Gefängnis kam Colonel Thomas W. Miller, der in seiner Funktion als Verwalter feindlichen Eigentums Bestechungsgelder angenommen hatte. Generalstaatsanwalt Harry M. Daugherty musste wegen Korruptionsverdacht zurücktreten. Wahrscheinlich hätte er zu einer Haftstrafe verurteilt werden sollen, doch er wurde in einem Prozess im Jahr 1927 freigesprochen. Daughertys enger Mitarbeiter Jess Smith wurde mit einer Schusswunde tot aufgefunden. Sein Dahinscheiden wurde als Selbstmord gewertet, wenngleich einige öffentlich behaupteten, es habe sich um Mord gehandelt.

Charles Forbes, der als Leiter des Ministeriums für Veteranenangelegenheiten 200 Millionen Dollar »verloren« hatte, von denen ein nicht bekannter Anteil in seiner eigenen Tasche gelandet war, wurde mit einer Geldstrafe von 10 000 Dollar und einer Gefängnisstrafe von zwei Jahren belegt. Im Sommer 1927 saß er im Staatsgefängnis Leavenworth ein, doch bereits im November 1928 wurde er wieder entlassen, nachdem er nur ein Jahr und acht Monate seiner Haft verbüßt hatte.

In seiner Autobiografie ist Coolidge herrlich zurückhaltend, was all das anbetraf. Den Teapot-Dome-Skandal erwähnt er überhaupt nicht, und über Hardings letzte Tage hat er nur Folgendes zu sagen:

> *Ich weiß nicht, was seine Gesundheit beeinträchtigt hat. Ich weiß allerdings, dass die Präsidentschaft sehr schwer auf einem lastet. Wie sich später herausstellte, hatte er entdeckt, dass ihn einige, denen er vertraut hatte, hintergangen hatten, und war gezwungen gewesen, sie zur Rechenschaft zu ziehen. Diese Entdeckung bereitete ihm bekanntlich großen Kummer, vielleicht mehr, als er ertragen konnte. Ich habe ihn nie wieder gesehen. Im Juni brach er nach Alaska auf – und in die Ewigkeit.*

Wenngleich Harding in keinen der Korruptionsfälle persönlich verwickelt war – sein einziges Vergehen bestand darin, dass er sich ganz und gar wie ein Narr verhielt –, war sein Ruf ruiniert. Im Sommer 1927 hatte es den Anschein, als könne er nicht mehr tiefer sinken. Doch dann sank er noch tiefer.

Im Juli veröffentlichte eine attraktive junge Dame namens Nan Britton, mit der er intim bekannt war, ein sensationell pikantes Buch mit dem Titel *The President's Daughter,* »Die Tochter des Präsidenten«. Die Geschichte war unerquicklich, aber zugleich unwiderstehlich. Als Schulmädchen hatte sich Miss Britton in Marion, Ohio, in einen gut aussehenden Freund ihres Vaters verliebt, den stattlichen Mr Harding, seines Zeichens Eigentümer der Zeitung

Marion Star. Harding war einunddreißig Jahre älter als Britton und hatte bereits eine leidenschaftliche Affäre mit der besten Freundin seiner Frau – er war tatsächlich ein ziemlicher Schwerenöter –, sodass es den Anschein hatte, als würde das Ganze wahrscheinlich nie über eine Schwärmerei hinausgehen.

Doch dann geschah etwas mit Miss Britton, dem Warren Harding prinzipiell nur schwer widerstehen konnte: Sie wurde zur Frau. Als sie sich einige Zeit später wiederbegegneten, war Harding hin und weg von ihr. Die beiden begannen eine leidenschaftliche Affäre. Harding war inzwischen ein erfolgreicher Politiker, und Miss Britton begleitete ihn oft auf Wahlkampftouren, wo sie in der Regel als seine Nichte auftrat. Am 22. Oktober 1919 brachte sie in Asbury Park, New Jersey, eine Tochter namens Elizabeth Ann auf die Welt. Britton war zu diesem Zeitpunkt dreiundzwanzig, Harding vierundfünfzig. Immerhin bewies Harding Anstand und unterstützte Britton mit regelmäßigen Zahlungen von 100 oder 150 Dollar. Außerdem setzte er sein Verhältnis mit ihr fort, als seine politische Karriere in Schwung kam, seine Tochter sah er jedoch nie. Als sich Hardings Hinterbliebene weigerten, sie weiterhin finanziell zu unterstützen, beschloss sie, die Angelegenheit in einem Buch zu enthüllen.

Da sich kein Mainstream-Verleger an das Manuskript herantraute, gründete Britton selbst einen Verlag, die Elizabeth Ann Guild, um es zu veröffentlichen. Britton behauptete, sie habe anonyme Drohungen bekommen, ihre Telefonleitungen seien gekappt und der Lastwagen, der die Druckplatten für das Buch transportierte, sei in Brand gesteckt worden. Als *The President's Daughter* im Juli 1927 erschien, hatte Hardings Ruf bereits den vermeintlichen Tiefpunkt erreicht, doch jetzt konnte es die lesende Öffentlichkeit kaum erwarten zu erfahren, was für ein gewissenloser Schuft er wirklich war.

Die am meisten gelesenen Passagen waren in jedem Haushalt diejenigen, in denen die Schäferstündchen der beiden im Weißen Haus geschildert wurden. Miss Britton nahm kein Blatt vor den

Mund. Sie hielt fest, wie sie der Präsident, von Lust verzehrt, an den Ort drängte,

> *den einzigen Ort, sagte er, an dem wir uns seiner Ansicht nach in Sicherheit befänden, wenn wir uns küssten. Dabei handelte es sich um eine kleine Kammer im Vorzimmer, die offenbar zur Aufbewahrung von Hüten und Mänteln diente, aber meistens ganz leer war, wenn wir sie benutzten, denn bei meinen Besuchen im Weißen Haus zogen wir uns oft dorthin zurück, und in der Dunkelheit des Raums, der nicht größer als anderthalb mal anderthalb Meter war, vollzogen der Präsident der Vereinigten Staaten und seine Geliebte den Beischlaf.*

Die beiden verkehrten auch in Wohnungen miteinander, die sich Harding von Freunden auslieh.

Brittons Buch war eine Mischung aus vollkommen unwahrscheinlichen Behauptungen (dass Harding ihr bis zu sechzig Seiten lange Liebesbriefe schrieb) und unzweifelhaft korrekten Beschreibungen des Inneren des Weißen Hauses (insbesondere aus der Bodenperspektive betrachtet).

Das Buch war so skandalös, dass es nur wenige Publikationen rezensierten. Viele Buchhandlungen verkauften es ihren Kunden nur auf Anfrage. Viele andere boten es überhaupt nicht an. Trotzdem verkaufte es sich bereits in den ersten sechs Monaten fünfzigtausendmal zu einem Preis von fünf Dollar pro Exemplar, und das in einer Zeit, in der fünf Dollar viel Geld waren (ein halber Tageslohn für Lindbergh als Luftpostpilot zum Beispiel). Eines der wenigen Magazine, die es wagten, das Werk zu besprechen – allerdings erst, nachdem es sich bereits drei Monate auf dem Markt befand – war der *New Yorker*. Dorothy Parker, Schriftstellerin und Kritikerin, bezeichnete es darin als »das erstaunlichste Werk, das bislang den Weg in diese zitternden Hände gefunden hat ... Denn wenn Miss Britton anfängt zu enthüllen, mein Gott, wie sie dann enthüllt.«

Was die Erinnerung an Warren Harding anbelangt, hätte all das zu keinem schlechteren Zeitpunkt kommen können. In Hardings

Heimatstadt war ein Denkmal in Form einer riesigen Rotunde errichtet und seine Einweihung war für den 4. Juli angesetzt worden. Als amtierender Präsident derselben Partei war Calvin Coolidge durch Tradition verpflichtet, die Einweihung durchzuführen. Da jedoch so viele geschmacklose Skandale umherwirbelten, weigerte er sich. Das hatte zur Folge, dass die Einweihung mehr oder weniger auf unbestimmte Zeit verschoben wurde – eine enorme Demütigung für Hardings Hinterbliebene. (Das Denkmal wurde dann 1931 von Herbert Hoover eingeweiht, der, wie es hieß, sogar zur Öffnung einer Schublade gegangen wäre.)

Stattdessen feierte Coolidge den 4. Juli – der zufällig auch sein fünfundfünfzigster Geburtstag war –, indem er in South Dakota blieb und sich dort blendend amüsierte. Als Anerkennung für all die Publicity, die er South Dakota mit seinem Urlaub einbrachte, schenkte ihm der Bundesstaat zum Geburtstag eine Cowboy-Montur und ein Pferd. Das Pferd trug den Namen »Kit« und wurde euphemistisch als »temperamentvoll« beschrieben. In Wirklichkeit war es so gut wie nicht zugeritten. Der Präsident, der beileibe kein Reiter war, wurde wohlweislich auf Abstand von ihm gehalten. Coolidge richtete seine hocherfreute Aufmerksamkeit stattdessen auf sein anderes Hauptgeschenk: das Cowboy-Outfit, das aus einem Cowboyhut, einem leuchtend roten Hemd, einem großen blauen Halstuch, ledernen Reithosen und Stiefeln mit Sporen bestand. Coolidge zog sich zurück, um alles anzuziehen, und tauchte ein paar Minuten später klirrend und ein bisschen unbeholfen in voller Montur wieder auf. Er sah lächerlich aus, war aber sehr stolz und posierte bereitwillig für die Fotografen, die ihr Glück kaum fassen konnten. »Das war einer der komischen Höhepunkte in der amerikanischen Geschichte«, schrieb Robert Benchley in jener Woche im *New Yorker*.

Coolidge liebte sein neues Outfit und trug es für den Rest des Sommers, wann immer er konnte. Dem Personal seiner Unterkunft zufolge zog er es abends nach seinen formelleren Pflichten des Tages an und war für ein paar Stunden nicht mehr der wichtigste Mann Amerikas, sondern nur noch ein glücklicher Cowboy.

Fünfzehntes Kapitel

Während sich Präsident Coolidge in den Black Hills als Cowboy vergnügte, legten am anderen Ende des Landes und jenseits seines momentanen Interessenspektrums vier internationale Banker still und heimlich den Grundstein für den Zusammenbruch des Aktienmarkts und die anschließende Weltwirtschaftskrise. Selbstverständlich war Letzteres weder ihre Absicht noch ihre Erwartung.

Die fraglichen Männer waren: Benjamin Strong, Gouverneur der Federal Reserve Bank of New York; Sir Montagu Norman, Gouverneur der Bank of England; Hjalmar Schacht, Präsident der deutschen Reichsbank, und Charles Rist, stellvertretender Gouverneur der Banque de France. Gemessen an ihrer enormen Bedeutung handelte es sich bei den vier Männern um ein recht eigenartiges Quartett: Einer von ihnen lag im Sterben, einer war völlig verschroben, einer war ein zukünftiger Nazi, und einer war verhältnismäßig normal, aber unter den gegenwärtigen Umständen mehr oder weniger bedeutungslos.

Die vier trafen sich auf dem Long-Island-Anwesen von Ogden Livingston Mills, einem reichen Republikaner, der kurz zuvor von Al Smith im Rennen um das Gouverneursamt in New York geschlagen (oder vielmehr windelweich geprügelt) worden war. Sozusagen als Trostpreis war Mills zum Staatssekretär im Finanzministerium in Washington ernannt worden – ironischerweise gerade rechtzeitig, um sich um den Schlamassel kümmern zu können, der von seinen wohlmeinenden, aber irregeführten Hausgästen gerade in die Wege geleitet wurde.

Die Banker müssen sich ziemlich heimisch gefühlt haben, denn Mills riesiges und klotziges Anwesen glich eher einer Zentralbank als einem komfortablen Wohnhaus. Umgeben von regelmäßig angelegten Gärten nahm es einen erstklassigen Platz an der »Goldküste« ein, einem privilegierten Abschnitt im Nordwesten von Long Island, wo etwa 600 große Anwesen mit Blick auf die hügelige Landschaft und die buchtige Küste der Countys Nassau und Suffolk standen. Fast alle der reichsten Familien Amerikas – die Vanderbilts, DuPonts, Astors, Whitneys, Morgans, Hearsts, Fricks – besaßen dort Wochenendhäuser. Einige dieser Domizile hatten eine immense Größe. Der Banker Otto Kahn besaß ein Schloss mit 170 Zimmern, einschließlich eines Speisesaals, der 200 Gästen Platz bot. Auf dem Grundstück befanden sich ein Golfplatz und ein Privatzoo. Da Kahn der Ansicht war, dass es seinem Panorama an Erhabenheit fehle, ließ er sich seinen eigenen kleinen Berg errichten. Andere Goldküsten-Eigentümer kauften ganze Ortschaften und machten sie dem Erdboden gleich, um ihre Aussicht zu verbessern, und mindestens einer ließ eine öffentliche Landstraße einzäunen, um gewöhnliche Leute daran zu hindern, zum Strand am Fuß seines Grundstücks zu gelangen.

Das Mills-Anwesen befand sich nur etwa zehn Meilen vom Roosevelt Field entfernt und mehr oder weniger genau auf der Route sämtlicher noch nicht lange zurückliegender Atlantikflüge. Commander Byrd und sein Team waren nur zwei Tage vor dem Eintreffen der Banker in der *America* über das Anwesen geflogen. Die Nachrichten von Byrds Wasserlandung bei Ver-sur-Mer und von seinem triumphalen Empfang in Paris füllten noch immer die Titelseiten der Zeitungen, was den Bankern gelegen kam, da es die Aufmerksamkeit von ihnen ablenkte. Sie hatten eine Vorliebe für Geheimhaltung.

Der Gastgeber des Treffens war Benjamin Strong. Der Fünfundfünfzigjährige war ein großer, eigentlich blendend aussehender Mann, dessen Leben jedoch von »heimlichen Sorgen und schlechter Gesundheit geprägt war«, um den Finanzhistoriker John Brooks zu zitieren. Im Sommer 1927 hatte er den müden und etwas gequälten Gesichtsausdruck eines Menschen, der bereits seit langem einen aussichtslosen Kampf gegen eine tödliche Krankheit führt. In seinem Fall handelte es sich um Tuberkulose.

Strongs Privatleben und sein Berufsleben standen in starkem Kontrast zueinander. 1872 wurde er im Norden des Bundesstaats New York in eine vornehme, aber verarmte Familie hineingeboren, die es sich nicht leisten konnte, ihn aufs College zu schicken. Stattdessen ging er nach Manhattan, um im Bankwesen zu arbeiten. Dank seiner angenehmen Art und seiner natürlichen Autorität kletterte er auf der Karriereleiter kontinuierlich nach oben. Sein Aufstieg beschleunigte sich allerdings beträchtlich, als er 1898 mit seiner Frau und seiner jungen Familie nach Englewood in New Jersey zog und sich mit mehreren aufsteigenden Sternen bei J.P. Morgan & Co. anfreundete, insbesondere mit Henry Davison, Thomas Lamont und (später) Dwight Morrow. Mithilfe seiner neuen Kontakte wurde Strong zunächst einer der Direktoren der Bankers' Trust Company, dann ihr Präsident und schließlich Leiter der Federal Reserve Bank of New York bei deren Gründung im Jahr 1913.

In seinem Privatleben war ihm leider kein solches Glück beschieden. Seine Frau, die unter chronischen Depressionen litt, beging 1905 Selbstmord und hinterließ ihm vier kleine Kinder, von denen eines im Jahr darauf an Scharlach starb. Zwei Jahre später heiratete Strong erneut, doch diese Ehe erwies sich ebenfalls als Misserfolg: Seine zweite Frau verließ ihn 1916 und zog mit zwei weiteren Kindern, die sie ihm geboren hatte, nach Kalifornien. Zur selben Zeit wurde bei ihm Tuberkulose diagnostiziert, und er musste sich wiederholt für längere Kuraufenthalte in die klare Luft von Colorado begeben. Dort entwickelte sich eine Beziehung zwischen ihm und einer jungen Frau, die ebenfalls an Tuberkulose litt und sich dann auf schreckliche Art und Weise das Leben nahm, indem sie Schuhpolitur trank. Strong zählte nicht zu den Menschen, für die das Leben aus einer Folge freudiger Ereignisse bestand. Im Sommer 1927 hatte er nach sechsmonatiger Abwesenheit seine Arbeit gerade erst wieder aufgenommen.

Zumindest hatte er die Gesellschaft seines besten Freundes Montagu Norman von der Bank of England. Strong und Montagu standen sich so nahe, dass sie häufig miteinander Urlaub machten, für gewöhnlich in Maine oder in Südfrankreich. Norman gab einen recht merkwürdigen Freund ab, aber einen noch merkwürdigeren Chef einer Zentralbank. Er wirkte zerbrechlich und nervös und war in den Worten von zweien seiner zahlreichen Biografen ein »seltsamer und einzelgängerischer Mensch«, der »ungemein neurotisch und fast nicht zufriedenzustellen war«. Er trug, was die Zeitschrift *Time* 1927 als »herrlich kampflustigen Spitzbart« bezeichnete, und hatte ein Faible für breitkrempige Hüte und fließende Umhänge, die ihn aussehen ließen wie eine Kreuzung aus einem mitteleuropäischen Spion und einem zweitklassigen Bühnenzauberer. Norman war erbitterter Antisemit, was angesichts seiner eigenen Wurzeln etwas überrascht: Er stammte angeblich von sephardischen Juden aus Südeuropa ab.

Zu Normans vielen Verschrobenheiten gehörte auch, dass er stets in Verkleidung reiste, selbst wenn es dafür keinen plausiblen Grund gab. Meistens stellte er sich als »Professor Clarence Skinner« vor – zur gelegentlichen Bestürzung des echten Professors Clarence Skinner. Außerdem neigte er stark zu übertriebenen Nervenzusammenbrüchen. Jedes Mal wenn er sich »elend« fühlte, wie er es nannte, blieb er tage- oder sogar wochenlang einfach im Bett liegen. Zwischen 1911 und 1913 arbeitete er überhaupt nicht, nachdem der Schweizer Psychiater Carl Gustav Jung irrtümlich Syphilis im Endstadium bei ihm diagnostiziert und ihm nur noch Monate zu leben gegeben hatte. Wahrscheinlicher ist, dass er zumindest leicht manisch-depressiv war. Wenn er sich in überschwänglicher Stimmung befand, kannte sein Selbstbewusstsein keine Grenzen. »Ich habe keine *Gründe*«, korrigierte er einmal einen Freund. »Ich habe Instinkte.«

Norman lebte allein (versorgt von sieben Bediensteten) in einem weitläufigen Haus im Londoner Stadtteil Holland Park. Herbert Hoover war einige Jahre lang ein unmittelbarer Nachbar von ihm. Er ging nur selten unter Leute, und dass er Interviews gab oder Vorträge hielt, kam fast nie vor. In seinem Haus gab es ein Musikzimmer, in dem er manchmal Konzerte nur für sich allein veranstaltete. Er stammte aus einer enorm erfolgreichen Familie. Sein Bruder wurde Vorsitzender der BBC. Sein Vater war Teilhaber der Martin's Bank, damals eine der größten Banken in Großbritannien, und seine Großväter waren beide Direktoren der Bank of England gewesen, wobei einer von ihnen später als Gouverneur fungierte.

Norman selbst zeigte als junger Mann keine besonderen Begabungen. Er arbeitete einigermaßen kompetent in der familieneigenen Bank, nahm sich jedoch lange Auszeiten für Reisen und Nervenzusammenbrüche. Während seiner längsten gesunden Phase verbrachte er vier Jahre bei einer Handelsbank in New York. Im Burenkrieg verpflichtete er sich als Captain in der britischen Armee und diente dort zur mutmaßlichen Überraschung aller, die ihn kannten, so tapfer, dass ihm der Distinguished Service Order verliehen wurde, die höchste Auszeichnung für Offiziere (bevor er jedoch erwartungsgemäß einen gesundheitlichen Zusammenbruch erlitt). 1915, im fortgeschrittenen Alter von vierundvierzig Jahren, trat Norman der Bank of England bei und hinterließ dort mit seinem scharfen Verstand und seiner minutiösen Gewissenhaftigkeit solchen Eindruck, dass er binnen fünf Jahren zum Gouverneur aufstieg.

Man kann durchaus behaupten, dass die Bank of England nie einen unberechenbareren Chef hatte. Wenn Norman sich schlecht fühlte, nahm er sich oft spontan und lange Urlaub – einmal setzte er sich für drei Monate nach Südafrika ab –, ohne Gründe zu nennen und ohne sich zu verabschieden, und überließ es seinen Untergebenen, die Bankgeschäfte so zu leiten, wie sie glaubten, dass er es getan hätte, wenn er da gewesen wäre. Manchmal verschwand er auch zusammen mit seiner Mutter in die Schweiz oder nach Frankreich, um eine der vielen Kliniken des klein gewachsenen, aber charismatischen Franzosen Émile Coué zu besuchen. Coué war ein Apotheker aus Nancy, der in den zwanziger Jahren extrem bekannt wurde, nachdem er eine Methode zur Selbstverbesserung erfunden hatte, die er »Autosuggestion« nannte und die er in seinem schmalen Bestseller *Die Selbstbemeisterung durch bewusste Autosuggestion* erklärte. Sie basierte auf der einfachen Idee, ausschließlich positiv über sich selbst zu denken und immer und immer wieder folgendes simples Mantra zu wiederholen: »Es geht mir mit jedem Tag in jeder Hinsicht immer besser und besser.«

Coués Buch hat einen Umfang von gerade einmal 195 Seiten, und den Großteil davon nehmen Referenzen seiner begeisterten Bewunderer ein. Anhänger von Coués Methode – von denen es letztlich Millionen gab – attestierten ihm die Heilung fast aller erdenklichen Leiden: Bright'sche Krankheit, Nebenhöhlenentzündung, Neurasthenie, Gehirntumore und sogar Nymphomanie und Klumpfuß. Ein verzückter Anhänger beteuerte, seine lebenslangen Probleme bei der Verdauung von Erdbeeren überwunden zu haben. Ein anderer berichtete freudig, der Kleptomanie abgeschworen zu haben. Mitte der zwanziger Jahre besaß Coué Kliniken in ganz Europa und Nordamerika.

Leider starb der kleine Franzose im Sommer 1926 plötzlich an einem Herzinfarkt, was die Meinung unterstrich, dass positives Denken, wie eifrig es auch angewandt wird, nur bis zu einem gewissen Grad wirksam ist. Die Autosuggestionsbewegung verlor daraufhin an Schwung, und Norman verfiel wieder in einen Zustand der chronischen Hypochondrie, in dem er sich ohnehin wohler zu fühlen schien. Wenn Norman gerade nicht Couéismus praktizierte, war er ein engagierter Amateur in Sachen Spiritualismus und Okkultismus. Einem Kollegen gegenüber behauptete er einmal, er könne durch Wände gehen. Paradoxerweise war das seinem Ruf, über finanzielle Zauberkünste zu verfügen, nur zuträglich.

Beim dritten Mitglied der Gruppe handelte es sich um Hjalmar Horace Greeley Schacht, den Präsidenten der deutschen Reichsbank, der seinen denkwürdigen Namen der Tatsache verdankte, dass sein Vater ein paar Jahre in Amerika gelebt und dort Bewunderung für den engagierten Zeitungsverleger Horace Greeley entwickelt hatte. Hjalmar Schacht wurde später zu einem sklavischen Unterstützer von Adolf Hitler (wobei er sogar so weit ging, einen skurrilen, briefmarkenförmigen Oberlippenbart nach Hitler-Fasson zu tragen), in dieser Ausrichtung auch Wirtschaftsminister unter den Nazis. In den Worten eines Zeitzeugen »verlieh Dr. Schacht Hitlers Schlägertypen Legitimität«.

1927 galt er als Nationalheld, nachdem er Deutschland durch seine größte Wirtschaftskrise gelenkt hatte. Vier Jahre zuvor, im Januar 1923, hatten die Franzosen aus Verärgerung über die Reparationszahlungsmoral der Deutschen das Ruhrgebiet besetzt, die industrielle Hochburg Deutschlands. Die Folge war eine schwindelerregende Hyperinflation. Der Wechselkurs der Reichsmark zum Dollar, der vor dem Krieg ungefähr vier zu eins betragen hatte, schoss auf 600 000:1. Im Sommer 1927 musste man, um einen Dollar zu erhalten, 630 *Milliarden* Mark auf den Tisch legen. Die Inflation war so extrem, dass sich die Preise täglich verdoppelten, manchmal sogar stündlich. Die Menschen brauchten Schubkarren oder Kinderwagen, um ausreichend Papiergeld für die einfachsten Transaktionen mitnehmen zu können. Einen Brief zu versenden kostete zehn Milliarden Mark. 1914 hatte eine Straßenbahnfahrt eine Mark gekostet, jetzt mussten die Deutschen 15 Milliarden dafür bezahlen. Renten wurden wertlos. Was im Lauf eines Lebens mühsam angespart worden war, reichte nicht einmal mehr für eine Tasse Kaffee. Auf dem Gipfel des Irrsinns waren die Preise schließlich 1 422 900 000 000 Mal so hoch wie zehn Jahre zuvor.

In der letzten Novemberwoche 1923 ersetzte Deutschland dann die wertlos gewordene Reichsmark durch eine neue Währung, die Rentenmark. Wie durch ein Wunder zeigte diese Maßnahme die gewünschte Wirkung und ließ die Inflation auf ein überschaubareres, weniger hysterisches Niveau sinken. Der Zufall wollte es wohl, denn Rudolf Havenstein, der damalige Präsident der Reichsbank, brach genau an dem Tag, an dem die Umstellung erfolgte, tot zusammen.

Sein Nachfolger wurde Hjalmar Schacht. Da Schachts Amtsübernahme so perfekt getimt war, wurde ihm die gesamte Anerkennung für die Wiederherstellung der Stabilität der deutschen Wirtschaft zuteil, bis in alle Ewigkeit wurde er als Finanzgenie gefeiert.

Eine zweite, spätere Folge der französischen Ruhrbesetzung und der daraus resultierenden Zerrüttung und Verbitterung war Adolf Hitlers Aufstieg zur Macht. Einige Historiker sind der Ansicht, die Nazis hätten ohne die Legitimität, die Schacht ihnen verlieh, und ohne dessen finanzielles Gespür nicht den Durchbruch schaffen können, den sie hatten. Nach dem Zweiten Weltkrieg wurde Schacht bei den Nürnberger Prozessen verurteilt. Zu seiner Verteidigung behauptete Schacht, er sei gegen die Judenverfolgung gewesen und nie der Nationalsozialistischen Partei beigetreten. Er habe es unterstützt, dass Juden ihrer Rechte beraubt wurden, aber nicht, dass sie getötet wurden, was ihn nach damaligen Maßstäben in Deutschland beinahe zu einem aufgeklärten Menschen machte. Er wurde freigesprochen und lebte noch bis 1970. Norman und er verstanden sich gut. Für das Treffen auf Long Island waren sie gemeinsam unter falschem Namen an Bord der *Mauretania* nach Amerika gefahren.

Beim vierten Mitglied der Versammlung handelte es sich um Charles Rist, einen in der Schweiz geborenen Wirtschaftswissenschaftler und ehemaligen Juraprofessor an der Sorbonne, der stellvertretender Gouverneur der Banque de France war. Der Gouverneur, Émile Moreau, sprach kein Englisch und hatte deshalb Rist an seiner statt geschickt. Der glatzköpfige, ernste Rist war überaus seriös, bei dem Treffen jedoch ein klarer Außenseiter. Er arbeitete erst seit dem Vorjahr für die Banque de France und war den anderen drei Männern deshalb nicht gut bekannt.

Selbstverständlich brachte jeder der Männer zu dem Treffen etwas von der Stimmung in seinem Land sowie eine Portion Eigeninteresse und Voreingenommenheit mit. Frankreich durchlebte ein schreckliches Jahr: Seine Bürger fühlten sich arm und ungerecht behandelt, und das Verschwinden von Nungesser und Coli war aus psychologischer Sicht ein heftiger Schlag gewesen. Auf offizieller Ebene war die Banque de France misstrauisch gegenüber Norman, da sie glaubte, er würde das übrige Europa sofort verkaufen, wenn er dadurch Londons Stellung als globales Finanzzentrum retten konnte. Großbritannien hatte seinerseits gerade erst einen kostspieligen Generalstreik hinter sich und war bestürzt über seine Unfähigkeit, seine frühere Vormachtstellung in der Welt zurückzuerobern. Norman hegte persönlichen Groll gegen die Franzosen, weil sie einen Ansturm auf die britischen Goldreserven angezettelt hatten, und weigerte sich bis auf Weiteres, mit Franzosen auf Französisch zu kommunizieren, um seinem Missfallen Ausdruck zu verleihen. Deutschland war einfach nur erschöpft. Es hatte nicht nur erdrückende Reparationszahlungen zu leisten, sondern war auch größtenteils seiner Möglichkeiten beraubt worden, Devisen zu erwirtschaften. Die Alliierten hatten unter anderem einen großen Teil seiner Schiffe beschlagnahmt. Inzwischen ist weitgehend in Vergessenheit geraten, dass es sich bei vielen der großen Ozeandampfer der zwanziger Jahre um ehemals deutsche Schiffe mit neuem Namen handelte. So handelte es sich beispielsweise bei der *Berengaria,* die ein so eindrucksvolles Schiff war, dass die britische Reederei Cunard sie zu ihrem Flaggschiff machte, um die ehemalige deutsche *Imperator.* Die *Majestic* der ebenfalls englischen Reederei White Star Line war früher die *Bismarck* gewesen, und die amerikanische *Leviathan,* auf der Commander Byrd und sein Team in Kürze nach Hause zurückkehren sollten, hatte zuvor als *Vaterland* stolz die Meere befahren.

Im krassen Gegensatz zu seinen europäischen Verwandten fand sich Amerika in der ungewöhnlichen Position wieder, dass es ihm beinahe zu gut ging. Seine Wirtschaft war nicht zu stoppen. Seit Jahren gab es überhaupt keine Inflation. Das Wirtschaftswachstum betrug durchschnittlich 3,3 Prozent im Jahr. Die jüngsten Zahlen des Finanzministeriums, die einen Tag vor dem Treffen der Banker auf Long Island veröffentlicht wurden, zeigten, dass die Vereinigten Staaten im soeben zu Ende gegangenen Haushaltsjahr einen Rekordhaushaltsüberschuss von 630 000 Millionen Dollar erwirtschaftet und eine Milliarde Dollar Staatsschulden abgebaut hatten. Noch besser konnte es einem Wirtschaftssystem nicht gehen.

Auf dem Aktienmarkt wurde scheinbar mühelos ein Vermögen verdient. In *Früher Erfolg. Über Geld und Liebe, Jugend und Karriere, Schreiben und Trinken* berichtet F. Scott Fitzgerald voller Verwunderung, dass sein Friseur in den Ruhestand gegangen sei, nachdem er mit einer einzigen Investition eine halbe Million Dollar verdient hatte – zur damaligen Zeit fast das Vierhundertfache eines durchschnittlichen Jahresgehalts. Für viele wurde das Spekulieren an der Börse beinahe zur Sucht. Warren Harding tat es während seiner Präsidentschaft (was nicht erlaubt war). Bei seinem Tod schuldete er seinem Broker 180 000 Dollar. Der Reiz bestand für Harding und viele andere darin, dass man kein Geld brauchte, um mitmachen zu können. Man konnte sozusagen »auf Pump« kaufen, etwa Aktien im Wert von 100 Dollar für eine Anzahlung von zehn Dollar erwerben, wobei man sich den Restbetrag von seinem Broker lieh. Aus Sicht der Banker hätte diese Regelung gar nicht erfreulicher sein können. Banken liehen sich bei der US-Notenbank zu einem Zinssatz von vier bis fünf Prozent Geld und verliehen es für zehn bis zwölf Prozent an die Broker weiter. Wie ein Autor es formulierte, befanden sie sich »in der Position, allein für ihre Existenz großzügig bezahlt zu werden«.

Solange die Aktienkurse stiegen, funktionierte das System einwandfrei, und für den größten Teil der zwanziger Jahre taten die Aktienkurse auch genau das. Allerdings war jedem klar, der sich die Mühe machte, genauer hinzusehen, dass kaum eine Korrelation zwischen den Preisen vieler Aktien und dem Wert der jeweiligen Unternehmen bestand. Während das Bruttoinlandsprodukt (gemessen in BIP) in diesem Jahrzehnt um 60 Prozent anstieg, kletterten die Aktienkurse um 400 Prozent in die Höhe. Dieser schwindelerregende Aufwärtstrend hatte aber nichts mit Profiten oder Produktivität zu tun, er war allein auf die Bereitschaft neuer

Käufer zurückzuführen, die die Preise immer weiter in die Höhe zu trieben.

Nicht im Klaren waren sich die meisten Kleininvestoren auch über die Tatsache, dass sie oftmals schlechte Karten hatten. Viele der angesehensten Wirtschaftsbosse im Land waren in Syndikaten organisiert, die Aktienpreise auf Kosten argloser Investoren schamlos manipulierten, um innerhalb kurzer Zeit große Gewinne zu erzielen. Einem davon, wie der Finanzjournalist John Brooks in seinem Klassiker *Once in Golconda* berichtet, gehörten solche Koryphäen an wie Walter J. Chrysler von der Chrysler Corporation, Percy Rockefeller, Neffe von John D. Rockefeller, John Jakob Raskob, Landesvorsitzender der Demokratischen Partei, oder Lizette Sarnoff. Letztere war die Frau von David Sarnoff, dem Chef der Radio Corporation of America (RCA). Ein Broker, der für sie arbeitete, kaufte etwa in bestimmten Abständen in großen Mengen RCA-Aktien. Das hatte zur Folge, dass deren Preis von 90 auf 109 Dollar stieg, was andere Investoren anlockte. In diesem Augenblick löste der Broker den Anteil des Syndikats ein, dessen Mitglieder sich einen Profit von knapp fünf Millionen Dollar für weniger als einen Monat Arbeit teilten. Danach sank die Aktie wieder, und schlecht informierte Investoren blieben auf riesigen Verlusten sitzen. Es gab keinen Grund, auf diese Strategie stolz zu sein, illegal war sie allerdings nicht. Raskob machte den Großteil seines Vermögens mithilfe solcher Kartelle. Genauso wie Joseph Kennedy, der Vater des späteren Präsidenten John F. Kennedy.

Raskob gab dem *Ladies' Home Journal* 1929 ein Interview, das unter der Überschrift »Jeder sollte reich sein« erschien und in dem er behauptete, alle können durch Spekulation an der Börse zu Reichtum gelangen. In Wirklichkeit hatte er den Großteil seiner Aktien zu diesem Zeitpunkt in Erwartung des bevorstehenden Kursverfalls bereits zu Geld gemacht. Heuchelei wurde in den zwanziger Jahren noch nicht von vielen durchschaut.

Geliehenes Geld finanzierte nicht nur den boomenden Aktienmarkt, sondern sämtliche Lebensbereiche. Dank einer neuen

Finanzierungsstrategie konnten Amerikaner plötzlich Dinge erwerben, von denen sie nicht zu träumen gewagt hatten, und sie konnten sie prompt haben. Das Ganze wurde als »Zahlungsplan« bezeichnet und revolutionierte mehr als nur die Art und Weise, wie Amerikaner einkauften – es revolutionierte die Art und Weise, wie sie dachten.

Die Idee war ganz einfach: Angenommen ein Radiogerät kostete 100 Dollar. Der Kunde kaufte es für 110 Dollar, indem er zehn Dollar anzahlte und anschließend zehn Monate lang monatlich zehn Dollar abbezahlte. Somit hatte er für Mehrkosten von nur zehn Dollar das Vergnügen, sofort ein Radiogerät zu besitzen. Der Händler verkaufte den Vertrag für 83 Dollar an eine Finanzierungsgesellschaft, wodurch er mit den zehn Dollar Anzahlung 93 Dollar in der Hand hatte. Nach Ablauf der zehn Monate erhielt der Händler von der Finanzierungsgesellschaft zehn Dollar zusätzlich als Vergütung für das Kassieren der monatlichen Raten. Am Ende des Zahlungszeitraums hatte der Händler 103 Dollar verdient, die Finanzierungsgesellschaft hatte mit einer Investition von 83 Dollar einen Gewinn von sieben Dollar gemacht, und der Kunde war umgehend in den Besitz einer sehnlichst erwünschten Kostbarkeit gekommen. Wie Louis Hyman, Ökonom und Historiker, in seinem Buch *Debtor Nation,* »Schuldnernation«, – einer geschichtlichen Betrachtung des Konsumentenkredits in Amerika – feststellt, war dieses System so raffiniert, dass alle damit glücklich waren. Kunden, die über die Republic Finance Company einen Staubsauger kauften, zahlten fünf Monate lang nur einen Dollar und fünf Cent Zinsen, ein scheinbar vernachlässigbarer Betrag, und trotzdem hatten die RFC und ihre Aktionäre dadurch eine Rendite von 62 Prozent auf ihre Investition. Auf solch fröhliche Mathematik war eine ganze neue Welt aufgebaut.

»Jetzt kaufen, später bezahlen« erwies sich als derart unwiderstehliches Konzept, dass die Menschen es bald zum Erwerb aller möglichen Dinge benutzten: Bekleidung, Mobiliar, Haushaltsgeräte, Badewannen, Küchenschränke und allem voran Autos. Der

Teilzahlungskauf füllte amerikanische Heime mit funkelnden Produkten und amerikanische Straßen mit Autos – und machte Amerika zu dem Konsumentenparadies, das es bis heute geblieben ist.

All das versetzte die Vereinigten Staaten in eine besondere Lage. Sie waren nicht nur die mit Abstand dynamischste der vier Nationen bei der Sommerkonferenz auf Long Island, sondern auch die unerfahrenste. Ihre eigene Zentralbank, die Federal Reserve Bank, war erst dreizehn Jahre alt und so umständlich strukturiert, dass sie zu maßgebendem Handeln ohnehin fast nicht in der Lage war. Einen Teil der Verantwortung für die seltsam gehandicapte Natur der Federal Reserve Bank trug interessanterweise der Vater von Amerikas berühmtestem jungem Piloten. Als Mitglied des Komitees für Bankwesen und Industrie im Repräsentantenhaus hatte C. A. Lindbergh bei ihrer Gestaltung mitgeholfen. Wie viele Menschen aus dem ländlichen amerikanischen Mittelwesten hegte Lindbergh senior bittere Antipathie gegen Banker von der Ostküste – er wäre entsetzt gewesen, hätte er gewusst, dass sein Sohn später einmal die Tochter eines Morgan-Teilhabers heiraten würde – und wollte die Befugnisse der neuen Federal Reserve Bank lieber weit verstreut als auf eine einzelne Einrichtung an der Ostküste konzentriert sehen. Aus diesem Grund beschlossen seine Kongresskollegen und er, keine einzelne Zentralbank wie in anderen Ländern ins Leben zu rufen, sondern ein Netzwerk aus zwölf unabhängigen regionalen Banken zu schaffen, das von einem Federal Reserve Board in Washington locker überwacht wurde.

Das war – und ist noch immer – eine seltsame Erfindung. Wenngleich die zwölf regionalen Banken gemeinsam eine Zentralbank bilden und im Auftrag der Regierung handeln, sind sie gleichzeitig private, individuelle, profitorientierte Unternehmen, die sich im Besitz von Aktionären befinden. Ihre Hauptfunktion besteht aus Sicht der Regierung darin, die Geldvorräte zu kontrollieren, was sie tun, indem sie den Diskontsatz anpassen – den Zinssatz, zu dem Zentralbanken an Geschäftsbanken verleihen. Der Diskontsatz ist der Basiszinssatz, auf den alle anderen Bankzinssätze abgestimmt werden.

Die zwölf verstreuten Außenstellen der Federal Reserve Bank waren in der Theorie alle gleich wichtig, doch in der Praxis war die New Yorker Niederlassung unter Benjamin Strong die mit Abstand einflussreichste. Wie der Wirtschaftswissenschaftler Allan H. Meltzer in seinem Buch zur Geschichte der Zentralbank über Strong schreibt: »Er betrachtete die zwölf Zentralbanken als elf zu viel.« Unter Strong nutzte die New York Fed ihre zahlreichen Vorteile aus, vor allem, dass sie größer war als alle anderen Zentralbanken und sich praktischerweise in Amerikas Finanzhauptstadt befand. Das Federal Reserve Board in Washington war dank der absurden und leichtfertigen Ernennungen von Präsident Harding noch immer überwiegend in der Hand von finanzwirtschaftlichen Stümpern. Entscheidend war, dass Strong für die New York Fed das Recht errang, Exklusivrepräsentant der Vereinigten Staaten bei Geschäften mit anderen Ländern zu sein. Kurz gesagt: Faktisch wurde sie zur Zentralbank – mehr oder weniger genau das, was der Kongressabgeordnete C. A. Lindbergh unbedingt hatte verhindern wollen.

Die vier Banker hüllten sich fünf Tage lang in Schweigen und nahmen nicht öffentlich Stellung. Tatsächlich bestätigten sie nicht einmal, dass sie *überhaupt* gemeinsam tagten – äußerst ungewöhnlich, wenn man bedenkt, dass sie Entscheidungen trafen, die auf Jahre hinaus weltweit die Richtung der Finanzen bestimmen sollten. Worüber sie genau diskutierten, ist nicht bekannt, da nicht Protokoll geführt wurde, doch die Probleme, die sich ihnen stellten, ließen sich mit einem Wort zusammenfassen: Gold.

Das internationale Bankensystem war dem altehrwürdigen, aber ziemlich rostigen Prinzip des »Goldstandards« nach wie vor beinahe bedingungslos treu. Der Goldstandard ist ein verlockend einfaches Konzept, demzufolge sämtliches im Umlauf befindliche Papiergeld durch Goldreserven gedeckt ist. Als in Amerika der Goldstandard galt, konnte ein Zehndollarschein gegen Gold im Wert von zehn

Dollar eingetauscht werden und umgekehrt. Mit anderen Worten: Gold verlieh den ansonsten wertlosen, unter der Bezeichnung »Geld« bekannten Papierstücken Wert. Ein Goldstandard unterlag zwar gewissen Einschränkungen – allem voran, dass die sich im Umlauf befindliche Geldmenge durch die vorhandene Goldmenge begrenzt war –, besaß aber viele ausgleichende Vorteile, die ihm bei Bankern eine gewisse Beliebtheit einbrachten: Er machte Inflation beinahe unmöglich, da Regierungen nicht einfach Geld drucken konnten; er nahm Politikern mit ihren beschränkten, kurzfristigen Interessen die Verwaltung von Wechselkursen aus der Hand; er förderte Preisstabilität und sorgte im Großen und Ganzen dafür, dass sich die schweren Räder des internationalen Handels drehten. Vor allem aber war ein Goldstandard von enormer psychologischer Bedeutung. Er funktionierte. Er funktionierte seit langer Zeit. Er war ein alter Bekannter.

Das Problem war, dass er mit einem Mal nicht mehr besonders gut funktionierte. Die Hälfte der weltweiten Goldbestände befand sich in den Vereinigten Staaten, der Großteil davon hinter einer gut achtzig Tonnen schweren Stahltür in einem fünfgeschossigen Tresorraum tief unter der Federal Reserve Bank of New York in Lower Manhattan. Das war allerdings keine besonders gute Lösung. In der Theorie mag es großartig klingen, sämtliche Goldvorräte zu besitzen, doch das würde in der Praxis bedeuten, dass andere Länder keine einheimischen Produkte mehr kaufen könnten, da sie selbst kein Gold mehr besäßen, um diese Produkte zu bezahlen. Im Interesse des Handels und einer gesunden Weltwirtschaft sollte Gold zirkulieren. Stattdessen häufte es sich an – stetig, unerbittlich und in einem Land, das bereits wohlhabender war als alle europäischen Länder zusammen.

Die Vorsicht – von schlichtem Anstand ganz zu schweigen – gebot den Vereinigten Staaten, ihren europäischen Freunden zu helfen. Schließlich lag es in Amerikas Interesse, den internationalen Handel in Schwung zu halten. Strong ordnete deshalb die Senkung des Diskontsatzes der Federal Reserve Bank von vier auf dreieinhalb

Prozent an, um Besitzer von Gold dazu zu bewegen, ihre Ersparnisse nach Europa zu verlegen, wo sie höhere Einkünfte aus ihrem Kapitalvermögen hätten. Das wiederum würde die europäischen Reserven aufstocken, zur Stabilisierung der europäischen Währungen beitragen und den Handel im Allgemeinen ankurbeln. Strong spekulierte, dass die amerikanische Wirtschaft eine kleine Zinssenkung verkraften konnte, ohne verrückt zu spielen. Das sollte sich als kapitale Fehleinschätzung erweisen.

Die vier Banker beendeten ihre Zusammenkunft am 7. Juli und reisten unmittelbar im Anschluss nach Washington, um ausgewählte Mitglieder des Federal Reserve Board über ihre Entscheidung zu informieren. Es war atemberaubend dreist von Strong, sich anzumaßen, das Federal Reserve Board anzuweisen, wie es sich zu verhalten habe, und vier der Zentralbanken – in Chicago, San Francisco, Minneapolis und Philadelphia – weigerten sich mitzuspielen, zum Teil zweifellos aus Verärgerung, aber auch aufgrund der berechtigten Annahme, dass es Wahnsinn sei, weitere Kreditaufnahmen zu fördern, nachdem die Kurswerte ohnehin schon so hoch waren. Doch das Federal Reserve Board überstimmte die ungehorsamen Banken auf noch nie dagewesene Art und Weise und wies sie an, sich anzuschließen.

Die Senkung der Zinssätze hatte explosive Wirkung – in den Worten des Autors und Ökonomen Liaquat Ahamed war sie »der Funke, der den Waldbrand auslöste«. Das Ergebnis war die große Spekulationsblase von 1928. Im Lauf des folgenden Jahres sollten die ohnehin irrational hohen Aktienkurse auf mehr als das Doppelte ansteigen, und das Gesamtvolumen der Darlehen von Brokern an Investoren sollte um mehr als eine Milliarde Dollar auf unvernünftige und wackelige viereinhalb Milliarden Dollar anwachsen – alles von dem offenkundigen Irrglauben genährt, dass Aktienkurse unendlich steigen könnten.

Vorerst sahen jedoch nur wenige außerhalb des Bankensystems irgendeinen Grund zur Sorge. Unter den Politikern zeigte sich Herbert Hoover als Einziger sofort alarmiert – und wütend. Er nannte

Strong einen »mentalen Anbau Europas« (und bezichtigte ihn später »Verbrechen schlimmer als Mord«) und schrieb dem Federal Reserve Board einen Brief, in dem er vorhersagte, dass die überstürzte Senkung der Zinssätze durchaus einen Konjunkturrückgang hervorrufen könne. Unabhängig davon drängte er Coolidge, irgendetwas zu unternehmen, um das Ganze wieder rückgängig zu machen. Coolidge lehnte das in dem Glauben ab, auf dem Aktienmarkt sei alles in bester Ordnung – sein zuverlässiger Finanzminister Andrew Mellon hatte der breiten Öffentlichkeit kurz zuvor versichert: »Auf dem Aktienmarkt scheint alles seinen gewohnten Gang zu gehen, und ich sehe kein Indiz für Überspekulation« – und das Federal Reserve Board sei ohnehin eine unabhängige Einrichtung, deren Einschätzungen er nicht ablehnen könne. Und so tat er wie üblich nichts und widmete sich stattdessen wieder dem angenehmen Zeitvertreib des Forellenfischens. Um die Weltwirtschaftskrise konnte sich jemand anderer kümmern.

Sechzehntes Kapitel

Letzten Endes wärmte sich das Land auf und trocknete aus. In New York kletterte das Thermometer zu Beginn des langen Wochenendes über den 4. Juli auf siebenundzwanzig Grad. Die erste Hitzewelle des Sommers war im Anmarsch.

Hitze veränderte das Stadtleben. Sie sorgte für eine Atmosphäre geteilten Leids und entfachte Unterhaltungen zwischen Fremden. Ausnahmsweise einmal hatte jeder ein Gesprächsthema. Das Leben wurde auf eine Art und Weise gemeinschaftlich, welche die Welt weitgehend vergessen hatte. Menschen saßen auf Eingangstreppen. Friseure stellten Stühle ins Freie und rasierten ihre Kunden im Schatten unter einem Baum oder Vordach. Alle Fenster standen weit offen – in Büros, Wohnungen, Bibliotheken, Krankenhäusern, Schulen –, sodass sämtliche Geräusche der Stadt allgegenwärtig waren, wo auch immer man sich befand. Das Rauschen des Verkehrs in der Ferne, das Schreien spielender Kinder, ein Streit im Gebäude nebenan: Alle diese Geräusche und unzählige andere drangen einem ans Ohr, während man arbeitete oder las oder versuchte, unruhig zu schlafen. Heutzutage geht man nach Hause, um dem Tumult der Stadt zu entkommen. In den zwanziger Jahren wurde man von einem großen Teil davon begleitet.

Da der 4. Juli 1927 auf einen Montag fiel, kamen viele Arbeitnehmer in den Genuss eines Drei-Tage-Wochenendes, ein wunderbares Novum zu einer Zeit, als sich die meisten Menschen erst noch daran gewöhnen mussten, überhaupt irgendeine Art von Wochenende zu haben. Die durchschnittliche Wochenarbeitszeit in Amerika war von sechzig Stunden zu Beginn des Jahrzehnts auf achtundvierzig Stunden gefallen, sodass die meisten jetzt viel mehr Freizeit hatten. Die Aussicht auf eine Pause von drei Tagen war jedoch nach wie vor eine solche Seltenheit, dass sie aufregend war. Fast jeder schien entschlossen zu sein, sie voll auszukosten. Am Freitag waren alle Züge brechend voll, und sämtliche Schlafwagenplätze waren schon Tage vorher ausgebucht. Wie die *Times* berichtete, würden am verlängerten 4.-Juli-Wochenende Schätzungen zufolge zwei Millionen Menschen nach New York reisen oder von dort verreisen. Die Eisenbahngesellschaft Pennsylvania Railroad setzte 235 zusätzliche Züge ein, um die Menschenmassen zu transportieren, und die Eisenbahngesellschaft New York, New Haven & Hartford Railroad versprach, für diejenigen, die nach Cape Cod oder Maine im Norden fahren wollten, ähnliche Anstrengungen zu unternehmen.

In der näheren Umgebung meldete Coney Island am 3. Juli eine Million Besucher, die höchste Zahl, die dort jemals verzeichnet wurde, und die Strände der Rockaway Peninsula und von Staten Island nahmen vermutlich noch einmal eine halbe Million Menschen auf – wenngleich die meisten Bewohner von Staten Island, wie von offizieller Stelle verlautet wurde, seltsamerweise an Bord von Fähren nach New Jersey gingen, wo Asbury Park, Long Beach und Atlantic City meldeten, noch nie einen solchen Andrang erlebt zu haben. In Atlantic City war der Boardwalk am Samstag, Sonntag und Montag von frühmorgens bis spätabends voller Menschen.

Wer die Stadt nicht verlassen konnte, gab sich alle Mühe, der Hitze zu entkommen. Viele gingen in Kinos, die klimatisiert waren – wobei der Begriff »klimatisiert« damals eigentlich noch gar nicht existierte. Seinen ersten dokumentierten Auftritt hatte er im Monat darauf in der *Evening Gazette* in Reno, Nevada. Für den Augenblick waren künstlich aufgefrischte Gebäude nicht klimatisiert, sondern »luftgekühlt«.

Für die Sparsameren gab es auf dem Broadway seitlich offene Straßenbahnen, in denen man für fünf Cent mitfahren konnte, so lange man wollte. Hunderte machten von diesem Angebot Gebrauch. Abends schleppten viele Leute Matratzen auf Feuertreppen und Dächer, um dort zu übernachten. Scharen strömten mit Decken und Kissen in den Central Park und schliefen unter freiem Himmel. Der Dramatiker Arthur Miller, damals ein elfjähriger Junge, der in der hundertzehnten Straße aufwuchs, erinnerte sich Jahre später an das surreale Erlebnis, durch einen Freiluft-Schlafsaal zu gehen: »Ich spazierte immer mit ein paar anderen Kindern durch den Park und zwischen Hunderten Menschen hindurch. Einzelpersonen und Familien schliefen in der Wiese neben ihren Weckern, die eine sanfte Kakophonie der verstreichenden Sekunden aufführten, wobei das Ticken eines Weckers zum Ticken eines anderen rhythmisch verschoben war. Babys schrien in der Dunkelheit, tiefe Männerstimmen murmelten, und beim See stieß eine Frau hin und wieder ein schrilles Lachen aus.«

Viele, die nicht schlafen konnten, machten lange Spaziergänge oder fuhren mit dem Auto durch die Gegend, sofern sie eines besaßen. Am Abend des 3. Juli zwängten sich zehn Personen aus einer Pension in South Orange, New Jersey, – sechs Erwachsene und vier Kinder – in ein Auto und machten eine Spazierfahrt, »um ein wenig abzukühlen«, wie der Besitzer des Wagens, James De Cicco, später angab. Eine Mitfahrerin, Mrs Catharine Damiano, lernte gerade Autofahren und fragte, ob sie ans Steuer dürfe, um ein wenig zu üben. De Cicco überließ ihr bereitwillig den Platz am Lenkrad. Unglücklicherweise würgte Mrs Damiano den Wagen genau in dem Moment auf Eisenbahnschienen ab, als ein Pennsylvania-Railroad-Zug angerauscht kam – einer von denen, die hastig in die Stadt geschickt worden waren, um die vielen zusätzlichen Reisenden zu befördern. Der Zug prallte mit einer Geschwindigkeit von vierzig Meilen in der Stunde auf das Auto. Mrs Damiano und ihre vier Kinder waren auf der Stelle tot. Zwei andere Erwachsene kamen ebenfalls ums Leben. Zwei weitere wurden schwer verletzt. Nur Mr De Cicco konnte sich durch einen Sprung ins Freie in Sicherheit bringen. Sieben Tote waren vermutlich mehr, als es jemals bei einem Unfall mit nur einem Auto gegeben hatte. Mrs Damianos bedauernswerter Ehemann, der nachts arbeitete und nicht wusste, dass seine Frau und seine Kinder ausgegangen waren, erfuhr erst am nächsten Morgen, dass er seine gesamte Familie verloren hatte.

Wohlgemerkt geschah all das bei Nachttemperaturen um die fünfundzwanzig Grad. Noch vor Monatsende stieg sowohl die Temperatur als auch die Luftfeuchtigkeit in großen Teilen des Landes auf deutlich beschwerlichere Werte, und viele weitere Menschen starben.

Das warme Wetter und die Feiertagsstimmung lockten für einen Doubleheader zwischen den Yankees und den Washington Senators riesige Zuschauerscharen ins Yankee Stadium. 74 000 Menschen – mehr als jemals eine normale Baseballbegegnung besucht hatten – drängten ins Stadion, und Tausende weitere mussten wieder fortgeschickt werden.

Das wochenlange schlechte Wetter, das auf dem Roosevelt Field für die Verschiebung so vieler Flüge verantwortlich gewesen war, hatte auch verheerende Folgen für den Baseball-Spielplan in diesem Sommer gehabt. Die Yankees spielten 1927 achtzehn Doubleheader – allein im Juni vier innerhalb von sechs Tagen –, aber keiner davon war wichtiger als der am 4. Juli.* Die Yankees waren im Juni in Schwung gekommen, hatten in diesem Monat eine Bilanz von einundzwanzig zu sechs und gingen mit neuneinhalb Spielen gegenüber dem Rest der Liga in Führung, doch die Senators gerieten auch immer mehr in Fahrt. Sie trafen den Ball gut – fünf Spieler ihrer Anfangsaufstellung hatten einen Batting Average von über 0,300 – und hatten gerade zehn Partien in Folge gewonnen, sodass sie vor den White Sox auf den zweiten Tabellenplatz vorrückten. Sie trafen in beschwingter Stimmung in New York ein und waren überzeugt, dass die Series zu einem Wendepunkt in ihrer Saison werden könnte. Dem war auch so – allerdings in die falsche Richtung.

* Mit dem Begriff »Doubleheader« werden zwei an einem Tag ausgetragene Begegnungen bezeichnet (in der Regel nach Ausfall einer früheren Begegnung wegen Regens).

Die Yankees schlugen sie vernichtend. Bei der schlimmsten Doubleheader-Niederlage aller Zeiten mussten sich die Senators New York mit eins zu zwölf und eins zu einundzwanzig geschlagen geben. Die Yankees trafen, als befänden sie sich beim Batting-Training, und schlugen neun Two-Base-Hits, vier Three-Base-Hits und fünf Home-Runs – insgesamt siebenunddreißig Hits und neunundsechzig Bases. Der Batting Average des Teams betrug an diesem Tag 0,468. Jeder Yankee-Batter (bis auf einen), die Pitcher mit eingeschlossen, erzielte zumindest einen Hit, und sechs erzielten vier oder mehr Hits. Selbst der nicht besonders hart schlagende, selten eingesetzte Neuling Julie Wera, der in zwei kurzen Major-League-Saisons in nur dreiundvierzig Partien spielte, schlug einen Two-Run-Home-Run – den einzigen seiner Karriere. (»Julie« war im Übrigen die Kurzform von »Julian«.) Der Spieler, der nicht traf, war der Pitcher Wilcy Moore, der weithin als schlechtester Schläger im gesamten Baseballsport galt, doch er pitchte neun komplette Innings und erlaubte dem gegnerischen Team nur einen einzigen Run. Sein Verhalten folgte auf eine ähnlich erfolgreiche Weise dem von George Pipgras, der in einem vollständigen Spiel in der Eröffnungspartie bei neun Hits nur einen Run abgab – und als Batter auch noch zwei Hits erzielte.

»Noch nie ist ein Titelanwärter so vernichtend geschlagen worden«, stellte die *New York World* fest. »Ich wünschte, die Saison wäre schon vorbei«, sagte Joe Judge, der First Baseman der Senators. Die Yankees bauten ihre Führung mit den beiden Siegen auf elfeinhalb Spiele aus. Am nächsten Tag schlugen sie die Senators noch einmal, wie auch in sechs ihrer sieben verbleibenden Begegnungen. Von jetzt an stellte kein Team auch nur im Ansatz eine Gefahr für die Yankees dar.

All das kam ziemlich unerwartet. Fast alle hatten vorausgesagt, dass die Philadelphia Athletics 1927 die American League gewinnen würden. Die Yankees, glaubte jeder, hätten ihre besten Zeiten hinter sich. Zunächst einmal war Ruth bereits zweiunddreißig Jahre alt und hatte einen nicht zu übersehenden Bauch. Die Pitcher waren noch älter: Dutch Ruether und Herb Pennock waren beide dreiunddreißig, Bob Shawkey und Urban Shocker sogar sechsunddreißig. Das Durchschnittsalter des Teams lag bei über achtundzwanzig Jahren. Nur fünf Spieler auf der Liste waren im 20. Jahrhundert geboren worden. Shocker befand sich in einer derart schlechten gesundheitlichen Verfassung, dass er noch vor Ende der nächsten Saison starb.

Trotzdem erwies sich die Mannschaft der Yankees von 1927 als eines der besten Teams aller Zeiten, womöglich sogar als das beste überhaupt. Sieben Mitglieder der Mannschaft (der Trainer Miller Huggins mitgerechnet) wurden später in die Baseball Hall of Fame gewählt – ein außerordentlich hoher Anteil. Nur selten verfügte ein Team über so viele herausragende Spieler.

Im Allgemeinen ist es sinnlos, sportliche Leistungen aus verschiedenen Jahrzehnten miteinander zu vergleichen – wenn jedoch solche voreiligen Vergleiche angestellt werden, sind die 1927er-Yankees das Team, das am häufigsten als das beste aller Zeiten genannt wird. Es ist mit Sicherheit keine Übertreibung zu behaupten, dass es sich bei seinen Mitgliedern um eine außergewöhnliche Truppe handelte, sowohl spielerisch als auch menschlich. Zu den unvergesslichsten gehören:

Waite Hoyt, Pitcher, Rechtshänder. Spitzname »Schoolboy«, weil er mit gerade einmal siebzehn Jahren in die Major League kam. Die Saison 1927 war seine zehnte, und er hatte eines seiner hervorragendsten Jahre überhaupt. Er sollte die Saison mit einer Bilanz von zweiundzwanzig und sieben abschließen und in fünf Pitching-Kategorien ganz oben in der Liga stehen.

Hoyts Privatleben war nicht weniger denkwürdig. Er war der Sohn einer berühmten Varietédarstellerin und selbst ein talentierter Sänger und Darsteller – gut genug, um seinen Lebensunterhalt auf der Bühne zu verdienen, wenn er sich dafür entschieden hätte. Hoyts Schwiegervater war Inhaber eines Bestattungsunternehmens in New Jersey, und Hoyt half ihm häufig, indem er Verstorbene aus Leichenhallen in Manhattan abholte und sie nach New

Jersey brachte, damit sie zur Beisetzung vorbereitet werden konnten. Angeblich ließ er hin und wieder während eines Spiels im Yankee Stadium einen Leichnam in seinem Auto und schloss die Überführung erst danach ab. Außerhalb der Saison machte Hoyt eine Ausbildung als Bestatter.

Urban Shocker, ebenfalls Pitcher und Sohn einer französisch-kanadischen Familie, die in Cleveland lebte, kam als Urbain Jacques Shockor auf die Welt. Er schaute gern zu tief ins Glas, doch das taten damals viele Baseballspieler. Einer der Finger seiner Wurfhand war dauerhaft gekrümmt, woran eine Verletzung schuld war, die er sich in jüngeren Jahren zugezogen hatte. Das verhalf ihm zu einem ungewöhnlichen Griff und verbesserte seine Bogenwürfe enorm. Außerdem war er einer der siebzehn Pitcher, die auch nach 1919 weiterhin sogenannte Spitballs werfen durften. Mit einem Jahresgehalt von 350 000 Dollar war er nach Ruth und Pennock der am besten bezahlte Spieler.

Shocker pitchte dreizehn Jahre lang in den Major Leagues, ohne jemals eine negative Bilanz zu haben. 1927 hatte er eine Bilanz von achtzehn Wins und sechs Losses. Er hatte die zweitbeste Winning Percentage der Liga, die zweitwenigsten Walks pro Batter und den drittbesten Earned Run Average. Was seine Leistung wirklich außergewöhnlich machte, ist die Tatsache, dass er bereits im Sterben lag, als er sie erbrachte. Shocker litt an einem so schweren Herzfehler, dass er im Sitzen schlafen musste. (In manchen Büchern wird sogar behauptet, im Stehen, doch das erscheint unwahrscheinlich.) Fotos von ihm aus dem Jahr 1927 zeigen einen kreidebleichen Mann, der mindestens zehn Jahre älter aussieht, als er es war. Im Frühherbst war er bereits zu krank, um seinen Platz in der Startaufstellung beizubehalten. Binnen eines Jahres war er tot.

Herb Pennock, Pitcher, stammte aus einer wohlhabenden Quäkerfamilie und war bei seinen Mitspielern als der »Junker vom Kennett Square« bekannt. Außerhalb der Saison jagte er Füchse, züchtete

Chrysanthemen und sammelte Antiquitäten. Er war Linkshänder und insgesamt zweiundzwanzig Jahre im Baseballsport aktiv, doch 1927 neigte sich seine Karriere dem Ende zu. Nach einem Spiel hatte er oft solche Schmerzen, dass er nicht einmal mehr den Arm heben konnte, um sich zu kämmen. 1927 war Pennock mit einem Jahresgehalt von 17 500 Dollar der am zweitbesten bezahlte Spieler im Team. Später wurde er in die Hall of Fame gewählt.

Wilcy Moore, Pitcher, war der wunderlichste Spieler im Team. Er war ein Liganeuling und mindestens dreißig Jahre alt, womöglich sogar noch deutlich älter. Niemand kannte sein Alter, und er verriet es nicht. Moore stammte von einer Farm in Hollis, Oklahoma, und war jahrelang ein durchschnittlicher Pitcher in den Minor Leagues gewesen. Doch 1925 brach er sich das Handgelenk, und das veränderte seine Wurftechnik irgendwie zum Besseren. Wenngleich er gelegentlich von Anfang an spielte (wie zum Beispiel am fraglichen 4. Juli), war er in erster Linie der »Feuerwehrmann« des Teams – ein Ersatz-Pitcher, der bei seiner Einwechslung als Closer fungierte, wenn sich Spieler auf dem Base befanden und die Situation brenzlig war. Seine Teamkollegen nannten ihn »Doc«, weil er darauf spezialisiert war, »kränkelnde Baseballspiele zu heilen«, wie ein Reporter es einmal formulierte. 1927 war für ihn ein herausragendes Jahr – das einzige, das er jemals haben sollte.

Tony Lazzeri, Second Baseman und Shortstop. (Ein »Shortstop« ist ein Feldspieler, der zwischen dem zweiten und dritten Base steht.) Obwohl die Saison 1927 erst seine zweite war, galt er bereits als der wahrscheinlich beste Middle Infielder der Major Leagues. Lazzeri war trotz seines Gewichts von nur vierundsiebzig Kilo ein beeindruckender Schlagmann. Für Salt Lake City erzielte er 1925 in der Minor Pacific Coast League sechzig Home-Runs und 222 Runs Batted In, bevor er 1926 mit den Yankees in den Major Leagues antrat.

Lazzeri war vor allem für Italoamerikaner ein Held. Es mag seltsam klingen, wenn man Italiener als Seltenheit im professionellen Baseball bezeichnet, doch 1927 waren sie das. Im Bewusstsein der Allgemeinheit wurden Italiener zur damaligen Zeit entweder mit Gangstern wie Al Capone oder mit Anarchisten wie Sacco und Vanzetti assoziiert, sodass einem Italiener, der in der amerikanischsten aller Sportarten erfolgreich war, beinahe abgöttische Verehrung zuteilwurde. Lazzeris großes Geheimnis war, dass er an Epilepsie litt – und das zu einer Zeit, als Epileptiker noch häufig in geschlossene Anstalten verbannt wurden. Während seiner vierzehn Jahre in den Major Leagues hatte er aber nie einen Anfall auf dem Spielfeld. Er war ebenfalls ein zukünftiges Mitglied der Hall of Fame.

Bob Meusel, Left Fielder, auch unter dem Spitznamen »Silent Bob« bekannt, da er oft tagelang kein Wort sagte und sich selbst seinen Mannschaftskameraden gegenüber distanziert verhielt. Er nahm das Jubeln der Fans nie zur Kenntnis, und sowohl Lob als auch Kritik schienen an ihm abzuprallen. Das Jahr 1927 war für Meusel überaus erfolgreich: Er erzielte einen Batting Average von 0,337 mit 174 Hits und 103 Runs Batted In. Er und Ruth verstanden sich prächtig, vor allem deshalb, weil Meusel ebenfalls gern feierte. Allerdings feierte er schweigend.

Earle Combs, Center Fielder, war ein ruhiger, liebenswürdiger Mensch. Bevor er professioneller Baseballspieler wurde, hatte er als Lehrer an einer ländlichen Schule in Kentucky gearbeitet. Er rauchte, trank und fluchte nicht und verbrachte viel Zeit damit, in der Bibel zu lesen. Wahrscheinlich war er der beliebteste Spieler im Team, sowohl bei anderen Spielern als auch bei Sportjournalisten. Er war ein solider und zuverlässiger Center Fielder und einer der hervorragendsten Lead-off-Hitter aller Zeiten. 1927 sollte er die beste Saison seiner Karriere haben. Mit seinen 231 Hits stellte er einen Yankees-Rekord auf. Er gehörte ebenfalls zu denjenigen, die in die Hall of Fame aufgenommen wurden.

Benny Bengough, Ersatz-Catcher. Bengough mag kein großer Spieler gewesen sein – er wirkte in nur einunddreißig Partien mit –, aber er war eines der beliebtesten Teammitglieder. Er wurde in England geboren, in Liverpool, wuchs aber in Niagara Falls im Bundesstaat New York auf und hatte zunächst vor, Priester zu werden, ehe er beschloss, stattdessen professionell Baseball zu spielen. Bengough war völlig kahlköpfig. Angeblich hatte er sich eines Abends mit Haaren ins Bett gelegt und war am nächsten Morgen ohne aufgewacht. Er tat oft aus Spaß so, als würde er sich mit den Fingern durchs Haar fahren. Vor allem Ruth mochte ihn sehr.

Ebenfalls erwähnenswert ist Eddie Bennett, der sogenannte *batboy* des Teams, der die Baseballschläger für die Spieler trug. Er hatte einen Buckel, den die Spieler vor Spielbeginn aus Aberglauben rieben. Bennett hatte den beinahe unheimlichen Ruf, Mannschaften Glück zu bringen. Er war zunächst Batboy der White Sox, als diese 1919 die Meisterschaft gewannen. 1920 wechselte er dann zu den Dodgers, die daraufhin ebenfalls die Meisterschaft gewannen. 1921 kam er gerade rechtzeitig zu den Yankees, bevor diese ihre Erfolgsgeschichte einläuteten und selbst zum ersten Mal die Meisterschaft gewannen. 1927 war er eine der am meisten wertgeschätzten Personen im Baseballsport. Manche Berichte deuten darauf hin, dass er nicht nur Batboy, sondern gleichzeitig Assistenztrainer war.

Zu guter Letzt und allen voran waren da noch Ruth und Gehrig, kein Duo, das der Baseballsport jemals hervorgebracht hat, war beeindruckender. Lou Gehrig gelang etwas, das noch keinem anderen Menschen gelungen war: Er schlug genauso viele Home-Runs wie Babe Ruth. Zusammen erzielten die beiden 1927 ein Viertel aller Home-Runs in der American League.

Auf den ersten Blick besaß Lou Gehrig alles, was ein Held brauchte. Er war freundlich und gut aussehend, hatte ein gewinnendes Lächeln, tiefblaue Augen und ein Kinn mit Grübchen. Außerdem war er enorm talentiert und hatte eine Statur, die den Eindruck vermittelte, als sei sie aus Granit gehauen. Doch er litt an einem Mangel an Persönlichkeit und an einer lähmenden Schüchternheit, insbesondere gegenüber Frauen. Mit dreiundzwanzig hatte er noch nie eine Freundin gehabt und wohnte noch immer bei seinen Eltern. In einem Zeitschrifteninterview behauptete er einmal, hin und wieder zu rauchen und gern ein Bier zu trinken, doch das bekam kaum jemand wirklich zu sehen. Da seine Mannschaftskameraden Benny Bengough und Mark Koenig Mitleid mit ihm hatten, luden sie ihn einmal in ihre Wohnung ein, damit er ein paar junge Frauen kennenlernte. Gehrig erschien in einem guten Anzug, den seine Mutter ordentlich gebügelt hatte, und setzte sich stumm aufs Sofa, da er zu große Angst hatte, sich mit irgendjemandem zu unterhalten. Er sagte den ganzen Abend kein Wort.

Wie Lindbergh mischte sich Gehrig nicht ohne Weiteres unter Leute, doch während Lindbergh mit seiner Verschlossenheit zufrieden zu sein schien, wirkte Gehrig beinahe unnatürlich einsam. Er ging oft allein in Freizeitparks und fuhr stundenlang Achterbahn. Auf seine äußere Erscheinung achtete er wenig, und er war dafür bekannt, dass er sich weigerte, eine Jacke oder andere Überbekleidung zu tragen; selbst bei eisigen Temperaturen lief er hemdsärmelig herum. Er hasste es, Aufhebens zu machen, weshalb Jacob Ruppert es sich erlauben konnte, ihn nicht besser zu bezahlen als etliche Ersatzspieler. Gehrig akzeptierte immer das Gehalt, das Ruppert ihm anbot, daher bot Ruppert ihm immer ein schlechtes an.

Gehrig war gebürtiger New Yorker und kam 1903 als Sohn armer deutscher Einwanderer im Stadtteil Yorkville zur Welt. Verschiedenen Berichten zufolge wog er bei seiner Geburt beachtliche vier Kilo. (Seine Mutter war eine äußerst stattliche Frau.) Lou wuchs deutschsprachig auf. Sein Vater arbeitete nur selten und war vermutlich Alkoholiker. Mrs Gehrig bekam noch drei weitere Kinder, die jedoch alle im Säuglingsalter starben, sodass Lou nicht nur als Einzelkind, sondern auch als einziges überlebendes Kind aufwuchs, was seine Mutter noch anhänglicher und gluckenhafter machte.

Gehrig liebte seine Mutter über alles. Während andere Baseballspieler ihre Ehefrauen zum Frühjahrstraining mitnahmen, nahm

Gehrig seine Mutter mit. Wenn er auf Auswärtsspieltour war, schrieb er ihr täglich. Vor seiner Abfahrt umarmten und küssten sich die beiden zum akuten Unbehagen von Mannschaftskameraden, die sich gerade in der Nähe befanden, oft zehn Minuten lang. Auf einer Freundschaftsspieltour durch Japan verbrauchte Gehrig fast seine ganze Freizeit und einen großen Teil des Geldes, das er verdiente, dafür, Geschenke für seine Mutter zu kaufen.

Gehrig war von Kindheit an muskulös gebaut und sportlich. Als er auf die Commerce High School ging, konnte er einen Baseball fester und weiter schlagen als jeder andere Highschoolspieler, den irgendein New Yorker Trainer jemals gesehen hatte. 1920 wurde das Team der Commerce nach Chicago eingeladen, um im Cubs Park gegen das Team der Lane Tech zu spielen, das beste dortige Highschoolteam. Im neunten Inning schlug Gehrig bei voll besetzten Bases einen Home-Run, der über die hintere Wand des Stadions flog und auf der Sheffield Avenue landete – eine Leistung, die sogar bei einem Major-League-Spieler beeindruckend gewesen wäre. Gehrig war zu dem Zeitpunkt siebzehn Jahre alt.

Im Herbst schrieb er sich an der Columbia University ein, wo seine Mutter als Putzfrau und Köchin im Sigma-Nu-Studentenverbindungshaus arbeitete. Gehrig war nicht gerade ein Musterstudent und fiel im Einführungskurs Deutsch durch, obwohl es sich dabei um seine Muttersprache handelte. In Englisch fiel er ebenfalls durch. Trigonometrie bestand er dagegen. Seine schwankenden Leistungen waren aller Wahrscheinlichkeit eher auf seinen anspruchsvollen Terminplan als auf intellektuelle Unzulänglichkeiten zurückzuführen. Er musste jeden Tag im Morgengrauen aufstehen und in den Speisesaal eilen, um dort zweieinhalb Stunden lang Tische abzuräumen. Dann verbrachte er den Tag im Unterricht. Anschließend fand je nach Saison Baseball- oder Footballtraining statt. Nach einer Dusche und einem schnellen Abendessen kehrte er in den Speisesaal zurück, um bis in die Nacht hinein abermals Tische abzuräumen und Teller zu spülen.

1923 unterschrieb er bei den Yankees, und zwei Jahre später wurde er zu einem festen Teammitglied. Am 1. Juni 1925 sprang er als Pinch-Hitter für einen Spieler namens Wally Pipp ein.* Von da an ließ er bis Mai 1939 vierzehn Jahre lang kein einziges Spiel aus und trat in 2130 Partien nacheinander an – ein Kontinuitätsrekord, der vierundsechzig Jahre lang Bestand hatte.

Ty Cobb von den Detroit Tigers, der labilste Baseballspieler überhaupt, beschloss bei seinem ersten Zusammentreffen mit Gehrig, dass er eine tiefe Abneigung gegen ihn hatte – aufgrund seiner Sanftmut und seines Mangels an Humor, vor allem aber, weil er derart aufs Schlagen fixiert war. Er ging nie an Gehrig vorbei, ohne ihn zu beleidigen. Wenn Gehrig an einem Base in Cobbs Nähe war, rückte Cobb ihm so dicht wie möglich auf den Leib und verspottete ihn als »Wiener Schnitzel« und als »dummen holländischen Penner«. Wenn Gehrig am ersten Base spielte, beleidigte Cobb ihn ununterbrochen von der Bank aus. Irgendwann riss Gehrig der Geduldsfaden. Er stürmte auf die Spielerbank der Tigers zu, um sich auf ihn zu stürzen. Da sich Cobb wohlweislich hinter einem größeren Mannschaftskameraden in Sicherheit brachte, prallte Gehrig mit dem Kopf gegen einen Stützpfeiler und brach bewusstlos zusammen. Cobb war so beeindruckt, dass er ihn nie wieder beleidigte.

In Gehrigs drittem Jahr in den Major Leagues zeigte sich, dass ihm womöglich die beste Saison bevorstand, die jemals ein Spieler gehabt hatte. Es war sogar äußerst wahrscheinlich, dass er Ruths Rekord von neunundfünfzig Home-Runs brechen würde. In den letzten einundzwanzig Spielen – das heißt ungefähr seit dem Tag, an dem Lindbergh nicht im Yankee Stadium aufgetaucht war – hatte Ruth fünf Home-Runs geschlagen, was mehr oder weniger seinem normalen Pensum entsprach. Gehrig hatte in derselben Zeit vierzehn geschlagen, drei davon in einem einzigen Spiel im Fenway Park in Boston, was noch nie jemandem gelungen war. Sollte Gehrig das Tempo dieser einundzwanzig Spiele aufrechterhalten

---

* Ein »Pinch-Hitter« ist ein Spieler, der meist aus strategischen Gründen für einen anderen Batter eingewechselt wird.

können, würde er in der gesamten Saison über hundert Home-Runs erzielen.

In dem Doubleheader gegen Washington am 4. Juli schlug Gehrig zwei weitere, darunter ein Grand Slam. Nach jenem Tag konnte er mit achtundzwanzig Home-Runs aufwarten, während Ruth sechsundzwanzig für sich verbuchen konnte. Noch nie hatte jemand Ruth derart herausgefordert. Die Baseballwelt stand kurz davor, das erste Home-Run-Duell zu erleben, und die Begeisterung, die das erzeugen sollte, war beinahe unkontrollierbar.

Erstaunlicherweise waren Ruth und Gehrig trotz ihrer Rivalität und der Tatsache, dass ihre Persönlichkeiten gar nicht unterschiedlicher hätten sein können, allerbeste Freunde. Gehrig lud Ruth oft zu sich nach Hause ein, wo Babe Mrs Gehrigs herzhafte Küche genoss und sich, wie in mehreren seiner Biografien behauptet wird, auf Deutsch unterhielt. (Seiner Schwester zufolge sprach Babe allerdings kein Wort Deutsch.) »Der große Holländer wuchs mir ans Herz wie ein Bruder«, erinnert sich Ruth offenbar völlig ernst in seiner Autobiografie. Ruth war von Gehrigs Erfolg genauso begeistert wie sämtliche Fans, während Gehrig sich einfach nur freute, zusammen mit Ruth im selben Baseballstadion spielen zu dürfen. Besonders angetan war er von Ruths Großzügigkeit. »Es ist fast unmöglich, einen Menschen zu beneiden, der so selbstlos ist wie Ruth«, sagte er Reportern.

Diese Zuneigung sollte jedoch leider nicht andauern. Mit Beginn der dreißiger Jahre hasste Gehrig Ruth so leidenschaftlich, wie man einen anderen Menschen hassen kann. Aller Wahrscheinlichkeit nach hatte die Tatsache, dass Ruth inzwischen angeblich mit Gehrigs Frau geschlafen hatte, etwas damit zu tun.

Weiter im Westen herrschte Freude über das gute Wetter, da der Wasserpegel des Mississippi endlich zurückging, wenn auch nur langsam. Anfang Juli standen noch immer mehr als 6000 Quadratkilometer unter Wasser, doch das Schlimmste war vorbei, und Herbert Hoover konnte die Koordination der Hilfsaktionen jetzt anderen überlassen.

Für Hoover erwies sich die Mississippi-Flut als persönlicher Triumph. Er war besonders stolz, dass die Regierung überhaupt keine finanzielle Hilfe geleistet hatte. Sämtliche Mittel für die Hilfsaktionen stammten aus Spenden von Privatpersonen und Organisationen wie dem Roten Kreuz und der Rockefeller Foundation. »Doch das waren Zeiten«, merkte Hoover dreißig Jahre später mit einer gewissen Melancholie in seinen Memoiren an, »als von den Bürgern noch erwartet wurde, dass sie sich bei Katastrophen gegenseitig helfen und es ihnen nicht in den Sinn kam, dass die Regierung sich darum kümmern sollte.« Die Unterstützung für diejenigen, die versuchten, wieder auf die Füße zu kommen, war tatsächlich hoffnungslos unzureichend. Hoover setzte sich erfolgreich für die Einrichtung eines Fonds mit Kreditmitteln in Höhe von 13 Millionen Dollar ein, damit Flutopfern geholfen werden konnte. Das mag einigermaßen großzügig klingen, belief sich aber umgerechnet auf gerade einmal 20 Dollar pro Opfer und war trotz allem nur ein Darlehen, das selbst den Ärmsten, die alles verloren hatten, kaum etwas nützte.

Die große Mississippi-Flut von 1927 hatte zwei nachhaltige Folgen: Zum einen beschleunigte sie die als »Great Migration« bekannte Abwanderung der schwarzen Bevölkerung aus dem Süden. Zwischen 1920 und 1930 siedelten 1,3 Millionen in den Südstaaten ansässige Schwarze nach Norden um, da sie hofften, dort besser bezahlte Jobs und größere persönliche Freiheit zu finden. Die Great Migration veränderte innerhalb eines Jahrzehnts das Gesicht Amerikas. Davor hatten 90 Prozent der schwarzen Bevölkerung in den Südstaaten gelebt. Danach war es nur noch die Hälfte.

Die andere wichtige Folge der Mississippi-Flut war, dass sie die Regierung zu der Einsicht zwang, dass manche Angelegenheiten zu weitreichend sind, als dass sie von einem Bundesstaat allein gehandhabt werden könnten. Trotz Hoovers stolzer Erinnerungen an die rein privaten Hilfsaktionen wurde allgemein erkannt, dass die Regierung im Fall einer Katastrophe keinen Beistand leisten konnte. 1928 unterzeichnete Calvin Coolidge widerwillig den Flood Control Act, der 325 Millionen Dollar zur Verhinderung zukünftiger

Flutkatastrophen bereitstellte. Nach Ansicht vieler war das der Beginn des abschätzig so bezeichneten »Big Government« in Amerika. Coolidge hasste die Idee und weigerte sich, die Inkraftsetzung der Verordnung in irgendeiner Form zu feiern. Stattdessen unterzeichnete er den Gesetzentwurf im stillen Kämmerlein und ging anschließend zum Mittagessen.

Währenddessen profitierten im Überschwemmungsgebiet nicht alle vom sinkenden Wasserpegel. In Morgan City in Louisiana hatte Mrs Ada B. Le Boeuf, die Frau eines bekannten ortsansässigen Geschäftsmanns, einiges zu erklären, als der Leichnam ihres Ehemanns mit offensichtlichen Schusswunden aufgedunsen und glänzend auf einer seit Neuestem bloßgelegten Schlammbank gefunden wurde, nachdem sie ihn neun Tage zuvor vermisst gemeldet hatte. Bei ihrem Verhör gestand Mrs Le Boeuf, eine Affäre mit einem anderen bekannten Bewohner von Morgan City zu haben, und zwar mit Dr. Thomas E. Dreher, der Arzt und Chirurg war und nebenbei auch noch der beste Freund ihres Mannes. Der hinterhältige Dr. Dreher hatte Le Boeuf zum Angeln eingeladen, ihn erschossen, seine Leiche beschwert und über Bord geworfen.

1927 war ein denkwürdiges Jahr für stümperhafte Morde, und dieser war zweifellos einer davon, da es Dr. Dreher offenbar nicht in den Sinn kam, dass es keine gute Idee ist, eine Leiche in Flutgewässer zu werfen, da diese irgendwann wieder verschwinden werden, die Leiche aber womöglich nicht. Dr. Dreher und Mrs Le Boeuf wurden vor Gericht gestellt, verurteilt und nebeneinander gehängt.

Für Charles Lindbergh begann der Juli gar nicht gut. Während er einigen haarsträubenden kommerziellen Schmeicheleien wacker widerstanden hatte, war er auf zwei gewinnbringende Angebote eingegangen, und es war jetzt an der Zeit, diese Zusagen einzulösen. Bei einer der beiden Vereinbarungen handelte es sich um eine dreimonatige Amerikatournee mit der *Spirit of St. Louis.* Die Idee dabei war, dass er sämtliche achtundvierzig Bundesstaaten besuchen sollte – zum Teil, um das landesweite Verlangen der Bevölkerung zu befriedigen, ihn leibhaftig zu sehen, aber andererseits auch, um die Werbetrommel für die Luftfahrt zu rühren. Der Daniel Guggenheim Fund for the Promotion of Aeronautics wollte ihm während seiner Rundreise 2000 Dollar in der Woche bezahlen, eine großzügige Summe. Die Einzelheiten der Tournee sollten von Herbert Hoovers allgegenwärtigem Wirtschaftsministerium arrangiert werden. Ihr Start war am 20. Juli angesetzt.

Zur selben Zeit schloss Lindbergh mit dem Verlag G. P. Putnam's Sons einen Vertrag über die Veröffentlichung einer kurzen Autobiografie. Der Verlag engagierte Carlyle MacDonald von der *New York Times* als Ghostwriter, der einen ersten Entwurf verfasste, doch Lindbergh konnte seinen volkstümlichen Stil nicht ausstehen und bestand darauf, das Buch selbst zu schreiben – was für seine Verleger ein Grund zur Beunruhigung war, da ihm dafür nur etwa drei Wochen blieben, in denen er zudem nach Kanada reisen musste, um als Gast des Premierministers den Feierlichkeiten zum sechzigsten Jubiläum des Landes beizuwohnen.

Die Reise nach Kanada erwies sich als tragisch ereignisreich. Am 4. Juli, während ganz Amerika feierte, flog Lindbergh zum Selfridge Field in Michigan, wo eine Staffel von Militärflugzeugen wartete, um ihn weiter nach Ottawa zu geleiten. Geplant war, dass Lindbergh in Ottawa als Erster landen würde, während die anderen Flugzeuge in der Luft kreisten. Unglücklicherweise stießen zwei der Begleitflugzeuge mit den Tragflächen zusammen, und eines davon ging in den Sturzflug. Lieutenant J. Thad Johnson gelang es zwar, aus der abstürzenden Maschine zu springen, er war allerdings nicht hoch genug, um seinen Fallschirm rechtzeitig öffnen zu können. Er schlug mit einem scheußlich dumpfen Geräusch in der Nähe der Stelle, an der Lindbergh soeben gelandet war, auf dem Boden auf und war sofort tot. Der Zwischenfall verdarb vielen Anwesenden den Tag, während Lindbergh ihn gelassen hinnahm. In seiner Welt war der Tod ein Berufsrisiko.

Unmittelbar nach Ottawa kehrte Lindbergh nach Long Island zurück und bezog das Falaise, ein Schloss im französischen Stil auf dem Guggenheim-Familienanwesen bei Sands Point an der Goldküste und nur zwölf Meilen vom Mills-Anwesen entfernt, wo Benjamin Strong und seine Banker-Kollegen gerade ihre Gespräche führten. Das Ende der Gold Coast, an dem die Guggenheims wohnten, war ein klein wenig künstlerischer als der Rest und beliebt bei Leuten vom Broadway und aus der Kunstszene. Florenz Ziegfeld, Ed Wynn, Leslie Howard, P. G. Wodehouse, Eddie Cantor, George M. Cohan und eine Zeit lang auch Scott und Zelda Fitzgerald besaßen dort ebenso Häuser, auch berüchtigtere Zeitgenossen wie der Gangster Arnold Rothstein. Das war die Welt von *Der große Gatsby* – Fitzgeralds Roman war zwei Jahre zuvor erschienen. Sands Point, wo sich die Guggenheims in drei weitläufigen Häusern scharten, war das Vorbild für das wohlhabende East Egg in der Zwanziger-Jahre-Studie.

In einem Zimmer mit Blick aufs Meer schrieb Lindbergh mit Carlyle MacDonalds Entwurf als Vorlage seine Lebensgeschichte auf. In knapp drei Wochen stellte er ein Manuskript mit etwa 40 000 Wörtern fertig – eine beeindruckende Leistung, was das Schreibtempo anbetraf, wenn auch nicht von hohem literarischen Wert. Von Kritikern wurde das Buch mit dem Titel »*Wir zwei« – Mit der Spirit of St. Louis über den Atlantik* kühl aufgenommen. Lindbergh widmet seiner Kindheit darin ganze achtzehn Zeilen und seinem historischen Flug nur sieben Seiten. Ansonsten geht es überwiegend um die Stuntfliegerei und die Zustellung von Luftpost. Wie ein Rezensent trocken feststellte: »Als Autor ist Lindbergh der weltweit führende Flieger.« Der Käuferschaft war das egal. »*Wir zwei« – Mit der Spirit of St. Louis über den Atlantik* erschien am 27. Juli und kletterte sofort an die Spitze der Bestsellerliste. In den ersten zwei Monaten verkauften sich 190 000 Exemplare. Ganz egal, was Lindbergh tat, die Leute konnten nicht genug davon bekommen.

Die Aufmerksamkeit, die er so wenig genoss, sollte bald nicht nur viel schlimmer werden, sondern manchmal sogar ziemlich gefährlich.

Siebzehntes Kapitel

Für einen Mann, der die Welt verändert hat, bewegte sich Henry Ford in sehr kleinen Kreisen. Er wohnte sein ganzes Leben lang weniger als zwölf Meilen von seinem Geburtsort entfernt, einer Farm in dem Detroiter Vorort Dearborn. Von der weiten Welt bekam er wenig zu Gesicht, und er interessierte sich noch weniger für sie.

Ford war engstirnig, ungebildet und zumindest beinahe Analphabet. Seine Überzeugungen waren fest, aber durchwegs zweifelhaft und ließen ihn in den Worten des *New Yorker* »ein wenig unausgeglichen« wirken. Er verabscheute Banker, Ärzte, Alkohol, Tabak, jede Form von Müßiggang, pasteurisierte Milch, die Wall Street, übergewichtige Menschen, Kriege, Bücher und Lesen im Allgemeinen, J. P. Morgan & Co., die Todesstrafe, hohe Gebäude, College-Absolventen, Katholiken und Juden. Vor allem verabscheute er Juden. Einmal engagierte er einen hebräischen Gelehrten, um den Talmud auf eine Art und Weise übersetzen zu lassen, die Juden durchtrieben und habgierig erscheinen lassen sollte.

Seine Unwissenheit sorgte oft für Verwunderung. Er glaubte zum Beispiel, die Erde sei dem Gewicht von Wolkenkratzern nicht gewachsen und Städte würden letzten Endes wie in einer Art biblischer Apokalypse in sich zusammenstürzen. Ingenieure erklärten ihm, dass ein großer Wolkenkratzer typischerweise etwa 55 000 Tonnen wiege, während das Erdreich und der Fels, die für das Fundament ausgehoben wurden, ein Gewicht von ungefähr 90 000 Tonnen hätten, sodass Wolkenkratzer die Last auf die Erde unter ihnen in Wirklichkeit sogar reduzierten, doch Ford ließ sich nicht überzeugen. Fakten und Logik konnten seine Instinkte nur selten erschüttern.

Auf denkwürdigste Weise wurden die Grenzen seines Wissens 1919 aufgezeigt, als er den *Chicago Tribune* wegen Verleumdung verklagte, nachdem dieser ihn als »ignoranten Idealisten« und Anarchisten bezeichnet hatte.* Acht Tage lang unterhielten Rechtsanwälte des *Tribune* die Nation, indem sie durch die seichten Gewässer von Fords Intellekt stakten. Als Ford aufgefordert wurde, den berühmt-berüchtigten Verräter Benedict Arnold zu identifizieren, erwiderte er: »Den Namen habe ich schon einmal gehört.«

»Wer war er?«, hakte der Rechtsanwalt nach.

»Ich habe vergessen, wer er ist«, entgegnete Ford. »Ein Schriftsteller, glaube ich.«

Wie sich herausstellte, hatte Ford eine ziemlich bescheidene Allgemeinbildung. Er konnte nicht sagen, wann die Amerikanische Revolution stattgefunden hatte (»1812, glaube ich; ich bin mir nicht ganz sicher«) oder welche Probleme sie ausgelöst hatten. Als er zur Politik gefragt wurde, gab er zu, das Geschehen nicht genau zu verfolgen und nur einmal in seinem Leben gewählt zu haben. Das sei unmittelbar nach seinem einundzwanzigsten Geburtstag gewesen, sagte er, und er habe James Garfield gewählt. Ein wachsamer Rechtsanwalt merkte an, Garfield sei bereits drei Jahre, bevor Ford alt genug war, um wählen zu dürfen, ermordet worden.

Und so ging es Tag für Tag weiter. Die breite Öffentlichkeit war so verzückt und begeistert von Fords Ignoranz, dass ein geschäftstüchtiger Mann jeden Tag vor dem Gerichtsgebäude hastig gedruck-

---

* Der Hintergrund zu diesem Fall war kompliziert. 1916 führte der mexikanische Revolutionär Pancho Villa einen Überfall in New Mexico an, bei dem siebzehn Amerikaner getötet wurden. Das entflammte in den Vereinigten Staaten Hass auf Mexiko und veranlasste Präsident Woodrow Wilson, Nationalgardisten zur Grenze zu entsenden. Angeblich erklärte Henry Ford, er werde Angestellten, die einberufen und nach New Mexico geschickt würden, keinen Lohn bezahlen, woraufhin der *Tribune* ihn kritisierte, was wiederum die Verleumdungsklage zur Folge hatte. Allem Anschein nach hat Ford tatsächlich nie die Ankündigung gemacht, die zu der Verleumdung geführt haben soll.

te Protokolle von Fords Zeugenaussage zu fünfundzwanzig Cent das Stück verkaufte und sich von dem Gewinn ein Haus erwarb. (Letzten Endes entschied die Jury zu Fords Gunsten, doch die Geschworenen – zwölf behäbige Farmer aus Michigan, die eindeutig der Ansicht waren, sie könnten mit ihrer Zeit etwas Besseres anfangen – sprachen ihm nur sechs Cent Schadensersatz zu, die der *Tribune* nie bezahlte.)

Ob Ford dumm oder nur unaufmerksam war, schürt seit fast hundert Jahren Diskussionen unter Historikern und anderen Kommentatoren. John Kenneth Galbraith hatte in dieser Angelegenheit keine Zweifel. Fords Leben und Karriere, behauptete er, seien »von Uneinsichtigkeit und Dummheit und infolgedessen von einer Menge schrecklicher Fehler geprägt gewesen«. Allan Nevins und Frank Ernest Hill behaupteten in ihrer insgesamt wohlwollenden Biografie von 1957, er sei ein »Ignorant außerhalb seines Fachs, aber ein vernünftiger, integrer Ignorant«. Ein wärmeres Kompliment als dieses bekam Ford von niemandem, der ihn gut kannte oder sich eingehend mit ihm befasste. Mit anderen Worten: Er war kein besonders intelligenter und nachdenklicher Mensch.

Dem müssen jedoch seine außergewöhnlichen Leistungen gegenübergestellt werden. Als Henry Ford sein erstes Model T baute, konnten die Amerikaner zwischen ungefähr 2200 Automarken wählen. Bei sämtlichen erhältlichen Modellen handelte es sich mehr oder weniger um Spielzeuge für Wohlhabende. Ford machte das Automobil zu etwas Universellem, zu einem praktischen, erschwinglichen Fortbewegungsmittel für jedermann, und dieser Unterschied in der Herangehensweise ließ ihn unvorstellbar erfolgreich werden. Und er gestaltete die Welt neu. Binnen zehn Jahren besaß Ford mehr als fünfzig Fabriken auf sechs Kontinenten, beschäftigte 200 000 Menschen, produzierte die Hälfte aller weltweit hergestellten Autos und wurde mit einem geschätzten Vermögen von zwei Milliarden Dollar zum erfolgreichsten Großindustriellen aller Zeiten. Indem er die Massenproduktion perfektionierte und das Automobil für den durchschnittlichen Arbeitnehmer zu einem erfüllbaren Traum wurde, veränderte er Richtung und Rhythmus des modernen Lebens vollständig. Wir leben heute in einer Welt, die in vieler Hinsicht von Henry Ford geformt wurde. Doch im Sommer 1927 begann Fords Weg auf dieser Welt ein wenig steinig zu wirken.

Henry Ford wurde im Juli 1863 geboren, im Monat der Schlacht von Gettysburg, und lebte bis ins Atomzeitalter, ehe er 1947 kurz vor seinem vierundachtzigsten Geburtstag starb. Sein frühester Vorsatz lautete, kein Farmer zu werden, »weil es auf einer Farm zu viel Arbeit gibt«. In der ersten Hälfte seines langen Lebens war er wenig mehr als ein versierter Mechaniker. Nachdem er mit sechzehn die Schule verlassen hatte, arbeitete er in verschiedenen Maschinen- und Motorenwerkstätten in Detroit und brachte es schließlich zum Chefingenieur der Edison Illuminating Company. In den 1890er-Jahren kündigte er diese Anstellung, um sein Vorhaben zu verwirklichen, das bestmögliche Automobil zu bauen. Wie Morris Markey im *New Yorker* schrieb, wohnte Ford eines Tages einem Autorennen bei, bei dem ein französischer Fahrer verunfallte und ums Leben kam. Während andere zu dem Verunglückten eilten, lief Ford zu dessen Wagen, der weniger stark beschädigt war, als er für möglich gehalten hätte. Er nahm einen Teil des Fahrgestells mit und stellte fest, dass es aus Chrom-Vanadium-Stahl bestand, einem stabilen, aber leichten Material. Chrom-Vanadium-Stahl wurde zum Basismetall seiner Wahl für alle Autos, die er von da an baute. Ob diese Geschichte wahr ist oder nicht, sicher ist, dass Ford nicht überstürzt mit der Produktion begann, sondern jedes Detail, was Konstruktion und Fertigung betraf, im Vorfeld austüftelte. Er war vierzig Jahre alt, als er 1903 die Ford Motor Company gründete, und fünfundfünfzig, als er sein erstes Model T produzierte.*

Das Model T war wie Henry Ford selbst ein unwahrscheinlicher

---

* Dem Model T gingen acht andere Modelle voraus: A, B, C, F, N, R, S und K – in dieser Reihenfolge. Falls hinter dieser Abfolge eine bestimmte Logik steckte, versäumte Ford es, sie in seinen Memoiren *Mein Leben und Werk* zu erklären.

Kandidat für herausragenden Erfolg. Das Auto war bewusst primitiv und musste jahrelang ohne einen Geschwindigkeitsmesser und eine Tankanzeige auskommen. Fahrer, die wissen wollten, wie viel Benzin sich noch im Tank befand, mussten anhalten, aussteigen, den Fahrersitz nach hinten kippen und einen am Fahrzeugboden angebrachten Peilstab kontrollieren. Die Messung des Ölstands war noch komplizierter. Der Wagenbesitzer oder eine andere gefällige Seele musste dazu unter das Chassis kriechen, mit einer Zange zwei Ablassventile öffnen und anhand der Geschwindigkeit, mit der Öl herauslief, beurteilen, wie dringend welches nachgefüllt werden musste. Außerdem besaß das Auto ein sogenanntes Planetengetriebe, das für seine Eigenwilligkeit berüchtigt war. Man brauchte viel Übung, um die zwei Vorwärtsgänge und den einen Rückwärtsgang zu meistern. Die Scheinwerfer, die mit einem Generator betrieben wurden, waren bei niedriger Geschwindigkeit nutzlos schummrig und wurden bei hoher Geschwindigkeit so heiß, dass sie zum Explodieren neigten. Vorder- und Hinterräder waren unterschiedlich groß, eine sinnlose Schrulle, die jeden Wagenbesitzer zwang, zwei Ersatzreifen mitzuführen. Ein elektrischer Anlasser gehörte erst ab 1926 zur Serienausstattung, wohingegen fast alle anderen Hersteller bereits seit Jahren ganz selbstverständlich einen einbauten.

Trotzdem wurde dem Model T große Zuneigung zuteil. Es war der Quell vieler liebevoller Witze. In einem davon ging es darum, dass ein Farmer sein Blechdach, das von einem Tornado übel zugerichtet worden war, an die Ford-Fabrik schickte, da er hoffte, einen Tipp zu bekommen, wie es sich wieder reparieren ließ. Er erhielt folgende Antwort: »Ihr Wagen ist eines der schlimmsten Wracks, die wir jemals gesehen haben, aber wir können ihn vermutlich wieder reparieren.« Trotz aller seiner Schwächen war das Model T praktisch unzerstörbar, ließ sich leicht reparieren, war stark genug, um sich aus eigener Kraft durch Schlamm und Schnee zu kämpfen, und besaß genug Bodenfreiheit, um in einer Zeit, in der die meisten ländlichen Straßen unbefestigt waren, nicht in Spurrillen hängen zu bleiben. Außerdem war es bewundernswert anpassungsfähig. Viele Farmer modifizierten ihr Model T, um damit Felder zu pflügen, Holz zu sägen, Wasser zu pumpen, Löcher zu bohren und andere nützliche Dinge zu erledigen.

Eine zentrale Charakteristik des Model T, an die sich heute kaum noch jemand erinnert, war die Tatsache, dass es als erstes in größeren Stückzahlen produziertes Auto den Fahrersitz auf der linken Seite hatte. Zuvor befand sich das Lenkrad bei den Fahrzeugen fast aller Hersteller auf der dem Straßenrand zugewandten Seite, damit der Fahrer nach dem Aussteigen im Gras oder auf dem trockenen Bürgersteig stand anstatt auf der unbefestigten Straße. Ford begründete das damit, dass vor allem die Dame des Hauses diese Annehmlichkeit zu schätzen wüsste, und arrangierte die Sitzordnung zu ihren Gunsten. Außerdem ermöglichte diese Anordnung dem Fahrer bessere Sicht auf die Straße und erleichterte es ihm, anzuhalten und sich von Fenster zu Fenster zu unterhalten, wenn ihm ein anderes Fahrzeug entgegenkam. Ford war kein großer Denker, doch er verstand die Natur des Menschen. Auf jeden Fall erfreute sich die Sitzanordnung des Model T solcher Beliebtheit, dass sie bald bei allen Autos Standard wurde.

Das Model T erwies sich sofort als Erfolg. Im ersten vollen Jahr seiner Produktion fertigte Ford 10 607 Exemplare, mehr als jeder andere Hersteller zuvor, konnte die Nachfrage aber trotzdem nicht befriedigen. Die Produktion verdoppelte sich fast jährlich. 1913/1914 lief bereits eine Viertelmillion Fahrzeuge im Jahr vom Band, 1920/1921 über eineinviertel Millionen.

Das hartnäckigste Gerücht im Zusammenhang mit dem Model T, dass man es in jeder Farbe bekommen könne, solange es sich um Schwarz handle, stimmte nur teilweise. Für frühe Ausführungen des Wagens stand eine begrenzte Auswahl an Farben zur Verfügung; welche Farbe man erhielt, hing davon ab, für welches Modell man sich entschied. Sportwagen waren grau, Tourenwagen rot und Limousinen grün. Schwarz war, wohlgemerkt, gar nicht erhältlich. Erst 1914 wurde es zur einzigen verfügbaren Farbe, da nur schwarzer Lack für Henry Fords Fließband-Produktionsmethoden schnell genug trocknete – doch das galt nur bis 1924, als Blau, Grün und Rot eingeführt wurden.

Vor allem eines sorgte für Fords Wettbewerbsvorsprung: die Fließbandfertigung. Der Ablauf wurde zwischen 1906 und 1914 nach und nach optimiert, weniger mithilfe eines progressiven, systematischen Plans, sondern eher durch eine Reihe von Notlösungen, um mit der Nachfrage mithalten zu können. Die grundlegende Idee hinter der Fließbandfertigung – oder der »fortlaufenden Montage«, wie sie zunächst bezeichnet wurde – ging auf den Transport von Tierkadavern durch die Schlachthöfe von Chicago zurück, bei dem es sich, wie oft angemerkt wurde, allerdings eher um eine »fortlaufende Demontage« handelte. Auch andere Firmen setzten Fließbandfertigung ein – Westinghouse stellte zum Beispiel auf diese Weise Druckluftbremsen her –, doch kein anderer Hersteller machte sich das System so umfassend und obsessiv zu eigen wie Ford. Arbeitern in Ford-Werken war es nicht gestattet, sich zu unterhalten, zu summen, zu pfeifen, sich hinzusetzen, sich anzulehnen, innezuhalten, um nachzudenken, oder sich während der Arbeit auf irgendeine andere, nicht roboterhafte Art und Weise zu verhalten. Außerdem hatten sie pro Schicht nur eine dreißigminütige Pause, um auf die Toilette zu gehen, zu Mittag zu essen und sich um irgendwelche anderen persönlichen Bedürfnisse zu kümmern. Alles war auf die Fließbandfertigung abgestimmt.

Henry Ford nahm immer gern das Verdienst für die Erfindung der Fließbandproduktion in Anspruch, doch es hat den Anschein, als sei er damit womöglich zu großzügig zu sich selbst gewesen. »Henry Ford hatte überhaupt keine Vorstellung von Massenproduktion«, erinnerte sich Fords Kollege Charles E. Sorensen. »Weit entfernt; wie wir anderen auch wuchs er einfach hinein.«

Dank des optimierten Arbeitsablaufs reduzierte sich die Zeit, die zur Produktion eines Ford-Automobils nötig war, von zwölf Stunden im Jahr 1908 (wobei es sich bereits um einen guten Wert handelte) auf nur anderthalb Stunden ab 1913, als die Firma ihr Highland-Park-Werk eröffnete. Auf dem Gipfel der Produktivität rollte alle zehn Sekunden irgendwo in Amerika ein neuer Ford-Pkw, -Lkw oder -Traktor vom Band. 1913 machte die Firma einen Umsatz von fast 100 Millionen Dollar und einen Gewinn von 27 Millionen. Aufgrund der höheren Effizienz sanken die Kosten von 850 Millionen Dollar im Jahr 1908 auf 500 Millionen im Jahr 1913 und auf 390 Millionen im Jahr 1914, ehe sie sich 1927 bei fast schon lächerlichen 260 Millionen einpendelten.

1914 führte Ford den Achtstundentag und die Vierzigstundenwoche ein und verdoppelte den Durchschnittslohn auf fünf Dollar am Tag, was oft als Akt revolutionärer Großzügigkeit dargestellt wird. In Wirklichkeit waren kostspielige Verluste aufgrund hoher Arbeitskräftefluktuation dafür verantwortlich – atemberaubende 370 Prozent im Jahr 1913. Zur selben Zeit gründete Ford seine berüchtigte »Soziologische Abteilung« und stellte etwa 200 Inspektoren ein, die berechtigt waren, jeden Aspekt des Privatlebens der Angestellten unter die Lupe zu nehmen: ihre Ernährung, Hygiene, Religion, persönlichen Finanzen, Freizeitaktivitäten und Moral. Zu Fords Belegschaft zählten viele Einwanderer – zu manchen Zeiten stammten bis zu zwei Drittel seiner Angestellten aus dem Ausland –, und da Ford den aufrichtigen Wunsch hatte, ihnen dabei zu helfen, ein gesünderes, erfüllteres Leben zu führen, war seine soziologische Einmischung keineswegs eine ausschließlich schlechte Sache. Allerdings hatte fast nichts von dem, was Henry Ford tat, nicht auch negative Seiten, und die Soziologische Abteilung hatte ohne Zweifel eine totalitäre Färbung. Ford-Angestellten konnte es passieren, dass sie aufgefordert wurden, ihr Haus zu putzen, in ihrem Garten Ordnung zu schaffen, in einem amerikanischen Bett zu schlafen, mehr Geld auf die Seite zu legen, ihr Sexualverhalten zu ändern oder irgendeine andere Praktik aufzugeben, die ein Ford-Inspektor als »nachteilig für die körperliche Verfassung oder die moralischen Prinzipien« erachtete. Im Ausland geborene Arbeiter, die in der Firma Karriere machen wollten, mussten die amerikanische Staatsbürgerschaft annehmen und Sprachkurse besuchen.

Ebenfalls erwähnt werden sollte die Tatsache, dass Ford viele Menschen mit Behinderungen einstellte – darunter auch einen Mann (im Jahr 1919), der keine Hände hatte, vier Blinde, siebenunddreißig Taubstumme und sechzig Epileptiker (zu einer Zeit, als Epilepsie verachtet wurde). Außerdem beschäftigte er zwischen 400 und 600 ehemalige Sträflinge. Ford gab auch Schwarzen Arbeit, wenngleich er ihnen fast immer die heißesten, schmutzigsten und anstrengendsten Jobs überließ. (Schwarze Frauen wurden 1927 nirgends eingestellt.)

Wem das Verdienst für den Erfolg der Firma Ford gebührt, sorgt schon seit Beginn dieses Erfolgs für Diskussionen. Viele sind der Ansicht, dass der wahre Kopf des Unternehmens James Couzens war, Fords in Kanada geborener Partner. Couzens hatte seine berufliche Laufbahn als Angestellter auf einem Kohlenlagerplatz begonnen, war jedoch früh zu Ford gekommen und hatte außerordentliches Gespür für die Branche bewiesen. Couzens kümmerte sich bei Ford um die Finanzen, den Verkauf, das Vertriebsnetz und die Werbung. Henry Ford widmete sich dagegen fast ausschließlich der Produktion. So gesehen gab Ford dem Unternehmen den Namen und das Firmenethos, während Couzens es zu einem globalen Koloss gestaltete.

Ford und Couzens stritten sich ständig, manchmal heftig, und der Erfolg machte alles nur noch schlimmer. Ford missgönnte Couzens dessen Jahresgehalt von 150 000 Dollar, vor allem, nachdem er ausgerechnet hatte, dass es jedes Fahrzeug, das sie bauten, um fünfzig Cent verteuerte. Er war nicht der Meinung, dass Couzens das wert war, und trieb ihn mehr oder weniger dazu, das Unternehmen zu verlassen. 1915 verkaufte Couzens seine Anteile, ging in die Politik und wurde schließlich US-Senator für Michigan. In dieser Funktion erlangte er Berühmtheit, indem er Andrew Mellon vorwarf, die Reichen zu bevorteilen (was weithin als Ironie betrachtet wurde, da Couzens als das wohlhabendste Kongressmitglied galt).

Couzens Ausscheiden bot vielen Anlass zur Sorge. »Alle hatten den Eindruck, dass Ford zwar ein großartiger Mechaniker war, aber kein besonders guter Geschäftsmann«, schrieb ein Ford-Insider namens E. G. Pipp 1926, »und überlegten sich ernsthaft, was mit der Firma geschehen würde, wenn Couzens ging.« Was letztlich geschah, ist tatsächlich nicht ganz sicher. Ford machte ohne Couzens mehr oder weniger genauso weiter wie zuvor. Auch wenn es mit dem Unternehmen von da an allmählich bergab ging, so lässt sich unmöglich beurteilen, inwieweit das eine Folge von Couzens' Ausscheiden war. Was allerdings gesagt werden kann, ist, dass die wirklichen Innovationen bei Ford stattfanden, als Couzens der Firma noch angehörte, und dass anschließend keine Neuerungen von dauerhafter Bedeutung eingeführt wurden – zumindest nicht bis zum Sommer 1927. Und bei denen, die dann eingeführt wurden, handelte es sich keineswegs um ungetrübte Erfolge.

Ende der zwanziger Jahre besaß jeder sechste Amerikaner ein Auto – was annähernd einer Quote von einem Wagen pro Familie entsprach –, und viele Menschen betrachteten das Automobil als wesentlichen Bestandteil ihres Lebens. Die Soziologen Robert und Helen Lynd fanden in ihrer 1929 veröffentlichten Studie *Middletown* zur amerikanischen Mittelschicht zu ihrer eigenen Überraschung heraus, dass in der anonymen Stadt des Studientitels (bei der es sich in Wirklichkeit um Muncie in Indiana handelte) mehr Einwohner ein Auto besaßen als eine Badewanne. Auf die Frage nach dem Grund dafür erwiderte eine Frau mit einfachen Worten: »Weil wir mit einer Badewanne nicht in die Stadt fahren können.«

Leider handelte es sich bei den Autos, die die Amerikaner liebten, in zunehmendem Maße um Fabrikate, die nicht von Ford stammten. Andere Hersteller fertigten Fahrzeuge von überlegener Qualität und mit einem besseren Preis-Leistungs-Verhältnis. Bei General Motors zum Beispiel gehörten Tachometer und Stoßdämpfer, die Ford nur zögerlich auf Sonderwunsch lieferte, zur Serienausstattung. Außerdem produzierte GM eine Palette von Modellen für jeden Geldbeutel, von Chevrolets am unteren Ende des Spektrums bis hin zu Cadillacs am oberen Ende. (Cadillac war eine derart exklusive Marke, dass sie ihren eigenen Autosalon in Manhattan hatte, in dem, wie die Werbung stolz behauptete, »weder Verkaufsgespräche geführt noch Verkäufe getätigt« wurden. Interessenten konnten dort die neuesten Modelle bewundernd unter die Lupe nehmen, wenn sie allerdings Kaufabsichten hegten, mussten sie für diese unfeine Prozedur woanders hingehen.)

Unter der geschäftstüchtigen Führung von Alfred Sloan Jr. gestaltete General Motors seine Autos ständig um, verbesserte sie und bot neue Farben und Ausstattungsvarianten an, um Interesse zu wecken und Begeisterung hervorzurufen. Ende der zwanziger Jahre war GM auf dem besten Weg, den alljährlichen Modellwechsel zu perfektionieren, eine Praktik, die im Grunde unnötig, aber als Marketinginstrument enorm effektiv war. Ebenfalls auf Aufholjagd befand sich die neue Chrysler Corporation, die sich aus der alten Maxwell Motor Company gebildet hatte und nach ihrem dynamischen Chef Walter Chrysler benannt worden war. Chrysler war so außerordentlich erfolgreich, dass er es sich erlauben konnte, sich selbst ein prunkvolles Denkmal zu setzen: das berühmte siebenundsiebzigstöckige Chrysler Building, das bei seiner Fertigstellung das höchste Gebäude der Welt war. (Allerdings nur für kurze Zeit; elf Monate später wurde es vom Empire State Building abgelöst.)

All das ließ Ford zunehmend altmodisch und unvorbereitet aussehen. 1923 war das letzte wirklich gute Jahr für Ford. In den folgenden drei Jahren, bis Ende 1926, sank die Fahrzeug-Gesamtproduktion des Unternehmens um 400 000. Bei Chevrolet, einer Marke, die von dem brillanten Ingenieur William Knudsen aus der Taufe gehoben wurde – Knudsen war durch Fords despotische Methoden in die Arme von General Motors getrieben worden –, stieg die Produktion im selben Zeitraum um ähnliche Stückzahlen an.

Erstaunlicherweise beschäftigte sich Henry Ford währenddessen zunehmend mit anderen, weniger dringenden Angelegenheiten. Er war darauf fixiert, industrielle Verwendungsmöglichkeiten für landwirtschaftliche Produkte zu finden. Ganz besonders angetan hatte es ihm die in seinen Augen uneingeschränkte Anpassungsfähigkeit der Sojabohne. Er trug aus Sojafasern gewebte Anzüge und baute Versuchsfahrzeuge, die fast ausschließlich aus Sojakunststoff und anderen aus Sojabohnen gewonnenen Materialien bestanden. (Das Auto ging nie in Serie, da man seinen Gestank nicht in den Griff bekam.) Seinen Gästen setzte er Mahlzeiten vor, die vorwiegend aus Sojabohnenprodukten bestanden: »Ananasscheiben mit Sojabohnenkäse, Sojabohnenbrot mit Sojabohnenbutter, Apfelkuchen mit Sojakruste, Kaffee aus gerösteten Sojabohnen und Eiscreme aus Sojamilch«, so sein Biograf Greg Grandin. Ford bewunderte Edsel Ruddiman, den Leiter seiner Sojabohnen-Forschungsabteilung, so sehr, dass er sein einziges Kind nach ihm benannte.

Um für seine persönlichen Überzeugungen zu werben, kaufte er den *Dearborn Independent,* eine Wochenzeitung, die kurz vor dem Aus stand, und machte aus ihm eine Publikumszeitschrift. Der *Independent* wurde berühmt für seine einfallslosen Themen und seine unberechenbaren Ansichten. Die Zeitung entstand in nicht genutzten Räumlichkeiten eines Werks, was einen Witzbold dazu veranlasste, ihn als »die beste Wochenzeitschrift, die jemals von einer Traktorenfabrik herausgegeben wurde«, zu bezeichnen. Ford redete kräftig mit. Unter anderem hatte er den Einfall, bei der Herstellung des *Dearborn Independent* Fließbandmethoden einzuführen. Anstatt einen Artikel einem Autor zu übertragen, wollte er ihn, ganz unkonventionell, auf eine Art redaktionelles Fließband schicken. Mitarbeiter eines Teams in Form von ausgewiesenen Spezialisten sollten dann jeweils einen bestimmten Beitrag an diesem Artikel leisten und ihn danach weiterreichen. Ein Redakteur sollte die Fakten liefern, ein weiterer den Humor, ein dritter die moralische Belehrung und so weiter und so fort. Ford konnte zwar überredet werden, diese Idee wieder fallen zu lassen, er mischte sich jedoch noch genug in andere Bereiche ein, um sicherzustellen, dass der *Independent* stets miserabel war. Die Zeitschrift brachte Ford jedes Jahr Verluste in Höhe mehrerer 100 000 Dollar ein und hätte noch mehr gekostet, wenn er seine Händler nicht dazu gezwungen hätte,

Exemplare abzunehmen und an ihre Kunden weiterzuverkaufen – wenngleich es nur wenige Kunden gab, die darauf erpicht waren, lange Artikel wie »Berühmte Franzosen, die ich kennenlernen durfte« von A. M. Somerville Story (ein Autor, der damals ebenso obskur war, wie er es heute ist) oder »Die amerikanische Handelsmarine muss von einem gewerblichen Unternehmen aufgebaut werden und *nicht* mit staatlichen Fördermitteln« von W. C. Cowling, einem Ford-Manager.

Berüchtigter waren die regelmäßigen scharfen Angriffe des *Independent* auf Juden in aller Welt. Die Zeitschrift warf ihnen unter anderem vor, den Aktienmarkt zu beeinflussen, den Sturz des Christentums vorzubereiten, Hollywood als Propagandawerkzeug für jüdische Interessen zu nutzen, den Massen für schändliche Zwecke Jazz schmackhaft zu machen (»Musik für Geisteskranke«, wie der *Independent* dazu sagte), das Tragen von kurzen Röcken und Strümpfen zu unterstützen und die World Series von 1919 manipuliert zu haben. Genauigkeit war nicht seine Stärke. In einem Artikel von 1921 mit dem Titel »Wie die Juden den Baseballsport entwürdigt haben« prangerte er Harry Frazee von den Red Sox in der Annahme an, dass dieser Jude sei. In Wirklichkeit war Frazee jedoch Presbyterianer.

Der Großteil dieser Essays wurde in einem Sammelband mit dem Titel *Der internationale Jude* veröffentlicht, der in Nazideutschland große Bewunderung erfuhr und dort nicht weniger als neunundzwanzigmal nachgedruckt wurde. Henry Ford wurde außerdem die fragwürdige Ehre zuteil, als einziger Amerikaner wohlwollend in Adolf Hitlers 1925 veröffentlichten Memoiren *Mein Kampf* erwähnt zu werden. Angeblich hing an Hitlers Wand ein gerahmtes Foto von Ford.

Fords Antisemitismus war offenbar ganz individueller Natur. Zum einen war er allem Anschein nach nicht persönlich. Soweit bekannt ist, hatte Ford nichts gegen Juden als Einzelpersonen. Die Gestaltung seiner Fabriken übertrug er bereitwillig Albert Kahn, einem jüdischen Emigranten, zu dem er fünfunddreißig Jahre lang ein gutes Verhältnis pflegte. Als Rabbi Leo Franklin, ein alter Freund und Nachbar, wegen einiger im *Independent* veröffentlichter Anschuldigungen mit Ford brach, war dieser aufrichtig verwirrt. »Was ist denn passiert, Dr. Franklin?«, erkundigte er sich allen Ernstes. »Ist irgendetwas zwischen uns gekommen?«

Fords Feindscligkeit basierte stattdessen auf der Vermutung, dass eine undurchsichtige Gruppe von Juden versuche, die Weltherrschaft an sich zu reißen. Die Quelle dieser Überzeugung war allen ein Rätsel. »Ich bin sicher, dass Mr Ford, würde er in den Zeugenstand gerufen werden, nicht um alles in der Welt sagen könnte, wann und warum er diese Abneigung gegen Juden entwickelt hat«, stellte Edwin Pipp fest, der erste Herausgeber des *Independent,* der das Magazin aber bald verließ, anstatt die Art von Essays zu drucken, die Ford sich wünschte.

Ironischerweise brachte ein persönlicher Angriff Ford in Schwierigkeiten. Im Zuge seiner Beschimpfungen verleumdete der *Independent* unter anderem einen Rechtsanwalt namens Aaron Sapiro, indem die Zeitschrift behauptete, dieser gehöre einer »Bande von jüdischen Bankern, Anwälten, Werbefachleuten und Einkäufern landwirtschaftlicher Erzeugnisse« an, die amerikanische Farmer im Rahmen einer Verschwörung zur Übernahme des amerikanischen Weizenmarkts betrogen hätten. Sapiro klagte wegen Rufschädigung auf eine Million Dollar Schadensersatz. Der Prozess warf in der ersten Hälfte des Jahres 1927 einen Schatten auf Ford.

Ford hätte am 1. April vor Gericht seine Aussage machen sollen, wurde jedoch einen Tag vor seinem Auftritt in einen seltsamen Unfall verwickelt. Fords eigener Darstellung gegenüber der Polizei zufolge war er von der Arbeit nach Hause gefahren, als ihn zwei Männer in einem Studebaker von der Straße drängten. Er verlor die Kontrolle über seinen Wagen, stürzte einen steilen Abhang hinunter und prallte gegen einen Baum am Ufer des Rouge River. Aller Wahrscheinlichkeit nach rettete ihm der Baum das Leben, da der Fluss nach den jüngsten starken Regenfällen gefährlich angestiegen war – denselben Regenfällen, die weiter im Süden die Mississippi-

Flut verursacht hatten. Ford kam zu Fuß zu Hause an, benommen und blutend, mit einer tiefen Schnittwunde über einem Auge und einer klaffenden Wunde am Scheitel. Die beiden Männer im Studebaker wurden nie gefunden.

Eine verbreitete Annahme war, dass Ford den Unfall inszeniert hatte, um am nächsten Tag nicht aussagen zu müssen, doch die Schwere seiner Verletzungen schien dem zu widersprechen. Einer anderen Theorie zufolge war Ford, der dafür berüchtigt war, sich gern langsam und in der Mitte der Straße fortzubewegen, von einem genervten Fahrer überholt worden. Entweder war er dabei versehentlich von der Straße gedrängt worden, oder er war vor Schreck ausgeschert. Was auch immer die Ursache gewesen sein mochte, die Folge war, dass der Verleumdungsprozess nicht wie geplant vonstattengehen konnte.

Eine neue Verhandlung wurde angesetzt, doch Ford beschloss, nicht zu kämpfen. Stattdessen verfasste er nach reiflicher Überlegung einen scheinbar aufrichtigen Brief, in dem er sich bei Sapiro persönlich entschuldigte (und einen Scheck über 140 000 Dollar beilegte, um für dessen Kosten aufzukommen) sowie bei den Juden im Allgemeinen. Er versprach, weder den einen noch die anderen jemals wieder anzugreifen. Das Schreiben, datiert vom 30. Juni, wurde aber erst am 8. Juli veröffentlicht.

In dem Brief behauptete Ford, er sei sich der schrecklichen Dinge, die der *Independent* über Juden geschrieben hatte, nicht bewusst gewesen. »Wäre ich mir über den Grundton dieser Äußerungen im Klaren gewesen, von den Details einmal ganz abgesehen, hätte ich ihre Verbreitung untersagt, ohne auch nur einen Augenblick zu zögern«, erklärte er in Worten, die offenkundig nicht seine eigenen waren. »Seit meiner Durchsicht der Akten des *Dearborn Independent* und der Druckschriften mit dem Titel *Der internationale Jude* bin ich zutiefst schockiert.« All das war ein wenig absurd, da viele der Anschuldigungen gegen Juden in einer von Ford unterzeichneten Kolumne erhoben worden waren oder aus Interviews stammten, die er anderen Publikationen gegeben hatte. Joseph Palma, ein

Ford-Mitarbeiter, der am Entwurf des Schreibens beteiligt gewesen war, gab später zu, dass Henry Ford seinen eigenen Entschuldigungsbrief in Wirklichkeit nie gelesen hatte und mit dessen Inhalt nur flüchtig vertraut war.

Auf jeden Fall beendete der *Independent* seine scharfzüngigen Attacken. Nachdem die Auflagenhöhe der Zeitung zurückging, halbierte Ford ihren Preis auf fünf Cent. Da sie sich trotzdem nicht verkaufte, stellte er sie Ende 1927 ein. In acht Jahren hatte sie ihn fast fünf Millionen Dollar gekostet.

Ford hielt sein Versprechen und übte nie wieder öffentlich Kritik an Juden. Das hieß aber nicht unbedingt, dass er seine Überzeugungen aufgab. Etwas mehr als ein Jahrzehnt später, an seinem fünfundsiebzigsten Geburtstag, nahm er eine der höchsten zivilen Auszeichnungen von Nazideutschland an – den Verdienstorden vom Deutschen Adler –, die mit Lob von Adolf Hitler begleitet war. Nur ein anderer prominenter Amerikaner der damaligen Zeit wurde von den Nazis so bewundert und verehrt (und bewunderte sie so offen im Gegenzug): Charles Lindbergh.

Doch 1927 lag all das noch in der Zukunft. Nachdem die Sapiro-Affäre aus dem Weg geschafft war, konnte Ford sein Augenmerk auf zwei andere, dringendere Angelegenheiten richten. Bei einer davon handelte es sich um seinen verrückten Plan, in Südamerika Kautschuk anzubauen. Die andere war die Rettung seines Unternehmens.

Achtzehntes Kapitel

1871 siedelte ein fünfundzwanzigjähriger englischer Abenteurer namens Henry Wickham mit seiner großen erweiterten Familie – Ehefrau, Mutter, Bruder, Schwester, Verlobter der Schwester, Verlobte des Bruders und Mutter der Verlobten des Bruders – und zwei oder drei anderen zukünftigen Abenteurern, die als Helfer angeheuert hatten, in den feuchtheißen Norden Brasiliens unmittelbar unterhalb des Äquators um. Die seltsame Truppe ließ sich in Santarém nieder, dort, wo der Rio Tapajós in den Amazonas mündet, und hegte große Hoffnung, durch Anbau von Pflanzen zu Reichtum zu gelangen. Das Experiment erwies sich als Desaster. Die Nutzpflanzen brachten keine Erträge ein, und tropische Fieberkrankheiten rafften im zweiten Jahr drei Mitglieder der Gruppe dahin und im dritten zwei weitere. 1875 waren nur noch Wickham und seine Frau übrig. Alle anderen Überlebenden waren nach England zurückgekehrt.

Um wenigstens irgendeinen Nutzen aus der Unternehmung zu ziehen, reiste Wickham flussaufwärts, in den Dschungel, und sammelte mühsam 70 000 Samen des brasilianischen Kautschukbaums *Hevea brasiliensis* ein. Kautschuk war im Begriff, zu einem weltweit geschätzten Produkt zu werden, und hatte Manaus, Santarém und anderen Amazonas-Hafenstädten bereits großen Reichtum gebracht. Brasilien lieferte – und überwachte mit Argusaugen – den Großteil der weltweiten Produktion, sodass Wickhams Samensammeln heimlich vonstattengehen musste und mit einem gewissen persönlichen Risiko verbunden war. Er nahm die Samen mit zurück nach England und verkaufte sie für einen guten Preis an die Royal Botanic Gardens (Kew Gardens).

Mit dem damit verdienten Geld wanderte Wickham nach Australien aus, um in Queensland eine Tabakplantage zu betreiben. Ohne Erfolg. Anschließend ging er nach Britisch-Honduras in Mittelamerika, um Bananen anzubauen. Auch dieses Unterfangen scheiterte. Doch Wickham ließ sich nicht unterkriegen, überquerte den Pazifik abermals nach Britisch-Neuguinea (heute Papua-Neuguinea), schloss auf den Conflict-Inseln einen Fünfundzwanzig-Jahres-Pachtvertrag ab und begann, Schwämme zu sammeln, Austern zu züchten und aus Kokosnüssen Kopra herzustellen. Zu guter Letzt konnte er bescheidenen Erfolg verbuchen, doch seine Frau ertrug die Abgeschiedenheit nicht. Sie setzte sich auf die Bermudas ab, und er sah sie nie wieder.

In der Zwischenzeit entwickelten sich die Kautschuksamen, die Wickham nach England mitgebracht hatte, sensationell gut.* Kew verschickte sie in verschiedene britische Kolonien und fand heraus, dass sie im fruchtbaren Erdreich und in der hohen Luftfeuchtigkeit des tropischen Fernen Ostens besonders gut gediehen – sogar noch besser als in den Dschungeln, aus denen sie ursprünglich stammten. In Brasilien wuchsen Kautschukbäume nur in einer Dichte von drei bis vier Exemplaren pro Hektar, daher mussten Arbeiter weite Wege zurücklegen, um größere Mengen Latex zu ernten. In Singapur, Britisch-Malaya und Sumatra bildeten sie dagegen üppige Haine. Außerdem besaßen Kautschukbäume in Asien keine natürlichen Feinde, sodass ihr Wachstum nicht von Insekten oder Pilzbefall gestört wurde und sie eine majestätische Höhe von bis zu dreißig Metern erreichten. Brasilien konnte nicht mithalten: Nachdem es einst praktisch ein Monopol auf qualitativ hochwertigen Kautschuk gehabt hatte, lieferte

---

* Als Wickham um 1910 erneut nach England zurückkehrte, stellte er fest, dass er zum Nationalhelden geworden war. Er erhielt von der British Rubber Growers' Association eine Rente auf Lebenszeit und wurde vom König zum Ritter geschlagen.

es in den zwanziger Jahren weniger als drei Prozent der weltweiten Produktion.

Etwa vier Fünftel der gesamten Kautschukmenge wurden in den Vereinigten Staaten verbraucht, zum größten Teil von der Automobilindustrie. (An frühen Fahrzeugen mussten die Reifen im Durchschnitt alle 3000 bis 5000 Kilometer ausgetauscht werden, sodass eine stetige hohe Nachfrage diesbezüglich herrschte.) Als Anfang der zwanziger Jahre Berichte kursierten, dass Großbritannien plane, eine massive Kautschuksteuer einzuführen, um seine Kriegsschulden abzubezahlen, antwortete das US-Wirtschaftsministerium unter der unermüdlichen Aufsicht von Herbert Hoover mit einem Intensivprogramm, um herauszufinden, ob es nicht irgendeine Möglichkeit gab, wie sich Amerika aus seiner Abhängigkeit vom Ausland befreien konnte, indem es entweder seinen eigenen Kautschuk produzierte oder einen synthetischen Ersatzstoff erfand. Weder das eine noch das andere brachte Erfolg. Kautschukbäume gediehen nirgendwo in Amerika, und nicht einmal Allround-Erfinder Thomas Edison konnte mit einer künstlichen Variante aufwarten, die auch nur halb so gut funktionierte.

Henry Ford betrachtete das als persönliche Herausforderung. Da er es hasste, von Lieferanten abhängig zu sein, die womöglich die Preise anhoben oder ihn auf andere Weise ausnutzten, tat er alles, was in seiner Macht stand, um sämtliche Stationen seiner Belieferungskette zu kontrollieren. Zu diesem Zweck besaß er Eisenerz- und Kohleminen, Wälder und Sägewerke, die Eisenbahngesellschaft Detroit, Toledo & Irontown Railroad sowie eine Schiffsflotte. Als er beschloss, selbst Windschutzscheiben herzustellen, wurde er auf einen Schlag zum zweitgrößten Glashersteller der Welt. Ford gehörten 160 000 Hektar Wald im Norden von Michigan. In den Ford-Sägewerken war man stolz darauf, jeden Teil eines Baums zu verwerten außer seinem Schatten. Rinde, Sägespäne, Saft – alles fand kommerzielle Verwendung. (Ein Ford-Produkt aus diesem Prozess, das es noch heute gibt, ist das Kingsford-Kohlebrikett.) Henry Ford ertrug die Vorstellung nicht, die Produktion stoppen zu müssen, weil ihm irgendein Despot oder ein wirtschaftliches Komplott im Ausland den Zugriff auf ein dringend benötigtes Produkt verwehrte – und in den zwanziger Jahren war er der weltweit größte Kautschuk-Einzelabnehmer. Deshalb begann Henry Ford im Sommer 1927 mit dem ehrgeizigsten und letztendlich dümmsten Projekt seines langen Lebens: Fordlandia.

Sein Plan war, im brasilianischen Dschungel eine vorbildliche amerikanische Gemeinde zu errichten und von dort aus die größte Kautschukplantage der Welt zu betreiben. Die Brasilianer wollten ihre vom Aussterben bedrohte Kautschukindustrie unbedingt wiederbeleben und gaben Ford deshalb fast alles, wonach er fragte. Sie verkauften ihm 1,2 Millionen Hektar Regenwald – eine Fläche etwa so groß wie Connecticut – für den Spottpreis von 125 000 Dollar und befreiten ihn für fünfzig Jahre von Einfuhrabgaben für importierte Waren und Ausfuhrabgaben für ins Ausland verkaufte Kautschukmilch. Außerdem erhielt er die Erlaubnis, eigene Flughäfen, Schulen, Banken, Krankenhäuser und Privateisenbahnlinien zu bauen. Im Grunde wurde es ihm gestattet, in Brasilien einen autonomen Staat zu gründen. Seine Firma hätte sogar den Rio Tapajós stauen dürfen, wenn das die Produktion erleichtert und gesteigert hätte.

Zur Ausführung und Überwachung dieses immensen Projekts schickte Ford einen siebenunddreißigjährigen Juniormanager namens Willis Blakeley nach Brasilien. Die Instruktionen, die Blakeley mit auf den Weg bekam, waren präzise, überstiegen seine Fähigkeiten aber bei Weitem. Er hatte den Auftrag erhalten, eine vollständige Stadt mit zentralem Platz, Geschäftsviertel, Krankenhaus, Kino, Ballsaal, Golfplatz und anderen nützlichen und erfüllenden städtischen Einrichtungen zu bauen. All das sollte von Wohnvierteln mit kleinen, weiß geschindelten Häusern umgeben sein, jedes davon mit einem gepflegten Rasen, Blumenbeeten und einem Gemüsegarten. Künstlerische Illustrationen, die von der Firma Ford freundlicherweise zur Verfügung gestellt wurden, zeigten eine ruhige und idyllische Gemeinde mit asphaltierten Straßen und Ford-Fahrzeugen, wobei sie die Tatsache missachteten, dass sie außerhalb der äußerst

Ruth Snyder (oben), Hausfrau, und ihr ehebrecherischer Liebhaber Judd Gray (rechts), Korsett-Vertreter. Der dilettantische »Schiebefenster-Gegengewichts-Mord« an ihrem Ehemann Albert Snyder war die Boulevardblattsensation von 1927; die beiden wurden in einem reißerischen Prozess für schuldig befunden und zum Tode verurteilt.

Charles Lindbergh wurde über Nacht zum berühmtesten Menschen auf der ganzen Welt, als er am 21. Mai 1927 mit seinem Flugzeug, der *Spirit of St. Louis*, auf dem Flugplatz Le Bourget in Paris landete. Wie seine typisch unbewegliche Miene verrät, hatte er an seinem Ruhm jedoch nur wenig Freude.

Hintergrundbild: Lindberghs Auftritt in der National Mall in Washington am 11. Juni 1927 lockte die bis heute größte Menschenmenge in der Geschichte der Stadt an. Praktisch jedes Radiogerät in Amerika wurde an diesem Tag eingeschaltet, um die Rundfunkübertragung des Ereignisses zu verfolgen.

Unten rechts: Lindberghs Konfettiparade auf dem Broadway lockte am 13. Juni 1927 vier bis fünf Millionen verzückte Zuschauer an. Anschließend mussten 1800 Tonnen Müll weggeräumt werden.

Unten: Ein ganz und gar nicht triumphierender Lindbergh, der sichtlich begeisterte britische Flieger Sir Alan Cobham und der amerikanische Botschafter Myron Herrick begrüßen die Menschenmenge vor dem französischen Aéro-Club in Paris (von links nach rechts).

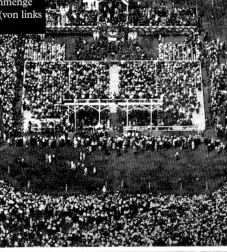

Links: Wo auch immer Lindbergh landete, lockte er Menschenmassen an. Hier wird sein Flugzeug am Croydon Aerodome in Surrey bedrohlich umlagert.

Der berühmte (und prahlerische) Entdecker Richard Byrd (Zweiter von links) mit seiner Crew Bert Acosta, George Noville und Bernt Balchen (von links nach rechts) vor ihrem riesigen dreimotorigen Flugzeug, der *America*. Sie starteten am 29. Juni vom Roosevelt Field in Richtung Paris …

… mussten jedoch dreiundvierzig Stunden später vor Ver-sur-Mer in Frankreich auf dem Wasser notlanden. Alle überlebten.

Links: Zu den unerschrockenen Fliegern, die in diesem Sommer versuchten, den Atlantik zu überqueren, gehörten auch die französischen Fliegerasse Charles Nungesser (links) und François Coli. Sie starteten am 8. Mai 1927 in Paris mit der L'Oiseau Blanc in Richtung New York und wurden nie wieder gesehen.

Oben: Clarence Chamberlin (rechts), der Pilot der *Columbia*, und deren Besitzer, der stets auf Publicity bedachte Geschäftsmann Charles Levine (Zweiter von rechts), landeten nach einem bemerkenswerten (wenn auch etwas misslungenen) 3905 Meilen weiten und dreiundvierzig Stunden langen Flug in einem Feld in der Nähe von Eisleben. Ihr Empfang in Berlin, wo sie am 8. Juni 1927 schließlich ankamen, konnte es durchaus mit dem von Lindbergh in Paris aufnehmen.

Links: Francesco de Pinedo (links), Pilot auf Tournee und Nationalheld des faschistischen Italien, neben dem italienischen Botschafter in Washington, D. C., am 20. April 1927.
De Pinedo überquerte den Atlantik in westlicher Richtung mit einem Wasserflugzeug (allerdings nicht nonstop) und drehte im Anschluss eine Ehrenrunde durch Amerika, die große politische Kontroversen auslöste.

Rechts: Der enorm talentierte Schlagmann Babe Ruth. Ein Teamkollege von ihm erinnerte sich später: »Mein Gott, wie gern wir diesen verdammten Mistkerl mochten. Er hat immer für Spaß gesorgt.«

Oben: Das Instrument zu Ruths großartigem Erfolg war sein über anderthalb Kilo schwerer Schläger, mit dem er mehr Home-Runs schlug, als irgendein Baseballspieler – oder irgendein Team – jemals zuvor geschlagen hatte.

Rechts: Lou Gehrig und Babe Ruth posieren in Bushwick, Brooklyn, für ein Foto. Trotz enormer Unterschiede, was ihr Temperament und ihre Gewohnheiten anbelangte, waren die beiden Home-Run-Rivalen der Yankees Freunde. Im Sommer 1927 sah es eine Zeit lang so aus, als würde Gehrig als Home-Run-Champion hervorgehen.

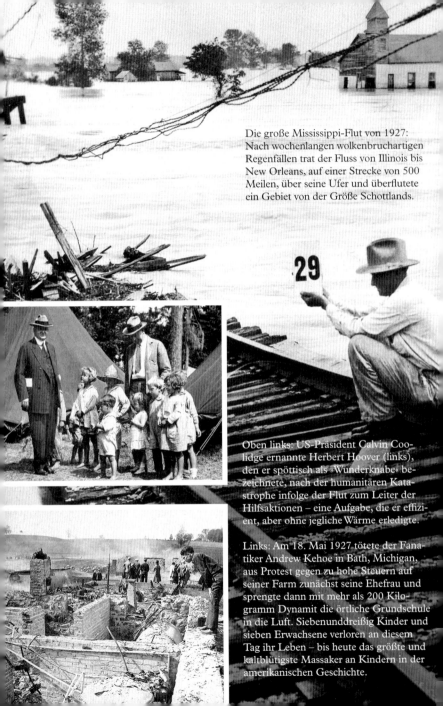

Die große Mississippi-Flut von 1927: Nach wochenlangen wolkenbruchartigen Regenfällen trat der Fluss von Illinois bis New Orleans, auf einer Strecke von 500 Meilen, über seine Ufer und überflutete ein Gebiet von der Größe Schottlands.

Oben links: US-Präsident Calvin Coolidge ernannte Herbert Hoover (links), den er spöttisch als »Wunderknabe« bezeichnete, nach der humanitären Katastrophe infolge der Flut zum Leiter der Hilfsaktionen – eine Aufgabe, die er effizient, aber ohne jegliche Wärme erledigte.

Links: Am 18. Mai 1927 tötete der Fanatiker Andrew Kehoe in Bath, Michigan, aus Protest gegen zu hohe Steuern auf seiner Farm zunächst seine Ehefrau und sprengte dann mit mehr als 200 Kilogramm Dynamit die örtliche Grundschule in die Luft. Siebenunddreißig Kinder und sieben Erwachsene verloren an diesem Tag ihr Leben – bis heute das größte und kaltblütigste Massaker an Kindern in der amerikanischen Geschichte.

Oben: Nan Britton, die Geliebte von Warren G. Harding, mit der gemeinsamen Tochter. Ihr knisternder Enthüllungsbericht über ihre Affäre mit dem amerikanischen Präsidenten und ihre zahlreichen Schäferstündchen in einem begehbaren Schrank im Weißen Haus erregten großes Aufsehen.

Rechts: Calvin Coolidge entfloh seinem nicht allzu anstrengenden Job als Präsident der Vereinigten Staaten (mit maximal vier Arbeitsstunden am Tag), um einen ausgedehnten dreimonatigen Urlaub in den Black Hills in South Dakota zu absolvieren. Hier ist er mit seiner Frau in voller Cowboy-Montur zu sehen, einer Aufmachung, die er in diesem Sommer bei jeder Gelegenheit trug.

Hjalmar Schacht, Präsident der deutschen Reichsbank, Benjamin Strong, Gouverneur der Federal Reserve Bank of New York, Sir Montagu Norman, Gouverneur der Bank of England, und Charles Rist, stellvertretender Leiter der Banque de France (von links nach rechts): Bei einem geheimen Treffen auf Long Island trafen diese vier Finanzherren im Juni 1927 die schicksalhafte Entscheidung, die Zinssätze zu senken. Das ließ die Spekulationsblase weiter aufblähen und führte indirekt zu dem katastrophalen Börsencrash von 1929.

Oben: Wayne B. Wheeler, fanatischer Anführer der Anti-Saloon-League und mächtigster Verfechter des irrsinnigen gesellschaftlichen Experiments namens Prohibition. Um zu verhindern, dass industrieller Alkohol als Getränk verwendet wurde, beharrten Wheelers Unterstützer darauf, dass er »denaturiert« wurde (rechts) und damit giftig war. Wer ihn trotzdem trank und daran starb, bekam ihrer Ansicht nach das, was er verdient hatte.

Links: Dwight Morrow, Banker bei J. P. Morgan, amerikanischer Botschafter in Mexiko, Pionier beim Aufbau der amerikanischen Luftfahrtindustrie und späterer Schwiegervater von Charles Lindbergh.

Oben: Der Bildhauer Gutzon Borglum begutachtet ein Modell für seine Präsidenten-Skulpturen auf dem Mount Rushmore – ein monumentales und scheinbar verrücktes Projekt, das im Sommer 1927 eingeweiht und erst vierzehn Jahre später fertiggestellt wurde.

Rechts: Bartolomeo Vanzetti, Fischverkäufer (links), und Nicola Sacco, Schuster – zwei italienische Einwanderer, deren Verurteilung zum Tode wegen Mordes sie zu einer internationalen Cause célèbre machte. Ihre Schuld oder Unschuld sorgt noch heute für Diskussionen.

Oben: Amerikas führender Henker Robert G. Elliott war ein Meister der schwierigen Kunst, den Tod durch Stromschlag herbeizuführen. Neben vielen anderen richtete er im Sommer 1927 auch Sacco und Vanzetti hin sowie im Jahr darauf Ruth Snyder und Judd Gray.

Oben: Der Trauerzug durch Boston nach der Hinrichtung von Sacco und Vanzetti lockte am 29. August Zigtausende Schaulustige an – eine völlig andere Versammlung als die zur Begrüßung von Lindbergh.

Rechts: Was Spielfilme anbelangt, war 1927 ein großartiges Jahr. Einer der besten war William Wellmans *Wings*, ein spannendes und in technischer Hinsicht bahnbrechendes Epos über Luftkämpfe im Ersten Weltkrieg, das den allerersten Oscar gewann und in dem das berühmte It-Girl Clara Bow mitwirkte.

Links: *Der Jazzsänger* mit dem Sänger Al Jolson in der Hauptrolle war zwar keineswegs der erste Tonfilm, aber die Produktion, die den Tonfilm einem Massenpublikum zugänglich machte und die Stummfilmära beendete – und Hollywood vor dem finanziellen Ruin bewahrte.

Links: Die Kinos, in denen Hollywoodfilme gezeigt wurden, hatten die Dimensionen von Palästen, wie diese Innenaufnahme des berühmten New Yorker Roxy Theatre zeigt. Seine Eröffnung im Jahr 1927 war ein derart wichtiger Anlass, dass Präsident Coolidge seinem Erbauer ein Glückwunschtelegramm schickte.

Zwei der seltsamsten Großunternehmer, die Amerika jemals hervorgebracht hat, waren die Brüder Mantis und Oris Van Sweringen (rechts). Die beiden waren unzertrennlich und lebten zurückgezogen, machten ein Vermögen mit Eisenbahngesellschaften und Immobilien und bauten Shaker Heights, die erste geplante Pendlergemeinde, sowie den Union Terminal in Cleveland (oben), seinerzeit das zweithöchste Gebäude in ganz Amerika.

Der berühmte Chicagoer Gangster Al Capone. 1927 nahm seine florierende mordlüsterne Bande in der politisch korruptesten Stadt im ganzen Land über 100 Millionen Dollar ein.

Für Capones Niedergang sorgte letzten Endes Mabel Walker Willebrandt, oberste Verantwortliche für die Durchsetzung der Prohibition, die auf die Idee kam, ihn wegen Steuerhinterziehung strafrechtlich zu verfolgen.

Oben: Die zwanziger Jahre waren eine Dekade, die zu Recht für finanzielle Täuschungsmanöver berüchtigt war. Das »System« des geschniegelten Charles Ponzi basierte auf Rückantwort-Coupons der Post. 1927 saß er mit seinen italienischen Landsleuten Sacco und Vanzetti im Gefängnis von Charlestown.

Oben rechts: Albert B. Fall (links), ehemaliger Innenminister, und Edward Doheny, Öl-Tycoon, vor dem Gericht in Washington, D. C., wo sie sich 1927 wegen ihrer Rollen im Teapot-Dome-Bestechungsskandal verantworten mussten.

Rechts: Texas Guinan, führende Nachtclubbesitzerin in den zwanziger Jahren, wird nach einer Polizeirazzia in einer ihrer vielen illegalen Bars zu einem Gefängniswagen gebracht. Ihr freundliches Lächeln spricht Bände über die triviale und temporäre Natur ihrer Verhaftung.

Der vielleicht verrückteste Zeitvertreib in einer Ära verrückter Modeerscheinungen war der »Sport« des Fahnenmastsitzens. Sein unumstrittener Champion war »Shipwreck« Kelly, der hier auf dem St. Francis Hotel in Newark, New Jersey, zu sehen ist, wo er im Juni 1927 zwölf Tage lang blieb.

Links: Die charakteristische Figur der zwanziger Jahre war die stilbewusste, als *flapper* bezeichnete Frau, die auf Konventionen pfiff, rauchte, trank, mit dem anderen Geschlecht verkehrte und fast überall Charleston tanzte.

Oben: Für all diejenigen, die zu ihren illegalen alkoholischen Getränken gern Musik hörten, war Harlem die erste Adresse. Führendes Etablissement war dort der berühmte Cotton Club, in dem schwarze Musikgenies wie Duke Ellington, Cab Calloway und Fats Waller für eine ausschließlich weiße Kundschaft auftraten.

Links: Kenesaw Mountain Landis, Bundesrichter in Chicago mit denkwürdigem Namen, der nach dem Manipulationsskandal der »Black Sox« in der World Series 1919 Baseball-Beauftragter wurde und den Baseballsport »gerettet« haben mag oder nicht.

1927 war das Jahr der ersten primitiven Fernsehübertragungen, doch der wahre »Vater des Fernsehens« war der einsame und glücklose Erfinder Philo T. Farnsworth, der im September des Jahres das Kathodenstrahlröhrensystem perfektionierte, das Fernsehen letzten Endes Wirklichkeit werden ließ.

Oben: Zu Farnsworths Leidwesen konnten seine insgesamt 165 Patente Radiopionier David Sarnoff, den Gründer der Radio Corporation of America, nicht daran hindern, seine Ideen zu klauen und Fernsehen zu einem kommerziell rentablen Produkt zu machen.

Links: Henry Ford, Automobilmogul und antisemitischer Exzentriker. Seine Bemühungen, das berühmte Model T seiner Firma durch ein neu entwickeltes Model A zu ersetzen, brachten der Ford Motor Company einen Rückschlag ein, von dem sie sich nie wieder ganz erholte.

Links: Charles Lindbergh legte auf seiner Werbetournee, die ihn kreuz und quer durchs Land führte, einen Zwischenstopp ein, um sich mit Henry Ford zu treffen, der mit Lindbergh eine kurze Runde in der *Spirit of St. Louis* drehte und anschließend behauptete, er habe den »Steuerknüppel bedient«.

Mitte: Henry Fords ehrgeizigstes und letztlich unvernünftigstes Projekt war Fordlandia, eine im brasilianischen Dschungel errichtete amerikanische Vorzeigesiedlung, die den Kautschuk produzieren sollte, den Ford zuverlässig und billig für seine Autos benötigte. Die Inkompetenz seiner Manager und die rauen Bedingungen im Amazonasgebiet ließen das Unterfangen schließlich scheitern.

Das vielleicht sensationellste Sportereignis des Jahres 1927 war der Schwergewichts-Titelkampf zwischen Jack Dempsey und Gene Tunney am 27. September vor 150 000 Zuschauern im Soldier-Field-Stadion in Chicago. Hier zieht sich Dempsey, nachdem er Tunney auf die Bretter geschickt hat, während des noch heute umstrittenen »langen Anzählens« in eine neutrale Ecke zurück.

bescheidenen Grenzen der Stadt nirgendwohin hätten fahren können. Henry Ford machte sich um fast jedes Detail des Unterfangens Gedanken. Die Uhren sollten auf Michigan-Zeit gestellt werden, und die Einhaltung der Prohibition sollte überwacht werden, obwohl sie in Brasilien nicht galt. Koste es, was es wolle, Fordlandia sollte amerikanischen Gesetzen, der amerikanischen Kultur und amerikanischen Werten verpflichtet sein – ein Außenposten protestantischer Ideale inmitten eines heißen, gottlosen Dschungels.

Um die Stadt herum sollte sich das größte landwirtschaftliche Unternehmen auf dem Planeten befinden. Blakeley hatte nicht nur die Order, ganze Wälder von turmhohen Kautschukbäumen zu pflanzen und zu pflegen, sondern war auch angewiesen worden, industrielle Verwendungsmöglichkeiten für alle anderen Früchte des Dschungels zu finden. Fordlandia sollte aus den Blättern, der Rinde und den klebrigen Harzen seiner dichten und reichen Pflanzenwelt Farben, Düngemittel, Medikamente und andere nützliche Präparate produzieren.

Blakeley besaß weder das nötige Talent noch genug Erfahrung, um irgendetwas davon zu erreichen. Er war wenig mehr als ein ungebildeter Gangster. Lange bevor er das Gelände, das er managen sollte, zum ersten Mal zu Gesicht bekam, verstieß er bereits auf peinliche Art und Weise gegen zivilisierte Werte. Als er sich vorübergehend in der Hafenstadt Belém einquartierte, sechs Tage flussabwärts von Fordlandia gelegen, bezog er eine Suite im Hotel Grande mit Blick auf den Hauptplatz. Dort schockte er die Einheimischen, indem er vor den Augen von Bürgern, die ihren Abendspaziergang machten, bei geöffneten Jalousien nackt umherlief und mit seiner Frau kopulierte. Davon abgesehen war er häufig betrunken, prahlerisch und immer unausstehlich. Er stieß nicht nur die meisten Beamten vor den Kopf, die ihm hätten helfen können, sondern auch die Geschäftsleute, auf die er angewiesen war, was die Belieferung mit Vorräten anbelangte.

Zur Rodung des Dschungels und zur Errichtung des Camps engagierte Blakeley 3000 Arbeiter, die von amerikanischen und brasilianischen Vorabeitern überwacht wurden. Doch nur wenig lief nach Plan, nachdem mit der Arbeit begonnen worden war. Das Roden des Dschungels erwies sich als Albtraum. Wie sich herausstellte, waren die Sägeblätter, die für die Weichholzwälder in Michigan konzipiert waren, für das brasilianische Hartholz völlig unbrauchbar. In der Trockenzeit konnte der Wasserpegel des Rio Tapajós um bis zu zwölf Meter fallen, und für einen großen Teil des Jahres war der Fluss zu flach, als dass Bootsladungen mit Ausrüstungsgegenständen die Plantage hätten erreichen können. Die Dinge, die ankamen, erwiesen sich häufig als unbrauchbar oder zumindest als verfrüht geliefert. Eine Kiste aus Detroit enthielt Eismaschinen. Eine andere Sendung bestand aus einer Schmalspur-Dampflokomotive und mehreren hundert Metern Gleisen. Blakeley gelang es nicht, angemessene Lagerhäuser errichten zu lassen, weshalb Vorräte am Flussufer verrotteten. Zementsäcke nahmen die Luftfeuchtigkeit auf und wurden hart wie Stein. Maschinen und Werkzeuge verrosteten und waren nicht mehr zu gebrauchen. Alles, was sich irgendwie tragen ließ, wurde gestohlen.

Blakeley musste außerdem feststellen, dass ihm einheimische Anbauer keine Setzlinge verkaufen wollten, da sie Angst vor seiner Konkurrenz hatten. Deshalb musste sein Bestand aus Fernost importiert werden. Wenngleich die Samen, die er einführte, von ursprünglich in Amazonien beheimateten Bäumen abstammten – Wickham hatte zufällig auf der anderen Flussseite genau gegenüber dem Ford-Grundstück gesammelt –, hatten sie Mühe zu gedeihen, wenn sie auf frisch gerodetem Boden gepflanzt wurden. Blakeley war sich nicht darüber im Klaren, dass es sich bei Kautschukbäumen um Dschungelgewächse handelte, die Schutz vor der sengenden Sonne benötigten. Da sie, was ihre Evolution betraf, isoliert aufgewachsen waren, fehlte ihnen die für beengte Bedingungen nötige Widerstandsfähigkeit. Wenn Kautschukbäume in zu geringem Abstand zueinander gepflanzt waren, wurden sie zu Magneten für Zikaden, Raupen, Rote Vogelmilben, Mottenschildläuse und andere gefräßige Insekten, die mit verheerenden Folgen über die Bäume herfielen.

Die Rodung riesiger Landstriche setzte auch Bäche, die früher stark beschattet waren, direkter Sonneneinstrahlung aus. Algen wucherten wie nie zuvor und sorgten dafür, dass Schneckenpopulationen regelrecht explodierten. Die Schnecken wiederum waren Wirte winziger parasitärer Würmer, die Schistosomiasis übertrugen, eine schreckliche chronische Krankheit, die ihre Opfer mit Unterleibsschmerzen, hohem Fieber, Mattigkeit und Durchfall niederstreckt. Vor der Ankunft von Ford war Schistosomiasis in der Region nicht bekannt gewesen – nach Fordlandia war sie endemisch. Malaria, Gelbfieber, Elefantiasis und die Hakenwurmkrankheit waren ebenfalls weit verbreitet.

Qualvolles Unbehagen konnte fast von überallher kommen. Im Fluss wimmelte es von kleinen Fischen, den Candirus oder Harnröhrenwelsen, die in jede verfügbare menschliche Körperöffnung schwammen (vor allem in den Penis), wo sie dann spitze, nach hinten gerichtete Stacheln ausfuhren und sich nicht mehr entfernen ließen. An Land gruben sich die Maden der Dasselfliege *Dermatobia hominis* in die Haut und legten dort Eier ab. Betroffene erkannten, dass sie befallen waren, wenn sie unmittelbar unter der Haut etwas sich winden sahen oder wenn wunde Stellen aufbrachen und neugeborene Maden herausgekrochen kamen.

Jenseits der Grenzen des Camps lauerten Vipern und Jaguare im Dickicht. Die Einheimischen waren durchwegs feindselig. Nicht von ungefähr war der britische Entdecker Percy Fawcett zwei Jahre zuvor zusammen mit seinem Sohn und einem anderen jungen Engländer bei der Suche nach der mythischen »Verschollenen Stadt Z« in derselben Gegend spurlos verschwunden. Fawcett hatte die Theorie entwickelt – eigentlich eher die Obsession –, dass tief in den Regenwäldern einst eine große Zivilisation von hellhäutigen Menschen existiert und eine prachtvolle Stadt hinterlassen habe, die auf ihre Wiederentdeckung wartete. Aus irgendeinem Grund, den er nie erklärte, nannte er diese Stadt »Z«. Er besaß keine Beweise für ihre Existenz und war allein von Intuition getrieben. Fawcett mag leicht verrückt gewesen sein, doch er war ein erfahrener Entdeckungsreisender. Da er bereits seit 1906 Expeditionen im Amazonasgebiet machte, kannte er sich dort aus. Dass er und seine zwei Begleiter nicht mehr auftauchten, war gewissermaßen ein Beweis dafür, wie hart man die Bedingungen in diesem Teil der Welt einzuschätzen hatte.

Einer Theorie zufolge waren Fawcett und seine Begleiter mit den Mitgliedern einer anderen Gruppe von Abenteurern unter der Führung des Amerikaners Alexander Hamilton Rice verwechselt worden, der die Gegend ungefähr zur selben Zeit erkundete (zu Fawcetts extremer Verärgerung). Rice war dank seiner Heirat mit der wohlhabenden Witwe Eleanor Widener (sie hatte der Harvard University die Widener-Bibliothek gestiftet) sagenhaft reich. Das Geld seiner Frau ermöglichte es ihm, enorm große, mit der neuesten Ausrüstung ausgestattete Expeditionen zu finanzieren. Die Expedition von 1925 umfasste sogar ein Flugzeug – als eine der ersten archäologischen Expeditionen überhaupt. Rice benutzte das Flugzeug zur Luftvermessung, belud es aber auch mit Bomben, um diese auf Dschungel-Ureinwohner abzuwerfen, die er als schwierig oder aufsässig erachtete. Letztere waren deshalb natürlich abgeneigt, jeglichen Weißen, die zufällig auf sie stießen, wohlwollend zu begegnen – was womöglich das unglückselige Ende des armen Fawcett erklärt.

Gemessen daran, dass Blakeley 3000 Arbeiter zur Verfügung hatte, brachte er erstaunlich wenig zustande. Ein kurzer Straßenabschnitt wurde planiert und asphaltiert. Ein Krankenhaus und eine Kantine wurden gebaut. Unterkünfte wurden geschaffen, die allerdings zum größten Teil primitiv und minderwertig waren. Bessere Häuser für amerikanische Manager wurden als Bausätze aus den Vereinigten Staaten geschickt, doch diese waren von Architekten in Michigan entworfen worden und ließen völliges Unverständnis für die Bedingungen im Dschungel erkennen. Sie waren alle mit Hitze stauenden Blechdächern versehen anstatt mit traditionellen Strohdächern, wodurch sie Öfen glichen. In Fordlandia fühlte sich niemand jemals wohl.

Nachdem Blakeley sich als weitgehend inkompetent erwiesen hatte, wurde er durch Einar Oxholm ersetzt, einen norwegischen Schiffskapitän, der von einem unparteiischen Zeitzeugen als großer Mann mit kleinem Verstand beschrieben wurde. Wie Blakeley hatte Oxholm keine Ahnung von Botanik, Agronomie, den Tropen, Kautschuk oder irgendetwas anderem, was ihm dabei geholfen hätte, einen großen landwirtschaftlichen Betrieb im Dschungel zu leiten. Er war zwar ein besserer Mensch als Blakeley, aber kein kompetenterer, was die Phase ineffektiven Managements nur in die Länge zog.

Während Oxholms unglücklicher Zeit in Fordlandia starben vier seiner Kinder an Fieber. Sein Dienstmädchen ging eines Abends im Fluss baden und tauchte mit vor Entsetzen aufgerissenen Augen und nur einem Arm wieder aus dem Wasser auf. Ein Kaiman hatte ihr den anderen abgebissen. Die arme Frau verblutete.

Die Moral, die ohnehin nie gut gewesen war, sank unter Oxholm noch weiter. Die Arbeiter waren zutiefst enttäuscht über ihre Bezahlung und die Arbeitsbedingungen und verwirrt von amerikanischen Speisen wie Haferbrei und Wackelpudding, die in der Kantine serviert wurden (immerhin bestand Ford nicht darauf, dass seine Arbeiter eine Sojabohnendiät hielten). Die Löhne waren ein besonders wunder Punkt. Die meisten Beschäftigten der Plantage waren davon ausgegangen, dass sie wie die Ford-Arbeiter in Amerika fünf Dollar am Tag verdienen würden. Stattdessen mussten sie feststellen, dass ihre Bezahlung nur fünfunddreißig Cent am Tag betrug, und von diesem mageren Lohn wurde noch einmal Geld für Verpflegung abgezogen, ganz gleich, ob sie diese Mahlzeiten aßen oder nicht. Die Einschränkungen in Bezug auf die persönliche Freiheit – insbesondere beim Alkoholkonsum – sorgten ebenfalls für Unmut, vor allem deshalb, weil die Manager der Plantage abends hin und wieder dabei zu sehen waren, wie sie auf ihrer Veranda Cocktails genossen. Das Ende vom Lied war, dass die Arbeiter eines Nachts ausrasteten und randalierten und mit Buschmessern, Belegnägeln und anderen gefährlichen Geräten durchs Camp liefen. Viele der Manager mussten mit Booten das Weite suchen oder in den Dschungel flüchten, bis sich die Lage wieder beruhigt hatte.

Letzten Endes stellte Ford einen Schotten namens Archibald Johnston als Leiter der Plantage ein, der intelligent und fähig war und verspätet viele Verbesserungen vornahm. Er ließ Geschäfte und eine Schule bauen und sorgte für bessere Wohnverhältnisse und die Versorgung mit sauberem Wasser. Seinen Plantagenmanagern und ihm gelang es sogar, 700 000 Kautschukbäume zum Wachsen zu bringen, allerdings nur, indem diese ständig gegen Insekten und Krankheiten gespritzt wurden. Trotzdem mussten Arbeiter losgeschickt werden, damit sie von Hand Raupen von den Bäumen pflückten. Die Kosten standen in überhaupt keinem Verhältnis zu den möglichen Gewinnen. Gleichzeitig bedeutete der Beginn der Weltwirtschaftskrise, dass sowohl die Nachfrage als auch die Preise für Kautschuk drastisch sanken; während des Zweiten Weltkriegs wurde dann künstlicher Kautschuk entwickelt. 1945, nach fast zwanzig Jahren beispielloser Bemühungen, gab Ford seinen Amazonas-Traum auf und die Dschungel-Ländereien an die brasilianische Regierung zurück. Vom Rückzug der Amerikaner erfuhren viele Plantagen-Angestellte erst an dem Tag, an dem diese die Heimreise antraten. Eine letzte Ironie bestand darin, dass die Ländereien schließlich von dem amerikanischen Unternehmen Cargill übernommen wurden und heute dort riesige Mengen Sojabohnen angebaut werden, das landwirtschaftliche Produkt, das Henry Ford mehr schätzte als jedes andere.

Lief es für Ford im Amazonasgebiet schlecht, so lief es in Detroit noch viel schlechter. Jahrelang hatte Henry Fords Sohn Edsel darauf beharrt, dass das Model T eingestellt und durch einen eleganteren Nachfolger ersetzt werden müsse, doch sein Vater lehnte mehr oder weniger reflexartig alles ab, was Edsel vorschlug. In der Tat verbrachte Henry einen großen Teil seines Lebens damit, seinen Sohn zu demütigen. Wenngleich er Edsel 1919 zum Präsidenten des Unternehmens ernannt hatte, als dieser erst fünfundzwanzig

Jahre alt war, machte Henry ihn regelmäßig in Gegenwart anderer schlecht oder widerrief seine Anweisungen. Als Edsel einmal im River-Rouge-Werk mehrere Koksöfen bauen ließ, wartete Henry, bis die Arbeiten abgeschlossen waren – und ließ sie dann wieder entfernen.

Da die Verkaufszahlen jetzt jedoch stark zurückgingen, musste Henry Ford erkennen, wenn auch nicht eingestehen, dass die Zeit des Model T abgelaufen war. Am 26. Mai, während sich die ganze Welt fest im Griff der Lindbergh-Manie befand, fertigte die Ford Motor Company eigenen Angaben zufolge das fünfzehnmillionste Model T (in Wirklichkeit handelte es sich mindestens um Nummer 15 348 781– niemand wusste es genau) und stellte dann die Produktion abrupt ein, um ein völlig neues Auto zu bauen. Für einen unbestimmten Zeitraum würde der weltgrößte Automobilhersteller keine Neuwagen verkaufen können. 60 000 Ford-Mitarbeiter verloren in Detroit von einem Tag auf den anderen ihren Job. Zehntausende weitere in Fertigungswerken in ganz Amerika und rund um die Welt wurden ebenfalls arbeitslos. Die meisten sollten für mindestens sechs Monate ohne Tätigkeit sein, viele noch deutlich länger. Die Schließungen der Werke trafen auch Fords leidgeprüfte Händler hart, vor allem diejenigen mit Ausstellungsräumen in Städten mit hohen Mieten. Viele erholten sich davon nie wieder.

Die Arbeit an dem neuen Modell fand unter äußerster Geheimhaltung statt. Nicht einmal sein Name wurde preisgegeben. Viele vermuteten, dass es »Edison« heißen würde, nach Henry Fords engem Freund und Helden. Nur wenige innerhalb des Unternehmens wussten, dass der Name »Model A« lauten würde. Es kursierten zahlreiche Gerüchte, was in der Fabrik vor sich ging. Henry Ford würde in ihr wohnen, hieß es, und in seinem Büro oder in einer der Werkstätten auf einem Feldbett schlafen. (Das tat er nicht.) Der Aufwand, der nötig war, um ein von Grund auf neues Fahrzeug zu produzieren, war gelinde gesagt beängstigend. Aller Wahrscheinlichkeit nach handelte es sich um die bis heute größte industrielle Werkzeugumrüstung, die jemals irgendwo vorgenommen wurde. Das neue Modell würde aus 5580 Einzelteilen bestehen, die alle neu konstruiert werden mussten – und nicht nur die Teile selbst, sondern auch mehrere tausend Maschinen zur Herstellung derselben. Einige davon waren riesig: Zwei mechanische Pressen waren fast so hoch wie ein dreistöckiges Gebäude und wogen jeweils 240 Tonnen.

Erstaunlicherweise erledigte die Firma fast die gesamte Konstruktion und Umrüstung selbst, ohne dafür Fachkräfte von außen hinzuzuziehen. Henry Ford hasste solche und weigerte sich, welche zu engagieren. Wie er es in seinem Buch *Mein Leben und Werk* von 1924 formulierte: »Ich beschäftige nie einen Experten. Falls ich jemals die Konkurrenz mit unfairen Mitteln zu Fall bringen wollte, würde ich sie mit Experten ausstatten.« Später fügte er hinzu: »Wir haben es leider für nötig befunden, Mitarbeiter loszuwerden, sobald sie sich für Experten halten – denn niemand, der seine Arbeit wirklich kennt, würde sich jemals für einen Experten halten.«

Demzufolge stand bei Ford niemand auf der Gehaltsliste, der eine höhere Qualifikation denn als Ingenieur oder Konstrukteur besaß. Das Unternehmen verfügte nicht einmal über eine eigene Teststrecke, sondern zur Probe fuhr man die Autos zum Entsetzen der Polizei auf öffentlichen Highways. Fords Cheftester Ray Dahlinger war ein Mann sehr weniger Worte. Er hatte nur zwei knappe Urteile über ein Fahrzeug in seinem Repertoire: Entweder war es »verdammt gut«, oder es war »verdammt mies«. »Man bekam von ihm nie irgendwelche Details darüber zu hören, was nicht stimmte oder was verbessert werden musste«, berichtete ein Ingenieur mit einem Seufzen. Das Unternehmen besaß ein von Kahn entworfenes, elegantes Forschungslabor, doch Henry Ford weigerte sich, in Präzisionsmessgeräte und anderes nützliches Werkzeug zu investieren. Ein Großteil der Laborfläche wurde für seine Experimente mit Sojabohnen und anderen Nahrungsmitteln verwendet.

Fords Weigerung, Fachleute zu engagieren, hatte Fordlandia dem Untergang geweiht und drohte jetzt, auch das Schicksal des Model A zu besiegeln. Das Model T war jahrelang wegen seiner unzuverlässigen Bremsen kritisiert worden. Immer mehr Bundesstaaten verlangten inzwischen alljährliche Sicherheitsinspektionen, und bei Ford befürchtete man, dass das Model T diese Überprüfungen womöglich nicht bestehen würde. Deutschland zog angeblich sogar in Betracht, das Model T wegen Bedenken bezüglich der Bremsanlage ganz von den Straßen zu verbannen. Aus diesem Grund stellte Fords leitender Ingenieur Lawrence Sheldrick sicher, dass für das Model A neue, zuverlässigere Bremsen konstruiert wurden. Henry Ford hasste es, wenn ihm andere sagten, wie er seine Produkte zu gestalten habe, und boykottierte im Sommer 1927 eine Zeit lang aus Prinzip den Einbau der sichereren Bremsen in das neue Auto, was dessen Fertigstellung weiter verzögerte.

Wie Charles E. Sorensen, leidgeprüfter leitender Ford-Angestellter, später feststellte, hätte kein vernünftiger Geschäftsmann die Produktion des Model T gestoppt, ohne über einen fertig entwickelten Nachfolger zu verfügen, mit dessen Fabrikation sofort begonnen werden konnte. Sorensens Schätzungen zufolge verteuerte die überhastete Konstruktion des neuen Wagens den Modellwechsel um 100 bis 200 Millionen Dollar. Die durch Henry Fords Uneinsichtigkeit verursachten Zusatzkosten ließen sich nicht berechnen.

Am 26. Juli 1927, vier Tage vor Henry Fords vierundsechzigstem Geburtstag, gab General Motors seinen Gewinn von 129 Millionen Dollar im ersten Halbjahr bekannt. Kein anderer Hersteller hatte jemals zuvor in sechs Monaten so viel Geld verdient – und das nur mit Verkäufen, *bevor* bei Ford die Montagebänder stillstanden. Da Ford jetzt überhaupt keine Fahrzeuge produzierte, hatten seine Konkurrenten den gesamten Markt für sich selbst. Inzwischen stellten sich viele in der Branche die Frage, inwiefern – oder ob überhaupt – sich Ford von der längeren Schließung wieder erholen würde.

Der Rest der Welt brannte vor Neugier zu erfahren, womit Henry Ford das Model T ersetzen würde. Die breite Öffentlichkeit wusste allerdings nicht, dass viele Mitarbeiter des Unternehmens genauso darauf brannten, diese Frage beantwortet zu bekommen.

Neunzehntes Kapitel

Vor den zwanziger Jahren war Florida für seine Zitrusfrüchte und sein Terpentin bekannt gewesen, aber für nicht viel mehr. Einige reiche Leute verbrachten dort den Winter, aber sonst zog kaum jemand den Bundesstaat als Reiseziel in Erwägung. Doch dann entdeckte die breite Masse der Amerikaner die Vorzüge von Floridas Klima und die Schönheit seiner Strände, und mit einem Mal war es begehrt. 1925 schaffte Florida die Einkommen- und die Erbschaftssteuer ab, wodurch es noch attraktiver wurde. Die Menschen strömten in Scharen in den Bundesstaat und lösten einen heftigen und zunehmend absurden Immobilienboom aus.

Ein Grundstück in Miami, das vor dem Boom 800 Dollar gekostet hatte, ließ sich jetzt für 150 000 Dollar veräußern. Eigentumsurkunden von Immobilien wechselten manchmal zwei- oder sogar dreimal am Tag den Besitzer, als fieberhafte Käufer versuchten, durch Handeln zu noch größerem Reichtum zu gelangen. Manche eifrigen Käufer erwarben sogar Grundstücke unter Wasser in der hoffnungsvollen Erwartung, dass sie bald durch das Wunder der Geländeauffüllung zu begehrten Strandgrundstücken werden würden. (Was zugegebenermaßen in manchen Fällen tatsächlich eintrat.) Der *Miami Herald* enthielt so viele Immobilienangebote, dass eine Sonntagsausgabe 504 Seiten umfasste.

Einer von denjenigen, die es nach Florida zog, war Yankees-Besitzer Jacob Ruppert. Ruppert kaufte 4000 Hektar Grund in der Tampa Bay in der Absicht, darauf ein Urlaubsresort mit dem bescheidenen Namen »Ruppert Beach« zu errichten, das es mit Coral

Gables oder Palm Beach aufnehmen konnte. Deshalb verlegte er das Frühjahrstraining 1925 ins nahegelegene St. Petersburg. Zunächst waren die Bedingungen ein wenig rau. Bei einem Training konnte Babe Ruth seine Position auf dem Spielfeld erst dann einnehmen, als ein Platzwart einen Alligator zurück in den Sumpf hinter dem (nicht eingezäunten) rechten Spielfeldrand scheuchte. Ruppert bedachte das Bauprojekt mit einem einprägsamen Slogan – »Wo jeder Atemzug Gesundheit bringt und jeder Augenblick Freude« – und versprach, dass es sich um die beste Anlagemöglichkeit an der Golfküste handle. Im Frühjahr 1926 warb Ruppert Beach mit Bauplätzen ab 5000 Dollar – »vorerst«.

Dann ereignete sich eine Katastrophe. Am 18. und 19. September 1926 fegte ein heftiger Hurrikan über Florida hinweg, der erste von bemerkenswerter Stärke seit zwanzig Jahren, und machte Miami Beach und vieles dahinter dem Erdboden gleich. 415 Menschen kamen ums Leben, 18 000 wurden obdachlos. In ganz Florida brach der Immobilienmarkt zusammen, auch dort, wo der Sturm nicht zugeschlagen hatte. Der Geschäftsmann Carl Fisher aus Indiana, der den Boom mehr oder weniger ausgelöst hatte, musste zusehen, wie sein Vermögen von 500 Millionen Dollar auf weniger als 50 000 Dollar schrumpfte. Jacob Ruppert traf es ebenfalls hart. Nachdem der Sturm wieder abgezogen war, blieben ihm, einem Zeitzeugen zufolge, nur noch »4000 Hektar Alligatoren und Möwen«. Ruppert Beach wurde nie gebaut.

Als Folge des Hurrikans ging Ruppert in finanziell vorsichtiger Stimmung ins Jahr 1927 und mit gesteigertem Respekt für die Ertragskraft von Amerikas neuester Leidenschaft, dem Boxsport.

Überraschenderweise war der Boxsport ein Phänomen der zwanziger Jahre. Wenngleich sich die Menschen seit über 200 Jahren in Boxringen herumprügelten, besaß das Profiboxen in den Zwanzigern drei Attribute, über die es davor nicht verfügt hatte: Ansehen, Massenattraktivität und Jack Dempsey. In Kombination machten diese drei Faktoren den Boxsport zu einer überaus lukrativen Freizeitbeschäftigung. Das war es, was das Interesse von Männern wie Jacob Ruppert weckte.

Dem Aufstieg des modernen Boxens könnten verschiedene Startpunkte zugeordnet werden, es liegt jedoch nahe, mit Jess Willard zu beginnen. Willard war ein riesiger Farmarbeiter aus Kansas und wäre das auch auf Dauer geblieben, wenn ihn nicht ein Boxkampfveranstalter zufällig dabei beobachtet hätte, wie er über 200 Kilo schwere Ballen herumwarf, als handle es sich um Sofakissen, und ihn dazu ermuntert hätte, mit dem Boxen anzufangen. Das war ungefähr 1910. Mit einer Größe von einem Meter achtundneunzig und einem Gewicht von gut hundert Kilo hatte Willard dafür zweifellos die geeignete Statur. Er erwies sich als beängstigend kraftvoller Puncher. Bei seinem fünften Kampf traf er seinen Gegner, einen vielversprechenden jungen Boxer namens Joe Young, so fest, dass der Schlag ein Stück von Youngs Kieferknochen in dessen Gehirn trieb und ihn tötete. Willard räumte zuerst eine Anzahl weiterer Gegner aus dem Weg, dann wurde er Weltmeister im Schwergewicht, indem er den großen – aber offenkundig dunkelhäutigen und leichtsinnig freimütigen – Jack Johnson in Havanna bei einem Kampf über sechsundzwanzig Runden schlug.

Willards Sieg erwies sich als ein entscheidender, wenn auch nicht rühmlicher Meilenstein für den Boxsport: Er gab ihm einen weißen Schwergewichtschampion, eine schändliche Notwendigkeit, damit er zu einem Breitensport werden konnte. Davor war Boxen mehr oder weniger die einzige Sportart – eigentlich sogar so gut wie die einzige Aktivität – in Amerika gewesen, in der sich Schwarze mit Weißen unter den gleichen Bedingungen messen konnten. Aus heutiger Sicht mag es ironisch klingen, aber einer der Gründe, weshalb Boxen vor 1920 als ungesund und untragbar zwielichtig galt, war die Tatsache, dass es *nicht* rassistisch war. Und die Verwandlung des Boxsports in seriöse Unterhaltung in den zwanziger Jahren bestand zu einem großen Teil darin sicherzustellen, dass er – wie alle anderen bedeutenden Sportarten auch – von Weißen dominiert wurde. Eine Generation lang sollte kein schwarzer Boxer die Gelegenheit bekommen, sich den Schwergewichtstitel zu holen.

Als Willard nur noch weiße Gegner hatte, entstand der Eindruck, er sei unbesiegbar. Dann traf er auf Jack Dempsey. Der Kampf der beiden am 4. Juli 1919 in Toledo, Ohio, fand enorme Beachtung. Dempsey war ein toller junger Boxer aus dem Westen. Willard hatte im Ring bereits einen Gegner getötet. Dieser Kombination konnte die Öffentlichkeit nicht widerstehen.

Die Wahl fiel nicht aus dem Grund auf Toledo, weil es ein beliebter Veranstaltungsort für Boxkämpfe war, sondern weil Boxen dort legal war, und 1919 war das eher die Ausnahme. An den meisten Orten – vor allem im Bundesstaat New York – war Boxen entweder ganz verboten oder mit solchen Einschränkungen versehen, dass es nur noch lächerlich wirkte. Profikämpfe mussten – sofern sie überhaupt erlaubt waren – als »Sparring-Vorführung« oder als »anschaulicher Vortrag zum Thema Faustkampf« deklariert werden, wobei die Teilnehmer manchmal als »Professoren« bezeichnet wurden. Da es sich bei den Kämpfen nur um Vorführungen handelte, war es den Mitwirkenden verboten, sich gegenseitig k. o. zu schlagen, und den Kampfrichtern, einen der beiden zum Sieger zu erklären. Infolgedessen blieb Boxen eine Randsportart, und Kämpfe wurden (bei allem Respekt für Toledo) an Orten von untergeordneter Bedeutung abgehalten.

Da Toledo kein Stadion besaß, das groß genug gewesen wäre, um 90 000 Zuschauern Platz zu bieten, wurde eines gebaut, das nur einmal benutzt und dann wieder abgerissen werden sollte. Um ungebetene Gäste fernzuhalten, ließ Tex Rickard, der Veranstalter, es mit nur einem einzigen Ein- und Ausgang bauen. Wenn ein Feuer ausgebrochen wäre, hätte das unvorstellbare Folgen gehabt, doch man war zumindest so klug, für die Dauer des Kampfs das Rauchen zu untersagen.

Willard ging äußerst zuversichtlich in den Kampf. Für einen Schwergewichtler wirkte Dempsey eher dürr, schlaksig und drahtig als muskelbepackt. Willard war einen ganzen Kopf größer und mehr als fünfundzwanzig Kilo schwerer. »Das wird einer der einfachsten Kämpfe, die ich je hatte«, versicherte er Reportern und fügte mit einer heuchlerischen Überheblichkeit hinzu, die schon damals geschmacklos wirkte: »Ich bin heute besser als damals, als ich den Titel für die weiße Rasse zurückeroberte.« Um seine Zuversicht zu demonstrieren, verlangte er, von der Haftung freigestellt zu werden, falls er seinen Herausforderer tötete.

Das erwies sich jedoch als Fehleinschätzung. Dempsey mag dürr gewesen sein, doch er war aus Eisen gemacht – ihn zu schlagen, hieß es, war, als würde man einen Baum schlagen –, und er attackierte mit erschreckender Brutalität, wobei er sich auf seine Gegner stürzte wie ein von der Leine gelassener Pitbull und sie mit erbarmungsloser Intensität mit den Fäusten bearbeitete. Er hatte gerade erst zwölf Kämpfe hintereinander gewonnen, neun davon durch K. o. in der ersten Runde, einen nach nur vierzehn Sekunden. Er war ein unglaublich zerstörerischer Boxer, und das stellte er jetzt unter Beweis.

Dempsey kam aus seiner Ecke gestürmt und verpasste Willard einen derart harten Schlag gegen den Kiefer, dass dieser an dreizehn Stellen brach. Dann setzte er mit einem Haken nach, der sechs von Willards Zähnen auf dem Ringboden verstreute. Dempsey schickte ihn in der ersten Runde siebenmal zu Boden, danach prügelte er noch zwei weitere Runden auf ihn ein und brach ihm den Wangenknochen sowie mindestens zwei Rippen. Benommen und entmutigt gelang es Willard nicht, sich für die vierte Runde zu erheben. Für den Rest seines Lebens behauptete Willard beharrlich, das Band unter Dempseys Handschuhen sei mit Beton bestrichen gewesen. Allem Anschein nach war das nur sein Eindruck.

Dempseys Preisgeld für den Titelkampf gegen Willard betrug 27 500 Dollar. Binnen zwei Jahren kämpfte er um Preisgelder von fast einer Million, und die ganze Welt war sein Publikum. Der Boxsport hatte sich soeben für immer verändert.

Damon Runyon nannte Dempsey den *Manassa Mauler,* den »Prügler aus Manassa«, doch dieser Name war nur zum Teil korrekt.

Dempsey prügelte nicht, sondern schlug wiederholt mit tödlicher Präzision zu, und in Manassa, einer kleinen ländlichen Gemeinde im Süden von Colorado, in der Nähe der Grenze zu New Mexico, war er nur die ersten zehn Jahre seines Lebens zu Hause gewesen. Anschließend wuchs er an allen möglichen Orten auf – in Denver und in kleineren Städten in Colorado, Utah und West Virginia –, da sein alkoholkranker, nichtsnutziger Vater benebelt von Job zu Job driftete.

Geboren wurde er als William Harrison Dempsey – seine Familie nannte ihn Harry – im Juni 1895 (vier Monate nach Babe Ruth) in einen Clan, der ungewöhnlich bunt gemischt war: zum Teil indianisch, zum Teil jüdisch, zum Teil schottisch-irisch. Dempsey war das neunte von dreizehn Kindern, und seine Familie war arm, stand sich aber sehr nah – eine Tatsache, die im Sommer 1927 schwer auf ihm lasten sollte. Als Jugendlicher verdiente er seinen Lebensunterhalt damit, dass er Bars besuchte und die Anwesenden herausforderte, gegen ihn um Geld zu kämpfen, das von anderen Gästen eingesammelt wurde. Das härtete ihn extrem ab. Von dort war es nur noch ein kleiner Schritt zum Profiboxen. 1914 begann er professionell unter dem Namen »Kid Blackie« zu boxen. Irgendwann gabelte er eine Ehefrau namens Maxine Cates auf, eine Barpianistin und Gelegenheitsprostituierte, die fünfzehn Jahre älter war als er. Die Ehe hielt nicht, was keine allzu große Überraschung ist. Nach nur wenigen Monaten trennten sich die beiden. (Sie fand 1924 einen schrecklichen Tod bei einem Brand in einem Bordell im mexikanischen Juárez.)

Als Boxer war Dempsey instinktiv brutal. »Im Ring schien er Gefallen daran zu haben, anderen Schmerzen zuzufügen«, schreibt sein Biograf Roger Kahn. Einmal, als Dempsey schlechte Laune hatte, schlug er alle seine Sparringpartner k. o. Als der Autor Paul Gallico, damals Sportredakteur der *New York Daily News,* die Aufgabe übernahm, ein bisschen mit Dempsey zu sparren, um zu demonstrieren, wie es ist, einem Champion gegenüberzustehen, schlug dieser fest genug zu, um ihn zu töten. Gallico konnte sich anschließend an nichts mehr erinnern, berichtete jedoch, er habe sich gefühlt, als sei ein Gebäude auf ihn gestürzt. Der Sportjournalist Grantland Rice, der ebenfalls anwesend war, schrieb: »Am Schluss hing der Kopf des jungen Mr Gallico nur noch an einem Fetzen an seinem Körper. Wir hoffen nur, dass er nicht als Nächstes gebeten wird, von einer Hinrichtung auf dem elektrischen Stuhl zu berichten.« Al Jolson, der ähnlich übermütig war, verpasste Dempsey in Gegenwart von Fotografen spielerisch einen Haken. Dempsey schlug so fest zurück, dass Jolson eine Platzwunde am Kinn davontrug.

Sobald ein Kampf vorbei war, trat Dempsey oft einen Schritt vor und half demjenigen, den er gerade niedergestreckt hatte, besorgt auf die Füße. Wenngleich Dempsey mit seinem Gefängnishaarschnitt und seinem stahlharten Blick aussah wie ein Schurke, war er privat ein angenehmer, ziemlich schüchterner, überraschend nachdenklicher und wortgewandter Mensch.

Nichts an Dempseys Kampf gegen Willard in Toledo betörte Unternehmergeister mehr als das Wissen, dass Tex Rickard 100 000 Dollar in eine provisorische Arena investiert und trotzdem ein Vermögen mit dem Unterfangen gemacht hatte. Das Publikum von 90 000 Zuschauern war das größte, das jemals irgendwo auf dem Planeten einem Sportereignis beigewohnt hatte – und dazu noch ausgerechnet in Toledo, Ohio. Boxen war eindeutig zu lukrativ, um unbedeutenden Städten im fernen Westen überlassen zu werden, vor allem in Anbetracht der Tatsache, dass bereits vorhandene Wettkampfstätten wie das Yankee Stadium und die Polo Grounds mindestens 250 Tage im Jahr ungenutzt blieben. Fast sofort brachte der New York State Senator (und baldige New Yorker Bürgermeister) Jimmy Walker einen Gesetzentwurf durch, der den Boxsport in New York völlig legal machte. Andere Bundesstaaten zogen rasch nach.

In manchen Gegenden stieß der Boxsport allerdings nach wie vor auf großen Widerstand. Viele Menschen waren entsetzt über seine Härte und Gewalt. Andere beklagten, er sei ein Ansporn zum Glücksspiel. Der Geistliche John Roach Straton sah in ihm eine beunruhigende Bedrohung der Moral, da er es Angehörigen des schwächeren Geschlechts erlaube zu beobachten, wie sich »zwei praktisch nackte Männer schlagen und verletzen und auf animalische Weise schwitzend und blutend miteinander kämpfen«.

Wie sich herausstellte, wünschten sich Frauen jedoch genau das, und der Boxer, den sie am liebsten schweißglänzend und leicht bekleidet sehen wollten, war der Franzose Georges Carpentier, bei dem es sich nach allgemeiner weiblicher Übereinstimmung um eine wahre Augenweide handelte. »Michelangelo wäre vor Freude über die Schönheit seines Profils in Ohnmacht gefallen«, schrieb eine betörte Zeitzeugin, und ihre Bemerkung wurde von Frauenzeitschriften im ganzen Land aufgegriffen. Die Damen vergötterten ihn. Als Gene Tunney Carpentier später in einem Kampf besiegte, sprang eine aufgebrachte Blondine in den Ring und versuchte, ihm die Augen auszukratzen.

Carpentier war kein großer Kämpfer und griff manchmal auf einen hilfreichen Trick zurück. Das funktionierte allerdings nicht immer ganz so wie geplant. 1922, in Paris, erklärte sich ein senegalesischer Boxer, der unter dem Namen »Battling Siki« bekannt war, bereit, sich gegen eine großzügige Entschädigung von Carpentier auf die Bretter schicken zu lassen. Leider vergaß Siki seine Zusage und schlug den verblüfften Franzosen stattdessen in der sechsten Runde k. o. Für Siki war das der Höhepunkt in seinem ansonsten überwiegend enttäuschenden Leben. Er gewann nie wieder einen bedeutenden Kampf und wurde 1925 aus keinem ersichtlichen Grund in Manhattan auf offener Straße erschossen. Sein Mörder wurde nie gefasst.

Carpentier gelang es vor allem aus drei Gründen, einen Kampf gegen Dempsey an Land zu ziehen: weil er kräftig aussah, weil er die Damenwelt ins Schwärmen brachte und weil er ein Kriegsheld war. (Er war im Ersten Weltkrieg ein hochdekorierter Flieger gewesen und dabei ein enger Freund von Charles Nungesser geworden.) Der Kampf erzeugte ein noch nie dagewesenes öffentliches Interesse. Aus der ganzen Welt kamen Reporter nach New

Jersey. Der *New York American* engagierte George Bernard Shaw als Kommentator. H. L. Mencken drückte in einem Essay seine Genugtuung darüber aus, dass es sich um einen Kampf zwischen zwei Weißen handelte.

Carpentier behauptete, eine geheime Schlagtechnik entwickelt zu haben, die Dempsey überrumpeln werde. Damon Runyon war der Ansicht, er sei besser beraten, zehnsekündige Nickerchen zu trainieren, da er diese während des Kampfes würde einlegen müssen. Vor dem Kampf flehte Rickard Dempsey an: »Bring den Mistkerl nicht um, Jack.« Rickard war allerdings nicht um Carpentiers Wohlergehen besorgt, sondern darum, was ein Tod für den Boxsport bedeuten würde, der gerade im Begriff war, lukrativ und seriös zu werden. »Das beste Publikum der Welt ist heute hier«, erklärte er ihm. »Wenn du ihn umbringst, ist alles ruiniert. Dann ist der Boxsport tot.«

Carpentier brauchte nicht lange, um festzustellen, wie überlegen ihm sein Gegner war. Dempsey brach ihm am 2. Juli 1921 mit dem ersten Schlag die Nase. Kurz darauf schlug Carpentier Dempsey, so fest er konnte, ins Gesicht. Dempsey blinzelte bloß, während sich Carpentier dabei den Daumen an zwei Stellen brach. Dempsey genügten vier Runden, um den Franzosen so zu bearbeiten, dass dieser in der Mitte des Rings bewusstlos auf dem Rücken liegen blieb. Von Anfang bis Ende dauerte der Kampf siebenundzwanzig Minuten. Die Einnahmen aus den Eintrittsgeldern betrugen 1 626 580 Dollar – das Vierfache der Einnahmen bei dem Kampf zwischen Dempsey und Willard nur zwei Jahre zuvor.

Dempseys Problem war der Mangel an Gegnern, die gut genug oder leichtsinnig genug waren, um mit ihm in den Ring zu steigen. Womöglich hätte der Boxsport an Schwung verloren, wenn nicht genau im richtigen Moment ein argentinischer Riese auf amerikanischem Boden eingetroffen wäre, dessen Name Luis Angel Firpo lautete – »der wilde Bulle aus den Pampas«, wie er überschwänglich, aber treffend genannt wurde. Firpo kam 1922 als armer Jugendlicher aus Buenos Aires mit einem Pappkartonkoffer, in dem sich außer einem Wechselhemdkragen nur Boxshorts befanden, in den Vereinigten Staaten an.

Firpo war kein eleganter Boxer – »er boxt, als würde er Steine werfen«, wie ein Zeitzeuge es formulierte –, doch er war enorm groß und kräftig und schickte einen Gegner nach dem anderen auf den Ringboden. Als er im September 1923 in den Polo Grounds auf Dempsey traf, hatte er zwölf Kämpfe in Folge gewonnen, neun davon durch ein K. o. Wie Dempsey war er ein Boxer, der bereit war, nicht von der Stelle zu weichen und es auszufechten. Die Welt konnte es kaum erwarten zu verfolgen, was Dempsey mit ihm machen würde. Was folgte, waren die vielleicht aufregendsten vier Minuten Boxen, die jemals in einem Ring zu sehen waren.

Firpo brachte 80 000 Lippenpaare dazu, nach Luft zu schnappen, als er Dempsey mit seinem allerersten Schlag auf ein Knie gehen ließ. Dieser reagierte wütend und schlug Firpo noch in der ersten Runde siebenmal zu Boden. Doch Firpo rappelte sich jedes Mal wieder auf und schlug zurück. Nachdem er zum siebten Mal zu Boden gegangen war, holte er aus und traf Dempsey mit einem heftigen rechten Haken, der den Champion durch die Seile und aus dem Ring beförderte. Dempsey fiel in die Zuschauermenge neben dem Ring und wurde von zahlreichen eifrigen Händen zurückgeschoben – »von so vielen Händen, dass es aussah, als würde er eine Rückenmassage bekommen«, erinnerte sich Firpo später. Zu den begeisterten Schiebern gehörte auch Babe Ruth, der von einem Ohr zum anderen strahlte. Eigentlich hätte Dempsey wegen Annahme fremder Hilfe disqualifiziert werden müssen, doch der Schiedsrichter ließ den Kampf weiterlaufen.

In der ersten Minute der nächsten Runde traf Dempsey Firpo mit zwei mächtigen Schlägen am Kopf, und Firpo ging endgültig zu Boden. Die meisten Reporter bezeichneten den Kampf als den spannendsten, dem sie jemals beigewohnt hatten. Grantland Rice hielt ihn sogar für den spannendsten Kampf, der jemals stattgefunden hatte.

Und dann hörte Dempsey auf zu boxen. Kämpfe wurden vorgeschlagen und sogar verhandelt, kamen aber in keinem einzigen Fall zustande. Zwischen September 1923 und September 1926 boxte Dempsey überhaupt nicht. Stattdessen ließ er sich in Los Angeles nieder, spielte in ein paar Filmen mit, ließ sich seine Nase richten, heiratete eine unbedeutende Schauspielerin namens Estelle Taylor (und betrog sie mit etlichen anderen) und schloss Freundschaft mit Charlie Chaplin und Douglas Fairbanks.

Dempseys älterer Bruder Johnny, der selbst davon träumte, ein Hollywoodstar zu werden, lebte bereits in Los Angeles und hatte ebenfalls mit einigen Persönlichkeiten Bekanntschaft geschlossen, insbesondere mit einem Matinee-Idol namens Wallace Reid, damals einer der größten Kassenmagneten der Filmbranche. Reid besaß das gesunde gute Aussehen eines jungen Mannes, mit dem jede Mutter ihre Tochter verheiraten möchte, insgeheim war er jedoch schwer drogenabhängig. Durch Wallace Reid lernte Johnny Dempsey den gefährlichen Reiz von Kokain und Heroin kennen. Reid starb 1923 mit nur einunddreißig Jahren an den kumulativen Folgen seiner Ausschweifungen, allerdings nicht bevor er Johnny Dempsey ebenfalls in die Abhängigkeit getrieben hatte. Die Drogenprobleme und der sich verschlechternde Geisteszustand des jüngeren Dempsey sollten sich als langwierige und schmerzhafte Ablenkung für seinen Bruder Jack erweisen.

1926 fand in Philadelphia anlässlich des 150. Jahrestags der Unabhängigkeitserklärung eine Weltausstellung mit dem Titel »Sesquicentennial Exposition« statt. Das Unterfangen war von Anfang an ein Fiasko. Der ausgewählte Standort erwies sich als sumpfig und schlecht bebaubar. Die Vision für die Ausstellung war eindrucksvoll, doch die finanziellen Mittel waren dürftig. Der Bundesstaat Pennsylvania weigerte sich, irgendetwas zu den Kosten beizutragen.

Die Baumaßnahmen blieben so weit hinter dem Zeitplan zurück, dass zur Eröffnung der Ausstellung am 31. Mai 1926 nur wenige Ausstellungsobjekte fertiggestellt waren. Präsident Coolidge weigerte sich, der Eröffnung beizuwohnen, und schickte stattdessen seinen Außenminister Frank B. Kellogg und seinen allgegenwärtigen Wirtschaftsminister Herbert Hoover. Der Park, den die beiden vorfanden, präsentierte sich beschämend unvollständig. Eine fünfundzwanzig Meter hohe Freiheitsglocke, das Herzstück der Ausstellung, war immer noch eingerüstet, und die Arbeiten am New-York-State-Pavillon hatten noch nicht einmal begonnen. Am meisten Verspätung hatte die argentinische Ausstellung, die am 30. Oktober gerade noch rechtzeitig zum Ende der Weltausstellung eingeweiht wurde.

Es regnete fast den ganzen Sommer und in den Herbst hinein, was die Besucher in jeder Bedeutung des Wortes deprimierte. Nur eine Veranstaltung im Rahmen der Ausstellung erwies sich als Erfolg: Am Abend des 23. September stieg Jack Dempsey in einem Stadion, das sonst nur selten genutzt wurde, mit einem jungen Nachwuchsboxer namens Gene Tunney in den Ring. Dabei handelte es sich um Dempseys ersten Kampf nach fast genau drei Jahren.

Nach Dempseys langer Pause war das Interesse riesig. Ein Reporter nannte das Ereignis mit nur einer Spur von Übertreibung »die größte Schlacht seit dem Silur«. 120 000 zahlende Zuschauer sahen den Kampf, Schätzungen zufolge waren allerdings sogar 135 000 anwesend. Tunney war ein intelligenter Boxer, aber nur ein leichter Puncher, und man war sich im Allgemeinen einig, dass Dempsey ihn mit seiner Kraft überwältigen würde. Tatsächlich lieferte Tunney jedoch einen brillanten und perfekten Kampf ab, zog die Schlaghand scharf als Gerade nach und wich dann Dempseys mörderischer Rechten aus. Dempsey stellte Tunney den ganzen Abend nach, während dieser wiederholt mit der Führhand zermürbende Treffer landete, die sich in der Summe als enorm wirksam erwiesen. In der siebten Runde war Dempseys Gesicht völlig aufgedunsen. Eines seiner Augen war zugeschwollen, das andere kaum weniger. Er verfolgte Tunney den ganzen Abend, schaffte es aber nicht, auch nur einen guten Treffer zu landen. Tunney gewann mit Leichtigkeit nach Punkten.

Als Dempsey anschließend mit Blutergüssen und verquollenem Gesicht nach Hause kam, wollte seine entsetzte Frau von ihm wissen, was passiert sei. »Ich habe vergessen, mich zu ducken, Schatz«, lautete Dempseys berühmte Antwort.

Seine Niederlage sorgte weithin für Bestürzung, schuf jedoch die Voraussetzung für die größte Revanche in der Geschichte des Boxsports. Um die Spannung auf ein Höchstmaß zu steigern und um aus dem Ereignis jeden Cent herauszuholen, den es hergab, wurde eine kleine Serie von Qualifikationskämpfen angesetzt. Der erste Qualifikationskampf fand zwischen Jack Sharkey und Jim Maloney statt. (Dabei handelte es sich um den auf S. 126 erwähnten Kampf, bei dem 23 000 Menschen eine Schweigeminute einlegten, um für Charles Lindbergh zu beten, der sich in diesem Moment allein über dem Atlantik befand.) Der Gewinner dieses Kampfs – den Sharkey letztendlich ohne Probleme für sich entscheiden konnte – sollte dann am 22. Juli in einem großen Qualifikationskampf gegen den alternden, aber nach wie vor Furcht einflößenden Jack Dempsey antreten. Der Austragungsort beider Qualifikationskämpfe war das Yankee Stadium, eine Tatsache, die Jacob Ruppert warm uns Herz werden ließ.

Als in Amerika der Juli anbrach – in der Woche, in der Richard Byrd und sein Team vor der französischen Küste notwasserten, in der New York unter seiner ersten Hitzewelle litt, in der Calvin Coolidge seinen fünfundfünfzigsten Geburtstag feierte, indem er in seine Cowboy-Montur schlüpfte, in der Charles Lindbergh nach Ottawa startete, in der Henry Fords Lakaien seine Entschuldigung an die jüdische Bevölkerung vorbereiteten und in der sich die führenden Zentralbanker der Welt zu einer geheimen Beratung auf Long Island versammelten –, beschäftigte die Nation am meisten, wie fit und motiviert Jack Dempsey war. Unzählige Reporter berichteten täglich aus seinem Trainingslager am Saratoga Lake im Bundesstaat New York und behaupteten, er wirke bedrohlich und entschlossen und seine Boxhiebe hätten eine Härte, wie man sie seit Jahren nicht mehr gesehen habe.

Dann gab es schreckliche Neuigkeiten. Am 2. Juli hielt ein Polizeiwagen vor Dempseys Trainingslager, um ihn über eine Familientragödie in Kenntnis zu setzen. Dempseys Bruder Johnny war in den vergangenen Monaten immer weiter auf die schiefe Bahn geraten, bis seine junge Frau Edna mit dem gemeinsamen Baby an die Ostküste geflüchtet war. Johnny Dempsey hatte die beiden in einer Pension in Schenectady ausfindig gemacht, nur zwanzig Meilen vom Trainingslager seines Bruders entfernt, und dort zuerst Edna erschossen und dann die Waffe auf sich selbst gerichtet. Das Kind hatte er verschont.

Jack Dempsey war am Boden zerstört. Die Polizei fuhr ihn zur Identifizierung der Leichen nach Schenectady. Anschließend kehrte Dempsey in sein Trainingslager zurück, verzog sich in seine Hütte und reagierte nicht, wenn jemand dort anklopfte, sodass niemand wusste, was aus dem Kampf werden würde. Zur Erleichterung aller tauchte Dempsey nach zwei Tagen Abschottung wieder auf und setzte sein Training finster entschlossen fort.

In Paris feierte die Crew von Commander Byrd nach Erfüllung ihrer offiziellen Verpflichtungen ihren letzten Abend in der Stadt etwas bunter, als Lindbergh es getan hatte. Bert Acosta – oder »der geschmeidige, dunkle Bert Acosta«, wie die Zeitschrift *Time* ihn nannte – suchte gemeinsam mit George Noville für einen Abend mit Jazz und heiterer Unbekümmertheit einige der zwielichtigen Nachtclubs auf dem Montmartre auf, während Bernt Balchen von einer Gruppe in Paris lebender Skandinavier zu einem feuchtfröhlichen Wikingerabend mitgenommen wurde. Byrd wollte sich keiner der beiden Gruppen anschließen und ging stattdessen früh zu Bett.

Levine und Chamberlin hielten sich zur selben Zeit ebenfalls in Paris auf, wurden aber offenbar von den Feierlichkeiten ausgeschlossen. Levine, der sich verspätet der Bedeutung von Öffentlichkeitsarbeit bewusst wurde, spendete dem Aéro-Club de France spontan 100 000 Francs oder umgerechnet 4000 Dollar zum Bau eines Vereinshauses in Le Bourget. Außerdem stattete er Madame Nungesser einen Besuch ab, deren beharrliche Weigerung einzusehen, dass ihr Sohn für immer von ihr gegangen war und nicht irgendwo auf dem Atlantik trieb und sich bequem von Fischen ernährte, die er und Coli glitzernd aus dem Meer zogen, während sie darauf warteten, von einem vorbeifahrenden Schiff gerettet zu werden, inzwischen mehr als nur ein bisschen unheimlich war.

Levine schlug den anderen Atlantikfliegern vor, dass sie gemeinsam in ihren beiden Maschinen nach Hause fliegen sollten, doch sein Ansinnen wurde abgelehnt – erstens, weil Byrds Flugzeug ein Wrack war (es flog nie wieder), zweitens, weil ein Flug in westliche Richtung gegen die vorherrschende Windrichtung enorm riskant gewesen wäre, und drittens, weil sich niemand in Levines Nähe aufhalten wollte. Chamberlin kam zu dem Schluss, dass er von Europa genug hatte (und vermutlich auch von Levine) und ein paar Tage später mit dem Byrd-Team auf der SS *Leviathan* nach Hause fahren würde. Levine hatte Chamberlin 25 000 Dollar für ihr gemeinsames Abenteuer versprochen, zahlte ihm letzten Endes aber deutlich weniger als die Hälfte davon.

Eine Woche nach ihrer Notlandung in französischen Gewässern reisten Byrd und seine Begleiter zunächst zurück in die Normandie nach Le Touquet, wo sie mit dem Prince of Wales zu Abend aßen, dann fuhren sie weiter nach Cherbourg, um an Bord des Schiffs zu gehen, das sie nach Hause bringen sollte. Ihre Passage wurde von der *New York Times* mit einer dreizeiligen Überschrift und 5000 Wörtern Berichterstattung bedacht, als habe es sich dabei um eine Heldentat gehandelt.

Dann kehrte unheimliche Stille ein, was die Fliegerei anbelangte. Da sich das Byrd-Team auf hoher See befand, Lindbergh sich auf Long Island zurückgezogen hatte, um »*Wir zwei« – Mit der Spirit of St. Louis über den Atlantik* zu verfassen, und Levine überwiegend Unsinn redete, gab es nichts Aeronautisches, über das man hätte schreiben können. Am 12. Juli fand sich zum ersten Mal seit sechs Wochen keine Luftfahrtgeschichte auf der Titelseite der *Times*. Ganz unten auf Seite eins befand sich jedoch eine kleine Geschichte, die so merkwürdig war, dass es sich lohnt, sie zu erwähnen.

Einem Bericht der Nachrichtenagentur Associated Press zufolge war am Tag zuvor in Kanada ein Flugzeug von einem Flugfeld in der Nähe des Manitobasees gestartet, um für die kanadische Regierung Luftvermessungen durchzuführen. An Bord des Flugzeugs befanden sich der Pilot, ein Fotograf und ein Landvermesser. Es herrschte gutes Wetter. Mehrere Zeugen berichteten, das Flugzeug sei auf normale Art und Weise auf eine Höhe von etwa 2000 Fuß aufgestiegen, doch dann, als es aus einer Wolkenbank auftauchte, verließen die drei Besatzungsmitglieder zum Entsetzen der Beobachter einer nach dem anderen die Maschine und stürzten in den Tod. Was sie dazu brachte, zu springen oder zu fallen, ist eine Frage, auf die nie eine plausible Antwort gefunden werden konnte.

Mitte Juli lautete die wichtigste Nachricht, dass eine weitere und noch brutalere Hitzewelle über einen großen Teil des Landes hinwegzog. In New York kletterten die Temperaturen am 13. Juli um vier Uhr nachmittags auf dreiunddreißig Grad, andernorts überstiegen sie die Achtunddreißig-Grad-Marke. Am Samstag, den 16. Juli, hatte die Hitze bereits dreiundzwanzig Todesopfer in der Stadt gefordert und an der gesamten Ostküste mindestens sechzig. In New York City starb die Hälfte der Opfer auf der Suche nach Abkühlung durch Ertrinken. Ein achtjähriger Junge namens Leo Brzozowsky hatte Glück und kam mit dem Leben davon. Er wurde im unteren Teil der New York Bay, fünf Meilen vom Ufer entfernt, von einem vorbeifahrenden Motorboot entdeckt und gerettet, nachdem er bereits mindestens fünf Stunden lang auf einem Autoschlauch im Wasser getrieben war und sich ungefähr auf halber Strecke zwischen Staten Island und Keansburg in New Jersey befand. Der Junge war vollständig bekleidet – er trug sogar Schuhe – und war nicht in der Lage zu erklären, weshalb er sich vollständig angezogen ins Wasser begeben und so weit vom Ufer entfernt hatte. Die behandelnden Ärzte sagten, er sei erschöpft, werde sich jedoch wieder völlig erholen.

Am Nachmittag des 16. Juli brachte ein heftiger Platzregen Abkühlung, löste aber auch Chaos aus. Blitzeinschläge sorgten in verschiedenen Stadtteilen für einen Stromausfall und töteten ein Pärchen, das auf Staten Island Schutz unter einem Baum suchte, sowie einen Polizisten an einer Straßenecke in Brooklyn. Züge von und nach Coney Island wurden genau in dem Moment, als mehrere 100 000 Menschen von den Stränden nach Hause fahren wollten, von überfluteten Gleisen und elektrischen Kurzschlüssen gestoppt. Der Regen verursachte etliche flutartige Überschwemmungen. In Brooklyn gelang einem Siebenundzwanzigjährigen das Kunststück, in seinem eigenen Keller zu ertrinken, in dem das Wasser knapp zwei Meter hoch stand.

Zum schlimmsten Desaster im Zusammenhang mit der Hitze kam es allerdings nicht an der Ostküste, sondern am Michigansee bei Chicago, wo etwa fünfundsiebzig Menschen, überwiegend Frauen und Kinder, in der Hoffnung, bei einer Fahrt auf dem See eine Brise zu erhaschen, an Bord eines Vergnügungsdampfers gingen. Als das Schiff ablegte, zog Regen auf. Die Passagiere liefen fröhlich auf die überdachte Seite des Schiffs, um dem peitschenden Regen zu entfliehen, was das Schiff aus dem Gleichgewicht brachte und kentern ließ. Siebenundzwanzig Menschen ertranken. Unter denjenigen, die zu Hilfe eilten, befand sich auch Johnny Weissmüller, der zu diesem Zeitpunkt zwar noch nicht als Hollywood-Tarzan berühmt war, sehr wohl aber für seine drei Goldmedaillen bei den Olympischen Spielen von 1924 in Paris. Weissmüller hielt sich zum Zeitpunkt der Kenterung zufällig am Strand auf und barg Berichten zufolge mehrere Menschen, sowohl tot als auch lebendig.

Die *Leviathan* erreichte New York am 18. Juli bei Regen und Nebel. Byrd und seine Crew, begleitet von Clarence Chamberlin, stiegen auf die *Macom* um, die Yacht des Bürgermeisters, wo sie zu ihrer Überraschung Charles Lindbergh antrafen, der heimlich auf sie gewartet hatte. Byrd war sichtlich gerührt, dass Lindbergh gekommen war, um sie zu begrüßen, aber zweifellos auch erleichtert, dass der es ablehnte, ihnen am Nachmittag Gesellschaft zu leisten, mit der Begründung, der Tag sei ihrer und er wolle sie nicht stören. Lindbergh war sicherlich froh, die Aufmerksamkeit der Öffentlichkeit für einen Tag jemand anderem zu überlassen.

Wie sich herausstellte, waren die Feierlichkeiten, die folgten, nach Lindberghs Maßstäben etwas gedämpft, wobei das mindestens ebenso sehr am miserablen Wetter wie an der übersättigten öffentlichen Stimmung lag. Byrd und seine Männer, begleitet von Chamberlin, wurden für eine Parade auf dem Broadway in Cabrios gesetzt. Leider öffnete der Himmel genau in dem Moment, als sie losfuhren, seine Schleusen und ließ einen prasselnden Regenguss niedergehen, der etliche tausend Zuschauer dazu veranlasste, loszueilen und sich unterzustellen, und Byrd und seine Männer durchnässte, als wären sie an Land geschwommen. Bei der City Hall war eine große Aussichtsplattform für die Preisverleihung errichtet worden, doch etwa hundert Sitzplätze waren auffällig leer, und etwa die Hälfte der Zuschauer verschwand während der Ansprachen, da es weiterhin stark regnete.

Was vielen Menschen unter den Nägeln brannte, war die Frage, ob der Regen bis zum Kampf zwischen Dempsey und Sharkey nachlassen würde. Glücklicherweise war dem so. Obwohl sich die Luft gewittrig anfühlte, regnete es nicht, sodass die beiden Boxer und die Zuschauer am 20. Juli in den Genuss eines verhältnismäßig kühlen und trockenen Abends kamen. 85 000 Menschen fanden sich im Yankee Stadium ein (mehr, als je einem Baseballspiel beigewohnt hatten, allerdings konnten für einen Boxkampf Tausende zusätzliche Stühle auf dem Spielfeld aufgestellt werden, wenngleich viele, die auf ihnen saßen, nicht sehr viel sehen konnten), und die Einnahmen von eineinviertel Millionen Dollar aus Eintrittsgeldern waren ein Rekord für einen Kampf, bei dem es nicht um einen Titel ging. Zu den Zuschauern zählten Bürgermeister Jimmy Walker, Franklin Delano Roosevelt, der Cowboystar Tom Mix, der Verleger Bernarr Macfadden und der Maharadscha von Ratlam (oder aller Wahrscheinlichkeit nach jemand, der alle glauben machte, er sei ein Maharadscha). Zwei Zuschauer, die in der Menge fast völlig unbemerkt blieben, waren Richard Byrd und Clarence Chamberlin.

Sharkey war mit einer Quote von sechs zu fünf Favorit, was überwiegend daran lag, dass er erst fünfundzwanzig war und sich auf dem aufsteigenden Ast befand, während Dempsey zweiunddreißig war und damit praktisch im Ruhestand. Sharkey stammte aus Boston und war der Sohn litauischer Einwanderer, von denen er überwältigende Kraft und einen Namen geerbt hatte, den niemand buchstabieren konnte. In offiziellen Unterlagen war er abwechselnd als Zuhauskay, Zuhauskas, Coccoskey und Cukochsay vermerkt, bis er sich das geschmeidig amerikanisch klingende Ring-Pseudonym »Sharkey« zulegte. Den Vornamen Jack übernahm er von seinem großen Idol: Jack Dempsey.

Der Kampf war enttäuschend verhalten. Dempsey zeigte sich wesentlich weniger aggressiv als früher. Sharkey parierte seine vorsichtigen Attacken problemlos und führte bequem durch die ersten sechs Runden. In der siebten tat Sharkey allerdings das Unüberlegteste, was ein Boxer tun kann: Verärgert über Dempseys wiederholte Tiefschläge drehte er sich zum Schiedsrichter, um sich zu beschweren, und Dempsey schlug ihn mit einem Treffer am Kinn k. o. Fotos zeigen, dass Sharkey auf den Ringboden fiel wie ein abgelegter Umhang. Dempsey wurde zum Sieger erklärt und sollte am 27. September in Chicago für eine Revanche auf Gene Tunney treffen. Dieser Kampf sollte sich nicht nur als der größte in der Geschichte des Boxsports erweisen, sondern auch als der kontroverseste.

Jacob Ruppert war ekstatisch und verkündete seine Pläne, die Sitzplatzkapazität im Yankee Stadium zu vergrößern, indem er die Tribüne bis zur Left-Field-Linie verlängerte, was es ihm ermöglichen würde, bei Boxkämpfen 90 000 Zuschauer unterzubringen. Diese Neuigkeit wurde unter Journalisten mit einem gewissen Zynismus aufgenommen, die darauf hinwiesen, viele Zuschauer säßen bereits so weit entfernt, dass sie den Kampf wie durch ein umgedrehtes Teleskop sähen. Wie ein Reporter es nur halb ironisch formulierte, eilten nach dem Kampf Hunderte Fans aus dem Stadion und »kauften Extra-Spätausgaben, um zu erfahren, was geschehen war«.

Am nächsten Tag wurde Sharkey mit schweren inneren Blutungen ins Krankenhaus gebracht. Glücklicherweise erholte er sich wieder, doch die Angelegenheit erinnerte eindrucksvoll daran, dass Dempsey, auch wenn er verhalten boxte, noch immer mit gewaltiger Kraft zuschlug.

Am Nachmittag nach dem Kampf zwischen Dempsey und Sharkey traf Charles Lindbergh, der sich inzwischen auf seiner Tour durchs Land befand, auf ungewöhnlich kesse Art und Weise in Boston ein. Als er zur Landung auf dem kürzlich eröffneten Boston Airport ansetzte (wo sich heute der Logan Airport befindet), raste er knapp über der Wasseroberfläche durch den Boston Harbor und schoss im allerletzten Moment senkrecht so weit in den Himmel, dass es aussah, als würde er sein Flugzeug überziehen. Dann rollte er in einem eleganten Bogen lässig zur Seite, legte eine Punktlandung hin und kam genau vor dem Tor des Hangars zum Stehen, der für seine Ankunft freigehalten worden war – all das in einem Flugzeug, das keine Bremsen hatte und keine Sicht nach vorn bot. Das begeisterte Grölen der Menge war noch auf dem drei Meilen entfernten Boston Common zu hören.

Im Zentrum von Boston herrschte riesiges Gedränge – »die größte Menschenmenge, die sich jemals zur Begrüßung eines oder mehrerer Menschen in dieser Stadt versammelt hat«, so formulierte es jedenfalls ein Kommentator. Wenngleich sich die Menge friedlich verhielt, war sie so groß und dynamisch, dass sie im Grunde außer Kontrolle war. Als der Lindbergh-Konvoi am Common ankam, drängte die Menge instinktiv nach vorn, um besser sehen zu können. Wie der Korrespondent der *New York Times* berichtete, war die Wucht so groß, dass »diejenigen, die sich in der Mitte befanden, durch den Druck der Menschenmenge vom Boden gehoben wurden … Viele Frauen und Kinder verloren das Bewusstsein und wurden nur deshalb vor schweren Verletzungen bewahrt, weil sie das Gewicht anderer um sie herum daran hinderte, hinzufallen und zertrampelt zu werden«.

Zwei Soldaten und ein Polizist, die versuchten, einer Frau zu helfen, die ohnmächtig geworden war, wurden selbst davongetragen wie von einer starken Strömung. Andere hatten alle Mühe, nicht unter die Räder des sich vorsichtig vorwärtsbewegenden Konvois geschoben zu werden. Es war beinahe ein Wunder, dass niemand erdrückt oder erstickt wurde. Ein Mann starb an einem Herzinfarkt, und über hundert Menschen trugen Verletzungen davon, die schwer genug waren, dass sie in provisorischen Unfallstationen behandelt werden mussten, die um den Common herum aufgestellt worden waren. Vierzehn Menschen mussten ins Krankenhaus eingeliefert werden, und fast jeder »ging mit blauen Flecken und zerrissener Kleidung nach Hause«, wie der *Times*-Korrespondent feststellte.

Nichts von alledem sollte besser werden, als die Tournee voranschritt. Charles Lindbergh wurde herumgeschubst und unter Tränen bewundert, und ihm wurde auf die Schulter geklopft. Irgendwann wurde ihm bewusst, dass es sich dabei nicht um ein vorübergehendes Phänomen handelte: Das war jetzt sein Leben.

Es muss den Anschein gehabt haben, als könne nichts die Intensität des Interesses an Lindbergh in den Schatten stellen, doch in Wirklichkeit war ein Ereignis drauf und dran, genau das zu tun, zumindest vorübergehend. In einem nahegelegenen Gefängnis – so nahe, dass seine Insassen den Jubel hören konnten, mit dem Lindbergh begrüßt wurde – warteten zwei zurückhaltende italienische Anarchisten im Todestrakt auf ihre Hinrichtung für Morde, die sie nach Ansicht von Millionen Menschen rund um die Welt nicht begangen hatten.

Ihre Namen lauteten Nicola Sacco und Bartolomeo Vanzetti, und ihretwegen war die Welt im Begriff, ein weiteres Mal in Flammen aufzugehen.

AUGUST
Die Anarchisten

*Ich habe noch nie von etwas gehört oder gelesen,
das so grausam ist wie dieses Gericht.*

Nicola Sacco zu seinem Todesurteil

Zwanzigstes Kapitel

Kurz nach drei Uhr an einem milden, sonnigen Nachmittag im April 1920 machten sich zwei Mitarbeiter der Slater & Morrill Shoe Company in South Braintree, Massachusetts, auf den Weg von den Büros des Unternehmens in der Railroad Avenue zu einem separaten, knapp 200 Meter entfernten Fabrikgebäude in der Pearl Street, der an einer staubigen, abschüssigen Straße entlangführte. Frederick Parmenter war Lohnbuchhalter und Alessandro Berardelli sein Wachmann. Die beiden trugen 15 776 Dollar und 51 Cent in zwei Metallkisten bei sich, den Wochenlohn für 500 Angestellte. Ihre Strecke führte sie an einer anderen Schuhfabrik mit dem Namen Rice and Hutchins vorbei, die in einem fünfstöckigen Gebäude untergebracht war, das nahe an der Straße stand und in der Umgebung für eine düstere, bedrohliche Atmosphäre sorgte.

Als Parmenter und Berardelli an der Rice-and-Hutchins-Fabrik vorbeikamen, traten zwei Männer, die in der Nähe herumgelungert hatten, auf sie zu und verlangten die Geldboxen. Bevor Berardelli etwas erwidern konnte, schoss einer der Ganoven dreimal auf ihn. Berardelli sank auf die Knie und fiel dann mit hängendem Kopf nach vorn auf die Hände. Er hustete Blut und rang nach Atem. Der Schütze drehte sich dann zu Parmenter, der geschockt zugesehen hatte, und zielte auch auf ihn. Fassungslos und schwer verwundet ließ Parmenter seine Geldkiste fallen und taumelte reflexartig auf die Straße, um zu entkommen. Einer der Wegelagerer – aus den Zeugenberichten geht nicht eindeutig hervor, um welchen von beiden es sich handelte oder ob womöglich noch ein dritter bewaffneter Mann auftauchte – folgte Parmenter auf die Straße und tötete ihn kaltblütig mit einem einzigen Schuss in den Rücken. Ein anderer bewaffneter Mann – die Zeugen waren sich auch hier nicht einig, welcher – drehte sich zu dem auf dem Boden kauernden Berardelli und tötete ihn, indem er von oben zweimal auf ihn abfeuerte.

Ein blaues Auto, in dem zwei oder eventuell drei weitere Männer saßen, hielt mit quietschen Reifen an, holte die Banditen und die Geldboxen ab und raste über die Gleise der New York, New Haven & Hartford Railroad davon. Die Insassen feuerten dabei auf Schaulustige. Der gesamte Zwischenfall dauerte nicht länger als eine Minute. Die Tatsache, dass sich die Zeugen nicht einigen konnten, wie viele Geldräuber sie gesehen und welche von ihnen geschossen hatten, zeigt, wie schnell der schockierende Raubüberfall vonstattenging.

Niemand hätte es für möglich gehalten, dass diese kaltblütigen, aber ansonsten nicht ungewöhnlichen Morde auf einer kleinen Nebenstraße von South Braintree die Aufmerksamkeit der ganzen Welt auf sich ziehen würden. Doch was sich an jenem Tag dort zutrug, machte den Schauplatz des Verbrechens zum weltweit bedeutsamsten Tatort der zwanziger Jahre. Heute existiert kaum noch etwas von den Kulissen jenes damaligen Nachmittags. Die Fabrikgebäude sind längst verschwunden, und die entlang der Straße verteilten Cafés und kleinen Geschäfte ebenfalls. Braintree ist keine Fabrikstadt mehr, sondern ein angenehmer Vorort zwölf Meilen außerhalb von Boston. Die Pearl Street ist eine stark befahrene Durchgangsroute mit Abbiegespuren und über der Straße angebrachten Ampelanlagen. Wo Parmenter und Berardelli überfallen wurden, steht heute ein Einkaufszentrum mit dem Namen Pearl Plaza zwischen einem Shaw's-Supermarkt und einem Office-Max-Büroartikelgeschäft. Neben einer Eisenbahnbrücke, die es 1927 noch nicht gab, befindet sich ein kleines Denkmal für die beiden Opfer des Verbrechens, das 2010 anlässlich des neunzigsten Jahrestags des Raubüberfalls errichtet wurde.

Berardelli starb am Tatort. Er war fünfundvierzig Jahre alt und stammte wie die beiden Männer, die letzten Endes für seine Ermordung verurteilt wurden, aus Italien. Er arbeitete seit ungefähr einem Jahr bei Slater & Morrill und hinterließ Frau und zwei Kinder. Parmenter verschied am nächsten Morgen im Quincy City Hospital. Er war ein eifriger Kirchengänger gewesen und hinterließ ebenfalls Frau und zwei Kinder. Mehr ist über die beiden Opfer nicht bekannt.

Der Fluchtwagen, ein gestohlener Buick, wurde zwei Tage später in einem Ort namens Manley Woods gefunden, wo er einfach abgestellt worden war. Die Polizei suchte zu dieser Zeit nach den Tätern eines ähnlichen Überfalls im nahegelegenen Brigdewater am vorangegangenen Heiligabend. Chief Michael E. Stewart vom Bridgewater Police Department schlussfolgerte – ohne irgendwelche Beweise dafür zu haben –, dass es sich bei den Schuldigen in beiden Fällen um italienische Anarchisten handle. Wie er herausfand, wohnte ein Mann namens Ferruccio Coacci, der mit Radikalen sympathisierte, in der Nähe des Fundorts, an dem man das Fluchtauto gefunden hatte – und er erklärte ihn aus diesem Grund zum Hauptverdächtigen. Der *New Yorker* merkte mit leichter Ironie an, Stewart sei wohl zu dem Schluss gekommen, »dass die Täter nach einem Überfall mit Mord den Wagen natürlich mehr oder weniger in seinem eigenen Garten stehen lassen würden«.

Wenngleich Stewart tatsächlich der Polizeichef von Bridgewater war, suggeriert diese Bezeichnung einen Verantwortungsbereich, der die Realität bei Weitem übertraf. Stewarts »Polizeiapparat« bestand aus einem einzigen Teilzeit-Assistenten. Er selbst besaß keine Ausbildung, was die Untersuchung von Mordfällen anbelangte, und er hatte fast keine Erfahrung mit Schwerverbrechen. Letzteres war ohne Zweifel der Grund, weshalb er mit solchem Eifer ermittelte: Der Fall stellte eine einmalige Gelegenheit für ihn dar.

Coacci konnte als Verdächtiger schnell ausgeschlossen werden, da er nach Italien zurückgekehrt war. In seinem Haus wohnte jetzt ein Mann namens Mario Buda, und Stewart, mit seiner verbissenen Art, übertrug seinen Verdacht auf ihn. Als Stewart erfuhr, dass

Buda seinen Wagen gerade zur Reparatur in der Elm Square Garage in Bridgewater hatte, gab er dem Inhaber der Werkstatt die strikte Anweisung, ihn sofort telefonisch zu informieren, wenn Buda ihn abholen wollte.

Eines Abends, drei Wochen später, erfolgte dieser Anruf. Der Werkstattinhaber teilte Stewart mit, dass Buda und drei andere Männer gerade aufgetaucht wären, um das Auto abzuholen, sie wären aber sofort wieder aufgebrochen, da es noch nicht fertig war – Buda und einer der Männer wären auf einem Motorrad mit Seitenwagen erschienen, die anderen zwei wären zu Fuß gekommen. Die beiden, die zu Fuß unterwegs waren, hatten vermutlich eine Straßenbahn nach Brockton bestiegen, deshalb alarmierte Stewart die dortige Polizei. Als die Straßenbahn in Brockton eintraf, stieg ein Polizist zu, warf einen prüfenden Blick auf die wenigen Fahrgäste und nahm zwei unruhig wirkende Italiener fest: Bartolomeo Vanzetti und Nicola Sacco. Wie sich herausstellte, hatten die beiden geladene Pistolen und eine beträchtliche Menge Munition bei sich, ein Teil davon für andere Waffen als diejenigen, die sie bei sich trugen. Außerdem waren sie im Besitz von anarchistischem Schriftgut.

Für Polizeichef Stewart reichte das. Obwohl keiner der beiden Männer jemals zuvor aus irgendeinem Grund verhaftet worden war und obwohl Stewart keinen Beweis hatte, dass sich einer von ihnen zum Zeitpunkt der Morde auch nur in der Nähe von Braintree aufgehalten hatte, ließ er sie unter Anklage stellen.

Die damalige Zeit war keine gute, wenn man in Amerika lebte und ein Radikaler oder ein Ausländer war – und eine ausgesprochen gefährliche, wenn man beides war. Die Angst vor den Roten, den Sozialisten und Kommunisten, hatte das Land fest im Griff. 1917 und 1918 hatte der Kongress zwei erschreckend restriktive Gesetze erlassen: die Spionage- und die Volksverhetzungsverordnung. Beide Erlasse sahen schwere Strafen für diejenigen vor, die für schuldig befunden wurden, jegliche Art von Respektlosigkeit gegenüber der Regierung oder ihrer Symbole – der Flagge, militärischen Uniformen, historischen Dokumenten und allem anderen, auf dem die Ehre und Würde der Vereinigten Staaten von Amerika beruhte – zur Schau gestellt zu haben. Sie wurden dann auch mit großer Härte und Erbarmungslosigkeit angewandt. »Bürger kamen ins Gefängnis, weil sie an ihrem eigenen Esstisch das Rote Kreuz kritisiert hatten«, merkte ein Kommentator an. In Vermont wurde ein Geistlicher zu einer fünfzehnjährigen Haftstrafe verurteilt, nachdem er ein halbes Dutzend pazifistische Flugblätter verteilt hatte. In Indiana brauchten Geschworene gerade einmal zwei Minuten, um einen Mann für unschuldig zu erklären, nachdem dieser einen Einwanderer erschossen hatte, der schlecht über Amerika geredet hatte.

Absurderweise war es mit einem Mal riskanter, illoyale Dinge zu sagen, als sie tatsächlich zu tun. Wer die neuen Gesetze ignorierte, konnte mit einem Jahr Gefängnis bestraft werden, während jemand, der andere dazu anstiftete, diese zu missachten, zu einer Haftstrafe von zwanzig Jahren verurteilt werden konnte. Mehr als tausend Personen wurden gemäß des Espionage Act in den ersten fünfzehn Monaten nach dessen Einführung zu Gefängnisstrafen verurteilt. Es war schwer zu sagen, was einen in Schwierigkeiten bringen konnte. Ein Filmemacher namens Robert Goldstein wurde inhaftiert, weil er die Briten in einem Film über den amerikanischen Unabhängigkeitskrieg in einem schlechten Licht erscheinen ließ. Der Richter räumte ein, dass eine solche Darstellung unter normalen Umständen »zulässig oder sogar lobenswert« sei, doch »in dieser Stunde nationalen Notstands« habe Goldstein »kein Recht, die Ziele und das Schicksal des Landes zu untergraben«. Goldstein wurde wegen Beleidigung einer ausländischen Armee, die 150 Jahre zuvor gekämpft hatte, zu zwölf Jahren Gefängnis verurteilt.

Wenngleich es sich bei den Gesetzen gegen Spionage und Volksverhetzung ursprünglich nur um Maßnahmen in Kriegszeiten handelte, verschlimmerte sich die Situation sogar, als wieder Frieden herrschte. Die Heimkehr von zwei Millionen arbeitslos gewordenen Soldaten und die gleichzeitige Auflösung einer Ökonomie, die sich auf Krieg eingestellt hatte, bescherte Amerika eine schwere Rezession. In zwei Dutzend Städten, in die Schwarze auf der Suche nach besseren Jobs gezogen waren, entluden sich ethnische Spannungen in Ausschreitungen. In Chicago, wo sich die schwarze Bevölkerung binnen eines Jahrzehnts verdoppelt hatte, wurde ein schwarzer Jugendlicher, der auf einem Floß auf dem Michigansee eingeschlafen und an einen »weißen« Strand getrieben war, von einer Meute Weißer zu Tode gesteinigt, was zwei Wochen erbitterter Krawalle zur Folge hatte, bei denen achtunddreißig Menschen getötet und ganze Stadtviertel dem Erdboden gleichgemacht wurden.

Zur selben Zeit erschütterten Unruhen in Industriegebieten einen großen Teil der Nation. Schauerleute, Näherinnen, Zigarrenmacher, Bauarbeiter, Stahlarbeiter, Telefonistinnen, Eisenbahner, Arbeiter von U-Bahn-Strecken, Bergleute und sogar Broadway-Schauspieler legten die Arbeit nieder. Im Jahr 1919 streikten vorübergehend zwei Millionen Menschen.

Ausländische Unruhestifter und radikale Organisationen wie die Industrial Workers of the World (oder »Wobblies«, wie ihre Mitglieder aus nie geklärten Gründen genannt wurden) wurden weithin für die Wirren verantwortlich gemacht. In Boston und Cleveland half die Polizei Bürgern dabei, die Teilnehmer an den Demonstrationen zum 1. Mai zu verprügeln, dann trat die Bostoner Polizei selbst in den Streik (das Ereignis, das Calvin Coolidge zu landesweiter Bekanntheit verhalf). Im Bundesstaat Washington wurde Wesley Everest, ein Mitarbeiter von Industrial Workers of the World, von einer Meute auf die Straße gezerrt, die ihn erst zusammenschlug und ihm dann die Genitalien abschnitt. Als er flehte, von seinen Qualen erlöst zu werden, brachten ihn seine Peiniger zu einer Brücke in der Stadt, ließen ihn an einem Seil baumeln, das sie am Geländer befestigt hatten, und erschossen ihn schließlich. Sein Tod wurde als Selbstmord deklariert, und es wurde gegen niemanden Anklage erhoben.

Auf dem Höhepunkt der Tumulte fing jemand an – ein verärgerter Ausländer, wie allgemein angenommen wurde –, Bomben zu verschicken. In Atlanta nahm ein Dienstmädchen im Haus von

Senator Thomas R. Hardwick, dem Leiter des Senate Immigration Committee, ein kleines braunes Paket entgegen und trug dieses in die Küche, als es plötzlich explodierte und ihr die Hände abriss. Am nächsten Tag las ein Postangestellter in New York von dem Bombenanschlag und stellte fest, dass die Beschreibung des Pakets genau auf sechzehn Sendungen passte, die er wegen unzureichender Frankierung aussortiert hatte. Er eilte zurück zu seiner Arbeitsstätte und fand die Pakete noch vor. Sie waren allesamt an prominente Personen des öffentlichen Lebens adressiert: an John D. Rockefeller, J. P. Morgan, den Generalstaatsanwalt A. Mitchell Palmer, den obersten Bundesrichter Kenesaw Mountain Landis sowie an verschiedene Gouverneure und Kongressabgeordnete. Alle waren mit einer Rücksendeadresse versehen, und zwar mit der des Kaufhauses Gimbel Brothers am Broadway, Ecke Zweiunddreißigste Straße in Manhattan. Später stellte sich heraus, dass einige andere Pakete bereits abgeschickt worden waren. In einem bizarren Fall war eines wegen unzureichender Frankierung an Gimbel Brothers zurückgesandt worden. Ein Angestellter des Kaufhauses hatte es geöffnet, den seltsamen Inhalt untersucht – eine Flasche Säure, ein Küchenwecker, Sprengstoff –, dann alles wieder eingepackt, mit dem erforderlichen Porto versehen und weitergeschickt. Insgesamt wurden sechsunddreißig Bomben gefunden. Abgesehen von dem unglückseligen Dienstmädchen wurde jedoch niemand verletzt; zu Festnahmen kam es in der Folge aber nicht.

Doch damit war die Angelegenheit noch nicht vorbei. Etwas mehr als einen Monat später, an einem milden Abend in einem ruhigen, wohlhabenden Stadtviertel von Washington, D. C., machten sich Generalstaatsanwalt A. Mitchell Palmer und seine Frau in ihrem Haus Nummer 2132 in der R Street NW gerade fertig, um zu Bett zu gehen, als sie ein dumpfes Geräusch im Erdgeschoss hörten – »als hätte jemand etwas gegen die Haustür geworfen«, berichtete Palmer anschließend. Einen Augenblick später erschütterte eine heftige Explosion die nächtliche Stille und riss die gesamte Fassade des Hauses der Palmers fort, sodass sämtliche Zimmer wie bei einem Puppenhaus einsehbar waren. Bewohner der benachbarten Häuser wurden aus dem Bett geworfen. Noch etliche Straßen weiter zersplitterten Fensterscheiben.

Die Palmers – die beide wie durch ein Wunder unverletzt blieben – stolperten durch den Rauch und den Staub nach unten und ins Freie, wo sich ihnen ein unheimliches Bild der Verwüstung präsentierte. Überall waren Trümmer der Explosion zu sehen: Sie hingen an Bäumen, waren auf der Straße verstreut, lagen in Gärten und auf Dächern. Ein großer Teil davon qualmte noch. Auf eine unbeabsichtigt festliche Art und Weise war alles mit anarchistischen Flugblättern übersät.

Als einer der Ersten war der stellvertretende Marineminister Franklin Delano Roosevelt vor Ort, der fast genau gegenüber wohnte. Er war soeben von einer Abendveranstaltung heimgekommen, hatte geparkt und war in sein Haus hineingegangen. Vermutlich hatte der Attentäter in der Dunkelheit gewartet, bis Roosevelt verschwunden war, und erst dann die Bombe deponiert. Wäre Roosevelt eine Minute später eingetroffen, wäre er womöglich getötet worden, und Amerika hätte eine andere Geschichte. Roosevelt traf Mr und Mrs Palmer weiß eingestaubt und geschockt umherwandernd an. Der Generalstaatsanwalt redete wirr vor sich hin und sprach seine Nachbarn mit *thee* und *thou* an, den Pronomen aus seiner Quäker-Kindheit.

Es bestand kein Zweifel daran, dass der Attentäter selbst von seiner Bombe in Stücke gerissen worden war. Alice Longworth, Roosevelts Cousine, die ebenfalls anwesend war, berichtete, es sei »schwierig gewesen, nicht auf blutige Leichenteile zu treten«. Ein Bein des Bombenlegers wurde auf der Türschwelle eines Hauses auf der gegenüberliegenden Straßenseite gefunden, das andere lag fünfzehn Meter entfernt. Ein großer Teil seines nach wie vor bekleideten Oberkörpers hing am Dachgesims eines Hauses in einer benachbarten Straße. Ein anderes undefinierbares Stück Fleisch mitsamt Knorpel hatte eine Fensterscheibe durchschlagen und war am Fußende eines Betts gelandet, in dem der norwegische Generalbevollmächtigte Helmer Byrn schlief. Die Kopfhaut wurde überwiegend zwei Querstraßen entfernt auf der S Street gefunden. Um in diese weit entfernte und höher gelegene Straße zu gelangen, war das obere Kopfteil in eine Flugbahn von dreißig Metern Höhe und fünfundsiebzig Metern Länge katapultiert worden. Es hatte sich offensichtlich um eine große Bombe gehandelt.

Da so viele Körperteile herumlagen, gingen die Ermittler zunächst von zwei Bombenlegern aus – oder einem und einer unbeteiligten, nicht identifizierten Person. Die Bombe war zweifellos zu früh detoniert. Man vermutete, dass der Attentäter gestolpert war, als er sie auf der Eingangstreppe der Palmers deponieren wollte.

Noch vor Ende der Nacht meldeten Nachrichtenagenturen, dass ähnlich zerstörerische Bomben an sieben anderen Orten explodiert waren: in Boston, New York, Philadelphia, Pittsburgh, Cleveland, Paterson, New Jersey und Newtonville, Massachusetts. Nur eine Person kam dabei ums Leben – ein Nachtwächter in New York –, doch das Wissen, dass Terroristen Gewalt von solchem Ausmaß koordiniert inszenieren konnten, verunsicherte viele Amerikaner enorm. Einige der Bomben waren ein völliges Rätsel, was womöglich daran lag, dass sie an den falschen Häusern deponiert worden waren. In Philadelphia wurde das Haus eines Juweliers in die Luft gesprengt, der keinerlei Verbindungen zur Regierung oder zur Politik hatte. Eine Bombe beschädigte eine katholische Kirche schwer. Weshalb die Attentäter ein Gotteshaus ins Visier genommen hatten, konnte nie geklärt werden.

Den Ermittlern gelang es, den Bombenleger von Washington als Carlo Valdinoci zu identifizieren, was größtenteils der Tatsache zu verdanken war, dass dieser eine markant gepunktete Krawatte getragen hatte. Sein Tod bedeutete einen großen Verlust für die anarchistische Bewegung. Obwohl erst vierundzwanzig, war Valdinoci im Untergrund bereits zu einer Legende geworden. Bundesbeamte hatten ihn erst kürzlich in einem Haus in West Virginia aufgespürt, doch er konnte gerade noch rechtzeitig entkommen, was zu seinem Ruf beitrug, gerissen und unbezwingbar zu sein. Valdinoci hatte sich seit 1917, seit dem berüchtigten Bombenattentat in Youngstown, Ohio, auf der Flucht befunden. Diese Bombe war ebenfalls nicht wie geplant explodiert. Genau genommen war sie überhaupt nicht explodiert, worauf Polizisten sie in einem Akt unglaublicher Torheit mit aufs Revier nahmen und in der Einsatzzentrale auf einen Tisch legten, um sie genauer unter die Lupe zu nehmen. Bei der Untersuchung detonierte sie – und tötete zehn Polizisten sowie eine Frau, die das Revier aufgesucht hatte, um einen Raubüberfall zu melden. Die Attentäter wurden nie gefasst, und das fehlgeleitete Komplott wurde nie gelöst. Fälle, in die Radikale verwickelt waren, wurden überhaupt nur selten aufgeklärt.

Die Bombenanschläge hatten einen wundersamen Effekt auf die Gesinnung von A. Mitchell Palmer. Der hohlwangige Demokrat aus Pennsylvania hatte erst seit drei Monaten das Amt des Generalstaatsanwalts inne, war aber schon das Ziel zweier Bombenattentate gewesen – neben dem jetzigen Anschlag war er der Adressat einer »Gimbel«-Bombe gewesen, die ihn aber nie erreichte. Das sorgte dafür, dass er überaus geneigt war, auf einen jungen Berater im Justizministerium zu hören, der eine ganz eigene Theorie entwickelt hatte, nach der Amerikas subversive Einwanderer gemeinsam mit internationalen Kommunisten einen Coup planten. Der Name dieses jungen Mannes lautete J. Edgar Hoover, und er überzeugte Palmer, dass die Verschwörer in riesiger Anzahl existierten und ein von ihnen geplanter Angriff unmittelbar bevorstünde.

Hoover, der gerade sein Jurastudium abgeschlossen hatte, wurde die Leitung einer bis dahin belanglosen Abteilung der Alien Registration Section übertragen, der »Radical Division«. Im Rahmen dieser Tätigkeit erstellte er eine Kartei mit mehr als 200000 Namen von Einzelpersonen und Organisationen, die er alle gewissenhaft mit Querverweisen versah. Vierzig Übersetzer wurden engagiert, damit sie radikale Publikationen wälzten, von denen der unermüdliche Zahlenjongleur Hoover mehr als 600 zählte.

Palmer machte sich große Hoffnungen, 1920 von seiner Partei als Präsidentschaftskandidat nominiert zu werden. Der rigorose Umgang mit radikalen Elementen wurde schließlich zur Strategie, um seine Stärke unter Beweis zu stellen. In einer Reihe apokalyptischer Reden warnte er vor den Flammen der Revolution, die »über das Land fegen, die Altäre der Kirchen emporzüngeln, in den Glockentürmen der Schulen lodern und in die heiligen Ecken amerikanischer Heime kriechen, um das Ehegelübde durch Freizügigkeit zu ersetzen und die Grundfesten der Gesellschaft niederzubrennen«. Palmer behauptete außerdem, rund fünf Millionen Kommunisten und Mitläufer würden den Sturz Amerikas planen. Mit seinem energischen Kinn und seiner knallharten Rhetorik wurde er unter seinen Anhängern als der »kämpfende Quäker« bekannt. Er löste aus, was rasch als »Rote Angst« bezeichnet wurde.

Von J. Edgar Hoover eifrig ermutigt bereitete Palmer eine Reihe von Razzien an Versammlungsorten von Radikalen vor. Die ersten wurden am 7. November 1919 durchgeführt, dem zweiten Jahrestag der Russischen Revolution, und bestanden überwiegend darin, dass Bundesbeamte und Polizisten in zwölf Städten ausgesuchte Clubs und Cafés stürmten, das Mobiliar zertrümmerten und sämtliche Personen verhafteten, die sich in Sichtweite befanden. In New York durchsuchte die Polizei die Räumlichkeiten der Union of Russian Workers und verprügelte jeden, der protestierte oder sich auch nur nach den Beweggründen dieser Maßnahmen erkundigte. Bei der Union of Russian Workers handelte es sich um nichts anderes als um einen Gesellschaftsverein, in dem die Mitglieder Schach spielen oder Englischunterricht nehmen konnten; mit radikalen Aktivitäten hatte die Vereinigung nie etwas zu tun gehabt. In Hartford, Connecticut, nahm die Polizei zunächst eine große Anzahl von Verdächtigen fest – die genaue Zahl ist nicht bekannt – und anschließend jeden, der sich nach ihnen erkundigte. In Detroit zählten ein ganzes Orchester und sämtliche Gäste eines Restaurants zu den 800 Verhafteten, die bis zu einer Woche lang in einem fensterlosen Korridor ohne genügend Wasser, Toiletten und Platz zum Schlafen festgehalten wurden. Danach wurden alle wieder freigelassen, ohne angeklagt zu werden.

Palmer war so erfreut über die Publicity und die Panik, die seine Razzien erzeugten, dass er im darauffolgenden Jahr eine zweite, noch größere Serie von Durchsuchungen anordnete. Dieses Mal wurden in mindestens siebenundachtzig Städten in dreiundzwanzig Bundesstaaten zwischen 6000 und 10 000 Personen verhaftet (die Angaben weichen stark voneinander ab). Es kam dabei erneut zur unnötigen Zerstörung von Eigentum, zu Festnahmen ohne Haftbefehl und zu körperlicher Misshandlung unschuldiger Menschen.

Letzten Endes erwies sich die »Rote Angst« allerdings als doch nicht besonders beängstigend. Insgesamt beschlagnahmten die Behörden nur drei Pistolen und keinen einzigen Sprengsatz. Hinweise auf eine landesweite Verschwörung wurden ebenso wenig gefunden. Palmer war gescheitert, es war ihm nicht gelungen, irgendwelche Bombenleger zu fassen oder Indizien für einen geplanten Aufstand zutage zu fördern. Dieser Misserfolg setzte 1920 seinen politischen Perspektiven ein Ende. Beim Parteitag der Demokraten entschieden sich die Delegierten für James M. Cox, den Gouverneur von Ohio, als Gegenkandidaten zu dem ebenfalls aus Ohio stammenden Warren G. Harding. Wenngleich Palmers Razzien nichts erreicht hatten, so wirkten sie sich doch auf die Stimmung im Land aus. Sicher waren sie auch ein Grund dafür, weshalb Polizeichef Stewart aus Bridgewater zu dem Schluss kam, ohne dafür Beweise zu haben, dass es sich bei den Mördern in seinem Revier um ausländische Anarchisten handelte. Und weshalb Sacco und Vanzetti nie eine wirkliche Chance gehabt hatten.

Zwischen 1905 und 1914 strömten zehn Millionen Menschen, überwiegend aus Süd- und Osteuropa, in die Vereinigten Staaten – ein Land, das zuvor nur dreiundachtzig Millionen Einwohner hatte. Die große Anzahl von Einwanderern veränderte das Stadtbild völlig. 1910 bestand die Bevölkerung von New York, Chicago, Detroit, Cleveland und Boston fast zu drei Vierteln aus Immigranten und den Kindern von Immigranten.

Sacco und Vanzetti gehörten zu den 130 000 Italienern, die 1908 in die USA kamen. Sacco stammte aus Torremaggiore im Südosten Italiens und war bei seiner Ankunft erst sechzehn. Vanzetti, der aus dem Piemont kam, aus dem wohlhabenderen Norden und nicht weit von Frankreich entfernt, war drei Jahre älter. Keiner von beiden sollte seine Heimat jemals wiedersehen. Beide ließen sich in Neuengland nieder, lernten sich aber erst 1917 kennen.

Sacco war klein, zierlich und blendend aussehend oder, in den Worten eines Zeitzeugen, »adrett wie eine römische Münze«. Beschreibungen zufolge hatte er etwas vom jungen Al Pacino an sich, zudem besaß er eine unaufdringliche Art. Mit Alkohol und Glücksspiel hatte er nichts am Hut. Er suchte sich Arbeit in einer Schuhfabrik und wurde schnell zum qualifizierten Facharbeiter mit einem guten Lohn. Vier Jahre nach seiner Ankunft in Amerika heiratete er und gründete eine Familie. Zum Zeitpunkt seiner Verhaftung war er dreißig Jahre alt und ein guter, hart arbeitender Familienvater. Keineswegs schien er ein nahcliegender Kandidat für anarchistische Aktivitäten zu sein.

Bei Vanzetti lag die Sache etwas anders. Obwohl er in Italien eine Ausbildung zum Konditor gemacht und damit einen angesehenen Beruf hatte, verdingte er sich in seiner neuen Heimat als miserabel bezahlter Hilfsarbeiter, als habe er es geradezu auf Entbehrungen abgesehen, um die Übel des Kapitalismus unter Beweis zu stellen. Er war häufig arbeitslos, stets in Geldnot und gelegentlich kurz vorm Verhungern. Im Frühjahr 1919 entwickelten sich seine finanziellen Umstände zum Besseren, und, wie es scheint, zeigte er nun auch Unternehmergeist. Er erwarb einen Fisch-Verkaufswagen, der mit Messern, einer Waage und einer Glocke zum Anlocken von Kundschaft ausgestattet war, und wurde in Plymouth, Massachusetts, zum mobilen Fischhändler. Zum Zeitpunkt seiner Verhaftung war Vanzetti dreiunddreißig und verdiente relativ gut.

Vanzetti war intellektuell veranlagt. Er las eine Menge und führte ein ruhiges, alkoholfreies Leben. Eine Freundin hatte er nie. Er wirkte melancholisch und hatte ein sanftes, trauriges Lächeln. In seinem Blick lag »eine Milde, die einem nicht mehr aus dem Kopf ging«, erinnerte sich ein Freund. Nach 1917 war sein auffälligstes Merkmal ein gewaltiger, herabhängender Schnurrbart. Trotz seiner umgänglichen und sogar gutmütigen Art war er ein erbitterter Staatsfeind. »Vanzetti war der personifizierte Anarchismus«, schrieb ein Gefährte.

Vanzetti und Sacco waren nicht besonders eng befreundet. Sie wohnten dreißig Meilen voneinander entfernt – Sacco in Stoughton, in der Nähe von Bridgewater, Vanzetti in Plymouth – und kannten sich erst seit weniger als drei Jahren, als die Lohngeld-Morde in South Braintree sie für immer aneinanderketteten.

Nach ihrer Verhaftung, beim Verhör, schlugen sich die beiden gar nicht gut. Sie waren nicht in der Lage zu erklären, weshalb sie für einen Besuch in einer Autowerkstatt bis an die Zähne bewaffnet gewesen waren. Außerdem gaben sie an, weder Buda noch den anderen Mann noch sonst irgendjemanden zu kennen, der ein Motorrad besaß – Behauptungen, die sich leicht widerlegen ließen. Sie leugneten außerdem, Anarchisten zu sein, und gaben widersprüchliche und wenig überzeugende Erklärungen ab, was sie nach West Bridgewater geführt hatte. Es bestand von Anfang an der Verdacht, dass sie sich dort aufgehalten hatten, um illegales Material zu transportieren – möglicherweise Sprengstoff, möglicherweise anarchistische Schriften –, und sich nicht selbst belasten wollten.

Buda und der vierte Mann, den man später als Riccardo Orciani identifizierte, wurden festgenommen und vernommen, aber wieder freigelassen: Orciani, weil er beweisen konnte, dass er sich zum Zeitpunkt des Raubüberfalls an seinem Arbeitsplatz befunden hatte, und Buda, weil keine der Zeugenbeschreibungen auf ihn passte. Damit waren Sacco und Vanzetti die Hauptverdächtigen – oder vielmehr die einzigen Verdächtigen –, obwohl keiner der beiden irgendwelche Vorstrafen oder Verbindungen zu kriminellen Gruppierungen hatte. Das Einzige, was die Polizei gegen sie in der Hand hatte, war die Tatsache, dass sie bei ihrer Festnahme bewaffnet gewesen waren und die Unwahrheit gesagt hatten.

Fast alles sprach gegen die zwei Männer als mögliche Täter. Sie schienen kein Naturell zu haben, das eine Bereitschaft zu kriminellen Taten nahelegte. Nichts ließ vermuten, dass sie zu Gewalttätigkeiten in der Lage waren. Es war nicht bekannt, dass sie jemals die Stimme erhoben hatten. Kein einziger Beweis, wie beispielsweise Fingerabdrücke in dem gestohlenen Wagen, deutete auf ihre Anwesenheit am Tatort hin.

Drei Zeugen, denen Fotos gezeigt wurden, identifizierten einen der Schützen als Anthony Palmisano – doch wie sich herausstellte, saß der in Buffalo im Gefängnis. Mindestens zwei Zeugen sagten aus, der Hauptschütze habe einen dünnen Schnurrbart getragen, während Sacco gar keinen Bart hatte und Vanzetti für seinen üppigen Oberlippenbart bekannt war, der seinen Mund fast völlig verdeckte. Als Sacco und Vanzetti den Zeugen vorgeführt wurden, geschah das nicht im Rahmen einer Gegenüberstellung mit mehreren Personen, wie die Vorschriften es eigentlich verlangt hätten, sondern sie wurden den Zeugen einzeln präsentiert. Damit wurde ihnen zu verstehen gegeben, dass es sich bei den beiden Männern um die Hauptverdächtigen handelte. Trotzdem war eine wichtige Zeugin bei der Gerichtsverhandlung nicht in der Lage, Sacco oder Vanzetti als Täter auszumachen, als sie unmittelbar vor ihr standen.

Zunächst betrachtete niemand die Verhaftung der beiden als eine große Sache. Ein Reporter, der aus New York nach Massachusetts geschickt wurde, um sich den Fall genauer anzusehen, berichtete seinem Verleger: »Nicht der Rede wert – nur zwei Itaker, die in der Patsche sitzen.« Was Boston im Frühjahr 1920 bewegte, war die Frage, wie sich die Red Sox in ihrer ersten Saison ohne Babe Ruth schlagen würden.

Vanzetti wurde zu seiner Verwunderung nicht nur wegen des Überfalls in Braintree angeklagt, sondern auch wegen jenes an Heiligabend 1919, der sich in Bridgewater in der Nähe der Fabrik der L. Q. White Shoe Company ereignet hatte. Sacco wurde für diese Tat nicht unter Anklage gestellt, da er in der Lage war, eine Stempelkarte vorzulegen, die bewies, dass er zum fraglichen Zeitpunkt gearbeitet hatte. Vanzetti mangelte es ebenfalls nicht an Alibis. Dreißig Zeugen sagten aus, sie hätten ihn an jenem Tag in Plymouth gesehen, mit ihm gesprochen oder an seinem Stand eingekauft. Aal ist für viele Italiener ein traditionelles Gericht am ersten Weihnachtstag, daher erinnerten sich viele, an Heiligabend diesen Fisch bei ihm erstanden zu haben. Die Beweise, die gegen Vanzetti vorgebracht wurden, waren demnach alles andere als überzeugend. Als ein vierzehnjähriger Zeuge gefragt wurde, woher er wisse, dass es sich bei einem der Räuber um einen Ausländer gehandelt habe, antwortete er: »Das habe ich daran erkannt, wie er gelaufen ist.«

Die Geschworenen befanden ihn trotzdem für schuldig, wobei sie offensichtlich sämtliche Zeugenaussagen zu seinen Gunsten in dem Glauben ignorierten, »dass alle Itaker zusammenhalten«, wie Vanzetti anschließend verbittert anmerkte. Hätte ein protestantischer Geistlicher oder ein Schulrektor zu Vanzettis Gunsten ausgesagt, wäre er vermutlich freigesprochen worden, doch leider kauften solche Leute an Heiligabend keinen Aal.

Ein Zitat, das häufig Webster Thayer, dem Richter im Vanzetti-Prozess, zugeschrieben wird, lautet: »Dieser Mann ist moralisch schuldig, auch wenn er das Verbrechen, das ihm vorgeworfen wird, womöglich nicht begangen hat, da seine Ideale mit Verbrechen verwandt sind.« Diese Aussage wurde häufig zitiert, doch in Wirklichkeit befindet sie sich nicht im Prozessprotokoll. Überhaupt existiert kein Beleg dafür, dass Thayer tatsächlich etwas dergleichen gesagt hat. Klar war jedoch, dass er wenig Mitgefühl für Anarchisten hatte. Er verurteilte Vanzetti zu zwölf bis fünfzehn Jahren Gefängnis – ein ungewöhnlich hartes Urteil für jemanden, der nicht vorbestraft war. Viele Beobachter hielten das für eine Farce, aber die zweite Verhandlung sollte alles noch deutlich verschlimmern.

Amerika war zu Beginn des 20. Jahrhunderts für italienische Einwanderer oft ein Schock. Leonard Dinnerstein und David M. Reimers, zwei Historiker, stellten fest, dass die meisten »nicht auf die

Kälte vorbereitet waren, mit der viele Amerikaner sie empfingen«. Häufig wurden sie damit konfrontiert, dass ihnen aufgrund ihrer Nationalität ein Arbeits- oder Ausbildungsplatz verwehrt wurde. Restriktive Vereinbarungen hinderten sie daran, in bestimmte Gegenden zu ziehen. Italiener, die sich weit im Süden des Landes niederließen, wurden oft gezwungen, ihre Kinder auf Schulen für Schwarze zu schicken. Anfangs war auch keineswegs geklärt, ob man ihnen die Benutzung von Trinkbrunnen und Toiletten für Weiße gestatten sollte.

Andere Einwanderergruppen – Griechen, Türken, Polen, Slawen, Juden aller Nationalitäten – sahen sich ähnlichen Vorurteilen ausgesetzt, und was Asiaten und Afroamerikaner anbelangte, waren die Ressentiments und Verbote sogar noch grausamer. Doch Italiener galten weithin als eine Art Sonderfall, man hielt sie für redegewandter und fand sie letztlich lästiger als Menschen aus anderen Ethnien. Jedes Mal wenn Probleme auftauchten, schienen Italiener dafür verantwortlich zu sein. Die weit verbreitete Auffassung lautete: Italiener waren, sofern es sich bei ihnen nicht um Faschisten oder Bolschewisten handelte, Anarchisten oder Kommunisten. Falls sie keiner dieser Gruppierungen angehörten, waren sie nach herrschender Meinung ins organisierte Verbrechen verwickelt.*

Selbst die *New York Times* schrieb, es sei »vielleicht hoffnungslos zu glauben, die Italiener ließen sich zivilisieren oder im Zaum halten, außer durch den Arm des Gesetzes«. Der Soziologe E. A. Ross von der University of Wisconsin beharrte darauf, dass die Kriminalität in Italien nur deshalb zurückgegangen sei, »weil alle Kriminellen hier sind«. Genau dieses Vorurteil wollten sich Ruth Snyder und Judd Gray zunutze machen, als sie zwei fiktive itali-

---

* In Wirklichkeit – und das kann nicht schnell genug angeführt werden – verhielten sich Italiener in den Vereinigten Staaten nicht besonders gesetzeswidrig. Im Jahr 1910 stellten sie elf Prozent der Einwanderer, aber nur sieben Prozent der im Ausland geborenen Gefängnisinsassen. Wie John Kobler anmerkt, belegten Italiener unter siebzehn Nationalitäten den zwölften Platz, was die Anzahl von Inhaftierungen pro 100 000 Einwohner anbelangte.

enische Anarchisten als mutmaßliche Mörder von Snyders Ehemann kreierten.

Für viele Italiener, die der Arbeiterschicht angehörten, war Integration ein aussichtsloses Unterfangen. Millionen lebten zwar in den Vereinigten Staaten, aber trotzdem weitgehend getrennt vom übrigen Amerika. Es ist äußerst aufschlussreich, dass Sacco und Vanzetti nach zwölf Jahren im Land noch immer kaum Englisch sprachen. Wie das Protokoll ihres Prozesses zeigt, hatten beide Männer oft Schwierigkeiten zu verstehen, was sie gefragt wurden und was andere sagten. Selbst wenn sie das Wesentliche erfassten, hatten sie große Mühe, sich auszudrücken. Das Problem bestand weniger darin, dass sie Englisch mit starkem italienischem Akzent sprachen, sondern vielmehr in der Tatsache, dass sie in Italienisch redeten und sich dazu englischer Wörter bedienten. Hier ein kurzer Auszug aus Saccos Versuch, im Zeugenstand zu erklären, wie er, obwohl Anarchist, behaupten könne, Amerika zu lieben:

Wenn ich bin gekommen in diese Land, ich habe gesehen, hier nicht so ist, wie ich habe gedacht, sondern hier alles anders, weil in Italien ich habe nicht gearbeitet so schwer, wie ich arbeite in diese Land. Ich konnte auch dort leben frei. Gleiche Arbeit, aber nicht so schwer, sieben oder acht Stunden jede Tag, bessere Essen. Ich meine echt. Hier Essen auch gut, weil Land ist größer, aber nur für die, die haben Geld, nicht für Arbeiterklasse, und in Italien auch Arbeiter können essen Gemüse, mehr frisch, und ich bin gekommen in diese Land.

Schlechte Englischkenntnisse galten weithin als Beweis für die Faulheit und hoffnungslose Rückständigkeit von Italienern. Nicht wenige Amerikaner waren ernsthaft verunsichert und wütend darüber (nicht ganz ohne Grund, wie man sagen muss), dass die Nation den Erschöpften und Armen Europas die Türen weit geöffnet hatte und diese Großzügigkeit mit Streiks, Bombenattentaten und der Anstiftung zur Rebellion vergolten wurde. Sacco und Vanzetti wurden gleichsam zu Symbolen für diese Undankbarkeit. Und so war die unter Amerikanern damals weit verbreitete Auffassung, die beiden hätten es verdient, bestraft zu werden, auch wenn sie nicht für die Verbrechen in Braintree verantwortlich waren, kaum verwunderlich. Ein Sprecher der Geschworenen soll schon zu einem frühen Prozesszeitpunkt gesagt haben: »Verdammt, die beiden sollten so oder so hängen.«

Fünf Tage nachdem in Massachusetts gegen Sacco und Vanzetti Anklage erhoben worden war, hielt in Manhattan eine Pferdekutsche vor der Hauptniederlassung von J. P. Morgan & Co. in der Wall Street, Ecke Broad Street. Vermutlich band der Kutscher das Pferd fest und entfernte sich danach rasch, denn die Kutsche explodierte nur wenig später mit einer Wucht, die den ganzen Bezirk erbeben und im einunddreißigsten Stockwerk eines Gebäudes, das mehr als einen Block entfernt war, die Fenster zersplittern ließ. Bei der Bombe handelte es sich um eine besonders heimtückische Schrapnellgranate, die darauf ausgelegt war, Menschen zu verstümmeln. Sie wurde zu einem Zeitpunkt gezündet, als es auf der Straße von Büroangestellten nur so wimmelte – nämlich zur Mittagspause. Dreißig Personen wurden sofort getötet, und mehrere hundert erlitten Verletzungen. Die Hitze der Explosion war so stark, dass viele Opfer neben den sonstigen Verletzungen schwere Verbrennungen davontrugen. Ein Angestellter von J. P. Morgan wurde an seinem Schreibtisch von einem herumfliegenden Stück Glasscheibe geköpft, doch niemand aus der Führungsetage des Unternehmens – die mutmaßlichen Zielpersonen – zählte zu den Opfern. J. P. Morgan selbst hielt sich außer Landes auf. Die anderen Morgan-Partner – einschließlich Charles Lindberghs zukünftigem Schwiegervater Dwight Morrow – befanden sich zu einer Besprechung in einem Raum, der auf der Seite des Gebäudes, an der die Bombe hochging, keine Fenster hatte. Deshalb waren sie gut abgeschirmt gewesen.

Die Opferzahlen beliefen sich letztlich auf achtunddreißig Tote und 143 Schwerverletzte. Joseph P. Kennedy, der Vater des zukünftigen Präsidenten, befand sich nahe genug an der Explosion, um von den Füßen gerissen zu werden, aber am Ende war er weit genug entfernt, um keine ernsthaften Verletzungen davonzutragen.

Morgan setzte seine Geschäftstätigkeit am nächsten Tag fort. Für Hinweise, die zu einer Verurteilung führten, wurde eine Belohnung von 100 000 ausgesetzt, doch es meldete sich niemand, der den Bombenleger hätte beschreiben können. Sachdienliche Hinweise blieben ebenfalls aus. Um womöglich die Kutsche oder das Pferd anhand seiner Hufeisen zu identifizieren, befragten Kriminalpolizisten und Bundesbeamte jeden Hufschmied östlich von Chicago und statteten mehr als 4000 Stallungen einen Besuch ab. Da das Schrapnell aus Schiebefenster-Gegengewichten hergestellt worden war, kontaktierten sie außerdem jeden Hersteller und Händler in ganz Amerika, um herauszufinden, woher die Munition stammte. Die Kriminalpolizei arbeitete drei Jahre lang an dem Fall. Kein einziger hilfreicher Hinweis kam ans Tageslicht. Niemand wurde jemals angeklagt.

Der US-Historiker Paul Avrich erklärt in seinem 1991 erschienenen Buch *Sacco and Vanzetti. The Anarchist Background,* der wahrscheinlich umfassendsten Studie, die zu dem Fall verfasst wurde, er wisse aus sicherer (aber nicht genannter) Quelle, dass es sich bei dem Bombenleger um Mario Buda gehandelt habe, den Mann, der sich am Tag der Verhaftung von Sacco und Vanzetti in Begleitung der beiden befunden hatte. Allerdings war Buda der New Yorker Polizei zu diesem Zeitpunkt noch nicht bekannt gewesen und deshalb weder verdächtigt noch verhört worden. Ob er an dem Attentat beteiligt war oder nicht, kurz nach der Detonation der Bombe kehrte er jedenfalls seltsam eilig nach Neapel zurück.

Später stellte sich heraus, dass Nicola Sacco eng mit Carlo Valdinoci befreundet gewesen war und dass Valdinocis Schwester bei Sacco gewohnt hatte, nachdem ihr Bruder bei dem Bombenattentat auf das Haus der Palmers in Washington ums Leben gekommen war. Wie es scheint, waren Sacco und Vanzetti möglicherweise nicht ganz so unschuldig, wie die Geschichtsschreibung sie gern darstellt.

Der Prozess gegen Sacco und Vanzetti wegen des Lohngeld-Überfalls und der Morde in South Braintree begann am 31. Mai 1921. Richter Webster Thayer hatte abermals den Vorsitz inne. Thayer war eine hagere, blasse Gestalt in den Sechzigern. Er hatte eine Hakennase, schmale Lippen und einen weißen Schnurrbart. Obwohl er nur einen Meter siebenundfünfzig maß, war er in seiner Jugend ein herausragender Sportler gewesen und wäre beinahe professioneller Baseballspieler geworden. Als Sohn eines Metzgers in einem Bundesstaat, in dem der Stammbaum enorme Bedeutung hatte, war er jedoch Zeit seines Lebens mit einem Komplex behaftet.

Der Prozess dauerte fast sieben Wochen, es wurden ungefähr 160 Zeugen angehört – und er produzierte Aussageprotokolle von über 2000 Seiten. Der Staatsanwaltschaft zufolge waren Sacco und ein weiterer, nicht identifizierter Mann für den Raubüberfall und die Schüsse verantwortlich. Es wurde kein Versuch unternommen, irgendeinen der weiteren Beteiligten aufzuspüren oder überhaupt erst auszumachen. Die Staatsanwaltschaft schien seltsam zufrieden damit zu sein, die ganze Sache Sacco und Vanzetti in die Schuhe schieben zu können. Vanzetti war höchstens im Fluchtwagen mitgefahren, und nur ein Zeuge war sich sicher, ihn darin entdeckt zu haben. Vierundvierzig Personen schworen, ihn an diesem Tag anderswo gesehen zu haben – wie gesagt, in erster Linie beim Verkaufen von Fisch in Plymouth –, oder erklärten, er sei nicht unter den Tätern gewesen. Eine Bande aus Providence, die als »Morelli-Gang« bekannt war, hatte schon häufiger Schuhfabriken ausgeraubt, doch die Polizei nahm sie nicht genauer unter die Lupe. Nichts von dem erbeuteten Geld wurde jemals gefunden oder mit Sacco und Vanzetti in Verbindung gebracht. Die Staatsanwaltschaft präsentierte keine Theorie über dessen Verbleib.

Was wiederum gegen die Angeklagten selbst vorgebracht wurde, war ziemlich dubios. Lewis Pelzer, ein Fabrikarbeiter, sagte vor Gericht aus, er habe beobachtet, wie Sacco Berardelli erschoss, während er der Polizei ursprünglich zu verstehen gegeben hatte, er habe sich unter einem Tisch in Sicherheit gebracht, als er die

Schüsse hörte, und gar nichts wahrgenommen. Drei Arbeitskollegen von ihm bezeugten, dass er kein einziges Mal aus dem Fenster gesehen hatte.

Mary Splaine, eine Hauptzeugin, schaute genau in dem Moment hin, als das Fluchtauto davonraste. Obwohl ihr Blick kaum länger als drei Sekunden andauerte und zwischen ihr und dem Geschehen eine Entfernung von zwanzig beziehungsweise fünfundzwanzig Metern lag, konnte sie sich bei der Verhandlung an sechzehn Details in Bezug auf Saccos Erscheinung erinnern, einschließlich der Farbe seiner Augenbrauen und der Länge seines Haars im Nacken. Sie war sich sogar sicher, was seine Körpergröße anbelangte, obwohl sie ihn in dem fahrenden Auto nur sitzend gesehen hatte. Dabei war es ihr dreizehn Monate zuvor nicht gelungen, Sacco, als sie ihn leibhaftig und aus nächster Nähe gesehen hatte, überhaupt zu identifizieren. Einst hatte Sacco kurz in der Rice-and-Hutchins-Fabrik gearbeitet, und einige der Angestellten erinnerten sich noch an ihn, aber niemand außer Mary Splaine sagte aus, er habe sich unter den Beteiligten des Überfalls befunden.

Nur eine einzige Zeugin gab an, Vanzetti habe sich zum Zeitpunkt des Überfalls am Tatort aufgehalten – jedoch nur als Mitfahrer im Fluchtwagen. Niemand behauptete, er habe eine Waffe abgefeuert oder sei anderweitig unmittelbar beteiligt gewesen.

Bei seiner Zusammenfassung für die Geschworenen legte Richter Webster Thayer besonderes Gewicht auf das, was in juristischen Kreisen als »Schuldbewusstsein« bezeichnet wird. Damit zielte er auf Saccos und Vanzettis ausweichendes Verhalten während ihres Verhörs ab. Unschuldige bräuchten keine Antworten zu erfinden, betonte Thayer. Folglich seien die beiden schuldig. Die Geschworenen waren derselben Ansicht. Am 14. Juli 1921, nach fünfeinhalbstündiger Beratung, lautete ihr Urteil: Tod durch den elektrischen Stuhl.

Man kann nicht behaupten, der Staat habe sich mit der Hinrichtung der beiden beeilt. Die Berufung zog sich sechs Jahre hin. Saccos und Vanzettis Verteidigung reichte mit der Begründung, Richter Thayer sei befangen gewesen und die Verhandlung unfair, sechs Anträge auf Wiederaufnahmeverfahren ein, die aber alle abgelehnt wurden. Auch beim Massachusetts Supreme Court ging man zweimal vergeblich in Revision. 1925 legte Celestino Madeiros, der ursprünglich von den Azoren stammte und wegen eines anderen Verbrechens im Todestrakt saß, ein Geständnis ab. »Hiermit gebe ich zu, an dem Verbrechen bei der Schuhfabrik in South Braintree beteiligt gewesen zu sein. Sacco und Vanzetti waren nicht mit von der Partie«, schrieb er. Als Madeiros befragt wurde, äußerte er sich jedoch zu vage, was wichtige Details des Raubüberfalls betraf – zum Beispiel, zu welcher Tageszeit sich dieser ereignet hatte –, und Richter Thayer lehnte das Bekenntnis ab, weil er es als unglaubwürdig erachtete, was es in der Tat auch war. Außerdem verfasste Thayer eine langatmige Stellungnahme (insgesamt 25000 Wörter), in der er erklärte, warum er die Berufungsanträge abgelehnt hatte.

Erster massiver Widerspruch regte sich nicht in Amerika, sondern in Frankreich. Am 20. Oktober 1921 erhielt Botschafter Myron Herrick per Post eine als Geschenk verpackte Bombe. Aufgrund eines außerordentlich glücklichen Zufalls bekam das Paket Herricks englischer Kammerdiener Lawrence Blanchard in die Hände. Blanchard hatte im Ersten Weltkrieg mit Bomben gearbeitet und erkannte das Surren im Inneren des Pakets als das einer Mills-Handgranate. Unmittelbar bevor es detonierte, schleuderte er es ins Badezimmer des Botschafters. Die Explosion zerstörte das Bad und brachte Blanchard mit einem Granatsplitter im Bein zu Fall, abgesehen davon blieb er aber unverletzt. Hätte Herrick das Paket selbst geöffnet, wäre Lindbergh 1927 in Paris von einem anderen Botschafter empfangen worden.

Ein paar Tage später tötete eine weitere Bombe, die bei einer Kundgebung für Sacco und Vanzetti (möglicherweise versehentlich) in die Luft ging, zwanzig Menschen. In den folgenden zwei Wochen explodierten Bomben in amerikanischen Botschaften in Lissabon, Rio de Janeiro, Zürich und Marseilles.

In den Staaten waren es die Schriftsteller und Intellektuellen, die als Erste gegen die Verurteilungen von Sacco und Vanzetti protestierten – insbesondere die Romanautoren Upton Sinclair und John Dos Passos, die Kurzgeschichtenautorin Katherine Anne Porter, die Lyrikerin Edna St. Vincent Millay, der Kritiker Lewis Mumford, der Zeitungsjournalist Heywood Broun sowie mehrere Mitglieder des Algonquin Round Table, darunter Dorothy Parker und Robert Benchley. Die meisten von ihnen wurden zu irgendeinem Zeitpunkt verhaftet und wegen »Herumlungerns und Lustwandelns« angeklagt – ein Vergehen, das offenbar bezeichnend für damalige Zeiten war. Außerdem behauptete Benchley, er habe Thayer im Golfclub von Worcester, Massachusetts, prahlen hören, er werde es »diesen Mistkerlen schon zeigen«, was liberal gesinnte Personen noch mehr aufhetzte.

Aus dem Ausland trafen mehr und mehr Petitionen für ein Wiederaufnahmeverfahren ein. Eine enthielt fast eine halbe Million Unterschriften, eine andere mehr als 150 000. Straßen und Cafés auf der ganzen Welt wurden nach den beiden Italienern umbenannt. In Argentinien hießen sowohl eine Zigarettenmarke als auch ein beliebter Tango »Sacco y Vanzetti«.

In manchen Kreisen löste das Engagement von Intellektuellen und Ausländern heftigen Unmut aus. In Boston hielten Arbeiter, überwiegend irischer Abstammung, Gegendemonstrationen ab und forderten die rasche Hinrichtung der beiden Italiener. Dem Autor Francis Russell zufolge, der diese Zeit als Kind in Boston miterlebte, war die Stimmung in der Bevölkerung größtenteils gegen Sacco und Vanzetti. Insbesondere bürgerliche Republikaner waren von der Schuld der beiden Männer überzeugt. Senator William Borah aus Idaho, Vorsitzender des Committee on Foreign Relations, sagte, »es wäre eine nationale Erniedrigung, eine schamlose und feige Gefährdung der nationalen Courage, Protesten aus dem Ausland auch nur die geringste Aufmerksamkeit zu schenken«. Letztere bezeichnete er als »unverschämt und böswillig«.

Der Wendepunkt kam für viele, als sich der zukünftige Supreme-

Court-Richter Felix Frankfurter, damals noch Juraprofessor in Harvard, mit dem Fall befasste und zu der Überzeugung gelangte, Sacco und Vanzetti seien vorschnell verurteilt worden. Frankfurter legte seine Einwände in der *Atlantic Monthly* vom März 1927 ausführlich dar. »Ich versichere mit tiefem Bedauern, aber ohne die geringste Angst, widerlegt zu werden, dass Richter Thayers Gutachten in Hinsicht auf die Diskrepanzen zwischen dem, was der Sachverhalt verrät, und dem, was seine Ausführungen vermitteln, in neuerer Zeit seinesgleichen sucht«, schrieb er. »Seine 25 000 Wörter umfassende Abhandlung kann nicht anders beschrieben werden als ein Mischmasch aus falschen Zitaten, Fehldarstellungen, Unterschlagungen und Verstümmelungen ... Das Gutachten ist buchstäblich durchsetzt mit nachweislichen Fehlern, und das Ganze ist in einem Ton gehalten, dem richterliche Ausdrucksweise fremd ist.«

Frankfurter demontierte den Prozess gegen Sacco und Vanzetti systematisch und auf überzeugende Weise, doch seine Erkenntnisse wurden vom Bostoner Establishment nicht willkommen geheißen. Viele Harvard-Absolventen verlangten seine sofortige Entlassung. Kollegen und alte Freunde mieden ihn. Wenn er einen Raum oder ein Restaurant betrat, musste er feststellen, dass manche Leute aufstanden und gingen. Angeblich kostete der Artikel Harvard Spenden in Höhe von einer Million Dollar.

Aber auch anderenorts machte sich Verärgerung über die mutmaßliche Ungerechtigkeit breit. Zu denjenigen, die nach einer neuen Verhandlung verlangten, gehörte etwa Berardellis Witwe. Der konservative *Boston Herald,* der zuvor eine Hinrichtung unterstützt hatte, änderte nach Erscheinen von Thayers Erklärung seine Meinung.

Niemand jedoch widmete dem Fall mehr Aufmerksamkeit als Alvan T. Fuller, Gouverneur von Massachusetts. Fuller schien ein grundanständiger Mensch gewesen zu sein. Sein Leben als Erwachsener begann er als Fahrradverkäufer, dann ging er nach Paris und brachte die ersten beiden Automobile mit, die jemals nach Nordamerika importiert wurden. Letzten Endes wurde er in einer Zeit, in der Fahrzeuge von Packard als die besten im Land galten, Packard-Generalvertreter für ganz Neuengland. Diese Geschäftsverbindung machte ihn zum Multimillionär. Er wohnte in einer Bostoner Villa und sammelte englische Gemälde aus dem 18. Jahrhundert – vor allem Gainsboroughs und Romneys. In den vierzehn Jahren als gewählter Amtsträger nahm er nie einen Gehaltsscheck an.

Am 10. Mai 1927 – genau an dem Tag, als Nungesser und Coli verschwanden – bekam Fuller per Post eine Bombe geschickt, die zum Glück abgefangen und entschärft werden konnte. Im selben Monat setzte Fuller eine Kommission aus drei Würdenträgern ein – Abbott Lawrence Lowell, der Präsident von Harvard; Samuel Stratton, der Präsident des Massachusetts Institute of Technology; und Robert Grant, ein pensionierter Richter –, um offiziell untersuchen zu lassen, ob Sacco und Vanzetti ein fairer Prozess gemacht worden war und ob sie tatsächlich hingerichtet werden sollten. Die drei Männer waren nicht mehr jung: Grant war fünfundsiebzig, Lowell einundsiebzig und Stratton sechsundsechzig.

Unterdessen beschäftigte sich Fuller auch privat mit dem Fall. Er las jedes Wort des Verhandlungsprotokolls. Er ließ sich sämtliche Beweisstücke – Pistolen, Kugeln, Kleidungsstücke – nach Hause schicken, um sie genau inspizieren zu können. Er zog alle elf Geschworenen hinzu (einer von ihnen war zwischenzeitlich verstorben) und befragte sie sowie sämtliche Zeugen aus beiden Verhandlungen persönlich. An etlichen Tagen tat er nichts anderes, als zwölf bis vierzehn Stunden lang den Fall Sacco und Vanzetti zu analysieren.

Zweimal vernahm Fuller die Verurteilten und deren Angehörige, darüber hinaus auch den unglückseligen Celestino Madeiros. Besonders angetan war er von Vanzetti, der im Gefängnis einen Englisch-Fernkurs absolviert hatte, und seine sprachlichen Fähigkeiten verbesserte er, indem er viele bewegende und wortgewandte Briefe und Essays schrieb. Fuller zeigte sich beeindruckt von seinem Feingefühl und seiner Intelligenz. Vanzettis Anwalt Fred Moore sagte, ihm sei noch nie ein Mensch von solch »vortrefflicher Vornehmheit«

begegnet. Gouverneur Fuller verkündete nach der ersten Begegnung mit den beiden: »Was für ein interessanter Mann!«

Im Juli 1927, am Tag von Lindberghs Besuch in Boston, begab sich Fuller ins Charlestown-Gefängnis, um mit den verurteilten Männern zu sprechen. Er verbrachte mit Sacco und Madeiros jeweils fünfzehn Minuten, mit Vanzetti eine Stunde. Jedem war klar, dass Fuller die Männer nicht hinrichten lassen wollte, vor allem nicht Vanzetti.

Ungefähr zur selben Zeit gab die Lowell Commission (sie hatte sich nach einem ihrer Würdenträger benannt) ihr Untersuchungsergebnis bekannt. Sie kam zu dem Schluss, dass Sacco ohne jeden Zweifel schuldig sei und Vanzetti wohl ebenso und dass es keinen Grund für eine Begnadigung gebe. Unter Liberalen löste diese Einschätzung ganz unverhohlen Verärgerung aus. Heywood Broun bezeichnete die Hinrichtung als »legalisierten Mord« und schrieb: »Nicht jeder Gefängnisinsasse hat einen Harvard-Präsidenten, der den Schalter für ihn umlegt.«

Damit war Saccos und Vanzettis Schicksal besiegelt. Am 3. August gab Fuller mit Bedauern bekannt, dass er keinen Grund für eine Begnadigung sehe und die Hinrichtungen vollzogen werden müssten. Sacco und Vanzetti sollten in der folgenden Woche auf den elektrischen Stuhl kommen.

Die Nachricht sorgte für weniger Empörung als vorhergesagt, und das lag fast ausschließlich daran, dass Präsident Coolidge die Nation mit einer unerwarteten Ankündigung aus dem fernen South Dakota verblüffte.

Einundzwanzigstes Kapitel

Der 2. August 1927 war in South Dakota ein kalter, nasser Tag. Die ungefähr dreißig Mitglieder des präsidialen Pressekorps waren überrascht, als sie für eine besondere Bekanntmachung um zwölf Uhr mittags in die Rapid City High School beordert wurden. Sie wurden in ein Klassenzimmer geführt, wo sie zu ihrer noch größeren Überraschung Präsident Coolidge am Lehrerpult sitzend antrafen. Es handelte sich um den vierten Jahrestag von Warren Hardings Tod und damit auch um den vierten Jahrestag von Calvin Coolidges Präsidentschaft. Aus irgendeinem unerklärlichen Grund wirkte Coolidge auffallend zufrieden.

Die Reporter wurden angewiesen, sich in einer Reihe anzustellen. Coolidge reichte jedem, der an seinem Tisch vorbeikam, einen knapp dreißig Zentimeter langen und fünf Zentimeter breiten Papierstreifen, auf dem folgende Nachricht stand: »Ich habe mich nicht dafür entschieden, 1928 für die Präsidentschaft zu kandidieren.« Das war alles. Dieser Beschluss überraschte alle. »Es wäre nicht übertrieben, Coolidges Kryptogramm als Blitz aus heiterem Himmel zu bezeichnen«, schrieb Robert Benchley im *New Yorker*. Selbst Grace Coolidge, die First Lady, hatte offenbar keine Kenntnis von der Entscheidung ihres Mannes und erfuhr erst anschließend von einem der Anwesenden davon.

Coolidge sagte während der Pressekonferenz nur fünf Worte: »Sind jetzt alle hier?«, das war, als sie begann, und »Nein«, als er gefragt wurde, ob er seine Bekanntmachung noch kommentieren wolle. Anschließend eilten die Reporter nach draußen, um der Welt die

Neuigkeiten zu überbringen. Die Nachricht selbst bestand entweder aus elf oder zwölf Wörtern, je nachdem, ob man »1928« als Wort mitzählte oder nicht – diesbezüglich herrschte Uneinigkeit. Unabhängig davon versandten die Korrespondenten, die in der Western-Union-Geschäftsstelle in Rapid City an diesem und am nächsten Tag ihre Berichte abschickten, fast 100 000 Wörter.

Warum Coolidge sich dazu entschloss, nicht zu kandidieren, nährt seit mehr als achtzig Jahren Spekulationen. Vermutlich hatte er verschiedene Gründe. Weder er noch seine Frau waren von Washington besonders angetan, vor allem während der drückenden Schwüle im Sommer, weshalb er froh war, 1927 einen so langen Urlaub machen zu können. Ein umfangreiches Programm, das es durchzuziehen galt, hatte er auch nicht. Aller Wahrscheinlichkeit nach hätten vier weitere Jahre im Amt keinen großen Einfluss darauf gehabt, was Calvin Coolidge der Welt als Präsident hinterlassen hätte. Außerdem hatte er offenbar eine gewisse Vorahnung, was die wirtschaftliche Entwicklung betraf. »Poppa sagt, dass eine Rezession kommt«, verriet Grace Coolidge einer Bekannten, kurz nachdem ihr Mann seine Entscheidung verkündet hatte.

Doch es gab noch einen anderen Grund, der damals von niemandem zur Kenntnis genommen wurde, aber möglicherweise an allererster Stelle stand: Calvin Coolidge litt unter Depressionen, und zwar unter chronischen. Auslöser dafür war eine Familientragödie, für die er sich selbst die Schuld gab. Drei Jahre zuvor, am letzten Junitag 1924, spielten die beiden Söhne von Coolidge, John und Calvin junior, Tennis auf dem Platz des Weißen Hauses. Calvin junior trug seine Tennisschuhe ohne Socken und lief sich eine Blase, die sich entzündete. Binnen eines Tages hatte er hohes Fieber und driftete immer wieder ins Delirium ab. Am 3. Juli, einen Tag vor dem Geburtstag seines Vaters, wurde er ins Walter Reed General Hospital eingeliefert.

Coolidge schrieb seinem Vater: »Calvin ist sehr krank ... Er hat sich eine Blase am Zeh gelaufen, die eine Blutinfektion ausgelöst hat. Die Zehe sieht ganz gut aus, aber das Gift hat sich in seinem ganzen Körper verbreitet. Er bekommt natürlich die beste medizinische Versorgung, die es gibt, aber er wird vielleicht unter einer langwierigen Erkrankung mit Geschwüren leiden, oder es wird ihm in ein paar Tagen wieder besser gehen.« In Wirklichkeit war der Junge drei Tage später tot.

Coolidge, der sich zu diesem Zeitpunkt erst seit elf Monaten im Amt befand, und seine Frau waren am Boden zerstört. Es schien, als hätte der Präsident jegliches Interesse an Staatsangelegenheiten verloren. »Als mein Sohn ging, gingen mit ihm auch all die Macht und die Herrlichkeit der Präsidentschaft«, schrieb Coolidge später.

Coolidge war davon überzeugt, dass er allein für den Tod seines Sohnes verantwortlich war. In seiner Autobiografie notierte er: »Wäre ich nicht Präsident gewesen, hätte er sich nicht beim Tennisspielen auf den South Grounds eine Blase am Zeh gelaufen, die zur Blutvergiftung führte ... Ich weiß nicht, warum für das Wohnen im Weißen Haus ein solcher Preis gefordert wird.« Der letzte Satz überhaupt in diesem Werk klang seltsam aufrichtig: »Präsident zu sein fordert einen hohen Tribut.«

Die nationale Presse interessierte sich im Zusammenhang mit der Bekanntmachung des Präsidenten nicht für die Frage, warum er beschlossen hatte, nicht zu kandidieren, sondern dafür, warum er eine so zweideutige Formulierung wie »Ich habe mich nicht dafür entschieden zu kandidieren« benutzt hatte, anstatt ohne Umschweife zu sagen: »Ich werde nicht kandidieren« oder: »Ich habe beschlossen, nicht zu kandidieren.« Viele verstanden das nicht als klare Weigerung, erneut zu kandidieren, sondern als fast das genaue Gegenteil: als die widerwillige Bereitschaft, sich verpflichten zu lassen, wenn das Volk es wünschte. Der Humorist Will Rogers fasste es in seiner berühmten Zeitungskolumne prägnant zusammen:

Ich glaube, Mr Coolidges Statement ist die am besten formulierte Nominierung, die jemals ein Kandidat geäußert hat. Er hat viel Zeit damit verbracht, im Lexikon das Wort »entscheiden« nachzuschlagen, anstatt einfach zu sagen: »Ich werde nicht kandidieren.« Man braucht kein großes politisches Wissen zu besitzen, um sich darüber im Klaren zu sein, dass jemand, der auf Wunsch der Wähler kandidiert, mehr Stimmen bekommt als jemand, der auf eigenen Wunsch kandidiert. Mr Coolidge ist der klügste Politiker, der jemals vom Staat ein Gehalt bezogen hat.

Niemand anderer in Amerika geriet aufgrund der Bekanntmachung so sehr in Aufregung wie Herbert Hoover, der sich als klarer Favorit im Rennen um die Nachfolge von Calvin Coolidge sah, auch wenn der Rest der Nation das nicht tat oder zumindest nicht unbedingt. Hoover machte gerade im Redwood-Nationalpark im Norden Kaliforniens Urlaub, als die Meldung kam, und war von Coolidges Wortwahl ebenso verblüfft wie alle anderen. »Das Wort ›entscheiden‹ hat in Neuengland verschiedene Konnotationen«, reflektierte er später. »Ich beschloss sofort, mich nicht dazu zu äußern, bevor ich die Gelegenheit hatte, mit dem Präsidenten zu sprechen.« Seinen Mcmoiren von 1952 zufolge wartete Hoover, bis er und Coolidge im September wieder nach Washington zurückkehrten, wenngleich sich die beiden anderen Quellen zufolge bereits früher trafen. Als sie sich schließlich austauschten, erkundigte sich Hoover, der sich Aufklärung und vielleicht auch eine Art Segen wünschte, bei Coolidge, ob dieser der Meinung sei, er solle kandidieren. Worauf Coolidge nicht mehr erwiderte als: »Warum nicht?«

Falls Coolidge insgeheim hoffte, seine Partei werde ihn anflehen weiterzumachen, wartete er darauf vergeblich, und falls ihm das Kummer bereitete, ließ er es sich nicht anmerken. Sicher ist nur, dass er sich weigerte, für Hoover oder irgendeinen anderen Kandidaten die Werbetrommel zu rühren, und zwar mit der Begründung, jeder solle sich selbst eine Meinung bilden. Außerdem wirkte er so entspannt und liebenswürdig wie schon seit langem nicht mehr.

Binnen weniger Tage ließ er sich bereitwillig von den Sioux als Ehrenhäuptling mit dem Namen Womblee Tokaha oder »führender Adler« aufnehmen. Bei dieser Zeremonie wurde ihm eine große Federhaube überreicht, mit der er stolz für Fotos posierte. Er sah damit lächerlich aus, aber auf sympathische Weise. Die Nation war hellauf begeistert.

Coolidge war derart guter Dinge, dass er fünf Tage später vergnügt dreiundzwanzig Meilen in schwer zugängliches Hinterland reiste, um ein scheinbar völlig verrücktes Projekt eines der aufsässigsten Männer des 20. Jahrhunderts einzuweihen. Bei dem Projekt handelte es sich um Mount Rushmore. Bei dem Mann um Gutzon Borglum.

Mount Rushmore war eine Granitfelsnase, die sich so weit ab vom Schuss befand, dass sie bis 1885 überhaupt niemand zur Kenntnis nahm. Das änderte sich erst, als ein gewisser Charles Rushmore aus New York zufällig daran vorbeiritt und ihr seinen Namen gab. Die Idee für ein riesiges, aus dem Fels gehauenes Monument mit den Köpfen von vier Präsidenten stammte von dem South-Dakota-Historiker Doane Robinson, der darin eine Möglichkeit sah, Touristen anzulocken. Wie die Zeitschrift *Time* episch beschrieb, sollte es »die größte in der christlichen Ära gefertigte Skulptur« werden. Die Idee war, gelinde gesagt, exzentrisch. Für das Projekt gab es keine gesicherte Finanzierung und keine staatliche Förderung. Niemand konnte mit Sicherheit sagen, ob es überhaupt möglich war, einen Berghang zu behauen, und die Stelle war nicht über eine Straße zu erreichen, was bedeutete, dass Schaulustige ohnehin Probleme haben würden, sich die Skulptur anzusehen.

Nur ein Mensch auf der Welt verfügte über die erforderlichen Fähigkeiten und die Erfahrung zur Ausführung eines solchen Projekts, doch dieser war gleichzeitig eine der jähzornigsten, weltfremdesten und unerträglichsten Personen, die jemals einen Presslufthammer in die Hand genommen hatten. Wie sich herausstellte, war er aber auch die perfekte Wahl.

Im Sommer 1927 war Gutzon Borglum einundsechzig Jahre alt. Fast alle Details seines Lebens müssen mit einer gewissen Vorsicht betrachtet werden, da Borglum sie im Lauf der Zeit gern änderte. Er teilte sich hin und wieder ein neues Geburtsjahr oder einen neuen Geburtsmonat zu und nahm häufig Errungenschaften für sich in Anspruch, die nicht sein Verdienst waren. Im *Who's Who*-Eintrag gab er an, Flugzeugingenieur zu sein, was er jedoch nicht war. Obwohl er 1867 am Bärensee in Idaho auf die Welt gekommen war, behauptete er manchmal ohne ersichtlichen Grund, aus Kalifornien zu stammen. Er gab zwei verschiedene Frauen als seine Mutter aus, wofür allerdings eine gewisse Rechtfertigung bestand. Sein Vater, ein in Dänemark geborener Mormone, hatte zwei Schwestern geheiratet. Eine von ihnen brachte Borglum zur Welt, kehrte der Familie dann jedoch den Rücken, worauf die andere ihn großzog wie ein eigenes Kind. Er besaß ein feuriges Temperament, hatte einen voluminösen Brustkasten und war krankhaft streitsüchtig. »Mein Leben«, reflektierte er einmal, »war schon immer ein Ein-Mann-Krieg.«

Borglum wuchs überwiegend in Nebraska auf. Als junger Mann arbeitete er als Maschinenschlosser und machte eine Ausbildung zum Lithografen, dann entschied er sich jedoch, seinem Kunstinteresse nachzugehen. Er nahm Unterricht bei einer Frau namens Lisa Putnam in Los Angeles, die er schließlich auch heiratete, obwohl sie achtzehn Jahre älter war als er. Zusammen gingen sie nach Paris, wo Borglum eine Ausbildung zum Bildhauer machte (einer seiner Lehrmeister war Auguste Rodin). Borglum blieb elf Jahre in Europa, bis er seine Frau verließ und in die Vereinigten Staaten zurückkehrte, wo er sich schnell einen Namen als Bildhauer machte.

Während des Ersten Weltkriegs und offenbar aus heiterem Himmel entwickelte Borglum ein fanatisches Interesse an Ineffizienzen in der Luftfahrtindustrie. Ungefragt und ohne Befugnis führte er in verschiedenen Werken Inspektionen durch, bei denen er tatsächlich einige erhebliche Mängel aufdeckte. Präsident Woodrow Wilson bat ihn, einen Bericht zu verfassen, und auf diese Weise kam er zu einem Büro im Gebäude des Kriegsministeriums in Washington, D. C. Am Ende entwickelte sich Borglum jedoch zu einer solchen Plage, dass Wilson ihn wieder entließ, obwohl er eigentlich gar kein Amt innehatte, aus dem er hätte entlassen werden können.

Als der Krieg vorbei war, überredete Borglum die patriotische Organisation United Daughters of the Confederacy, ihn ein 120 Meter hohes und 400 Meter breites Tableau in die Stirnseite des Stone Mountain in der Nähe von Atlanta hauen zu lassen, um den Heldenmut und die Furchtlosigkeit der Konföderation zu feiern. Stone Mountain hatte eine fragwürdige Geschichte, da dort 1915 der Ku-Klux-Klan wiedergeboren wurde. Borglum war selbst eine Zeit lang Mitglied des Klans. Mit finanzieller Unterstützung der United Daughters führte Borglum ausgiebige Vorbereitungen durch, zerstritt sich jedoch schließlich mit einigen der Frauen und suchte 1925 abrupt das Weite, wobei er Unmengen von interessanten Skizzen und unbezahlten Rechnungen zurückließ. Die Daughters verklagten ihn wegen absichtlicher Beschädigung fremden Eigentums und Diebstahls in zwei Fällen, doch zu diesem Zeitpunkt befand sich Borglum bereits in South Dakota, wohin ihn Doane Robinson eingeladen hatte, damit er einen Blick auf Rushmore werfe.

Für Borglum war es Liebe auf den ersten Blick. Rushmore besaß ein prächtiges Profil und eine stabile Substanz. Geologen gingen davon aus, dass der Fels nur zwei bis drei Zentimeter in 100 000 Jahren erodieren würde. In Wirklichkeit erwies sich diese Schätzung nur teilweise als richtig, denn Borglum musste sich viel einfallen lassen und improvisieren, um seinen Traum zu verwirklichen.

Als Budget wurden 400 000 Dollar festgesetzt, was ein Honorar von 78 000 Dollar für Borglum beinhaltete. Zusätzlich zur Skulptur plante Borglum ein monumentales, in die Felswand hinter den Köpfen der Präsidenten gehauenes »Archiv«, das über eine eindrucksvolle Treppe zu erreichen war und die Unabhängigkeitserklärung sowie die Verfassung enthalten sollte.

Bei der bildhauerischen Bearbeitung einer Felswand ging es eher um technische Planung und Sprengarbeiten, denn um ein kunstvolles Meißeln. Der Großteil der präsidialen Gesichtszüge wurde auf magische Weise aus dem Fels gesprengt. Selbst der letzte Feinschliff wurde mit Pressluftbohrern durchgeführt. Die vier Gesichter, die sich dem Besucher heutzutage präsentieren, sind jeweils knapp zwanzig Meter hoch. Die Münder sind fünfeinhalb Meter breit, die Nasen sechs Meter lang. In die Augenhöhlen würde jeweils ein Auto der Länge nach hineinpassen.

Die Möglichkeit, dass eine falsch berechnete Sprengung einen der Präsidenten in eine nasenlose Sphinx verwandeln könnte, sorgte für ein gleichbleibend hohes Interesse der Öffentlichkeit. Die Tatsache, dass Borglum leicht verrückt aussah, nicht minder eigenwillig agierte und sich bei der Zusammenarbeit immer als problematisch erwies, garantierte ebenfalls die stetige Aufmerksamkeit der Presse. Und es gab wirklich einige Pannen: An Jeffersons Nase entstand ein Riss, der nichts Gutes verhieß, sodass sein Gesicht in einem anderen Winkel neu »errichtet« werden musste. Ausreichend große Flächen mit gutem Fels zu finden war eine der größten Herausforderungen. Die Ausgestaltung der vier Köpfe – von denen jeder in eine andere Richtung blickt, wobei Jefferson beinahe schelmisch hinter Washington hervorlugt – wurde von der Verfügbarkeit bearbeitbaren Gesteins diktiert. Washingtons Gesicht befindet sich etwa zehn Meter hinter der ursprünglichen Felsoberfläche, Jeffersons Konterfei sogar doppelt so viel. Insgesamt entfernten Borglum und seine Arbeiter mehr als 350 000 Tonnen Fels, um ihre heroische Komposition zu kreieren.

Das größte Problem war die Finanzierung. Die Regierung von South Dakota weigerte sich, auch nur einen Penny für das Projekt bereitzustellen. Private Unterstützer zeigten sich kaum großzügiger. Infolgedessen kamen die Arbeiten oft zum Stillstand. Letztlich wurde der überwiegende Anteil der Kosten von der Landesregierung getragen, aber bis zur Fertigstellung vergingen trotzdem vierzehn Jahre, ungefähr doppelt so viel Zeit, wie nötig gewesen wäre. Zu den Unterstützern gehörte übrigens auch Charles Rushmore, der inzwischen ein wohlhabender Anwalt in New York war und 5000 Dollar spendete.

Als Motive wählte Borglum Washington, Jefferson, Lincoln und – zum allgemeinen Entsetzen – Theodore Roosevelt aus, auf den die

Wahl nicht wegen seiner Bedeutung fiel, sondern, wie es scheint, weil er und Borglum früher einmal Kumpel gewesen waren.

Am Tag der Einweihung lag all das noch ein gutes Stück in der Zukunft. Eine Straße zum Monument befand sich zwar im Bau, jedoch war sie noch nicht annähernd fertiggestellt, sodass die etwa 1500 Zuschauer einen steilen Pfad zwei Meilen hinaufwandern mussten, um den Feierlichkeiten beizuwohnen. Präsident Coolidge legte diese Etappe zu Pferd zurück. Er war mit einem Anzug bekleidet, trug aber Cowboyhut und Cowboystiefel. Bei seiner Ankunft beeindruckte er alle, indem er aus einem gemeinschaftlichen Schöpflöffel trank. Sprengmeister hatten für die Zeremonie Sprengkörper unter den Bäumen entlang des Weges deponiert, auf dem Coolidge eintraf, und begrüßten ihn mit einem Einundzwanzig-Schuss-Salut. Reden wurden gehalten, eine Flagge wurde gehisst, und dann wurde Borglum an einem Seil zur Felswand von Mount Rushmore hinuntergelassen, wo er mit einem Pressluftbohrer einige Löcher bohrte. Borglums kurzes Herumhantieren produzierte keine erkennbaren Ergebnisse, symbolisierte jedoch den Beginn der Arbeiten, und alle gingen danach zufrieden nach Hause.

Borglum und Coolidge kamen gut miteinander aus. Borglum wollte unter den Köpfen der Präsidenten eine riesige, als »The Entablature« bezeichnete Inschrift anbringen, die in 500 Wörtern die Geschichte der Vereinigten Staaten zusammenfassen und aus so großen gemeißelten Buchstaben bestehen sollte, dass sie noch aus drei Meilen Entfernung zu lesen war. Bei der Einweihungsfeier übertrug Borglum die Aufgabe, sie zu verfassen, spontan Coolidge, der mit ungewöhnlicher Begeisterung einwilligte.

Coolidge investierte in den folgenden Monaten viel Zeit und Mühe, doch als er seine Entwürfe schließlich einreichte, erwiesen sich diese peinlicherweise als völlig unbrauchbar. Die meisten lasen sich nicht wie ein ausgefeilter Text, sondern eher wie stichpunktartige Notizen. Zur Verfassung hatte Coolidge Folgendes zu sagen: »Die Verfassung – Satzung einer unbefristeten Vereinigung freier Menschen unabhängiger Staaten, die eine Regierung mit beschränkten Befugnissen bilden – unter einem unabhängigen Präsidenten, Kongress und Gericht, die den Auftrag haben, Sicherheit, Freiheit, Gleichheit und gesetzlich geregelte Gerechtigkeit für alle Bürger zu gewährleisten.« Die Idee einer Inschrift wurde dann zu seiner großen Verärgerung still und heimlich wieder fallen gelassen. Doch im Sommer 1927 lag auch das alles noch in der Zukunft, und der Präsident und Borglum gingen nach der Einweihungsfeier als große Freunde auseinander.

Nach Coolidges Rückkehr vom Mount Rushmore wartete auf seinem Schreibtisch in der Game Lodge ein Gnadengesuch für Sacco und Vanzetti auf ihn. Er ignorierte es.

Charles Lindberghs Tournee war immer noch nicht beendet. Am 10. August flog er nach Detroit, wo sich Henry und Edsel Ford eine Auszeit vom Konstruieren und Testen des neuen Model A nahmen, um in der *Spirit of St. Louis* jeweils eine kleine Runde mitzufliegen – eine Ehre, die nur wenigen zuteilwurde. Obwohl die Firma Ford selbst Flugzeuge herstellte, waren weder Henry noch Edsel jemals zuvor geflogen. Da es in Lindberghs Maschine keinen zweiten Sitz gab, musste Henry Ford wie jeder andere Passagier zusammengekrümmt auf der Armlehne Platz nehmen. Wieder auf dem Boden angekommen prahlte Henry damit, er habe eine Zeit lang »den Steuerknüppel bedient«, und wirkte enorm selbstzufrieden. Als Edsel von Journalisten über das neue geheime Automodell und dessen Fortschritte befragt wurde, behauptete er, alles laufe so gut, dass in Kürze mit der Produktion begonnen werden könne. Ob es sich dabei um Optimismus oder Irrglauben handelte, ist nicht klar, aber er lag in jedem Fall ziemlich daneben. Die Produktion lief erst Monate später an.

Nach einem freien Tag in Detroit, den Lindbergh zum größten Teil mit seiner Mutter verbrachte, flog er am 13. August in westlicher Richtung über Michigan weiter nach Illinois. Unter denjenigen, die ihn womöglich über sich hinwegkurven sahen und sich vielleicht sogar im Benton Harbor, wo Lindbergh einen kurzen

Zwischenstopp einlegte, unter die Zuschauer mischten, gehörten auch Wayne B. Wheeler von der Anti-Saloon League mit seiner Frau und deren Vater, die gemeinsam im Ferienhaus der Wheelers in Little Sable Point am Ufer des Michigansees Urlaub machten.

Als Mrs Wheeler an diesem Abend in ihrem Ferienhaus den Ölofen anzündete, um das Abendessen zuzubereiten, explodierte dieser, und sie wurde von Kopf bis Fuß mit brennendem Öl übergossen. Ihr einundachtzigjähriger Vater eilte aus einem angrenzenden Zimmer herbei und erlitt beim Anblick seiner in Flammen stehenden Tochter einen tödlichen Herzinfarkt. Wayne Wheeler, der sich im Obergeschoss ausgeruht hatte, traf einen Augenblick später ein. Er erstickte das lodernde Feuer mit einer Decke und rief den Notarzt, doch seine Frau hatte so starke Verbrennungen, dass sie noch in derselben Nacht im Krankenhaus starb. Der Schock, den Wheeler bei diesem Zwischenfall davontrug, war mehr, als er ertragen konnte. Drei Wochen später erlitt er selbst einen Herzinfarkt und starb.

Mit Wheelers Tod verlor die Prohibition sowohl ihre Dynamik als auch ihren wichtigsten Spendenbeschaffer. Drei Jahre später hatte die Anti-Saloon League solche Geldprobleme, dass sie das Zeitungsabonnement ihres Washingtoner Büros kündigen musste. Sechs Jahre später war die Prohibition Geschichte.

Am 18. August fand in Cleveland, Ohio, ein Ereignis statt, das sowohl symbolisch wie auch praktisch bedeutend war, doch zur damaligen Zeit von kaum jemandem zur Kenntnis genommen wurde: Dabei ging es darum, dass das letzte stählerne Gerüstteil des gigantischen Union-Terminal-Projekts an seinen Platz gehievt wurde. Etwas Vergleichbares hatte es noch nie gegeben. Abgesehen von einem funkelnagelneuen Bahnhof gehörten zu dem Komplex auch ein Hotel, ein Postamt, ein Kaufhaus, mehrere Geschäfte und Restaurants sowie ein zweiundfünfzigstöckiges Bürohaus, das höchste in diesem Jahr in Amerika errichtete Gebäude (und bis zum Bau des Chrysler Building das zweithöchste überhaupt). Sämtliche Komponenten des Komplexes waren miteinander verbunden, was es zuvor noch nie gegeben hatte.

Der Union Terminal war nicht nur in Bezug auf seine Konzeption bemerkenswert, sondern auch, was seine Erbauer betraf, die Brüder Oris und Mantis Van Sweringen. Von sämtlichen Großunternehmern, die Amerika in den ersten beiden Dekaden des 20. Jahrhunderts hervorbrachte, war keiner ungewöhnlicher und ist keiner inzwischen mehr in Vergessenheit geraten. Geboren in bescheidenen, aber achtbaren Verhältnissen in Cleveland – der Vater der beiden war Buchhalter – begannen sie als unbedeutende Bauunternehmer, waren jedoch enorm fleißig und weiteten ihr Tätigkeitsfeld auf andere Branchen aus, bis sie in den zwanziger Jahren zu den reichsten Männern Amerikas gehörten. Davon abgesehen zählten sie auch zu den seltsamsten.

Niemand wusste, woher ihre ungewöhnlichen Vornamen stammten. Offenbar hatten ihre Eltern sie einfach erfunden, weil ihnen ihr Klang gefiel. Die beiden Brüder waren blass, klein gewachsen und unzertrennlich. In den Worten ihres Biografen waren sie »fast völlig voneinander abhängig«. Sie wohnten in einem Anwesen mit vierundfünfzig Zimmern, schliefen jedoch nebeneinander in zwei Einzelbetten im Hauptschlafzimmer. Sie rauchten nicht und blieben nie lange auf. Sie waren krankhaft schüchtern. Sie nahmen nicht am öffentlichen Leben teil und vermieden es, sich fotografieren zu lassen. Sie benannten nie irgendwelche Bauprojekte nach sich selbst. Sie nahmen auch nicht am Richtfest des Union Terminal am 18. August und dem anschließenden Abendessen teil.

Oris war drei Jahre älter als Mantis, aber eindeutig der Juniorpartner in der Beziehung der beiden. Im Grunde organisierte Mantis sein ganzes Leben für ihn: packte seine Koffer, kümmerte sich um sein Taschengeld, behielt den Überblick über seine Termine. Oris schlief viel, in der Regel zwölf Stunden pro Nacht. Mantis ging manchmal Reiten, doch abgesehen davon ist nicht bekannt, dass einer der beiden irgendwelche Interessen gehabt hätte. Die Brüder machten nie Urlaub.

Ihr Anwesen mit dem Namen Daisy Hill erstreckte sich über knapp 200 Hektar. Das Haus verfügte über achtzig Telefonleitungen, damit die beiden Kontakt zu ihrem Business-Imperium halten konnten. Zu den Räumlichkeiten gehörten zwei Speisesäle, in denen nie ein Gast bewirtet wurde, ein Fitnessstudio, das nie benutzt wurde, und dreiundzwanzig Gästezimmer, in denen nie ein Besucher übernachtete. Die Brüder hatten keine Freunde, wobei sich Mantis letzten Endes aber in eine Witwe namens Mary Snow verliebte und eine Beziehung mit ihr einging, die er irgendwie vor Oris geheim hielt. Ein Feld auf dem Grundstück wurde gelegentlich für Polo-Matches benutzt und noch seltener als Start- und Landebahn. Herbert H. Harwood Jr. zufolge, dem Biografen der Brüder, landete Charles Lindbergh einmal dort und flog mit Mantis eine Runde, während Oris auf dem Boden blieb und sich Sorgen machte. Doch Harwood äußerte sich nicht darüber, wann das gewesen sein soll. Auf jeden Fall war es nicht im Sommer 1927.

Wenn Mantis die fremdfinanzierte Übernahme nicht erfand, war er zumindest einer ihrer ersten großen Meister. Die Brüder nahmen hohe Kredite auf, um Unternehmen zu kaufen, und benutzten diese Firmen dann als Sicherheiten, um weitere Kredite aufzunehmen und noch mehr Unternehmen zu kaufen. Ihr Imperium war ein verwobenes Netzwerk aus miteinander verbundenen Konzernen, das Ende der zwanziger Jahre aus 275 Tochtergesellschaften bestand. Den beiden gehörten so viele Firmen, dass sie Probleme hatten, sich für alle originelle Namen einfallen zu lassen – aus diesem Grund besaßen sie eine Cleveland Terminals Building Company, eine Terminal Building Company und eine Terminal Hotels Company. Als sie für achteinhalb Millionen Dollar die Nickel Plate Railroad kauften, zahlten sie davon nur 355 000 Dollar aus eigener Tasche – und auch dieser Betrag war vollständig von der Guardian Bank of Cleveland geliehen (die schließlich pleiteging, ohne einen Penny von den beiden Brüdern zurückzuerhalten). Den kolossalen Union Terminal bauten sie mit weniger als 20 Millionen Dollar Eigenkapital, das ebenfalls fast vollständig geliehen war. Wie gesagt:

Niemand beherrschte fremdfinanzierte Übernahmen besser als die Van Sweringens.

Mantis' wirkliche Leidenschaft galt jedoch der Eisenbahn. Die Branche war unglaublich aufgesplittet: In den zwanziger Jahren gab es in Amerika fast 1100 verschiedene Eisenbahngesellschaften. Viele Verbindungen führten aus dem Nirgendwo ins Nirgendwo – entweder weil sich die Städte oder Industriegebiete entlang der Strecke nicht so entwickelten wie erwartet oder weil die ursprünglichen Erbauer es nie schafften, die Strecken bis zu den wichtigen Metropolen auszubauen. Die Lake Erie & Western führte von Sandusky, Ohio, nach Peoria, Illinois; die Pere Marquette schlängelte sich ziellos durch den nördlichen Mittelwesten, als suche sie nach einem verlorenen Gegenstand. Diese trostlosen Strecken – in der Branche wurden sie »Waisen« genannt – waren in der Regel ziemlich einfach zu erwerben, und die Van Sweringens taten das mit Begeisterung. Sie hatten ein Faible für den Kauf von Eisenbahnlinien.

Binnen acht Jahren bauten die Brüder das drittgrößte Eisenbahnimperium im Land auf. 1927 gehörten ihnen fast 30 000 Meilen Eisenbahnstrecke, etwa elf Prozent der Gesamtstrecke, mit Routen, die sich vom Atlantik bis nach Salt Lake City erstreckten. Nebenbei rafften sie auch Kaufhäuser, Fähren und das Greenbrier-Resort-Hotel in West Virginia an sich. Auf ihrem Höhepunkt hatten sie 100 000 Angestellte und ein Betriebsvermögen von zwei bis drei Milliarden Dollar. Ihr Privatvermögen wurde auf gut 100 Millionen Dollar geschätzt, nachdem sie zehn Jahre zuvor fast nichts besessen hatten.

Während sie ihr Imperium aufbauten, veränderten sie die Welt still und heimlich, aber maßgeblich. An einem Ort namens Turkey Ridge, außerhalb von Cleveland gelegen, errichteten sie von Grund auf eine ganze Stadt und nannten sie Shaker Heights. Shaker Heights war die erste geplante Pendlergemeinde in Amerika und wurde zum Vorbild für fast alle anderen Vororte. In ähnlicher Weise nahm der Union-Terminal-Komplex das moderne amerikanische Einkaufszentrum vorweg.

Leider glich das Imperium der Brüder einem auf dem Kopf stehenden Dreieck. Falls im unteren Bereich irgendein Teil versagte, würde das gesamte Gebäude einstürzen, und genau das passierte auch. Wenngleich die beiden es zu dem Zeitpunkt nicht wissen konnten, stellte das Richtfest des Union-Terminal-Komplexes am 18. August in jeder Hinsicht den Höhepunkt ihrer Karriere dar.

Als die Weltwirtschaftskrise begann, wurden die beiden gnadenlos bloßgestellt. Fast ihr gesamtes Geld steckte in Eisenbahnstrecken und Immobilien – zwei der verwundbarsten Branchen, in die man investieren konnte –, und sie hatten sich finanziell ohnehin hoffnungslos übernommen. Sie hatten Aktien der Eisenbahngesellschaft Missouri Pacific zu 101 Dollar das Stück gekauft, die Anfang der dreißiger Jahre zu anderthalb Dollar gehandelt wurden, und waren nicht mehr in der Lage, fällige Anleihen oder Zinsen auf Darlehen zu zahlen. Die Eisenbahngesellschaften Missouri Pacific und Chicago & Eastern Illinois gingen in Konkurs und rissen das ganze instabile Imperium mit sich.

Letztlich verkörperte niemand den schwindelerregenden Leichtsinn und Größenwahn der zwanziger Jahre besser als die Van Sweringens. Der Stress und die Enttäuschungen erwiesen sich für Mantis, der 1935 im Alter von vierundfünfzig Jahren an Herzversagen starb, als zu viel des Guten. Oris saß in den letzten Minuten des Lebens seines Bruders an dessen Bett. Mantis war bei Bewusstsein, doch die beiden wechselten kein Wort. Mantis' Vermögen wurde auf 3067,85 Dollar geschätzt, wobei sich die Hälfte davon aus sieben Pferden zusammensetzte. Oris, der ohne seinen Bruder völlig verloren war, starb elf Monate und zehn Tage später ebenfalls an Herzversagen. Sein Vermögen war sogar noch geringer als das seines Bruders.

Die beiden wurden in einem gemeinsamen Grab auf dem Lake-View-Friedhof in Cleveland beigesetzt. Auf dem Grabstein stehen ihre Namen und ihr Geburts- und Todesdatum unter einem einzigen Wort: »Brüder«.

Zweiundzwanzigstes Kapitel

Die erfolgreichen Transatlantikflüge der *America*, der *Columbia* und der *Spirit of St. Louis* hatten einen elektrisierenden, wenn auch nicht immer ganz realistischen Einfluss auf die Erwartungen an die Zukunft der Luftfahrt.

Fast sofort begannen die Menschen von Möglichkeiten zu träumen, wie sich die Heldentaten des Sommers in die Praxis umsetzen ließen. In Paris erregte Charles Levine kurzzeitig die Neugier der Reporter, als er sein Vorhaben verkündete, eine regelmäßige Passagier-Flugverbindung zwischen Amerika und Europa einzurichten und zwei Millionen Dollar von seinem eigenen Geld in das Unterfangen zu investieren. Wie er Passagiere sicher in beide Richtungen befördern wollte, obwohl bislang noch kein Flugzeug imstande war, den Atlantik in westlicher Richtung erfolgreich zu überqueren, konnte er allerdings nicht erklären. Wie so viele von Levines Projekten geriet auch dieses schnell in Vergessenheit.

Der in Kanada geborene Ingenieur Edward R. Armstrong ging das Problem aus einer entgegengesetzten Richtung an. Anstatt zu versuchen, die Reichweite und Tragfähigkeit von Flugzeugen zu erhöhen, hatte er die Idee, durch den Bau einer Reihe von schwimmenden Landeplätzen – acht an der Zahl – in 350-Meilen-Abständen die Entfernungen zu verringern, die sie fliegen mussten. Diese »Wasserflugplätze« sollten jeweils 335 Meter lang, 45 000 Tonnen schwer und mit Stahlseilen auf dem Meeresboden verankert sein. Alle sollten über Restaurants, Souvenirläden, Aufenthaltsräume und Aussichtsdecks verfügen. Manche sollten sogar mit Hotels ausgestattet sein. Die Kosten wurden auf sechs Millionen Dollar pro Plattform geschätzt. Eine Reise von New York nach London sollte nach Armstrongs Berechnungen etwa dreißig Stunden dauern.

1927 gründete er die sogenannte Armstrong Seadrome Development Company und sicherte sich nach und nach finanzielle Unterstützung. Am 22. Oktober 1929 gab er seinen Plan bekannt, sechzig Tage später mit den Arbeiten zu beginnen. Leider war das die Woche, in der es zum Börsencrash kam, und seine Finanzierung ging den Bach hinunter. Noch jahrelang versuchte er, sein Vorhaben in die Tat umzusetzen, wobei er die Anzahl der geplanten Plattformen zunächst auf fünf und dann auf drei reduzierte, als Flugzeuge leistungsfähiger wurden. Letzten Endes waren sie natürlich überhaupt nicht mehr erforderlich, und sein Traum wurde nie Wirklichkeit. Seine »Wasserflugplätze« dienten aber immerhin als Vorlage für moderne Bohrinseln. Armstrong starb 1955.

In den zwanziger Jahren fuhren rund zwei Millionen Menschen im Jahr mit dem Schiff zwischen Amerika und Europa hin und her, daher gab es einen beträchtlichen Markt von potenziellen Flugpassagieren. Aus unserer hektisch-modernen Perspektive erscheinen Schiffspassagen über den Atlantik glamourös und romantisch, doch sie waren auch zeitaufwendig, bei schlechtem Wetter ziemlich ungemütlich und manchmal sogar ernsthaft gefährlich. Vor der Erfindung des Radars war Nebel eine häufige und gefürchtete Gefahr. Die meisten Schiffe hatten eine lange Liste von beunruhigenden Beinahekollisionen aufzuweisen. »Auf der Western-Ocean-Route gab es mehr Beinaheunfälle, als den Passagieren bewusst war«, schreibt der Autor John Maxtone-Graham in *Der Weg über den Atlantik*. Kollisionen waren keine Seltenheit. Am 15. Juli 1927 rammte der Holland-Amerika-Liner *Veendam* um 4:40 Uhr morgens bei Nantucket, während die *Leviathan* mit Byrd und seinem Team an Bord gerade ganz in der Nähe vorbeifuhr, den norwegischen Frachter *Sagaland* – oder pflügte vielmehr durch ihn hindurch. Die *Sagaland* sank rasch und riss ein Besatzungsmitglied mit in den Tod. Die *Veendam* entging einer schwereren Beschädigung, und niemand an Bord wurde als verletzt gemeldet. Da die beiden Schiffe bei klarem Wetter kollidierten, war der Zwischenfall dennoch eine ernüchternde Erinnerung daran, wie gefährlich Reisen auf dem Meer sein konnte.

Aus all diesen Gründen war die Aussicht darauf, die Überquerung auch nur um einen Tag verkürzen zu können, überaus verlockend. Das erklärt, weshalb Clarence Chamberlin am 1. August eine Einladung der United States Lines annahm und wieder an Bord der mächtigen *Leviathan* ging, und zwar mit der Absicht, mit einem Flugzeug von ihrem Oberdeck aus zu starten. Um das zu ermöglichen, war eine wackelige, fünfunddreißig Meter lange Rollbahn errichtet worden, doch niemand konnte sagen, ob das genügen würde. Bislang war noch nie ein Flugzeug von einem Schiff auf dem Meer gestartet, und sogar Chamberlin selbst schätzte seine Erfolgsaussichten nur wenig besser als fünfzig zu fünfzig ein. Kurz vor dem Start fragte ihn jemand, ob er schwimmen könne. Chamberlin grinste und gab zu, dass dem nicht so war.

Glücklicherweise war Schwimmen nicht nötig. In einer Pause zwischen starken Regengüssen kletterte Chamberlin in seinen Fokker-Doppeldecker und schoss die knarrende Startbahn hinunter und mit gerade genug Geschwindigkeit und Auftrieb, um sich in der Luft zu halten, in die hinter ihr liegende Leere. Er umkreiste das Schiff, winkte lässig und flog in Richtung Teterboro, New Jersey, wo er 900 Luftpostbriefe ablieferte und verschämt für Fotos posierte. Von Chamberlins Beispiel inspiriert ließen die Eigentümer des neuen Passagierliners *Île de France,* der in diesem Jahr vom Stapel lief, ein Katapult installieren, das imstande war, ein Flugzeug mit sechs Sitzplätzen eine kürzere Startbahn hinunter und in die Luft zu schleudern. Ein paar Jahre lang konnten Passagiere, die furchtlos, wohlhabend und in Eile waren, das Festland auf diese Weise etwa einen Tag früher erreichen als ihre Mitreisenden.

Als der August anbrach, ging die zweite Woche von Charles Lindberghs langer Amerikatournee ihrem Ende entgegen. Bislang war er nur einmal in eine brenzlige Situation geraten, doch jetzt wurde es ziemlich heikel. Nach seinem Besuch in Boston war er nach Portland, Maine, weitergeflogen, hatte dort aber wegen Nebels nicht landen können. Nachdem er fast zwei Stunden lang in der Luft gekreist war und sein Treibstoffvorrat langsam zur Neige ging, musste er sich nach einem anderen sicheren Landeplatz umsehen. Er trennte sich von seinem Begleitflugzeug und landete auf dem Old Orchard Beach in Maine. Glücklicherweise bot ein Mann namens Harry Jones Touristen von diesem Strand aus Rundflüge an – und möglicherweise hatte jemand Lindbergh vor seinem Abflug davon erzählt, für den Fall, dass er in Schwierigkeiten geraten sollte. Jedenfalls besaß Jones in der Nähe einen Hangar mit Werkzeug, den er Lindbergh gern zur Verfügung stellte.

Als sich herumsprach, dass Lindy am Strand gelandet war, kam es fast unmittelbar zu einer Menschenansammlung. Schaulustige pirschten sich an den Hangar heran und beobachteten ihn bei der Arbeit. »Er würdigte die Menge keines Blickes und ließ es sich in keiner Weise anmerken, dass er sich seines Publikums bewusst war«, schrieb Elise White, eine junge Frau, die sich unter den Anwesenden befand. Als Lindbergh mit dem Hantieren an seinem Flugzeug fertig war, hatten sich bereits so viele Menschen um ihn gruppiert, dass er ein Megafon brauchte, um zu ihnen zu sprechen. Er bat sie, aus dem Weg zu gehen, damit er wieder abfliegen könne, doch die Menge drängte stattdessen nach vorn, um das Flugzeug aus der Nähe zu betrachten. »Empört warf er das Megafon zu Boden«, berichtete die leicht erschrockene Miss White. Das war nicht der Charles Lindbergh, über den sie gelesen hatte.

Lindberghs Verärgerung ist durchaus begreiflich. Bei seinem Flugzeug handelte es sich um eine empfindliche Maschine, und die Gefahr, dass irgendein gedankenloser Gaffer sie beschädigte, war real und ein stetiger Anlass zu Sorge. Der Anblick von Leuten, die seine *Spirit* betatschten, sich gegen sie lehnten oder an ihren beweglichen Teilen herumfummelten, war für ihn verständlicherweise entsetzlich. In diesem Fall ergriff er die Flucht nach vorn. Kurz nachdem die Menschenmenge begonnen hatte, sich ihm aufzudrängen, saß er bereits in seinem Flugzeug und setzte es in Richtung Strand in Bewegung, wobei er darauf vertraute, dass die Schaulustigen rechtzeitig zur Seite springen würden. Zum Glück taten sie das auch. Lindbergh rollte zum Ende des Strands, drehte das Flugzeug in den Wind und startete durch. »Es bewegte sich geschmeidig über den Sand und befand sich im Handumdrehen – nach kaum mehr als hundert Metern – in der Luft«, schrieb Miss White. »Er neigte die Maschine, drehte ein und kehrte tief über dem Strand um, dann erhob er sich wie ein Vogel mit silberfarbenen Flügeln in den Himmel.« Eine halbe Stunde später befand er sich in Portland, wo ihn weitere Menschenmassen erwarteten, deren größter Wunsch es war, sich um ihn und sein geliebtes Flugzeug zu scharen.

Man kann sich unmöglich vorstellen, wie es gewesen sein muss, in jenem Sommer Charles Lindbergh zu sein. Sobald er am Morgen sein Zimmer verließ, wurde er angefasst, herumgeschubst und belästigt. Jeder Mensch auf der Welt, dem es gelang, nahe genug an ihn heranzukommen, wollte ihm die Hand schütteln oder ihm auf den Rücken klopfen. Er hatte überhaupt keine Privatsphäre mehr. Hemden, die er in die Reinigung gab, erhielt er nie wieder zurück. In Küchen stritt man sich um Hühnerknochen und Servietten von seinem Teller. Er konnte nicht spazieren gehen oder eine Bank oder Apotheke betreten, ohne dass ihm Leute folgten – selbst wenn er eine öffentliche Toilette aufsuchte, taten sie das. Schecks, die er ausstellte, wurden nur selten eingelöst, da die Empfänger sie lieber einrahmten. Nichts an seinem Leben war normal, und es bestand keine Aussicht darauf, dass sich das jemals wieder ändern würde. Wie Lindbergh feststellen musste, machte es wesentlich mehr Spaß, berühmt zu werden, als berühmt zu sein.

Seine Tournee umfasste neunundsechzig Zwischenstopps mit Übernachtung und dreizehn »Zwischenlandungen«, bei denen Lindbergh gerade lange genug auf dem Boden blieb, um Offizielle zu begrüßen und ein paar Worte zu sagen. Außerdem flog er auf besonderen Wunsch über unzählige Kleinstädte, allerdings nur, wenn diese sich bereit erklärten, ihren Namen zugunsten anderer Piloten auf das Dach eines Gebäudes zu schreiben. Über Ortschaften, in denen er nicht landen konnte, warf er Flugblätter ab, auf denen zu lesen stand:

Guten Tag. Aufgrund der zeitlichen Beschränkungen während der ausgedehnten Tour durch die Vereinigten Staaten, die momentan stattfindet, um das öffentliche Interesse an der Luftfahrt zu wecken, ist es der Spirit of St. Louis nicht möglich, in Ihrer Stadt zu landen. Sie erhalten diese Botschaft aus der Luft, weil wir darin unseren aufrichtigen Dank für Ihr Interesse an der Tour und der Förderung und Ausweitung der kommerziellen Luftfahrt in den Vereinigten Staaten zum Ausdruck bringen möchten.

Im Anschluss drängte das Flugblatt in einer Angelegenheit von nationaler Dringlichkeit jede Bürgerin und jeden Bürger, sich für »den Bau von Flugplätzen und ähnlichen Einrichtungen« zu engagieren, damit die Vereinigten Staaten ihren »rechtmäßigen Platz« als die Nummer eins der Welt in der kommerziellen Luftfahrt einnehmen könnten.

Lindberghs Empfänge waren von Anfang an chaotisch. Begeisterte Zuschauer und sogar Mitglieder der offiziellen Begrüßungskomitees stürmten oft los, um das Flugzeug willkommen zu heißen, während es noch rollte. Das war für Lindbergh zutiefst beunruhigend. Er hatte einmal gesehen, wie ein Mann von einem sich drehenden Propeller zweigeteilt wurde. Da er keine Sicht nach vorn hatte, vollführte er jede Landung quasi blind. Mindestens zweimal – in Kansas City und in Portland, Oregon – konnte er wegen der Menschenmassen auf der Rollbahn nicht am vorgesehenen Ziel landen und musste stattdessen auf nahegelegenem Ackerland aufsetzen. Ein anderes Mal produzierten ganze Batterien von Gewehren, die abgefeuert wurden, um ihm zu salutieren, Rauchwolken und verschlechterten ihm die Sicht noch weiter. Alles in allem war er bei seiner Tour durch Amerika mehr Gefahren ausgesetzt als auf seinem Flug nach Paris.

Damit Lindbergh seinen Zeitplan einhalten konnte, wurde er bei seinen Paraden oft mit hoher Geschwindigkeit gefahren, was die Zuschauer verärgerte und Lindbergh beunruhigte, da Schaulustige auch hier gern einen Schritt nach vorn auf die Straße machten, um besser zu sehen.

Ein ganz und gar typischer Tag war Lindberghs Besuch in Springfield, Illinois, am 15. August, wo er nach einem Flug von Chicago über Mooseheart, Aurora, Joliet und Peoria am frühen Nachmittag ankam. In der einen Stunde und den einundvierzig Minuten, die er sich in Springfield auf dem Boden aufhielt, spulte er folgendes Programm ab: Er hielt eine kurze Ansprache auf dem Flugplatz, wurde etwa hundert örtlichen Beamten präsentiert, wurde eingeladen, die 106th Illinois Kavallerie zu bewundern und zu begutachten, wurde für eine rasante Fahrt vorbei an 50000 jubelnden und Fahnen schwenkenden Menschen in ein Cabrio gesetzt, legte am Grab von Abraham Lincoln einen Kranz nieder und wurde zum örtlichen Zeughaus gebracht, wo er eine goldene Uhr überreicht bekam und in einer Abfolge ausschweifender, verkünstelter Reden gebadet wurde. Hier ein Auszug aus dem blumigen Tribut, den ihm Bürgermeister J. Emil Smith zollte:

Als er durch das Silber der Sommermorgendämmerung segelte, beobachteten ihn die Sterne mit stillem Entzücken darüber, ein so tapferes Kind der Erde zu sehen, einen Kameraden der Wolken und des Windes und der schäumenden Wellen. Und als er sich seinem Ziel näherte, begrüßten ihn die Sonne, das Meer und die unendlichen Weiten als Sieger und riefen ihm im Chor zu: »Gut gemacht!«

Das Einzige, was den Zwischenstopp in Springfield ein wenig von anderen abhob, war die extreme Vertrautheit: Lindbergh hatte während seiner Zeit als Luftpostpilot unter anderem auf diesem Flugplatz gearbeitet. In der Tat hatte er den Standort für den Flugplatz erst fünfzehn Monate zuvor selbst ausgesucht.

Abschließend kündigte der Bürgermeister an, dass das Flugfeld ihm zu Ehren in Lindbergh Field unbenannt werden würde – eine Ironie, die dem jungen Charles sicherlich nicht entging, da die Einwohner von Springfield erst im Vorjahr mit überwältigender Mehrheit gegen den Bau eines ordentlichen Flugplatzes in der Stadt gestimmt hatten. Dass es dort überhaupt ein Flugfeld gab, war allein der örtlichen Handelskammer zu verdanken, die bescheidene finanzielle Mittel zur Verfügung stellte, um die Stadt mit grundlegenden Einrichtungen auszustatten.

Nach den Feierlichkeiten wurde Lindbergh für den Weiterflug nach St. Louis, wo ihn wieder Vorträge, wieder Menschenmassen und noch ein Abendbankett erwarteten, eilig zurück zu seinem Flugzeug gebracht. Wenn er Boden unter sich hatte, stand er unter konstantem Druck, sodass die Flüge von einer Stadt zur nächsten für ihn den erholsamsten Teil seiner Tournee darstellten. Deshalb nahm er auf seiner Reiseroute manchmal lange Umwege, um sich etwas Ruhe zu gönnen. Wo es möglich war – über Seen zum Beispiel, oder über Ebenen – flog er oft nur in einer Höhe von fünf Metern, was das Geschwindigkeitsgefühl und den Nervenkitzel steigerte, ihm jedoch überhaupt keinen Spielraum für Korrekturen gelassen hätte, falls etwas schiefgegangen wäre. Zwei Tage in der Woche hatte er frei, was für ihn eine wohltuende Erleichterung gewesen sein musste, doch selbst dann befand er sich weit weg von zu Hause und immer in Gesellschaft von Fremden.

Charles Levine war jetzt der einzige Atlantikflieger, der sich noch immer in Europa aufhielt, und er machte auch keine Anstalten, sich nach Hause zu begeben. Den Rest des Sommers verbrachte er mit Sightseeing. Er reiste nach Italien, wo er den Papst traf und Mussolini zum größten Staatsmann der Welt erklärte. Bei seiner Rückkehr nach Paris schaffte er es in die Zeitungen, weil er sich in der Nähe der Opéra eine Schlägerei mit einem amerikanischen Landsmann lieferte. »Ich habe den Mann noch nie gesehen, aber er hat mich beleidigt, und deshalb habe ich ihm eine verpasst«, erklärte Levine. »Ich war früher Boxer«, fügte er vielsagend hinzu. Der Grund für die Auseinandersetzung wurde nie geklärt, Gerüchten zufolge ging es jedoch um eine Frau.

Levine verkündete außerdem sein Vorhaben, mit Maurice Drouhin zurück nach Amerika zu fliegen, einem der beiden französischen Piloten, deren Ausdauerrekord Chamberlin und Acosta im April mit Levines Flugzeug eingestellt hatten. Das würde eine interessante Herausforderung werden, da Drouhin kein Englisch sprach und Levine kein Französisch. Levine kündigte mehrere Male einen Abflugtermin an, doch jeder dieser Termine kam – und verstrich auch wieder. Ende August holte Levine dann plötzlich sein Flugzeug aus dem Hangar in Le Bourget und startete die Maschine. Einige Stunden später beobachteten Mitarbeiter des Croydon Aerodrome in London verwundert, wie sich Levines Flieger auf ausgesprochen unkontrollierte Art und Weise näherte. Da es sich bei der *Columbia* um ein berühmtes Flugzeug handelte, erkannten sie es sofort. Doch es war ersichtlich, dass derjenige, der es steuerte, entweder inkompetent oder beeinträchtigt war. Das gab Anlass zur Sorge: Croydon war ein verkehrsreicher Flughafen mit regelmäßigen Passagierverbindungen nach Paris und anderen Zielen, und die Fluglotsen hatten nur begrenzte Möglichkeiten, um Piloten mitzuteilen, dass sie gerade nicht landen sollten. Die *Columbia* umkreiste den Flughafen viermal, wobei sie während einer Umrundung beinahe mit dem Kontrollturm kollidierte.

Letztlich ging sie in einem steilen und ungünstigen Winkel in den Landeanflug und setzte so hart auf dem Boden auf, dass sie noch einmal in die Luft katapultiert wurde, bevor sie abermals auf der Erde aufschlug, ein Stück weit rollte und dann zum Stillstand kam. Heraus kletterte ein strahlender Charles Levine. Es war das erste Mal gewesen, dass er allein geflogen war. Levine sagte, er habe aus einer Laune heraus entschieden, allein zu starten. Bald darauf traf jedoch in London die Nachricht ein, dass er in Wirklichkeit gestartet war, um einer gerichtlichen Verfügung von Drouhin zu entkommen. In der ging es darum, dass Levine ihm 80 000 Francs Lohn schulde. Der Hangar-Manager in Le Bourget behauptete ebenfalls, er sei nie bezahlt worden. Offenbar hatte Levine es außerdem versäumt, seiner Frau mitzuteilen, dass er sie in Paris zurücklassen werde. (Die Ehe der beiden dauerte nicht viel länger als der Sommer.)

Um einer Verhaftung zu entgehen, musste er eine formelle Verpflichtungserklärung abgeben, in der es hieß, dass er unter keinen Umständen jemals wieder versuchen würde, über britischen Boden zu fliegen. Levine war allerdings nicht kleinzukriegen, und binnen weniger Tage kündigte er Pläne für einen weiteren Atlantikflug an, dieses Mal gemeinsam mit Captain Walter Hinchliffe, einem ranghohen Piloten von Imperial Airways. Starten wollte er vom Cranwell Aerodrome in Lincolnshire. In den folgenden Tagen widersprach sich Levine jedoch ständig, so war nicht klar, ob Hinchliffe und er in westlicher Richtung über den Atlantik nach Amerika fliegen würden oder in östlicher Richtung über Asien und den Nordpazifik. Am Ende flogen die beiden nirgendwohin, und die Zeitungen verloren das Interesse an ihnen.

Drouhin bekam schließlich einen Teil seines ausstehenden Lohns, hatte jedoch nicht lange Zeit, um sich daran zu erfreuen. Er kam ein Jahr später bei einem Absturz während eines Testflugs bei Orly ums Leben. Hinchliffe erging es nicht viel besser. Er verschwand ungefähr zur gleichen Zeit, als er versuchte, mit einer Begleiterin über den Atlantik zu fliegen.

Nachdem der Atlantik bezwungen war, richtete sich das Augenmerk auf den Pazifik – insbesondere auf die 2400 Meilen anspruchsvoller Leere, die zwischen Kalifornien und Hawaii lagen. Unmittelbar nach Lindberghs Flug kündigte James D. Dole, der ursprünglich aus Massachusetts stammte und auf Hawaii mit dem Anbau und dem Eindosen von Ananas ein Vermögen gemacht hatte, eine neue Herausforderung an: das sogenannte Dole Pacific Race, das mit einem Preisgeld von 35 000 Dollar dotiert war. Bei Doles Veranstaltung sollte es sich um ein richtiges Wettfliegen handeln, bei dem alle Konkurrenten gleichzeitig (oder so knapp hintereinander wie möglich) vom städtischen Flugplatz im kalifornischen Oakland zu starten hatten. Das Wettfliegen war für August angesetzt, wurde jedoch deutlich vorher von den Ereignissen überrollt. Am 29. Juni flogen zwei Piloten der amerikanischen Armee mit einer Fokker in sechsundzwanzig Stunden von Oakland nach O'ahu. Das war eine herausragende Leistung – auf Hawaii anzukommen war ein echtes navigatorisches Meisterstück –, und die beiden Piloten, Lt. Lester J. Maitland und Lt. Albert F. Hegenberger, hätten es verdient, dass man sich an sie erinnert. Leider wurden sie schon damals kaum zur Kenntnis genommen, da ihr Erfolg zeitlich genau mit der Wasserlandung von Commander Byrd und seinem Team bei Ver-sur-Mer zusammenfiel. Zwei Wochen nach dem Maitland-Hegenberger-Flug flogen zwei weitere Piloten, Ernest Smith und Emory Bronte, ebenfalls von Oakland nach Hawaii – allerdings nur fast. Mit leerem Tank stürzten sie auf Molokai in einen Baum, kletterten jedoch wie durch ein Wunder unversehrt aus ihrer Maschine. Sie unterboten die Zeit von Maitland und Hegenberger um vierzehn Minuten. Als am 16. August das Dole-Wettfliegen startete, gab es also überhaupt nichts mehr, was die Teilnehmer unter Beweis hätten stellen können.

Die Veranstaltung als Wettfliegen zu deklarieren steigerte die Risiken beträchtlich. Es erhöhte den Druck auf die Piloten, auf jeden Fall zu starten, ganz gleich, ob ihre Flugzeuge bereit waren oder nicht, und ihren Maschinen alles abzuverlangen, um anderen zuvorzukommen, die aller Wahrscheinlichkeit nach genau dasselbe taten. Ein Wettfliegen – vor allem ein breit angekündigtes mit einem hohen Preisgeld – lockte erfahrungsgemäß Flieger an, deren Eifer größer war als ihr Können. Hawaii war ein winziges Ziel in einem riesigen Ozean, und das Erreichen dieses Ziels brachte selbst die erfahrensten Piloten an die Grenzen ihrer Fähigkeiten. Bei der Veranstaltung war eine Katastrophe beinahe vorprogrammiert, und zu der kam es dann auch.

Drei Teilnehmer starben bei Abstürzen, bevor sie Oakland überhaupt erreichten. Ein weiteres Flugzeug trudelte beim Anflug auf das Flugfeld von Oakland ins Meer; die beiden Insassen kamen ohne schwere Verletzungen davon, aber ihre Maschine versank. Einer anderen Maschine wurde der Start untersagt, nachdem sich herausgestellt hatte, dass der Pilot keinen blassen Schimmer hatte, wie viel Treibstoff nötig war, um Hawaii zu erreichen. Zudem war sein Tank nicht annähernd groß genug, um die entsprechend erforderliche Menge zu fassen. Es lag auf der Hand, dass einige der hoffnungsfrohen Teilnehmer eine Gefahr für sich selbst darstellten.

Am Tag des Wettfliegens war die Zahl der teilnehmenden Flugzeuge auf acht geschrumpft, und vier davon wurden vor dem Start zurückgezogen oder kehrten kurz danach wieder um. Von den vier Maschinen, die sich auf den Weg machten, kamen zwei auf Hawaii an, die beiden anderen gingen unterwegs verloren. In einem der Flugzeuge, die nie wieder gesehen wurden, hatte eine hübsche zweiundzwanzigjährige Lehrerin namens Mildred Doran aus Flint, Michigan, gesessen, die selbst keine Pilotin war, sondern einfach andere begleitete, um dem Unterfangen Glanz zu verleihen und das Interesse der Presse zu wecken. Als die Nachricht eintraf, dass sechs Teilnehmer, unter ihnen Miss Doran, nicht wieder aufgetaucht seien, startete in Oakland der Pilot William Erwin, um nach ihnen Ausschau zu halten – und verschwand dabei selbst. Eine groß angelegte Suche auf dem Meer – die umfassendste aller Zeiten, wie es hieß – wurde eingeleitet. Neununddreißig Kriegsschiffe und neunzehn zivile Schiffe beteiligten sich daran, jedoch wurde niemand gefunden. Die Navy berichtete leicht verärgert, dass bei der Fahndung nach den vermissten Piloten 1 451 895 Liter Treibstoff verbraucht worden seien. Insgesamt kamen beim Dole-Wettfliegen zehn Menschen ums Leben. Die Veranstaltung wurde allseits verurteilt. Byrd nannte sie »voreilig und unüberlegt«, und viele teilten seine Meinung.

Trotz der Tragödie beim Dole-Wettfliegen wurden plötzlich überall tollkühne und riskante Flüge angekündigt. Paul Redfern, Sohn des Dekans vom Benedict's College, einer Hochschule für schwarze Studenten in Columbia, South Carolina, verkündete sein Vorhaben, mit einem Stinson-Detroiter-Flugzeug von Brunswick,

Georgia, nach Rio de Janeiro zu fliegen. Redfern war ein unwahrscheinlicher Held. Er war schon sein ganzes Leben lang verrückt nach Flugzeugen – so sehr, dass er oft einen Pilotenhelm mit Brille trug, auch wenn er sich auf dem Boden befand und nur ganz alltägliche Dinge erledigte. Von Beruf aber war er Musiker. Seine Erfahrungen als Pilot beruhten auf seinen zwei Jahren als Stuntman auf Jahrmärkten und auf seiner Tätigkeit als Auskundschafter illegaler Brennereien für die Regierung. Er war genauso alt wie Lindbergh, von kleiner, zierlicher Statur (er wog gerade einmal neunundvierzig Kilo) und hatte einen nervösen Gesichtsausdruck. Allerdings hatte er auch allen Grund, nervös zu sein. Er hatte vor, 4600 Meilen weit zu fliegen – weiter, als irgendein anderer vor ihm geflogen war –, über Meer und Dschungelgebiete, in Gefilde jenseits verlässlicher Landkarten und Wettervorhersagen.

Sein Reisegepäck erweckte den Anschein, als rechne er nicht wirklich damit, es zu schaffen. Er nahm Angelzeug, ein Gewehr und Munition, Chinin, Moskitonetze, Operationsbesteck, Ersatzstiefel und noch einige andere Dinge mit, die nur von Nutzen sein würden, falls er eine Bruchlandung im Dschungel hinlegte. Für seine unmittelbaren Bedürfnisse packte er zwanzig Sandwiches, zwei Liter Kaffee, ein Pfund Milchschokolade und knapp acht Liter Wasser ein. Am 25. August startete er.

Von der Nachrichtenagentur Associated Press zitierte Luftfahrtexperten waren der Ansicht, er werde mindestens sechzig Stunden brauchen, um nach Rio zu gelangen. Aber noch bevor er über die Karibik geflogen war, hatte er bereits die Orientierung verloren und war gezwungen gewesen, eine Nachricht auf den norwegischen Frachter *Christian Krohg* abzuwerfen, in der er sich nach dem richtigen Weg erkundigte. Die Botschaft prallte vom Deck des Frachters ab und fiel ins Meer, doch ein norwegischer Matrose sprang ins Wasser und barg sie. Die Nachricht lautete: »Drehen Sie Ihr Schiff zum nächstgelegenen Festland, schwenken Sie eine Flagge oder ein Taschentuch für jede hundert Meilen jeweils einmal. Vielen Dank, Redfern.«

Die Schiffsbesatzung kam seiner Bitte nach, und Redfern setzte seinen Flug mit einem zackigen Gruß fort. Danach wurde er nie wieder gesehen, wenngleich Missionare und andere Besucher des Landesinneren von Niederländisch-Guyana noch jahrelang von einem Weißen erzählten, der unter Indianern lebte. Den Berichten zufolge verehrten die Indianer diesen Mann wie eine Gottheit, da er aus dem Himmel zu ihnen herabgefallen war. Der Weiße, hieß es, habe sich eine Frau genommen und lebe zufrieden unter den Indianern. Mehrere Expeditionen drangen in den Dschungel vor, um Redfern aufzuspüren. Mindestens zwei Männer kamen bei der Suche ums Leben, doch Redfern wurde nie gefunden. 1938 wurde er auf Wunsch seiner Frau – das heißt auf Wunsch seiner definitiv existierenden Frau in den Vereinigten Staaten – von einem Gericht in Detroit offiziell für tot erklärt.

Kaum weniger unwahrscheinlich, aber erstaunlicherweise deutlich erfolgreicher war ein Flug von Edward F. Schlee, einem Geschäftsmann aus Detroit, und William S. »Billy« Brock, einem gut gelaunten, auffällig korpulenten ehemaligen Luftpostpiloten. Die beiden machten sich auf, um den bestehenden Weltumrundungsrekord von achtundzwanzig Tagen, vierzehn Stunden und sechsunddreißig Minuten zu unterbieten, der im vorangegangenen Jahr von zwei anderen Detroitern per Flugzeug, Schiff und Eisenbahn aufgestellt worden war – sie aber wollten es ausschließlich auf dem Luftweg schaffen.

Schlee, Sohn deutscher Einwanderer, hatte als Ingenieur bei Henry Ford gearbeitet. 1922 hatte er Ford verlassen, um eine Tankstelle zu eröffnen. Dann eröffnete er noch eine. Binnen fünf Jahren gehörten ihm über hundert Tankstellen. Außerdem hatte er eine kleine Fluggesellschaft namens Canadian American Airways gegründet, in der er Brock angestellt hatte. Im Sommer 1927 war Schlee neununddreißig Jahre alt, Brock einunddreißig. Brock war in diesem Sommer schon einmal in den Nachrichten gewesen, als er mit dem Flugzeug von Detroit in die Black Hills geeilt war, um

Grace Coolidge, der Gattin des Präsidenten, einen neuen Collie zu bringen, nachdem ihr vorheriger das Weite gesucht hatte.

Wenngleich weder Brock noch Schlee Erfahrung mit Langstreckenflügen besaßen, setzten sie sich das ehrgeizige Ziel, die Welt in nur fünfzehn Tagen zu umrunden. Bei ihrem Flugzeug handelte es sich um eine Stinson Detroiter, die von einem Wright-Whirlwind-Motor angetrieben wurde. Sie starteten einen Tag nach Redfern, und in den folgenden zweieinhalb Wochen hielten ihre Heldentaten die Welt in Atem – vor allem deshalb, weil sie unbeirrt und auf mitreißende Art und Weise an den äußersten Grenzen ihrer Kompetenz agierten. Sie überflogen erfolgreich den Atlantik – was natürlich schon an sich eine bemerkenswerte Leistung war –, hatten aber keine Ahnung, wo sie sich befanden, als sie auf der anderen Seite ankamen. Als sie über einen Strand voller Urlauber flogen, warfen sie einen Zettel ab, auf dem sie sich nach dem Namen des Orts erkundigten. Ein Mann schrieb mit einem Stock hilfsbereit »SEATON« in den Sand und deutete auf eine britische Flagge, die an der Strandpromenade flatterte. Nachdem die beiden wussten, wo sie sich befanden, flogen sie weiter, um in London triumphal aufgenommen zu werden. Nur wenige Stunden bevor Levine ziemlich unberechenbar aus Paris eingeflogen kam, hoben sie in Croydon wieder ab und bahnten sich anschließend etappenweise den Weg über Europa nach Konstantinopel, ehe sie weiter nach Kalkutta, Rangun, Hanoi, Hongkong und Shanghai flogen. Ein Taifun zwang sie schließlich zur Landung auf der japanischen Insel Kyushu. Inzwischen hatten sie in neunzehn Tagen 12 795 Meilen zurückgelegt, waren aber immer noch 9850 Meilen von zu Hause entfernt. Schlechtes Wetter und die beängstigende Weite des Pazifik bewegten sie zu dem Entschluss, ihr Unterfangen abzubrechen, solange sie noch in der Lage waren, und sie kehrten auf dem Seeweg zu einem Heldenempfang zurück. Nach ihrer Rückkehr ging Schlee bei einem Bankett in Detroit zum Rednerpult, las die ersten beiden Sätze seiner Ansprache vor und brach dann zusammen. Die Ereignisse der vorangegangenen Wochen hatten ihn eingeholt und überwältigt.

Schlee ging es anschließend auch nicht besser. Im Sommer 1929 wurde er beinahe getötet, als ihn ein sich drehender Propeller am Kopf erwischte und ihm den rechten Arm an der Schulter abtrennte. Nur drei Monate später verlor er beim Börsencrash an der Wall Street alles, was er besaß. 1931 wurde sein Flugzeug, die *Pride of Detroit,* auf polizeiliche Anordnung zwangsversteigert. Erworben wurde es von einem gewissen Floyd M. Phinney für ganze 700 Dollar. Schlee starb 1969 »völlig verarmt«. Brock war ebenfalls kein Glück beschieden. Er starb 1932 an Krebs.

Und immer noch wurden Flüge unternommen. In Großbritannien meldete sich die zweiundsechzigjährige Prinzessin Löwenstein-Wertheim als weitere Kandidatin, um sich als Erste an einer Überquerung des Atlantiks in westlicher Richtung zu versuchen. Als Tochter des Earl of Mexborough war sie als Lady Anne Savile in London aufgewachsen, hatte jedoch im ziemlich fortgeschrittenen Alter von einunddreißig Jahren Prinz Ludwig Karl zu Löwenstein-Wertheim-Freudenberg aus Deutschland geheiratet. Nachdem die Prinzessin bereits nach zwei Jahren zur Witwe geworden war, nutzte sie ihr beträchtliches Erbe, um ihrer Leidenschaft für die Fliegerei zu frönen. 1912 überquerte sie als erste Frau den Ärmelkanal auf dem Luftweg – wenngleich nur als Passagierin. Bald darauf flog sie – ebenfalls als Passagierin – von Ägypten nach Frankreich. Als 1927 ein verwegener Captain namens Leslie Hamilton den Wunsch äußerte, den Atlantik von Osten nach Westen zu überqueren, finanzierte sie den Flug unter der Voraussetzung, dass sie mitfliegen dürfe. Mit Lieutenant Colonel Frederick Minchin als Copilot starteten die drei von einem Flugplatz in der Nähe von Salisbury in Wiltshire. Die Prinzessin trug einen modischen Hut und einen Ozelot-Mantel, als wären sie auf dem Weg ins Savoy, um Cocktails zu trinken. Die drei wurden über Irland gesichtet und später noch einmal von einem Schiff auf etwa halber Strecke über dem Atlantik. Sie kamen aber nie in Amerika an, und es wurde nie eine Spur von ihnen gefunden.

Ungefähr zur selben Zeit startete die *Old Glory,* ein Flugzeug, das William Randolph Hearst gehörte, vom Old Orchard Beach in

Maine – jenem Strand, auf dem Lindbergh kürzlich außerplanmäßig mit der *Spirit of St. Louis* gelandet war –, und machte sich auf den Weg nach Rom. Die *Old Glory* wurde von Lloyd Bertaud pilotiert, dem Mann, der im Mai gegen Charles Levine eine einstweilige Verfügung erwirkt hatte, nachdem dieser ihm die versprochenen Verträge und die Versicherung vorenthalten hatte. Begleitet wurde Bertaud von dem Copiloten James DeWitt Hill und dem Passagier Philip A. Payne, Herausgeber von Hearsts *Daily Mirror*. Nur dreieinhalb Stunden nach dem Start gaben die drei einen dringenden, nicht geklärten Notruf ab. Danach wurden sie nie wieder gesichtet. Ein paar Stunden später starteten die beiden kanadischen Flieger Captain Terrence Tully und Lieutenant James Medcalf mit der *Sir John Carling* von Neufundland aus in Richtung London. Auch sie tauchten nie wieder auf.

Dreiundzwanzigstes Kapitel

H. L. Mencken nannte es »das einzig authentische Rektum der Zivilisation«, doch für die meisten war Hollywood ein magischer Ort. 1927 stand auf dem ikonischen »HOLLYWOOD«-Schild am Berghang über der Stadt noch »HOLLYWOODLAND«. Es war 1923 als Werbemaßnahme zur Erschließung von Grundstücken aufgestellt worden und hatte nichts mit dem Filmbusiness zu tun. Die Buchstaben, die über zwölf Meter hoch sind, waren in jenen Tagen außerdem mit einer elektrischen Beleuchtung umrandet. (Das »LAND« wurde 1949 entfernt.)

Los Angeles war 1927 die am schnellsten wachsende Stadt Amerikas und am Pro-Kopf-Vermögen gemessen auch die reichste. Die Einwohnerzahl im Großraum Los Angeles einschließlich der gemeindefreien Orte Beverly Hills und Santa Monica hatte sich in einem Jahrzehnt auf zweieinhalb Millionen verdoppelt, und diese glücklichen Bürgerinnen und Bürger waren im Durchschnitt um 60 Prozent wohlhabender als Amerikaner, die woanders lebten. Zu einem großen Teil war das Südkaliforniens berühmtester Branche zu verdanken: der Filmindustrie.

1927 produzierte Hollywood bereits gut 800 Spielfilme im Jahr, etwa 80 Prozent der weltweiten Produktion, und darüber hinaus etwa 20 000 Kurzfilme. Das Filmgeschäft war Amerikas viertgrößter Industriezweig, der mehr Menschen beschäftigte als Ford und General Motors zusammen und 750 Millionen Dollar zur Wirtschaft beisteuerte – viermal so viel wie die Sport- und die Live-Unterhaltungsbranche. 20 000 Kinos verkauften hundert Millionen Eintrittskarten in der Woche. An jedem beliebigen Tag ging ein Sechstel aller Amerikaner ins Kino.

Dass eine so riesige und beliebte Branche Schwierigkeiten haben konnte, erschien absurd, doch die hatte sie. Das Problem war, dass aufgrund der Schnelllebigkeit nur wenige Filme großen Profit einspielten. Da das Kinoprogramm oft drei- oder sogar viermal in der Woche wechselte, bestand stetiger Bedarf nach neuen Produktionen. Manche Studios stießen wöchentlich bis zu vier Filme aus – eine Frequenz, die eindeutig nicht mit Qualität kompatibel war. Als jemand MGM-Chef Irving Thalberg darauf hinwies, dass es verkehrt sei, in einen Film, der in Paris spielte, eine Strandszene einzubauen, da Paris nicht an der Küste läge, sah Thalberg ihn verdutzt an. »Wir können nicht auf die Bedürfnisse einer Handvoll Zuschauer Rücksicht nehmen, die Paris kennen«, erwiderte er.

Mit wachsenden Ansprüchen eines Publikums in Bezug darauf, wo es saß, wenn auch nicht unbedingt darauf, was es sah, bauten Kinobetreiber größere, luxuriösere Lichtspielhäuser, da sie hofften, auf diese Weise mehr Zuschauer zu höheren Preisen anlocken zu können. Die ersten größeren Kinos tauchten um 1915 auf (eine Erinnerung daran, dass Amerika im Kino saß, während sich Europa im Krieg befand), doch das goldene Zeitalter des Filmpalasts waren die zwanziger Jahre. In diesem Jahrzehnt wurden Kinos von wahrhaft monumentalen Ausmaßen gebaut, mit Sälen, die 2000 oder mehr Zuschauern in einem Ambiente von noch nie dagewesener Üppigkeit Platz boten. Manch einer, so hieß es, besuchte nur der gut ausgestatteten Toiletten wegen Lichtspielhäuser der Kinokette Loew's.

Architekten borgten hemmungslos und fantasiereich von sämtlichen Kulturen, die jemals im großen Maßstab gebaut hatten: von den Persern, den Mauren, der italienischen Renaissance, dem Barock, der mesoamerikanischen Kultur, dem Rokoko. Nach der Entdeckung des Grabs von Tutanchamun 1922 war der ägyptische Baustil besonders beliebt. Und angeblich war das Marmorfoyer im Tivoli in Chicago eine fast exakte Kopie der Schlosskapelle von Versailles – vom Popcorngeruch einmal abgesehen.

Das Problem war, dass Spielfilme allein solche großen Kinosäle nicht zu füllen vermochten. Kinobetreiber mussten zusätzliche Attraktionen bieten: musikalische Darbietungen, Wochenschauen, Mehrteiler, Auftritte von Komikern oder Magiern, Tanzvorstellungen oder ein bis zwei Runden eines beliebten Spiels namens »Screeno«. Einige der großen Kinos gaben allein für Orchesterdarbietungen bis zu 2800 Dollar in der Woche aus. Die Filme selbst wurden immer mehr zu einem nebensächlichen Aspekt des Gesamtpakets.

1927 veröffentlichte ein Branchen-Insider namens Harold E. Franklin ein Buch mit einem langweiligen Titel, aber einer beunruhigenden Botschaft. *Motion Picture Theater Management* fasste mit klinischer Präzision die düstere wirtschaftliche Situation der Kinobranche zusammen. Die Miete für einen typischen neuen Filmpalast verschlang ungefähr ein Drittel der Bruttoeinnahmen, und für Werbung wurde noch einmal etwa die Hälfte davon fällig. Orchester verringerten die Einnahmen um weitere 15 Prozent, und für Live-Auftritte gingen in der Regel noch einmal um die sieben Prozent ab. Wenn man dazu noch die Fixkosten aus Personalgehältern, Nebenkosten, Instandhaltungskosten und Grundsteuer in die Kalkulation einbezog, betrug der Gewinn auch im besten Fall nie mehr als einen Bruchteil der Bruttoeinnahmen.

Wenngleich es wirtschaftlich riskant – oder vielmehr unsinnig – war, immer größere Kinos zu bauen, redeten sich die Betreiber irgendwie ein, dass die Lösung darin bestand, wie bislang weiterzumachen. Allein in der ersten Jahreshälfte 1927 eröffneten das Grauman's Chinese Theater in Los Angeles, in dem die Zuschauer Filme im Allerheiligsten einer nachgeahmten buddhistischen Pagode genießen konnten; das Norshore in Chicago mit 3600 Plätzen, das sich von innen im kostspieligen Rokokostil präsentierte; das ähnlich ausgeschmückte und funkelnde 3100-sitzige Proctor's Eighty-Sixth Street Theatre in New York; und, ebenfalls in New York, die Mutter aller Kinos, das riesige, mit Edelsteinen geschmückte Roxy Theatre in der Fiftieth Street, Ecke Seventh Avenue. Alles am Roxy war beispiellos. Es verfügte über 6200 Sitzplätze. Seine Umkleiden boten 300 Darstellern Platz. Ein hundertachtzehnköpfiges Orchester machte jeden Film nicht nur zu einem visuellen, sondern auch zu einem symphonischen Erlebnis. Eine Orgel, die so gewaltig war, dass sie von drei Leuten bedient werden musste, sorgte für musikalische Einlagen. Vierzehn Steinway-Flügel standen ständig bereit. Die Luft im Kino wurde von riesigen Maschinen im Keller gekühlt und aufgefrischt. Trinkbrunnen spendeten eiskaltes Wasser – eine prickelnde Neuerung. Das Roxy verfügte sogar über ein eigenes »Hospital«, in dem, wie die Werbeprosa stolz verkündete, »bei Bedarf sogar größere Operationen durchgeführt werden können«. Die Infrastruktur war so beeindruckend, dass der *Scientific American* einen Reporter schickte, damit er darüber einen Artikel schreiben sollte. Ein Cartoon im *New Yorker* zeigte ein Kind im Foyer, das seine Mutter in ehrfürchtigem Flüsterton fragt: »Mama, wohnt hier Gott?«

Schätzungen zufolge betrugen die Baukosten für das Kino zwischen sieben und zehn Millionen Dollar. Das Geld stellte der Filmproduzent Herbert Lubin zur Verfügung, den das Projekt praktisch in den Bankrott trieb, doch der Name und das Konzept stammten von Samuel Lionel Rothafel, den alle nur »Roxy« nannten. Rothafel wuchs als Sohn eines Schusters in Stillwater, Minnesota, auf, zwanzig Meilen östlich von St. Paul, und strebte eine Karriere im Profi-Baseball an, bis er unerwartet (infolge eines Techtelmechtels) in der Kinobranche landete. Er stellte schnell sein Talent für effektvolle Darbietung sowie seine besondere Gabe für die Rettung in Schwierigkeiten geratener Unternehmungen unter Beweis. Bei der Kombination von Filmvorführungen mit Live-Darbietungen handelte es sich um eine Roxy-Erfindung. Der bemerkenswerteste Aspekt an ihm war die Tatsache, dass er Spielfilme eigentlich gar nicht mochte. Er wohnte in einem Apartment über dem fünf Geschosse hohen Rundbau des Kinos.

Die Eröffnung des neuen Roxy war ein derart bedeutsames Ereignis, dass sowohl Präsident Coolidge als auch Vizepräsident Charles Dawes jeweils ihre Glückwünsche übermittelten (wenngleich sich Coolidge in seiner erwartungsgemäß seltsamen Art bei Rothafel für irgendwelche Ausrüstungsgegenstände bedankte, die dieser dem Walter Reed Hospital in Washington gespendet hatte, aber das Kino mit keinem Wort erwähnte).

Das neue Roxy nahm in der ersten Woche 127 000 Dollar ein, doch solche Umsätze konnten unmöglich dauerhaft aufrechterhalten werden.* Der *New Yorker* stellte im Sommer 1927 in seiner Kolumne ›Talk of the Town‹ fest, dass allein drei New Yorker Kinos – das Paramount, das Roxy und das Capitol – aufgrund der diversen Vorstellungen insgesamt 70 000 Sitzplätze am Tag boten.

Während die Kinos darum kämpften, ihr Publikum bei Laune zu halten, war die Lage auf der Produktionsseite auch nicht gerade rosig. Im November 1926 hatten die Gewerkschaften, die handwerkliche Berufe vertraten – Maler, Schreiner oder Elektriker –, das »Studio Basic Agreement« durchgesetzt, das ihnen wichtige und kostspielige Zugeständnisse garantierte. Die Studios in Hollywood hatten jetzt große Angst davor, von Schauspielern und Drehbuchautoren ähnlich ausgepresst zu werden. Vor diesem Hintergrund trafen sich sechsunddreißig Vertreter des Filmgeschäfts im Januar 1927 im Ambassador Hotel in Los Angeles zum Abendessen und gründeten eine Art Führungskräfteclub zur Unterstützung – und noch mehr zum Schutz – der Studios. Es spiegelte ihre Selbstgefälligkeit wider, dass sie diesen Zusammenschluss International Academy of Motion Picture Arts and Sciences nannten und den Spielfilm damit vom populären Unterhaltungsmedium zu etwas großartig Künstlerischem, Wissenschaftlichem, ja sogar Akademischem erhoben. In der zweiten Maiwoche, während sich die Welt um die vermissten Flieger Nungesser und Coli sorgte, wurde die Akademie während eines Banketts im Biltmore Hotel feierlich ins Leben gerufen. (Bei der Idee, eine Preisverleihung durchzuführen,

---

* Eine Tatsache, die kaum zur Kenntnis genommen wurde, war die, dass das Roxy fast sofort für sage und schreibe 15 Millionen Dollar an die Filmgesellschaft Fox verkauft wurde. Der Erwerb trug entscheidend dazu bei, dass Fox im folgenden Jahrzehnt in Konkurs ging.

handelte es sich jedoch um einen nachträglichen Einfall, der erst bei einem Dinner anlässlich des zweiten Jahrestags der Akademie im Jahr 1929 formuliert wurde.)

Nur wenige Wochen nach der Akademiegründung musste die Filmbranche dann einen gewaltigen Rückschlag hinnehmen. Am 9. Juli 1927 ordnete die Federal Trade Commission das sofortige Ende der Blockbuchung an, ein System, nach dem Kinobetreiber verpflichtet waren, nicht nur die begehrten Spielfilme eines Studios abzunehmen, sondern mehr oder weniger alle seine Produktionen. Die Blockbuchungen hatten Hollywood jahrelang über Wasser gehalten, da es Kinobetreiber zwang, unter Umständen bis zu fünfzig miserable bis mittelmäßige Filme abzunehmen, um an zwei oder drei aussichtsreichere zu gelangen. Die Entscheidung der Federal Trade Commission sorgte für große Verunsicherung und versetzte die Filmbranche in die äußerst seltsame Lage, gleichzeitig enorm erfolgreich und stark gefährdet zu sein.

Irgendetwas radikal Neues war nötig, um sie wieder auf Kurs zu bringen. In Los Angeles stand ein winziges, bunt zusammengewürfeltes Studio mit dem Namen Warner Brothers bereit, ihr das in Form eines neuartigen Tonfilms mit dem Titel *Der Jazzsänger* zu liefern.

Es ist eine Ironie des Schicksals, dass Stummfilme kurz vor dem Erreichen eines glorreichen Höhepunkts, was ihre Kreativität und ihren Einfallsreichtum betrifft, von der Bildfläche verschwanden, sodass einige der besten Stummfilme auch zu den letzten ihrer Gattung gehörten. Auf keinen Film traf das mehr zu als auf *Wings,* der am 12. August im Criterion Theatre in New York mit einer Widmung an Charles Lindbergh anlief.

Die Idee zu dem Kriegsepos stammte von John Monk Saunders, einem intelligenten jungen Mann aus Minnesota, der außerdem Rhodes-Stipendiat, begabter Autor, gut aussehender Schwerenöter und Trinker war – nicht unbedingt in dieser Reihenfolge. Anfang der zwanziger Jahre freundete sich Saunders mit dem Filmproduzenten Jesse Lasky und dessen Frau Bessie an. Saunders war ein ungewöhnlich charmanter Bursche und überredete Lasky, seinen halbfertigen Roman über Luftkämpfe im Ersten Weltkrieg zu kaufen. Voller Begeisterung gab Lasky Saunders die Rekordsumme von 39 000 Dollar für die Idee und schickte ihn an die Arbeit, daraus ein Drehbuch zu entwickeln. Hätte Lasky gewusst, dass Saunders mit seiner Frau schlief, wäre er vermutlich nicht so großzügig gewesen.

Laskys Wahl in Bezug auf den Regisseur war ungewöhnlich, aber genial: William Wellman war dreißig Jahre alt und hatte keine Erfahrung mit großen Filmen – und mit einem Budget von zwei Millionen Dollar war *Wings* der größte Film, den Paramount jemals produziert hatte. Zu einer Zeit, in der Top-Regisseuren wie Ernst Lubitsch 175 000 Dollar pro Film bezahlt wurden, bekam Wellman einen Wochenlohn von 250 Dollar. Doch er hatte einen Vorteil gegenüber allen anderen Regisseuren in Hollywood: Er war im Ersten Weltkrieg ein Fliegerass gewesen und wusste sowohl um die Schönheit und den Zauber der Fliegerei als auch um das beängstigende Chaos des Luftkampfs Bescheid. Kein Filmemacher hat jemals größeren Nutzen aus technischem Sachverständnis gezogen.

Wellman hatte bereits ein bewegtes Leben hinter sich. Als Sohn wohlhabender Eltern aus Brookline, Massachusetts, hatte er vorzeitig die Highschool beendet und war anschließend Profi-Eishockeyspieler, Freiwilliger in der französischen Fremdenlegion und Mitglied der gefeierten Fliegerstaffel Escadrille La Fayette gewesen. Sowohl Frankreich als auch die Vereinigten Staaten hatten ihn für seine Tapferkeit ausgezeichnet. Nach dem Krieg freundete er sich mit Douglas Fairbanks an, der ihm einen Job als Schauspieler bei den Goldwyn-Studios verschaffte. Wellman hasste die Schauspielerei und wechselte deshalb zur Regiearbeit. Er wurde zu einem sogenannten Vertragsregisseur und produzierte am Fließband Low-Budget-Western und andere zweitklassige Filme. Stets temperamentvoll, wurde er häufig gefeuert, einmal, weil er eine Schauspielerin ohrfeigte. Ihn mit einem derart anspruchsvollen

Monumentalfilm zu betrauen war tatsächlich eine überraschende Entscheidung. Zum Erstaunen aller führte er jetzt Regie bei einem der intelligentesten, ergreifendsten und spannendsten Filme, die jemals gedreht wurden.

Nichts in *Wings* war nachgestellt. Das Publikum sah auf der Leinwand genau das, was der Pilot beim Dreh wahrgenommen hatte. Wenn von Flugzeugen aus Wolken oder explodierende Luftschiffe zu beobachten waren, handelte es sich um echte Motive, die in Echtzeit gefilmt worden waren. Wellman montierte in den Cockpits nach draußen gerichtete Kameras, damit bei den Zuschauern der Eindruck entstand, als säßen sie unmittelbar neben dem Piloten, und außerhalb der Cockpits nach innen gerichtete Kameras, die aus nächster Nähe die Reaktionen der Piloten einfingen. Richard Arlen und Buddy Rogers, die beiden Hauptdarsteller des Films, mussten die Kameras, die sie aufnahmen, mit Fernauslöseknöpfen betätigen.

Die Dreharbeiten fanden in Texas statt, außerhalb von San Antonio. Das Projekt war gigantisch und komplex. In den Weiten von Texas wurden ganze Schlachtfelder minutiös nachempfunden. In manchen Szenen setzte Wellman bis zu 5000 Statisten und sechzig Flugzeuge ein – eine enorme logistische Herausforderung. Die Armee schickte ihre besten Piloten vom Selfridge Field in Michigan – dieselben Männer, mit denen Lindbergh kurz zuvor nach Ottawa geflogen war –, und für die gefährlicheren Szenen wurden Stuntflieger eingesetzt. Wellman verlangte seinen Piloten eine Menge ab. Einer kam ums Leben, ein anderer brach sich die Halswirbelsäule, und einige weitere erlitten schwere Verletzungen. Einen Teil der riskanteren Stunts übernahm Wellman selbst. All das verlieh den Luftszenen des Spielfilms eine Authentizität und Unmittelbarkeit, die viele im wahrsten Sinne des Wortes atemberaubend fanden. Wellman fing Aspekte der Fliegerei ein, die noch nie zuvor auf Film gebannt worden waren: die über den Boden huschenden Schatten von Flugzeugen, das Gefühl, durch dahintreibende Rauchwolken zu fliegen, das bedrohliche Fallen von Bomben und die zerstörerischen Explosionen bei ihrem Auftreffen.

Selbst die Szenen auf dem Boden wurden wohlüberlegt und mit einer Originalität gedreht, die zuvor in keinem anderen Spielfilm erreicht worden war. Um die Zuschauer mit in einen Pariser Nachtclub zu nehmen, bediente sich Wellman eines Krans, der die Kamera knapp über Tischhöhe durch den Raum fahren ließ, über Getränke hinweg und zwischen Nachtschwärmern hindurch, ehe sie am Tisch von Arlen und Rogers anhält. Das ist selbst aus heutiger Sicht noch eine faszinierende Einstellung, doch 1927 war es eine sensationelle Innovation. »*Wings*«, schrieb Penelope Gilliatt mit einfachen Worten im *New Yorker*, »ist wirklich wunderschön.« Bei der allerersten Academy-Awards-Zeremonie 1929 wurde er als bester Film ausgezeichnet. Wellman wurde zu den Feierlichkeiten nicht einmal eingeladen.

Trotz der fesselnden Flugszenen und der bewegenden Geschichte von Heldenmut, Kameradschaft und Verlust sahen sich viele Zuschauer *Wings* nicht an, um sich von seiner Luftakrobatik mitreißen zu lassen, sondern um voller Bewunderung und Sehnsucht seine Hauptdarstellerin anzustarren, die bezaubernde Clara Bow.

Bow war 1927 erst zweiundzwanzig Jahre alt, aber bereits eine Hollywood-Veteranin. Ihre Kindheit hätte kaum härter sein können. Sie kam im Bay-Ridge-Distrikt in Brooklyn in armen Verhältnissen auf die Welt und wurde von einer Mutter großgezogen, die häufig betrunken und stets gefährlich labil war. Als Kind wachte Clara einmal auf und musste feststellen, dass ihr ihre Mutter ein Messer an die Kehle hielt. (Mrs Bow wurde am Ende in eine Irrenanstalt eingewiesen.)

Bow tauchte 1923 in Hollywood auf, nachdem sie einen Fotowettbewerb gewonnen hatte – und wurde schnell zum Star. Von ihren Kollegen wurde sie durchweg vergöttert. Sie legte regelmäßig Fünfzehnstundentage ein und drehte oft einen Film unmittelbar nach dem anderen. Allein 1925 wirkte sie in fünfzehn Filmen mit, zwischen 1925 und 1929 in insgesamt fünfunddreißig. Einmal drehte sie sogar drei Filme gleichzeitig. Ihr Talent als Schauspielerin – und zweifellos auch als Mensch – bestand vor allem darin, dass sie ein ganzes Spektrum von Emotionen vermitteln konnte, von prüder Unschuld bis hin zu schamloser Lust, und das alles mit einem einzigen gewinnenden Blick. »Sie tanzte sogar, wenn sie die Füße still hielt«, sagte der Studiomogul Adolph Zukor einmal über sie. »Irgendein Teil von ihr war immer in Bewegung, und wenn es nur ihre großen rollenden Augen waren. Sie besaß einen urwüchsigen Magnetismus und eine animalische Vitalität, die sie in jeder Gesellschaft zum Anziehungspunkt machten.«

Ihr Privatleben war dagegen weniger von Erfolg gekrönt. Sie war verwirrend promiskuitiv. Wellman zufolge hatte sie während des Drehs von *Wings* Beziehungen (nicht unbedingt alle sexueller Natur, aber auch nicht unbedingt nicht alle) mit Buddy Rogers, Richard Arlen, einem Stuntpiloten, zwei Verfolger-Piloten und »einem keuchenden Autor«. In den zwanziger Jahren war sie innerhalb von vier Jahren mit fünf Männern verlobt. Darüber hinaus hatte sie im selben Zeitraum Affären mit vielen anderen. Roger Kahn zufolge tauchte einmal einer ihrer Freunde bei ihr zu Hause auf und stellte fest, dass sich jemand im Badezimmer versteckte. »Komm raus, damit ich dir die Zähne ausschlagen kann, du feiger Dreckskerl!«, soll der Freund geschrien haben. Daraufhin ging die Tür auf, und ein verlegener Jack Dempsey trat heraus. Einen großen Teil des Sommers verbrachte sie damit, wie ein nasses Handtuch an Gary Cooper zu kleben. Sie hatte ihn am Set von *Wings* kennengelernt, da er in dem Film eine kleine Nebenrolle als todgeweihter Pilot spielte.

Bow wurde ursprünglich als »Brooklyn Bonfire« angekündigt, dann als »Hottest Jazz Baby in Films«, doch 1927 wurde sie aufgrund ihrer Rolle in dem Spielfilm *It,* der in der deutschen Fassung *Das gewisse Etwas* hieß, zum »It-Girl«, das sie auch für immer bleiben sollte. Der Film basierte auf dem gleichnamigen Roman der rothaarigen englischen Autorin Elinor Glyn, die für ihre pikanten Liebesgeschichten bekannt war, in denen die Hauptfiguren sich ausgiebig schlängelten (»sie schlängelte sich um ihn und auf ihm, umrankte ihn wie eine Schlange«), und für ihre mehrjährige Affäre mit Lord Curzon, dem ehemaligen Vizekönig von Indien. »It«, wie Glyn erklärte, »ist eine Eigenschaft, die nur wenige Menschen besitzen und die alle anderen mit ihrer magnetischen Lebenskraft anzieht. Mit ihr gewinnt man alle Männer für sich, wenn man eine Frau ist, und alle Frauen, wenn man ein Mann ist.« Als sie von einem Reporter gebeten wurde, einige bekannte Besitzer dieser Eigenschaft zu nennen, zählte sie Rudolph Valentino, John Gilbert und das Filmpferd Rex auf. Später erweiterte sie die Liste um den Empfangsportier des Ambassador-Hotels in Los Angeles.

Bei dem Roman *It* handelte es sich um eine Geschichte, in der die beiden Hauptfiguren – Ava und Larry, die beide »It« im Überfluss besitzen – sich mit »brennendem Blick« und »einem glühenden Schimmern« ansehen, ehe sie zusammenfinden und »vor Leidenschaft vibrieren«. Dorothy Parker fasste den Roman im *New Yorker* folgendermaßen zusammen: »*It* erstreckt sich über knapp 300 Seiten, auf denen die beiden vibrieren wie Dampfbarkassen.«

Der Spielfilm war völlig anders. Obwohl Glyn im Abspann von *Das gewisse Etwas* genannt wurde, hatte die Filmhandlung keinerlei Ähnlichkeit mit irgendetwas, das sie jemals geschrieben hatte. Im Film spielte Bow die Rolle der Betty Lou, einer lebendigen und freundlichen Kaufhausverkäuferin, die beschließt, den attraktiven Besitzer des Kaufhauses, einen gewissen Cyrus Waltham, zu umgarnen und für sich zu gewinnen.

Der Film erwies sich 1927 als enormer Erfolg. Zusammen mit *Wings* festigte er Bows Status als Hollywoods führendem weiblichem Star. Sie erhielt jede Woche 40 000 Briefe – mehr als alle Einwohner einer mittelgroßen Stadt zusammen. Im Sommer 1927 schienen ihrer Karriere keine Grenzen gesetzt zu sein. In Wirklichkeit war sie jedoch fast zu Ende. So gewinnend und bezaubernd sie in den Augen der Zuschauer gewesen sein mochte, ihr Brooklyn-Dialekt stellte das stimmliche Äquivalent zu Fingernägeln auf einer Tafel dar, und im neuen Zeitalter des Tonfilms war das schlichtweg indiskutabel.

Wenn man bedenkt, dass bewegte Bilder und aufgezeichneter Ton bereits seit den 1890er-Jahren voneinander unabhängig existierten, dauerte es überraschend lange, bis jemand herausfand, wie sich die beiden miteinander kombinieren ließen. Zwei Probleme mussten jedoch gelöst werden. Das erste davon war die Tonprojektion. Es existierte keine Vorrichtung, die imstande war, einen Zuschauerraum voller Menschen mit klarer, natürlich klingender Sprache zu beschallen, vor allem nicht die neuen, riesigen Kinosäle der zwanziger Jahre. Ähnlich unlösbar war die Herausforderung der Synchronisierung. Die Konstruktion einer Maschine, die Stimmen und sich bewegende Lippen exakt aufeinander abstimmen konnte, erwies sich als Ding der Unmöglichkeit. Wie die aktuellen Ereignisse zeigten, war es einfacher, einen Menschen in einem Flugzeug über den Atlantik zu schicken, als seine Stimme auf Film zu bannen.

Wenn der Tonfilm einen Vater hatte, dann war das Lee De Forest, ein brillanter, aber unberechenbarer Erfinder aller möglichen elektrischen Geräte. (Er war Inhaber von 216 Patenten.) Bei der Suche nach einer Möglichkeit zur Verstärkung von Telefonsignalen erfand De Forest 1907 die Audion-Röhre. De Forest beschrieb seine Vorrichtung als »ein System zur Verstärkung schwacher elektrischer Ströme«, und sie sollte eine zentrale Rolle bei der Rundfunkübertragung und vielen anderen Formen der Übermittlung von Ton spielen, doch für die tatsächliche Weiterentwicklung zeigten sich andere verantwortlich. Leider wurde De Forest dauernd von geschäftlichen Aktionen abgelenkt. Mehrere Firmen, die er gründete, gingen bankrott, er wurde zweimal von seinen Hintermännern betrogen, und er zog im Kampf um sein Geld oder um Patente immer wieder vor Gericht. Aus diesen Gründen brachte er seine Erfindung der Audion-Röhre nicht zu Ende.

In der Zwischenzeit präsentierten andere hoffnungsfrohe Bastler diverse Ton- und Bildsysteme – Cinematophon, Kameraphon, Synchroskop –, doch das einzig wirklich Originelle an diesen Systemen waren ihre Namen. Alle produzierten zu leise oder verschwommene Töne oder erforderten ein nicht realisierbares perfektes Timing des Filmvorführers. Einen Projektor und ein Tonsystem dazu zu bringen, absolut synchron zu laufen, war praktisch unmöglich. Filme wurden mit von Hand gekurbelten Kameras gefilmt, was zu leichten Unregelmäßigkeiten bei der Geschwindigkeit führte, an die sich kein Tonsystem anpassen konnte. Außerdem reparierten Filmvorführer regelmäßig kaputte Filme, indem sie ein paar Einzelbilder herausschnitten und den Rest wieder zusammenklebten, was zweifellos jede Tonaufnahme über den Haufen geworfen hätte. Selbst ein einwandfreier Film übersprang manchmal einige Einzelbilder oder geriet im Projektor ins Stottern. Alle diese Dinge brachten die Synchronisierung komplett durcheinander.

De Forest hatte die Idee, den Ton direkt auf den Film zu prägen. Das bedeutete, dass Ton und Bild stets genau aufeinander abgestimmt wären, was auch immer mit dem Film passierte. Da er in Amerika keine Geldgeber fand, siedelte er Anfang der zwanziger Jahre nach Berlin über und entwickelte dort ein System, das er Phonofilm nannte. Seinen ersten Phonofilm-Film drehte De Forest 1921, und 1923 kehrte er nach Amerika zurück, wo er öffentliche Vorführungen gab. Er filmte Calvin Coolidge, während er eine Rede hielt, Eddie Cantor beim Singen, George Bernard Shaw beim Dozieren und DeWolf Hopper beim Rezitieren von »Casey at the Bat«. Von welcher Seite man es auch betrachtet, handelte es sich dabei um die ersten Tonfilme. Allerdings wollte kein Hollywoodstudio in das System investieren. Die Tonqualität war immer noch nicht optimal, und das Aufnahmegerät kam nicht mit mehreren Stimmen sowie mit der Art von Bewegung zurecht, die für jede bedeutungsvolle dramatische Darbietung unerlässlich war.

Eine Erfindung, von der De Forest keinen Gebrauch machen konnte, war seine eigene Audion-Röhre, da inzwischen Western Electric, eine Tochtergesellschaft von AT&T, Inhaber seiner Patente war. Western Electric hatte die Audion-Röhre zur Entwicklung von Beschallungssystemen für Reden vor einem großen Publikum oder Durchsagen in Baseballstadien benutzt. In den zwanziger Jahren kam irgendeinem in Vergessenheit geratenen Ingenieur in dem Unternehmen in den Sinn, dass die Audion-Röhre auch zur Projektion von Ton in Kinos verwendet werden konnte. Das Ende vom Lied war, dass Warner Brothers das System 1925 von Western Electric kaufte und »Vitaphone« taufte. Zum Zeitpunkt des Drehs von *Der Jazzsänger* war es bereits mehrmals bei Theaterproduktionen zum Einsatz gekommen. Tatsächlich spielte das Roxy bei seiner Eröffnung im März 1927 per Vitaphone Arien aus *Carmen,* gesungen von Giovanni Martinelli. »Seine Stimme ertönte hervorragend synchron mit seinen Lippenbewegungen aus der Leinwand«, schwärmte der Kritiker Mordaunt Hall in der *New York Times.* »Sie hallte durch das riesige Theater, als hätte er selbst auf der Bühne gestanden.«

Trotz Halls enthusiastischen Lobs war die Vitaphone-Technologie bereits überholt. Der Vitaphone-Ton wurde wie bei einem Album auf Schallplatten aufgenommen, und ein Motor drehte sowohl den Filmprojektor als auch den Plattenspieler, wodurch Bild und Ton synchron blieben, solange beide genau richtig positioniert und genau im selben Moment gestartet wurden. Was deutlich leichter gesagt als getan war. Was das System auszeichnete, war sein reicher, kräftiger Klang, der genug Umfang besaß, um selbst den größten Kinosaal auszufüllen – und das war es, was die Zuschauer faszinierte.

Das Vitaphone-Tonsystem wurde bald von besseren Systemen abgelöst, die allesamt auf De Forests ursprünglichem Konzept basierten, den Ton direkt auf den Film zu bringen. Wäre De Forest ein wenig zielstrebiger gewesen, wäre er als deutlich wohlhabenderer Mann gestorben.

Der Jazzsänger war keineswegs der erste Tonfilm. Es war nicht einmal der erste Tonfilm in Spielfilmlänge, doch dabei handelte es sich um eine Feinheit, die seinem bewundernden Publikum entging. Für die meisten war *Der Jazzsänger* die Verwirklichung sprechender Bilder.

Ursprünglich hatte es sich bei dem Film um ein Broadway-Theaterstück von Samuel Raphaelson gehandelt, das auf einer Kurzgeschichte mit dem Titel *The Day of Atonement* (»Der Tag der Buße«) basierte. Warner Brothers beschloss, daraus seinen ersten Tonfilm zu machen, da Al Jolson, damals einer der größten Schauspielstars, ganz erpicht darauf war, darin mitzuwirken.

Al Jolson, der eigentlich Asa Yoelson hieß, wurde 1885 oder 1886 (er legte sich diesbezüglich nie fest) als Sohn eines Rabbi in Litauen geboren und kam mit ungefähr vier Jahren mit seinen Eltern in die Vereinigten Staaten. Im Alter von neun lief er von zu Hause weg und schlug sich als Gelegenheitsarbeiter durch, unter anderem bei einem Zirkus. Als er in einer Bar in Baltimore arbeitete, fand ihn schließlich das Jugendamt und steckte ihn in die St. Mary's Industrial School for Boys – dieselbe Schule, die im nächsten Jahrzehnt Babe Ruths Zuhause werden sollte. Im Gegensatz zu Ruth blieb Jolson dort jedoch nur kurze Zeit.

Jolson war kein liebenswerter Mensch. Seine Vorstellung von Spaß war, auf andere Menschen zu urinieren, was möglicherweise erklärt, warum er vier Ehefrauen hatte, aber keine Freunde. Doch er besaß eine wunderbare Stimme und dem Vernehmen nach auch eine starke Bühnenpräsenz, was ihm dazu verhalf, Amerikas beliebtester Darsteller zu werden. Warner Brothers konnte sich glücklich schätzen, ihn engagieren zu können.

Vielfach wurde geschrieben, Warner Brothers sei vor dem Dreh von *Der Jazzsänger* so pleite gewesen, dass Al Jolson dem Studio Geld für das Ton-Equipment leihen musste – das aber scheint überhaupt nicht zu stimmen. Warner Brothers war zwar ein kleines Studio, aber kein mittelloses. Tatsächlich hatte es 1927 den größten Hollywoodstar nach Clara Bow unter Vertrag: den Filmhund Rin Tin Tin. Der Deutsche Schäferhund wirkte in einem erfolgreichen Spielfilm nach dem anderen mit – allein 1927 in vier Filmen – und wurde in einer Umfrage zum beliebtesten Darsteller Amerikas gewählt. Susan Orleans Rin-Tin-Tin-Biografie zufolge war dem Hund der Academy Award für den besten Schauspieler zugedacht gewesen, ehe sich die neu gegründete Filmakademie noch einmal Gedanken darüber machte, was das über das Talent menschlicher Stars ausgesagt hätte – und am Ende Emil Jannings auszeichnete.

Die große Ironie hinter alldem ist die, dass es sich bei Rin Tin Tin offenbar nicht um einen Hund, sondern um mehrere handelte. 1965 gestand Jack Warner einem Reporter gegenüber ein, sein Studio habe aus Angst, den echten Rin Tin Tin womöglich zu verlieren, acht Doppelgänger gezüchtet und sie beim Dreh der Filme nach Belieben eingesetzt. Außerdem berichteten viele, die mit dem echten Rin Tin Tin gearbeitet hatten, er sei der übellaunigste Vierbeiner gewesen, der ihnen jemals begegnet sei. Ob es sich bei Rin Tin Tin nun um einen oder um mehrere Hunde handelte, ihn unter Vertrag zu haben machte Warner Brothers reich.

Der Jazzsänger stellte ein beträchtliches Risiko dar. Er kostete eine halbe Million Dollar und konnte zum Zeitpunkt der Dreharbeiten weltweit in nur zwei Kinos gezeigt werden. Trotz all seiner Starqualitäten war auch Jolson selbst ein Risiko. Er hatte noch nie vor einer Kamera geschauspielert. Dafür hatte es keinen Grund gegeben, da er kein Talent besaß, das zu Stummfilmen gepasst hätte. Jetzt glänzte er jedoch.

Die Dreharbeiten zu *Der Jazzsänger* dauerten vier Monate. Die Tonaufnahmen konnten in nur zwei Wochen, zwischen dem 17. und dem 30. August, abgeschlossen werden, da es nur wenig aufzuzeichnen gab. Insgesamt enthielt der Film nur 354 gesprochene Worte, die fast alle von Jolson stammten. Die Dialoge waren, gelinde gesagt, nicht besonders ausgefeilt. Ein Beispiel: »Mama, meine Liebe, wenn ich mit diesem Stück Erfolg habe, ziehen wir in die Bronx. Da oben gibt es eine Menge grünes Gras und einen Haufen Leute, die du kennst. Da wohnen die Ginsbergs, die Guttenbergs und die Goldbergs. Oh, eine ganze Menge Bergs, die ich gar nicht alle kenne.« (Es existieren unterschiedliche Angaben darüber, ob Jolsons Worte improvisiert waren oder im Drehbuch standen.)

Während in Los Angeles Jolsons Sprechszenen gefilmt wurden, drehte Buster Keaton 400 Meilen weiter nördlich in Sacramento die womöglich denkwürdigste Stummfilmszene überhaupt –

eine der komischsten und ganz sicher eine der gefährlichsten der Filmgeschichte. Es handelte sich um die Szene aus *Dampfer-Willis Sohn,* in dem die Fassade eines Hauses auf Keaton kippt, der jedoch unverletzt bleibt, weil er genau dort steht, wo sich eine Fensteröffnung befindet. Um sie so packend wie möglich zu gestalten – was wahrlich gelungen ist –, war die Fensteröffnung auf beiden Seiten jeweils nur fünf Zentimeter breiter als Keatons Schultern. Wenn sich die Hauswand gewölbt oder leicht verzogen hätte oder ihr Fall minimal falsch berechnet worden wäre, hätte Keaton getötet werden können. Vielleicht verrät nichts mehr über Stummfilme und deren Stars als die Tatsache, dass Schauspieler für einen guten Witz regelmäßig ihr Leben aufs Spiel setzten. In Tonfilmen war das nicht mehr der Fall.

Dampfer-Willis Sohn zählt zu Keatons besten Filmen, erwies sich an den Kinokassen jedoch als Flop. Als er anlief, kehrten die Zuschauer dem Stummfilm bereits den Rücken. Zu der Zeit, als Keaton *Dampfer-Willis Sohn* drehte, verdiente er deutlich über 200 000 Dollar im Jahr. 1934 war er bankrott.

Der Tonfilm war Hollywoods Rettung, doch die war mit einem beträchtlichen Aufwand verbunden: mit Ängsten, die man sich um Schauspieler und Produzenten machte, mit Ausgaben für neues Equipment (das betraf die Studios, aber auch die Kinos), mit Arbeitslosigkeit für Tausende Musiker, deren Begleitung beim Tonfilm nicht mehr gebraucht wurde. Am Anfang bestand die größte Furcht der Branche darin, dass sich Tonfilme als vorübergehende Modeerscheinung erweisen könnten – eine beunruhigende Vorstellung angesichts der Investitionen, die nötig waren, um in die Produktion von Tonfilmen einzusteigen. Jedes Kino im Land, das Tonfilme zeigen wollte, musste zwischen 10 000 und 25 000 Dollar investieren. Eine komplett ausgestattete Tonbühne kostete Studios mindestens eine halbe Million Dollar – vorausgesetzt, das Studio war überhaupt in der Lage, die erforderlichen Aufnahmegeräte zu erwerben, da die Nachfrage das Angebot schnell überstieg. Ein verzweifelter Produzent, dem es nicht gelungen war, genügend Equipment für gute Tonaufnahmen zu ergattern, zog ernsthaft in Erwägung, seinen Film zwar wie geplant in Kalifornien zu drehen, aber den Ton übers Telefon mit entsprechender technischer Ausstattung in New Jersey aufzunehmen. Glücklicherweise konnte er letzten Endes doch noch die nötige Ausrüstung vor Ort beschaffen und musste nicht feststellen, dass sein Fernaufnahmeplan niemals zu einem brauchbaren Ergebnis geführt hätte.

Nachdem sich die Studios für Tonfilme ausgestattet hatten, stellte sich in vielen Fällen heraus, dass sie sich nach einem neuen Standort mit ruhigeren Arbeitsbedingungen umsehen mussten. »Wenn eine Szene gedreht wird, müssen die Tischler aufhören zu hämmern, und die Bühnenmaler dürfen bei der Arbeit nicht mehr singen«, erklärte ernsthaft ein Beobachter. Fahrer von Lieferwagen durften nicht mehr hupen oder den Motor aufheulen lassen. Türen durften nicht mehr zugeschlagen werden. Selbst ein gewissenhaft unterdrücktes Niesen konnte eine ganze Szene kaputtmachen. Anfangs wurden viele Filme bei Nacht und Nebel gedreht, um die Gefahr von Hintergrundgeräuschen zu minimieren.

Der Verlust ausländischer Märkte bedeutete weitere heftige Einbußen. Mehr als ein Drittel der Einnahmen von Hollywood stammt aus dem Ausland. Um einen Stummfilm nach Übersee zu verkaufen, brauchte man einfach nur neue Titelkarten in der jeweiligen Sprache einblenden. Da aber die Erfindung von Untertiteln noch ausstand, erst recht die Technik der Synchronisation, konnten amerikanische Tonfilme nur dort gezeigt werden, wo die Zuschauer der Sprache mächtig waren. Eine Lösung dieses Problems bestand darin, unter Verwendung ein und desselben Sets, aber mit bis zu zehn verschiedensprachigen Besetzungen nacheinander diverse »ausländische« Fassungen eines Films zu drehen.

Selbstverständlich wurden alle diese Hürden überwunden, und Tonfilme hatten bald einen Erfolg, der selbst die kühnsten Träume übertraf. Bereits 1930 verfügte praktisch jedes Kino in Amerika über Tonspuren. Die Zuschauerzahlen stiegen von 60 Millionen im Jahr 1927 sprunghaft auf 110 Millionen im Jahr 1930 an. Der Wert von Warner Brothers stieg von 16 auf 200 Millionen Dollar, und die Anzahl der Kinos, die sich im Besitz oder unter der Kontrolle einer Filmgesellschaft befanden, wuchs von einem einzigen Lichtspielhaus auf 700.

Tonfilme wurden anfangs oft als *speakies,* »Sprechfilme«, oder manchmal auch als »Dialogfilme« bezeichnet. Eine Zeit lang herrschte Unklarheit darüber, was genau einen Tonfilm ausmachte. Schließlich wurde man sich jedoch einig. Ein Film, der aufgenommene Musik, aber keine Dialoge enthielt, wurde als »Film mit Ton« eingeordnet. Verfügte er zusätzlich über gewisse Toneffekte, wurde er als »Film mit Ton und Effekten« angepriesen. Sobald er irgendwelche aufgenommenen Dialoge enthielt, galt er als »Sprechfilm«. Falls es sich um einen richtigen Spielfilm handelte, mit der ganzen Bandbreite an Dialogen und Geräuscheffekten, lautete die Bezeichnung »vollständiger Sprechfilm«. Der erste echte »vollständige Sprechfilm« war 1928 *Lights of New York,* dessen Tonqualität jedoch so schlecht war, dass er zusätzlich untertitelt werden musste.

Das Branchenblatt *Variety* berichtete im Sommer 1927, dass in Hollywood etwa 400 Ausländer als Schauspieler oder in anderen kreativen Berufen arbeiteten und dass mehr als die Hälfte aller Hauptrollen mit im Ausland geborenen Darstellern besetzt wurden. Pola Negri, Vilma Bánky, Lya De Putti, Emil Jannings, Joseph Schildkraut, Conrad Veidt und viele andere Schauspieler aus Deutschland oder Mitteleuropa waren große Stars, allerdings nur, solange die Zuschauer ihren Akzent nicht zu hören bekamen. Sowohl Universal als auch Paramount standen ganz im Zeichen deutscher Stars und Regisseure. Bei Universal, hieß es halb im Scherz, sei Deutsch die offizielle Sprache.

Einige europäische Schauspieler – Peter Lorre, Marlene Dietrich, Greta Garbo – passten sich an das neue Tonsystem an oder hatten durch den Sprechfilm sogar noch größeren Erfolg. Doch die meisten Darsteller mit ausländischem Akzent mussten feststellen, dass sie keine Rollen mehr bekamen. Emil Jannings, Gewinner des ersten Oscars für den besten Hauptdarsteller, kehrte nach Europa zurück und verbrachte die Kriegsjahre damit, Propagandafilme für die Nazis zu drehen. Hinter den Kulissen waren Europäer nach wie vor erfolgreich, aber auf der Leinwand war es jetzt eine rein amerikanische Angelegenheit geworden.

Wenngleich die Bedeutung all dessen in den Vereinigten Staaten kaum zur Kenntnis genommen wurde, war die globale Wirkung enorm. Kinogänger rund um die Welt sahen sich mit einem Mal – und oft zum ersten Mal – mit amerikanischen Stimmen, amerikanischem Vokabular, amerikanischem Sprachrhythmus und amerikanischer Wortstellung konfrontiert. Spanische Eroberer, elisabethanische Höflinge und Figuren aus der Bibel sprachen plötzlich amerikanisches Englisch – und nicht nur gelegentlich, sondern in einem Film nach dem anderen. Der psychologische Effekt, insbesondere auf junge Menschen, kann kaum überschätzt werden. Mit der amerikanischen Sprache wurden amerikanisches Denken, amerikanische Ansichten, amerikanischer Humor und amerikanische Sensibilität transportiert. Auf friedliche Weise, durch Zufall und beinahe unbemerkt hatte Amerika soeben die Macht über die Welt übernommen.

Vierundzwanzigstes Kapitel

Robert G. Elliott war von Natur aus kein mordlüsterner Mensch, doch er erwies sich, zweifellos auch zu seiner eigenen Überraschung, als ziemlich gut darin, andere zu töten. Als gepflegter, silberhaariger Mann mit Pfeife und nachdenklicher, gelehrter Miene hätte er unter anderen Umständen auch Universitätsprofessor sein können. Über die nötige Intelligenz verfügte er auf jeden Fall. Stattdessen wurde er jedoch 1926, im Alter von dreiundfünfzig Jahren, zu Amerikas führendem Henker.

Elliott wuchs in einer wohlhabenden Familie auf einer großen Farm im Norden des Bundesstaats New York auf. Er studierte Mathematik und Physik an der Brockport Normal School (der heutigen State University of New York in Brockport), doch seine Leidenschaft galt der Elektrizität, sodass er sich als junger Mann entschied, Elektroingenieur zu werden. Das war gegen Ende des 19. Jahrhunderts, als elektrische Energieübertragung eine spannende neue Technologie war. Elliott war mit dem Bau von städtischen Elektrizitätswerken im Bundesstaat New York und in Neuengland betraut, als er sich der Herausforderung stellte, Verbrecher auf dem elektrischen Stuhl hinzurichten. Bei Letzterem handelte es sich ebenfalls um eine neue Technologie, die allerdings etliche Probleme verursachte.

Die Hinrichtung auf dem elektrischen Stuhl schien auf den ersten Blick eine schnelle, humane Methode zu sein, um Menschen zu töten, erwies sich jedoch in der Praxis weder als unkompliziert noch als besonders elegant. War die Stromspannung zu niedrig oder lag sie nicht lange genug an, wurde der Verurteilte häufig nicht getötet, sondern nur betäubt und zu einem nach Luft ringenden Wrack gemacht. Wurde ein zu heftiger Stromstoß verabreicht, war das Ergebnis in der Regel unerfreulich dramatisch. Manchmal platzten Blutgefäße, und in einem besonders grausigen Fall quoll einem Todeskandidaten der Augapfel heraus. Mindestens einmal wurde ein Verurteilter langsam bei lebendigem Leib geröstet. Der Geruch von verbranntem Fleisch sei »unerträglich« gewesen, erinnerte sich einer der Anwesenden. Wie sich zeigte, war die Hinrichtung auf dem elektrischen Stuhl eine Wissenschaft für sich und musste sorgfältig und professionell geplant werden, wenn sie effizient und einigermaßen menschlich vollzogen werden sollte. An dieser Stelle kam Robert Elliott ins Spiel.

Als Elliott als Berater zu einer Hinrichtung im Bundesstaat New York bestellt wurde und zur Vorbereitung über die bisherigen Probleme und das dadurch verursachte Leid las, wurde ihm bewusst, dass der Trick für eine erfolgreiche Hinrichtung darin bestand, die Stromzufuhr während des Prozesses ständig und mit Bedacht anzupassen, wie ein Anästhesist den Gaszufluss während einer Operation kontrolliert, damit der Verurteilte auf verhältnismäßig friedliche Art und Weise zuerst bewusstlos und dann leblos gemacht wurde.

Seine ersten beiden Hinrichtungen führte Elliott im Januar 1926 durch, und zwar so versiert, dass ihn bald Bundesstaaten an der gesamten Ostküste engagierten. Er empfand keine Genugtuung dabei, Menschen zu töten – ganz im Gegenteil –, doch er besaß eine mehr oder weniger einzigartige Begabung dafür, sie sanft ins Jenseits zu befördern. 1927 richtete er im Schnitt etwa drei Menschen im Monat hin, für ein Honorar von jeweils 150 Dollar. Gewissermaßen war er der offizielle Henker des Bundesstaats New York und Neuenglands.

In Ermangelung spezieller Apparaturen musste Elliott seine Ausrüstung selbst anfertigen. Jeder Todeskandidat wurde mit einer Kopfbedeckung ausgestattet, die er aus ledernen, in einem örtlichen Sportartikelgeschäft gekauften Footballhelmen fertigte.

Die Vorstellung, dass Sacco und Vanzetti im Stil von Football-Ass Red Grange gekleidet in den Tod gingen, ist makaber, aber überaus zutreffend.

Trotz zahlreicher Proteste und dem aufrichtigen Mitgefühl von Demonstranten und Leitartikelautoren wegen des unfairen Prozesses gegen Sacco und Vanzetti und ihres ungerechten Schicksals gibt es genug Hinweise darauf, dass die Mehrheit der Amerikaner die beiden Männer für schuldig hielt und dass es dem Rest mehr oder weniger egal war. Dem Autor Francis Russell zufolge konnten die meisten Menschen 1926 nicht mit Sicherheit sagen, ob Sacco und Vanzetti noch am Leben waren oder nicht. Der Zeitungsjournalist Heywood Broun war davon überzeugt, der Durchschnittsbürger habe »keinerlei Interesse an dem Thema«, und beklagte, die Zeitung, für die er arbeitete, die *World,* ließe dem Snyder-Gray-Prozess ausführlichere Berichterstattung zuteilwerden als Sacco und Vanzetti. Selbst diejenigen, die Sacco und Vanzetti unterstützten, zeigten sich nicht immer besonders empathisch. Katherine Anne Porter war geschockt, als sie bei einer Unterhaltung mit der Kommunistin Rosa Baron beiläufig erwähnte, sie hoffe auf eine Begnadigung, und Baron daraufhin blaffte: »Begnadigt? Wozu? Lebendig haben sie keinen irdischen Nutzen für uns.«

Überraschenderweise waren Sacco und Vanzetti im Sommer 1927 nicht die berüchtigtsten Insassen des Charlestown-Gefängnisses. Diese Auszeichnung gebührte einem anderen italienischen Einwanderer, der weitgehend aus den Nachrichten verschwunden war, dessen Name jedoch in den folgenden Jahrzehnten ironischerweise präsenter weiterlebte als die Namen von Sacco und Vanzetti. Es handelte sich um Charles Ponzi, der acht Jahre zuvor die Aufmerksamkeit der Welt auf sich gelenkt hatte und zu einem Eponym geworden war, indem er eine Methode entwickelte, das es ermöglichen sollte, in kürzester Zeit eine Menge Geld zu verdienen.

Ponzi war ein adretter, schmaler Bursche und nur knapp über einen Meter fünfzig groß. Er stammte ursprünglich aus Parma und kam 1903 im Alter von einundzwanzig Jahren in die Vereinigten Staaten, wo er verschiedene Jobs hatte und unter anderem als Hilfskellner, Büroangestellter und Gemüsegroßhändler arbeitete. Doch 1919, als er in Boston lebte, ersann er ein System – das an sich völlig legal war –, um durch den Handel mit internationalen Antwortscheinen der Post Profit zu machen. Diese Coupons waren erfunden worden, um Einzelpersonen oder Firmen das Versenden und Empfangen von Briefen und Paketen ins oder aus dem Ausland zu erleichtern. Auf diese Weise sollten kleinere internationale Transaktionen vereinfacht werden. Ponzi stellte fest, dass er in Europa Coupons mit geschwächten europäischen Währungen kaufen und diese dann in Amerika gegen boomende US-Dollar einlösen konnte. Für jeden Dollar, den er investierte, bekam er bis zu dreieinhalb Dollar zurück.

Ponzi setzte seine Methode im Herbst 1919 in die Praxis um, indem er Investoren alle neunzig Tage 50 Prozent Rendite auf ihre Investition versprach. Im folgenden Frühling – genau zu der Zeit, als Parmenter und Berardelli in Braintree niedergeschossen und Sacco und Vanzetti in Brockton festgenommen wurden – wurde er von begierigen Interessenten geradezu überrollt. Tausende Menschen versammelten sich vor seinen Büroräumen im Bostoner North End und versuchten, ihm Geld anzuvertrauen. In vielen Fällen handelte es sich um die gesamten Ersparnisse. Das Geld strömte in solchen Mengen herein, dass Ponzi es buchstäblich nicht schnell genug zur Bank bringen konnte. Deshalb verstaute er es in Schuhkartons und Schreibtischschubladen. Im April nahm er 120 000 Dollar ein, im Mai 400 000, im Juni zweieinhalb Millionen und im Juli über sechs Millionen – überwiegend in kleinen Scheinen.

Das Problem an Ponzis System war, dass einzelne Coupons einen nur sehr geringen Wert hatten – in der Regel fünf Cent – und es deshalb erforderlich gewesen wäre, wahrhaft monumentale Mengen von Coupons einzulösen, um eine angemessene Rendite zu erzielen. Ponzi versuchte das allerdings nicht einmal, da es viel einfacher für ihn war, frühe Investoren mit dem Geld neuer Investoren auszubezahlen. Solange Geld hereinkam, funktionierte das Vorgehen ausgezeichnet, doch man brauchte kein Finanzgenie zu sein, um zu erkennen, dass diese Methode nicht auf unbestimmte Zeit beibehalten werden konnte. Ponzi war leider nicht ganz dieser Ansicht. Er eröffnete überall in Neuengland Filialen, um noch mehr Geld annehmen zu können, und rief ein ehrgeiziges Programm ins Leben, in dem es um Expansion und Diversifikation ging. Zum Zeitpunkt seines Niedergangs befand er sich in Verhandlungen, die den Kauf einer Dampfschifffahrtsgesellschaft, einer Bank und einer Kinokette betrafen, alles in dem wahnsinnigen Irrglauben, er sei ein seriöser Großunternehmer vom Schlag eines John D. Rockefeller. Beachtenswert ist, dass Ponzi selbst kaum von seinen kunstvollen Manipulationen profitierte. Er kaufte sich ein hübsches Haus und ein neues Auto vom Geld seiner Investoren, aber davon abgesehen bestand seine größte finanzielle Eskapade darin, dass er 100 000 Dollar an ein Waisenhaus spendete.

Ponzis hochfliegende Pläne gerieten ins Wanken, als ein Zeitungsjournalist in der Coupon-Rücknahme-Abteilung bei der Post nachfragte, wie ihre Angestellten mit einem solchen Zuwachs an Arbeit zurechtkämen – und erfuhr, dass es keinen Zuwachs an Arbeit gab. Wie sich herausstellte, hatte Ponzi nur Postcoupons im Wert von 30 Dollar eingelöst. Bei dem gesamten Rest handelte es sich um das Geld von Investoren, mit dem andere Investoren ausbezahlt worden waren. Schätzungen zufolge war Ponzi zuletzt mit etwa zehn Millionen Dollar in den Miesen. Etwa 40 000 Menschen hatten bei ihm investiert.

Alles in allem dauerten Ponzis Machenschaften nur acht Monate. Anschließend wurde er unter Anklage gestellt, für schuldig erklärt und zu dreieinhalb Jahren Bundesgefängnis verurteilt. Bei seiner Entlassung stand ihm eine weitere Anklage in Massachusetts bevor, er setzte sich jedoch nach Florida ab, als er gegen eine Kautionszahlung auf freiem Fuß war. Florida befand sich zu diesem Zeitpunkt inmitten seines berühmten Immobilienbooms, und dem unverbesserlichen Ponzi wäre es beinahe gelungen, dort einen Immobilienschwindel im großen Stil aufzuziehen. Er bot Grundstücke an, versäumte es jedoch, Investoren zu sagen, dass es sich bei ihnen ausschließlich um tiefen Meeresgrund handelte. Im Sommer 1927 saß er wieder in Charlestown im Gefängnis und wartete auf seine Abschiebung.

Während das Schicksal von Sacco und Vanzetti den meisten Amerikanern gleichgültig war, stellten einige wenige zwielichtige Gestalten unter Beweis, dass es ihnen nicht egal war. Am Abend des 5. August wurden zwei New Yorker U-Bahn-Stationen, eine Kirche in Philadelphia und das Haus des Bürgermeisters von Baltimore geräuschvoll von Bomben zerstört. Bei den U-Bahn-Anschlägen kam eine Person ums Leben, und mehrere wurden verletzt. Das Attentat in Baltimore verblüffte viele, da Sacco und Vanzetti keine Verbindung mit dieser Stadt hatten und ihr Bürgermeister, William F. Broening, in der Angelegenheit nie Partei ergriffen hatte.

Wie immer hatte die Polizei keinerlei Anhaltspunkte, was die Täter betraf. Eine Zeit lang war in New York der Hauptverdächtige ein nur als Zahnarzthelfer identifizierter Mann, der dabei ertappt wurde, als er – nach Ansicht der Polizei – auf verdächtige Art und Weise einen Blick in die St. Patrick's Cathedral geworfen hatte. Bei seiner Durchsuchung stellte sich heraus, dass er ein anarchistisches Flugblatt bei sich trug. Er wurde daraufhin verhaftet und ohne die Möglichkeit, auf Kaution freizukommen, festgehalten. Über sein weiteres Schicksal ist nichts bekannt, er wurde jedoch nicht wegen irgendeines der Bombenattentate unter Anklage gestellt. Das wurde niemand.

Die Hinrichtung von Sacco und Vanzetti wurde im Gefängnis von Charlestown für den Abend des 10. August angesetzt, dem Tag, an dem Präsident Coolidge Mount Rushmore einweihte. Draußen drängten sich wütende Menschenmengen in den Straßen, und berittene Polizisten hatten Mühe, die Ordnung aufrechtzuerhalten. »Die Luft schien mit elektrischer Spannung aufgeladen zu sein«, stellte Robert G. Elliott nach seinem Eintreffen am frühen Abend fest. Entlang der Gefängnismauern waren Maschinengewehre aufgestellt worden, und diejenigen, die sie bemannten, hatten offenbar die Befugnis, in die Menge zu feuern, falls die Lage außer Kontrolle geriet. Im Inneren des Gefängnisses bekamen Sacco, Vanzetti und ein dritter zum Tode verurteilter Insasse – Celestino Madeiros, der junge Mann, dessen Geständnis des Braintree-Raubüberfalls Richter Thayer 1925 abgelehnt hatte – ihre letzte Mahlzeit aufgetischt und die Sterbesakramente angeboten. Madeiros hatte mit dem Fall Sacco und Vanzetti nichts zu tun, er sollte für den Mord an einem Bankangestellten bei einem anderen Überfall hingerichtet werden.

Gegen dreiundzwanzig Uhr versammelten sich die Zeugen, und Elliott machte seine Apparatur bereit, doch sechsunddreißig Minuten vor der geplanten Hinrichtung, kurz nach Mitternacht, traf ein Vollzugsaufschub von Alvan Fuller ein, dem Gouverneur von Massachusetts, der dem Verteidigungsteam der zum Tode verurteilten Männer – bei dem es sich im Grunde nur um den gestressten Einzelanwalt Fred Moore handelte – zwölf Tage zugestand, um ein Gericht ausfindig zu machen, das bereit war, ein Wiederaufnahmeverfahren einzuleiten oder neue Zeugen anzuhören. Madeiros wurde der Einfachheit halber ebenfalls Aufschub gewährt, obwohl er ja nichts mit der Sache zu tun hatte.

Weitere Bomben explodierten. Mitten in der Nacht des 16. August wurde das Haus eines der Geschworenen in East Milton, Massachusetts, in die Luft gesprengt. Zum Glück kam dabei niemand ums Leben. Auf der anderen Seite des Landes, im kalifornischen Sacramento, jagte eine Bombe das Dach eines Kinos in die Luft. Warum Sacramento und warum ein Kino, waren Fragen, die von den Behörden nicht beantwortet werden konnten.

Fred Moore gelang es nicht, jemanden aufzutreiben, der Sacco und Vanzetti zu Hilfe eilen wollte. Supreme-Court-Richter Louis D. Brandeis, der dafür am ehesten infrage gekommen wäre, musste sich wegen »persönlicher Beziehungen mit einigen beteiligten Personen« zurückhalten. Seine Gemahlin hatte aus Mitgefühl Freundschaft mit Saccos Ehefrau Rose geschlossen. Der Oberste Bundesrichter, William Howard Taft, der sich in seinem Sommerdomizil in Kanada aufhielt, weigerte sich, über die Grenze zu fahren, um eine Entscheidung zu fällen. Ebenso lehnte Richter Harlan Fiske Stone es ab, von seinem Ferienhaus auf einer Insel vor der Küste von Maine aufs Festland zu reisen.

Am Abend des 22. August gingen Saccos Frau Rose und Vanzettis Schwester zum Parlamentsgebäude von Massachusetts, um bei Gouverneur Fuller vorzusprechen. Fuller verbrachte anderthalb Stunden mit den beiden Frauen, ließ sich aber nicht von seinem Standpunkt abbringen. »Meine Pflichten sind vom Gesetz klar umrissen«, erklärte er traurig. »Es tut mir leid.« Die Hinrichtungen würden, wie vom Gesetz gefordert, fortgesetzt werden – wieder sollten sie nach Mitternacht stattfinden.

Einmal mehr versammelte sich eine Menschenmenge, allerdings war sie dieses Mal merklich kleiner und verhaltener. Die vertrauten Schritte wurden wiederholt. Die Zeugen fanden sich abermals ein. Elliott packte sein Handwerkszeug aus. Die Uhr wurde beobachtet, während die Minuten langsam verstrichen. Schließlich war es dann so weit. Die Wahl fiel als Erstes auf Madeiros, der den Hinrichtungsraum leicht benommen betrat – was sich darauf zurückführen ließ, dass er sich überessen hatte. Elliott arbeitete flink und effizient. Um 00:02 Uhr wurde Madeiros auf dem elektrischen Stuhl festgeschnallt und sieben Minuten später für tot erklärt.

Als Nächster war Sacco an der Reihe. Er lehnte die Sterbesakramente ab und ging die siebzehn Schritte von seiner Zelle zum Hinrichtungsraum ohne fremde Hilfe, war jedoch sichtlich blass. Als er auf dem Stuhl festgezurrt wurde, rief er auf Italienisch: »Lang lebe die Anarchie!«, dann fügte er auf Englisch hinzu: »Lebt wohl, meine Frau und mein Kind und alle meine Freunde!« (Tatsächlich hatte Sacco zwei Kinder; der Fehler wurde seiner Nervosität zugeschrieben.) Bedauerlicherweise kam es zu einer Verzögerung, da die Kopfbedeckung, die ihm aufgesetzt werden sollte, nicht auffindbar war. Während Elliott und andere Anwesende nach ihr suchten, brabbelte Sacco weiterhin nervöse Abschiedsworte an Freunde und

Verwandte vor sich hin. Die Kopfbedeckung wurde schließlich unter Madeiros' Leiche auf einer Bahre im Korridor gefunden, hastig gebracht und Sacco aufgesetzt.

»Guten Abend, Gentlemen«, rief Sacco daraufhin leicht erschrocken. Schließlich fügte er leise die Worte »Leb wohl, Mutter« hinzu, ehe der Schalter umgelegt wurde. Um 00:19:02 wurde er für tot erklärt.

Vanzetti, der letzte Todeskandidat, lehnte die Sterbesakramente ebenfalls ab. Er hatte vier Schritte mehr zu machen und legte den Weg ruhig und würdevoll zurück. Seinen Wärtern schüttelte er die Hand, dann wandte er sich dem Gefängnisdirektor William Hendry zu und reichte ihm die Hand. »Ich möchte Ihnen für alles danken, was Sie für mich getan haben«, sagte Vanzetti. Hendry war zu überwältigt, um darauf etwas zu erwidern. Dann wandte sich Vanzetti den Zeugen zu und sagte mit klarer Stimme und in gutem Englisch: »Ich möchte Ihnen mitteilen, dass ich unschuldig bin und nie irgendein Verbrechen begangen habe, nur die eine oder andere Sünde. Ich danke Ihnen für alles, was Sie für mich getan haben. Ich trage keine Schuld an einem Verbrechen, weder an diesem noch an irgendeinem anderen. Ich bin ein unschuldiger Mensch.« Als Nachsatz fügte er hinzu: »Ich möchte einigen Menschen für das vergeben, was sie mir jetzt antun.« Danach ließ er sich auf dem elektrischen Stuhl nieder und blieb still und ruhig sitzen, während er festgeschnallt wurde und die Kopfbedeckung aufgesetzt bekam. Einen Augenblick später wurde der Schalter umgelegt. »Abgesehen vom knisternden, prasselnden Geräusch des Stroms herrschte völlige Stille im Raum«, schrieb Elliott in seinen 1940 erschienenen Memoiren *Agent of Death*. Vanzetti wurde um 00:26:55, weniger als acht Minuten nach Sacco, für tot erklärt.

In Amerika war die Reaktion auf die Hinrichtungen überraschend gedämpft. In New York empfingen die Menschen die Nachricht der *Times* zufolge in »trauervoller Stille«. In Boston war ebenfalls alles beinahe unheimlich verhalten. Die Menschen warteten auf eine offizielle Bestätigung, dann gingen sie ruhig auseinander und in die Nacht hinein. Den meisten erschienen weitere Proteste sinnlos. Am nächsten Tag war das Leben in den beiden Städten bereits zur Normalität zurückgekehrt.

Woanders konnte man nicht davon reden. Rund um die Welt wurde protestiert: in Buenos Aires, Mexico City, Sydney, Berlin, Hamburg, Genf, Leipzig und Kopenhagen. Bei vielen Demonstrationen kam es zu gewalttätigen Ausschreitungen. In Deutschland wurden neun Menschen getötet. In London prallten Demonstranten und Polizei im Hyde Park aufeinander. Dabei wurden vierzig Menschen verletzt, von denen einige ins Krankenhaus eingeliefert werden mussten. In Havanna wurde die US-Botschaft bombardiert. In Genf griffen Randalierer das Palais des Nations an, obwohl die Vereinigten Staaten kein Mitglied des Völkerbundes waren, und zertrümmerten Fensterscheiben von Geschäften und Hotels. In dem Durcheinander wurden Schüsse abgegeben, die einen Mann töteten. In Berlin drohten die Kommunisten der Stadt dem New Yorker Bürgermeister Jimmy Walker, der sich auf einer Freundschaftstour durch Europa befand, körperliche Gewalt an. Einige Tage lang war man als Amerikaner nirgendwo in Sicherheit.

Die Franzosen waren besonders in Rage. Die Pariser, die sich noch vor kurzem in freudigen Scharen eingefunden hatten, um Lindbergh, Byrd, Chamberlin und Levine zu begrüßen, strömten jetzt durch die Straßen, um nach Amerikanern Ausschau zu halten, die sie verprügeln konnten. Wo es an ihnen mangelte, fiel die Meute über wohlhabend wirkende Einheimische her. Die Gäste vieler Straßencafés wurden angegriffen und in etlichen Fällen brutal zusammengeschlagen, nur weil sie unerträglich spießbürgerlich aussahen. Einige der Lokalitäten wurden bei den Schlachten zwischen Gästen und Randalierern völlig verwüstet. In anderen Teilen der Stadt fiel der herumziehende Mob über alles her, was eine Verbindung zu Amerika hatte: über Kinos, in denen amerikanische Filme gezeigt wurden, über amerikanische Hotels, über Geschäfte, die amerikanische Waren verkauften. Dem Korrespondenten der

Londoner *Times* zufolge nahmen die Krawallmacher aus irgendeinem Grund vor allem amerikanische Schuhgeschäfte ins Visier. Zum Entsetzen vieler wurde auch das Grabmal des unbekannten Soldaten geschändet. Beim Versuch, die Ordnung wiederherzustellen, wurden etwa 200 Polizisten verletzt. Einige von ihnen erlitten Stichverletzungen.

Die Zeitschrift *Time* nutzte den Anlass, um sich ein wenig anthropologischer Bigotterie hinzugeben. »In Südamerika«, stellte sie fest, »waren die impulsiven – und arbeitsscheuen – Einwohner von Paraguay und Argentinien leicht dazu zu bewegen, die Arbeit ruhen zu lassen … Schweizer Radikale zeigten sich grotesk gewalttätig, Briten vage, Deutsche dümmlich und Franzosen hysterisch gewalttätig.«

Am Tag der Hinrichtung reisten die Coolidges nach der Einweihungszeremonie am Mount Rushmore noch weiter, mit dem Zug Richtung Westen, nach Wyoming in den Yellowstone National Park, wo sie einige Tage verbrachten und die Landschaft genossen, Geysire beobachteten und sich von Bären unterhalten ließen, die in jenen Tagen noch dazu ermuntert wurden, am Straßenrand zu betteln. Der Präsident fand auch die Zeit, zwischendurch ein wenig zu angeln. Zur Hinrichtung von Sacco und Vanzetti oder irgendetwas anderem nahm er nicht Stellung.

Waren Sacco und Vanzetti unschuldig? Aus derart großer zeitlicher Distanz lässt sich das unmöglich mit Sicherheit sagen, aber es spricht einiges dafür, dass sie womöglich nicht ganz so unschuldig waren, wie sie sich gaben. Zum einen waren sie eng mit Carlo Valdinoci befreundet, dem berüchtigtsten aller Bombenattentäter. Außerdem waren sie selbst erklärte Anhänger von Luigi Galleani, dem militantesten und unerbittlichsten antiamerikanischen Radikalen. Galleani war ein verwegener Typ, der bereits in Italien wegen radikaler Aktivitäten im Gefängnis gesessen hatte, aber fliehen konnte – angeblich, indem er die Frau des Gefängnisdirektors verführte. Daraufhin ließ er sich in Amerika nieder, wo er sofort den gewalttätigen Sturz der Regierung forderte. Galleani gab eine radikale Zeitschrift mit dem Namen *Cronaca Sovversiva* (»subversive Chronik«) heraus, die eine kleine, aber treu ergebene Leserschaft von 4000 bis 5000 Personen besaß. Ein regelmäßiger Beitragszahler war Bartolomeo Vanzetti. Hinter den meisten bedeutenden Bombenanschlägen dieser Zeitperiode wurden Galleanisten vermutet. Zahlreichen Gerüchten zufolge bastelte Vanzetti selbst Bomben, auch wenn er sie nicht unbedingt eigenhändig legte. Paul Avrich geht davon aus, dass Vanzetti bei dem Bombenanschlag in Youngstown, Ohio, bei dem zehn Polizisten getötet wurden, »wahrscheinlich involviert« war und ganz sicher der kleinen Terrorzelle angehörte, die dafür verantwortlich zeichnete.

Viele, die damals und auch später mit dem Fall zu tun hatten, kamen zu dem Schluss, dass Sacco und Vanzetti auf jeden Fall *irgendeine* Schuld traf. Upton Sinclair, der tiefes Mitgefühl für die beiden Männer empfand, gelangte zu der Überzeugung, dass sie zumindest am Bau der Bombe beteiligt gewesen waren. Katherine Anne Porter sah sich nach langen Diskussionen mit Personen aus anarchistischen Kreisen zu einer ähnlichen Schlussfolgerung gezwungen. Verschiedenen Berichten zufolge nahm sogar Saccos und Vanzettis Anwalt Fred Moore an, dass Sacco an den Braintree-Morden beteiligt war – und Vanzetti aller Wahrscheinlichkeit nach auch. Diese Ansicht teilte ebenso ihr anarchistischer Gesinnungsgenosse Carlo Tresca, der beide gut kannte. Francis Russell, der zwei Bücher über den Fall geschrieben hat, glaubte lange an ihre Unschuld (»diese Männer waren keine Kriminellen, weder von ihrer Veranlagung her noch von ihren Gewohnheiten«), kam letzten Endes allerdings zu dem Ergebnis, dass sie wohl doch schuldig seien. Die privaten Dokumente des Harvard-Präsidenten und Vorsitzenden des Untersuchungsausschusses A. Lawrence Lowell, die 1977 eingesehen werden durften, verrieten, dass auch er gehofft hatte, die beiden Männer seien unschuldig, wobei ihn die Beweise aber von ihrer Schuld überzeugt hatten. Eine objektive Untersuchung der Aufzeichnungen deutet darauf hin, dass die Geschworenen bei beiden Verhandlungen nicht voreingenommen waren und dass Richter Thayer, wie immer seine Überzeugungen außerhalb des Gerichtssaals ausgesehen haben mochten, einen fairen Prozess leitete.

Niemand hat mehr Zeit mit Recherchen zu Sacco und Vanzetti und der finsteren Welt verbracht, in der die beiden operierten, als der mittlerweile verstorbene Paul Avrich, ein ehemaliger Professor der City University of New York. In seinem 1991 erschienenen Werk *Sacco and Vanzetti: The Anarchist Background* stellt der Historiker die Frage, ob Vanzetti in den Braintree-Überfall verwickelt gewesen sein konnte – und schreibt dazu: »Wenngleich die Beweislage alles andere als zufriedenstellend ist, lautet die Antwort nahezu ja. Dasselbe gilt für Sacco.« Selbst wenn die beiden das Verbrechen nicht begangen hatten, waren sie Avrichs Meinung nach fast sicher für andere mörderische Taten verantwortlich, darunter die Bombenanschläge, die zu den 1919 von Generalstaatsanwalt A. Mitchell Palmer angeordneten Razzien führten. Das, so schreibt er, sei »praktisch sicher«.

Ballistische Untersuchungen in den zwanziger Jahren waren primitiv und ziemlich leicht anzuzweifeln, doch akribischere Tests aus neuerer Zeit bewiesen, dass die Kugel, die Berardelli tötete, tatsächlich aus Saccos Waffe abgefeuert worden war – oder dass die Beweise in einem Umfang manipuliert wurden, der eine weitreichende Verschwörung erfordert hätte.

Das letzte Wort in dieser Angelegenheit soll Avrich haben. »Es ist frustrierend, sich zu überlegen«, schrieb er 1991, »dass noch immer Menschen am Leben sind – unter anderem Saccos Witwe –, die zumindest einen Teil der Wahrheit enthüllen könnten, wenn sie nur wollten.« Doch das tat keiner von ihnen. Jetzt sind sie alle tot.

Fünfundzwanzigstes Kapitel

Als Babe Ruth gefeiert wurde, musste er feststellen, dass Berühmtheit einen klaren Nachteil hatte, nämlich den, dass er sich nicht an vielen öffentlichen Orten aufhalten konnte, ohne belästigt zu werden, manchmal sogar auf gefährliche Art und Weise. 1921 zechte er in einer illegalen Bar in New Jersey, als ein betrunkener Gast anfing, ihn anzupöbeln. Die beiden wechselten ein paar Worte, dann gingen sie nach draußen. Als Harry Hooper, ein anderer Baseballspieler, der an diesem Abend mit Ruth trank, von der Toilette zurückkam, stellte er fest, dass Ruth verschwunden war. Daraufhin warf er einen Blick nach draußen und sah Ruth mit einer Pistole am Kopf steif dastehen. Glücklicherweise erschreckte Hoopers rechtzeitiges Eintreffen den Unruhestifter, der daraufhin in die Nacht flüchtete. Nach diesem Erlebnis trank Ruth nur noch im Schutz seiner eigenen vier Wände.

1927 befanden sich diese vier Wände im Ansonia Hotel, einem gewaltigen und exzentrischen Beaux-Arts-Palast am Broadway zwischen der dreiundsiebzigsten und der vierundsiebzigsten Straße. Beim Ansonia handelte es sich um ein Apartment-Hotel – in den zwanziger Jahren ein beliebtes neues Konzept –, was bedeutete, dass es die Geräumigkeit und Beständigkeit einer Wohnung mit den Annehmlichkeiten eines Hotels verband: Zimmerreinigung, Pförtner, täglicher Handtuchwechsel und so weiter. Verschiedenen Berichten zufolge gab es im Foyer des Ansonia einen Brunnen mit einem echten Seehund und eine »Dach-Farm«, in der das Management Kühe und Hühner hielt, um bevorzugte Bewohner mit Milch und Eiern zu versorgen. Außerdem verfügte es über drei Restaurants, von denen eines 550 Sitzplätze hatte, sowie über das weltgrößte Hallenschwimmbad im Untergeschoss. Ein Rohrpostsystem beförderte Nachrichten von der Rezeption in jede gewünschte Suite.

Die dicken Wände des Ansonia sorgten für ausgezeichneten Schallschutz, was es für Musiker besonders attraktiv machte – Enrico Caruso und Arturo Toscanini gehörten zu seinen erlesenen Dauergästen –, aber es war auch bei Schriftstellern, Theaterleuten, Baseballspielern und anderen mit einer etwas sprunghaften Veranlagung beliebt. Der Romanautor Theodore Dreiser wohnte dort eine Zeit lang. Der Theaterdirektor Florenz Ziegfeld hatte auf einer Etage eine Dreizehnzimmersuite, in der er mit seiner Ehefrau lebte, und eine Etage darüber ein kleineres Apartment für seine Geliebte.

Das Ansonia spielte auch in der dunkelsten Episode des Baseballsports eine Rolle. Am 21. September 1919 traf sich dort eine Gruppe von Glücksspielern unter der mutmaßlichen Führung von Arnold Rothstein, wenngleich der Gangster das immer vehement abstritt. Zu dieser Gruppe gehörten einige unterbezahlte Spieler der Chicago White Sox, und man einigte sich darauf, die World Series zu manipulieren. Ruth wohnte zu diesem Zeitpunkt noch nicht in dem Hotel. Er zog erst 1926 in ein Apartment mit acht, elf oder zwölf Zimmern, je nachdem, welchem seiner Biografen man Glauben schenken möchte. Wie groß es auch immer gewesen sein mochte, es handelte sich um ein außerordentlich komfortables Domizil.

1927 war Babe Ruth der bestbezahlte Spieler im Baseballsport – und stolz darauf. Er hatte vor Saisonbeginn auf einen großzügigeren Vertrag gepocht, den ihm Jacob Ruppert wegen Ruths fortgeschrittenem Alter und Bauchumfang und wegen seiner eigenen finanziellen Verluste in Florida durch den Hurrikan im vorangegangenen Herbst nur ungern bewilligte. Letztlich gab Ruppert jedoch nach und überreichte Ruth einen Dreijahresvertrag über 70 000

Dollar im Jahr, wobei er sich gebärdete, als sei er beinahe tödlich verwundet. Die Zeitungen machten viel Aufhebens um Ruths enormes Einkommen; bei seinem Gehalt, rechneten Journalisten aus, hätte sich Ruth jede Woche ein neues Auto oder jeden Monat ein neues Haus kaufen können. Nach Baseball-Maßstäben war Ruths Bezahlung tatsächlich enorm: Sein Einkommen machte fast die Hälfte der gesamten Gehaltsliste der Yankees aus und war höher als die Gehälter der nächsten fünf bestbezahlten Spieler des Teams zusammengerechnet. Das spiegelte allerdings eher wider, wie bescheiden Baseballspieler in den zwanziger Jahren vergütet wurden, als dass Ruth sagenhaft reich gewesen war.

Verglichen mit anderen prominenten Personen, insbesondere mit Hollywoodstars, waren die Gehälter von Baseballspielern in der Tat nicht üppig. Ruths Wochenlohn von 1350 Dollar standen 4000 bis 5000 Dollar für Clara Bow und Buster Keaton, 15 000 Dollar für Tom Mix, 20 000 Dollar für Douglas Fairbanks und wahrhaft zufriedenstellende 30 000 Dollar für Harold Lloyd gegenüber. Allerdings verblassten auch diese Summen, wenn man sie mit denen verglich, die Ganoven wie Arnold Rothstein und Waxey Gordon einnahmen, die angeblich 200 000 Dollar im Monat machten. Was Ruth fast sicher nicht wusste, war, dass selbst der Radiomoderator Graham McNamee mehr verdiente als er. Es wäre falsch zu behaupten, Ruth sei miserabel bezahlt worden, aber er bekam ganz bestimmt keinen Penny zu viel.

Den Großteil seines Gelds kassierte Ruth abseits des Spielfelds. Im Winter 1926/1927 brachte er eine geschätzte halbe Million nach Hause, die aus nicht von ihm selbst geschriebenen Zeitungskolumnen, Werbeverträgen für Produkte, die ihm nicht selten unbekannt waren, einer kurzen, aber lukrativen Varietétournee und seinem geliebten Spielfilm *Babe Comes Home* stammte. Trotzdem musste er sich 1927 von Ruppert 1500 Dollar leihen, um seinen Steuerbescheid bezahlen zu können. Geld und Ruth leisteten sich nie lange Gesellschaft.

Am 8. August brachen die Yankees zu ihrer längsten Auswärtsspieltour der Saison auf: Für jeweils drei, vier Tage ging es nach Philadelphia, Washington, Chicago, Cleveland, Detroit und St. Louis, dann zurück nach New York für ein Nachholspiel gegen die Red Sox, und anschließend für weitere sechs Tage nach Philadelphia und Boston. Darüber hinaus gelang es Ruppert, noch einen Abstecher nach Indianapolis für ein Freundschaftsspiel gegen ein Minor-League-Team einzuschieben. Freundschaftsspiele waren für ihn überaus lukrativ, weshalb er so viele wie möglich einbaute. In dreißig Tagen reisten die Yankees insgesamt 3700 Meilen, machten siebenundzwanzig Spiele und fuhren ein Dutzend Mal mit dem Zug, manchmal weite Strecken.

Solche Touren waren ganz nach Babe Ruths Geschmack. Sie verschafften ihm einen Tapetenwechsel und stellten ihm Sex mit neuen Bekanntschaften in Aussicht. Außerdem boten sie ihm eine Verschnaufpause von seinem komplizierten Privatleben, das unbehaglich vielschichtig geworden war. Ruth hatte sich in Claire Merritt Hodgson verliebt, die als Model und Schauspielerin arbeitete. Die aus Georgia stammende Miss Hodgson hatte – gelinde gesagt – eine ausgefüllte und bewegte Vergangenheit. Nachdem sie mit vierzehn Jahren geheiratet hatte, mit sechzehn Mutter geworden war und mit dreiundzwanzig Witwe, war sie auf der Suche nach Ruhm und Reichtum nach Norden gekommen und hatte ihre Vorliebe für Baseballspieler entdeckt. Die erwähnenswerteste ihrer – angeblich – zahlreichen Eroberungen war Ty Cobb. Ruth vergötterte sie, und die beiden lebten bald mehr oder weniger zusammen. Wann genau und wie er seine Noch-Ehefrau, die nach wie vor auf dem ländlichen Anwesen der beiden in Massachusetts lebte, über seine neue Beziehung in Kenntnis setzte, ist nicht bekannt. Es muss aber irgendwann nach der desaströsen World Series von 1926 gewesen sein, als sich die beiden zum letzten Mal gemeinsam in der Öffentlichkeit zeigten. Kurz gesagt: Ruths Leben war 1927 fürchterlich kompliziert geworden. Der Autor Leigh Montville schrieb: »Er hatte jetzt eine Ehefrau, eine Vollzeit-Geliebte, eine Farm, ein Apartment, ein Apartment für seine Geliebte, eine adoptierte Tochter und eine adoptierte Familie.« Deshalb hatte die Aussicht darauf, all dem eine Weile zu entkommen, einen gewissen Reiz.

Miller Huggins, der Trainer der Yankees, liebte Auswärtsspiele ebenfalls, wenn auch aus ganz anderen Gründen. Es lag nicht daran, dass er gern in der Nähe seiner Spieler war oder sie in seiner – überraschenderweise bestand in keiner Richtung besondere Zuneigung –, sondern daran, dass sie es ihm ermöglichten, seiner liebsten Freizeitbeschäftigung zu frönen, die darin bestand, Rollschuhbahnen zu besuchen, sich dort hinzusetzen und zuzusehen. Huggins lief selbst nicht Rollschuh, träumte jedoch davon, eines Tages eine Bahn zu besitzen. Sofern man es überhaupt beurteilen konnte, war anderen Leuten beim Rollschuhlaufen zuzusehen das Einzige im Leben, was ihm Vergnügen bereitete.

Huggins war ein komischer Kauz. Zunächst einmal war er ziemlich klein – die Quellen sind sich nicht einig, wie klein, aber vermutlich zwischen einem Meter zweiundsechzig und einem Meter fünfundsechzig –, außerdem hatte er eine derart jungenhafte Statur, dass er manchmal für den Batboy gehalten wurde. Er war in Cincinnati geboren und 1927 achtundvierzig Jahre alt. Bei seinen Eltern handelte es sich um englische Einwanderer; sein Vater war ein exzellenter Krickettspieler gewesen. Huggins studierte Jura an der University of Cincinnati. Einer seiner Professoren war William Howard Taft, der oberste Richter des Supreme Court, der sich gerade weigerte, im Fall Sacco und Vanzetti einzugreifen.

Zur Freude und zum Stolz seiner Eltern schloss Huggins 1902 seine Ausbildung zum Rechtsanwalt ab, zu ihrem Entsetzen weigerte er sich dann jedoch, als ein solcher zu praktizieren. Stattdessen stieg er in den professionellen Baseballsport ein, was 1902 kaum besser war, als in einem Bordell zu arbeiten – so muss es zumindest seinen Eltern vorgekommen sein. Die nächsten zwölf Jahre spielte Huggins kompetent, wenn auch nicht herausragend als Infielder für die Cincinnati Reds und die St. Louis Cardinals, bevor er sich als Spielertrainer und schließlich nur noch als Trainer betätigte. Als er

1917 das Angebot erhielt, die Yankees zu übernehmen, war er zunächst skeptisch. Da es sich bei ihnen um ein mittelmäßiges Team handelte, empfand er das Angebot als Abstieg. Doch er gewann mit ihnen 1921, 1922, 1923 und 1926 die Liga und war im Sommer 1927 auf dem besten Weg zu einer weiteren Meisterschaft. Wenngleich Huggins von seinen Spielern nicht geliebt wurde, vor allem nicht von Ruth, der sich unaufhörlich mit ihm stritt und ihn »den Floh« nannte, behandelte er sie gut und traute ihnen zu, dass sie auf dem Platz eigenständig die richtigen Entscheidungen trafen – im Gegensatz zu John McGraw von den Giants, der seine Spieler für »unfähig zu denken« hielt. Mit Ruth hatte er manchmal fast die Geduld eines Heiligen.

Huggins wohnte in New York mit seiner Schwester und einer Tante in einer Wohnung in der Nähe des Yankee Stadium. Er heiratete nie. Ebenso wenig verwirklichte er jemals seinen Traum von einer Rollschuhbahn. Wenngleich es damals noch niemand ahnen konnte, war Huggins im August 1927 nur zwei Jahre von seinem Tod entfernt.

Die schlechter bezahlten Spieler im Team – also die meisten – freuten sich auf die Touren, weil ihnen dabei der Großteil ihrer Ausgaben erstattet wurde und sie unterwegs einen Zuschuss von vier Dollar am Tag bekamen. So konnten sie entweder wie die Made im Speck leben oder sich in Genügsamkeit üben und sparen, was ihnen übrig blieb. Nach den Auswärtsspielen einer ganzen Saison konnte dabei für einen Spieler wie Julie Wera eine hübsche Summe von 2400 Dollar herauskommen.

In den zwanziger Jahren hatten Züge keine Nummern, sondern Namen, was ihnen ein gewisses Flair von Romantik und Abenteuer verlieh: *Broadway Limited, Bar Harbor Express, Santa Fe De Luxe, Empire State Express, Texas Special, Sunrise Special, Sunset Limited.* Nach Lindberghs Flug führte die Eisenbahngesellschaft Pennsylvania Railroad ihre Verbindung zwischen St. Louis und der Ostküste wieder ein und nannte sie – wie hätte es anders sein können? – *Spirit of St. Louis*. Manchmal war der Name allerdings romantischer als die Strecke. Die Verbindung *Scenic Limited* von St. Louis nach Pueblo, Colorado, führte überwiegend durch den Norden von Kansas, der nicht gerade der Vorstellung vieler Menschen von topografischer Üppigkeit entsprach, nicht einmal in Kansas selbst. Manche Namen waren sogar schlichtweg irreführend. Die *New York, Chicago & St. Louis Railroad* fuhr nicht die genannten Bahnhöfe an, sondern verkehrte in bescheidenerem Rahmen zwischen Chicago und Buffalo. Genauso schnupperte die *Atlantik Limited* niemals Meeresluft, sondern beschränkte sich auf eine tägliche Fahrt von Minnesota nach Michigan.

Einige Zugverbindungen waren berüchtigt für ihren Mangel an Komfort – die Verbindung *Gold Coast*, »Goldküste«, in Kalifornien war besser bekannt unter dem Namen *Cold Roast,* »kalter Braten« –, doch die meisten gaben sich einigermaßen Mühe, Qualität zu bieten, und die besten boten sogar echten Luxus. Die exquisiteste Verbindung von allen war die *Twentieth Century Limited,* die jeden Abend um achtzehn Uhr von der Grand Central Station in New York nach Chicago abfuhr. Die *Limited* verfügte über einen Herren- und einen Damenfriseur, über Badezimmer, in denen man ein heißes Bad nehmen konnte, über eine Waschküche sowie über einen Aussichtswagen mit Schreibtischen, unentgeltlichem Briefpapier und sogar einer Stenografin, die Diktate aufnahm. Der Zug war in der Lage, die 960 Meilen lange Strecke in achtzehn Stunden zurückzulegen, doch nach mehreren Unfällen, darunter einer im Jahr 1916, bei dem sechsundzwanzig Menschen starben, wurde eine etwas vorsichtigere Verbindung mit zwanzig Stunden Dauer zur fahrplanmäßigen Norm. Die *Twentieth Century Limited* stellte trotzdem die schnellste und komfortabelste Form des Reisens dar, und zwar nicht nur in Amerika, sondern auf der ganzen Welt.

Der außergewöhnlichste Aspekt am Reisen auf der Schiene war die riesige Auswahl. Wenngleich die Gebrüder Van Sweringen viel dafür getan hatten, die Branche zu verdichten, war sie noch immer verwirrend zersplittert. 1927 konnte man als Fahrgast zwischen 20 000 fahrplanmäßigen Verbindungen von 1085 verschiedenen Anbietern wählen. Die einzelnen Gesellschaften benutzten häufig unterschiedliche Endbahnhöfe, Gleise und Fahrkartensysteme, die nicht unbedingt auf andere Angebote abgestimmt waren. Allein Cleveland wurde von sieben diversen Eisenbahnlinien versorgt.

Die Züge nahmen den Weg, den die Gleise der jeweiligen Gesellschaft vorschrieben, was bedeutete, dass sie nicht immer die kürzeste oder schnellste Route fuhren. Die *Lake Shore Limited* von New York nach Chicago fuhr die ersten 150 Meilen nach Norden, Richtung Kanada, ehe sie in Albany abrupt nach links abbog, als würde sie sich plötzlich wieder an ihr Ziel erinnern. Auf Langstreckenverbindungen trennten oder vereinigten sich Züge in der Regel unterwegs in einem komplizierten Menuett, das es ihnen ermöglichte, Anschluss an andere Linien zu bieten. Die *Suwanee River Special* fuhr täglich von St. Petersburg, Florida, nach Chicago ab, unterwegs wurden jedoch an verschiedenen Haltestellen Waggons abgekuppelt und an andere Züge angekuppelt, die nach Buffalo, Cleveland, Detroit und Kansas City unterwegs waren. Die *Lake Shore Limited* hielt in Albany, um Waggons aus Boston und Maine anzukuppeln, und dann noch einmal in Buffalo, um Waggons aus Toronto mitzunehmen, bevor in Cleveland einige wieder abgekuppelt und Richtung Süden nach Cincinnati und St. Louis geschickt wurden. Der Hauptzug setzte währenddessen seinen Weg in westlicher Richtung nach Chicago fort. Bei den Fahrgästen sorgte die Möglichkeit, in Denver oder Memphis aufzuwachen, wenn sie sich eigentlich in Omaha oder Milwaukee wähnten, auf jeder längeren Strecke für eine Spur von Verunsicherung, wohingegen das Rangieren und An- und Abkuppeln in den frühen Morgenstunden dafür sorgte, dass fast niemand durchschlafen konnte. Die Romantik des Reisens war für diejenigen, die sie tatsächlich erlebten, nicht immer wirklich zu erkennen.

Um die Fahrgäste abzulenken und um auf einem hart umkämpften Markt zusätzliche Umsätze zu generieren, legten fast alle Eisenbahngesellschaften großen Wert auf ihr Essen. Auch wenn in den Zugküchen kaum genug Platz war, um einen Pfannkuchen zu wenden, fabrizierten die Köche eine riesige Auswahl an Gerichten. In Union-Pacific-Zügen konnte der anspruchsvolle Fahrgast allein zum Frühstück unter fast vierzig Gerichten wählen – Lenden- oder Porterhousesteak, Kalbsschnitzel, Hammelkotelett, Weizengebäck, gegrillte Salzmakrele, eine halbe Poularde, Kartoffelsalat, Maisbrot, Speck, Schinken, Würstchen, Frikadellen oder Eier in sämtlichen Variationen –, und die übrigen Mahlzeiten waren genauso mannigfaltig. Im *Midnight Limited* zwischen Chicago und St. Louis war es Fahrgästen, die über Nacht fuhren, sogar möglich, an einem üppigen (und buchstäblichen) »Mitternachtsmahl« teilnehmen, während sie durch die einsame Nacht polterten.

Die Yankees reisten in speziellen Waggons, die an normale Züge angehängt wurden – zum einen, um Fans daran zu hindern, die Spieler zu belästigen, zum anderen aber auch, um die Spieler daran zu hindern, normale Fahrgäste zu belästigen, denn der Waggon der Spieler war in jedem Zug der mit Abstand lauteste. In den zwanziger Jahren gab es in Zügen auch noch keine Kühlungssysteme, und wenn hohe Temperaturen herrschten, saßen die Spieler meistens in Unterwäsche herum. Babe Ruth hatte ebenso wie Huggins sein eigenes Abteil. Der Rest des Teams war in mit Vorhängen abgetrennten Stockbetten untergebracht, in »rollenden Mietskasernen«, wie sie im Scherz genannt wurden. War Ruppert mit dem Team unterwegs, wurde nur für ihn ein weiterer Waggon angekuppelt. Auf allen Auswärtsspieltouren hatten die Spieler viel Zeit, um sich zu unterhalten, Karten zu spielen und herumzublödeln. Ruth spielte oft Bridge und Poker, Letzteres mit hohen Einsätzen. Die ernsteren oder gebildeteren Spieler lasen oder schrieben Briefe. Benny Bengough übte Saxophon.

Unterwegs teilten sich die Yankees in zwei Gruppen auf: die Partyfraktion mit Ruth, Bob Meusel, Waite Hoyt und Bengough und die stille Truppe (die manchmal als »Filmkulisse« bezeichnet wurde) mit denjenigen, die sich zu benehmen wussten. Zu den Letzteren gehörten Earle Combs, Wilcy Moore, Cedric Durst, Ben Paschal, Herb Pennock und Lou Gehrig.

Zur feucht-fröhlichen Truppe gesellte sich auch häufig der *New York Times*-Reporter Richards Vidmer. Normalerweise verbrüderten sich Baseballspieler nicht mit Journalisten, doch bei Vidmer machten sie eine Ausnahme, da er jung, gut aussehend und sportlich war, ganz ähnlich wie sie selbst, und dazu noch mit einer Vorgeschichte aufwarten konnte, die spannender und verwegener war als die von beliebigen fünf Spielern zusammen. Als Sohn eines Brigadegenerals war Vidmer an verschiedenen Orten auf der Welt aufgewachsen und bewegte sich souverän in elitären Kreisen. Zur Erinnerung: Vidmer war derjenige, der Präsident Harding in einen Kamin im Weißen Haus hatte urinieren sehen. Im Ersten Weltkrieg machte Vidmer eine Ausbildung zum Piloten, heiratete die Tochter des Radscha von Sarawak, eines der reichsten Männer im Fernen Osten, und spielte sowohl Golf als auch Baseball professionell, ehe er sich auf den Journalismus verlegte. Temperamentvoll und für Frauen unwiderstehlich, war er die Inspiration für einen überaus populären Roman mit dem Titel *Young Man of Manhattan,* dessen Verfasserin, Katharine Brush, eine ehemalige Liebschaft von ihm war.

Vidmer war womöglich der miserabelste Sportjournalist aller Zeiten. In einem Interview, das er viele Jahre nach seiner Pensionierung gab, gestand er ein, dass er selten vor dem dritten oder vierten Inning in einem Baseballstadion auftauchte, manchmal sogar erst im fünften oder sechsten. Seine Artikel waren nicht nur haarsträubend, sondern auch unzuverlässig. Hier seine Beschreibung eines Spieltags, an dem Gehrig zwei Home-Runs erzielte, Ruth dagegen keinen: »Während Ruth und die anderen Yanks nach fünf Stunden Baseball in unterschiedlichen Graden der Niedergeschlagenheit vom Platz gingen, tänzelte der Bursche, der als Lou bekannt ist, voller Genugtuung vom Spielfeld, pfiff eine fröhliche Melodie und haute ordentlich auf den Putz.« Zu den vielen demonstrativen Verhaltensweisen, denen Lou Gehrig niemals frönte, zählen mit Sicherheit »voller Genugtuung« zu »tänzeln« und »ordentlich auf den Putz zu hauen«. In Vidmers Worten war ein Schlag von Ruth kein Home-Run, sondern ein »hochintelligenter Hieb«, und ein fliegender Ball kein fliegender Ball, sondern »lebhaftes Leder«. Aus den Tigers wurden bei ihm die »Dschungelkatzen«, und aus dem linken Arm wurde der »Backbord-Geschützturm«. Die Yankees waren immer die »Hugmen« (nach Miller Huggins). Als Ruth den vierhundertsten Home-Run seiner Karriere erzielte, schrieb Vidmer einen bewegenden Artikel darüber, dass ein Platzanweiser den Ball auf der überdachten Tribüne einem Jungen wegnehmen wollte, Letzterer sich jedoch weigerte, ihn herzugeben, weil er ihn Ruth persönlich geben wollte, und dass Ruth den Jungen ins Clubhaus einlud, als er davon erfuhr. Dort nahm er den Ball freundlich entgegen und schenkte dem Jungen im Gegenzug ein Dutzend nagelneue Bälle mit Autogramm. »Ich hatte die Exklusivrechte auf diese Geschichte«, gab Vidmer Jahre später zu, »weil ich sie erfunden hatte.«

Wie fast alle Sportreporter schrieb er nie etwas, das auch nur auf das kleinste Fehlverhalten irgendeines Spielers hinwies, was im Fall von Babe Ruth bedeutete, dass er eine Menge verschwieg. Abgesehen davon, dass er gute Freundschaften nicht gefährden wollte, gab es auch einen praktischen Grund für sein Taktgefühl: Sportjournalisten reisten auf Spesen der Major-League-Teams, was sich deutlich auf ihre Loyalität auswirkte. Im Grunde handelte es sich bei ihnen um PR-Männer des Teams.

Keine Auswärtsmannschaft war jemals beliebter gewesen als die Yankees im Sommer 1927. In Chicago fanden sich an einem Freitagnachmittag 20 000 Zuschauer ein, um sie gegen die White Sox spielen zu sehen, zehnmal so viele wie drei Tage später, als die Sox gegen die viertplatzierten Athletics antraten. In Cleveland lockten die Yankees 21 000 Zuschauer an, in Detroit 22 000 und selbst im unbedeutenden St. Louis immerhin 8000 – jeweils unter der Woche. Als die lange Tour der Yankees schließlich am Labor Day in Boston zu Ende ging, fanden sich im Fenway Park geschätzte 70 000 Menschen ein – weit mehr, als das Stadion aufnehmen konnte –, obwohl die heimischen Red Sox überwältigende neunundvierzig Spiele vom ersten Platz entfernt waren.

Alle Fans in allen Städten wurden von derselben Sache angelockt: von der Aussicht darauf, Babe Ruth in Person zu Gesicht zu bekommen, und ihm im Idealfall dabei zuzusehen, wie er einen Ball in den Himmel schlug. Die Tatsache, dass sich Ruth mit dem jungen Senkrechtstarter Lou Gehrig im Wettstreit um den Titel des Home-Run-Champions befand, sorgte für solche Spannung, dass die Zuschauer ihre Hüte zerknautschten, ohne sich dessen bewusst zu sein. Etwas Vergleichbares hatte es noch nie zuvor gegeben. Mitte August hatte Gehrig – geradezu unfassbar – mit achtunddreißig zu sechsunddreißig Home-Runs die Nase gegenüber Ruth vorne. Doch Ruth zog mit zwei gewaltigen Schlägen am 16. und 17. August in Chicago mit ihm gleich. Am 19. August gegen die White Sox ging Gehrig wieder mit einem Home-Run in Führung, doch Ruth tat es ihm am nächsten Tag in Cleveland gleich, sodass die beiden mit neununddreißig Home-Runs erneut einen Gleichstand hatten.

Mittlerweile standen viele Fans kurz vorm Herzinfarkt. Am 22. August schlug Ruth seinen vierzigsten Home-Run; Gehrig zog zwei Tage später nach. Dann erzielte Ruth seinen einundvierzigsten und zweiundvierzigsten Home-Run am 27. und 28. August in St. Louis. Gehrig antwortete darauf mit einem Three-Run-Shot in St. Louis am 29. August. Zwei Tage später, in New York gegen die Red Sox, schlug Ruth den letzten Home-Run beider Spieler für den Monat. Als der August zu Ende ging, hatte Ruth dreiundvierzig Home-Runs auf dem Konto, Gehrig einundvierzig. Den vierundachtzig Home-Runs der beiden standen achtundzwanzig der Red Sox und sechsundzwanzig der Indians in der ganzen Saison gegenüber. Vor den Yankees hatte noch nie ein Team vierundachtzig Home-Runs in einer Saison erzielt – und zu diesem Zeitpunkt waren erst vier Fünftel der Saison vorbei.

Ruth befand sich nicht annähernd auf dem Weg, seinen Rekord von 1921 mit neunundfünfzig Home-Runs einzustellen, doch mit etwas Glück konnte er noch auf fünfzig kommen, ein bedeutender

Meilenstein, der bis dahin überhaupt erst zweimal erreicht worden war. Hielt auch Gehrig seine Motivation aufrecht, konnte er durchaus ebenfalls fünfzig erreichen. Als der August zu Ende ging, versprach der September, ein ziemlich spannender Baseballmonat zu werden. Tatsächlich hatte niemand die geringste Ahnung, wie spannend er werden sollte.

Während die Yankees ebenerdig von Stadt zu Stadt durch den Mittelwesten reisten, legte Charles Lindbergh fast dieselbe Route in der Luft zurück. Von Detroit flog er nach Chicago, St. Louis, Kansas City, Wichita und St. Joseph in Missouri, dann wieder Richtung Norden nach Moline, Milwaukee, und nach Madison, ehe er sich endlich zurück nach Minnesota begab, wo ihm den Erwartungen zufolge ein triumphaler Empfang bereitet werden würde. Leider kam es etwas anders. Zunächst erhielt er die Nachricht, dass George Stumpf, sein wohlmeinender, aber nicht besonders nützlicher Assistent auf dem Roosevelt Field vor seinem Flug nach Paris bei einem Flugzeugabsturz in Missouri ums Leben gekommen war. Stumpf war als Passagier bei einem Piloten der Armee namens C. C. Hutchinson mitgeflogen, der für Zuschauer in einem Seebad in der Nähe von St. Louis eine Flugschau veranstalten wollte. Seine Maschine touchierte mit der Tragfläche einen Fahnenmast und stürzte ab. Hutchinson wurde aus dem Cockpit geschleudert und erlitt keine ernsten Verletzungen. Stumpf dagegen wurde auf brutale Weise von einem Draht erdrosselt, der sich um seinen Hals wickelte.

In Minneapolis und in St. Paul wurden die Paraden mit Lindbergh in einem solchen Tempo abgehalten, dass ihn die meisten Zuschauer nur als teilnahmslosen Schemen wahrnahmen. Für diejenigen, die seit Stunden mit ihren aufgeregten Kindern auf ihn gewartet hatten, war das ein Grund, bitter enttäuscht zu sein. »Gar keine Parade wäre besser gewesen als eine, bei der niemand den Helden richtig zu sehen bekam«, murrte der *Minneapolis Tribune* in einem Leitartikel.

Zeitungen hatten zudem begonnen, über Taschendiebe und Einbrecher zu berichten, die Lindbergh durchs Land folgten und sich die Ablenkung zunutze machten, die seine Besuche verursachten. In Chicago marschierten während der Lindbergh-Parade bewaffnete Diebe in ein Juweliergeschäft in der State Street und erbeuteten auf diese Weise recht beiläufig Waren und Bargeld im Wert von 85 000 Dollar. Es traf auch die erschreckende Nachricht ein, dass Souvenirjäger in das Haus von Lindberghs Familie in Little Falls eingebrochen waren, das seit dem Tod seines Vater leer stand, und Bücher, Fotos und andere unersetzliche persönliche Gegenstände gestohlen hatten. Vielleicht wirkte Lindbergh während eines Besuchs in seiner Heimatstadt deshalb die meiste Zeit grimmig, wenngleich er möglicherweise auch einfach nur erschöpft war. Auf jeden Fall lauschte er höflich, aber emotionslos, als er in sechs langatmigen Reden, darunter eine des schwedischen Konsuls in Minneapolis, mit Lob überhäuft wurde, bevor er zu seinem Flugzeug zurückkehrte und sichtlich erleichtert nach Fargo und anderen westlich gelegenen Zielen startete. Er hatte gerade einmal ein Drittel seiner Tournee hinter sich. Kein Wunder, dass er benommen wirkte.

Diese Tournee hatte allerdings deutlich größere Wirkung, als ihm vermutlich bewusst war. Allerorts protokollierten Zeitungen liebevoll seine Flugzeiten: zwei Stunden und fünfzehn Minuten von Grand Rapids nach Chicago; vier Stunden von Madison nach Minneapolis; drei Stunden und fünfundvierzig Minuten von St. Louis nach Kansas City. Für jeden, der von einer dieser Städte in die andere mit dem Zug gereist war, waren das magische Zeiten. Darüber hinaus wiederholte Lindbergh diese Leistung Tag für Tag – sicher, pünktlich, routinemäßig und ohne Aufhebens und Anstrengung, als sei es die natürlichste und vernünftigste Sache der Welt, auf dem Luftweg von einem Ort an einen anderen zu gelangen. Auf die Wahrnehmung der Menschen hatte das enorme Folgen. Am Ende des Sommers war Amerika eine Nation, die bereit war zu fliegen – eine erstaunliche Wende, nachdem die Fliegerei noch vier Monate zuvor für die meisten Menschen mit Stuntpiloten auf Jahrmärkten in Verbindung gebracht wurde und es unwahrscheinlich erschienen war, dass die Vereinigten Staaten in dieser Hinsicht Europa jemals einholen würden. Ob Lindbergh sich dessen bewusst war oder nicht, seine Tour durch Amerika hatte einen weitaus größeren Einfluss auf die Zukunft der Luftfahrt, als sein tollkühner Flug nach Paris ihn jemals haben konnte.

Die Ironie ist, dass Charles Lindbergh zu dem Zeitpunkt, als Amerika bereit war, sich in die Lüfte zu schwingen, niemandes Held mehr war.

SEPTEMBER
Sommerende

*Ein paar Juden verleihen einem Land Stärke
und Charakter. Zu viele verursachen Chaos.
Und wir haben inzwischen zu viele.*

Charles Lindbergh

Sechsundzwanzigstes Kapitel

Neben all den Begriffen, mit denen die zwanziger Jahre benannt wurden – *Jazz Age,* »Jazz-Zeitalter«, *Roaring Twenties,* »wilde Zwanziger«, *Age of Ballyhoo,* »Trara-Zeitalter«, *Era of Wonderful Nonsense,* »Ära des wundervollen Nonsens« –, gibt es eine Bezeichnung, die nicht verwendet wurde, aber vielleicht am allerbesten gepasst hätte: das »Hass-Zeitalter«. Womöglich gab es in der amerikanischen Geschichte keine andere Epoche, in der mehr Menschen andere Menschen auf unterschiedlichste Art und Weise und aus nichtigsten Gründen verachteten.

Bigotterie war beiläufig, reflexartig und beinahe allgegenwärtig. Beim *New Yorker* verbot Gründer Harold Ross seinen Journalisten die Verwendung des Begriffs »Toilettenpapier« – und zwar aus Geschmacksgründen (er verursachte ihm Übelkeit). Zugleich hatte er jedoch keine Einwände, wenn sie Ausdrücke wie »Nigger« oder »Bimbo« benutzten. In der Woche vor Lindberghs Flug nach Paris brachte das Magazin eine Karikatur mit der erbärmlichen Bildunterschrift: »Für mich sehen alle Nigger gleich aus.«

George S. Kaufman verlor als junger Mann seinen Job bei einer Washingtoner Zeitung, als eines Abends der Verleger hereinkam und fragte: »Was hat dieser Jude in meiner Lokalnachrichtenredaktion zu suchen?« Bert Williams, ein schwarzer Komiker, den W. C. Fields als den »witzigsten Menschen, der mir jemals begegnet ist« beschrieb, wurde von Millionen geliebt und war vermögend genug, um in Manhattan ein Luxusapartment zu mieten, durfte aber nur unter der Bedingung darin wohnen, dass er sich beim Betreten und Verlassen des Gebäudes mit dem Lieferanteneingang und dem Lastenaufzug begnügte. Richter James C. McReynolds vom Supreme Court hatte solche Vorurteile gegen Juden, dass er sich weigerte, mit seinem Richterkollegen Louis Brandeis zu sprechen und es sich zum Prinzip machte, Unterlagen zu studieren oder sogar Zeitung zu lesen, wenn sich Brandeis an die Kammer wandte. Ähnlich unhöflich verhielt er sich gegenüber Mabel Walker Willebrandt, weil sie eine Frau war.

Nichts fing die weit verbreitete Hass-Stimmung der damaligen Zeit besser ein als die Wiederauferstehung des Ku-Klux-Klans. Kürzlich noch vom Aussterben bedroht stürmte der Klan in den zwanziger Jahren die nationale Bühne mit einer Vitalität und einer Attraktivität für die breite Masse, die er nicht einmal in seiner Blütezeit vor dem Amerikanischen Bürgerkrieg besessen hatte. Der Klan hasste *jeden,* tat das jedoch auf strategische Weise, um sich regionale Vorurteile zunutze zu machen, sodass er sich im Mittelwesten auf Katholiken und Juden konzentrierte, im äußersten Westen auf Orientalen und Katholiken, im Osten auf Juden und Südeuropäer und im ganzen Land auf Schwarze. Auf seinem Höhepunkt hatte der Klan fünf Millionen Mitglieder (manchen Quellen zufolge sogar acht Millionen), und fünfundsiebzig Kongressmitglieder gehörten ihm entweder an oder machten keinen Hehl daraus, dass sie ihm nahestanden. Mehrere Städte wählten ein Klan-Mitglied zum Bürgermeister. Oklahoma und Oregon hatten ein Klan-Mitglied als Gouverneur. In Oregon wäre es dem Klan beinahe gelungen, katholische Schulen verbieten zu lassen, und vielerorts wurden Geschäfte katholischer Inhaber boykottiert, und Katholiken durften keine Ämter in Schul- oder Krankenhausausschüssen innehaben.

Viele betrachteten den Klan ebenso als gesellschaftliche Organisation wie als politische. In Detroit nahmen Tausende fröhlicher Bürger an einer Weihnachtsveranstaltung vor dem Rathaus teil, bei der ein Weihnachtsmann in Klan-Montur beim Licht eines brennenden Kreuzes Geschenke an Kinder verteilte. In Indiana fand im Rahmen einer Picknickveranstaltung – eines sogenannten Konklaves –

ein Turnier mit Männern in Klan-Umhängen und einem ebenfalls in voller Montur gekleideten Seiltänzer statt, der in der einen Hand ein Kreuz hielt und in der anderen eine amerikanische Flagge, während er auf einem Hochseil Kunststücke vollführte.

Unter der Führung eines schwabbeligen Junior-Highschool-Abbrechers namens David C. Stephenson gedieh der Klan in Indiana besonders gut. Insgesamt hatte er 350 000 Mitglieder in dem Bundesstaat; in manchen Gemeinden waren bis zu 50 Prozent der weißen Männer beitragszahlende Klan-Mitglieder. Angeheizt von Stephenson und seinen Lakaien waren die Bewohner von Indiana außerordentlich empfänglich für wilde antikatholische Gerüchte. Viele von ihnen glaubten, dass Katholiken Präsident Harding vergiftet hätten und dass Priester an der Notre Dame University in South Bend Waffen horten würden, weil sie einen katholischen Aufstand vorbereiteten. 1923 kam ein äußerst surreales Gerücht auf, und zwar, dass der Papst plane, seine Operationsbasis vom Vatikan nach Indiana zu verlegen. Nachdem die Einwohner der Stadt North Manchester gehört hatten, der Papst befände sich in einem bestimmten Zug, enterten – verschiedenen Berichten zufolge – 1500 Ku-Klux-Klan-Mitglieder diesen, um den Pontifex in ihre Gewalt zu bringen und seiner Verschwörung ein Ende zu setzen. Als die Meute niemanden ausfindig machen konnte, der offensichtlich päpstlich aussah, richtete sie ihre Aufmerksamkeit auf einen Korsettvertreter, mit dem es beinahe ein böses Ende genommen hätte, wenn es ihm nicht schließlich doch noch gelungen wäre, seine Peiniger davon zu überzeugen, dass er wohl kaum versucht hätte, nur mit einem Koffer voller verstärkter Unterwäsche bewaffnet einen Putsch durchzuführen.

Der Niedergang des Klans kam unerwartet plötzlich, und der füllige und garstige Stephenson war derjenige, der ihn herbeiführte. Im März 1925 ging er mit einer jungen Frau von Charakter namens Madge Oberholtzer aus. Zum Entsetzen ihrer Eltern kam Madge weder an diesem noch am nächsten Abend nach Hause. Als Stephenson die junge Frau schließlich zurückbrachte, befand sie sich in einem fürchterlichen Zustand. Sie war geschlagen und schwer misshandelt worden und hatte Hautabschürfungen an den Brüsten und an den Genitalien. Wie ihr Arzt und ihre Eltern von ihr erfuhren, hatte Stephenson sich betrunken und war gewalttätig geworden, nachdem er sie abgeholt hatte. Er hatte sie gezwungen, ihn in ein Hotel zu begleiten, wo er sie mehrmals brutal vergewaltigte. Vor Scham und Verzweiflung hatte Oberholtzer eine tödliche Dosis Quecksilberchlorid geschluckt. Als sie wieder zu Hause eintraf, konnten die Ärzte nichts mehr für sie tun. Ihr Tod zog sich über zwei Wochen hin.

Stephenson war zunächst zuversichtlich, dass ihn seine Position als Klan-Anführer in Indiana vor einer Strafverfolgung schützen werde – und dann verblüfft, als er wegen Entführung, Vergewaltigung und Mord zweiten Grades zu einer lebenslänglichen Haftstrafe verurteilt wurde. Aus Rache veröffentlichte er Dokumente, die Korruption auf höchster Ebene in Indiana enthüllten. Der Bürgermeister von Indianapolis und der Parteiführer der Republikaner im Bundesstaat kamen beide wegen Annahme von Bestechungsgeldern ins Gefängnis. Der Gouverneur hätte ebenfalls inhaftiert werden sollen, wurde aber aufgrund eines Formfehlers freigesprochen. Der gesamte Stadtrat von Indianapolis wurde entlassen und mit einer Geldstrafe belegt, und ein prominenter Richter wurde wegen Amtsvergehen angeklagt. Die ganze Angelegenheit war derart schmutzig und ekelhaft, dass die Mitgliederzahlen des Klans überall drastisch zurückgingen und er in den dunklen Ecken des amerikanischen Lebens verschwand. Er wurde nie wieder zu einer landesweiten Kraft.

Erstaunlicherweise war der Ku-Klux-Klan in dieser Periode nicht der gefährlichste Außenposten der Bigotterie in Amerika. Diese Auszeichnung gebührt, auch wenn es seltsam klingen mag, einer Koalition von Naturwissenschaftlern und anderen Akademikern. Seit Anfang des Jahrhunderts litt eine große Anzahl bedeutender und gebildeter Amerikaner – oft bis zur Besessenheit – unter der

Wahnvorstellung, dass sich das Land mit gefährlich minderwertigen Menschen fülle und dagegen dringend etwas unternommen werden müsse.

Dr. William Robinson, ein führender New Yorker Mediziner, sprach für eine grimmige Minderheit, als er erklärte, von der Natur benachteiligte Menschen hätten »kein Recht, überhaupt geboren zu werden, aber nachdem sie bereits geboren wurden, kein Recht, sich fortzupflanzen«. W. Duncan McKim, ebenfalls Mediziner und Autor von *Heredity and Human Progress,* war der Ansicht, dass »die sicherste, einfachste, sozialste und humanste Methode zur Verhinderung der Vermehrung derer, die wir als dieses hohen Privilegs unwürdig erachten, ein sanfter, schmerzfreier Tod ist«.

In den Augen der meisten gab es zwei Probleme: Zum einen brachte Amerika aufgrund fahrlässiger Fortpflanzung viel zu viele unvollkommene Menschen hervor, zum anderen sorgte unbeschränkte Einwanderung aus rückständigen Ländern zusätzlich für eine beinahe unbegrenzte Anzahl minderwertiger Individuen.

Fast jeder hatte eine Personengruppe, die er besonders verabscheute. Der Autor Madison Grant verachtete Juden wegen ihrer »zwergenhaften Statur, eigenartigen Mentalität und rücksichtslosen Selbstsucht«. Frank J. Loesch, ein Mitglied der präsidialen Kommission zur Kriminalitätsbekämpfung, sah ein jüdisch-italienisches Problem, »wobei die Juden das Gehirn zur Verfügung stellen und die Italiener die Muskelkraft«. Charles B. Davenport, einer der angesehensten Naturwissenschaftler seiner Zeit, hatte umfassendere Zweifel und hielt Polen, Iren, Italiener, Serben, Griechen und »Hebräer« für weniger intelligent und anfälliger für Sittenlosigkeit und Gewaltverbrechen als Menschen solider angelsächsischer oder teutonischer Abstammung. Davenports Ansicht nach handelte es sich bei ihnen nicht um Menschen, denen man ihre schlechten Angewohnheiten einfach abgewöhnen könne, sondern um Leute, die aufgrund ihrer Gene unabänderlich dazu verurteilt seien, lästig, destruktiv und stumpfsinnig zu sein. Ihm zufolge schufen sie ein Amerika, das »dunkler pigmentiert und kleiner von Statur ist und zu Straftaten wie Diebstahl, Entführung, Körperverletzung, Mord und Vergewaltigung sowie sexueller Unsittlichkeit neigt«. Madison Grant nannte das »Rassenselbstmord«.

Alle diese Ansichten wurden zu der schicken neuen Wissenschaft der Eugenik, die man in einfachen Worten als die wissenschaftliche Zucht überlegener Lebewesen definieren könnte. In den meisten Teilen der Welt war die Eugenik eine harmlose Angelegenheit – der gut gemeinte Wunsch, gesündere, kräftigere und intelligente Menschen hervorzubringen –, doch in Amerika nahm sie eine schroffere Form an. Sie führte zu dem unheilvollen Glauben, dass Fortpflanzung irgendwie reguliert und gesteuert werden sollte. Wie ein Repräsentant der American Eugenics Society feststellte: »Die Amerikaner lassen bei der Zucht ihrer Rinder und Pferde mehr Sorgfalt walten als bei ihren eigenen Kindern.« Die Eugenik diente als Rechtfertigung für die Einführung von Restriktionen bei der freien Wahl des Wohnorts, für Zwangsausweisungen, für die Aufhebung von Bürgerrechten und für die unfreiwillige Sterilisation Zehntausender unschuldiger Menschen. Außerdem hatte sie eine strenge Beschränkung der Einwanderung sowie deren fast völlige Abschaffung aus bestimmten Teilen der Welt zur Folge. Letzten Endes führte sie sogar mehr oder weniger direkt zum Niedergang von Charles Lindbergh, dem Piloten, der einst nichts falsch machen konnte.

Die Bibel der »negativen Eugenik«, wie sie in Amerika genannt wurde, war die fürchterliche, aber populäre Abhandlung *Der Untergang der großen Rasse* von Madison Grant, einem New Yorker Rechtsanwalt (von seiner Ausbildung, obwohl er niemals praktizierte) und Naturforscher (was er praktizierte, obwohl er keine Ausbildung besaß), die 1916 erschien. Grant ging einfach davon aus, dass die einzig wirklich gute Bevölkerungsgruppe diejenige sei, die er als die »nordische Rasse« bezeichnete, womit er mehr oder weniger alle Nordeuropäer mit Ausnahme der Iren meinte. Seiner Ansicht nach teilte sich Europa in drei Kategorien von Menschen auf – nordische, alpine und mediterrane –, die immer entarteter wurden, je weiter man nach Süden kam.

Ein offensichtliches Problem an Grants Theorie bestand darin, dass er erklären musste, wie es derart erbärmlichen Menschen gelungen war, das Athen von Plato und Sokrates, das Römische Reich, die Renaissance und sämtliche anderen Juwelen der klassischen Antike hervorzubringen. Grants Erklärung dafür lautete, dass die herrschende Klasse im alten Griechenland und Rom aus Nordachäern bestanden habe, die gar nicht mediterran gewesen seien, sondern nach Süden abgewanderte Nordeuropäer. Sämtliche großen Renaissancekünstler, so Grant weiter, seien »nordischer Natur« gewesen und »überwiegend gotischer und lombardischer Abstammung«. Alle anderen – die echten Italiener – seien stumpfsinnig, unterentwickelt und arglistig und von ihrer genetischen Veranlagung dazu verdammt, für immer so zu bleiben.

Grant war der Ansicht, dass sich der Einfluss minderwertiger in die Gesamtbevölkerung eingeführter Gene nicht abschwächen, sondern den Gesamt-Genpool dauerhaft verderben würde. »Die Kreuzung zwischen irgendeiner der drei europäischen Rassen mit einem Juden ergibt einen Juden«, erklärte Grant verbissen.

Wenngleich sich nichts von alledem mit dem bescheidenen genetischen Wissen der damaligen Zeit vereinbaren ließ, hat es den Anschein, als hätte Grant genau das gesagt, was viele Menschen hören wollten. Sein Buch wurde vom *American Historical Review*, vom *Yale Review* und von den *Annals of the American Academy of Political and Social Science* gelobt. Henry Fairfield Osborn, Leiter des *Natural History Museum* in New York und führender Anthropologe des Landes, schrieb die Einleitung.

Weitere Unterstützer von Grants Theorie – im Ganzen oder in Teilen – waren der Yale-Ökonom Irving Fisher, der Harvard-Neuropathologe E. E. Southard, A. Lawrence Lowell von der Harvard University (der Mann, dessen Komitee Sacco und Vanzetti zum Tode verdammte), die Geburtenkontrolle-Aktivistin Margaret Sanger und Herbert Hoover, der eine lebenslange Antipathie gegenüber Menschen mit dunklerer Haut hatte. 1909 schrieb Hoover in einem Bericht für seinen damaligen Arbeitgeber, schwarze und asiatische Arbeiter sollten gemieden werden, da sie unter »schlechter mentaler Disziplin« und einem pathologischen »Mangel an Koordination sowie der Unfähigkeit, die Initiative zu ergreifen« leiden würden. Hoover betonte seine eigene Erfahrung und kam zu dem Schluss, dass »ein Weißer zwei oder drei Arbeitern farbiger Rassen entspricht, selbst bei einfachsten Grubenarbeiten wie Schaufeln oder dem Fahren einer Grubenbahn«. Falls er diese Ansichten in seinem späteren Leben revidierte, gab es dafür keine Anzeichen. 1921 war er der Schirmherr einer Eugenik-Konferenz, die vom Museum of Natural History in New York ausgerichtet wurde und von *Der Untergang der großen Rasse* inspiriert war.

Eine Zeit lang ließen sich die Prinzipien der negativen Eugenik fast nicht umgehen. Bei der Weltausstellung 1926 in Philadelphia zum 150. Jubiläum der Unabhängigkeitserklärung hatte die American Eugenics Society an ihrem Stand mechanische Zähler, die zeigten, dass alle achtundvierzig Sekunden irgendwo in Amerika ein »minderwertiger Mensch« geboren wurde, während nur alle siebeneinhalb Minuten ein »hochwertiger Mensch« auf die Welt kam. Die jeweilige Geschwindigkeit, mit der sich die Zähler drehten, veranschaulichte nur allzu dramatisch, wie schnell die Nation von Minderwertigkeit überrollt wurde. Der Stand war einer der beliebtesten der ganzen Ausstellung.

Das geistige Hauptquartier der Eugenik-Bewegung in Amerika war das 1909 in Cold Spring Harbor am North Shore von Long Island eröffnete Eugenics Record Office, das überwiegend von der Sorte wohlhabender Förderer finanziert wurde, die sich mehr Menschen mit angeborener Überlegenheit wünschten, wie sie selbst es waren, und weniger andersgeartete. (Das Objekt grenzte an das Anwesen der bekannten Schmuckunternehmerfamilie Tiffany an.) Der erste Direktor war Charles Davenport, ein an der Harvard University ausgebildeter Biologe. Davenport war der Ansicht, dass sich für jede menschliche Veranlagung – für Fettleibigkeit, Kriminalität, die Neigung zu lügen und zu betrügen, selbst für die Liebe zum Meer – eine eugenische Erklärung finden ließe. Unter Davenport führte das Eugenics Record Office außerdem mehrere Studien zu den »schädlichen Auswirkungen zwischenrassiger Fortpflanzung« durch. Er erklärte: »Bei Mulatten findet man häufig Ehrgeiz und Tatendrang kombiniert mit niedriger Intelligenz, weshalb der Mischling unglücklich, unzufrieden mit seinem Schicksal und rebellisch ist ... Ein Mischvolk ist ein schlecht zusammengesetztes Volk und ein unzufriedenes, ruheloses, ineffektives Volk.« Davenport plädierte nicht für die Sterilisation der Minderwertigen und Fehlerhaften, sondern für ihre Kastration, um sie sicherheitshalber sowohl ihrer Libido als auch ihrer Fortpflanzungsfähigkeit zu berauben.

Der Biologe war jedoch das vorurteilsfreie Mitgefühl in Person verglichen mit seinem Schützling Harry H. Laughlin, dem womöglich bedauernswertesten Individuum, das in Amerika im 20. Jahrhundert zu wissenschaftlichem Ansehen gelangt ist. Der 1880 in Oskaloosa, Iowa, geborene Laughlin studierte an der North Missouri State Normal School und arbeitete nach dem College als Lehrer und Schulleiter, entwickelte jedoch Interesse am Züchten und schrieb sich deshalb an der Princeton University ein, um dort Biologie zu studieren. 1910 lernte er Davenport kennen, der von Laughlins Begeisterung und Hingabe für eugenische Säuberung so angetan war, dass er ihn zum Leiter des Eugenics Record Office ernannte.

Laughlins Credo war simpel: »Den Fortpflanzungsbestand der Rasse um jeden Preis zu säubern.« Wie Edwin Black in *War Against the Weak* feststellt, bestand Laughlins Angriffsplan aus drei Teilen: »Sterilisation, Masseninhaftierung und radikale Einwanderungsbeschränkungen.« Zur Förderung dieser Ziele rief Laughlin das eindrucksvoll benannte, erbarmungslos rachsüchtige »Komitee zur Untersuchung und Protokollierung der besten praktischen Methoden zur Ausrottung fehlerhaften Keimplasmas in der amerikanischen Bevölkerung« ins Leben, das die selbst zugeteilte Aufgabe hatte, reproduktive Minderwertigkeit in Amerika ein und für alle

Mal auszumerzen. Laughlins Komitee wurde von David Starr Jordan geleitet, dem Präsidenten der Stanford University, und hatte Wissenschaftler der besten Universitäten in seinen Reihen, darunter Harvard, Princeton, Yale und die University of Chicago.

Zum Komitee gehörte außerdem ein brillanter, aber exzentrischer französischer Chirurg namens Alexis Carrel vom Rockefeller Institute in New York. Carrels extreme Ansichten zur Eugenik – die in mancher Hinsicht beinahe an Wahnsinn grenzten – sollten Charles Lindberghs Meinung maßgeblich, wenn nicht sogar gefährlich beeinflussen, doch das lag glücklicherweise noch einige Zeit in der Zukunft.

Laughlin war währenddessen unermüdlich in seinen Bemühungen, menschliche Minderwertigkeit aufzuspüren und einzugrenzen, wo auch immer sie auftauchte. Das House Committee on Immigration and Naturalization ernannte ihn zu seinem sachverständigen Berater und übertrug ihm die Aufgabe, den Grad der Degeneriertheit verschiedener ethnischer Gruppierungen zu bestimmen. Um die Mitglieder davon zu überzeugen, wie dringend Reformen nötig waren, legte Laughlin im Raum des Komitees unzählige Fotos von geifernden Geistesgestörten aus, die allesamt als kürzlich eingewanderte Personen identifiziert worden waren, und hängte darüber ein Banner mit der Aufschrift: »Träger des Keimplasmas der zukünftigen amerikanischen Bevölkerung.«

Der Kongress konnte sich der Autorität des Komitees und Laughlins schrecklicher Propaganda nicht widersetzen und drückte rasch den Dillingham Immigration Restriction Act von 1921 durch, gefolgt vom National Origins Act von 1924. Diese beiden Gesetze setzten Amerikas Einwanderungspolitik der offenen Tür ein Ende. 1927 wurden von Ellis Island bereits mehr Menschen abgeschoben, als dort ankamen.

Das löste zwar mehr oder weniger das Problem importierter Minderwertigkeit, im Inland hervorgebrachte Zurückgebliebenheit existierte allerdings nach wie vor, und zwar in rauen Mengen.

Laughlin und seine Unterstützer widmeten sich dieser Herausforderung mit womöglich noch größerem Eifer. Sie unterzogen große Gruppen von Menschen Tests und kamen dabei wiederholt zu beunruhigenden Ergebnissen. Ihren Untersuchungen zufolge waren bis zu 80 Prozent aller Gefängnisinsassen und die Hälfte aller Soldaten schwachsinnig. Allein in New York lebten nach ihren Berechnungen 200 000 mental unterentwickelte Personen. Insgesamt, so schätzten sie, sei etwa ein Drittel der amerikanischen Bevölkerung bedenklich zurückgeblieben.

Die Lösung war Laughlins Ansicht nach Sterilisation im großen Stil. Seiner Meinung nach sollten nicht nur Geistesgestörte und geistig Zurückgebliebene sterilisiert werden, sondern auch Waisen, Landstreicher, Arme, Schwerhörige und Blinde – »die wertlosesten zehn Prozent unserer derzeitigen Bevölkerung«, wie er es mit einem eklatanten Mangel an Mitgefühl formulierte.

1927 spitzte sich die Diskussion, wie frei der Staat bei der Durchführung von Sterilisationen war, in dem Rechtsfall »Buck gegen Bell« dramatisch zu. Es ging dabei um ein siebzehnjähriges Mädchen aus Virginia namens Carrie Buck, das als geistig zurückgeblieben galt und kürzlich ein uneheliches Kind zur Welt gebracht hatte, weshalb es sich in der Virginia Colony for Epileptics and Feeble-Minded in Lynchburg in Haft befand. Seine Mutter gehörte ebenfalls zu den dortigen Insassen. 1924 wurde Carrie Buck vom Leiter der Kolonie, Dr. John H. Bell (daher »Buck gegen Bell«), zur Sterilisation ausgewählt.

Der Kern des Falls war der, dass nicht nur Carrie Buck geistig zurückgeblieben war, sondern ihre Mutter und ihre Tochter ebenfalls: drei Generationen von Behinderten. Die Familie, hieß es, sei eindeutig nicht in der Lage, irgendetwas anderes als Geisteskranke hervorzubringen, und müsse zu ihrem eigenen Besten und dem der Gesellschaft sterilisiert werden. Die Beweislast gegen die Familie war alles andere als überwältigend. Laughlin sagte als Hauptzeuge der Staatsanwaltschaft gegen die Bucks aus, ohne jemals eine der beiden Frauen oder das Kind gesehen, geschweige denn untersucht zu haben. Er erklärte, dass Carrie Buck von einer »trägen, ignoranten und wertlosen Klasse« von Südstaatenbewohnern abstamme und allein aufgrund ihrer Klassenzugehörigkeit daran gehindert werden müsse, Nachkommen ihrer Spezies hervorzubringen.

Der Vorwurf der Einfältigkeit gegen ihre Tochter Vivian basierte ausschließlich auf der Aussage einer Sozialarbeiterin, die das Kind einmal untersucht hatte und der Ansicht war, dass irgendetwas an ihm »nicht ganz normal« sei. Sie fügte jedoch hinzu: »Vielleicht bin ich in dieser Hinsicht aber auch voreingenommen, weil ich die Mutter kenne.« Das Kind war zu diesem Zeitpunkt erst sechs Monate alt; damals existierten keine Tests zur Bestimmung der geistigen Fähigkeiten eines so jungen Menschen. Wie sich später herausstellte, war Vivian in Wirklichkeit normal, möglicherweise sogar überdurchschnittlich intelligent. Sie starb mit nur acht Jahren an einer Darmerkrankung, doch ihre schulischen Leistungen waren bis dahin völlig in Ordnung, und sie schaffte es einmal sogar auf die Liste der besten Schüler. Carrie Buck selbst war – falls überhaupt – keineswegs stark geistig zurückgeblieben. Sie las jeden Tag Zeitung und hatte großen Spaß an Kreuzworträtseln, der neuesten Modeerscheinung. Ein Wissenschaftler, der Buck später interviewte, sagte über sie, sie sei »keine hochintelligente Frau, aber weder geisteskrank noch geistig zurückgeblieben«.

Nichtsdestoweniger, als Carrie Buck der neuen Stanford-Version des Binet-Simon-Tests unterzogen wurde, aus dem letztlich der moderne IQ-Test wurde (und interessanterweise wurde der IQ-Test entwickelt, um zu bestimmen, wie dumm jemand ist, und nicht, wie intelligent), wurde bei ihr ein geistiger Entwicklungsstand von neun Jahren ermittelt, bei ihrer Mutter einer von nicht ganz acht Jahren. Offiziell fielen beide in die Kategorie »Schwachsinnige«.

Der Fall kam im Frühjahr 1927 vor das oberste Bundesgericht der Vereinigten Staaten. Das Gericht entschied mit acht Stimmen zu einer, dass Buck sterilisiert werden solle. Die Niederschrift der Mehrheitsmeinung wurde von dem sechsundachtzigjährigen Oliver Wendell Holmes Jr. verfasst, der aufgrund seines fortgeschrittenen Alters bereits als Infanterist im Bürgerkrieg gekämpft hatte.

Holmes fasste den Sachverhalt kurz und prägnant zusammen: »Bei Carrie Buck handelt es sich um eine schwachsinnige Weiße. Sie ist die Tochter einer schwachsinnigen Mutter, die sich in derselben Institution befindet, und die Mutter eines unehelichen, schwachsinnigen Kindes.« Er stimmte Laughlin zu, dass eine Sterilisation nötig sei, damit die Gesellschaft »nicht mit Untauglichkeit überschwemmt« werde. Dann formulierte er seine Lösung: »Es ist besser für die ganze Welt, wenn die Gesellschaft diejenigen, die offenkundig ungeeignet zur Fortpflanzung sind, daran hindert und nicht darauf wartet, entartete Nachkommen für ihre Straftaten hinzurichten oder wegen ihrer Geistesschwäche verhungern zu lassen. Das Gesetz, das Pflichtimpfungen bewilligt, ist breit genug ausgelegt, um ein Durchtrennen der Eileiter abzudecken.«

Dann folgte die eindringliche Schlussbemerkung, die seitdem immer wieder zitiert wird: »Drei Generationen von Schwachsinnigen sind genug.«

Nur ein Richter, Pierce Butler, stimmte der Mehrheitsmeinung nicht zu; leider äußerte er sich nicht schriftlich, um seine abweichende Meinung zu begründen. Holmes wurde ansonsten von allen anderen Richtern unterstützt, zu denen auch der Oberste Bundesrichter und ehemalige US-Präsident William Howard Taft und der Liberale Louis D. Brandeis gehörten.

Aufgrund dieser Entscheidung hatten die Bundesstaaten jetzt das Recht, bei gesunden Bürgern gegen deren Willen chirurgische Eingriffe vorzunehmen – eine Freiheit, die es noch in keinem fortschrittlichen Land gegeben hatte. Trotzdem wurde dem Fall fast keine Aufmerksamkeit zuteil. Die *New York Times* widmete ihm ein paar Zeilen auf Seite neunzehn. Der *News Leader* in Richmond, Virginia, wo es sich immerhin bei der Angelegenheit um eine Lokalnachricht handelte, berichtete überhaupt nicht darüber.

Langsam aber wandte sich die Stimmung gegen die negative Eugenik. Viele seriöse Genetiker wie Thomas Hunt Morgan von der

Columbia University wollten nichts mit ihr zu tun haben, und im Sommer 1927 lehnte Harvard in aller Stille eine Spende ab, die es der Universität hätte ermöglichen sollen, einen Lehrstuhl in dem Fachgebiet einzurichten.

Harry H. Laughlin schien man jedoch nicht aufhalten zu können. Er legte eine zunehmende – und im Rückblick äußerst seltsame – Feindseligkeit gegenüber Epileptikern an den Tag und beharrte darauf, dass diese entweder sterilisiert oder während ihrer fruchtbaren Jahre auf irgendeine Weise weggesperrt werden müssten. Das Seltsame daran ist, dass Laughlin, wie man heute weiß, selbst Epileptiker war. In Cold Spring Harbor hatte er manchmal Anfälle, die seine Kollegen übersahen oder vertuschten, während sie andere Betroffene verurteilten.

In den dreißiger Jahren legte Laughlin den Keim für seinen Niedergang, als er damit begann, ein warmes Verhältnis mit Deutschlands aufstrebenden Nationalsozialisten aufzubauen, von denen einige nach Cold Spring Harbor kamen, um amerikanische Methoden und Untersuchungsergebnisse zu studieren. 1936 verlieh die Universität Heidelberg Laughlin für sein Engagement bei der Rassensäuberung die Ehrendoktorwürde. Im Jahr darauf übernahmen Laughlin und Cold Spring Harbor den amerikanischen Vertrieb einer Nazidokumentation mit dem Titel *Die Erbkranken,* in der argumentiert wurde, es sei töricht sentimental, geistig zurückgebliebene Menschen am Leben zu lassen.

Das überstieg die Toleranzgrenze vieler. Bei einer Versammlung des American Jewish Congress in New York attackierte der Hauptredner Bernard S. Deutsch Laughlin auf heftigste Weise. »Dr. Laughlins Theorie der ›Rassensäuberung‹ ist ebenso gefährlich und falsch wie die Theorien der Nazis hinsichtlich der gesäuberten arischen Rasse, mit denen sie verdächtige Ähnlichkeit hat«, sagte Deutsch. Die Carnegie Institution for Science, Hauptsponsor des Eugenics Record Office, beauftragte Herbert Spencer Jennings, einen angesehenen Genetiker der Johns Hopkins University, mit der Begutachtung von Laughlins Arbeit. Spencer kam zu dem Ergebnis, dass Laughlin Daten gefälscht und Ergebnisse manipuliert hatte, um rassistische Schlussfolgerungen zu stützen, und generell seit mehr als einem Vierteljahrhundert wissenschaftlichen Betrug beging. Laughlin wurde daraufhin gezwungen, sein Amt als Leiter des Eugenics Record Office niederzulegen, das 1938 geschlossen wurde. Er setzte sich in Missouri zur Ruhe, doch es war bereits riesiger Schaden angerichtet worden.

Insgesamt wurden aufgrund von Laughlins Bemühungen mindestens 60 000 Menschen sterilisiert. Auf dem Höhepunkt der Bewegung in den dreißiger Jahren gab es in etwa dreißig Bundesstaaten Sterilisationsgesetze, wobei aber nur Virginia und Kalifornien ausgiebig davon Gebrauch machten. Beachtenswert ist, dass noch heute in zwanzig Bundesstaaten Sterilisationsgesetze auf dem Papier existieren.

Nachdem Carrie Bucks rechtliche Möglichkeiten erschöpft waren, wurde Ende September 1927 ihre Zwangssterilisation angesetzt und im Folgemonat durchgeführt. Ihre Schwester wurde ebenfalls sterilisiert, allerdings ohne zu wissen, was mit ihr geschah. Man hatte ihr gesagt, sie werde wegen einer Blinddarmentzündung operiert.

Siebenundzwanzigstes Kapitel

Im Frühjahr 1927, kurz bevor der Snyder-Gray-Prozess die gesamte öffentliche Aufmerksamkeit auf sich zog, erschien eine interessante Geschichte als zweiter Leitartikel auf Seite eins der *New York Times*. Als Indiz für ihre Bedeutung widmete ihr die *Times* sieben, zum Teil mehrzeilige Überschriften. Diese lauteten:

WEIT ENTFERNTE SPRECHER WERDEN
BEI EINEM FERNSEHTEST SOWOHL GEHÖRT
ALS AUCH GESEHEN

WIE EIN ZUM LEBEN ERWECKTES FOTO

wird Hoovers Gesicht klar abgebildet, während er in Washington spricht

ERSTMALS IN DER GESCHICHTE

werden Bilder telegrafisch und mit Funksynchronisation der Stimme des Sprechers übertragen

KOMMERZIELLE VERWENDUNG ZWEIFELHAFT

doch AT&T-Chef sieht darin nach jahrelanger Forschung einen weiteren Schritt bei der Eroberung der Natur.

In dem dazugehörigen Artikel wurde beschrieben, wie Reporter und Mitarbeiter in den Bell Telephone Labs von AT&T in der Bethune Street in Manhattan voller Erstaunen beobachtet hatten, als vor ihnen auf einem gläsernen Bildschirm von der Größe eines Streichholzhefts ein lebendiges Bild von Wirtschaftsminister Herbert Hoover in Washington Gestalt annahm.

»Mehr als 200 Meilen zwischen dem Redner und seinem Publikum wurden annulliert«, stellte der anonyme Berichterstatter staunend fest. Die Anwesenden konnten sogar Hoovers Rede hören. »Die Genialität des Menschen hat jetzt die Hürde der Entfernung überwunden«, tönte der Wirtschaftsminister ernst und hochtrabend.

»Während jede Silbe zu hören war, erschienen die Lippenbewegungen des Redners und sein sich wandelnder Gesichtsausdruck auf dem Bildschirm im Vorführraum«, erklärte der *Times*-Journalist. »Es war, als wäre ein Foto plötzlich zum Leben erwacht und hätte begonnen zu sprechen, zu lächeln, zu nicken und in diese oder jene Richtung zu blicken.«

Mr Hoover wurde dann von einem Komiker namens A. Dolan abgelöst, der zunächst mit irischem Akzent ein paar Anekdoten zum Besten gab, um sich anschließend rasch schwarz schminken zu lassen und mit »neuen Witzen im Negerdialekt« zurückzukehren. Auch diese Präsentation wurde als visuell hervorragend erachtet.

Wie es scheint, ließ sich der Berichterstatter jedoch womöglich von der Emotion des Moments blenden, da das verwendete Equipment nicht imstande war, wirklich klare Bilder zu projizieren. Als sich AT&T dessen bewusst wurde, gab das Unternehmen bald darauf sämtliche Versuche auf, das Fernsehen zu erobern, und überließ das Feld anderen, von denen es viele gab.

Als Idee existierte das Fernsehen bereits seit einiger Zeit. Bereits 1880 erkannte ein französischer Ingenieur namens Maurice Leblanc, dass Bilder Stück für Stück gesendet werden konnten, da das Auge ein Bild ungefähr eine Zehntelsekunde lang festhält und ihm daher vorgetäuscht werden kann, es sähe intermittierende Motive als durchgehend. Aus diesem Grund nimmt der Mensch einen Spielfilm als kontinuierliche Darstellung wahr und nicht als Aneinanderreihung Tausender Einzelbilder. Diese Tatsache machte es wesentlich einfacher, die Herausforderung der Übertragung zu bewältigen.

Vier Jahre später erfand ein Deutscher namens Paul Nipkow ein System, mit dem sich durch Löcher, die sich in genau berechneten Abständen in einer sich drehenden Scheibe befanden, Bilder auf einen Sensor rastern ließen. Dabei handelte es sich um ein kompliziertes Unterfangen, und Nipkow gelang es nicht, es in die Tat umzusetzen. Doch seine Scheibe wurde zur Norm, auf der fast alle nachfolgenden Versuche basierten, Fernsehen zu verwirklichen. Der Begriff *Television* wurde von dem französisch-russischen Erfinder Constantin Perskyi für die Weltausstellung 1900 in Paris geprägt, wenngleich in den Anfangstagen auch viele andere Bezeichnungen für verschiedene Geräte verwendet wurden: Ikonoskop, Radiovisor, elektrisches Auge und sogar elektrisches Teleskop.

Zu Beginn der zwanziger Jahre standen vier Konkurrenten kurz vor dem Durchbruch: Teams der Bell Laboratories und von General Electric sowie die Einzelkämpfer Charles Francis Jenkins in Baltimore und John Logie Baird in Großbritannien.

Trotz all der Anstrengungen und Vorfreude wusste niemand so genau, wozu Fernsehen eigentlich gut sein würde. Allgemein wurde angenommen, dass die Verwendungszwecke überwiegend praktischer Natur wären. Der *Scientific American* stellte sich in einem Artikel mit dem Titel »Filme über Funk« Fernsehen als Mittel zur Verhinderung von Verbrechen vor. »Ein Straftäter wird womöglich in tausend Polizeirevieren gleichzeitig zur Identifizierung erscheinen«, mutmaßte er. AT&T betrachtete Fernsehen nicht als Unterhaltungsmedium, sondern als Möglichkeit, wie sich Menschen, die miteinander telefonierten, gegenseitig sehen könnten.

Nur Charles Francis Jenkins erkannte deutlich, was Fernsehen zu bieten hatte. »Das neue Gerät wird ins traute Heim kommen … mit Filmdramen, Opern und direkter Sicht auf die Geschehnisse rund um die Welt«, prognostizierte er. Obwohl Jenkins inzwischen vergessen ist – ihm ist nicht einmal ein Eintrag im *American Dictionary of National Biography* gewidmet –, war er ein talentierter Erfinder. Er meldete über 400 Patente an, einige davon für Geräte, die zum Teil noch heute in Gebrauch sind. Wer schon einmal aus einem konischen Papierbecher getrunken hat, hat eine Jenkins-Erfindung benutzt. Doch eine Entdeckung, die niemals funktionieren sollte, war sein »Radiovisor«, wie er ihn nannte. Selbst für den Fall, dass Jenkins ihn zum Laufen gebracht hätte, was ihm nicht gelang, hätte er maximal achtundvierzig Bildlinien übertragen können, und das hätte nicht genügt, um Dinge als etwas anderes als verschwommene Flecken abzubilden. Es wäre dasselbe gewesen, als hätte man versucht, Dinge durch Milchglas zu identifizieren.

Doch die zwanziger Jahre waren verheißungsvoll, wenn nicht gar euphorisch, und obwohl Jenkins kein Produkt zu verkaufen hatte, sondern nur die vage (und letztlich nicht realisierbare) Hoffnung, dass aus seinem System eines Tages etwas kommerziell Interessantes entwickelt werden könnte, gründete er ein Unternehmen, dessen Wert bald auf über zehn Millionen Dollar geschätzt wurde.

Eine ganz ähnliche Art von übersteigertem Optimismus begleitete die Bemühungen von John Logie Baird, einem in London lebendem Schotten. In einer Dachgeschosswohnung in Soho erschuf Baird eine ganze Reihe überwiegend nutzloser Erfindungen, einschließlich aufblasbarer Schuhe und eines Sicherheitsrasierers aus Glas (damit er nicht rostete). Sein Privatleben war ähnlich unorthodox, und zwar insofern, als er sich mit einem anderen Mann die Zuneigung einer Frau teilte, die einst seine Freundin gewesen war und jetzt die Ehefrau des anderen Mannes war und sich einfach nicht zwischen den beiden entscheiden konnte. In echt britischer Manier wurde die Teilungsregelung zwischen allen drei Beteiligten bei einer Tasse Tee vereinbart.

Als Erfinder war Baird voller Inspiration und unermüdlich, aber immer schmerzlich knapp bei Kasse. Die meisten seiner Patentmodelle waren aus geretteten Überbleibseln und Abfällen gefertigt. Seine erste Nipkow-Scheibe bestand aus dem Deckel einer Damenhutschachtel. Seine Linsen stellte er aus Fahrradlampen her. Da er sich fragte, ob er womöglich eine bessere Auflösung seiner Bilder erreichen könne, wenn er sie durch ein echtes menschliches Auge projizierte, erkundigte er sich beim Charing Cross Ophthalmic Hospital, ob man dort möglicherweise Augen für ihn übrig habe. Ein Arzt, der ihn für einen ausgebildeten Anatomen hielt, gab ihm eines. Baird nahm das Auge im Bus mit nach Hause, musste allerdings feststellen, dass der Sehnerv ohne Blutversorgung nutzlos war. Außerdem verursachte er eine derart grauenvolle Schweinerei, als er den Augapfel in seine Vorrichtung einklemmte, dass ihm übel wurde und er alles in den Abfalleimer warf.

Baird gab trotzdem nicht auf, und 1925 gelang es ihm, in seinem Labor das weltweit erste erkennbare Bild eines menschlichen Gesichts zu übertragen. Baird war ein begnadeter Selbstdarsteller – einer seiner Werbegags bestand darin, dass er ein funktionierendes Fernsehgerät in ein Schaufenster von Selfridges stellte und damit solche Scharen von Schaulustigen anlockte, dass der Verkehr zum Erliegen kam –, und das brachte ihm eine Menge Sponsorengelder ein. Bereits 1927 stand Baird an der Spitze eines Unternehmens mit fast 200 Mitarbeitern. Er fühlte sich im Angestelltenverhältnis allerdings nicht wohl und hasste es, dem Vorstand Rechenschaft ablegen zu müssen. Da Baird eine besondere Abneigung gegen Sir Edward Manville entwickelte, den wichtigtuerischen Vorstandsvorsitzenden, den ihm seine wichtigsten Investoren vor die Nase gesetzt hatten, ließ er ein Labor mit einem besonders schmalen Eingang bauen. Der korpulente Manville blieb bei seinem ersten Besuch stecken und musste durch die Tür geschoben werden. Wie Baird sich später stolz erinnerte, »verlor er mehrere Knöpfe seiner Weste und ließ seine Zigarre fallen, auf die er dann versehentlich trat«. Manville besuchte das Labor nie wieder.

Zu seiner unendlichen Verärgerung musste der Brite feststellen, dass das große Manko des Nipkow-Systems darin bestand, dass es zwei große, geräuschvoll surrende Scheiben benötigte – eine zum Senden von Signalen, die andere zum Empfangen – und bestenfalls kleine Bilder übertragen konnte. Ein zehn mal zehn Zentimeter großes Bild hätte Drehscheiben mit einem Durchmesser von anderthalb Metern erfordert, die nicht viele Leute gern in ihrem Wohnzimmer gehabt hätten. Die Scheiben waren außerdem gefährlich, wie ein anderer Wissenschaftler, der Baird in seinem Labor besuchte, schmerzvoll feststellen musste, als er sich zu weit nach vorne beugte und sich sein langer weißer Bart in der Vorrichtung verfing.

Was weder Baird noch all die anderen, die sich mit mechanischem Fernsehen befassten, in den Griff bekamen, war das Problem, dass Drehscheiben einfach nicht die Bildschärfe lieferten, die für eine kommerzielle Nutzung des Fernsehens erforderlich war. Unter praktischen Gesichtspunkten war es unmöglich, mehr als etwa sechzig Bildlinien zu übertragen, und der Betrachtungsschirm konnte nie viel größer als ein Bierdeckel sein. Trotzdem gab Baird nicht auf und hatte im Sommer 1927 ein Modell, das so gut war, wie sein System es zuließ.

Am 8. September, knapp fünf Monate nach der Übertragung der Rede von Herbert Hoover, berichtete die *New York Times* über eine andere aufregende Fernsehvorführung, dieses Mal in England. Im Beisein von Reportern benutzte Baird sein mechanisches System, um ein lebendiges Bild von sich mehr als 200 Meilen weit von Leeds nach London zu senden. Das Bild war klar, aber es war mit nur etwa sechs mal acht Zentimetern auch frustrierend klein; und wenn es mit einer speziellen Linse vergrößert wurde, verlor es jegliche Schärfe.

Baird, die *New York Times* und der Rest der Welt wussten nicht, dass das Fernsehen in Wirklichkeit einen Tag zuvor im fernen Kalifornien geboren worden war, wo ein junger Mann mit dem prächtigen Namen Philo T. Farnsworth, der größte aller Erfinder, von denen die meisten noch nie etwas gehört hatten, Kathodenstrahlröhren und einen Elektronenstrahl benutzte, um ein Bild zu produzieren, das tatsächlich versprach, Fernsehen zu einer zauberhaften Realität zu machen.

Philo Farnsworth, der »vergessene Vater des Fernsehens«, wurde 1906 in einer Blockhütte in Utah auf die Welt gebracht. Seine Eltern, fromme Mormonen, zogen mit ihrer Familie kurze Zeit später auf eine Farm in Idaho, wo der junge Philo in der idyllischen Umgebung des Snake River Valley eine glückliche Kindheit verbrachte. Er war ungewöhnlich intelligent und verschlang alles, was er zu den Themen Wissenschaft und Technik in die Finger bekam. Im Sommer 1921 hatte der fünfzehnjährige Philo beim Pflügen eines Felds seines Vaters eine wissenschaftliche Erleuchtung. Er hatte Einsteins Theorie über Elektronen beziehungsweise über den fotoelektrischen Effekt gelesen, und jetzt wurde ihm bewusst, dass die Strahlen von Elektronen in einem Hin-und-her-Muster auf einen Schirm gerastert werden konnten, jeweils eine Linie in abwechselnder Richtung, genau so, wie er das Feld pflügte. Binnen weniger Monate entwickelte er ein System zur elektronischen Übertragung von Bildern. Er fertigte eine Skizze davon an, die er seinem Highschool-Chemielehrer Justin Tolman zeigte. Farnsworth konnte sich glücklich schätzen, dass Tolman enorm beeindruckt war und die Skizze aufbewahrte. Sie sollte später Farnsworths Vorreiterrolle bei der Erfindung bestätigen.

Da Farnsworth keine Sponsoren hatte, entwickelte er seine Idee nicht weiter, sondern schloss stattdessen die Highschool ab, heiratete seine Liebste und schrieb sich an der Brigham Young University in Salt Lake City ein. Eines Tages wurde er zufällig von zwei jungen Geschäftsmännern aus San Francisco in ein Gespräch verwickelt, die von seinen Ideen so beeindruckt waren, dass sie ihm anboten, 6000 Dollar – oder mit anderen Worten: ihre gesamten gemeinsamen Ersparnisse – in das Projekt zu investieren und ihm außerdem dabei zu helfen, ein Bankdarlehen zu bekommen. Mit diesem Geld richtete Farnsworth in der Green Street in San Francisco ein kleines Labor ein. Zu diesem Zeitpunkt war er zwanzig Jahre alt – zu jung, wie er feststellen musste, um den Darlehensvertrag selbst unterschreiben zu können.

Im Januar 1927 reichte Farnsworth seine ersten Fernsehpatente ein. Ein funktionierendes Fernsehsystem zu bauen erwies sich beinahe als Ding der Unmöglichkeit. Die erforderlichen Einzelteile gab es nicht ab Lager – die meisten davon existierten nicht einmal, außer in Farnsworths fruchtbarem Gehirn –, sodass jede leuchtende und sanft surrende Elektronenröhre von Grund auf entworfen und angefertigt werden musste. Farnsworth und sein kleines Team, das er selbst zusammengestellt hatte, arbeiteten fieberhaft und waren Anfang September bereit, erstmals mithilfe eines elektronischen Apparats ein Bild zu übertragen. Da es sich dabei um eine einfache horizontale Linie handelte und Farnsworth es nur bis in den Raum nebenan schickte, war es weniger romantisch und imposant als die Schöpfungen von Baird und AT&T. Doch es besaß etwas, das die Erfindungen der Konkurrenz nicht hatten: eine Zukunft.

Das Herzstück von Farnsworths System war eine sogenannte Bildzerleger-Kamera, die es ihm ermöglichte, Bilder auf einen Schirm zu malen (sozusagen), indem er sie Linie für Linie elektronisch rasterte – und zwar mit einer solchen Geschwindigkeit, dass dem Auge vorgespiegelt wurde, es würde eine Serie zusammenhängender Bilder sehen. Selbst die frühesten Versionen von Farnsworths System lieferten 150 Bildlinien, was für eine Schärfe sorgte, die kein mechanisches System jemals erreichen konnte.

Wenngleich die breite Öffentlichkeit nichts von Farnsworths Erfindung wusste, erfuhren diejenigen, die über ein elektronisches Fachwissen verfügten, bald davon und suchten ihn auf, um seine Arbeit zu bewundern. Einer der Neugierigen war der Physiker Ernest Lawrence, der hocherfreut war, ein Bauteil von Farnsworths Apparat, den »Multipactor«, zu Gesicht zu bekommen. Dieser bündelte Elektronenstrahlen und feuerte sie stoßweise ab, wobei sich ihre Intensität vervielfachte. Voller Inspiration kehrte Lawrence nach Berkeley zurück und baute den weltweit ersten Teilchenbeschleuniger.

Farnsworth hatte letzten Endes 165 Patente inne, darunter auch die für alle wichtigen Elemente des modernen Fernsehens, von der Rasterung und Bündelung bis hin zur Projizierung lebendiger Bilder über weite Entfernungen. Was er allerdings nicht hatte, war eine Möglichkeit, das Ganze kommerziell umzusetzen.

Auftritt David Sarnoff.

Sarnoffs Welt war das Radio. Von den technischen Aspekten des Fernsehens hatte er nicht die geringste Ahnung – über Rundfunk wusste er in dieser Hinsicht allerdings auch nicht viel –, doch er besaß zwei Talente, die Farnsworth völlig fehlten: Geschäftstüchtigkeit und Weitblick. Er war genau der Richtige, um Fernsehen von einer interessanten Laborneuheit in etwas zu verwandeln, was jeder Mensch im Umkreis von drei Metern von seinem Sofa stehen haben wollte.

Sarnoff wurde in einem armen Dorf in einer ländlichen Gegend Russlands geboren, die heute zu Weißrussland gehört, siedelte jedoch mit seinen Eltern 1900 im Alter von neun Jahren an die Lower Eastside von New York um. Er hätte kaum ein größeres Landei sein können: Vor seiner Ankunft in Amerika hatte er noch nie eine asphaltierte Straße zu Gesicht bekommen. Jetzt befand er sich plötzlich in der kolossalsten und dynamischsten Stadt der Welt. Sarnoff lernte Englisch, ging mit vierzehn Jahren von der Schule ab und zog aus, um sich in der Welt einen Namen zu machen. Er ergatterte einen Job als Laufbursche bei der Telegrafiefirma American Marconi und wurde dort zu einem versierten Funker. Sein ganzes Leben lang behauptete er, er sei der erste Mensch gewesen, der die Nachricht vom Untergang der *Titanic* erfuhr und weitergab, und zwar in einem Büro im Kaufhaus Wanamakers. Sarnoffs Version der Ereignisse zufolge – und Sarnoffs Versionen der Ereignisse hatten oft nur wenig mit den tatsächlichen Geschehnissen zu tun – harrte er zweiundsiebzig Stunden an seinem Posten aus und koordinierte die Rettungseinsätze mehr oder weniger im Alleingang.

1919 wurde American Marconi in ein neues Unternehmen mit dem Namen Radio Corporation of America (RCA) eingegliedert. Sarnoff – jung, ehrgeizig, instinktiv opportunistisch – wurde schnell zum Meister des neuen Mediums. Er machte das Radio populär und profitabel – zwei Kriterien, die 1920 noch keineswegs gesichert waren. Rundfunk war damals eine spannende Neuentwicklung, doch ein Radiogerät war eine kostspielige Anschaffung, und viele Menschen waren sich ganz und gar nicht sicher, ob sich diese Ausgabe lohnte, vor allem dann, wenn für die Programmgestaltung des einzigen empfangbaren Senders die örtliche Bank, der örtliche Versicherungsmakler oder die örtliche Geflügelfarm verantwortlich war.

Den Herstellern von Radiogeräten war es egal, was ihre Kunden hörten oder ob sie überhaupt etwas hörten, nachdem sie ein Radiogerät gekauft hatten. Erstaunlicherweise schien Sarnoff der Einzige gewesen zu sein, der erkannte, dass niemand ein Radiogerät kaufen würde, wenn nichts gesendet wurde, bei dem es sich lohnte, es sich anzuhören. Ihm war bewusst, dass Rundfunk organisiert, professionell und vor allem unterhaltsam sein musste, um Erfolg zu haben. Um das Potenzial des Radios zu demonstrieren, organisierte er die Übertragung des Boxkampfs zwischen Dempsey und Carpentier am 2. Juli 1921. Sarnoff argumentierte, dass die Menschen in Scharen zum Radio strömen würden, wenn es ihnen möglich wäre, spannende Ereignisse live zu verfolgen. Zu diesem Zweck ließ er an verschiedenen Orten Lautsprecher aufstellen, an denen Interessierte dem Kampf kostenlos lauschen konnten. Allein auf dem Times Square drängten sich 10 000 Zuhörer. Auch anderenorts wurden Vorführungen veranstaltet. Leider sorgte eine technische Panne dafür, dass es keine Live-Übertragung vom Boxring gab. Stattdessen wurde der Verlauf des Kampfs mittels eines Nachrichtentickers in ein Studio in Manhattan übertragen, wo ein Sprecher ihn anhand dürftiger Details und mit einer Menge Fantasie rekonstruierte. Das war es, was die Menschenmassen zu hören bekamen, doch es spielte keine Rolle. Alle *glaubten,* den Kampf live mitzuverfolgen. Die Vorstellung zu erfahren, was geschah, während es geschah, grenzte in den Augen vieler an ein Wunder.

Das Radio begann seinen Siegeszug. Während zum Zeitpunkt des Kampfs zwischen Dempsey und Carpentier nur einer von 500 amerikanischen Haushalten ein Radiogerät besaß, betrug das Verhältnis fünf Jahre später bereits eins zu zwanzig. Am Ende des Jahrzehnts sollte fast jeder Haushalt eines besitzen. Noch nie zuvor war ein Konsumartikel so schnell allgemein akzeptiert worden.

Sarnoff überredete seine Vorgesetzten bei der Radio Corporation of America, sich mit Westinghouse und General Electric zusammenzutun und ein Rundfunknetz, die National Broadcasting Company, ins Leben zu rufen, um ihre Vormachtstellung in der Branche zu sichern. NBCs erfolgreiche Übertragungen von Großereignissen – nicht zuletzt von Lindberghs Ankunft in Washington im Juni 1927 – waren so beeindruckend, dass sie die Gründung eines zweiten Rundfunknetzes anregten, des Columbia Broadcasting System, das im September 1927 auf Sendung ging. Sein Hauptinvestor war die Columbia Phonograph Corporation, die mehr Schallplatten verkaufen wollte.

Rundfunkübertragungen erwiesen sich als extrem kostspielig. Unter den Unterhaltungsmedien nahm das Radio eine Sonderstellung ein, da es seine Inhalte kostenlos zur Verfügung stellte. Sobald jemand ein Gerät erworben hatte, konnte er sämtliche Sender unbegrenzt hören, ohne dafür bezahlen zu müssen. Darüber hinaus war das Programm erschreckend kurzlebig. Spielfilme konnten wiederholt werden, Theaterstücke immer und immer wieder aufgeführt werden, aber ein Hörspiel oder ein Konzert oder eine Unterhaltungssendung wurde einmal ausgestrahlt und verschwand dann für alle Ewigkeiten. Man hätte Sendungen zwar aufnehmen können, doch niemand wollte Abend für Abend dasselbe hören, deshalb musste der Hörfunk ständig neues Material beschaffen – und das häufig zu ziemlich schwindelerregenden Kosten. Das NBC-Management stellte dann auch mit Entsetzen fest, dass zwei regelmäßige Opernsendungen 6000 Dollar in der Woche kosteten. Einen Profit zu machen war so schwierig, dass sich manche Insider fragten, ob das Radio überhaupt eine kommerzielle Zukunft hatte.

Die offensichtliche Lösung dieses Problems, der Verkauf von Werbezeit, setzte sich nur erstaunlich langsam durch. Anfangs wurde bei Sendungen – falls sie überhaupt einen kommerziellen Inhalt hatten – einzig der Name eines Sponsors genannt, ohne dass konkret für irgendetwas Reklame gemacht wurde. Der kommerzielle Rundfunk hatte auch mit dem heftigen Widerstand von Herbert Hoover zu kämpfen, der als Wirtschaftsminister kontrollierte, was über den Äther ging. Hoover war der Ansicht, dass sich das Radio ehrenwerten, sachlichen Zwecken widmen solle. »Wenn eine Rede des Präsidenten benutzt wird wie das Fleisch in einem Sandwich, wie zwei Reklamen für nicht rezeptpflichtige Arzneimittel, wird kein Hörfunk übrig bleiben«, erklärte er und drohte damit, den schlimmsten Missbrauchern die Lizenz zu entziehen. Glücklicherweise war Hoover im Sommer 1927 so sehr mit anderen Dingen beschäftigt – zunächst mit der Mississippi-Flut und anschließend damit, sich zum Präsidenten wählen zu lassen –, dass ihm der Wille oder die Möglichkeit fehlte, seine Drohung zu realisieren.

Sarnoff machte sich das nur allzu gern zunutze. Er stellte fest, dass Zuhörer, wie er bereits vermutet hatte, überhaupt keine Einwände gegen Werbung hatten. Bereits in ihrem zweiten Jahr auf Sendung verkaufte die NBC Werbezeit für mehr als zehn Millionen Dollar im Jahr. Anfang der dreißiger Jahre gab es Radiowerbung im Wert von über 40 Millionen Dollar im Jahr, obwohl die Weltwirtschaftskrise den Konsummarkt drastisch hatte schrumpfen lassen. Zeitungswerbung ging um ein Drittel zurück, Zeitschriftenreklame um fast die Hälfte, doch Radiowerbung boomte. In dem Jahrzehnt nach der Geburt des Hörfunks machten fast 250 Tageszeitungen Konkurs. Aber inzwischen hörte man in jedem Haushalt Radio, und David Sarnoff konnte sich das größtenteils selbst als Verdienst anrechnen. 1929, kurz vor dem Börsencrash, wurde die RCA-Aktie 10 000 Prozent höher gehandelt als fünf Jahre zuvor, und Sarnoff war der Liebling der Rundfunkbranche.

Und inmitten all dessen entdeckte er das Fernsehen. 1929 wohnte er einer Konferenz von Radioingenieuren in Rochester im Bundesstaat New York bei und sah dort die Vorführung eines cleveren Erfinders namens Vladimir Zworykin. Wie sein Landsmann Igor Sikorsky, der Flugzeugkonstrukteur, war Zworykin in Russland in wohlhabenden Verhältnissen aufgewachsen, aber nach der Revolution im Land nach Amerika geflohen. Obwohl Zworykin bei seiner Ankunft fast kein Englisch sprach, bekam er einen Job bei Westinghouse in Pittsburgh und beeindruckte die Vorstandsetage dort so sehr, dass er bald sein eigenes Labor erhielt.

Zworykin erkannte genau wie Farnsworth die Möglichkeiten, die im elektronischen Fernsehen steckten. Fernsehen war auch sein Thema in Rochester, und Sarnoff zeigte sich zutiefst beeindruckt. Ihm war sofort bewusst, dass das Fernsehen als Unterhaltungsmedium und als Geldquelle für RCA ein noch größeres Potenzial besaß als der Hörfunk, und mit beinahe erschreckendem Enthusiasmus klemmte er sich hinter seine Entwicklung.

Zworykin stellte Sarnoff in Aussicht, ihm innerhalb von zwei Jahren für 100 000 Dollar ein funktionierendes System liefern zu können. Dieser engagierte ihn und besorgte ihm alles, was er möglicherweise benötigen würde. Wie sich herausstellte, sollte es RCA mehr als 50 Millionen Dollar kosten, bis ein funktionierendes System zur Verfügung stand – ein unglaubliches Risiko für eine noch nicht bewährte Technologie. Schlimmer noch, Sarnoff fand heraus, dass sich die meisten entscheidenden Patente und ein großer Teil der dazugehörigen Erkenntnisse im Besitz eines jungen Mannes in San Francisco mit dem unwahrscheinlichen Namen Philo Farnsworth befanden.

Für Farnsworth lief es nicht besonders gut. Ein klares Bild von einer Linie zu übertragen war eine Sache, das Ganze zu einem ausgereiften Unterhaltungssystem zu entwickeln eine ganz andere. Selbst eine ziemlich einfache Vorrichtung hätte Investitionen von mehreren Millionen Dollar erfordert, die Farnsworth natürlich nicht hatte. Als Zworykin von seinen Fortschritten erfuhr, stattete er ihm einen Besuch ab. In dem Irrglauben, die RCA wolle Lizenzen auf seine Patente erwerben, zeigte er Zworykin bereitwillig alles, unter anderem auch, wie man einen Bildzerleger baute – den Apparat, bei dem es sich um das Herzstück seines Systems handelte. Dank dieser Hilfestellung entwickelte die RCA jetzt im Handumdrehen einen eigenen Bildzerleger. Sarnoff ließ Farnsworth beiläufig wissen, dass die RCA seine Patente weder haben wolle noch brauche – wobei es sich um eine Lüge handelte –, dass sie aber großzügigerweise bereit sei, ihm 100 000 Dollar für alles zu bezahlen: Patente, Diagramme, Modelle und die gesamte Ausstattung seines Labors. Farnsworth betrachtete dieses Angebot als Beleidigung und lehnte es ab.

Da Farnsworth dringend Geldmittel benötigte, verkaufte er an die Philadelphia Storage Battery Company, besser bekannt unter dem Namen Philco, und zog an die Ostküste. Die Geschäftsbeziehung war keine glückliche. Farnsworth hasste es, im Angestelltenverhältnis zu arbeiten. Als sein Sohn im Säuglingsalter starb, beantragte er Urlaub, um zurück nach Utah zu fahren und den Jungen im Grab der Familie beizusetzen. Philco weigerte sich jedoch, ihm Urlaub zu geben, und die beiden gingen bald darauf getrennte Wege. Unterdessen gelangte Philco zu der Überzeugung, die RCA würde versuchen, Philco-Mitarbeiter durch Bestechung oder Erpressung dazu zu bewegen, Betriebsgeheimnisse preiszugeben, und strengte einen Prozess an, weil RCA-Spione Philco-Angestellte angeblich »in Hotels, Restaurants und Nachtclubs mit berauschenden Getränken« manipulierten. Letztlich kam es in der Angelegenheit zu einer außergerichtlichen Einigung.

All das machte Farnsworth zunehmend paranoid und stressgeplagt. Aus dem zuversichtlich strahlenden jungen Mann von vor ein, zwei Jahren war eine ausgemergelte und getrieben wirkende Figur geworden. Selbst sein Haar wirkte wütend. Er stritt sich mit seinen ursprünglichen Investoren und weigerte sich strikt, mit irgendwelchen Außenstehenden zusammenzuarbeiten. Letztlich reichte er gegen die RCA Klage wegen Patentverletzung ein.

Sarnoff ertrug es nicht, bei irgendetwas nur Zweiter zu sein – und zögerte nicht, seine Herausforderer zu vernichten. Als der Elektroingenieur Edwin H. Armstrong die Frequenzmodulation beim Radio erfand, die stärkere, klarere Signale lieferte als die Amplitudenmodulation, tat Sarnoff alles, was in seiner Macht stand, um die Erfindung zu unterdrücken, indem er die Federal Communications Commission dazu brachte, die dafür vorhandene Bandbreite einzuschränken. Armstrong prozessierte und zog damit den Zorn der RCA auf sich. RCA-Anwälte beschäftigten ihn jahrelang vor Gericht. Der Rechtsstreit kostete Armstrong seine Gesundheit und jeden Penny, den er besaß. Verzweifelt und bankrott beging er 1954 Selbstmord.

Einen ganz ähnlichen Krieg führte die RCA jetzt gegen Farnsworth und behauptete, er könne unmöglich 1922 das elektronische Fernsehen erfunden haben, weil es ausgeschlossen sei, dass ein fünfzehnjähriger Schuljunge eine Idee gehabt hatte, die den brillantesten Köpfen von Wissenschaft und Technik jahrelang versagt geblieben war. Zu Farnsworths Glück war sein ehemaliger Chemielehrer Justin Tolman in der Lage, seine Originalskizze vorzulegen. Das und die Tatsache, dass Farnsworth im Besitz der relevanten Patente war, ließen bei Gericht keine Zweifel aufkommen. 1935 wurde entschieden, dass Farnsworth »der unbestrittene Erfinder des Fernsehens« sei – ein beeindruckender Sieg für den Einzelkämpfer.

Die RCA ignorierte das Urteil mehr oder weniger und präsentierte bei der Weltausstellung 1939 in New York ein funktionierendes Fernsehgerät, das ausschließlich auf Farnsworths Patenten basierte, für deren Verwendung sie weder bezahlt noch sich eine Erlaubnis eingeholt hatte. Nach jahrelangen weiteren Streitereien erklärte sich die RCA schließlich bereit, Farnsworth eine Million Dollar sowie eine Lizenzgebühr auf jedes verkaufte Fernsehgerät zu bezahlen. Farnsworths wertvollste Patente liefen allerdings Ende der vierziger Jahre aus, unmittelbar vor dem großen Fernsehboom, sodass er nie auch nur annähernd in den Genuss des Reichtums kam, den er zweifellos verdient gehabt hätte.

1950 sicherte sich Sarnoff die Zusage der Radio and Television Manufacturers Association of America, dass sie ihn von nun an als »Vater des Fernsehens« bezeichnen würde und Vladimir Zworykin als »Erfinder des Fernsehens«. Damit wurde Farnsworth erfolgreich aus der Vergangenheit gelöscht.

Farnsworth setzte sich schließlich in Maine zur Ruhe und verfiel dem Alkoholismus. Er starb im März 1971 betrunken, deprimiert und vergessen. Er wurde vierundsechzig Jahre alt. Die *New York Times* bezeichnete ihn in ihrem Nachruf nicht als Erfinder des Fernsehens, sondern als »Pionier bei der Entwicklung des Fernsehens«. Sarnoff starb später im selben Jahr im greisen Alter von achtzig Jahren.

Vladimir Zworykin trug nicht nur zur Entwicklung des Fernsehens, sondern auch zur Erfindung des Elektronenmikroskops bei. Er überlebte Sarnoff und Farnsworth um elf Jahre und starb 1982 am Tag vor seinem dreiundneunzigsten Geburtstag. In einem Interview, das er 1974 gab, behauptete er, nie fernzusehen, da ihm das zu stumpfsinnig sei, und sagte, sein bedeutendster Beitrag zur Fernsehtechnologie sei die Erfindung des Ausschaltknopfs gewesen.

In Wirklichkeit wurde der Ausschaltknopf jedoch von Philo Farnsworth erfunden und war Teil seines ersten Patents.

Achtundzwanzigstes Kapitel

Den meisten würde eine einigermaßen ansehnliche Liste von Schriftstellern einfallen, die in den zwanziger Jahren am Werk waren, wenn man ihnen einen Notizblock und einen Stift in die Hand drücken und ihnen ein paar Minuten Zeit zum Nachdenken geben würde: F. Scott Fitzgerald, Ernest Hemingway, William Faulkner, James Joyce, Virginia Woolf, T. S. Eliot, Gertrude Stein, Dorothy Parker, Ezra Pound und so weiter und so fort.

Unwahrscheinlich ist allerdings, dass viele daran denken würden, den Namen Harold Bell Wright zu notieren. Und doch war Wright populärer als alle oben genannten Autoren und hat in seinem Leben womöglich mehr Bücher verkauft als sie alle zusammen. Als 1925 die erste Auflage seines Romans *A Son of His Father* in Chicago aus den Druckpressen kam, füllte sie siebenundzwanzig Eisenbahn-Güterwagen. Sein 1911 erschienenes Buch *The Winning of Barbara Worth* war so beliebt gewesen, dass Anhänger von ihm ein Hotel, eine Straße und eine Schule danach benannt hatten. Wrights Werke waren sentimental und vorhersehbar – es ging darin stets um eine Person, die von Widrigkeiten des Lebens gebeutelt wurde –, doch die Leser konnten nicht genug von ihnen bekommen.

Fast dasselbe könnte man von einer großen Zahl anderer Autoren sagen, deren Namen längst in Vergessenheit geraten sind: Cosmo Hamilton, Arthur Somers Roche, Coningsby Dawson, T. S. Stribling, Hervey Allen, Stark Young, Hermann Keyserling, Warwick Deeping, Thyra Samter Winslow, Knut Hamsun, Julia Peterkin, Gene Stratton-Porter, Zona Gale und Mazo de la Roche erfreuten sich alle höherer Verkaufszahlen als sämtliche besser in Erinnerung gebliebenen Autoren der zwanziger Jahre.

Niemand konnte es allerdings auch nur annähernd – nicht einmal Harold Bell Wright, selbst wenn er bei seinen Rührstücken so richtig auf die Tube gedrückt hatte – mit dem Erfolg von zwei anderen amerikanischen Autoren aufnehmen, deren Bücher sich jahrzehntelang verkauften. Bei den beiden handelte es sich um Zane Grey und Edgar Rice Burroughs, und sie waren mit an Sicherheit grenzender Wahrscheinlichkeit die weltweit beliebtesten Autoren des 20. Jahrhunderts.

Grey und Burroughs hatten einiges gemein: Sie stammten beide aus dem Mittelwesten, sie waren beide verhältnismäßig spät zum professionellen Schreiben gekommen – Grey mit dreißig, Burroughs mit fünfunddreißig – und noch später zu Erfolg, und beide waren nach fast allen Maßstäben ziemlich miserable Autoren. Verwunderlich ist nicht, dass sie nicht mehr viel gelesen werden, sondern dass sie jemals viel gelesen wurden. Über Grey schrieb der Kritiker Burton Rascoe: »Man kann sich nur schwer einen Autor vorstellen, der in Bezug auf Stil oder Inhalt weniger zu bieten hat als Grey und sich trotzdem überhaupt eine Leserschaft bewahren kann.« Burroughs blieben solche Beschimpfungen weitgehend erspart, da er als Schundmagazinautor nicht einmal spöttischer Beachtung für wert erachtet wurde. Doch die breite Öffentlichkeit verschlang alles, was die beiden veröffentlichten. Niemand weiß, wie viele Bücher sie verkauft haben – die Schätzungen schwanken ziemlich stark zwischen fünfundzwanzig und sechzig Millionen pro Kopf, wenn man Übersetzungen, posthume Erscheinungen und Veröffentlichungen in Zeitschriften mitrechnet. Wie hoch die Gesamtzahl auch immer sein mag, sie war ohne Frage für die zwei Autoren erfreulich hoch.

Grey war auf eigentümlich interessante Weise der wesentlich Faszinierendere. Kurzbiografien in Zeitungen und Zeitschriften zu seinen Lebzeiten porträtierten ihn als angenehmen und bescheidenen Zahnarzt, der in seiner Freizeit Abenteuergeschichten schrieb, 1912 mit *Das Gesetz der Mormonen* auf eine Goldader stieß und dann über einen Zeitraum von dreißig Jahren äußerst populäre Bücher am Fließband produzierte, überwiegend Western. Er erfand oder hatte zumindest das Monopol auf viele Konventionen des Genres: den niederträchtigen Schurken, den schikanierten Ranger und seine hübsche, keusche Tochter, den kräftigen, schweigsamen Cowboy, »dessen Herz keiner Frau gehört, sondern einzig und allein seiner warmnasigen Stute«, wie ein Kritiker es einmal treffend formulierte.

Doch Grey hatte ein großes Geheimnis. Privat war er unglaublich lüstern. Als leidenschaftlicher Frischluftfanatiker unternahm er oft lange Wanderungen in die Wildnis in Begleitung attraktiver, ausgelassener junger Frauen – den beiden jungen Cousinen seiner Frau, Freundinnen der Familie, Zufallsbekanntschaften – und schlief mit ihnen allen. Manchmal nahm er bis zu vier Frauen mit. Gelegentlich brachte er sie anschließend mit nach Hause. Sein Biograf Thomas H. Pauly berichtet: »Es existiert eine riesige, völlig unbekannte Sammlung von Fotos, die Grey von nackten Frauen und sich bei der Ausübung verschiedener sexueller Handlungen gemacht hat, darunter auch Geschlechtsverkehr ... Zu diesen Fotos gehören zehn kleine, in Greys Geheimcode verfasste Tagebücher, die plastische Schilderungen seiner sexuellen Abenteuer enthalten.«

Zwischen diesen erquickenden Auszeiten lebte Grey beschaulich mit seiner Gattin, einer Frau von stoischem Temperament, in Lackawana, Pennsylvania, und später im kalifornischen Altadena zusammen und schrieb zwei oder manchmal auch drei Bücher im Jahr. Insgesamt produzierte er etwa fünfundneunzig Bücher, und als er 1939 plötzlich an einem Herzinfarkt starb, hinterließ er so viele Manuskripte, dass Harper & Brothers vierzehn Jahre später immer noch Zane-Grey-Bücher veröffentlichten. Auf seinem Höhepunkt verdiente er 500 000 Dollar im Jahr. 1927 waren es knapp unter 325 000 Dollar. Zum Vergleich: F. Scott Fitzgerald nahm in seinem besten Jahr 37 599 Dollar ein.

Edgar Rice Burroughs führte ein zahmeres Leben als Grey – aber andererseits, wer tat das nicht? –, schrieb jedoch anzüglichere Dinge.

Er war drei Jahre jünger als Grey und wurde 1875 in eine wohlhabende Familie in Chicago hineingeboren. Allerdings war er so etwas wie ein schwarzes Schaf und hatte Schwierigkeiten, seine Rolle im Leben zu finden. Als junger Mann ging er nach Westen und versuchte sich als Ladenbesitzer, Rancher, Goldwäscher und Eisenbahnpolizist, jedoch alles ohne Erfolg, bis er entdeckte, dass er Talent für das Schreiben von Geschichten besaß. 1912 produzierte er im Alter von sechsunddreißig Jahren seinen ersten Hit: *Tarzan bei den Affen*.

Burroughs war kein Schmierfink. Er benutzte zwar Schundromanhandlungen, schrieb aber mit einem gewissen Elan, als würde er das Genre nicht ganz verstehen. Die ersten Zeilen von *Tarzan bei den Affen* lauten folgendermaßen:

Diese Geschichte habe ich von jemand, der keinen besonderen Grund hatte, sie mir oder einem andern zu erzählen. Ich dachte anfänglich, der Erzähler sei in einer angeheiterten Stimmung, und ich konnte auch die folgenden Tage nicht recht an die Geschichte glauben.

Das ist vielleicht nicht Tolstoi, aber es ist sicherlich weit vom typischen, in einfache Worte gefassten und direkt in die Handlung eintauchenden Anfang minderwertiger Unterhaltungsliteratur der damaligen Zeit entfernt. In seiner fast vierzig Jahre währenden Laufbahn schrieb Burroughs etwa achtzig Bücher, darunter sechsundzwanzig Tarzan-Romane, eine Menge Science-Fiction und ein paar Western. Alle seine Bemühungen zeichneten sich durch eine aufregende Handlung, leicht bekleidete Frauen und ein unerschütterliches Faible für eugenische Ideale aus. Tarzan selbst hätte das Aushängeschild für die Eugenik-Bewegung sein können. Wie den meisten wahrscheinlich bereits bekannt ist, erzählt *Tarzan bei den Affen* die Geschichte eines aristokratischen englischen Säuglings, der verwaist im afrikanischen Dschungel zurückbleibt und von Affen großgezogen wird. Da er glücklicherweise weiß ist und von angelsächsischer Abstammung, ist er von Natur aus tapfer, stark, entschlossen und gütig, instinktiv ethisch und schlau genug, um jedes Problem lösen zu können. Er bringt sich sogar selbst das Lesen bei – eine ziemliche Leistung, wenn man bedenkt, dass er keine menschliche Sprache spricht und nicht weiß, was ein Buch ist, als er zum ersten Mal eines zu Gesicht bekommt. Dem Himmel sei Dank für ethnische Überlegenheit!

Die Schöpfung und Erhaltung überlegener Wesen beschäftigte Burroughs während seiner gesamten Laufbahn. In fast allen seinen im Weltall angesiedelten Romanen geht es um die Fortpflanzung dominierender Spezies auf dem Mars oder der Venus.* In *Auf der Venus verschollen* schreibt er bewundernd über eine Gesellschaft, in der »kein unvollkommener Säugling weiterleben durfte« und Bürger, die »physisch, moralisch oder mental fehlerhaft waren, dauerhaft daran gehindert wurden, ihresgleichen in die Welt zu setzen«. Zurück auf der Erde schrieb er als er selbst in einem Artikel im *Los Angeles Examiner,* dass die Welt ein besserer Ort wäre, wenn alle »moralisch Schwachsinnigen« systematisch eliminiert würden. Er nannte sogar eines seiner Bücher *Bridge and the Oskaloosa Kid.* Oskaloosa war der Geburtsort von Harry H. Laughlin.

Im Lauf der Zeit wurde Burroughs immer schludriger. Er recycelte Handlungen und war oft erstaunlich nachlässig, was seine Prosa anbetraf. Sein einziger Roman von 1927, *The War Chief,* beginnt folgendermaßen:

Von einem Stringtanga, derben Sandalen, einem Stück Fell und einem Büffel-Kopfschmuck abgesehen nackt, sprang und tanzte ein wilder Krieger zum Rhythmus der Trommeln.

---

* Weiterentwickelte Gesellschaften auf nahegelegenen Planeten anzusiedeln war an sich 1927 keine absurde Idee. Kein Geringerer als der *Scientific American* veröffentlichte in seiner März-Ausgabe einen Artikel, in dem ernsthaft darüber spekuliert wurde, ob auf dem Mars eine Zivilisation existiert, die der unseren überlegen war. (Die Ausgabe enthielt außerdem einen Artikel, der behauptete, die Menschheit würde sich womöglich zu einer Spezies einäugiger Zyklopen entwickeln.) Andere seriöse Publikationen stellten ähnliche Fragen, was die Venus betraf, von der man annahm, ihre Bewohner würden unter dichten Venuswolken in einer Art tropischem Paradies leben.

Vier Absätze weiter heißt es:

Von einem Stringtanga, derben Sandalen, einem Stück Fell und einem Büffel-Kopfschmuck abgesehen nackt, huschte ein wilder Krieger lautlos zwischen den Stämmen großer Bäume hindurch.

Gelegentlich verfiel er auch einfach in Geschwafel. In der folgenden Szene flüstert ein Krieger vom Mars namens Jeddak seiner Thuvia, einem Mädchen vom Mars, in einem Buch mit dem gleichlautenden Titel aus dem Jahr 1920 süße Worte ins Ohr:

Ah, Thuvia von Ptarth, du bleibst sogar in den lodernden Flammen meiner verzehrenden Liebe kühl! Weder härter noch kälter als dein Herz ist der harte, kalte Stein dieser dreifach glücklichen Bank, die deine göttliche und unverwelkliche Erscheinung trägt.

Solche Passagen konnten sich auch länger hinziehen, doch das schien kaum eine Rolle zu spielen. Burroughs Bücher wurden weiterhin eifrig gekauft, nachdem er im März 1950 mit vierundsiebzig Jahren in Kalifornien an einem Herzinfarkt starb.

Von den ernstzunehmenden Romanautoren kam im Sommer 1927 nur Sinclair Lewis in den Genuss gesunder Verkaufszahlen. *Elmer Gantry* war in diesem Jahr das mit Abstand meistverkaufte Werk der Erzählliteratur. Als Satire über Wanderprediger wurde es im ganzen Land durch die Bank verurteilt, vor allem von Wanderpredigern. Der fundamentalistische Prediger Billy Sunday rief Gott an, »Lewis totzuschlagen«, als er vom Inhalt des Romans erfuhr, was ganz und gar nicht christlich von ihm war. Der Geistliche C. S. Sparkes von der Gemeindekirche in Sauk Centre, Minnesota, Lewis' Heimatstadt, verglich Lewis verbittert mit dem heiligen Charles Lindbergh und sagte, Lewis besäße ein Gemüt, »das tot ist – tot gegenüber Güte und Reinheit und Rechtschaffenheit«, während Lindbergh »rein in seinen Gedanken und seiner Seele« sei.

Elmer Gantry wurde in mehreren Städten verboten – in Boston galt sein Verkauf als strafbare Handlung und nicht nur als Vergehen, was zeigt, für wie abscheulich es erachtet wurde –, doch solche Verbote machten das Buch für diejenigen, die es bekommen konnten, nur noch reizvoller und begehrenswerter. Der Roman verkaufte sich allein am Tag seines Erscheinens hunderttausendmal, und gegen Ende des Sommers steuerten die Verkaufszahlen auf eine Viertelmillion zu – Zahlen, mit denen nicht einmal Grey und Burroughs rechnen konnten.

Elmer Gantry war der fünfte Roman von Lewis in Folge, der sowohl bei den Kritikern als auch kommerziell erfolgreich war, was ihn zum meistbewunderten Schriftsteller seiner Zeit machte. Die anderen waren *Hauptstraße* (1920), *Babbitt* (1922), *Dr. med. Arrowsmith* (1925) und *Mantrap* (1926). 1930 wurde ihm als erstem Amerikaner der Nobelpreis für Literatur verliehen. Doch nicht jeder war ein Fan von ihm. Ernest Hemingway schrieb in einem Brief an seinen Lektor: »Wenn ich so schludrig und beschissen schreiben würde wie dieser sommersprossige Arsch, könnte ich jahrein, jahraus 5000 Wörter am Tag schreiben.« Lewis konnte es noch nicht ahnen, aber 1927 sollte den Höhepunkt seiner Karrierekurve markieren. Seine späteren Romane kamen aus der Mode, und er endete als Alkoholiker, der so sehr von Delirium tremens geplagt wurde, dass ihm eine Zwangsjacke angelegt werden musste.

Hemingway schrieb 1927 keinen Roman, da er überwiegend mit persönlichen Angelegenheiten beschäftigt war – er ließ sich von seiner Frau scheiden und heiratete im Frühsommer in Paris eine andere, ungefähr zu der Zeit, als Lindbergh einflog –, veröffentlichte aber einen Band mit Kurzgeschichten: *Männer ohne Frauen*. Dorothy Parker nannte das Buch im *New Yorker* »ein wahrhaft großartiges Werk ... Ich weiß nicht, wo man eine bessere Sammlung von Kurzgeschichten findet«, doch es erregte in der Öffentlichkeit weniger Aufsehen als Hemingways Debütroman *Fiesta* im Jahr zuvor. Ebenfalls gut angenommen wurden – auch wenn sie keine überragenden kommerziellen Erfolge waren – *Die Brücke von San Luis Rey* von einem neuen Autor namens Thornton Wilder sowie *Moskitos* von einem anderen Newcomer namens William Faulkner.

F. Scott Fitzgerald, der andere amerikanische Literaturgigant der damaligen Epoche – wenn nicht für seine Zeitgenossen, so zumindest aus heutiger Sicht –, veröffentlichte 1927 kein Buch. Stattdessen reiste er erstmals nach Hollywood, geködert von dem Auftrag, das Drehbuch für einen Film mit dem Titel *Lipstick* zu schreiben. Das Honorar betrug 3500 Dollar als Vorschuss und weitere 12 000 bei Abnahme. Letzten Endes wurde sein Manuskript jedoch als unzulänglich erachtet und abgelehnt, sodass er den Großteil des Honorars nie erhielt. Fitzgerald machte sogar Probeaufnahmen als Schauspieler, schlug sich dabei aber auch nicht besonders gut. Sein Ausflug nach Kalifornien kostete ihn zum Schluss wesentlich mehr, als er dabei verdiente. Ab 1927 ging es mit ihm rapide bergab. Sein zwei Jahre zuvor erschienener Roman *Der große Gatsby* war ein Misserfolg gewesen. Im Lager seines Verlegers Charles Scribner's Sons stapelten sich unverkaufte Exemplare des Buchs, die sich auch noch dort befanden, als Fitzgerald 1940 verarmt und fast vergessen starb. Die Welt sollte sie erst in den fünfziger Jahren wiederentdecken.

Das Verlagswesen war 1927 einem interessanten Wandel unterworfen, was überwiegend auf ein seit langem bestehendes Vorurteil zurückzuführen war. Traditionell beschäftigte die Verlagsbranche keine Juden (außer in niedrigen Positionen ohne Aufstiegsmöglichkeiten). Sämtliche alten Verlage – Harper & Brothers, Scribner's, Doubleday, Houghton Mifflin, Putnam's – waren ausschließlich weiß und überwiegend protestantisch, und ihr Programm war vorsichtig konservativ. 1915 trat erstmals eine Änderung ein, als ein junger Jude namens Alfred A. Knopf, der Sohn eines Managers aus der Werbebranche, das Impressum aus der Taufe hob, das noch heute seinen Namen trägt. Knopf brachte Amerika die Werke von Sigmund Freud, Franz Kafka, Jean-Paul Sartre, Albert Camus, André Gide, D. H. Lawrence. E. M. Forster, Thomas Mann und vielen anderen. Das Überwiegen fremdsprachiger Autoren ließ sich schlichtweg damit erklären, dass viele amerikanische Literaturagenten nichts mit einem jüdischen Verleger zu tun haben wollten.

All das hob den Konservatismus der alteingesessenen angelsächsisch-protestantischen Verlage deutlich hervor. Das 1846 gegründete Familienunternehmen Charles Scribner's Sons, das jahrelang damit prahlte, dass es niemals ein Wort drucken würde, das eine Jungfer erröten ließe, hatte mit einem Mal Probleme, mit den sich ändernden Sitten mitzuhalten. Als sein berühmtester Lektor Maxwell Perkins Anfang 1927 an Hemingways zuvor erwähntem Kurzgeschichtenband arbeitete, glaubte er, den Verlagsleiter Charles Scribner II warnen zu müssen, dass darin gewisse Worte enthalten waren, die ihn womöglich schockieren würden. Perkins war ein Mann der alten Schule und brachte die fraglichen Worte nicht über die Lippen, weshalb er sie aufschrieb. Bei einem Wort konnte er sich nicht einmal überwinden, es schriftlich festzuhalten. (Es ist nicht überliefert, um welche Wörter es sich handelte und ob sie alle oder zumindest einige von ihnen ins fertige Buch gelangten.)

Wenngleich Scribner's überempfindlich war, was den Druck von Obszönitäten anbelangte, zögerte der Verlag interessanterweise nicht, 1927 eines der rassistischsten Bücher des Jahrzehnts zu veröffentlichen: *Re-forging America* von dem Hobby-Eugeniker Lothrop Stoddard. Mr Stoddards vorangegangenes Buch bei Scribner's, *The Rising Tide of Color Against White World Supremacy,* lässt seine Standpunkte ein wenig deutlicher erkennen. In *Re-forging America* argumentiert Stoddard, dass Amerika eine »zwei-rassische« Gesellschaft einführen solle, womit er nicht eine meinte, in der sich Menschen harmonisch vermischten, sondern eher das Gegenteil: eine Gesellschaft, in der Weiße und Nicht-Weiße von der Wiege bis zur Bahre getrennt wurden, damit das Risiko der Kreuzkontamination zum Nachteil einer der beiden Gruppen ausgeschlossen werden könne. Das Buch wurde in mehreren Publikationen wohlwollend besprochen.

Während Knopf sich eine lukrative Nische mit ausländischen Autoren schuf, hatte ein anderer jüdischer Verlag großen Erfolg, indem er amerikanische Autoren entdeckte – oder in manchen Fällen wiederentdeckte. Dieser Verlag hieß Boni & Liveright, benannt nach den Brüdern Albert und Charles Boni und nach Horace Liveright, und war für kurze Zeit das vielleicht interessanteste und dynamischste Verlagshaus in ganz Amerika. Die Gebrüder Boni hatten bis kurz zuvor den Washington Square Bookshop geführt, ein Linkentreff in der MacDougal Street, und Liveright war eigentlich Wertpapierhändler. Obwohl die drei Gründer nicht viel Erfahrung im Verlagswesen besaßen, machte sich das Unternehmen schnell einen Namen.

Die Männer stritten sich unablässig, und Anfang der zwanziger Jahre führte Liveright (den man übrigens *live-right* und nicht *liver-right* aussprach) den Verlag allein, nachdem beide Bonis das Weite gesucht hatten. In den Jahren 1925 bis 1927 brachte er die vielleicht beeindruckendste Auswahl an Titeln heraus, die jemals innerhalb eines so kurzen Zeitraums von einem einzelnen Verlag veröffentlicht wurden. Dazu gehörten *Eine amerikanische Tragödie* von Theodore Dreiser, *Dunkles Lachen* von Sherwood Anderson, *In unserer Zeit* von Ernest Hemingway (der dann zu Scribner's überlief), *Soldatenlohn* von William Faulkner, *Enough Rope* von Dorothy Parker, *The Crystal Cup* von Gertrude Atherton, *My Life* von Isadora Duncan, *Education and the Good Life* von Bertrand Russell, *Napoleon* von Emil Ludwig, *Die Thibaults* von Roger Martin du Gard (der inzwischen vergessen ist, aber bald darauf den Nobelpreis verliehen bekommen sollte), *The Golden Day* von Lewis Mumford, drei Dramen von Eugene O'Neill, Gedichtbände von T. S. Eliot, Ezra Pound, E. E. Cummings, Edgar Lee Masters und Robinson Jeffers sowie ein Werk fröhlicher, seichter Unterhaltung mit dem Titel *Blondinen bevorzugt* von der Hollywood-Drehbuchautorin Anita Loos. *Blondinen bevorzugt,* das vorgab, das Tagebuch einer dümmlichen Goldgräberin zu sein, war keine große Literatur, doch es verkaufte sich und verkaufte sich und verkaufte sich. Angeblich war James Joyce davon entzückt.

Liveright war ein großartiger Verleger, aber ein miserabler Geschäftsmann. Er leistete zu hohe Vorschusszahlungen, beschäftigte viel mehr Mitarbeiter als nötig und bezahlte ihnen mehr, als er ihnen hätte zahlen sollen. Aufgrund seiner geschäftspolitischen Fehlentscheidungen machte Boni & Liveright im Jahr 1927 nur 1203 Dollar Gewinn und lief große Gefahr pleitezugehen.

Liveright verschlimmerte die Situation noch weiter, indem er viel und in der Regel erfolglos an der Börse und am Broadway investierte. 1927 fand er vorübergehend Rettung aus einer eher als unwahrscheinlich angenommenen Quelle. Er brachte ein Theaterstück aus London mit, das dort ein großer Erfolg gewesen war: *Dracula*. Beim Hauptdarsteller für die amerikanische Inszenierung fiel seine Wahl auf einen relativ unbekannten ungarischen Schauspieler namens Bela Lugosi. Obwohl Lugosi seit sechs Jahren in Amerika lebte, sprach er kaum Englisch und lernte seinen Text phonetisch, ohne wirklich zu verstehen, was er bedeutete, was ihm eine interessante Diktion verlieh. Lugosi hatte seine Schauspielkarriere mit romantischen Hauptrollen begonnen, bis er 1926 einen Bösewicht in dem unbedeutenden, aber denkwürdig betitelten Film *The Devil in the Cheese* spielte. Offenbar ergatterte er aufgrund dessen die Rolle des Grafen Dracula. Die erste Aufführung des Stücks fand am 19. September im Shubert Theatre in New Haven, Connecticut, statt. Nach einer erfolgreichen zweiwöchigen Testphase hatte es am 5. Oktober, unmittelbar vor Lugosis fünfundvierzigstem Geburtstag, seine offizielle Premiere im Fulton Theatre in New York. Liveright kam auf die Idee – vermutlich die beste, die er jemals hatte –, bei jeder Aufführung eine Krankenschwester bereitzustellen, falls jemand in Ohnmacht fiel, um zu betonen, um welch erschreckende Erfahrung es sich bei *Dracula* handelte. Dieser Werbetrick funktionierte hervorragend. *Dracula* war ein riesiger Erfolg und wurde ein Jahr lang in New York aufgeführt, bevor das Stück zwei weitere Jahre auf Tournee ging und Liveright eine Menge Geld einbrachte, als er es besonders dringend brauchte.

Außerdem sorgte es dafür, dass Bela Lugosi ein gemachter Mann war, denn für den Rest seiner Karriere tat er im Grunde nichts anderes mehr, als Dracula zu spielen. Er übernahm die Hauptrolle in der Verfilmung von 1931 und in einer großen Anzahl von Fortsetzungen. Daneben wechselte er häufig die Ehefrau – er war insgesamt fünfmal verheiratet – und wurde drogenabhängig, doch beruflich machte er fast dreißig Jahre lang so gut wie nichts anderes. Seine Hingabe für die Rolle war so groß, dass er bei seinem Tod 1956 als Graf Dracula gekleidet beigesetzt wurde.

Für Horace Liveright erwies sich *Dracula* als Gnadenfrist, aber nicht als Erlösung. Sein Verlag ging 1933 bankrott, doch zu diesem Zeitpunkt hatte er seine gute Arbeit bereits getan. Es ist fast ausschließlich Knopf und Liveright zu verdanken, dass das amerikanische Verlagswesen Ende der zwanziger Jahre deutlich kosmopolitischer und mutiger war als nur ein Dutzend Jahre zuvor.

Nach einem nicht gerade aufregenden Frühling und Sommer versprach der Broadway, endlich in Bewegung zu kommen. Im September liefen die Proben für zwei Musicals von bleibender Bedeutung. Das eine davon war *Funny Face* mit Musik und Liedtexten von George und Ira Gershwin. Mit Fred und Adele Astaire sowie Betty Compton, der Geliebten von Burgermeister Jimmy Walker, in den Hauptrollen sollte es zu einem großen Erfolg werden und für fast 250 Vorstellungen im Programm bleiben. Zu seinen Songs gehörten »My One And Only« und »S'Wonderful«. Das Stück enthielt außerdem die Rolle eines »lindbergheskwn Fliegers«. (Die Verfilmung von 1957 war völlig anders und verzichtete auf die Rolle des Piloten; außerdem enthielt sie nur vier der ursprünglichen Songs.)

Wesentlich einflussreicher war ein komplexes Musical über das Leben auf einem Mississippi-Ausflugsschiff mit dem Titel *Show Boat,* das das Musiktheater für immer verändern sollte. Ein Theaterhistoriker formulierte es folgendermaßen: »Die Geschichte des amerikanischen Musiktheaters lässt sich ganz einfach in zwei Epochen einteilen: in die Epoche vor *Show Boat* und die Epoche nach *Show Boat.*«

Das Musical basierte auf einem im Vorjahr erschienenen Roman von Edna Ferber, die erst kurz zuvor – und ziemlich spät im Leben – als Autorin extrem erfolgreich geworden war. Im Sommer 1927 war sie zweiundvierzig Jahre alt. Sie stammte aus Appleton, Wisconsin, und war die Tochter eines jüdischen Ladenbesitzers. Sie war klein und rundlich, nie verheiratet oder in einer Beziehung gewesen und überaus scharfzüngig. Als der homosexuelle Autor Michael Arlen sie einmal in einem zweireihigen Jackett erblickte und sagte: »Aber Edna, du siehst ja fast aus wie ein Mann«, erwiderte sie: »Aber Michael, du ja auch.« Dank ihrer Schlagfertigkeit war sie am Algonquin Round Table willkommen, dem informellen Lunch-Club, der sich an jedem Wochentag im Algonquin Hotel in Manhattan traf. George S. Kaufman, der erfolgreichste Komödienautor der damaligen Zeit, nahm sie unter seine Fittiche, und die beiden arbeiteten zusammen mit großem Erfolg an einer Reihe von Lustspielen.

Wie groß das komödiantische Talent von Ferber auch gewesen sein mochte, ihre Fähigkeiten als Romanautorin haben die Zeiten nicht gut überdauert. Der Roman *Show Boat* ist in den unverblümten Worten von John Lahr »eine Art urkomische Anthologie schlechten Schreibens«. Als Beweis für ihre Neigung, »wie ein Teenager auf Diätpillen« zu schreiben, zitiert er folgende Passage: »Der Mississippi selbst war ein goldbrauner Tiger, wach, wütend, blutrünstig, der mit seinem langen Schwanz um sich schlug, mit seinen grausamen Klauen riss und seine Zähne tief im Ufer vergrub, um in einem Zug Land, Häuser, Bäume, Vieh und sogar Menschen zu verschlingen ...« Doch die damalige Zeit war eine andere, und viele Menschen fanden das Buch entzückend. Zu seinen größten Fans zählte der Komponist Jerome Kern. Er flehte Ferber geradezu an, ihn ein Musical daraus machen zu lassen. Ferber hatte Zweifel, ob das überhaupt möglich war, erlaubte ihm jedoch, es zu versuchen. Das Ergebnis war, was ein Theaterhistoriker als »das vielleicht erfolgreichste und einflussreichste Broadway-Musiktheaterstück, das jemals geschrieben wurde« bezeichnete.

Kern wurde 1885 (im selben Jahr wie Edna Ferber) in New York City in einen wohlhabenden Haushalt hineingeboren. Sein Vater war ein erfolgreicher Geschäftsmann, und der junge Jerome erhielt eine gute Ausbildung. Er studierte am New York College of Music Musiktheorie und Komposition, verbrachte seine ersten Berufsjahre jedoch in der Tin Pan Alley. Ursprünglich bestand seine Spezialität darin, neue Songs für importierte Theaterstücke zu komponieren – »Interpolationen«, wie sie in der Branche genannt wurden –, bald schrieb er jedoch am laufenden Band Originalmusik. Um ein Haar wäre Kern nie berühmt geworden: Er hatte ein Ticket für die letzte verhängnisvolle Reise der *Lusitania* im Mai 1915, verschlief jedoch und verpasste die Abfahrt.

Am Broadway herrschte damals geschäftiges Treiben. In den zwanziger Jahren wurden im Durchschnitt fünfzig Musicals im Jahr erstaufgeführt. Kern war enorm produktiv. Allein 1917 schrieb er die Musik für fünf Bühnenstücke und zusätzlich etliche andere Songs. Außerdem entwickelte er Ehrgeiz. Im selben Jahr notierte er: »Meiner Ansicht nach sollten Musiknummern die Handlung des Stücks tragen und die Charaktere der Personen darstellen, die sie singen.« Das war, so unwahrscheinlich es heute klingen mag, eine revolutionäre Auffassung, und *Show Boat* war das Stück, in dem sie Realität werden sollte.

Kern konnte einen Hit gut gebrauchen, nachdem er 1927 bereits einen denkwürdigen Misserfolg hatte verbuchen müssen. *Lucky* war am 22. März uraufgeführt worden, hatte gemischte Kritiken erhalten und war zwei Monate später wieder abgesetzt worden (an dem Tag von Lindberghs Landung in Paris). Offenbar enthielt das Stück einen wunderbaren Song mit dem Titel »Spring Is Here«, doch Kern versäumte es, ihn zu veröffentlichen, und er ist heute verloren. Von Kerns jüngsten fünf Stücken war nur eines, *Sunny*, ein echter Erfolg gewesen. Die anderen hatten sich überwiegend als Enttäuschungen erwiesen. *Dear Sir* wurde nach nur fünfzehn Vorstellungen abgesetzt. Daher war *Show Boat* für ihn ein entscheidendes, aber auch äußerst riskantes Unterfangen.

Das Stück besaß eine vielschichtige Handlung, die sich über einen Zeitraum von vierzig Jahren erstreckte und hochsensible ethnische Themen behandelte – nicht gerade die besten Voraussetzungen für einen Abend unbeschwerter Unterhaltung. Die Proben für *Show Boat* begannen in der zweiten Septemberwoche, fast drei Monate vor der geplanten Broadway-Premiere, was deutlich früher war als normalerweise, doch seine epischen Dimensionen erforderten sorgfältige Vorbereitung.

Mit der Musik von Kern, einem Drehbuch und Songtexten von Oscar Hammerstein II, einer Choreografie von Sammy Lee und einem Bühnenbild von Joseph Urban wurde *Show Boat* am 15. November im National Theatre in Washington uraufgeführt, dann zog es nach Philadelphia weiter, um schließlich am 27. Dezember im neuen Ziegfeld Theatre am Broadway Premiere zu feiern. *Rio Rita,* das Stück, das Charles Lindbergh nie ganz zu sehen bekam, musste dafür Platz machen. *Show Boat* wurde überall ekstatisch aufgenommen.

Lahr formulierte es 1993 folgendermaßen: »Nichts dergleichen war jemals auf einer amerikanischen Bühne zu sehen gewesen.« Es markierte die Geburt des sogenannten integrierten Musicals, was schlicht und einfach bedeutet, dass sämtliche Elemente – Textbuch, Songs, Tanzeinlagen, Kulissen – zu einem einheitlichen Ganzen verschmolzen, wonach Kern bereits 1917 verlangt hatte.

Show Boat war in jeder Hinsicht ein brisanter Mix. Es beschäftigte sich mit ethnischer Vermischung sowie mit Beziehungen zwischen Schwarzen und Weißen und behandelte mitfühlend die Misere von Afroamerikanern im Süden des Landes. Sein sechsundneunzigköpfiger Chor bestand zu gleichen Teilen aus Schwarzen und Weißen, und es handelte sich um die erste Inszenierung in der Geschichte des amerikanischen Theaters, in der Schwarze und Weiße gemeinsam auf der Bühne sangen. Nur drei Jahre zuvor, als die Behörden erfuhren, dass in Eugene O'Neills Theaterstück *Alle Kinder Gottes haben Flügel* schwarze und weiße Kinder gezeigt werden sollten, die miteinander spielten, als sei das die normalste

Sache der Welt, schickte der Bezirksstaatsanwalt von Manhattan die Polizei, um die Aufführung stoppen zu lassen. Demnach war das Stück schon allein aus diesem Grund ungemein aufregend. Für Menschen, die gewillt waren, sich aufklären zu lassen, war das ein bahnbrechender Moment.

Das Stück enthielt sechs Songs, die noch heute weithin bekannt sind: »Ol' Man River«, »Can't Help Lovin' Dat Man«, »Bill«, »Make-Believe«, »Why Do I Love You« und »You Are Love«. Wie sich herausstellte, hatte »Ol' Man River« eine frappierende Ähnlichkeit mit dem früher im Jahr veröffentlichten Song »Long-Haired Mamma«. Dessen Komponist, Maury Madison, war derselben Ansicht und verklagte Kern. Die beiden einigten sich außergerichtlich.

Der Stoff des Stücks war alles andere als automatisch ein Hit. Es setzte sich nicht nur eingehend mit ethnischen Problemen, sondern auch mit Glücksspiel und kaputten Ehen auseinander. Außerdem war es extrem lang, sodass die Aufführungen bis nach 23:30 Uhr dauerten. Trotzdem strömten die Menschen herbei, um es sich anzusehen. Etliche Zuschauer waren buchstäblich zu Tränen gerührt. *Show Boat* war von Anfang an ein Riesenerfolg und spielte in seiner Laufzeit 50 000 Dollar in der Woche ein.

Die Woche, in der *Show Boat* uraufgeführt wurde, war eine denkwürdige für Edna Ferber, da ein Stück mit dem Titel *The Royal Family,* das sie zusammen mit George S. Kaufman geschrieben hatte, einen Tag später ebenfalls Premiere feierte. Dabei handelte es sich um eine Komödie, die den berüchtigt launischen und wichtigtuerischen Barrymore-Schauspielclan geschickt parodierte. Das Stück war ein sofortiger Erfolg und wurde zehn Monate lang gespielt. Die Barrymores waren ganz besonders dafür geeignet, parodiert zu werden. John Barrymore war einst von der Bühne gegangen, um einem Beleuchter einen Fausthieb zu verabreichen, weil dieser einen Scheinwerfer nicht korrekt auf ihn gerichtet hatte. Und hustete jemand, während er Gefühle mimte, hielt er jedes Mal inne und rief ins Publikum: »Würde bitte jemand diesem Seehund einen Fisch hinwerfen?« Ehefrau und Kollegin Ethel Barrymore gab sich alle Mühe, das Stück absetzen zu lassen, scheiterte jedoch.

Wenngleich sich Ferber und Kaufman ständig stritten und oft heftig, schrieben sie gemeinsam drei große Komödien – *The Royal Family, Um 8 Uhr wird gegessen* und *Stage Door* –, ehe sie endgültig miteinander brachen. Als Kaufman im Sterben lag, besuchte Ferber ihn und ging davon aus, sie hätten sich wieder versöhnt. Kaufman rief sie jedoch zurück, als sie gerade gehen wollte, und fragte: »Kommst du zur Beerdigung, Edna?«

»Zu welcher Beerdigung?«, entgegnete sie.

»Zu deiner eigenen. Du bist tot, Edna, tot!«, rief er und fiel zurück in die Kissen. Er sprach nie wieder mit ihr.

Insgesamt wurden am Broadway in der Woche der Premiere von *Show Boat* achtzehn Stücke uraufgeführt – elf davon allein am zweiten Weihnachtsfeiertag, so viele wie an keinem anderen Abend in der Geschichte des Broadways. Das Theater schien seinen größten Triumph zu feiern, doch wie sich herausstellen sollte, handelte es sich in Wirklichkeit um seine Abschiedsvorstellung. Der Tonfilm stand kurz davor, die Welt der Unterhaltung tief greifend zu verändern, und zwar nicht nur, indem er dem Theater das Publikum abspenstig machte, sondern auch, was noch schlimmer war, indem er ihm seine Talente wegnahm. Tonfilme verlangten nach Schauspielern, die sich angesichts von gesprochenen Worten wohlfühlten, und Autoren, die echte Dialoge schreiben konnten. Bald sollte ein riesiger Exodus beginnen. Spencer Tracy, Clark Gable, Humphrey Bogart, Fredric March, Bette Davis, W.C. Fields, James Cagney, Claudette Colbert, Edward G. Robinson, Leslie Howard, Basil Rathbone, Claude Rains, Cary Grant, Paul Muni, Paulette Goddard und viele andere, die 1927 am Broadway zu sehen waren, wanderten bald darauf nach Hollywood ab. Das amerikanische Theater sollte nie wieder dasselbe sein.

Als *Show Boat* 1929 auf Tour ging, hatte es nur bescheidenen Erfolg. Ganz Amerika saß im Kino und sah sich Tonfilme an.

Neunundzwanzigstes Kapitel

Von all den Menschen, die in Amerika in den zwanziger Jahren Bekanntheit erlangten, hatte keiner eine kampflustigere Art, einen feineren Haarschopf und einen einprägsameren Namen als Kenesaw Mountain Landis.

Landis war ein schlanker Mann – er wog nicht mehr als sechzig Kilo und war nur einen Meter achtundsechzig groß –, hatte jedoch ein autoritäres Auftreten. Im Sommer 1927 war er einundsechzig Jahre alt und hatte ein runzeliges Gesicht mit pergamentartiger Haut unter seiner weißen Mähne. Dem radikalen Journalisten John Reed zufolge hatte Landis »das Gesicht eines seit drei Jahren toten Andrew Jackson«.

Landis wurde in Millville, Ohio, geboren und verdankte seinen seltsamen Namen einem bizarren Umstand. Sein Vater, im Bürgerkrieg Wundarzt für die Union Army, verlor in der Schlacht bei Kennesaw Mountain, Georgia, ein Bein und beschloss seltsamerweise, des Ereignisses zu gedenken, indem er seinen Sohn nach dem Ort benannte (allerdings mit einer leichten Anpassung in der Schreibung).

Landis machte in Chicago eine Ausbildung zum Rechtsanwalt und bekam dann durch Zufall und mit Glück einen Traumjob als persönlicher Assistent von Walter O. Gresham, dem amerikanischen Außenminister unter Präsident Grover Cleveland. Als Belohnung für seinen gewissenhaften Dienst für die Nation wurde Landis 1905 in Illinois zum Bundesrichter ernannt. In dieser Funktion profilierte er sich durch seine zahlreichen vorschnellen und erschreckenden Urteile.

Landesweite Aufmerksamkeit wurde ihm zuteil, als er Kaiser Wilhelm von Deutschland nach dem Sinken der *Lusitania* wegen Mordes anklagte (mit der Begründung, er habe einen Einwohner von Illinois getötet). Bei seinem berühmtesten Prozess verhängte er gegen Standard Oil eine Geldstrafe von 29 Millionen Dollar – eine verwegene Summe – wegen Verstoßes gegen das Kartellrecht. Kurze Zeit später revidierte ein Berufungsgericht Landis' Urteil, was bei seinen Entscheidungen häufig der Fall war. Einem Experten zufolge wurden mehr Urteile von Landis rückgängig gemacht als von irgendeinem anderen Bundesrichter.

Wo auch immer Rechtsgeschichte geschrieben wurde, schien Landis auf geradezu unheimliche Weise zugegen zu sein. Er führte den Vorsitz in der Anfangsphase des berühmten Beleidigungsprozesses zwischen Henry Ford und dem *Chicago Tribune*. (Die Verhandlung wurde später nach Michigan verlegt, das sich außerhalb seines Zuständigkeitsbereichs befand.) Während und nach dem Ersten Weltkrieg war Landis vor allem für die strafrechtliche Verfolgung von Radikalen bekannt. Er verurteilte Victor Berger, einen sozialistischen Kongressabgeordneten aus Wisconsin, zu einer Gefängnisstrafe von zwanzig Jahren, weil er in dem Leitartikel einer Zeitung den Krieg kritisiert hatte. Später sagte er, er hätte Berger viel lieber vor ein Erschießungskommando gestellt. Auch dieses Urteil wurde anschließend aufgehoben.

Einmal leitete Landis einen Prozess gegen 101 Wobblies, denen insgesamt 17 022 Straftaten zur Last gelegt wurden. Trotz der Komplexität des Falls brauchten die Geschworenen unter Landis' fachkundiger Führung nicht einmal eine Stunde, um jeden einzelnen der Angeklagten für schuldig zu befinden. Landis verhängte Haftstrafen von insgesamt 800 Jahren und Geldstrafen von rund 2,5 Millionen Dollar, was genügte, um den Industrial Workers of the World als Gewerkschaft mit landesweitem Einfluss den Garaus zu machen.

Im selben Zeitraum übernahm Landis die Leitung eines Kartellverfahrens zwischen den existierenden Major Leagues und der neu gegründeten Federal League. Jahrelang hatten die American League und die National League ein Monopol genossen, das es ihnen erlaubte, Spielern mithilfe der sogenannten Reserveklausel in ihren Verträgen Gehorsam aufzuerlegen, doch die Federal League stellte eine Bedrohung für all das dar, indem sie bessere Bezahlung und Ungebundenheit an einen Vertrag boten. Landis machte sich dauerhaft bei den Teambesitzern der American League und der National League beliebt, indem er die Entscheidung so lange hinauszögerte, bis die Teams der Federal League schließlich kein Geld mehr hatten, das Handtuch warfen und sich auflösten.

Nachdem die Federal League aus dem Weg geschafft war, konnten die Besitzer von Baseballteams damit fortfahren, ihre Spieler miserabel zu behandeln. Sie distanzierten sich von sämtlichen Vereinbarungen, die getroffen worden waren, als die Federal League noch existiert hatte, weigerten sich, in Zukunft mit einer neuen Spielervereinigung zu verhandeln, und kürzten sämtliche Gehälter. All das sorgte für eine Menge Groll bei den Spielern, und nirgendwo mehr als bei den Chicago White Sox, deren Besitzer Charles Comiskey für seinen Geiz bekannt war. Comiskey verlangte von seinen Spielern Geld dafür, dass er ihre Spielkleidung waschen ließ. Einem Innenfeldspieler, Bill Hunnefield, versprach er einen Bonus von 1000 Dollar, wenn es ihm gelänge, unverletzt zu bleiben und hundert Spiele zu absolvieren, dann schickte er ihn nach seinem neunundneunzigsten Spiel für den Rest der Saison auf die Reservebank.

Im Jahr 1919 kamen sieben Spieler der White Sox mit Namen, die fast von einer Casting-Agentur hätten stammen können – Chick Gandil, Happy Felsch, Swede Risberg, Lefty Williams, Eddie Cicotte, Fred McMullin und der große Shoeless Joe Jackson – zu der Übereinkunft, die World Series gegen die Cincinnati Reds für ein ziemlich bescheidenes Schmiergeld abzuschenken. Die »Black Sox«-Verschwörer waren jedoch im Großen und Ganzen nicht besonders intelligent. Risberg war nur bis zur dritten Klasse zur Schule gegangen und litt unter einer Borderline-Persönlichkeitsstörung;

er drohte damit, jeden umzubringen, der über das abgekartete Spiel auspackte, und galt als derart unausgeglichen, dass ihm das auch durchaus zuzutrauen war. Jackson war überhaupt nie zur Schule gegangen und konnte weder lesen noch schreiben. Einige der Verschwörer verstanden offenbar nicht ganz, was von ihnen erwartet wurde. Jackson hatte in der Series einen Batting Average von 0,375 und rekordverdächtige acht Hits vorzuweisen, einer davon ein Surprise Bunt im zehnten Inning einer ausgeglichenen Partie, den er in großer Eile schlug. Gandil gewann ein Spiel mit einem Walk-off Hit. Letzten Endes verloren die White Sox die Series mit drei zu fünf Spielen, mussten sich dabei aber allem Anschein nach ziemlich anstrengen. Eine mögliche Begründung dafür könnte die sein, dass die Reds ebenfalls ein abgekartetes Spiel spielten und sich selbst alle Mühe gaben zu verlieren.

Fast jeder Baseball-Insider schien zu wissen, was vor sich ging. Als die Bombe platzte, luden die Besitzer der Major-League-Teams Landis ein – oder flehten ihn genauer gesagt beinahe an –, erster Baseball-Beauftragter zu werden. Landis willigte unter der Bedingung ein, dass er diktatorische Macht und die schriftliche Zusage der Teambesitzer bekäme, dass sie sein Urteil niemals infrage stellen würden. Er bezog ein Büro im People's Gas Building in Chicago, auf dessen Tür nur ein einziges Wort stand: »Baseball«.

Die sieben Verschwörer sowie ein weiterer Spieler, Buck Weaver, der nicht an der Manipulation beteiligt war, aber davon wusste und sie nicht meldete, wurden im Sommer 1921 vor Gericht gestellt. Was meistens vergessen wird, ist der Umstand, dass die Geschworenen alle acht Angeklagten für nicht schuldig befanden und anschließend mit ihnen ein Restaurant besuchten, um zu feiern. Einer der Gründe, weshalb die Spieler freigesprochen wurden, war der, dass es in der Tat nicht illegal war, ein Baseballspiel zu manipulieren, sodass ihnen nur vorgeworfen werden konnte, sie hätten die Zuschauer absichtlich hintergangen und Comiskeys Geschäften geschadet. Die Geschworenen kamen zu der Entscheidung, dass das aber nicht erwiesen sei. Allerdings waren sämtliche Überlegungen rein theoretisch, da Landis die Spieler ohnehin auf Lebenszeit sperrte.

Zunächst führte er sein Amt als Bundesrichter weiter, obwohl das illegal war. Aus völlig verständlichen Gründen war es Richtern nicht gestattet, Geld aus privater Hand anzunehmen. Letztlich wurde Landis jedoch gezwungen, sein Amt als Richter niederzulegen, was womöglich größere Auswirkungen hatte, als allgemein wahrgenommen wird, da er auch ein energischer Verfechter der Prohibition war. Er verhängte in Chicago Gefängnisstrafen von bis zu zwei Jahren, wenn jemand für schuldig befunden wurde, auch nur minimale Mengen Alkohol verkauft zu haben. Anfang 1922, an seinem allerletzten Tag als Richter, verurteilte er einen unbedeutenden Chicagoer Kneipenbesitzer zu einem Jahr Gefängnis und einer Geldstrafe von 1000 Dollar, weil dieser zwei Gläser Whisky verkauft hatte. Hätte Landis weiter auf der Richterbank gesessen, wäre Chicago womöglich nicht der bequemste Ort der Welt für Kriminelle geblieben. Was auch immer Kenesaw Mountain Landis für den Baseballsport getan hat, vielleicht hat er in Wirklichkeit, wenn auch unabsichtlich, noch mehr für Al Capone getan.

Chicago war 1927 die zweitgrößte Stadt in Amerika und die viertgrößte der Welt. Außerhalb der Vereinigten Staaten waren nur London und Paris größer. Doch in den Worten eines Leitartikelschreibers im *Chicago Tribune* war sie auch berühmt für »idiotische Possen, barbarische Verbrechen, blühendes Ganoventum, unkontrollierte Bestechung und eine entmutigte Bürgerschaft«.

Was der Verfasser des Leitartikels im *Tribune* nicht erwähnte – offensichtlich nicht erwähnen konnte –, war, dass ein gewisser Teil der Possen bei Robert Rutherford McCormick, dem Eigentümer der Zeitung, zu finden war.

McCormick wurde 1880 in eine Familie hineingeboren, die ungefähr in gleichen Maßen reich und unglücklich war. Väterlicherseits war er mit Cyrus McCormick verwandt, dem Erfinder des mechanischen Mähbinders, was für eine lukrative Verbindung zu dem Landmaschinenhersteller International Harvester sorgte, und mütterlicherseits war er Erbe des *Chicago Tribune*. Seine Mutter war so darüber enttäuscht, dass Robert ein Junge war, dass sie ihn wie ein Mädchen kleidete und ihn Roberta nannte, bis er in die Schule kam. Entweder aus diesem Grund oder aus irgendeinem anderen entdeckte McCormick erst mit weit über dreißig Sex. Dann wurde er zu einer Art Satyr und stahl neben anderen Grenzüberschreitungen seine erste Ehefrau einem seiner Cousins.

McCormick besaß einen jungenhaften Enthusiasmus für Kriegsführung und war hellauf begeistert, als er zum Colonel in der Illinois National Guard ernannt wurde, ohne jemals irgendetwas getan zu haben, womit er sich das verdient hätte, außer dass er als reicher Mensch existierte. Für den Rest seines Lebens bestand er darauf, mit »Colonel« angesprochen zu werden. Als seine Frau starb, ließ er sie mit vollen militärischen Ehren beisetzen, eine Auszeichnung, die ihr nicht im Entferntesten zustand (und auf die sie wahrscheinlich auch keinen großen Wert gelegt hätte). Nach Ausbruch des Ersten Weltkriegs diente McCormick kurzzeitig in Frankreich. Seine einzige Erfahrung im Kampfeinsatz sammelte er in der Schlacht von Cantigny, die ihn so beeindruckte, dass er nach seiner Rückkehr ins zivile Leben sein Anwesen in Wheaton, Illinois, nach ihr benannte.

Zusammen mit einem anderen Cousin, Joseph Medill Patterson, leitete McCormick von 1910 an den *Chicago Tribune*. Wenngleich Patterson ein eingeschworener Sozialist war und McCormick nur einen Fingerbreit links vom Faschismus, arbeiteten die beiden überraschend gut zusammen. Im ersten Jahrzehnt unter ihrer Führung florierte die Zeitung und konnte ihre Auflage verdoppeln. Im Jahr 1919 hoben die zwei Cousins dann das Boulevardblatt *New York Daily News* aus der Taufe, das sie erstaunlicherweise während der ersten sechs Jahre seines Bestehens von Chicago aus leiteten. Letztlich zog Patterson jedoch nach New York, um sich ganz auf die *Daily News* zu konzentrieren, und überließ McCormick die alleinige Leitung des *Tribune*.

Unter ihm erlebte der *Tribune* die Ära seiner größten Bedeutung. 1927 hatte er eine Auflage von 815 000 Exemplaren, beinahe doppelt so hoch wie heute. Dem Unternehmen gehörten Papierfabriken, Schiffe, Staudämme, Docks, etwa 18 000 Quadratkilometer Wald und einer der ersten und erfolgreichsten Radiosender mit dem Namen WGN (ein Akronym für »World's Greatest Newspaper«). Außerdem besaß es Immobilien und Anteile an Banken.

Im Lauf der Jahre wurde McCormick immer exzentrischer. Als der Präsident der Lake Shore Bank, die unter seiner Kontrolle stand, sein Missfallen erregte, degradierte McCormick ihn, indem er ihn vor seinem Anwesen einen Gemüsestand betreiben ließ. Außerdem bestand er darauf, dass sein Erzfeind Henry Luce, der Gründer der Zeitschrift *Time,* im *Tribune* stets »Henry Luce, der in China geboren wurde, aber kein Chinese ist« genannt werde. Im stillen Kämmerlein entwickelte er die Theorie, Männer an der University of Wisconsin trügen Spitzenunterwäsche, und schickte einen Reporter dorthin, der herausfinden sollte, ob dem tatsächlich so war. (Zufällig war das genau zu der Zeit, als Charles Lindbergh an dieser Uni studierte.) Aus nie geklärten Gründen ließ McCormick die Uhren auf seinem Anwesen Cantigny auf Ostküstenzeit stellen, sagte das aber nie seinen Gästen, sodass erstmalige Besucher oft feststellen mussten, dass das Geschirr bereits abgeräumt worden war, wenn sie zum Abendessen erschienen.*

McCormick hegte nicht nur gegen Henry Luce eine tiefe Abneigung, sondern auch gegen Henry Ford, Immigranten und die Prohibition. Doch allen voran hasste er den Chicagoer Bürgermeister William Hale Thompson.

Thompson war vom Scheitel bis zur Sohle und von einem Ohr

---

* 1927 hatte sich McCormick noch nicht die berühmteste seiner Marotten zugelegt, nämlich sein Faible für eine vereinfachte Schreibweise. Dazu sollte es erst 1934 kommen, als er im *Tribune* solche neuartigen Schreibweisen wie *frate* anstelle von *freight, burocracy* statt *bureaucracy, iland* für *island* und *lam* anstatt *lamb* einführte, um nur einige Beispiele eines großen und sich stets wandelnden Korpus zu nennen. Der *Tribune* behielt diese Praxis einundvierzig Jahre lang bei.

zum anderen ein Einfaltspinsel, doch seine Unterstützer kreideten ihm das niemals an. »Das Schlimmste, was man über Bill sagen kann, ist, dass er dumm ist«, stellte einer von ihnen fröhlich fest. Thompson wurde unterstützt, weil er der Korruption und Geldmacherei nie im Weg stand. Zur Welt kam er 1869, zwei Jahre vor dem Großen Brand von Chicago, und wuchs in reichen Verhältnissen auf. Sein Vater machte nach dem Feuer ein Vermögen mit dem kostengünstigen Ankauf von Grundstücken notleidender Eigentümer, die er mit hohem Gewinn veräußerte, als Chicago wieder aufgebaut wurde. Der kleine Thompson wuchs zu einem kräftigen jungen Mann heran – er war einen Meter einundneunzig groß und deshalb bei allen als »Big Bill« bekannt –, allerdings nicht zu einem besonders vielversprechenden. Er brach die Schule ab und ging nach Westen, wo er sich als Ranch-Gehilfe und als Cowboy verdingte. Nach dem Tod seines Vaters im Jahr 1899 kehrte er jedoch nach Chicago zurück und übernahm das Familienunternehmen. Trotz seines Mangels an Intelligenz und Eignung wurde er 1915 zum Bürgermeister gewählt und waltete in den folgenden acht Jahren gelassen über die Stadt, während diese zur mit Abstand korruptesten und gesetzlosesten im ganzen Land wurde.

Chicago war in Sachen Korruption das, was Pittsburgh in Sachen Stahl oder Hollywood in Sachen Film war. Korruption wurde dort veredelt und kultiviert und ohne Scham mit offenen Armen begrüßt. Als 1921 ein Gangster namens Anthony D'Andrea getötet wurde, wohnten seiner Beerdigung 8000 Menschen bei. Der Trauerzug war zweieinhalb Meilen lang. Zu den ehrenamtlichen Sargträgern zählten einundzwanzig Richter, neun Rechtsanwälte und der Staatsanwalt von Illinois.

Gangster genossen in der Stadt fast völlige Immunität. Als drei Männer einen Unterweltboss namens Patsy Lolordo zu Hause aufsuchten und ihn auf seinem eigenen Sofa erschossen, hinterließen sie überall im Zimmer Fingerabdrücke. Mrs Lolordo kannte die Männer und sagte, sie sei bereit, gegen sie auszusagen. Die Polizei führte Ermittlungen durch, kam jedoch mit Bedauern zu dem

Schluss, dass für eine Anklage nicht genügend Beweise vorhanden seien. 1927 hatte der Bundesstaat Illinois noch keinen einzigen Gangster wegen irgendeines Vergehens aussichtsreich strafrechtlich verfolgt.

Chicago war eine Stadt, deren Polizeichef George Shippy einen unschuldigen Mann, der ihm privat ein Paket zustellen wollte, allein deshalb erschießen konnte, weil dieser jüdisch aussah und Shippy glaubte, er liefere eine Bombe. Wie sich herausstellte, handelte es sich bei dem Toten um einen unschuldigen Paketboten, der nur versucht hatte, seine Arbeit zu erledigen. Gegen Shippy wurde keine Anklage erhoben.

Nachdem Thompson seine Arbeit erledigt hatte, trat er 1923 als Bürgermeister zurück, doch seine Bewunderer, die Angst vor Maßnahmen hatten, wie sie Prohibitionsvollstrecker Emory Buckner in New York durchführte – Schließungen und dergleichen –, überredeten Thompson sicherheitshalber, 1927 abermals zu kandidieren. Nach Chicagoer Maßstäben verliefen die Wahlen friedlich. Es gab nur zwei Bombenanschläge, zwei Schießereien, zwei verprügelte und gekidnappte Wahlvorsteher und zwölf ausgewiesene Fälle von Wählereinschüchterung. Al Capone spendete für Thompsons Wahlkampf 260 000 Dollar. Angeblich prägte er oder jemand aus seinem Lager den seltsamen Slogan »Früh wählen und oft wählen«, und allem Anschein nach nahmen ihn viele beim Wort. Der offiziellen Auszählung zufolge wurden etwas mehr als eine Million Stimmen abgegeben – und das in einer Stadt, in der das ungefähr der Anzahl der registrierten Wähler entsprach.

Thompson war mit einem neuen Wahlprogramm angetreten. Er hatte geschworen, die Prohibition aufzuheben, Amerika aus dem Völkerbund herauszuhalten und dem Verbrechen in Chicago ein Ende zu setzen. Für die Umsetzung der ersten beiden Vorhaben fehlte ihm die Macht; das dritte wollte er nicht umsetzen. Aus etwas undurchsichtigen Gründen behauptete er außerdem, König Georg V. von Großbritannien und Irland plane die Annexion von Chicago, und versprach, den König ausfindig zu machen und »ihm in die Fresse zu hauen«, falls er gewählt werde. Seine erste Amtshandlung nach seiner Wiederwahl war das Entfernen sämtlicher verräterischer Schriften aus den Schulen und Bibliotheken der Stadt. Thompson stellte einen Theaterbesitzer und ehemaligen Reklametafel-Auswechsler namens Sport Hermann ein, jene städtischen Einrichtungen von Werken zu säubern, die weniger als »hundertprozentig amerikanisch« waren. Herrmann wiederum ernannte ein als »Patriots' League« bezeichnetes Gremium, das entscheiden sollte, welche Bücher verwerflich genug waren, um ausgesondert zu werden, gab jedoch auf bohrende Nachfrage zu, keines der Bücher gelesen zu haben, die er verbrennen lassen wollte – es ist durchaus möglich, dass er überhaupt nie ein Buch gelesen hatte. Außerdem gestand er, sich nicht an die Namen der Personen erinnern zu können, die ihn dabei beraten hatten. Um ganz sicherzugehen, dass das Vorhaben zur absoluten selbst verschuldeten Lachnummer verkam, kündigte er an, dass das Feuer vom Henker des Cook County entzündet werden würde.

Erstaunlicherweise erfuhr all das eine Menge Unterstützung. William Randolph Hearsts Tageszeitung *Herald and Examiner* befürwortete Thompsons Kampagne und verlieh ihrer Hoffnung Ausdruck, dass andere Städte in ihren Bibliotheksregalen ebenfalls aufräumen würden. Auch der Ku-Klux-Klan begrüßte die Entrümpelung und schlug vor, die Stadt solle ihr Augenmerk als Nächstes auf Bücher richten, in denen Juden oder Katholiken gut wegkämen. Der Leiter der Municipal Reference Library verkündete, er habe sämtliche Bücher und Druckschriften in seiner Obhut, die ihm verdächtig erschienen seien, eigenständig vernichtet. »Ich habe jetzt eine rein amerikanische Bibliothek«, sagte er stolz.

In solch einer Welt wirkte Al Capone vollkommen normal und beinahe seriös. Er betonte gern, dass er im Grunde nur Geschäftsmann sei. »Ich verdiene Geld, indem ich die öffentliche Nachfrage bediene«, sagte er 1927 bei einer Pressekonferenz. (Und es ist bemerkenswert, dass Al Capone Pressekonferenzen abhielt.) »90 Prozent der Bewohner des Cook County trinken und spielen, und ich habe die Straftat begangen, sie mit diesen Amüsements zu versorgen. Was sie auch sagen mögen, mein Schnaps war immer gut, und meine Glücksspiele waren immer ehrlich.« 1927 leitete er eine Organisation, die im Jahr 100 Millionen Dollar Umsatz machte. Al Capone mag einen eigenwilligen Ansatz gehabt haben, doch er war eine der größten Erfolgsgeschichten Amerikas.

Geboren wurde er 1899 in Brooklyn als Alphonse Capone. Sein Vater war ein pflichtbewusster Bürger und hat, soweit bekannt ist, nie gegen das Gesetz verstoßen. Er war Friseur und besaß schließlich einen eigenen Salon, was für einen armen Einwanderer eine beachtliche Leistung war. Englisch lernte er nie.

Al war der vierte Sohn der Capones und der erste, der in Amerika auf die Welt kam. Sein ältester Bruder Vincenzo lief 1908 im Alter von sechzehn Jahren in den Westen davon. Im Jahr darauf erhielten die Capones noch einen Brief von ihm aus Kansas, dann hörten sie nie wieder von ihm. Tatsächlich wurde Vincenzo Prohibitionsagent und war unter dem Namen Richard »Two Gun« Hart bekannt. Er hatte sich nach dem Cowboy-Star William S. Hart benannt und kleidete sich auch so wie dieser, mit übergroßem Texas-Hut, einem Blechstern an der Brust und zwei geladenen Pistolen im Halfter an der Hüfte. Erstaunlicherweise hielt er sich im Sommer 1927 in South Dakota auf, wo er als Leibwächter von Präsident Coolidge arbeitete.

Der junge Al schlug, eigentlich unnötig zu erwähnen, eine ganz andere Laufbahn ein. Nachdem er der Schule verwiesen worden war, weil er eine Lehrerin geschlagen hatte (sie habe ihn zuerst verhauen, betonte er immer), wurde er Schützling eines Brooklyner Gangsters namens Johnny Torrio. Als zart besaiteter, aber auch als wählerischer Mensch war Torrio derjenige, der die Organisation ins organisierte Verbrechen brachte. Er war geschickt darin, die Kontrolle über bestimmte Branchen und Geschäftszweige zu erlangen. So bezahlten beispielsweise sämtliche Eislieferanten in einem Stadtteil Torrio eine Provision, der ihnen im Gegenzug das Monopol in einem bestimmten Viertel einräumte, was es ihnen wiederum ermöglichte, ihre Preise anzuheben. Wer ihr Monopol infrage stellte, musste damit rechnen, dass Geschäftsräume in die Luft gesprengt wurden, dass man plötzlich gebrochene Beine hatte, dass die Stadt Firmengebäude für abrissreif erklärte oder dass einem irgendetwas anderes Unerfreuliches zustieß. Zu seinen besten Zeiten kontrollierte Torrio 200 Verbände, von der Soda Dispensers and Table Girl Brotherhood bis hin zur Bread, Cracker, Yeast and Pie Wagon Drivers' Union. Selbst Schuhputzer zahlten ihm einmalig 15 Dollar und anschließend zwei Dollar im Monat.

1920 beschloss Torrio aus Gründen, die nie überzeugend geklärt werden konnten, Brooklyn zu verlassen und in Chicago noch einmal von vorn zu beginnen. Seine erste Amtshandlung bestand darin, einen dort ansässigen Gangster namens Big Jim Colosimo (der in manchen Berichten als Torrios Onkel beschrieben wird, in anderen dagegen nur als ein Kollege) zu verdrängen und dessen Geschäfte zu übernehmen. Eine Zeit lang ging alles gut, doch dann kam es zu Revierstreitigkeiten. Als Torrio an einem kalten Januarnachmittag im Jahr 1925 seiner Frau dabei half, Einkaufstüten vom Auto ins Haus zu tragen, näherten sich zwei Mitglieder einer rivalisierenden Bande und schossen fünfmal aus nächster Nähe auf ihn. Torrio überlebte, beschloss jedoch, dass er genug hatte, und übergab alle seine Geschäfte in Chicago an Al Capone. Und damit begann Amerikas berühmteste Ära der Gesetzlosigkeit.

Die beiden auffälligsten Aspekte an Capone waren zum einen, wie jung er war, und zum anderen, wie klein er war. Als Capone von Torrio übernahm, war er erst sechsundzwanzig – Lindberghs Alter zum Zeitpunkt von dessen Flug nach Paris –, und seine Karriere als Top-Gangster dauerte eigentlich nur vom Frühjahr 1925 bis Ende 1927. Noch Anfang 1926 schrieben Chicagoer Zeitungen Capones Namen »Caponi« oder »Caproni«. Ein Reporter des *Chicago Tribune* gab ihm 1926 den Spitznamen »Scarface«, »Narbengesicht«, und das war der Beginn der Legenden.

Ein anderer Journalist, einer von der Zeitschrift *Time,* behauptete farbenfroh und fantasiereich, Capone sei »auf einer dunkelhäutigen Wange gebrandmarkt« – die *Time* konnte, wie gesagt, von dem Wort »dunkelhäutig« gar nicht genug bekommen – »vom Rasiermesser-Andenken der neapolitanischen Camorra«. In Wirklichkeit stammten Capones Narben von einem Abend in einer Bar auf Coney Island, als er sich betrunken zu einer jungen Frau hinüberbeugte und sagte: »Schätzchen, du hast einen hübschen Arsch, und das meine ich als Kompliment.« Leider befand sich die junge Frau in Begleitung ihres Bruders, der es als Ehrensache betrachtete, emotional zu reagieren und Capone mit einem Messer quer übers Gesicht zu fahren. Dabei blieben zwei dunkelviolette Narben auf seiner linken Wange und eine weniger deutlich sichtbare an seinem Hals zurück. Capone war wegen der Narben stets befangen und gab sich alle Mühe, sie zu verbergen, unter anderem, indem er sich das Gesicht mit Talkum einpuderte.

Al Capone war ohne Zweifel zu Gewalttätigkeit imstande, doch es ist beachtenswert, dass die in Erinnerung gebliebene Szene, bei der er zwei Dinnergäste mit einem Baseballschläger totschlägt, frei erfunden war. Sie tauchte erstmals in einem 1975 erschienenen Buch mit dem Titel *The Legacy of Al Capone* von einem Autor namens George Murray auf. Ein halbes Jahrhundert lang hatte niemand diesen Vorfall erwähnt – und Totschlag an einem Abendessenstisch ist etwas, was andere Gäste sicher nicht für sich behalten hätten. Capone wurde auch oft der Ausspruch zugeschrieben: »Mit einem Lächeln und einer Pistole kommt man viel weiter als nur mit einem Lächeln«, doch allem Anschein nach hat er das nie gesagt.

Chicago war in den zwanziger Jahren nicht wirklich so gewalttätig, wie sein Ruf vermuten lässt. Mit 13,3 Morden pro 100 000 Einwohner war es zweifellos mordlüsterner als New York mit 6,1, Los Angeles mit 4,7 oder Boston mit nur 3,9, aber es war weniger gefährlich als Detroit mit 16,8 oder als fast jede Stadt im Süden. New Orleans hatte eine Mordrate von 25,9 pro 100 000 Einwohner, Little Rocks 37,9, Miami 40, Atlanta 43,4 und Charlotte

55,5. Memphis war allen anderen Städten mit einer Rate von sage und schreibe 69,3 meilenweit voraus. Manch einer wird womöglich überrascht und beruhigt sein zu erfahren, dass der Durchschnitt in Amerika heutzutage sechs Morde pro 100 000 Einwohner beträgt.

Eine für Chicago typische Sache war die besondere Verbundenheit seiner Gangster mit der Thompson-Maschinenpistole oder »Tommy Gun«, wie sie liebevoll genannt wurde. Die Tommy Gun war nach General John Taliaferro Thompson benannt, dem Leiter der US-Waffenarsenale, der einen großen Teil des Ersten Weltkriegs damit zugebracht hatte, sie zu entwickeln. Dabei war es sein Ziel gewesen, eine tragbare Maschinenpistole zu konstruieren, die so leicht war, dass sie von einem Soldaten getragen werden konnte. Thompsons Maschinenpistole war wunderbar tödlich. Sie konnte bis zu tausend Schuss pro Minute abfeuern und gepanzerte Fahrzeuge durchlöchern. Bei einer Vorführung durchsiebte sie eine über sechs Millimeter dicke Stahlplatte und fällte einen Baum mit beinahe sechzig Zentimeter dickem Stamm. Als Thompson seine Maschinenpistole endlich so weit hatte, dass sie in Produktion gehen konnte, war der Krieg jedoch leider vorbei, und die Armee hatte kein Interesse mehr daran. Die Polizei wollte sie ebenso wenig, da sie so rasant war, dass man mit ihr unmöglich genau zielen konnte. Die Munition aus einer Thompson verteilte sich beinahe willkürlich, was sie ideal für Gangster machte – und Gangster zu äußerst beängstigenden Gestalten werden ließ, sobald sie den Abzug betätigten. Illinois erlegte dem Verkauf von Tommy Guns keine Beschränkungen auf, sodass sie in Eisenwarenhandlungen, in Sportartikelgeschäften und sogar in Drogeriemärkten für jedermann erhältlich waren. Es ist ein Wunder, dass die Opferzahlen nicht höher waren.

Was Chicago ebenfalls in ungewöhnlichem Überfluss und während der gesamten Prohibition hatte, war Bier, und zwar im Gegensatz zu den meisten anderen Städten. Bier erforderte Korruption im ganz großen Stil. Da sich eine Brauerei nicht verstecken lässt, war für die Produktion und Auslieferung von Bier, ohne gerichtliche

Nachforschungen auszulösen, die Zahlung einer Menge Schweigegeld nötig, und es gab kaum einen uniformierten städtischen Angestellten, der kein Nutznießer davon war. Unzählige Polizisten und Beamte ließen sich Tag für Tag in Capones Hauptquartier im Metropole Hotel blicken, um sich ihr Bestechungsgeld beziehungsweise ihre Instruktionen abzuholen. Die Polizei von Chicago wurde mehr oder weniger zu Capones Privatarmee. Weiß der Himmel, was Kenesaw Mountain Landis dagegen unternommen hätte, wenn er sein Amt als Bundesrichter weitergeführt hätte.

Die Prohibition ist womöglich das größte Geschenk, das jemals eine Regierung seinen Bürgern gemacht hat. Ein Fass Bier kostete vier Dollar in der Herstellung und wurde für 55 Dollar verkauft, eine Kiste Spirituosen kostete 20 Dollar in der Herstellung und brachte 90 Dollar ein – und all das ohne Steuern. 1927 hatte Capones Organisation – die interessanterweise keinen Namen trug – geschätzte Einkünfte von 105 Millionen Dollar. Das Ausmaß seiner Geschäfte machte ihn ohne Frage zu einem der erfolgreichsten Geschäftsmänner in der Geschichte Amerikas.

Allem Anschein nach waren viele Leute damit zufrieden, es auf diese Weise zu betrachten. Als Studenten der Northwestern University's Medill School of Journalism (die nach Robert McCormicks Großvater benannt war) 1927 aufgefordert wurden, die zehn bedeutendsten Persönlichkeiten der Welt zu nennen, entschieden sie sich für Charles Lindbergh, Richard Byrd, Benito Mussolini, Henry Ford, Herbert Hoover, Albert Einstein, Mahatma Gandhi, George Bernard Shaw, den Golfer Bobby Jones und Al Capone.

Für Capone war 1927 ein außerordentlich gutes Jahr. Die Einnahmen flossen in Strömen, die Chicagoer Gangs lebten überwiegend in Frieden miteinander, und er selbst gewann zunehmend an Bedeutung. Als Zeitungsausträger einen ausgedehnten Streik in Chicago androhten, baten die Eigentümer der Presseorgane nicht Big Bill Thompson, sondern Capone um Hilfe. Der erreichte, dass der Streik abgesagt wurde – und daraufhin wurde er von den Verlagsinhabern zu einem Treffen unter dem Vorsitz von Robert McCormick eingeladen, damit sie ihre Dankbarkeit zum Ausdruck bringen konnten.

»McCormick wollte mich anschließend bezahlen«, berichtete Capone später, »aber ich habe ihm gesagt, er soll das Geld einem Krankenhaus spenden.« McCormicks Version der Geschichte klingt ein wenig anders. »Ich erschien zu spät zu einem Verlegertreffen«, erinnert er sich lebhaft in seinen Memoiren. »Capone kam mit ein paar von seinen Gangstern herein. Ich warf ihn wieder hinaus.« Was auch immer tatsächlich geschehen war, der Streik blieb aus, und die Zeitungen behandelten Capone von diesem Tag an mit Nachsicht.

Als sich der Sommer 1927 seinem Ende näherte, war Al Capone der beliebteste Gangster der Welt. Wenig später drängten 150 000 Menschen ins Soldier-Field-Stadion in Chicago, um die Neuauflage des Kampfs zwischen Dempsey und Tunney zu sehen. Das Stadion war voller Prominenter, und doch war Al Capone derjenige, nach dem alle Zuschauer den Kopf reckten. Im Alter von achtundzwanzig Jahren schien er an der Weltspitze angelangt zu sein. In Wirklichkeit tickte die Uhr für ihn. Binnen weniger Monate sollte er aus Chicago verschwunden sein und sein Imperium hinter ihm zerbröckeln.

Dreißigstes Kapitel

Lou Gehrig hatte durch seine stille, methodische, beinahe unsichtbare Art und Weise ein fantastisches Jahr. Als die zweite Septemberwoche begann, hatte er fünfundvierzig Home-Runs, 161 Runs Batted In und einen Batting Average von 0,389 aufzuweisen. Wie sein Biograf Jonathan Eig in *Luckiest Man* anmerkt, hätte Gehrig an dieser Stelle aufhören können, fast einen Monat vor Ende der Spielzeit, und hätte trotzdem eine der besten Saisons aller Zeiten gespielt. Genau genommen hörte er auch mehr oder weniger auf.

Gehrigs Mutter litt unter einem Kropf und musste operiert werden, und er war außer sich vor Sorge. »Ich habe solche Angst um Mom, dass ich nicht mehr geradeaus schauen kann«, vertraute er einem Mannschaftskameraden an.

»Alle seine Gedanken waren bei seiner Mutter«, schrieb der Sportjournalist Fred Lieb später. »Sobald ein Spiel zu Ende war, eilte er ins Krankenhaus und blieb bei ihr, bis sie schlief.« In der restlichen Saison erzielte Gehrig nur noch zwei weitere Home-Runs. Er war nicht mehr mit dem Herzen bei der Sache. Das Einzige, woran er denken konnte, war seine geliebte Mutter.

Babe Ruth fing in der Zwischenzeit damit an, Bälle aus Baseballstadien hinauszuschlagen, als hätte er auf der Driving Range Tee Shots abgeschlagen. Zwischen dem 2. und dem 29. September erzielte er siebzehn Home-Runs. Etwas Vergleichbares war noch nie jemandem innerhalb eines Monats gelungen.

Die Yankees schienen nichts falsch machen zu können. Am 10. September schlugen sie St. Louis zum zwanzigsten Mal in Folge – die meisten aufeinanderfolgenden Siege eines Teams über ein anderes innerhalb einer Saison. Am 16. September gelang es sogar Wilcy Moore, der ein derart miserabler Batter war, dass andere Spieler eigens aus der Umkleide kamen und Verkäufer bei ihren Geschäften innehielten, um zu beobachten, wie er mit einem Stück Holz ins Leere schlug, auf wundersame Weise einen Ball zu treffen und diesen für einen Home-Run über das Right Field zu schicken, wobei Babe Ruth beinahe einen Herzinfarkt erlitten hätte. Auf dem Pitcher's Mound machte Moore sieben Hits zunichte und erhöhte seinen Rekord auf achtzehn und sieben, als die Yankees die White Sox mit sieben zu zwei schlugen.

Nebenbei brachten die Yankees außerdem fast unbemerkt die Meisterschaft unter Dach und Fach. Sie hatten an jedem Tag der Saison auf dem ersten Tabellenplatz gestanden, was es noch nie zuvor gegeben hatte. Ihr Vorsprung war so groß, dass sie nicht einmal dann vom ersten Platz verdrängt worden wären, wenn sie alle fünfzehn ihrer noch ausstehenden Spiele verloren und die zweitplatzierten Philadelphia Athletics alle ihre verbleibenden siebzehn Spiele gewonnen hätten. Letzten Endes gewannen die Yankees zwölf ihrer letzten fünfzehn Begegnungen, obwohl es nicht nötig gewesen wäre. Sie konnten es sich einfach nicht verkneifen.

Ruth zeigte sich vollkommen unbeirrbar. Am 16. September musste er in Manhattan vor Gericht erscheinen, weil ihm die schreckliche Straftat vorgeworfen wurde, einen Krüppel geschlagen zu haben. Das mutmaßliche Opfer, ein gewisser Bernard Neimeyer, behauptete, am Abend des 4. Juli in der Nähe des Ansonia Hotels zu Fuß unterwegs gewesen zu sein, als ihm ein Mann in Begleitung von zwei Frauen vorwarf, eine unpassende Bemerkung gemacht zu haben, und ihm hart ins Gesicht schlug. Neimeyer sagte, er habe seinen Angreifer zwar nicht erkannt, aber von Beobachtern erfahren, dass es sich um Babe Ruth gehandelt habe. Ruth gab zu seiner Verteidigung an, zum fraglichen Zeitpunkt mit Freunden zu Abend gegessen zu haben, und präsentierte zur Untermauerung seiner Aussage zwei Zeugen. Vor Gericht wirkte Neimeyer ein wenig verrückt. Der *Times*-Reporter berichtete, er habe sich oft »aufgeregt erhoben und ein Notizbuch geschwenkt, in das er im Lauf der Verhandlung von Zeit zu Zeit schrieb. Er wurde häufig vom Protokollführer ermahnt, nicht so laut zu sprechen.« Der Richter wies die Klage, von allgemeinem Applaus begleitet, ab. Ruth unterzeichnete ein Bündel Autogramme, dann begab er sich ins Baseballstadion und schlug einen Home-Run, seinen dreiundfünfzigsten.

Zwei Tage später, bei einem Doubleheader gegen die White Sox, schlug er seinen vierundfünfzigsten, einen Two Run Shot im fünften Inning. Drei Tage danach, am 21. September, kam Ruth in der zweiten Hälfte des neunten Inning gegen Detroit an das Plate. Die Bases waren leer und die Tigers mit sechs zu null in Führung, sodass Sam Gibson, der Pitcher der Tigers, nicht unbedingt einen guten Wurf abliefern musste – und sich pflichtbewusst bemühte, das auch nicht zu tun. Ruth erwischte einen Ball und schlug ihn für seinen fünfundfünfzigsten Home-Run weit in die Right-Field-Tribüne. Mit einem Mal schien ein neuer Rekord durchaus möglich.

Am nächsten Tag erzielte Ruth einen der fantastischsten Home-Runs der Saison. In der zweiten Hälfte des neunten Inning, mit Mark Koenig am dritten Base und den Yankees mit sechs zu sieben im Rückstand, kam Ruth an das Plate und schlug seinen sechsundfünfzigsten Home-Run hoch in die Right-Field-Tribüne für einen 8:7-Walk-Off-Sieg. Als Ruth von einem Base zum nächsten trottete – wobei er seinen Schläger mitnahm, was er häufig tat, um sicherzugehen, dass niemand damit weglief –, kam ein etwa zehnjähriger Junge vom Right Field angerannt und lief neben ihm her. Der Junge packte den Schläger mit beiden Händen und wurde von Ruth mehr oder weniger von Base zu Base und zur Spielerbank getragen, wo Ruth rasch verschwand, verfolgt von weiteren jubilierenden Fans. Der Sieg der Yankees war ihr hundertfünfter in dieser Saison, und sie stellten damit den American-League-Rekord in der Kategorie »Siege innerhalb einer Spielzeit« ein.

Außerhalb des Yankee Stadium nahm die Welt all das kaum zur

Kenntnis. Auf halbem Weg zum anderen Ende des Kontinents, in Chicago, stand ein viel aufregenderes Ereignis bevor.

Bei diesem Ereignis handelte es sich um den Revanchekampf zwischen Jack Dempsey und Gene Tunney. In Chicago herrschte noch größere Aufregung als vor nicht allzu langer Zeit bei Lindberghs Besuch. Die Stadt schien aus den Nähten zu platzen. Ein Hotelzimmer zu ergattern war unmöglich, einen Platz in einem Restaurant zu finden schwer genug. Aus allen Himmelsrichtungen trafen gecharterte Züge ein: aus Akron, Pittsburgh, Atlanta, dem fernen Westen. Innerhalb von drei Tagen hielten über hundert zusätzliche Züge in der Stadt. Fahrplanmäßig verkehrende Züge wurden verlängert – in manchen Fällen deutlich verlängert. Der *Twentieth Century Limited,* der am Tag des Kampfs ankam, war dreimal so lang wie sonst. Unter den Heerscharen von Besuchern befanden sich Al Jolson, Charlie Chaplin, Douglas Fairbanks, Harold Lloyd, Florenz Ziegfeld, Gloria Swanson, Walter Chrysler, Ty Cobb, neun US-Senatoren, zehn Gouverneure von Bundesstaaten, unzählige Bürgermeister und Wirtschaftsbosse aus dem ganzen Land. David Sarnoff war vor Ort, um sicherzustellen, dass die Radioübertragung ordnungsgemäß stattfinden konnte. Der Marquis von Douglas und Clydesdale, ein britischer Abenteurer, der bald zum ersten Überflieger des Mount Everest werden sollte, wohnten dem Ereignis als Gast von Gene Tunney bei, genauso wie der britische Schriftsteller Somerset Maugham.

Die überwältigende Mehrheit der Bevölkerung war auf Dempseys Seite. Tunney besaß alles, was ein Held brauchte – er war anständig, intelligent, höflich und einigermaßen gut aussehend –, doch wie Lou Gehrig fehlte ihm die Ausstrahlung, die Herzen gewann. Er war in armen Verhältnissen als Sohn irischer Einwanderer in Greenwich Village aufgewachsen und wog nur dreiundsechzig Kilo, als er anfing, professionell zu boxen. Selbst nachdem er sich auf sechsundachtzig Kilo hochgearbeitet hatte, fehlte es ihm noch an Kraft. Diesen Umstand glich er allerdings durch geschicktes Antäuschen und Schlagen mit der Führhand aus. In Tunneys Worten war Dempsey ein Kämpfer, er selbst jedoch ein Boxer und technisch deutlich ausgefeilter. Er gewann seine Kämpfe, indem er jeweils einen Schritt weiterdachte als seine Gegner und sie auslaugte. Diese Strategie führte fast immer zum Erfolg. Von sechsundsechzig Profikämpfen verlor Tunney nur einen einzigen, und zwar 1922 gegen Harry Greb. Niemand hatte ihn jemals k.o. geschlagen.

Tunney präsentierte sich als Intellektueller und Gentleman. Er trank nicht, fluchte nicht und weigerte sich, Werbung für Zigaretten zu machen, verdiente jedoch eine Menge Geld mit Reklame für andere Produkte, unter anderem für Autos, Hüte, Schuhe, Pyjamas und Spazierstöcke. Außerdem besaß er eine unglückliche Neigung zur Großspurigkeit. Er trug gern ein Buch mit sich herum, und wenn er gefragt wurde, worum es sich dabei handle, sagte er jedes Mal beiläufig: »Ach, das ist nur ein Exemplar von *Rubáiyát,* ohne das ich nie aus dem Haus gehe.« Das war der Hauptgrund, weshalb ihn die meisten Leute nicht ausstehen konnten. Der typische Boxfan, wie Paul Gallico von den *Daily News* es formulierte, »wollte sehen, wie diese versnobte Leseratte zurück zu Shakespeare geprügelt wurde«.

Was vor der Ausrichtung des Kampfs in Chicago Anlass zu ernster Sorge gab, war der schlechte Ruf der Stadt in Bezug auf Korruption. Al Capone war seit langem ein Bewunderer von Dempsey. Er hasste Tunneys kultivierte Angewohnheiten und nannte ihn »eine beschissene Schwuchtel«. Capone ließ verlauten, er werde dafür sorgen, dass Dempsey dieses Mal nicht verlor. Dempsey war entsetzt, als er davon erfuhr, und schrieb Capone, flehte ihn an, er solle sich nicht einmischen. »Wenn ich auf faire Weise gegen Tunney gewinne oder er auf faire Weise gegen mich gewinnt, beweist das, wer es wirklich verdient hat, Champion zu sein«, erklärte Dempsey. Am nächsten Tag erhielt er 300 Rosen und eine nicht unterschriebene Karte, auf der stand: »Für die Dempseys im Namen der Fairness.« Angeblich wettete Capone 50 000 Dollar auf Dempseys

Sieg und kaufte Karten zu jeweils 40 Dollar für hundert der besten Sitzplätze im Stadion.

Am Tag des Kampfs joggten Tunney und Dempsey beide fünf Meilen und ruhten sich anschließend aus. Tunney verbrachte die nächsten Stunden in einer Bibliothek, wo er zusammen mit seinem neuen Kumpel Somerset Maugham seltene Manuskripte in Augenschein nahm. Dempseys Zeitvertreib ist nicht überliefert, war aber vermutlich intellektuell etwas weniger anspruchsvoll.

Am frühen Abend füllte sich das Soldier-Field-Stadion immer mehr, und die Atmosphäre war aufgeheizt. Die Zuschauer verbrachten den Großteil der Zeit vor dem Kampf damit, Prominente in unmittelbarer Nähe des Rings auszumachen – wenngleich man sagen muss, dass Fans auf den am weitesten entfernten Plätzen den Ring kaum sehen konnten, geschweige denn diejenigen, die sich um ihn herum versammelt hatten. Manche Plätze waren über 200 Meter vom Ort des Geschehens entfernt.

Der spektakulärste Moment vor dem Kampf war der, als Al Capone eintraf, mit Mantel und Filzhut, wie immer von einem schützenden Ring kräftiger Männer umgeben. »Nichts Kleineres als ein Feldgeschütz hätte seine doppelwandige Festung aus Fleisch durchbrechen können«, schrieb der *New Yorker* später. Begleitet wurde Capone von seinem Ehrengast Damon Runyon.

Schätzungen zufolge waren 150 000 Zuschauer anwesend – genug, um das Yankee Stadium zweimal zu füllen. 6000 Platzanweiser kümmerten sich um die Menschenmenge. Jeder von ihnen trug ein Armband mit der Aufschrift »Tunney-Dempsey-Box-Schaukampf« – eine Vornehmheit, auf die Tunney bestanden hatte. Nie zuvor hatten sich so viele Sportfans an einem Ort gedrängt.

Im Zentrum von alledem befand sich der Boxring – eine kleine, erleuchtete Insel in einem Meer von Köpfen und verhüllender Dunkelheit. Der ins Licht von vierundvierzig 1000-Watt-Lampen getauchte Ring war sechs Meter sechs mal sechs Meter zehn groß, die maximal erlaubte Größe, was Tunney mehr Platz zum Ausweichen ließ. Ein entscheidender Aspekt des Kampfs zwischen Dempsey und Firpo war der gewesen, dass Dempsey jedes Mal, wenn Firpo versuchte, sich wieder aufzurappeln, sich unmittelbar vor ihm auftürmen und abermals auf ihn einprügeln konnte. Dieser Umstand brachte das Tunney-Lager dazu, auf die Anwendung der Regel des Rückzugs in eine neutrale Ecke nach einem K. o. zu bestehen – was dem Boxsport seinen größten kontroversen Moment überhaupt bescheren sollte, noch bevor der Abend vorbei war.

Die National Broadcasting Company schloss für eine landesweite Übertragung zweiundachtzig Sender zusammen. Dem Kampf am Abend lauschten mehr Menschen als je irgendeinem anderen Ereignis in der Geschichte. Lindberghs Heimkehr im Juni hatten dreißig Millionen verfolgt, dieses Mal sollten fünfzig Millionen zuhören. Wie gehabt war es Graham McNamees warme Stimme, der die halbe Nation lauschte.

Das Erstaunlichste an dem Kampf war, wie spät er anfing. Der Beginn war für 21:45 Uhr Ortszeit in Chicago geplant – 22:45 Uhr an der Ostküste –, und es gab bereits eine Viertelstunde Verspätung, als die beiden Kontrahenten in ihren Umhängen, begleitet vom gewaltigen und anerkennenden Grölen der Zuschauermenge, auftauchten und in den ungemein hellen Ring kletterten. Die zwei Boxer wirkten ruhig und vorbereitet.

Schiedsrichter Dave Barry hielt in der Mitte des Rings die übliche Ansprache, Dempsey und Tunney zogen sich in ihre jeweilige Ecke zurück, eine Glocke ertönte – und der Kampf begann, der in Amerika mit größerer Spannung erwartet worden war als irgendein anderer Kampf zuvor oder möglicherweise sogar bis zum heutigen Tag. Dempsey schwang die Fäuste und schlug so hart zu, dass McNamee behauptete, er könne den Ring beben sehen. Doch Tunney wich gekonnt aus und tänzelte, sodass Dempseys Treffer meist harmlos auf seinen Armen landeten.

Gleichzeitig begann Tunney damit, Dempsey auseinanderzunehmen, indem er mit der Führhand zuschlug und abwehrte und dann tänzelnd zurückwich. Diese Strategie hatte im Lauf der Zeit verheerende Wirkung. Dempseys Gesicht schwoll mit jeder Runde stärker an und schließlich, so schien es, sogar mit jedem Treffer, den er einstecken musste. Über seinen Augen platze die Haut auf, und er blutete aus dem Mund. Aber er kämpfte weiter, »unermüdlich, erbarmungslos, wild, brutal, verzweifelt«, um den *New York Times*-Reporter James P. Dawson zu zitieren.

Tunney war auf dem besten Weg, einen einfachen Sieg einzufahren, als Dempsey ihm in der siebten Runde mit einer heftigen Salve von Schlägen plötzlich Einhalt gebot und 150 000 Menschen von ihren Plätzen aufsprangen. Tunney saß hilflos und benommen auf dem Boden des Rings, den linken Arm auf eines der Seile gestützt. Er war sicher nicht mehr als einen oder zwei Treffer von der Besinnungslosigkeit entfernt. »Ich muss sagen, dass ich den Ringboden in diesem Moment ziemlich bequem fand«, scherzte Tunney anschließend Reportern gegenüber, doch er befand sich in großen Schwierigkeiten, und fünfzig Millionen Menschen in Amerika waren sich dessen bewusst. Wie später berichtet wurde, starben mindestens zehn Radiohörer in der siebten Runde an Herzversagen, wobei diese Zahl sicher völlig aus der Luft gegriffen war.

Dempsey war so in Rage, dass er es versäumte, sich wie vorgeschrieben sofort in eine neutrale Ecke zurückzuziehen. Stattdessen wich er nicht von der Stelle und wartete darauf, weiter auf Tunney einprügeln zu können, sobald sich dieser wieder aufrappelte. Schiedsrichter Barry musste ihn in neutrales Gebiet scheuchen, ehe er mit dem Anzählen beginnen konnte. Das verschaffte Tunney ein paar wertvolle Sekunden, um sich wieder zu erholen. Wie viele genau, wird seitdem heftig diskutiert, aber vermutlich waren es fünf oder sechs.

Bei neun kämpfte sich Tunney wieder auf die Füße und schaffte es mit überraschender Leichtigkeit, sich tänzelnd in Sicherheit zu bringen. In Wirklichkeit wusste er nicht genau, was geschehen war. »Ich war bewusstlos ... und musste mir später erzählen lassen, was passiert war«, gab er Jahre später zu.

Dempsey hatte seine Chance verpasst. Die Anstrengung laugte den ehemaligen Champion aus. In der nächsten Runde schlug

Tunney ihn mit einem plötzlichen scharfen Haken zu Boden. Dempsey sprang wieder auf, schien jedoch keine Kraft mehr zu haben. Von da an dominierte Tunney den Kampf und gewann ihn schließlich mit einem einstimmigen Urteil der Kampfrichter.

Dempsey-Fans waren der Ansicht, ihr Held sei betrogen worden, wie auch Dempsey selbst. »Absichtlich oder nicht, mir wurde der Titel gestohlen«, sagte er Reportern unmittelbar nach dem Kampf in seiner Kabine. »Ich bin keiner, der ein Alibi braucht, aber tief in meinem Inneren weiß ich, dass ich Tunney heute Abend k. o. geschlagen und ihn dazu noch durch den Ring gejagt habe und dass ich deshalb zumindest nach Punkten hätte gewinnen müssen.«

Roger Kahns Biografie über Dempsey, *A Flame of Pure Fire,* erschien 1999, und ihr zufolge schickte der Schiedsrichter Tunney nicht in eine neutrale Ecke, als Dempsey zu Boden ging. Kahn schreibt, er sei »empört« gewesen, als er zum ersten Mal Filmsequenzen von dem Kampf in Augenschein nahm, insbesondere die beiden Schlüsselsituationen. »Zwei Niederschläge, nur eine Runde auseinander, und zwei verschiedene Regelwerke. Ich glaube, die Erklärung dafür ist nicht kompliziert. In meinem Filmmaterial sehe ich 1927 in Chicago einen korrupten Schiedsrichter.«

In Wirklichkeit ist das Filmmaterial – das heute jedem zur Verfügung steht, der Zugang zum Internet hat – wesentlich weniger eindeutig. Als Tunney in der siebten Runde zu Boden ging, schubste Barry Dempsey aus dem Weg und schickte ihn eindeutig zurück in eine Ecke, dann drehte er sich um und fing sofort an zu zählen, und zwar während sich Dempsey noch auf dem Rückzug befand. Barry hätte kaum schneller oder entschlossener handeln können. Als in der darauffolgenden Runde Dempsey zu Boden ging, verwies Barry Tunney nicht in eine neutrale Ecke, weil dazu keine Zeit war. Dempsey sprang sofort wieder auf, als sei er von einem Trampolin abgeprallt, und boxte weiter, bevor der Schiedsrichter auch nur einen Schritt nach vorne machen und den Arm heben konnte.

Das lange Anzählen war ein unglücklicher Umstand, doch daran traf niemanden größere Schuld als Jack Dempsey selbst. Tunney bevorzugte es, über den Tellerrand hinauszuschauen. »Wir haben zwanzig Runden geboxt, und ich glaube, ich habe ihn in neunzehn davon geschlagen«, sagte er Journalisten.

Tunneys Preisgeld für den Kampf betrug 990 000 Dollar, was einer Berechnung zufolge 7700 Dollar für die Zeit beinhaltete, die er während des langen Anzählens in der Horizontalen zugebracht hatte. Dempsey bekam knapp 450 000 Dollar. Tunney war auf einen weiteren Revanchekampf erpicht, doch Dempsey lehnte ab. Er boxte nie wieder. Tunney stieg selbst auch nur noch ein einziges Mal in den Ring. Er mied den naheliegenden Herausforderer Jack Sharkey und kämpfte stattdessen im Yankee Stadium gegen den Neuseeländer Tom Heeney. Tunney gewann nach elf Runden und kassierte 500 000 Dollar für seine Bemühungen, doch das Bemerkenswerteste an dem Kampf war, dass nur die Hälfte der Eintrittskarten verkauft wurden. Ohne Dempsey hatte der Boxsport nicht mehr dieselbe Anziehungskraft. Die Veranstalter machten einen Verlust von mehr als 150 000 Dollar.

Anfang September war aus Südamerika eine faszinierende Geschichte zu hören. Ein französischer Ingenieur, Roger Courteville, behauptete, während einer Autofahrt von Rio de Janeiro nach Lima – die erste Durchquerung Südamerikas von Küste zu Küste in einem motorisierten Fahrzeug, schon an sich eine außergewöhnliche Sache – in dem brasilianischen Bundesstaat Mato Grosso an einem abgeschiedenen Streckenabschnitt auf den vermissten englischen Abenteurer Percy Fawcett gestoßen zu sein, der zuletzt bei seiner Suche nach der mythischen verschollenen »Stadt Z« im Dschungel jenseits von Fordlandia gesichtet worden war. Zum Zeitpunkt der Begegnung zwischen den beiden wusste Courteville nicht, um wen es sich bei Fawcett handelte, weshalb er seine Entdeckung nicht meldete.

In Berichten, die Courteville später für die *New York Times* verfasste, schrieb er, der Anblick eines etwa sechzigjährigen grauhaarigen Weißen, der neben einem zerfurchten Weg mitten im Nichts saß, habe ihn zum Anhalten bewegt. »Er trug Shorts, ein Khakihemd und alte Schuhe mit dicken Sohlen, die er sich mit den Fasern von Sumpfpflanzen an die nackten Füße gebunden hatte. Ihm zitterten vor Fieber die Hände.« Courteville stellte zudem fest, dass es an den Beinen des Mannes vor Moskitos wimmelte. Er sprach ihn auf Portugiesisch an, bekam jedoch keine Antwort, dann versuchte er es auf Englisch. Er fragte den Mann, weshalb er die Moskitos nicht verscheuche.

»Die armen Teufel haben Hunger«, erwiderte der Mann ausdruckslos mit britischem Akzent. Erstaunlicherweise war die Unterhaltung der beiden damit beendet.

»Der Fremde war in typisch englischer Manier gleichgültig und nicht gewillt, über sich und seine Angelegenheiten zu sprechen«, fuhr Courteville fort. Also war er zu seinem Auto zurückgekehrt, ohne den Versuch zu unternehmen, die Identität des Mannes zu klären, ihm Hilfe anzubieten oder ihn auch nur zu fragen, was er dort mache. Er fuhr einfach weiter und erwähnte die Begegnung in Lima beiläufig einem Beamten gegenüber, als er drei Monate später dort ankam.

Der Beamte geriet in große Aufregung, da Fawcett der berühmteste Vermisste in ganz Südamerika war.

Wie sich herausstellte, konnte es sich bei dem Mann, dem Courteville begegnet war, nicht um Fawcett gehandelt haben. Allem voran hatte Fawcett eine Glatze, dieser Mann jedoch langes Haar. Wer er war und wie er dort hingelangt war, blieb ein großes Rätsel. Niemand wusste von einem anderen Engländer, der sich in den Dschungel begeben hatte und nicht mehr zurückgekehrt war.

Auch wenn es sich bei Courtevilles Entdeckung nicht um Fawcett gehandelt hatte, weckte sie das Interesse an ihm aufs Neue. Ein britisch-amerikanischer Abenteurer namens George Miller Dyott gab sein Vorhaben bekannt, einen Suchtrupp in das 130 000 Quadratkilometer große Gebiet undurchdringlicher Wildnis zu führen, in dem Fawcett am ehesten zu vermuten war. Unterstützt von zehn Maultieren, vierundsechzig Ochsen und einer kleinen Armee von

Führern und Trägern brachte Dyott Monate damit zu, sich den Weg in den tiefen Dschungel zu bahnen, und kam dabei beinahe ums Leben. Er machte aber weder Fawcett noch Courtevilles mysteriösen Engländer noch sonst irgendjemanden ausfindig, von dem nicht ohnehin schon bekannt war, dass er sich dort aufhielt. Anschließend brachen zwei weitere Männer zu einer Expedition auf, ein Schweizer und ein Reporter von United Press International, die beiden wurden jedoch nie wieder gesehen. Aus England ließ Fawcetts Frau mitteilen, dass die Suche eingestellt werden solle. Sie sagte gegenüber Journalisten, dass sie mit ihrem Mann in telepathischem Kontakt stünde, dass es ihm gut gehe und dass er aus dem Dschungel kommen werde, sobald er bereit sei. Er tat es nie.

Am 2. September flog Charles Lindbergh auf dem Weg nach Cheyenne, Wyoming, über die Rapid City High School und die State Game Lodge, wo die Coolidges sich den Sommer über niedergelassen hatten. Präsident Coolidge trat ins Freie und winkte mit einem Taschentuch. Lindbergh warf an beiden Orten spezielle Botschaften ab. Diejenige bei der Game Lodge wurde nie gefunden.

Als die Verantwortlichen für Lindberghs Tournee feststellten, wie müde er wirkte, beschränkten sie die Dauer seiner Auftritte in der Öffentlichkeit auf maximal viereinhalb Stunden am Tag – zweieinhalb Stunden Paraden und Reden untertags und zwei Stunden Bankett am Abend. In Zukunft mussten sämtliche Programmpunkte gekürzt werden, damit sie in diesen Zeitplan passten.

Die Zeitungen berichteten weiterhin von seinem Vorankommen im Land, inzwischen allerdings eher aus Pflichtgefühl als vor Begeisterung, und die Artikel erschienen jetzt fast immer irgendwo im Innenteil. Als Lindbergh im texanischen Abilene eintraf, musste er feststellen, dass die Veranstalter der Parade sein Fahrzeug mit einem Thron ausgestattet hatten. Da ihm solche Überheblichkeit unangenehm war, weigerte er sich, auf diesem Platz zu nehmen, und bestand darauf, dass er entfernt wurde. Viel interessanter als diese Episode war Lindberghs Tour inzwischen nicht mehr.

Nach dem Kampf zwischen Tunney und Dempsey richteten Sportfans ihr Augenmerk wieder auf Baseball und die Frage, ob Babe Ruth seinen Home-Run-Rekord würde brechen können. Inzwischen war er ganz nah dran. Da er bei zwei Spielen, am 24. und 25. September, keinen Home-Run erzielen konnte, fehlten ihm noch vier bis zu seinem eigenen Rekord – und es waren nur noch vier Spiele zu absolvieren.

Bei der ersten dieser vier Begegnungen brachte Ruth Nummer siebenundfünfzig unter Dach und Fach, indem er gegen Lefty Grove von Philadelphia einen Grand Slam Home-Run schlug – einer von nur sechs Home-Runs, die Grove in der gesamten Saison abgegeben hatte. Ruth schlug nicht oft Grand Slams: Dieser war sein erster der Saison und erst der sechste seiner Karriere.

Am 28. September hatten die Yankees spielfrei, und die Erholungspause tat Ruth offensichtlich gut, da er bei seinem ersten At-Bat am nächsten Tag, gleich zu Beginn einer Drei-Spiele-Serie gegen die Washington Senators, seinen achtundfünfzigsten Home-Run gegen Horace »Hod« Lisenbee schlug, einen Neuling, der eine tolle Saison spielte – die einzige gute, die er jemals absolvieren sollte. Wie Lefty Grove gab Lisenbee in der ganzen Saison nur sechs Home Runs ab. Zwei davon an Ruth.

Ruth brauchte jetzt nur noch einen Home-Run, um seinen eigenen Rekord einzustellen. Als er in der zweiten Hälfte des fünften Inning an das Plate kam, waren alle Bases besetzt und zwei Spieler out. Der Senators-Trainer Bucky Harris signalisierte dem Einwechselbereich, dass ein Rechtshänder namens Paul Hopkins aufs Feld geschickt werden solle.

Hopkins war eine unerwartete Wahl und brachte zweifellos so manchen Zuschauer dazu, sich nach jemandem umzusehen, der eine Score-Karte in der Hand hatte, um sich aufklären zu lassen. Hopkins hatte gerade erst seinen Abschluss an der Colgate University gemacht und noch nie in den Major Leagues gepitcht. Jetzt stand er kurz davor, sein Debüt im Yankee Stadium gegen Babe Ruth zu geben. Hinzu kam, dass alle Bases besetzt waren und Ruth seinen eigenen Rekord der meisten Home-Runs innerhalb einer Saison einstellen wollte.

Hopkins pitchte erwartungsgemäß vorsichtig, bis es drei und zwei stand, dann versuchte er, in einer langsamen Kurve um Ruth herum zu werfen. »Der Ball flog so langsam«, erinnerte sich Hopkins siebzig Jahre später, da war er vierundneunzig, für die *Sports Illustrated,* »dass Ruth ausholte, schließlich zögerte, den Schläger zurücknahm und sinken ließ. Und dann schwang er durch und brach sich fast die Handgelenke, als der Ball auf ihn zuflog. Was für ein tolles Auge er hatte! Er traf ihn genau im richtigen Augenblick, packte seine ganze Kraft in den Schlag. Ich höre heute noch das Krachen des Schlägers. Ich sehe heute noch den Schwung.« Mit seinem neunundfünfzigsten Home-Run stellte Ruth einen Rekord ein, der nicht einmal einen Monat zuvor noch hoffnungslos außer Reichweite schien.

Der Ball schwebte über den Kopf des siebenunddreißigjährigen Right-Field-Spielers Sam Rice, der inzwischen fast vergessen ist, aber einer der großen Spieler seiner Zeit war und auch einer der rätselhaftesten, da er scheinbar aus dem Nichts in den Major-League-Baseballsport gekommen war.

Fünfzehn Jahre zuvor war Rice ein vielversprechender Youngster in seiner ersten Profi-Baseball-Saison bei einem Minor-League-Team in Galesburg, Illinois, gewesen. Während er den Sommer über unterwegs war, zog seine Frau mit den zwei kleinen Kindern der beiden auf die Farm seiner Eltern in der Nähe von Donovan, Indiana. Ende April fegte ein Tornado über Donovan hinweg und tötete fünfundsiebzig Menschen. Unter den Opfern waren Rice' Frau, seine Kinder, seine Mutter und seine beiden Schwestern. Sein Vater, schwer verletzt, stand unter Schock und lief mit einem der toten Kinder im Arm herum, als er gefunden wurde. Er starb neun Tage später im Krankenhaus. Rice verlor also auf einen Schlag seine gesamte Familie. Von Trauer benommen ließ er sich durch Amerika treiben und lebte von Gelegenheitsjobs. Letztlich verpflichtete er sich bei der Marine. Als er im dortigen Baseballteam spielte, fiel sein bemerkenswertes Talent auf. Clark Griffith, Eigner der Washington Senators, erfuhr irgendwie davon, lud ihn zu einem Probetraining ein und war so beeindruckt, dass er ihn verpflichtete. Rice spielte von nun an für die Senators und wurde in seinen Dreißigern zu einem der besten Spieler im Baseballsport. Niemand wusste von der Tragödie in seinem Privatleben. Sie wurde erst 1963 öffentlich bekannt, als er in die Hall of Fame aufgenommen wurde.

Nach Ruths Home-Run schickte Hopkins Lou Gehrig ins Aus und beendete das Inning, dann setzte er sich auf die Bank und brach in Tränen aus. Hopkins hatte insgesamt nur elf Major-League-Einsätze. Wegen einer Verletzung musste er die gesamte Saison 1928 aussetzen, und nach der Saison 1929 beendete er seine Baseball-Laufbahn mit einer Bilanz von null Wins und einem Loss. Er kehrte in seinen Heimat-Bundesstaat Connecticut zurück, begann eine erfolgreiche Karriere als Banker und wurde neunundneunzig Jahre alt.

Am letzten Tag im September herrschte in New York schwüles Wetter. Die Temperatur betrug knapp dreißig Grad, und die Luft war feuchtheiß, als Ruth in der zweiten Hälfte des achten Inning gegen Tom Zachary, einen einunddreißigjährigen Linkshänder von einer Tabakfarm in North Carolina, an das Plate kam. Zachary war zwar ein frommer Quäker, aber durchaus hinterlistig. Einer seiner Tricks bestand darin, das Pitcher's Plate mit Erde zu bedecken, damit er sich in geringerer Distanz zum Home-Plate positionieren konnte – manchmal soll er so über einen halben Meter gewonnen haben, wie behauptet wurde. 1927 spielte er seine zehnte Saison. Im ganzen Jahr gab er nur sechs Home-Runs ab, drei davon an Ruth.

Ruth ging an diesem Tag zum vierten Mal zum Plate. Er hatte bislang einen Walk und zwei Singles erzielt, von einem Home-Run war er weit entfernt. Der Spielstand war zwei zu zwei. Ein Spieler war out und einer on – Mark Koenig, der ein Triple erzielt hatte.

»Jeder wusste, dass er es auf den Rekord abgesehen hatte, also war klar, dass er von mir nichts Gutes bekommen würde«, sagte Zachary 1961 einem Reporter. Zachary holte aus, nahm den Runner ins Visier und feuerte einen blitzschnellen Ball ab. Der Wurf wurde als Strike gewertet. Zachary holte erneut aus und warf. Dieser Wurf war hoch, und der Ball flog nicht durch die Strike Zone. Bei seinem dritten Pitch schaffte Zachary einen Curve Ball: »Ich hatte nie einen besseren geworfen«, erinnerte er sich. Ruth traf den Ball mit einem golfähnlichen Schlag, der daraufhin in hohem Bogen in Richtung Foul-Stange im Right Field flog. Die 8000 Fans im Yankee Stadium hielten den Atem an und beobachteten, wie der Ball zuerst himmelhoch aufstieg und dann ewig fiel, bis er auf der nicht überdachten Tribüne landete, nur Zentimeter an einem Foul Ball vorbei. Zachary warf verärgert seinen Handschuh zu Boden, die Zuschauermenge grölte vor Begeisterung.

Ruth trottete mit seinem seltsam abgehackten und doch grazilen Gang, der ihn aussehen ließ, als würde er auf Zehenspitzen laufen, von Base zu Base, anschließend erhob er sich noch einmal von der Spielerbank, um den Applaus mit einer Reihe zackiger militärischer Grüße zu würdigen. Alle vier Home-Runs an diesem Tag gingen auf Ruths Konto. Die *Times* veröffentlichte das Spielergebnis am nächsten Tag mit »Ruth 4, Senators 2«.

Wenig bekannt ist die Tatsache, dass das Spiel, in dem Ruth seinen sechzigsten Home-Run schlug, auch die letzte Major-League-Partie für Walter Johnson war, den besten Pitcher der damaligen Zeit. Niemand warf fester. Jimmy Dykes, damals bei den Athletics, erinnerte sich Jahre später, wie er als Neuling gegen Johnson zum Plate geschickt wurde und den Ball bei den ersten beiden Pitches von Johnson nicht einmal sah, sondern nur im Handschuh des Catchers einschlagen hörte. Nach dem dritten Wurf schickte ihn der Schiedsrichter zum ersten Base.

»Warum denn?«, wollte Dykes wissen.

»Sie wurden getroffen«, erklärte der Schiedsrichter.

»Sind Sie sicher?«, fragte Dykes.

Der Schiedsrichter sagte ihm, er solle seine Kappe kontrollieren. Dykes griff nach oben und stellte fest, dass der Schirm zur Seite zeigte, weil Johnsons letzter Pitch ihn gestreift und seine Kappe gedreht hatte. Er ließ seinen Schläger fallen und eilte dankbar zum ersten Base.

In zweiundzwanzig Jahren als Pitcher gab Johnson nur siebenundneunzig Home-Runs ab. Als Ruth 1920 gegen ihn einen Home-Run erzielte, war das nach fast zwei Jahren der erste. 1927 brach sich Johnson beim Frühjahrstraining das Bein, als er von einem Line Drive getroffen wurde, und erholte sich nie wieder ganz. Da sein vierzigster Geburtstag bevorstand, beschloss er, dass es Zeit wurde, seine Karriere zu beenden. In der ersten Hälfte des neunten Inning, bei seinem letzten Einsatz im Profi-Baseball, wurde er aufs Feld geschickt, um Zachary zu ersetzen. Er schlug einen Fly Ball ins Right Field, den Ruth fing und damit das Spiel, Johnsons Karriere und einen wichtigen Abschnitt einer ruhmreichen Ära beendete.

Anschließend, im Clubhaus, war Ruth nach seinem sechzigsten Home-Run natürlich in Jubelstimmung. »Wollen wir doch mal sehen, ob das jemand übertreffen kann!«, sagte er immer wieder. Seine Teamkameraden beglückwünschten ihn und freuten sich mit ihm, aber rückblickend betrachtet, war die Stimmung überraschend gedämpft. »Es herrschte nicht die Begeisterung, die man erwarten würde«, erinnerte sich der Zeugwart Pete Sheehy viele Jahre später. Niemand rechnete damit, dass Ruth bei sechzig aufhören würde. Alle erwarteten, dass er am nächsten Tag noch mindestens einen schlagen und in den folgenden Jahren den Rekord womöglich noch übertreffen würde. Schließlich hatte Ruth als Erster dreißig, vierzig, fünfzig und sechzig Home-Runs geschlagen. Wer wusste schon, ob er 1928 nicht siebzig schaffen würde?

In Wirklichkeit erzielte sehr lange Zeit weder er noch ein anderer so viele Home-Runs. In seinem letzten Spiel der Saison gelangen Ruth ziemlich enttäuschende null Hits bei drei At-Bats mit einem Walk. Sein letztes At-Bat war ein Strikeout. Lou Gehrig dagegen schaffte einen Home-Run, seinen siebenundvierzigsten der Saison. Nach seinem anfänglichen Tempo mag diese Zahl enttäuschend klingen, doch das waren mehr Home-Runs, als irgendein Spieler außer Ruth *jemals* geschlagen hatte.

Mit seinen sechzig Home-Runs übertraf Ruth sämtliche Major-League-Teams – außer den Cardinals, den Cubs und den Giants. Er erzielte Home-Runs in allen Baseballstadien der American League und schlug auswärts mehr als bei Heimspielen. (Das Verhältnis betrug zweiunddreißig zu achtundzwanzig.) Er nahm dreiunddreißig verschiedenen Werfern Home-Runs ab. Mindestens zwei seiner Home-Runs waren die weitesten, die jemals im jeweiligen Stadion geschlagen worden waren. Im Durchschnitt erzielte Ruth bei jedem 11,8. At-Bat einen Home-Run. Außerdem schlug er gegen jedes Team in der American League mindestens sechs Home-Runs. Darüber hinaus erzielte er einen Batting Average von 0,356 *und* 158 Runs, 164 Runs Batted-In, 138 Walks sowie sieben Stolen Bases und vierzehn Sacrifice Bunts. Ein erfolgreicheres Jahr ist kaum vorstellbar.

Ruth und Gehrig wurden jeweils Erster und Zweiter in den Kategorien Home-Runs, Runs Batted In, Slugging Percentage, Runs Scored, Total Bases, Extra Base Hits und Bases on Balls. Combs und Gehrig waren Erster und Zweiter in den Kategorien Total Hits und Triples. Vier Spieler der Yankees – Ruth, Gehrig, Lazzeri und Meusel – hatten jeweils mehr als hundert Runs Batted In auf dem Konto. Combs war außerdem Dritter in der Kategorie Runs Scored und Total Bases, und Lazzeri war Dritter in der Kategorie Home-Runs. Als Team hatten die Yankees den höchsten Batting Average und den niedrigsten Earned Run Average. Im Durchschnitt hatten sie 6,3 Runs und fast elf Hits pro Spiel. Ihre 911 Runs waren mehr, als je zuvor ein American-League-Team innerhalb einer Saison erzielt hatte. Ihre 110 Siege stellten ebenfalls einen Liga-Rekord dar. In der ganzen Saison wurde nur ein Spieler vom Platz gestellt, und das Team geriet nicht in Schlägereien mit anderen Mannschaften. In der Geschichte des Baseballsports war nie ein kompletteres, dominanteres und diszipliniereres Team angetreten.

Babe Ruths Home-Run-Rekord hatte bis 1961 Bestand, als Roger Maris, ebenfalls ein Spieler der Yankees, einundsechzig erzielte, wobei Maris den Vorteil einer längeren Saison hatte, die ihm zehn Spiele und fünfzig At-Bats mehr bescherte, als Ruth im Jahr 1927 gehabt hatte. In den neunziger Jahren wurden viele Baseballspieler plötzlich enorm muskulös – manche entwickelten völlig neue Körperformen – und schlugen Home-Runs in rauen Mengen, die Ruths und Maris' Zahlen lächerlich aussehen ließen. Wie sich herausstellte, nahmen jedoch viele aus dieser neuen Generation von Baseballspielern anabole Steroide ein – zwischen fünf und sieben Prozent, wie 2003 verspätet eingeführte stichprobenartige Dopingtests ans Tageslicht brachten. Die Klärung der Frage, inwiefern sich solche Dopingmittel beim Schlagen positiv auswirken, würde den Rahmen dieses Buchs sprengen, deshalb sei nur kurz darauf hingewiesen, dass die meisten Spieler der neueren Zeit auch mit Unterstützung von Anabolika nicht so viele Home-Runs erzielten wie Babe Ruth nach dem Verzehr von Hotdogs.

Eigentlich lässt sich nicht genau sagen, wann der Sommer 1927 zu Ende ging. Der Oktober brachte einige der sommerlichsten Tage des Jahres, mit Temperaturen von knapp dreißig Grad in New York und über fünfunddreißig Grad an anderen Ostküstenorten. Der Herbst hielt schrittweise Einzug, an keinem bestimmten Tag, wie es bei Jahreszeiten meistens der Fall ist.

Die Yankees trafen in der World Series (oder *World's* Series, wie sie üblicherweise nach wie vor genannt wurde) auf die Pittsburgh Pirates und schlugen sie locker in vier Spielen, womit sie die Auffassung vieler bestätigten, die sie für das beste Team aller Zeiten hielten.

Calvin und Grace Coolidge kehrten aus dem Westen nach Washington in das frisch renovierte Weiße Haus zurück. Der Präsident stand zu seinem Wort, nicht noch einmal zu kandidieren. Herbert Hoover bekam keine Unterstützung von Coolidge, machte jedoch kein Geheimnis aus seinem Wunsch, ihm in seinem Amt nachzufolgen. Im November wüteten in einem großen Teil von Neuengland schreckliche Überschwemmungen, bei denen mehr als hundert

Menschen starben. Coolidge lehnte einen Besuch im Katastrophengebiet ab und schickte stattdessen Hoover.

Der Jazzsänger lockte in New York Scharen von Zuschauern an, trotz Eintrittspreisen von zehn Dollar pro Karte. Samuel Raphaelson, der Autor des Theaterstücks, auf dem der Film basierte, fand ihn fürchterlich. »Ich habe nur sehr wenige schlechtere Filme gesehen«, behauptete er, doch die meisten waren anderer Meinung. Die Schauspielerin May McAvoy, die in *Der Jazzsänger* mitwirkte, erinnerte sich später, dass sie mehrmals in Kinos ging, in denen der Film lief, und das Publikum beobachtete. Wenn Jolson sprach, sagte sie, reagierten manche Zuschauer mit solcher Verzückung, »dass man hätte meinen können, sie würden der Stimme Gottes lauschen«. Der Film spielte im Jahr seines Erscheinens 1,5 Millionen Dollar ein.

Der Holland Tunnel wurde nach einer Bauzeit von fünfeinhalb Jahren eröffnet, und es wurde ernsthaft mit der Arbeit an Mount Rushmore begonnen. In England wurde Dr. Dorothy Cochrane Logan, eine amerikanische Ärztin, die in London arbeitete, wegen Meineids verurteilt, weil sie behauptet hatte, den Ärmelkanal für ein Preisgeld von 5000 Dollar durchschwommen zu haben, während sie in Wirklichkeit den Großteil der Strecke im Begleitboot mitgefahren war. Diese Begebenheit scheint sowohl dem Kanalschwimmen als auch Stunts im Allgemeinen ein Ende gesetzt zu haben. In Detroit stellte Henry Ford wieder Mitarbeiter ein, da sich das Unternehmen für die Produktion des neuen Model A rüstete.

Charles Lindbergh beendete endlich seine lange Tournee. Im letzten Monat hetzte er durch Oklahoma, Arkansas, Tennessee, Alabama, Mississippi, Louisiana, Georgia, Florida, South Carolina, North Carolina, Virginia, den District of Columbia, Maryland, New Jersey, Delaware und Pennsylvania, ehe er schließlich am 23. Oktober auf dem Mitchel Field auf Long Island landete. In drei Monaten war er 22 350 Meilen geflogen, hatte zweiundachtzig Städte besucht, hatte 147 Reden gehalten, war bei Paraden 1285 Meilen gefahren und von geschätzten dreißig Millionen Menschen gesehen worden, etwa einem Viertel der amerikanischen Bevölkerung. Sein letzter offizieller Termin war ein Dinner in Manhattan zu Ehren von Raymond Orteig.

Und dann – es muss ihm wie ein Wunder vorgekommen sein – war er frei. Nachdem er fünf Monate lang ununterbrochen im Rampenlicht gestanden hatte, war alles vorbei. Außer dass es natürlich nicht wirklich vorbei war. Es würde nie vorbei sein. An Lindbergh haftete jetzt ein Ruhm, dem er niemals entkommen konnte. Er hatte wenig Ahnung, was er als Nächstes tun würde. Wie er den Rest seines Lebens ausfüllen sollte, war ein Problem, das sozusagen den Rest seines Lebens ausfüllte.

Am 27. Oktober tauchte Lindbergh unerwartet auf dem Curtiss Field auf und sagte, er sei »in letzter Zeit nicht viel geflogen« – eine seltsame Behauptung, nachdem er erst vier Tage zuvor eine 22 350 Meilen weite Reise abgeschlossen hatte. Da die *Spirit of St. Louis* nach der langen Tournee gerade gewartet wurde, erkundigte sich Lindbergh, ob er sich ein Flugzeug ausleihen dürfe. Die Curtiss-Bodencrew stellte ihm gern eines zur Verfügung, und Lindbergh verbrachte eine glückselige und friedliche Stunde allein am Himmel.

Nach der Landung erwartete ihn etwas, was für ihn die beängstigendste Erfahrung des ganzen Sommers gewesen war. Zwanzig Revuetänzerinnen waren soeben für ein Fotoshooting am Flugfeld angekommen. Ihre Anwesenheit war reiner Zufall und hatte nichts mit Lindbergh zu tun, aber die Tänzerinnen waren natürlich aufgeregt, als sie hörten, dass sich unmittelbar auf der anderen Seite des Hangartors der begehrteste Junggeselle der Welt befand. Sie belagerten das Gebäude, spähten durch die schmutzigen Fenster, riefen durch die Spalten im Tor und flehten ihn an herauszukommen, damit sie ihm das Haar zerzausen und sich an ihn hängen konnten. Lindbergh machte allen Ernstes ein Gesicht, als würde er sterben. Als der Leiter des Flugfelds sah, welche Qualen er litt, ließ er ein Auto zur Hintertür des Hangars bringen. Lindbergh sprang dankbar in den Wagen hinein, raste davon und entging nur knapp einer unerträglichen Begegnung mit zwanzig fröhlichen jungen Frauen, die ihn bewunderten.

Vermutlich hätte es nichts genützt, Lindbergh daran zu erinnern, dass er den Sommer damit verbracht hatte, Präsidenten und Könige zu treffen, vor Menschenmengen zu sprechen, die so riesig waren, dass sie ganze Landschaften füllten, und mehr Auszeichnungen zu erhalten als irgendein anderer Mensch vor ihm. Letzten Endes war der berühmteste Mann der Welt allem Anschein nach noch immer ein Kind.

Warum die ganze Welt so fasziniert war von Charles Lindbergh und seinem Flug nach Paris im Jahr 1927, ist eine berechtigte, wenn auch nicht ganz einfach zu beantwortende Frage. Zum einen lag es an Lindbergh selbst – daran, dass er jungenhaft und mustergültig war, dass er es allein geschafft hatte, dass er unmittelbar nach dem Flug mit solcher Bescheidenheit und Gelassenheit auftrat. Dazu kam das schiere Entzücken über die Erkenntnis, dass ein Ozean überflogen werden konnte. Die Vorstellung, dass ein Flugzeug in New York starten und ein paar Stunden später in Paris oder Los Angeles oder Havanna plötzlich wie aus dem Nichts auftauchen konnte, schien beinahe aus einem Science-Fiction-Roman zu stammen.

Amerikaner hatten außerdem erstmals das befriedigende Gefühl, bei etwas Erster zu sein. Aus heutiger Sicht lässt es sich nur schwer nachvollziehen, doch US-Bürger der zwanziger Jahre waren in einer Welt aufgewachsen, in der die meisten wirklich bedeutenden Ereignisse in Europa stattfanden. Doch mit einem Mal dominierte Amerika in fast allen Bereichen: in der Populärkultur, im Finanz- und Bankwesen, aufgrund seiner militärischen Macht, in Entwicklung und Technologie. Der Schwerpunkt des Planeten verschob sich auf die andere Seite der Welt, und in gewisser Weise brachte Charles Lindberghs Flug das zum Ausdruck.

Natürlich erklärt nichts von alledem, weshalb 100 000 Pariser in Le Bourget über Gras trampelten, um die ausrollende *Spirit of*

St. Louis zu empfangen, oder weshalb sich bei Lindberghs Rückkehr vier Millionen Menschen in New York versammelten – oder sämtliche umbenannten Berge und Leuchttürme und Boulevards. Sicher ist nur, dass Lindberghs Flug der Welt aus irgendeinem unfassbaren Grund einen Moment stürmischer, spontaner, vereinigender Freude von noch nie dagewesenem Ausmaß geschenkt hat. Charles Lindbergh würde bis in alle Ewigkeit der Prüfstein für dieses Gefühl sein. Selbstverständlich war das eine unerfüllbare Verpflichtung.

Seit dem Sommer 1927 sind fast neun Jahrzehnte vergangen, und nicht viel hat überlebt. Die Flugfelder auf Long Island sind längst verschwunden. Roosevelt Field wurde 1951 außer Betrieb genommen. Heute befindet sich dort ein 450 000 Quadratmeter großes Einkaufszentrum, das größte im Bundesstaat New York. Die Stelle, an der Lindbergh und die anderen Flieger abhoben, ist mit einer Gedenktafel unter einem Aufzug in der Nähe eines Disney-Geschäfts markiert. Eine Statue mit dem Namen »Spirit«, die an Lindberghs Flug erinnert, steht verloren auf einer Verkehrsinsel auf dem Parkplatz.

Auch als Erinnerung hat nicht viel überlebt. Vielen der bedeutendsten Namen jenes Sommers – Richard Byrd, Sacco und Vanzetti, Gene Tunney, sogar Charles Lindbergh – begegnet man heute nur noch selten, und die meisten anderen hört man überhaupt nicht mehr. Deshalb lohnt es sich vielleicht, einen Moment innezuhalten und sich zumindest ein paar der Ereignisse jenes Sommers in Erinnerung zu rufen. Babe Ruth schlug sechzig Home-Runs. Die US-Notenbank beging den Fehler, der den Börsencrash von 1929 herbeiführte. Al Capone genoss den letzten Sommer, in dem er hoch angesehen war. *Der Jazzsänger* wurde gedreht. Das Fernsehen wurde aus der Taufe gehoben. Das Radio entwuchs den Kinderschuhen. Sacco und Vanzetti wurden hingerichtet. Präsident Coolidge beschloss, nicht mehr zu kandidieren. Die Arbeiten an Mount Rushmore begannen. Der Mississippi trat über seine Ufer wie noch nie zuvor. In Michigan sprengte ein Verrückter eine Schule in die Luft und tötete beim schlimmsten Massaker an Kindern in der amerikanischen Geschichte vierundvierzig Menschen. Henry Ford stellte die Produktion des Model T ein und versprach, damit aufzuhören, Juden zu beleidigen. Und ein junger Bursche aus Minnesota flog über einen Ozean und schlug damit die Welt in seinen Bann wie noch kein anderer vor ihm.

Der Sommer von 1927 war auf jeden Fall ein ganz außergewöhnlicher.

Epilog

Das Land kann die Gegenwart mit Zufriedenheit betrachten und der Zukunft mit Optimismus entgegensehen.

Calvin Coolidge in seiner letzten Rede zur
Lage der Nation im Dezember 1928

Am 30. April 1928, fast genau ein Jahr nach seinem ersten Testflug mit der *Spirit of St. Louis,* lieferte Charles Lindbergh sein geliebtes Flugzeug – sein »Schiff«, wie er es stets nannte – beim Smithsonian Museum in Washington ab. In ihrer einjährigen Karriere hatte die Maschine 175 Flüge unternommen und war insgesamt 489 Stunden und 28 Minuten in der Luft gewesen. Sie wurde am 13. Mai, eine Woche vor dem ersten Jahrestag des historischen Flugs, im Arts and Industries Building an der National Mall in die Ausstellung aufgenommen. Lindbergh bestand darauf, dass die *Spirit of St. Louis* niemals irgendwo anders ausgestellt werden würde. Sie hat die Obhut des Smithsonian Museum dann auch nie verlassen.

»Ich weiß nicht, warum er so sehr darauf beharrt hat«, sagt mir Dr. Alex M. Spencer, ein gut gelaunter Hauptkurator, bei meinem Besuch im Jahr 2011. »Ich glaube nicht, dass ihn jemand danach gefragt hat.«

Spencer und ich stehen auf einer Zwischenebene mit Blick auf den geräumigen Eingangsbereich des Smithsonian National Air and Space Museum. Unmittelbar vor uns, für immer in einem imaginären Flug eingefroren, hängt die *Spirit of St. Louis* an dünnen Drahtseilen von der Decke. Die versperrte Sicht nach vorne sticht sofort ins Auge. Man kann sich kaum vorstellen, wie Lindbergh in ein derart beengtes Cockpit gepasst hat – und noch weniger, wie es ihm gelang, Passagiere wie Henry Ford hineinzuzwängen. Es muss dort drin extrem lauschig gewesen sein. Wenn man das Flugzeug aus der Nähe betrachtet, erkennt man auch, dass es mit dünnem

Stoff bezogen ist, der es noch zerbrechlicher wirken lässt. Es ist kein Wunder, dass sich Lindbergh Sorgen machte, wenn jemand seine geliebte Maschine anfasste.

Ich bin in das Museum gekommen, um mich bei Spencer zu erkundigen, welchen Einfluss, wenn überhaupt, Lindberghs Flug auf die Geschichte der Luftfahrt hatte. »Oh, einen großen!«, erwidert er entschieden und führt mich zu einer benachbarten Galerie mit Blick auf einen riesigen würfelförmigen Raum, der unter dem Motto »Amerika in der Luft« steht und beinahe überfüllt ist mit glänzenden Flugzeugen. Für das ungeschulte Auge scheinen die Maschinen nicht viel gemein zu haben, in Wirklichkeit wurden sie jedoch sorgfältig für die Ausstellung ausgewählt. »Wenn man sie in der Reihenfolge betrachtet, in der sie gebaut wurden, erzählen sie eine ziemlich beeindruckende Geschichte«, erklärt Spencer.

Als Erstes deutet er auf eine dreimotorige Ford von 1928. Das Flugzeug ist grau, kastenförmig und besteht aus gewelltem Aluminiumblech und sieht beinahe so aus, als hätte sie jemand in seiner Heimwerkstatt gebaut, der nicht besonders viel Ahnung von Aerodynamik hatte. Es sagt vermutlich einiges, dass Henry Ford sich weigerte, auch nur ein einziges Mal in einer seiner eigenen Maschinen mitzufliegen.

»Vergleichen Sie das jetzt einmal mit diesem Flugzeug«, sagt Spencer und geht mit mir an einer Boeing 247D entlang. Die Boeing ist größer und deutlich schnittiger, jede Oberfläche perfekt stromlinienförmig. Die Tragflächen kommen ohne Drahtseile und Verstrebungen aus, die Zylinderköpfe der Motoren sind unter glänzenden Verkleidungen verborgen, und die Motoren selbst sind nicht einfach an den Tragflächen befestigt, sondern in sie integriert. Dieses Flugzeug stammt eindeutig aus einer neuen, eleganteren Ära.

»Und dann kam das.« Stolz präsentiert Spencer sein Glanzstück, eine Douglas DC-3. Konstruiert 1935, auf den Markt gebracht 1936, war sie das erste wirklich moderne Passagierflugzeug. Sie verfügte über einundzwanzig Sitzplätze, konnte eine Strecke von fast

1500 Kilometern zurücklegen und mit einer Reisegeschwindigkeit von knapp 200 Meilen in der Stunde fliegen. Als Passagier stieg man um vier Uhr nachmittags in New York an Bord einer DC-3 und war am nächsten Morgen zum Frühstück in Los Angeles. Sie markierte den Beginn des modernen Flugreiseverkehrs.

»All das passierte in weniger als einem Jahrzehnt«, sagt Spencer und deutet auf das gesamte Spektrum an Schmuckstücken um uns. »Das ist es, was Lindbergh mit seinem Flug erreicht hat.«

»Aber wäre es dazu nicht ohnehin gekommen?«, frage ich.

»Sicher«, stimmt mir Spencer zu. »Aber es wäre nicht so schnell dazu gekommen, und das Ganze wäre nicht so überwältigend amerikanisch gewesen.«

Schätzungen zufolge war Lindberghs Flug für Investitionen in die amerikanische Luftfahrt in Höhe von 100 Millionen Dollar verantwortlich. Mitte der zwanziger Jahre hatte Boeing, ein kleiner Flugzeughersteller in Seattle, so wenig Arbeit, dass er manchmal Möbel baute, um überleben zu können. Innerhalb eines Jahres nach Lindberghs Flug stellte Boeing tausend neue Mitarbeiter ein. Die Luftfahrt wurde für die dreißiger Jahre das, was der Rundfunk für die zwanziger war. Lindbergh selbst rührte unermüdlich die Werbetrommel für die Branche. Kaum hatte er seine Amerikatournee beendet, fragte ihn Dwight Morrow, frisch im Amt als amerikanischer Botschafter in Mexiko, ob er bereit wäre, dem Land einen Freundschaftsbesuch abzustatten. Das war eine mutige Bitte, da Mexiko am Rande einer Revolution stand. Banditen hatten kürzlich einen Zug überfallen, der von Mexico City nach Los Angeles unterwegs war, und mehrere Fahrgäste getötet, darunter eine junge amerikanische Lehrerin namens Florence Anderson. Morrow und seine Frau reisten in gepanzerten Fahrzeugen. Ein Pilot, der sich verflogen hatte, war nicht gut beraten, dort zu landen.

Lindbergh nahm die Einladung trotzdem an, ohne zu zögern, und schmiedete sofort Pläne für eine Tournee durch Mittelamerika und die Karibik, die fast genauso ehrgeizig war wie seine Amerika-Rundreise und sich oft als noch viel haarsträubender erweisen sollte. Bemerkenswerterweise wollte er die Tour selbst finanzieren.

Am 13. Dezember, nur sechs Wochen nach Beendigung der US-Tournee, startete Lindbergh vom Bolling Field in Washington, D. C., nach Mexico City. Der Flug ging zwar nur über zwei Drittel der Strecke seines Paris-Trips, aber die Entfernung war trotzdem gewaltig. Da er keine gute Landkarte von Mexiko hatte ausfindig machen können, flog er mit einer, die kaum besser war als eine herausgerissene Seite aus einem Highschool-Erdkundebuch. Solange er sich an die Golfküste hielt, war er in der Lage, sich zu orientieren, doch sobald er bei Tampico landeinwärts abdrehte, konnte er sich nur noch auf seinen Instinkt verlassen. Die einzige Stadt, über die er hinwegflog, war auf seiner Karte nicht eingezeichnet, und auch die vereinzelten Eisenbahngleise, die er sah, waren als Orientierungshilfe unbrauchbar. Letzten Endes stieß er auf eine einsame Erhebung, die er als den Nevado de Toluca identifizierte, und stellte fest, dass er ein gutes Stück zu weit geflogen war. Er machte kehrt, und als er schließlich den Flugplatz Valbuena erreichte, befand er sich bereits seit siebenundzwanzig Stunden und fünfzehn Minuten in der Luft und hatte mehrere Stunden Verspätung.

Lindberghs Flugzeug setzte um 14:30 Uhr auf, und 150 000 Schaulustige stürmten mit solcher Begeisterung nach vorne, dass sie die Maschine hochhoben und zum Hangar *trugen*. Dwight Morrow, der mit Präsident Plutarco Calles und einer Gruppe von Honoratioren seit acht Uhr morgens auf einem Podest gewartet hatte, war der glücklichste Mensch der westlichen Hemisphäre.

Während der nächsten zwei Monate tourte Lindbergh durch die Region, wobei er häufig bei katastrophalen Wetterbedingungen flog und auf gefährlich unzureichenden Flugplätzen landete. Überall wurde er von Menschenmengen begrüßt und als Held gefeiert. Straßen und Schulen und Flüsse und Cocktails und unzählige Kinder wurden nach ihm benannt. Er besuchte Guatemala, Belize, El Salvador, Honduras, Nicaragua, Costa Rica, Panama, Kolumbien, Venezuela, die Virgin Islands, Puerto Rico, die Dominikanische Republik, Haiti, Kuba und die Panamakanalzone; Weihnachten verbrachte er jedoch mit den Morrows in Mexico City. Dort hielt sich über die Feiertage auch Anne auf, die Tochter der Morrows. Sie studierte im letzten Jahr am Smith College in Northampton, Massachusetts – zufälligerweise die Heimatstadt von Calvin Coolidge. Anne war schüchtern, attraktiv, klug und wunderbar distanziert. Lindbergh verliebte sich Hals über Kopf. Sie wurde seine erste Freundin. Bald darauf verlobten sich die beiden. Sechzehn Monate später waren sie verheiratet.

Zurück in Amerika wurde Lindbergh fast sofort erneut zu einem heldenhaften Einsatz gerufen. Ein Flugzeug, mit dem zwei Deutsche und ein Ire von Irland aus gestartet waren, hatte im Osten von Kanada auf einer winzigen und entlegenen Insel namens Greenly Island vor der Küste von Labrador notlanden müssen. Bei dem Flug hatte es sich um die erste erfolgreiche Überquerung des Atlantiks von Osten nach Westen auf dem Luftweg gehandelt, doch jetzt waren die Flieger gestrandet. Zu Hilfe flogen ihnen Floyd Bennett und Bernt Balchen. Der eine oder andere wird sich womöglich daran erinnern, dass Bennett der Flieger war, der beim Jungfernflug von Richard Byrds *America*, fast genau ein Jahr zuvor, beinahe ums Leben gekommen wäre. Bennett hatte entweder außerordentliches Pech oder hatte sich noch nicht völlig von dem Unfall erholt, denn bei seiner Ankunft in Kanada brach er mit einer Lungenentzündung zusammen. Als Lindbergh davon erfuhr, eilte er zum Rockefeller Institute, um dort Ampullen mit einem bestimmten Serum abzuholen, und flog damit durch Schnee und Sturm, um sie Bennett ans Krankenbett zu bringen. Leider stellte sich heraus, dass es sich bei dem Serum um das verkehrte handelte, und Bennett starb. Er wurde siebenunddreißig Jahre alt.

Durch seinen Kontakt mit dem Rockefeller Institute lernte Lindbergh Alexis Carrel kennen, der dauerhaft Freundschaft mit ihm schloss und ihn jahrelang schlecht beriet. »Niemand in Charles Lindberghs Erwachsenendasein beeinflusste sein Denken mehr als Alexis Carrel«, schreibt A. Scott Berg in seiner gefeierten Lindbergh-Biografie von 1998. Der in Lyon geborene Carrel war einer der begabtesten Chirurgen seiner Zeit. Schon als Medizinstudent in Frankreich erlangte er durch seine Geschicklichkeit Berühmtheit – indem er etwa mit nur zwei Fingern zwei Stücke Katzendarm meisterhaft zusammennähte oder in ein einzelnes Blatt Zigarettenpapier eine Naht mit 500 Stichen nähte. Dabei handelte es sich nicht nur um amüsante Kunststücke, denn dank seiner Fähigkeiten mit Nadel und Faden gelang es Carrel, neue Methoden beim chirurgischen Nähen zu entwickeln, die sehr nützlich waren. Er erfand unter anderem eine Methode, um Arterien zusammenzuziehen, sodass deren Innenseite glatt und damit frei von Blutgerinnseln gehalten werden konnte. Damit rettete er zahllose Leben. 1906 nahm er eine Stelle am Rockefeller Institute an, und sechs Jahre später erhielt er den Nobelpreis für Medizin – als erste Person in Amerika. Im Lauf seiner langen Karriere führte Carrel auch die erste koronare Bypassoperation durch (bei einem Hund) und leistete Pionierarbeit auf einem Gebiet, das später den Weg für Organtransplantationen und Gewebeverpflanzungen ebnete.

Wie sich jedoch zeigte, hatte er aber auch etliche merkwürdige Ideen. Zum Beispiel war er davon überzeugt, dass Sonnenlicht schädlich sei, und er beharrte darauf, dass sich die am stärksten zurückgebliebenen Zivilisationen immer dort befänden, wo die Lichtflut am grellsten sei, also in den Tropen. Im Operationssaal bestand er darauf, dass alles – von den Kitteln bis zu den Verbänden – schwarz sein müsse. Außerdem weigerte er sich strikt, sich mit Menschen zu befassen, die ihm auf den ersten Blick nicht gefielen.

Vor allem aber war Carrel berüchtigt für seine erschreckenden Ansichten zur Eugenik. Er war der Meinung, körperlich oder geistig behinderte Menschen sollten »in Gaskammern durch Euthanasie beseitigt« werden. Solche Menschen sollten seiner Ansicht nach zum Wohl der Allgemeinheit ihr Leben opfern. »Das Prinzip der Aufopferung und deren absolute gesellschaftliche Notwendigkeit müssen dem modernen Menschen bewusst gemacht werden«, forderte er.

In seinem Bestseller von 1935 mit dem Titel *Der Mensch, das unbekannte Wesen* erläuterte Carrel seine Ansichten unverblümt, wenn auch nicht immer ganz schlüssig. So fragte er:

Warum erhalten wir diese nutzlosen und schädlichen Lebewesen? Diejenigen, die gemordet haben, die mit automatischen Pistolen oder Maschinengewehren bewaffnet geraubt haben, die Kinder entführt haben, die die Armen ihrer Ersparnisse beraubt haben, die die Öffentlichkeit in wichtigen Angelegenheiten in die Irre geführt haben, sollten in kleinen Euthanasie-Einrichtungen, die mit passenden Gasen ausgestattet sind, auf humane und wirtschaftliche Weise beseitigt werden. Ein ähnliches Vorgehen könnte sich auch bei Geisteskranken als vorteilhaft erweisen, die sich einer Straftat schuldig gemacht haben.

Um die Probleme der Welt zu lösen, so Carrel, müsse ein »Hoher Rat von Ärzten« ins Leben gerufen werden (den zu leiten er bereit war, wie er andeutete), dessen Hauptaufgabe darin bestünde sicherzustellen, dass die Angelegenheiten des Planeten stets unter der Kontrolle der »dominanten weißen Rassen« blieben.

Eine Zeit lang genossen Carrels Ansichten großen Respekt. Als er an der New York Academy of Medicine sprach, drängten 5000 Menschen in einen Vorlesungssaal, der darauf ausgelegt war, 700 Zuhörern Platz zu bieten. Lindbergh war besonders von den Schlussfolgerungen seines Freundes begeistert. »Der Bandbreite und dem Scharfsinn seiner Gedanken schienen keine Grenzen gesetzt zu sein«, schwärmte er.

Durch Carrel kam Lindbergh auf die Idee, einen Apparat zu entwickeln, der Organe während einer Operation künstlich am Leben hielt. Nach einiger Zeit ersann er ein Gerät, das er »Perfusionspumpe« nannte – »eine spiralförmig gewundene Glasröhre, die einer Heizspirale zum Erwärmen von Wasser ähnelt«, wie die Zeitschrift *Time* sie beschrieb. Im Grunde handelte es sich dabei um einen ausgeklügelten Filter. Carrel sonnte sich in der Publicity, die ihm Lindberghs Mitwirken bescherte – es fiel praktischerweise mit der Veröffentlichung von *Der Mensch, das unbekannte Wesen* zusammen – und er überzeugte Journalisten davon, dass die Pumpe einen historischen Durchbruch in der medizinischen Wissenschaft darstelle. Die *Time* zeigte auf ihrem Titelblatt die beiden Männer, die stolz den Apparat präsentierten. Bei Lindberghs Perfusionspumpe handelte es sich ohne Frage um eine raffinierte Konstruktion, aber man kann wohl sagen, dass ihr niemals eine solche Aufmerksamkeit zuteilgeworden wäre, wenn jemand anderer sie erfunden hätte. In der Praxis gab es für die Apparatur nur wenige nützliche Verwendungsmöglichkeiten, und in der Chirurgie spielte sie überhaupt keine Rolle. Zwar wurden mehrere Perfusionspumpen gebaut, doch man geht davon aus, dass sich bereits 1940 keine mehr davon in Benutzung befand.

Lindbergh selbst wurde noch immer belagert, ganz gleich, wo er in der Öffentlichkeit auftauchte. Im Frühjahr 1928 drehte er an einem schönen Sonntag, als Scharen von Touristen unterwegs waren, vom Curtiss Field aus eine Runde mit einem Flugzeug. Als sich unter den Menschenmassen die Nachricht verbreitete, dass Lindbergh demnächst landen werde, strömten 2000 Schaulustige in einer von der *Times* als »Massenpanik« bezeichneten Art und Weise zur Rollbahn. Zwei Frauen erlitten dabei Verletzungen, mehrere Kinder wurden von ihren Eltern getrennt, und viele zogen sich Prellungen zu oder hatten anschließend zerrissene Kleidung zu beklagen. Lindbergh war fünfzehn Minuten lang in seinem Flugzeug gefangen. Das gehörte jetzt zu seinem Alltag. Als Carrel und er nach Kopenhagen reisten, um bei einem wissenschaftlichen Kongress die Perfusionspumpe vorzustellen, musste die Polizei Barrikaden errichten, um die Menschenmenge in Schach zu halten.

Privatsphäre zu finden wurde zu einem Ding der Unmöglichkeit. Lindbergh und Anne Morrow heirateten im Mai 1929 und segelten in einer geliehenen Zwölf-Meter-Yacht von der Küste von Maine aus in die Flitterwochen. An ihrem zweiten Tag auf See stellten sie zu ihrer großen Verärgerung fest, dass ein Flugzeug tief über sie hinwegflog, aus dem ein Fotograf Bilder schoss. Bald darauf nahm ein Boot voller Reporter und Fotografen erbarmungslos die Verfolgung auf. »Acht Stunden lang umkreisten sie unser Schiff«, erinnerte sich Lindbergh später mit unverhohlener Verbitterung.

Dennoch versuchten die Lindberghs, letztlich unbeirrt, ein möglichst normales Leben zu führen. Charles nahm Jobs bei der Transcontinental Air Transport an, einem Vorgänger der Fluggesellschaft TWA, und bei Pan Am und befand sich auf dem besten Weg, eine führende Figur in der Luftfahrtbranche zu werden, als sein Leben und Annes auf die schrecklichste Art überhaupt auf den Kopf gestellt wurde. Anfang 1932 stieg ein Eindringling durch ein Fenster im ersten Stock ihres Hauses in der Nähe von Hopewell, New Jersey, ein und kidnappte das Baby der beiden, Charles Augustus junior. Obwohl sie ein Lösegeld von 50 000 Dollar zahlten, wurde das Kind zwei Monate später ermordet aufgefunden.

In all ihrer Sorge und Trauer sahen sich die Lindberghs mit einem absolut grotesken Werbezirkus konfrontiert. Flugzeuge, die Touristen für 2,50 Dollar mitnahmen, flogen unentwegt in geringer Höhe über ihr Haus hinweg und machten es ihnen unmöglich, ins Freie zu gehen. Zwei Fotografen schafften es irgendwie, in Trenton in die Leichenhalle zu gelangen und Aufnahmen von dem toten Baby zu machen. Die Fotos waren viel zu entsetzlich, um veröffentlicht werden zu können, sie zirkulierten aber heimlich und konnten für fünf Dollar erworben werden. Als der deutsche Einwanderer Bruno Hauptmann in der Kleinstadt Flemington, New Jersey, vor Gericht gestellt wurde, tauchten am ersten Verhandlungstag 100 000 Menschen auf. Im Februar 1935 wurde Hauptmann für schuldig befunden, Lindberghs zwanzig Monate alten Sohn entführt und ermordet zu haben, und zum Tode verurteilt. Hingerichtet wurde er von Robert G. Elliott.

Charles und Anne hatten inzwischen genug. Die beiden siedelten nach Europa um, zuerst nach Kent in England, dann in ein Haus auf einer winzigen Insel vor der Nordküste der Bretagne.

Auf einem Nachbareiland befand sich das Sommerhaus von Alexis Carrel und dessen Frau. Die Lindberghs reisten viel in Europa umher und entwickelten eine unverhohlene Vorliebe für Deutschland. Charles besuchte 1936 als Gast der Nazis die Olympischen Sommerspiele in Berlin und amüsierte sich offensichtlich prächtig. Anschließend schrieb er einem Freund in Amerika, die Deutschen hätten »einen Sinn für Anstand und Werte, der unserem eigenen weit voraus ist« – es war eher eigenartig, so etwas über Nazideutschland zu schreiben.

1938 nahm Lindbergh eine Medaille von Hermann Göring an, was viele als Provokation empfanden. Anne stellte zu Recht fest, dass die Verleihung anlässlich eines Abendessens in der Amerikanischen Botschaft in Berlin stattfand, dass Göring als Gast der US-Regierung anwesend war und dass Lindbergh im Vorfeld nichts von seiner Ehrung erfahren hatte. Bei der Veranstaltung hatte er jedoch keine Szene machen wollen und sich den formellen Gepflogenheiten angepasst. All das hatte seine Richtigkeit. Andererseits gab Lindbergh die Medaille auch dann nicht zurück, als sich Deutschland und Amerika im Krieg befanden.

Nichts deutet darauf hin, dass Charles Lindbergh jemals irgendwelche Gräueltaten guthieß. Doch wenn jemand behauptet, auf der Welt gäbe es von einer Sorte Menschen zu viele, begibt er sich damit in Rufweite derjenigen, die keine Einwände gegen solche hegten. Kein Zweifel besteht zumindest daran, dass Anne und er keinen Hehl aus ihrer Bewunderung für Adolf Hitler machten. Anne beschrieb Hitler als einen »Visionär, der wirklich das Beste für sein Land will«. Lindbergh war der Meinung, dass er »zweifellos ein großer Mann« sei. Der berühmte Flieger nahm zur Kenntnis, dass die Nazis zum Fanatismus neigten, behauptete jedoch – sozusagen der Fairness halber –, »viele von Hitlers Errungenschaften wären ohne ein gewisses Maß an Fanatismus nicht möglich gewesen«.

Die Lindberghs zogen ernsthaft in Erwägung, nach Deutschland umzusiedeln. Genau zu dem Zeitpunkt, als sie das taten, erlebte Deutschland die berüchtigte »Kristallnacht«, in der Bürger im ganzen Land die Geschäfte und Häuser von Juden attackierten. (Der Begriff bezieht sich auf die Glasscherben, die sie dabei zurückließen.) »Kristallnacht« hat einen beinahe feierlichen Klang, als ginge es um Stunden unbeschwerter Streiche und großer Heiterkeit, in Wirklichkeit handelte es sich jedoch um einen staatlich unterstützten Terror. In seinem Buch *Hitlerland* erzählt der Journalist Andrew Nagorski von einem Jungen, der aus einem Fenster im ersten Stock auf die Straße geworfen wurde. Als der verletzte Jugendliche versuchte davonzukriechen, traten Schaulustige abwechselnd auf ihn ein. Schließlich wurde er von einem vorbeikommenden Amerikaner gerettet. Die »Kristallnacht« versetzte die ganze Welt in Schrecken.

Die Lindberghs waren natürlich schockiert, aber auf ihre ganz eigentümliche Weise. Anne schrieb in ihr Tagebuch: »Wenn man gerade das Gefühl hat, man versteht diese Leute und kann mit ihnen zusammenarbeiten, tun sie etwas Dummes und Brutales und Undiszipliniertes wie das. Ich bin geschockt und sehr verärgert. Wie sollen wir dort leben?« Daran sind zwei Aspekte ziemlich erstaunlich. Zum einen scheint Mrs Lindbergh, wenngleich sie der Gewaltausbruch zweifellos beunruhigt (»etwas Dummes und Brutales und Undiszipliniertes«), die Einstellung der Deutschen gegenüber Juden im Allgemeinen kein Unbehagen zu bereiten. Zum anderen machte die Reichspogromnacht einen Umzug nach Deutschland in ihren eigenen Worten nicht zu einem Ding der Unmöglichkeit, sondern einfach nur zu einer Herausforderung.

Zum ersten Mal fragten sich manche Amerikaner, ob Charles Lindbergh tatsächlich als Volksheld geeignet war. Es sollte jedoch noch viel schlimmer kommen.

Angeblich wurde den Lindberghs ein Haus in Berlin angeboten, das von Juden beschlagnahmt worden war, letztlich entschieden sie sich jedoch dafür, nach Hause zurückzukehren. Charles engagierte sich stark für eine Organisation mit dem Namen America First, die gegründet worden war, um gegen die Beteiligung der Vereinigten

Staaten an einem weiteren Krieg in Europa zu kämpfen. Im September 1941 reiste er nach Des Moines, Iowa, um dort einen landesweit im Radio ausgestrahlten Vortrag zu halten, und zwar darüber, weshalb ein Krieg gegen Deutschland seiner Meinung nach falsch sei. An diesem Abend zwängten sich 8000 Menschen in das Des Moines Coliseum. Lindberghs Vortrag war erst für 21:30 Uhr angesetzt, sodass das Publikum zuvor noch eine Radioansprache von Franklin Roosevelt aus dem Weißen Haus hören konnte. Inzwischen ist in Vergessenheit geraten, dass Amerika im September 1941 bereits kurz vor dem Kriegseintritt stand. Deutsche U-Boote hatten zuvor drei amerikanische Frachter versenkt und ein Marineschiff angegriffen, die USS *Greer*. Viele America-First-Unterstützer behaupteten, die US-Schiffe hätten die Angriffe bewusst provoziert – eine Behauptung, die andere ungeheuerlich fanden. All das bedeutete, dass große Spannung in der Luft lag, als sich Lindbergh nach der Roosevelt-Übertragung erhob und zum Rednerpult in der Mitte der Bühne ging. Mit seiner oft als grell bezeichneten Stimme erklärte er, drei ganz bestimmte Kräfte – die Briten, die Juden und Franklin Delano Roosevelt – führten Amerika in den Krieg, indem sie die Wahrheit mutwillig verdrehen würden. »Ich spreche hier nur von den Kriegstreibern, nicht von den irregeleiteten Männern und Frauen, die von Fehlinformationen verwirrt und von Propaganda eingeschüchtert dem Beispiel der Kriegstreiber folgen«, sagte er.

Lindberghs Bemerkungen lösten Buhrufe und Applaus in ungefähr gleichem Maß aus. Bei jeder Unterbrechung hielt er inne, bis sich der Lärm wieder legte. Nicht ein einziges Mal hob er den Blick von seinem vorbereiteten Text, um ins Publikum zu schauen. Die Juden, fuhr er fort, hätten einen besonders schädlichen Einfluss, da sie »unsere Filmindustrie, unsere Presse, unseren Rundfunk und unsere Regierung« besäßen und dominieren würden. Er räumte ein, aufgrund ihrer Verfolgung wären sie zu Recht aufgebracht, behauptete jedoch, eine kriegsfreundliche Politik berge sowohl für »uns« als auch für »sie« Gefahren. Er ging nicht näher darauf ein, warum er das glaubte.

Großbritannien, sagte er, sei »nicht stark genug, um den Krieg zu gewinnen, den es Deutschland erklärt hat«. Am Schluss hatte er noch einen idealistischen, einen carrelesken Ratschlag für sein Publikum: »Anstatt gegen Deutschland in den Krieg zu ziehen, sollte sich Amerika mit Deutschland und England verbünden, um ein mächtiges ›westliches Bollwerk‹ aus Rasse und Waffen zu formen, das in der Lage ist, entweder Dschingis Khan oder das Eindringen minderwertigen Blutes abzuwehren.« Seine außergewöhnliche Rede besiegelte sein Ende als amerikanischer Volksheld.

In der nächsten Morgenausgabe, die der *Des Moines Register* herausbrachte, bemühte sich der Schreiber des Leitartikels, einen besonnenen Ton anzuschlagen. »Es mag von Col. Lindbergh mutig gewesen sein zu sagen, was ihm durch den Kopf ging«, hieß es, »aber letztlich zeigte er so wenig Gespür für die Konsequenzen – um es so positiv wie möglich zu interpretieren. Er erklärte sich damit für untauglich, in dieser Republik Politik zu machen.«

Im Lauf des Tages traf die Nachricht ein, dass Deutschland vor der Küste Grönlands den 1500-Tonnen-Frachter *Montana* torpediert hatte. Überall in Amerika sagten sich Menschen von Charles Lindbergh los. Wendell Willkie, der zukünftige Präsidentschaftskandidat der Republikaner, nannte Lindberghs Rede »die unamerikanischste Ansprache, die jemand von landesweitem Ruf zu meinen Lebzeiten gehalten hat«. Lindberghs Name verschwand von Straßenschildern und Schulen und Flughäfen. Aus dem Lindbergh Peak wurde der Lone Eagle Peak. In Chicago wurde der Lindbergh Beacon in Palmolive Beacon umbenannt. TWA bezeichnete sich von nun an nicht mehr als »Lindbergh-Fluglinie«. Selbst Lindberghs Heimatstadt Little Falls überstrich seinen Namen am örtlichen Wasserturm. Präsident Roosevelt sagte im kleinen Kreis: »Ich bin absolut überzeugt davon, dass Lindbergh ein Nazi ist.« Drei Monate später griffen die Japaner Pearl Harbor an, und Amerika befand sich im Krieg.

Nachdem Amerika in den Krieg eingetreten war, unterstützte Lindbergh die Alliierten bedingungslos, doch es war bereits zu spät.

Sein Ruf war für immer beschädigt. Nach dem Krieg wurde er ein eifriger Naturschützer und vollbrachte überall auf dem Planeten eine Menge guter Taten, die Zuneigung der Öffentlichkeit konnte er allerdings nicht mehr zurückgewinnen. Ein Spielfilm über seinen Flug nach Paris mit Jimmy Stewart in der Hauptrolle erwies sich 1957 an den Kinokassen als Flop. Im Lauf der Jahre zog sich Lindbergh fast völlig aus dem öffentlichen Leben zurück. 1974 starb er im Alter von zweiundsiebzig Jahren in seinem Haus auf Maui, Hawaii, an Krebs. Er war so gut organisiert, dass er seinen eigenen Totenschein bereits im Voraus ausgefüllt hatte. Nur der Todeszeitpunkt war noch nicht eingetragen. Er nahm nie irgendeinen Teil seiner Des-Moines-Rede zurück.

Im Jahr 2003, fast dreißig Jahre nach seinem Tod, stellte sich heraus, dass Lindbergh ein wesentlich komplizierteres Privatleben hatte, als bis dahin angenommen. Von 1957 bis zu seinem Tod hatte er eine geheime Fernbeziehung mit einer deutschen Hutmacherin namens Brigitte Hesshaimer aus München geführt, mit der er zwei Söhne und eine Tochter hatte. Die Kinder sagten gegenüber Reportern, Lindbergh sei »ein mysteriöser Besucher gewesen, der ein- oder zweimal im Jahr aufgetaucht ist«. Sie wussten, dass es sich bei ihm um ihren Vater handelte, glaubten jedoch, sein Name sei Careu Kent.

Weiteren Berichten zufolge führte Lindbergh gleichzeitig Beziehungen mit Brigitte Hesshaimers Schwester Marietta, mit der er zwei weitere Kinder hatte, sowie mit einer nur als Valeska identifizierten deutschen Sekretärin, mit der er ebenfalls zwei Kinder hatte. Alle diese außergewöhnlichen Verbindungen erhielt Lindbergh mit solcher Diskretion aufrecht, dass weder seine Familie in Amerika noch sein Biograf A. Scott Berg auch nur die geringste Ahnung davon hatten. Wie er diese Herausforderung bewältigte, ist eine Geschichte, die noch darauf wartet, erzählt zu werden.

Bis dahin kann man nur sagen, dass der größte Held des 20. Jahrhunderts ein unendlich größeres Rätsel und deutlich weniger heldenhaft war, als jemals irgendjemand vermutet hätte.

Im Vergleich dazu erscheint das spätere Leben der anderen Hauptfiguren dieser Geschichte beinahe zahm und enttäuschend. Hier soll trotzdem – in zwangsläufig komprimierter Form und in annähernd chronologischer Reihenfolge – erzählt werden, was aus ihnen nach dem langen Sommer 1927 wurde:

Charles Nungesser und **François Coli**, die französischen Flieger, mit denen alles begann, wurden nie wieder gesehen, gerieten aber keineswegs in Vergessenheit. Im November 1927 berichtete man mit einiger Verlegenheit, dass die 30 000 Dollar, die der New Yorker Bürgermeister Jimmy Walker in Paris an Madame Nungesser hätte überreichen sollen, verschwunden und nicht mehr aufzufinden seien. Dabei handelte es sich um den Roxy Fund – die Summe, die bei dem Benefizkonzert im Roxy Theatre, das Lindbergh im Juni kurz besucht hatte, gesammelt worden war. Etwa 70 000 Dollar, die an anderen Orten in Amerika eingetrieben worden waren, tauchten auf, doch der Teil aus New York City schien für immer abhandengekommen zu sein.

Heute steht auf einer windgepeitschten Felskuppe über dem kleinen, hübschen Küstenferienort Étretat in der Normandie ein weißes Betondenkmal, das einer riesigen, in die Erde gerammten Schreibfeder gleicht. Das Denkmal zeigt in Richtung Amerika und markiert die Stelle, an der die beiden heldenhaften französischen Piloten zum letzten Mal Abschied von ihrem Heimatboden nahmen. Es ist die weltweit einzige Gedenkstätte, die an die bemerkenswerten Flüge jenes Sommers erinnert.

Ein paar Meilen weiter westlich befindet sich die Ortschaft Ver-sur-Mer, vor der **Commander Richard Byrd** und sein Team im Meer notlandeten. In einem kleinen Gemeindemuseum befinden sich die wenigen Relikte jener Nacht, darunter ein kleines Stück der Stoffbespannung des Flugzeugs – sonst ist heute nichts mehr von der Maschine übrig.

Byrd unternahm nach seinem Atlantikflug zwei lange Antarktis-Expeditionen – von denen eine großzügig und ein wenig überraschend von dem Yankees-Besitzer Jacob Ruppert finanziert wurde – und flog bei der ersten davon (das ist unbestritten) über den Südpol. Byrd wurde zum Konteradmiral befördert und konnte sich für den Rest seines Lebens bequem in der Rolle des Helden sonnen. Er starb 1957 im Alter von achtundsechzig Jahren.

Bernt Balchen, der unbesungene Hero des *America*-Abenteuers, begleitete Byrd bei dessen Südpolflug. Er wurde später Colonel bei der US Air Force und genoss eine bemerkenswerte Karriere, wenngleich er, wie bereits erwähnt, wegen Andeutungen in seiner Autobiografie, dass Byrd den Nordpol 1926 nicht wie behauptet erreicht habe, mit dessen Familie in Konflikt geriet. Balchen starb 1973. **George Noville** begleitete Byrd auf dessen zweiter Expedition. Die Noville Peninsula und der Mount Noville sind beide nach ihm benannt. Noville starb 1963 in Kalifornien. Abgesehen davon ist wenig über ihn bekannt. **Bert Acosta,** dem vierten Mitglied der *America*-Crew von 1927, erging es weniger gut. Er wurde hoffnungsloser Alkoholiker und landete mehrmals wegen Landstreicherei und nicht geleisteter Unterhaltszahlungen im Gefängnis. Als ihn in den dreißiger Jahren kurzzeitig der Idealismus packte, riss er sich zusammen und ging nach Spanien, um für die antifaschistischen Republikaner Kampfeinsätze zu fliegen, nach dem Krieg kehrte er jedoch in die Vereinigten Staaten zurück und setzte sein Lotterleben fort. Er starb 1954 mehr oder weniger mittellos.

Ebenfalls unerbittlich bergab ging es mit dem seltsamen und undurchsichtigen **Charles A. Levine**. Nach fast fünfmonatiger Abwesenheit kehrte Levine im Oktober 1927 nach Hause zurück. Er wurde mit einer Parade auf der Fifth Avenue bedacht, zu der allerdings fast niemand erschien. Bei einem Mittagessen im Hotel Astor sprach Bürgermeister Jimmy Walker die schlechte Behandlung, die Levine erfahren hatte, direkt an.

Im Nachhinein kam ans Tageslicht, warum sich Levine so lange in Europa aufgehalten hatte. Das Justizministerium war ihm wegen Steuerhinterziehung in Höhe von bis zu 500 000 Dollar auf den Fersen. Wie sich herausstellte, handelte es sich dabei um das erste einer langen Reihe von Problemen in Levines Leben. 1931 suchte ihn die Polizei wegen schweren Diebstahls mit Haftbefehl, nachdem er nicht zu einer Befragung aufgrund von Unregelmäßigkeiten bei einem Bankkredit über 25 000 Dollar erschienen war. Bald darauf wurde er in Österreich festgenommen und der versuchten Fälschung von Geld und Spielcasinochips beschuldigt. Die Anklagepunkte wurden später wieder fallen gelassen. 1932 bekam Levine eine Bewährungsstrafe wegen Verstoßes gegen das Workmen's Compensation Law, und 1933 wurde er in New Jersey wegen versuchter Weitergabe von Falschgeld vor Gericht gestellt, wobei man auch diesen Anklagepunkt später wieder zurückzog. 1937 wurde er wegen Schmuggelns von 900 Kilo Wolframpulver von Kanada in die Vereinigten Staaten verurteilt und saß eine achtzehnmonatige Haftstrafe im Lewisburg-Gefängnis ab. 1942 wurde er zu 150 Tagen Gefängnis verurteilt, weil er mitgeholfen hatte, einen illegalen Einwanderer von Mexiko in die Vereinigten Staaten einzuschleusen. Da es sich bei dem Mann um einen jüdischen Flüchtling handelte, mag das als ein humanitärer Akt erscheinen, doch das Gericht war – aus welchen Gründen auch immer – anderer Ansicht.

Anschließend verschwand Levine von der Bildfläche. Als in der *American Heritage* 1971 ein Artikel über den Flug der *Columbia* erschien, hieß es darin, Levines Aufenthaltsort sei nicht bekannt und er gelte als vermisst. In Wirklichkeit lebte er völlig verarmt und zurückgezogen. Er starb 1991 im Alter von vierundneunzig Jahren in Washington, D. C.

Levines Fluggefährte **Clarence Chamberlin** lebte nach dem Sommer 1927 noch fast ein halbes Jahrhundert, allerdings ohne irgendetwas Bemerkenswertes zu tun. Er arbeitete als Berater in der Luftfahrtbranche und leitete eine Zeit lang das neue Floyd Bennett Field (benannt nach dem glücklosen Flieger) in Brooklyn, New Yorks erster öffentlicher Flugplatz, der 1930 eröffnet wurde. 1976 starb er kurz vor seinem dreiundachtzigsten Geburtstag in Connecticut.

Babe Ruth und **Lou Gehrig** ließen den Herbst 1927 mit einer sogenannten *Barnstorming*-Tour ausklingen. Barnstorming, das Zusammenstellen eines Teams aus Big-League-Spielern, das dann auf Reisen ging, um Freundschaftsspiele zu bestreiten, war äußerst lukrativ. Bei einer Tour mit einundzwanzig Begegnungen verdienten Ruth und Gehrig jeweils so viel, wie sie sonst als Spieler im ganzen Jahr bezahlt bekamen.

Bei Freundschaftsspielen ging es in der Regel locker zu, sie hatten aber auch eine Tendenz zum Chaos. Oft rannten Fans aufs Spielfeld, um Bällen hinterherzulaufen, die ins Outfield flogen, und es kam durchaus vor, dass sich Außenfeldspieler gegen eine Meute verbissener Fans durchsetzen mussten, wenn sie einen Ball fangen wollten. 1927 mussten dreizehn der einundzwanzig Partien abgebrochen werden, weil die Zuschauermenge außer Kontrolle geriet. In Sioux City, Iowa, stürmten irgendwann 2000 Zuschauer aufs Spielfeld, und Lou Gehrig rettete angeblich einem Mann das Leben, der beinahe zu Tode getrampelt worden wäre.

Barnstorming erwies sich als Anfang vom Ende der Freundschaft zwischen Gehrig und Ruth. Zur allgemeinen Verwunderung ging Gehrig 1932 eine Beziehung zu einer jungen Frau namens Eleanor Twitchell ein. Die beiden heirateten im Jahr darauf. 1934 begleitete Eleanor Lou und einige seiner Mannschaftskameraden nach Saisonende auf einer Tour durch Japan. Bei der Ozeanüberquerung verschwand Eleanor eines Nachmittags für einige Zeit. Lou war außer sich, weil er dachte, sie sei womöglich über Bord des Schiffs gefallen. Er suchte überall nach ihr – und fand sie schließlich in Ruths Kabine. Ruth und Eleanor hatten getrunken, und sie war zweifellos beschwipst. Was auch immer noch in der Kabine vorgefallen sein mag, ist nicht bekannt, aber es hielten sich jahrelang Gerüchte, dass zwischen den beiden weit mehr als nur eine Unterhaltung stattgefunden hatte. Als der Yankees-Catcher Bill Dickey Jahre später dazu befragt wurde, bestätigte er, dass »etwas passiert« sei, wollte sich aber nicht näher dazu äußern. »Ich möchte nicht darüber sprechen«, lautete sein einziger Kommentar. Bekannt ist nur, dass Gehrig und Ruth von diesem Tag an so gut wie nicht mehr miteinander sprachen.

Anfang 1939, nachdem Lou Gehrig fast vierzehn volle Saisons gespielt hatte, ohne auch nur eine einzige Partie zu verpassen, zeigte sich plötzlich, dass mit ihm irgendetwas nicht stimmte. Er wurde schwerfällig und schien keine Kraft mehr zu besitzen. Nach acht Spielen bat er darum, aus dem Team genommen zu werden, womit seine Serie von 2130 Spielen in Folge beendet war – ein Rekord, der ein halbes Jahrhundert lang Bestand habe sollte –, und begab sich in die Mayo Clinic in Rochester, Minnesota. Dort wurde diagnostiziert, dass er an amyotropher Lateralsklerose oder kurz ALS litt, einer fortschreitenden und letztendlich tödlichen Erkrankung. Seine sportliche Karriere war vorbei.

Kurz nachdem seine Diagnose öffentlich wurde, hielten die Yankees einen Lou Gehrig Appreciation Day ab, eine Veranstaltung, bei der ihm Auszeichnungen verliehen wurden und Anerkennung gezollt wurde. Joe McCarthy, der neue Trainer der Yankees, beschrieb unter Tränen Gehrigs Tugenden. Von Gehrig wurde eigentlich nicht erwartet, dass er das Wort ergreifen würde, da ihn große Menschenansammlungen bekanntlich einschüchterten, doch er trat ans Mikrofon und hielt eine Ansprache, die als die bewegendste Rede gilt, die im amerikanischen Sport jemals gehalten wurde. Er begann folgendermaßen:

Fans, ihr lest seit zwei Wochen, was für ein Pech ich habe. Heute betrachte ich mich als den glücklichsten Menschen auf der ganzen Welt. Ich bin seit siebzehn Jahren in Baseballstadien und habe von euch Fans nie etwas anderes erfahren als Freundlichkeit und Unterstützung. Seht euch diese großartigen Männer an. Für wen von euch wäre es nicht der Höhepunkt seiner Karriere, auch nur einen Tag mit ihnen zu verbringen?

Gehrig sprach nicht länger als eine Minute, wobei er vor allem seine Mannschaftskameraden und seine Familie lobte. Und es lag weniger daran, was er sagte, sondern vielmehr an der Aufrichtigkeit seiner Worte, dass jeder im Stadion feuchte Augen bekam. Als er fertig war, erhielt er einen Beifall, der stürmischer und herzlicher war als jeder Applaus, den es im Yankee Stadium jemals gegeben hat. Babe Ruth trat nach vorn, flüsterte ihm etwas ins Ohr und umarmte ihn. Die beiden hatten seit fast sechs Jahren nicht mehr miteinander gesprochen. Knapp zwei Jahre später, am 2. Juni 1941, war Gehrig tot. Er wurde siebenunddreißig Jahre alt.

Ruth hatte seine aktive Laufbahn bereits 1935 beendet. Eigentlich hatte er Trainer der Yankees werden wollen, doch Jacob Ruppert lehnte diese Idee kurzerhand ab. »Du hast nicht mal dich selbst im Griff«, sagte er verletzend. Ruth wurde an die Boston Braves weitergereicht, eines der schlechtesten Baseballteams. Er machte dort nur achtundzwanzig Spiele, legte aber in typischer Ruth-Manier ein Schlussfeuerwerk hin. In seinem letzten Spiel am 25. Mai 1935 gegen die Pirates schlug er drei Home-Runs. Am Ende seiner aktiven Laufbahn konnte er mit sechsundfünfzig Major-League-Rekorden aufwarten.

Am 13. Juni 1948 hatte Babe Ruth einen Abschiedsauftritt im Yankee Stadium, der dem von Gehrig neun Jahre zuvor nicht unähnlich war. Er war unheilbar an Krebs erkrankt und sichtlich geschwächt. Die Yankees-Spielbekleidung, die er trug, hing locker an seinem stark abgemagerten Körper. Er sagte ein paar Worte des Dankes in ein Mikrofon, das am Home-Plate aufgestellt worden war, doch seine Krebserkrankung bereitete ihm Probleme beim Sprechen.

Zwei Monate später starb er im Alter von dreiundfünfzig Jahren. Sein ehemaliger Teamkollege Harry Hooper sagte, Ruth sei ein Mann gewesen, der »von mehr Menschen geliebt wurde und mit einer größeren Intensität als irgendjemand anderer vor ihm oder nach ihm«. Waite Hoyt fasste es in einfachere Worte: »Mein Gott, wie gern wir diesen verdammten Mistkerl mochten. Er hat immer für Spaß gesorgt.«

Henry Ford produzierte ab Anfang Dezember 1927 endlich sein lange erwartetes Model A. Um sicherzugehen, dass dieser Meilenstein im Automobilbau niemandem entging, platzierte das Unternehmen in rund 2000 Tageszeitungen ganzseitige Annoncen.

Die Menschen strömten in Autosalons, um zu bestaunen, dass ein Ford neuerdings in einer ganzen Palette exotischer Farben zu haben war – Arabisch-Sandfarben, Beige-Rosa, Metallicblau, Niagara-Blau und Andalusit-Blau – und einigermaßen elegant, gut ausgestattet und bequem war. Der Preis lag je nach Ausführung zwischen 385 und 1400 Dollar. Ford-Verkaufsräume waren allerorts sofort an den Menschenmassen zu erkennen, die sich um sie scharten. Schätzungen zufolge sahen sich mindestens zehn Millionen Menschen das Auto innerhalb der ersten sechsunddreißig Stunden nach dessen Verkaufsbeginn an.

Die anfängliche Reaktion war überaus positiv. Bereits in den ersten beiden Dezemberwochen wurden etwa 400 000 Model-A-Autos bestellt. Was Ford den eifrigen Käufern nicht sagte, war, dass bislang erst ungefähr hundert Fahrzeuge am Tag produziert wurden. Deshalb mussten Händler, die monatelang keine Kunden gehabt hatten, jetzt feststellen, dass sie zwar jede Menge Kunden hatten, aber fast keine Autos für sie. Der Ruf der Marke litt darunter enorm.

Letztes Endes war das Model A nicht mehr als ein bescheidener Erfolg. Die Produktion wurde nach vier Jahren eingestellt, da sich herausstellte, dass amerikanische Autokäufer inzwischen jährliche Modellwechsel wollten. In den dreißiger Jahren rutschte Ford auf Rang drei ab, was die Marktanteile anbelangte, mit weniger als der Hälfte der Verkäufe von General Motors und sogar geringeren Verkaufszahlen als Chrysler. Die Belegschaft schrumpfte von 170 000 Mitarbeitern im Jahr 1929 auf nur 46 000 im Jahr 1932, und die Gesamtproduktion in allen Ford-Fabriken fiel von anderthalb Millionen Fahrzeugen auf knapp über 230 000. Das Unternehmen überlebte und ist bis heute einer der wichtigsten Fertigungskonzerne Amerikas, konnte seine ehemalige Vormachtstellung jedoch nie wieder zurückgewinnen.

Edsel Ford starb 1943 im jungen Alter von neunundvierzig Jahren an Magenkrebs, ohne jemals die Chance bekommen zu haben, aus dem Schatten seines Vaters zu treten. Henry Ford, der rasch senil wurde, folgte vier Jahre später im Alter von dreiundachtzig Jahren. Fordlandia, sein Kautschuk-Unternehmen in Brasilien, besuchte er nie.

Ruth Snyder und **Judd Gray** wurden im Januar 1928, einen Monat nach dem Debüt des Model A, in der Sing-Sing-Strafvollzugsanstalt hingerichtet. Ihr Henker war der tödlich allgegenwärtige **Robert G. Elliott.**

Snyder wurde als Erste zum elektrischen Stuhl geführt. »Als ihr Blick auf das Todesinstrument fiel, brach sie beinahe zusammen«, berichtet Elliott in seinen Memoiren. »Die Wärterinnen halfen ihr sanft auf den Stuhl, und als sie saß, ließ sie ihren Tränen freien Lauf. ›Jesus, hab Erbarmen mit mir, denn ich habe gesündigt‹, betete sie schluchzend.« Elliott brachte behutsam Elektroden an ihrem rechten Bein und an ihrem Nacken an und zog ihr einen Stoffbeutel über den Kopf. Aus nicht genannten Gründen blieb ihr der übliche Football-Lederhelm erspart. Dann trat Elliott einen Schritt zurück und legte den Schalter um. Zwei Minuten später war Ruth Snyder tot. Es handelte sich dabei um die weltweit erste Hinrichtung einer Frau auf dem elektrischen Stuhl.

Gray kam unmittelbar anschließend an die Reihe und ging mit nüchterner Forschheit zum Stuhl, als handle es sich um einen Zahnarztbesuch. Er hatte einen ruhigen Gesichtsausdruck und kooperierte höflich, als er festgeschnallt und verkabelt wurde. »Er war einer der tapfersten Männer, die ich jemals in den vom Gesetz verordneten Tod habe gehen sehen«, schrieb Elliott. »Ich empfand großes Mitleid für diesen Mann, der seine Gattin und seine Tochter für eine Frau verlassen hatte, die gleich nebenan tot dalag. Ich glaube, so ging es fast allen im Raum.« Zwei Minuten später war Gray ebenfalls tot.

Am nächsten Morgen wurden die Leser der *New York Daily News* von einem reißerischen, leicht verschwommenen Foto von Ruth Snyder zum Zeitpunkt der Hinrichtung begrüßt, das unter einer Überschrift aus dem einzelnen Wort »TOT!« die ganze Titelseite ausfüllte. Ihr Kopf ist darauf verhüllt, und sie ist offensichtlich bereits festgeschnallt, abgesehen davon hat es jedoch den Anschein, als säße sie einigermaßen bequem. Das Foto hatte ein *Daily-News*-Reporter namens Tom Howard gemacht, der als offizieller Zeuge anwesend war und eine am Schienbein befestigte Miniaturkamera hineingeschmuggelt hatte. Im richtigen Moment hatte er diskret sein Hosenbein hochgezogen und mit einem Draht, der in seine Jackentasche führte, den Verschluss betätigt. Die Ausgabe war binnen Minuten nach ihrem Erscheinen ausverkauft. In der Zeitung befanden sich 735 Zentimeter Spaltenlänge Berichterstattung über die Hinrichtung. Selbst die *New York Times* widmete dem Ereignis 161 Zentimeter Spaltenlänge.

Zwei Monate nach den Hinrichtungen schliefen Robert G. Elliott und seine Frau friedlich in ihrem Haus in Richmond Hill, Queens, als sie von einer gewaltigen Explosion aus dem Bett gerissen wurden. Bombenattentäter – vermutlich Sympathisanten von Sacco und Vanzetti – hatten auf ihrer Veranda einen Sprengsatz deponiert. Die nach oben gerichtete Kraft der Detonation sorgte dafür, dass das Dach über zehn Meter entfernt im Garten landete, doch die Elliotts blieben erstaunlicherweise unverletzt. Ihr Haus musste allerdings vollständig wiederaufgebaut werden. Der oder die Bombenattentäter wurden nie gefasst. Elliott lebte noch bis Oktober 1939, als er mit fünfundsechzig Jahren an einem Herzinfarkt starb.

Herbert Hoover bekam es auf seinem Weg ins Weiße Haus mehrmals mit der Angst zu tun. Im Herbst 1927 verbreiteten seine Gegner, von denen es viele gab, er dürfe schon rein rechtlich nicht kandidieren, weil er nicht die vorangegangenen vierzehn Jahre in Amerika wohnhaft gewesen sei, wie die Verfassung es erfordere. (Diese Klausel ging auf die Gründerväter zurück und sollte sicherstellen, dass das Amt nur diejenigen ausüben konnten, die während der Revolution ihrer Heimat die Treue gehalten hatten.) Außerdem kursierten Gerüchte, Hoover habe in der Vergangenheit die britische Staatsbürgerschaft beantragt. (Das hatte er nicht.)

Letztlich legte niemand Einspruch ein, und so wurde Hoover am 4. November 1928 gleich bei seiner ersten Kandidatur mit einem Rekordvorsprung zum Präsidenten der Vereinigten Staaten gewählt. Er erhielt fast zwei Drittel der Stimmen aus der Bevölkerung und mehr als 80 Prozent der Stimmen der Wahlmänner. Zu denjenigen, die Werbung für ihn machten, gehörte auch Charles Lindbergh.

Hoover trat sein Amt im März 1929 an, und im Oktober kam es zum Börsencrash. Von diesem Rückschlag erholte er sich nie wieder. In den drei Jahren, die auf den Crash folgten, stieg die Arbeitslosenquote in Amerika von drei auf 25 Prozent, während das durchschnittliche Haushaltseinkommen um 33 Prozent schrumpfte, die Industrieproduktion um fast 50 Prozent und der Aktienmarkt um 90 Prozent. 11 000 Banken gingen bankrott.

Hoover unternahm eine Menge, um die Wirtschaft wieder anzukurbeln. Er gab 3,5 Millionen Dollar für öffentliche Bauarbeiten aus, darunter einige Projekte, für die man ihm noch heute dankbar sein kann, insbesondere die Golden Gate Bridge und die Hoover-Talsperre. Er spendete sogar sein eigenes Gehalt für wohltätige Zwecke. Ein Berater von Präsident Roosevelt gestand einmal: »Fast der gesamte New Deal ist aus Maßnahmen hervorgegangen, die Hoover in die Wege geleitet hat.« All das änderte jedoch nichts an seiner Unbeliebtheit. Bei der World Series von 1931 wurde er »herzhaft« ausgebuht, was noch keinem Präsidenten vor ihm bei einem World-Series-Spiel passiert war.

Nachdem Hoover die Präsidentschaftswahlen von 1928 mit einem Rekordvorsprung gewonnen hatte, verlor er das Rennen 1932 mit einem Rekordrückstand. Nach dem Ende seiner Präsidentschaft arbeitete er ebenso hart wie während seiner Amtszeit. So schrieb er etwa vier Bücher gleichzeitig, jedes davon an einem eigenen Schreibtisch. 1964 starb er im Alter von neunzig Jahren und wurde in West Branch, Iowa, beigesetzt, obwohl er dort seit über achtzig Jahren nicht mehr gelebt hatte. Zur Herbert Hoover Presidential Library in West Branch gehört heute ein ausgezeichnetes Museum, zu dessen zahlreichen Exponaten das Fernseh-Equipment zählt, mit dem im April 1927 die berühmte Übertragung seiner Rede vorgenommen wurde.

Calvin Coolidge setzte sich nach seiner Amtszeit mit seiner Frau Grace in einem gemieteten Haus in Northampton, Massachusetts, zur Ruhe. Er wurde Vorstandsmitglied der New York Life Insurance Company und wohnte gegen eine Vergütung von 50 Dollar und die Erstattung seiner Auslagen den allmonatlichen Vorstandssitzungen pflichtbewusst bei. Außerdem schrieb er seine Autobiografie und eine Kolumne, die in mehreren Zeitungen erschien. Eines Nachmittags kurz nach Neujahr 1933 ging er nach oben, um sich zu rasieren, und erlitt einen Herzinfarkt. Grace fand ihn tot auf dem Fußboden des Badezimmers. Er wurde sechzig Jahre alt. Der Großteil seiner Aufzeichnungen wurde bald nach seinem Tod auf seinen ausdrücklichen Wunsch vernichtet.

Benjamin Strong, Gouverneur der Federal Reserve Bank of New York und der Mann, der aller Wahrscheinlichkeit nach der Welt den Börsencrash und das daraus resultierende wirtschaftliche Chaos bescherte, erlebte nichts von alledem. Er starb im Oktober 1928 mit fünfundfünfzig Jahren an Tuberkulose. **Myron Herrick,** der US-Botschafter in Paris, lebte nach dem Sommer 1927 ebenfalls nicht mehr lange. Er fing sich eine Erkältung ein, als er bei der Beerdigung des französischen Kriegshelden Marschall Ferdinand Foch im März 1929 im Regen stand, und starb wenige Tage später. Er wurde vierundsiebzig Jahre alt.

Sechs Monate nach Herricks Tod bildete sich unter dem Auge von Yankees-Trainer **Miller Huggins** ein Fleck. Da sich Huggins mit einem Mal fiebrig fühlte, begab er sich ins St. Vincent's Hospital in New York, wo sein Zustand beinahe sofort kritisch wurde. Er litt unter einer Hautinfektion mit der Bezeichnung Erysipel (im englischsprachigen Raum besser als »St. Anthony's Fire« bekannt), die heutzutage mit Antibiotika behandelt werden kann. 1929 existierte noch keine wirksame Therapie gegen diese Krankheit. Huggins starb am 25. September 1929 im Alter von fünfzig Jahren.

Dwight Morrow trat nach drei Jahren im Amt als Botschafter in Mexiko ab und kehrte nach Hause zurück, um für die Republikaner in New Jersey für den Senat zu kandidieren. Er setzte sich gegen die Prohibition ein und konnte einen erdrutschartigen Sieg verbuchen, starb jedoch am 5. Oktober 1931, kurz nach seinem Amtsantritt, unvermittelt im Schlaf an einem Schlaganfall. Er wurde achtundfünfzig Jahre alt. Fünf Monate später wurde sein Enkel gekidnappt.

Sechs Monate nach der Entführung des Lindbergh-Babys kehrte Richter **Webster Thayer** kurz in die Schlagzeilen zurück, als sein Haus in die Luft gesprengt wurde, vermutlich von Unterstützern von Sacco und Vanzetti. Thayer verbrachte den Rest seines Lebens unter dem Schutz der Polizei in seinem Bostoner Club, wobei dieses nicht mehr lange dauerte. Er starb ein gutes halbes Jahr nach dem Anschlag im Alter von fünfundsiebzig Jahren. **Alvan Fuller,** die andere Hauptfigur im Fall Sacco und Vanzetti, trat 1929 als Gouverneur von Massachusetts zurück, stand aber noch einige Jahre unter Polizeischutz. Nach Myron Herricks Tod wurde Fuller als Botschafter in Frankreich in Erwägung gezogen, wogegen die Franzosen jedoch erfolgreich Einspruch einlegten, weil sie sagten, sie könnten nicht für seine Sicherheit garantieren. Stattdessen widmete Fuller die verbleibenden neunundzwanzig Jahre seines Lebens Geschäften und der Philanthropie. Er starb 1958 in einem Bostoner Kino an einem Herzinfarkt.

Jack Dempsey verlor beim Börsencrash an der Wall Street fast sein ganzes Vermögen. 1935 eröffnete er am Broadway ein Restaurant, das fast vierzig Jahre lang bis zu seiner Schließung 1974 als eine New Yorker Institution galt. Dempsey starb 1983 im Alter von siebenundachtzig Jahren.

Gene Tunney heiratete 1929 Polly Lauder, eine Erbin aus der Carnegie-Dynastie. Polly hatte ihn niemals kämpfen sehen. Die beiden verbrachten ihre Flitterwochen auf den Brijuni-Inseln im Adriatischen Meer, wo Tunney mit George Bernard Shaw »spazieren ging, schwamm und Gespräche führte«. Vermutlich verbrachte er auch etwas Zeit mit seiner Braut. Tunney verfasste Erinnerungen, saß im Vorstand verschiedener großer Unternehmen und wurde zu einem »Redner von überwältigender Autorität und Gelassenheit zu jedem beliebigen Thema«, wie John Lardner 1950 mit einem Hauch von Bissigkeit im *New Yorker* in einer Kurzbiografie anmerkte. Tunneys Sohn John war von 1965 bis 1971 US-Senator für Kalifornien. Tunney starb 1978 im Alter von einundachtzig Jahren.

Der Erfolgreichste aller Boxer der zwanziger Jahre war jedoch der »wilde Bulle« **Luis Firpo**. Nachdem Firpo ohne einen Penny in Amerika angekommen war, kehrte er nach sechs Jahren im Ring um eine Million Dollar reicher nach Argentinien zurück. Er legte sein Vermögen klug an und baute ein Geschäfts- und Viehwirtschaftsimperium auf, das sich schließlich über eine Fläche von mehr als 80 000 Hektar erstreckte. Als er 1960 im Alter von fünfundsechzig Jahren starb, besaß er ein Vermögen von etwa fünf Millionen Dollar.

Der Tennisstar **Bill Tilden** gewann 1930 im Alter von siebenunddreißig Jahren zum letzten Mal das Wimbledon-Finale im Herreneinzel. Nachdem er seine Tennislaufbahn beendet hatte, widmete er sich der Schauspielerei und tourte erfolgreich als Hauptdarsteller in einem Revival von *Dracula,* der Bühnensensation von 1927. Außerdem entwickelte er eine tragische Schwäche für schlanke Jungen. 1947 wurde er in Los Angeles wegen Unzucht mit einem Minderjährigen zu einer einjährigen Haftstrafe verurteilt. Kurz nach seiner Entlassung wurde er dabei erwischt, als er wieder das Gleiche tat – und wurde ein zweites Mal ins Gefängnis gesteckt. Er verlor seine wenigen verbliebenen Freunde und rutschte in schäbige, erbärmliche Armut ab. Als er 1953 im Alter von sechzig Jahren an einem Herzinfarkt starb, belief sich sein Vermögen auf 80 Dollar.

Der Chicagoer Bürgermeister Big Bill Thompson wandte sich kurz nach dem Boxkampf zwischen Tunney und Dempsey gegen **Al Capone**, und zwar in dem – eindeutig wahnhaften – Glauben, dieser würde seine Chancen auf landesweiten politischen Erfolg schmälern, möglicherweise auch als Präsidentschaftskandidat der Republikaner. Seines Schutzes beraubt siedelte Al Capone Anfang 1928 nach Florida um und ließ sich in Miami Beach nieder. Im Jahr darauf wurde er verhaftet, als er in Philadelphia am Bahnhof umstieg, und wegen verdeckten Tragens einer Waffe zu einer einjährigen Haftstrafe verurteilt. 1931 wurde er der Steuerhinterziehung für schuldig befunden und erhielt elf Jahre Gefängnis.

Der Aufenthalt in der Haftanstalt war für Capone nicht allzu hart. Er hatte ein Bett mit Federkernmatratze, und ihm wurde Hausmannskost in die Zelle geliefert. An Thanksgiving wurde ihm von einem eigens für den Tag engagierten Butler ein Truthahn-Dinner serviert. Er durfte sich einen Alkoholvorrat anlegen und im Büro des Gefängnisdirektors Gäste empfangen. Der Direktor stritt vehement ab, dass Capone bevorzugt behandelt werde, dann wurde er allerdings dabei erwischt, als er Capones Wagen benutzte. 1934 verschlechterte sich Capones Situation erheblich, als Alcatraz in der Bucht von San Francisco seine Pforten öffnete und er zur ersten Belegschaft gehörte. Capone wurde Ende 1939 entlassen, als er bereits unter akuter Spätsyphilis litt. Er starb 1947 in Florida.

Genau zu dem Zeitpunkt, als Al Capone nach Alcatraz kam, wurde auf der anderen Seite des Landes **Charles Ponzi** nach Italien abgeschoben. Er siedelte nach Brasilien um und starb 1949 in der karitativen Station eines Krankenhauses in Buenos Aires.

Mabel Walker Willebrandt, die Anwältin, die auf die Idee kam, Kriminelle wie Al Capone wegen Steuerhinterziehung zu verfolgen, starb 1963, kurz vor ihrem vierundsiebzigsten Geburtstag, in Kalifornien. Nachdem sie 1929 aus der Regierung ausgetreten war, hatte sie eine hoch bezahlte Stelle als Chefberaterin bei Fruits Industries Limited angenommen, einer kalifornischen Firma, die Weintrauben anbaute und dafür bekannt war, Leuten dabei zu helfen, in ihren eigenen vier Wänden Wein herzustellen. Das ließ Willebrandt wie eine Heuchlerin aussehen (was sie in der Tat auch war) – zugleich trug es einen kleinen, aber psychologisch signifikanten Teil zur Beendigung der Prohibition bei.

Anfang 1933 ging beim Kongress ein Antrag auf Aufhebung des 18. Zusatzartikels ein. Die Kammer diskutierte nur vierzig Minuten über den Gesetzentwurf. Im Senat, merkt Daniel Okrent in seiner Geschichte der Prohibition an, »sprachen sich siebzehn der zweiundzwanzig Mitglieder, die sechzehn Jahre zuvor für den 18. Zusatzartikel gestimmt hatten, dafür aus, ihre frühere Entscheidung rückgängig zu machen«. Die Prohibition endete offiziell im Dezember 1933.

Der beinahe in Vergessenheit geratene Flieger **Francesco de Pinedo** kehrte 1933 ebenfalls in die Schlagzeilen zurück. In Italien setzte er 1927 seine Karriere bei den italienischen Luftstreitkräften fort, der Regia Aeronautica, und plante dort unüberlegt den Sturz von Luftfahrtminister Italo Balbo. Als Balbo davon erfuhr, versetzte er Pinedo an den entlegensten und unbedeutendsten Stützpunkt, an den er ihn versetzen konnte: nach Buenos Aires. Pinedo verschwand in der Versenkung, bis er plötzlich im September 1933 auf dem Floyd Bennett Field mit der Idee auftauchte, allein nach Bagdad zu fliegen, eine Strecke von 6300 Meilen.

Obwohl noch niemand zuvor auf dem Luftweg eine so lange Strecke zurückgelegt hatte, war Pinedo am Abflugtag gekleidet, als wolle er einen Einkaufsbummel machen: mit blauem Serge-Anzug, grauem Filzhut und leichtem Pullover. An den Füßen trug er Berichten zufolge Pantoffeln. Das ganze Vorhaben war offenkundig töricht, trotzdem versuchte niemand, ihn davon abzuhalten. Als Pinedos Flugzeug die Rollbahn entlangraste, geriet es ins Schlingern und steuerte dann auf ein Verwaltungsgebäude zu, vor dem sich eine kleine Menschenmenge versammelt hatte. Es verfehlte die Zuschauer, blieb aber mit einer Tragfläche an irgendeinem Hindernis hängen, kippte vornüber und kollidierte mit einem geparkten Auto. Pinedo wurde aus der Maschine geschleudert. Laut Zeugen soll er sich vom Asphalt erhoben und anschließend den Versuch unternommen haben, wieder in sein Flugzeug zu steigen – vermutlich, weil er unter Schock stand. Andere Augenzeugen gaben an, er sei reglos auf dem Boden liegen geblieben. Auf jeden Fall explodierte das Flugzeug, bevor jemand zu ihm gelangen konnte. Pinedo kam in einem riesigen Feuerball ums Leben. Was ihm an diesem Morgen durch den Kopf ging und warum er den Start nicht abbrach, als dieser ganz offensichtlich aus dem Ruder lief, sind Fragen, die heute nicht mehr beantwortet werden können.

In der Filmbranche vollzog sich der Übergang vom Stummfilm zum Tonfilm schneller, als es jemals irgendjemand für möglich gehalten hätte. Im Juni 1929, knapp anderthalb Jahre nach der Premiere von *Der Jazzsänger,* liefen nur noch in drei von siebzehn Kinos am Broadway Stummfilme. Die Weltwirtschaftskrise traf die Branche allerdings hart. Bis 1933 musste fast ein Drittel aller Kinos in Amerika schließen, und viele Studios steckten in Schwierigkeiten. Paramount war bankrott, RKO Pictures und Universal standen kurz davor. Fox hatte Mühe, sich umzustrukturieren, und musste letzten Endes von dem viel kleineren Studio Twentieth Century gerettet werden.

In New York eröffnete **Roxy Rothafel** 1932 die Radio City Music Hall im Rockefeller Center. (Die berühmte Tanzgruppe The Rockettes hieß ursprünglich The Roxyettes.) Doch auch ihm lief die Zeit davon. Im Mai ging das Roxy Theatre in Konkurs. Zwei Jahre später wurde Rothafel die Leitung des erfolglosen Mastbaum

Theatre in Philadelphia übertragen. Angeblich gab er binnen zehn Wochen 200 000 Dollar aus, was jedoch auch nichts nützte. Die Blütezeit der großen Filmpaläste war zu Ende. Rothafel starb 1936 in einem New Yorker Hotel an einem Herzinfarkt. Er wurde dreiundfünfzig Jahre alt. Das alte Roxy Theatre wurde 1960 abgerissen.

Clara Bow, die Hauptdarstellerin von *Wings,* beendete 1933 ihre Schauspielkarriere und lebte zunehmend zurückgezogen. Sie starb 1965 im Alter von sechzig Jahren. Der Regisseur **William Wellman** drehte noch weitere fünfundsechzig Spielfilme, ehe er sich 1958 zur Ruhe setzte. Viele seiner Filme erwiesen sich als Flops, einige waren jedoch bemerkenswert, darunter *Der öffentliche Feind* (1931), *Ritt zum Ox-Bow* (1943) und *Es wird immer wieder Tag* (1954). Er starb 1975 mit neunundsiebzig Jahren. Dem Autor **John Monk Saunders,** der die Idee zu *Wings* hatte, erging es weniger gut. Er heiratete die Schauspielerin Fay Wray, doch die Ehe scheiterte, und mit seiner Karriere ging es wegen Alkohol- und Drogenmissbrauchs bergab. Er erhängte sich 1940 in Florida.

Jerome Kern konnte nach *Show Boat* keinen weiteren Broadway-Erfolg verbuchen, obwohl er es wiederholt versuchte. Letzten Endes siedelte er wie so viele andere nach Hollywood um. Er starb 1945. **Oscar Hammerstein II** schien mit *Show Boat* ebenfalls am Ende der Fahnenstange angekommen zu sein. Er konnte zwölf Jahre lang keinen Hit landen, doch dann schloss er sich mit Richard Rodgers zusammen, und die beiden legten die größte Erfolgsserie in der Musicalgeschichte hin: *Oklahoma!, Carousel, South Pacific, The King and I, Flower Drum Song* und *The Sound of Music.* Hammerstein starb 1960.

Jacob Ruppert, der Besitzer der New York Yankees, erlitt Anfang 1939 einen Herzinfarkt und starb neun Tage später im Alter von neunundsechzig Jahren. Wie sich zur allgemeinen Verwunderung herausstellte, hatte er einen großen Teil seines Vermögens, das zunächst zwischen 40 und 70 Millionen Dollar geschätzt wurde, einem ehemaligen Revuegirl namens Helen W. Weyant vermacht. Miss Weyant verriet Reportern, dass Ruppert und sie seit vielen Jahren eine heimliche Freundschaft gepflegt hätten, beharrte aber darauf, es habe sich dabei nicht um mehr als eine Freundschaft gehandelt. Letztlich stellte sich heraus, dass sich Rupperts Geldbesitz doch nur auf 6,5 Millionen Dollar belief – die Wirtschaftskrise hatte den Wert seiner Immobilien schwinden lassen – und dass er zusätzlich Schulden in Höhe von einer Million hatte. Zur Tilgung seiner Schulden und zur Zahlung seiner Einkommensteuer mussten sowohl die Yankees als auch die Ruppert-Brauerei verkauft werden.

Ebenfalls im Jahr 1939 starb nach langer Krankheit **Raymond Orteig,** der liebenswerte Hotelier, der den Orteig-Preis ins Leben gerufen hatte.

Gutzon Borglum erlebte die Fertigstellung von Mount Rushmore nicht mehr. Er starb im März 1941 an Komplikationen nach einer Prostataoperation, nur wenige Monate vor dem Abschluss der Arbeiten. Er wurde dreiundsiebzig Jahre alt.

Montagu Norman, Gouverneur der Bank of England und ein enger Freund von Benjamin Strong, hatte 1944 einen bizarren Unfall, der seine Karriere beendete. Bei einem Besuch auf dem Landsitz seines Bruders unternahm Norman in der Abenddämmerung einen Spaziergang und stolperte offenbar über eine Kuh, die sich auf dem Boden liegend ausruhte. Die Kuh erschrak, rappelte sich auf und trat Norman dabei vermutlich gegen den Kopf. Er erholte sich nie wieder vollständig und verstarb 1950 im Alter von achtundsiebzig Jahren.

Alexis Carrel musste seinen Posten am Rockefeller Institute räumen, als seine Ansichten zu peinlich wurden. Carrel kehrte nach Frankreich zurück und gründete ein Institut, das sich auf Gebiete außerhalb des wissenschaftlichen Mainstreams spezialisierte, darunter Telepathie und Wünschelrutengehen. Er unterstützte offen das Vichy-Regime, und fast sicher wäre er als Kollaborateur verurteilt worden, doch er starb 1944, bevor er vor Gericht gestellt werden konnte. Er wurde einundsiebzig Jahre alt. Bei den Nazikriegsverbrecherprozessen in Nürnberg wurde Carrels *Der Mensch, das unbekannte Wesen* zur Verteidigung von Eugenik-Praktiken der Nazis zitiert.

Zwei führende Chicagoer Persönlichkeiten starben ebenfalls 1944. Der Erste der beiden war **Big Bill Thompson,** der im März im Alter von sechsundsiebzig Jahren zu atmen aufhörte. Im Monat darauf nahm **Kenesaw Mountain Landis** mit achtundsiebzig Jahren Abschied von dieser Welt. Landis hatte den größten Teil seiner späteren Laufbahn damit verbracht, gegen Bestrebungen zu kämpfen, Schwarze in den Major Leagues spielen zu lassen. Dieser unehrenhafte Kampf ging 1947 verloren, als Jackie Robinson als erster schwarzer Major-League-Baseballspieler für die Brooklyn Dodgers auflief.

Lindberghs Mutter **Evangeline Lodge Lindbergh** starb 1954 im Alter von achtundsiebzig Jahren an der Parkinson-Krankheit. Seine Witwe **Anne Morrow Lindbergh** brachte nach Charles junior noch fünf weitere Kinder auf die Welt und wurde eine erfolgreiche und bewunderte Autorin, in erster Linie von Memoiren. Sie starb 2001 im reifen Alter von vierundneunzig Jahren und damit als letzte Person, die jenen langen, außergewöhnlichen Sommer miterlebt hat und für diese Geschichte von Bedeutung ist.

Literatur

Aberdare, Lord: *The Story of Tennis*. London: Stanley Paul, 1959

Adair, Robert K.: *The Physics of Baseball*. New York: Harper & Row, 1990

Ahamed, Liaquat: *Die Herren des Geldes. Wie vier Bankiers die Weltwirtschaftskrise auslösten und die Welt in den Bankrott trieben*. München: FinanzBuch-Verlag, 2010

Allaz, Camille: *The History of Air Cargo and Air Mail From the Eighteenth Century*. London: Christopher Foyle Publishing, 2004

Allen, Frederick Lewis: *The Lords of Creation: The Story of the Great Age of American Finance*. London: Hamish Hamilton, 1935

–: *Only Yesterday: An Informal History of the 1920s*. New York: Perennial Library, 1964

Allsop, Kenneth: *The Bootleggers: The Story of Chicago's Prohibition Era*. London: Hutchinson, 1961

Almond, Peter: *Fliegen. Geschichte der Luftfahrt in Bildern*. Köln: DuMont Monte, 2003

Amory, Cleveland, und Frederic Bradlee (Hg.): *Vanity Fair: A Cavalcade of the 1920s and 1930s*. New York: Viking Press, 1960

Avrich, Paul: *Sacco and Vanzetti: The Anarchist Background*. Princeton: Princeton University Press, 1991

Bak, Richard: *The Big Jump: Lindbergh and the Great Atlantic Air Race*. New York: John Wiley & Sons, 2011

Balchen, Bernt: *Come North With Me: An Autobiography*. London: Hodder and Stoughton, 1959

Baldwin, Neil: *Henry Ford and the Jews: The Mass Production of Hate*. New York: Public Affairs, 2001

Barry, John M.: *Rising Tide: The Great Mississippi Flood of 1927 and How It Changed America*. New York: Simon & Schuster, 1998

Barton, Bruce: *The Man Nobody Knows: A Discovery of the Real Jesus*. Indianapolis: Bobbs-Merrill Co., 1925

Baxandall, Rosalyn, und Elizabeth Ewen: *Picture Windows: How the Suburbs Happened*. New York: Basic Books, 2000

Berg, A. Scott: *Goldwyn: A Biography*. New York: Ballantine Books, 1989

–: *Charles Lindbergh. Ein Idol des 20. Jahrhunderts,* München: Blessing, 1999

Bergreen, Laurence: *Al Capone. Ein amerikanischer Mythos*. München: Herbig, 1996

Berliner, Louise: *Texas Guinan: Queen of the Night Clubs*. Austin: University of Texas Press, 1993

Best, Gary Dean: *The Dollar Decade: Mammon and the Machine in 1920s America*. Westport, Connecticut: Praeger Publishers, 2003

Bingham, Hiram: *An Explorer in the Air Service*. New Haven: Yale University Press, 1920

Black, Edwin: *War Against the Weak: Eugenics and America's Campaign to Create a Master Race*. New York: Four Walls Eight Windows, 2003

Blake, Angela M.: *How New York Became American, 1890–1924*. Baltimore: Johns Hopkins University Press, 2006

Blegen, Theodore C.: *Minnesota: A History of the State*. Minneapolis: University of Minnesota Press, 1963

Block, Geoffrey: *Enchanted Evenings: The Broadway Musical from* Show Boat *to* Sondheim. New York: Oxford University Press, 1997

Boardman, Barrington: *From Harding to Hiroshima*. New York: Dembner Books, 1988

Boorstin, Daniel J.: *Das Image. Der amerikanische Traum*. Reinbek: Rowohlt, 1987

Bordman, Gerald M.: *Jerome Kern: His Life and Music*. New York: Oxford University Press, 1980

–: *American Theatre: A Chronicle of Comedy and Drama, 1914–1930*. New York: Oxford University Press, 1995

Boyle, Andrew: *Montagu Norman: A Biography*. London: Cassell, 1967

Boyle, Kevin: *Arc of Justice: A Saga of Race, Civil Rights and Murder in the Jazz Age*. New York: Henry Holt, 2005

Britton, Nan: *The President's Daughter*. New York: Elizabeth Ann Guild, 1927

Brooks, John: *Once in Golconda: A True Drama of Wall Street 1920–1938*. New York: Harper & Row, 1969

Brownlow, Kevin: *Behind the Mask of Innocence*. London: Jonathan Cape, 1990

Budiansky, Stephen: *Air Power: From Kitty Hawk to Gulf War II: A History of the People, Ideas and Machines That Transformed War in the Century of Flight*. London: Viking, 2003

Burroughs, Edgar Rice: *Thuvia, das Mädchen vom Mars*. Alsdorf: Williams, 1973

–: *The War Chief*. London: Methuen and Co., 1929

–: *Tarzan bei den Affen. Erlebnisse eines von Menschenaffen Geraubten*. Stuttgart: Dieck, 1924

Byrd, Richard Evelyn: *Himmelwärts. Meine Flüge zum Nordpol über den Atlantik*. Leipzig: F. A. Brockhaus, 1929

Cahan, Richard: *A Court That Shaped America: Chicago's Federal District Court from Abe Lincoln to Abbie Hoffman*. Evanston: Northwestern University Press, 2002

Cannadine, David: *Mellon: An American Life*. London: Allen Lane, 2006

Carr, Steven Alan: *Hollywood and Anti-Semitism: A Cultural History up to World War II*. Cambridge: Cambridge University Press, 2001

Carrel, Alexis: *Der Mensch, das unbekannte Wesen*. Stuttgart: Deutsche Verlags-Anstalt, 1936

Cerf, Bennett: *Try and Stop Me*. New York: Simon & Schuster, 1945

Chamberlin, Clarence D.: *Record Flights*. New York: Beechwood Press, 1942

Chernow, Ron: *The House of Morgan*. London: Simon & Schuster, 1990

–: *John D. Rockefeller. Die Karriere des Wirtschaftstitanen*. Rosenheim: TM Börsenverlag, 2000

Churchill, Allen: *The Year the World Went Mad*. New York: Thomas Y. Crowell, 1960

–: *The Literary Decade*. London: Prentice-Hall, 1971

–: *The Theatrical 20's*. New York: McGraw-Hill, 1975

Clark, Constance Areson: *God – or Godzilla: Images of Evolution in the Jazz Age*. Baltimore: Johns Hopkins University Press, 2008

Clements, Kendrick A.: *The Life of Herbert Hoover: Imperfect Visionary, 1918–1928*. London: Palgrave/Macmillan, 2010

Clymer, Floyd: *Henry's Wonderful Model T, 1908–1927*. New York: McGraw-Hill Book Company, 1955

Coben, Stanley: *Rebellion Against Victorianism: The Impetus for Cultural Change in 1920s America*. Oxford: Oxford University Press, 1991

Cochrane, Dorothy, Van Hardesty und Russell Lee: *The Aviation Careers of Igor Sikorsky*. Seattle: University of Washington Press, 1980

Cole, Wayne S.: *Charles A. Lindbergh and the Battle Against American Intervention in World War II*. New York: Harcourt Brace Jovanovich, 1974

Coolidge, Calvin: *Have Faith in Massachusetts: A Collection of Speeches and Messages*. London: John Lane/Bodley Head, 1923

–: *The Autobiography of Calvin Coolidge*. London: Chatto & Windus, 1929

Coombs, L. F. E.: *Control in the Sky: The Evolution and History of the Aircraft Cockpit*. Barnsley: Pen and Sword Aviation, 2005

Corn, Joseph J. (Hg.): *Into the Blue: American Writing on Aviation and Spaceflight*. New York: The Library of America, 2011

Coué, Emile: *Die Selbstbemeisterung durch bewusste Autosuggestion*. Basel: Schwabe, 1924

Currell, Susan: *American Culture in the 1920s*. Edinburgh: Edinburgh University Press, 2009

Currell, Susan, und Christina Cogdell (Hg.): *Popular Eugenics: National Efficiency and American Mass Culture in the 1930s*. Athens: Ohio University Press, 2006

Dardis, Tom: *Firebrand: The Life of Horace Liveright*. New York: Random House, 1995

Davis, Kenneth S.: *The Hero: Charles A. Lindbergh and the American Dream*. Garden City, NY: Doubleday, 1959

Dawidoff, Nicholas (Hg.): *Baseball: A Literary Anthology*. New York: Library of America, 2002

Deford, Frank: *Big Bill Tilden: The Triumphs and the Tragedy*. New York: Simon & Schuster, 1976

Derr, Mark: *Some Kind of Paradise: A Chronicle of Man and the Land in Florida.* New York: William Morrow, 1989

Dinnerstein, Leonard, und David M. Reimers: *Ethnic Americans: A History of Immigration* (5. Aufl.). New York: Columbia University Press, 2009

Douglas, Ann: *Terrible Honesty: Mongrel Manhattan in the 1920s.* New York: Noonday Press/Farrar, Straus and Giroux, 1995

Dumenil, Lynn: *The Modern Temper: American Culture and Society in the 1920s.* New York: Hill and Wang, 1995

Dyott, George M.: *Man Hunting in the Jungle: The Search for Colonel Fawcett.* London: Edward Arnold, 1930

Ehrmann, Herbert B.: *The Case That Will Not Die: Commonwealth vs. Sacco and Vanzetti.* London: W. H. Allen, 1970

Eichengreen, Barry: *Golden Fetters: The Gold Standard and the Great Depression, 1919–1939.* New York: Oxford University Press, 1992

Eig, Jonathan: *Luckiest Man: The Life and Death of Lou Gehrig.* New York: Simon & Schuster, 2006

–: *Get Capone: The Secret Plot That Captured America's Most Wanted Gangster.* New York: Simon & Schuster, 2010

Elliott, Robert G., mit Albert R. Beatty: *Agent of Death: The Memoirs of an Executioner.* New York: E. P. Dutton & Co., 1940

Engerman, Stanley J., und Robert E. Gallman: *The Cambridge Economic History of the United States (Vol. 3).* Cambridge: Cambridge University Press, 2000

Evans, Harold: *The American Century.* New York: Alfred A. Knopf, 1999

Everson, William K.: *American Silent Film.* New York: Oxford University Press, 1978

Eyman, Scott: *The Speed of Sound: Hollywood and the Talkie Revolution, 1926–1930.* New York: Simon & Schuster, 1997

Faber, C. F., und R. B. Faber: *Spitballers: The Last Legal Hurlers of the Wet One.* Jefferson, NC: McFarland and Co., 2006

Fisher, David E., und Marshall Jon Fisher: *Tube: The Invention of Television.* Washington, D. C.: Counterpoint, 1996

Fitzgerald, F. Scott: *Früher Erfolg. Essays über Geld und Liebe, Jugend und Karriere, Schreiben und Trinken.* Zürich: Diogenes, 2012

Fogarty, Robert S.: *The Righteous Remnant: The House of David.* Kent, Ohio: Kent State University Press, 1981

Fogelson, Robert M.: *Downtown: Its Rise and Fall, 1880–1950.* New Haven: Yale University Press, 2001

Fokker, Anthony H. G., und Bruce Gould: *Der fliegende Holländer. Das Leben des Fliegers und Flugzeugkonstrukteurs A. H. G. Fokker.* Zürich/Leipzig/Stuttgart: Rascher, 1932

Ford, Henry: *Mein Leben und Werk. Autobiografie eines modernen Unternehmers.* Hanau: AMRA, 2014

Forden, Lesley: *The Ford Air Tours, 1925–1931*. New Brighton, Minnesota: Aviation Foundation of America, 2003

Freedland, Michael: *Al Jolson*. London: W. H. Allen, 1972

Frommer, Harvey: *Five O'Clock Lightning: Babe Ruth, Lou Gehrig and the Greatest Baseball Team in History, the 1927 New York Yankees*. New York: Wiley, 2007

Furnas, J. C.: *Great Times: An Informal Social History of the United States, 1914–1929*. New York: G. P. Putnam's Sons, 1974

Gabler, Neal: *Walter Winchell: Gossip, Power and the Culture of Celebrity*. London: Picador, 1995

–: *Walt Disney: The Biography*. London: Aurum Press, 2007

Gage, Beverly: *The Day Wall Street Exploded: A Story of America in Its First Age of Terror*. Oxford: Oxford University Press, 2009

Galbraith, John Kenneth: *Tabus in Wirtschaft und Politik der USA*. Reinbek: Rowohlt, 1964

–: *Geld: Woher es kommt, wohin es geht*. München/Zürich: Droemer-Knaur, 1976

Gerstle, Gary: *American Crucible: Race and Nation in the Twentieth Century*. Princeton, New Jersey: Princeton University Press, 2001

Gibbs-Smith, Charles H.: *Aviation: An Historical Survey from Its Origins to the End of the Second World War*. London: Science Museum, 2003

Goldberg, Alfred (Hg.): *A History of the United States Air Force 1907–1957*. Princeton, New Jersey: D. Van Nostrand Co., 1957

Goldman, Herbert G.: *Jolson: The Legend Comes to Life*. New York: Oxford University Press, 1988

Goldstein, Malcolm: *George S. Kaufman: His Life, His Theater*. New York: Oxford University Press, 1979

Gordon, John Steele: *An Empire of Wealth: The Epic History of American Economic Power*. New York: Harper Perennial, 2005

Gould, Stephen Jay: *The Flamingo's Smile: Reflections in Natural History*. New York: W. W. Norton, 1985

Grandin, Greg: *Fordlandia: The Rise and Fall of Henry Ford's Forgotten Jungle City*. New York: Metropolitan/Henry Holt, 2009

Grann, David: *Die versunkene Stadt Z. Expedition ohne Wiederkehr – das Geheimnis des Amazonas*. Köln: Kiepenheuer & Witsch, 2010

Grant, H. Roger (Hg.): *We Took the Train*. DeKalb: Northern Illinois University Press, 1990

–: *Railroads and the American People*. Bloomington: Indiana University Press, 2012

Gregory, J. W.: *The Menace of Colour*. London: Seeley, Service & Co., 1925

Grey, Zane: *The Young Pitcher*. London: John Long, 1924

Grossman, James R., Ann Durkin Keating und Janice L. Reiff (Hg.): *The Encyclopedia of Chicago*. London: University of Chicago Press, 2004

Hackett, Alice Payne: *Seventy Years of Best Sellers, 1895–1965*. New York: R. R. Bowker, 1967

Hamill, John: *The Strange Career of Mr Hoover Under Two Flags.* New York: William Faro, Inc., 1931

Hamilton, Ian: *Writers in Hollywood 1915–1951.* London: Heinemann, 1990

Hample, Zack: *The Baseball: Stunts, Scandals, and Secrets Beneath the Stitches.* New York: Anchor Sports, 2011

Harwood, Jr., Herbert H.: *Invisible Giants: The Empires of Cleveland's Van Sweringen Brothers.* Bloomington: Indiana University Press, 2003

Hawes, Elizabeth: *New York, New York: How the Apartment House Transformed the Life of the City (1869–1930).* New York: Alfred A. Knopf, 1993

Helyar, John: *Lords of the Realm: The Real History of Baseball.* New York: Villard Books, 1994

Higham, Charles: *Ziegfeld.* London: W. H. Allen, 1973

Hobhouse, Henry: *Seeds of Wealth: Four Plants That Made Men Rich.* London: Macmillan, 2003

Hokanson, Drake: *The Lincoln Highway: Main Street Across America.* Iowa City: University of Iowa Press, 1988

Holden, Anthony: *The Oscars: The Secret History of Hollywood's Academy Awards.* New York: Little, Brown & Co., 1993

Holtzman, Jerome: *No Cheering in the Press Box.* New York: Henry Holt, 1978

Hoover, Herbert: *Memoiren 1. Jahre der Abenteuer, 1874–1920.* Mainz: Matthias Grünewald Verlag, 1951

–: *Memoiren 2. Das Kabinett und die Präsidentschaft, 1920–1933.* Mainz: Matthias Grünewald Verlag, 1953

Hoyt, Edwin P.: *The Last Explorer: The Adventures of Admiral Byrd.* New York: John Day Company, 1968

Hoyt, William G., und Walter B. Langbein: *Floods.* Princeton, New Jersey: Princeton University Press, 1955

Hyman, Louis: *Debtor Nation: The History of America in Red Ink.* Princeton, New Jersey: Princeton University Press, 2011

Hynd, Noel: *The Giants of the Polo Grounds: The Glorious Times of Baseball's New York Giants.* New York: Doubleday, 1988

Jackson, Brian: *The Black Flag: A Look Back at the Strange Case of Nicola Sacco and Bartolomeo Vanzetti.* Boston: Routledge & Kegan Paul, 1981

Jackson, Joe: *The Thief at the End of the World: Rubber, Power and the Seeds of Empire.* London: Viking, 2008

Jackson, Kenneth T. (Hg.): *The Encyclopedia of New York City* (2. Aufl.). New Haven: Yale University Press, 2010

Jenkins, Alan: *The Twenties.* London: Heinemann, 1974

Jones, Maldwyn Allen: *American Immigration.* Chicago: University of Chicago Press, 1960

Kahn, Roger: *A Flame of Pure Fire: Jack Dempsey and the Roaring '20s.* New York: Harcourt Brace and Co., 1999

Kamm, Antony, und Malcolm Baird: *John Logie Baird: A Life*. Edinburgh: NMS publishing, 2002

Katcher, Leo: *The Big Bankroll: The Life and Times of Arnold Rothstein*. London: Victor Gollancz, 1959

Kennedy, Ludovic: *The Airman and the Carpenter: The Lindbergh Case and the Framing of Richard Hauptmann*. London: Fontana/Collins, 1986

Kenrick, John: *Musical Theatre: A History*. New York: Continuum, 2008

Kessner, Thomas: *The Flight of the Century: Charles Lindbergh and the Rise of American Aviation*. New York: Oxford University Press, 2010

Kisseloff, Jeff: *You Must Remember This: An Oral History of Manhattan from the 1890s to World War II*. New York: Harcourt Brace Jovanovich, 1989

Klingaman, William K.: *Der Crash: Chronik und Psychogramm einer Epoche, die im Börsenkrach von 1929 zusammenbrach*. Bern/München/Wien: Scherz, 1990

Kobler, John: *Al Capone. Sein Leben, seine (Un)taten, seine Zeit*. Bern/München/Wien: Scherz, 1971

Kostof, Spiro: *America by Design*. New York: Oxford University Press, 1987

Kramer, Dale: *Heywood Broun: A Biographical Portrait*. New York: Current Books, 1949

Lacey, Robert: *Ford. Eine amerikanische Dynastie*. Bergisch Gladbach: Lübbe, 1986

–: *Meyer Lansky. Der Gangster und sein Amerika*. Bergisch Gladbach: Lübbe, 1992

La Croix, Robert de: *They Flew the Atlantic*. London: Frederick Muller Ltd., 1958

Landesco, John: *Organized Crime in Chicago*. Chicago: University of Chicago Press, 1968

Leighton, Isabel (Hg.): *The Aspirin Age: 1919–1941*. New York: Simon & Schuster, 1949

Lerner, Michael A.: *Dry Manhattan: Prohibition in New York City*. Cambridge, Mass.: Harvard University Press, 2007

Lindbergh, Anne Morrow: *The Flower and the Nettle: Diaries and Letters of Anne Morrow Lindbergh, 1936–1939*. New York: Harcourt Brace Jovanovich, 1976

Lindbergh, Charles A.: *Mein Flug über den Ozean*. Berlin: Deutsche Buch-Gemeinschaft, 1953

–: *Stationen meines Lebens*. Wien: Molden, 1980

Lingeman, Richard: *Sinclair Lewis: Rebel from Main Street*. New York: Random House, 2002

Lochnar, Louis P.: *Herbert Hoover and Germany*. New York: Macmillan, 1961

Longyard, William H.: *Who's Who in Aviation History*. Shrewsbury: Airlife, 1994

Louvish, Simon: *Mae West: It Ain't No Sin*. London: Faber and Faber, 2005

Loving, Jerome: *The Last Titan: A Life of Theodore Dreiser*. Berkeley: University of California Press, 2005

Lowe, David Garrard: *Lost Chicago*. New York: Watson-Guptill Publications, 2000

MacKellar, Landis: *The 'Double Indemnity' Murder: Ruth Snyder, Judd Gray, and New York's Crime of the Century*. Syracuse: Syracuse University Press, 2006

Mackworth-Praed, Ben (Hg.): *Pionierjahre der Luftfahrt. Vom Heißluftballon zum Motorflug; Erfindungen, Entwicklungen, Katastrophen*. Stuttgart: Motorbuch-Verlag, 1990

Maltby, Richard: *Hollywood Cinema* (2. Aufl.). Oxford: Blackwell, 2003

Mason, Herbert Molloy: *Die Luftwaffe 1918–1945: Aufbau, Aufstieg, Scheitern*. Herrsching: Pawlak, 1973

Maxtone-Graham, John: *Der Weg über den Atlantik. Die einzige Verbindung zwischen Europa und Amerika*. München: Heyne, 1998

Maxwell, Anne: *Picture Imperfect: Photography and Eugenics 1870–1940*. Brighton: Sussex Academic Press, 2008

McCoy, Donald R.: *Calvin Coolidge: The Quiet President*. New York: Macmillan, 1967

McKinney, Megan: *The Magnificent Medills: America's Royal Family of Journalism During a Century of Turbulent Splendor*. New York: HarperCollins, 2011

Meade, Marion: *Buster Keaton: Cut to the Chase*. London: Bloomsbury, 1996

Meltzer, Allan H.: *A History of the Federal Reserve (Vol. 1, 1913–1951)*. Chicago: University of Chicago Press, 2003

Merz, Charles: *The Dry Decade*. Garden City, New York: Doubleday, Doran & Co., 1931

Miller, Nathan: *New World Coming: The 1920s and the Making of Modern America*. New York: Scribner, 2003

Milton, Joyce: *Die Lindberghs. Eine Biografie*. Hamburg: Hoffmann und Campe, 1995

Montague, Richard: *Oceans, Poles and Airmen: The First Flights over Wide Waters and Desolate Ice*. New York: Random House, 1971

Montville, Leigh: *The Big Bam: The Life and Times of Babe Ruth*. New York: Doubleday, 2010

Moore, Lucy: *Anything Goes: A Biography of the Roaring Twenties*. London: Atlantic Books, 2008

Mordden, Ethan: *All That Glittered: The Golden Age of Drama on Broadway, 1919–1959*. New York: St. Martin's Press, 2007

Morone, James A.: *Hellfire Nation: The Politics of Sin in American History*. New Haven: Yale University Press, 2003

Morris, Peter: *A Game of Inches: The Stories Behind the Innovations That Shaped Baseball*. Chicago: Ivan R. Dee, 2006

Mortimer, Gavin: *The Great Swim*. London: Short Books, 2009

Murray, Robert K.: *Red Scare: A Study in National Hysteria, 1919–1920*. Minneapolis: University of Minnesota Press, 1955

Nagorski, Andrew: *Hitlerland: American Eyewitnesses to the Nazi Rise to Power.* New York: Simon & Schuster, 2012

Nasaw, David: *Going Out: The Rise and Fall of Public Amusements.* New York: Basic Books, 1993

Nash, George H.: *The Life of Herbert Hoover: The Engineer, 1874–1914.* New York: W. W. Norton & Co., 1983

–: *The Life of Herbert Hoover: The Humanitarian, 1914–1917.* New York: W. W. Norton & Co., 1988

Nathan, Daniel: *Saying It's So: A Cultural History of the Black Sox Scandal.* Urbana: University of Illinois Press, 2003

Nevins, Allan, und Frank Ernest Hill: *Ford: The Times, the Man, the Company.* New York: Charles Scribner's Sons, 1954

–: *Ford: Expansion and Challenge, 1915–1933.* New York: Charles Scribner's Sons, 1957

Norman, Barry: *Talking Pictures.* London: BBC Books/Hodder and Stoughton, 1987

Okrent, Daniel: *Last Call: The Rise and Fall of Prohibition.* New York: Scribner, 2010

Olson, Sherry H.: *Baltimore: The Building of an American City.* Baltimore: Johns Hopkins University Press, 1980

Orlean, Susan: *Rin Tin Tin: The Life and Legend of the World's Most Famous Dog.* London: Atlantic Books, 2011

Pacyga, Dominic A.: *Chicago: A Biography.* Chicago: University of Chicago Press, 2009

Parrish, Michael E.: *Anxious Decades: America in Prosperity and Depression, 1920–1941.* New York: W. W. Norton, 1992

Pauly, Thomas H.: *Zane Grey: His Life, His Adventures, His Women.* Urbana: University of Illinois Press, 2005

Peretti, Burton W.: *Nightclub City: Politics and Amusement in Manhattan.* Philadelphia: University of Pennsylvania Press, 2007

Pietila, Antero: *Not in My Neighborhood: How Bigotry Shaped a Great American City.* Chicago: Ivan R. Dee, 2010

Pietrusza, David: *Judge and Jury: The Life and Times of Judge Kenesaw Mountain Landis.* South Bend, Indiana: Diamond Communications, 1998

Pinedo, Francesco de: *Amerikaflug. Im Flugzeug zweimal über den Ozean und über beide Amerika.* Zürich: Rascher & Cie, 1928

Pipp, E. G.: *Henry Ford: Both Sides of Him.* Detroit: Pipp's Magazine, 1926

Pisano, Dominick A., und R. Robert van der Linden: *Charles Lindbergh and the Spirit of St Louis.* Washington, D. C.: Smithsonian National Air and Space Museum, 2002

Quint, Howard H., und Robert H. Ferrell: *The Talkative President: The Off-the-Record Press Conferences of Calvin Coolidge.* Amherst: University of Massachusetts Press, 1964

Randel, William Peirce: *Ku Klux Klan*. Bern/München/Wien: Scherz, 1965

Rayner, Richard: *A Bright and Guilty Place*. London: Constable, 2010

Reisler, Jim: *Babe Ruth Slept Here: The Baseball Landmarks of New York City*. South Bend, Indiana: Diamond Communications, 1999

–: *Babe Ruth: Launching the Legend*. New York: McGraw-Hill, 2004

Ribowsky, Mark: *The Complete History of the Home-Run*. New York: Citadel Press, 2003

Ritter, Lawrence S.: *The Glory of Their Times: The Story of the Early Days of Baseball Told by the Men Who Played It*. New York: HarperCollins, 1992

–: *Lost Ballparks: A Celebration of Baseball's Legendary Fields*. New York: Viking, 1992

Root, Waverley, und Richard de Rochemont: *Eating in America: A History*. New York: William Morrow & Co., 1976

Russell, Francis: *Tragedy in Dedham: The Story of the Sacco-Vanzetti Case*. London: Longmans, 1963

–: *Sacco & Vanzetti: The Case Resolved*. New York: Harper & Row, 1986

Ruth, Babe (erzählt von Bob Considine): *The Babe Ruth Story*. New York: C. P. Dutton & Co., 1948

Sampson, Anthony: *Empires of the Sky: The Politics, Contests and Cartels of World Airlines*. London: Hodder and Stoughton, 1984

Sanders, James: *Celluloid Skyline: New York and the Movies*. London: Bloomsbury, 2002

Schatz, Thomas: *The Genius of the System: Hollywood Filmmaking in the Studio Era*. New York: Henry Holt, 1988

Schlesinger, Jr., Arthur M.: *The Crisis of the Old Order, 1919–1933*. London: Heinemann, 1957

Schwartz, Evan I.: *The Last Lone Inventor: A Tale of Genius, Deceit and the Birth of Television*. New York: HarperCollins, 2002

Seale, William: *The White House: The History of an American Idea*. Washington, D. C.: American Institute of Architects Press, 1997

Shlaes, Amity: *Coolidge*. New York: HarperCollins, 2013

Silver, Nathan: *Lost New York*. Boston: Houghton Mifflin, 1967

Sinclair, Andrew: *Prohibition: The Era of Excess*. London: Faber and Faber, 1962

Sklar, Robert: *Movie-Made America: A Cultural History of American Movies*. New York: Vintage, 1994

Smelser, Marshall: *The Life That Ruth Built: A Biography*. Lincoln: University of Nebraska Press, 1993

Smith, Page: *America Enters the World: A People's History of the Progressive Era and World War I*. New York: McGraw-Hill, 1985

Smith, Rex Alan: *The Carving of Mount Rushmore*. New York: Abbeville Press, 1985

Smith, Richard Norton: *An Uncommon Man: The Triumph of Herbert Hoover*. New York: Simon & Schuster, 1984

–: *The Colonel: The Life and Legend of Robert R. McCormick, 1880–1955*. Boston: Houghton Mifflin, 1997

Smith, Terry: *Making the Modern: Industry, Art, and Design in America*. Chicago: University of Chicago Press, 1993

Sorensen, Charles E., mit Samuel T. Williamson: *Forty Years With Ford*. London: Jonathan Cape, 1959

Starr, Kevin: *Inventing the Dream: California Through the Progressive Era*. New York: Oxford University Press, 1986

Stenn, David: *Clara Bow: Runnin' Wild*. London: Ebury Press, 1989

Stern, Robert M., Gregory Gilmartin und Thomas Mellins: *New York 1930: Architecture and Urbanism Between the Two World Wars*. New York: Rizzoli, 1994

Sullivan, Mark: *Our Times: The United States, 1900–1925* (6 Bde.). London: Charles Scribner's Sons, 1935

Summers, Anthony: *J. Edgar Hoover. Der Pate im FBI*. München/Berlin: Langen Müller, 1993

Taliaferro, John: *Tarzan Forever: The Life of Edgar Rice Burroughs, Creator of Tarzan*. New York: Scribner, 1999

Tauranac, John: *Elegant New York: The Builders and the Buildings, 1885–1915*. New York: Abbeville Press, 1985

Thomas, Henry W.: *Walter Johnson: Baseball's Big Train*. Lincoln: University of Nebraska Press, 1995

Thorn, John, und Pete Palmer: *Total Baseball: The Ultimate Encyclopedia of Baseball* (3. Aufl.). New York: Harper Perennial, 1993

Toll, Robert C.: *On With the Show: The First Century of Show Business in America*. New York: Oxford University Press, 1976

Thurber, James: *The Years with Ross*. New York: Ballantine Books, 1972

Tygiel, Jules: *Past Time: Baseball as History*. New York: Oxford University Press, 2000

Van Creveld, Martin: *The Age of Airpower*. New York: Public Affairs, 2011

Vincent, David: *Home-Run: The Definitive History of Baseball's Ultimate Weapon*. Washington: Potomac Books, 2007

Wade, Wyn Craig: *The Fiery Cross: The Ku Klux Klan in America*. New York: Simon & Schuster, 1987

Wagenheim, Kal: *Babe Ruth: His Life and Legend*. New York: Henry Holt, 1992

Walker, Stanley: *The Night Club Era*. Baltimore: Johns Hopkins University Press, 1933 (Nachdruck 1999)

Wallace, David: *Capital of the World: A Portrait of New York City in the Roaring Twenties*. Guilford, Connecticut: Lyons Press, 2011

Wallace, Graham: *The Flight of Alcock & Brown, 14–15 June 1919*. London: Putnam, 1955

Ward, Geoffrey C., mit Ken Burns: *Baseball: An Illustrated History*. New York: Alfred A. Knopf, 1990

Ware, Susan (Hg.): *Forgotten Heroes.* New York: Free Press, 1998

Watts, Jill: *Mae West: An Icon in Black and White.* Oxford: Oxford University Press, 2001

Weigley, Russell F. (Hg.): *Philadelphia: A 300-Year History.* New York: W. W. Norton & Co., 1982

Weindling, Paul Julian: *Nazi Medicine and the Nuremberg Trials.* London: Macmillan, 2004

Weintraub, Robert: *The House That Ruth Built: A New Stadium, the First Yankees Championship, and the Redemption of 1923.* New York: Simon & Schuster, 2011

Whitehouse, Arch: *The Early Birds.* London: Nelson Publishing, 1967

Williams, Ted, und John Underwood: *The Science of Hitting.* New York: Fireside/Simon & Schuster, 1971

Wilmeth, Don B., und Christopher Bigsby: *The Cambridge History of American Theatre: 1870–1945.* Cambridge: Cambridge University Press, 1999

Wilson, Edmund: *The American Earthquake: A Documentary of the Twenties and Thirties.* London: W. H. Allen, 1958

Wohl, Robert: *The Spectacle of Flight: Aviation and the Western Imagination, 1920–1950.* New Haven: Yale University Press, 2005

Yagoda, Ben: *Will Rogers: A Biography.* Norman: University of Oklahoma Press, 1993

–: *About Town: The New Yorker and the World It Made.* New York: Da Capo Press, 2000

Young, William, und David E. Kaiser: *Postmortem: New Evidence in the Case of Sacco and Vanzetti.* Amherst: University of Massachusetts Press, 1985

Zeitz, Joshua, *Flapper: A Madcap Story of Sex, Style, Celebrity, and the Women Who Made Modern America.* New York: Three Rivers Press, 2006

Zukowsky, John (Hg.): *Building for Air Travel: Architecture and Design for Commercial Aviation.* Chicago: The Art Institute of Chicago, 1996

Anmerkungen zu den Quellen und Leseempfehlungen

Im Folgenden sind die wichtigsten für dieses Buch verwendeten Quellen sowie weitere Leseempfehlungen aufgelistet. Ausführliche bibliografische Angaben sind der Bibliografie auf den vorangegangenen Seiten zu entnehmen. Hinweise zu bestimmten Zitaten und anderen verwendeten Quellen finden sich auf: www.billbryson.co.uk.

Allgemein
Der unterhaltsamste und erfrischend informativste Bericht über die Epoche bleibt *Only Yesterday* von Frederick Lewis Allen, ursprünglich 1931 veröffentlicht, aber seitdem viele Male neu aufgelegt. Ganz ausgezeichnet ist auch Mark Sullivans sechsbändige Chronik *Our Times,* wenngleich sie sich nur mit der Zeit bis 1925 befasst. Neuere empfehlenswerte Publikationen sind J. C. Furnas' *Great Times* und Nathan Millers *New World Coming*. Das meines Wissens einzige Buch speziell zum Jahr 1927 ist *The Year the World Went Mad* von Allen Churchill.

Prolog
Von besonderem Wert für die Geschichte der Fliegerei in der damaligen Zeit waren *Fliegen. Die Geschichte der Luftfahrt* von Peter Almond und *Pionierjahre der Luftfahrt. Vom Heißluftballon zum Motorflug,* herausgegeben von Ben Mackworth-Praed. Zu technischen Aspekten ist L. F. E. Coombs' *Control in the Sky: The Evolution and History of the Aircraft Cockpit* sehr zu empfehlen. Viele weitere Details stammen aus Graham Wallace' *The Flight of Alcock & Brown,* Robert de La Croix' *They Flew the Atlantic* und den halboffiziellen amerikanischen *Aircraft Year Books* für die Jahre 1925–1930, herausgegeben vom Aeronautical Chamber of Commerce of America, Inc. Bei Hiram Binghams *An Explorer in the Air Service,* das für dieses Buch nur von nebensächlicher Bedeutung ist, handelt es sich um eine faszinierende Studie über die Haltung Amerikas zur militärischen Luftfahrt im Ersten Weltkrieg. Informationen zur amerikanischen Finanzierung des Ersten Weltkriegs finden sich in *The House of Morgan* von Ron Chernow und *An Empire of Wealth* von John Steele Gordon.

1. Kapitel

Die Einzelheiten zum Fall Snyder und Gray stammen vor allem aus Artikeln in der *New York Times* und anderen zeitgenössischen Berichten. Einen guten allgemeinen Überblick bietet Landis MacKellars *The ›Double Indemnity‹ Murder*. Weitere Details finden sich in *The American Earthquake* von Edmund Wilson und in »The Bloody Blonde and the Marble Woman: Gender and Power in the Case of Ruth Snyder« von Jessie Ramey im *Journal of Social History*, Frühjahr 2004. Ein interessanter Essay mit dem Titel »Multiple Indemnity: Film Noir, James M. Cain, and Adaptations of a Tabloid Case« von V. P. Pelizzon und Nancy Martha West zum Einfluss des Falls Snyder und Gray auf Hollywood wurde in der Oktoberausgabe 2005 der akademischen Zeitschrift *Narrative* veröffentlicht. Viele der Einzelheiten zu den außergewöhnlichen Marotten von Bernarr Macfadden stammen aus einer dreiteiligen Serie, die im Oktober 1950 im *New Yorker* erschien.

2. Kapitel

Charles Lindbergh. Ein Idol des 20. Jahrhunderts von A. Scott Berg ist die Standardbiografie. Kenneth S. Davis' *The Hero: Charles A. Lindbergh and the American Dream* ist zwar über fünfzig Jahre alt, aber wunderschön geschrieben. Außerdem enthält es eine Menge Details, die man sonst nirgendwo findet. Nichts fängt die Herausforderung und die Spannung jenes Sommers jedoch besser ein als Lindberghs eigener, 1953 erschienener Bericht *Mein Flug über den Ozean*, der mit dem Pulitzer-Preis ausgezeichnet wurde. Lindbergh verriet noch ein paar zusätzliche Beobachtungen zu seinem Leben in *Stationen meines Lebens*, das kurz nach seinem Tod erschien. Technische Details zu Lindberghs Flug und eine herausragende Analyse von dessen Bedeutung bieten Dominick A. Pisano und R. Robert van der Linden in *Charles Lindbergh and the Spirit of St. Louis*. Sämtliche hier genannten Titel waren eine große Hilfe für dieses Kapitel und das ganze Buch.

3. Kapitel

Das Standardwerk zur Mississippi-Flut von 1927 ist *Rising Tide* von John M. Barry. Herbert Hoovers Rolle bei den Hilfsaktionen wird in »Herbert Hoover, Spokesman of Human Efficiency«, erschienen im *American Quarterly* vom Herbst 1970, detailliert untersucht. Allgemeiner gehalten, aber ebenfalls ausgezeichnet ist das Buch *Floods* von William G. Hoyt und Walter B. Langbein. Hoovers Aufstieg zur Macht wird von Kendrick A. Clements in *The Life of Herbert Hoover* nachgezeichnet, von George H. Nash in seiner zweibändigen Biografie mit demselben Titel und von Richard Norton Smith in *An Uncommon Man: The Triumph of Herbert Hoover*. Hoover selbst hat ausführliche und überraschend gut lesbare Memoiren hinterlassen. Einzelheiten zu den finanziellen Manövern von Andrew Mellon stammen überwiegend aus David Cannadines eleganter Biografie *Mellon: An American Life*. Die Kommentare zu Calvin Coolidges Arbeitsgewohnheiten finden sich in Arthur M. Schlesingers *The Crisis of the Old Order*, in Wilson Browns »Aide to Four Presidents«, erschienen in *American Heritage* vom Februar 1955, in Donald R. McCoys *Calvin Coolidge* und in »Psychological Pain and the Presidency von Robert E. Gilbert, erschienen in *Political Psychology* vom März 1998.

4. Kapitel
Die Statistiken über die Annehmlichkeiten in amerikanischen Haushalten im Jahr 1927 stammen größtenteils aus der März- und der Juli-Ausgabe des *Scientific American* aus demselben Jahr. Andere Einzelheiten sind Susan Currells *American Culture in the 1920s* zu entnehmen. Der Stand der amerikanischen Highways zur damaligen Zeit lässt sich aus *The Lincoln Highway* von Drake Hokanson ersehen. Die Situation auf dem Roosevelt Field im Jahr 1927 ist in »How Not to Fly the Atlantic«, erschienen in *American Heritage* vom April 1971, sowie in *The Big Jump* von Richard Bak und in *The Flight of the Century* von Thomas Kessner ausführlich beschrieben.

5. Kapitel
Der Fall »Vereinigte Staaten gegen Sullivan« wird in »Taxing Income from Unlawful Activities«, Yale Law School Legal Scholarship Repository, Faculty Scholarship Series, Paper 2289, diskutiert sowie in der März-Ausgabe des *Columbia Law Review* von 2005. Im *New Yorker* vom 16. Februar 1929 wurde Mabel Walker Willebrandt eine bewundernde Kurzbiografie gewidmet. Details über die Amerikatour von Francesco de Pinedo stammen überwiegend aus zeitgenössischen Artikeln in der *New York Times*, ebenso die Einzelheiten zu Andrew Kehoes mörderischem Bombenattentat in Bath, Michigan.

6. Kapitel
Charles Lindberghs Flug nach Paris gehört nach wie vor zu den Ereignissen der jüngeren Geschichte, über die am meisten geschrieben wurde, deshalb stammen die Einzelaspekte aus vielen verschiedenen Quellen. Lindberghs eigener akribischer Bericht *Mein Flug über den Ozean* hatte für mich immer das letzte Wort, was den Flug selbst anbelangt. Details zu *Rio Rita* und anderen Broadway-Stücken sind *American Theatre* von Gerald M. Bordman und *The Theatrical 20's* von Allen Churchill zu entnehmen. Die biografischen Fakten zu Bill Tilden stammen überwiegend aus Frank Defords *Big Bill Tilden*. Eine Kurzbiografie von Myron Herrick erschien am 28. Juli 1928 im *New Yorker*. Abgesehen davon wurde kaum etwas über ihn geschrieben.

7. Kapitel
Die Hysterie im Zusammenhang mit Lindberghs erfolgreichem Flug fängt Kenneth S. Davis in *The Hero* besonders gut ein. Weitere Informationen stammen aus »Columbus of the Air«, *North American Review*, September/Oktober 1927, aus »Lindberghs Return to Minnesota, 1927«, *Minnesota History*, Winter 1970, und aus »My Own Mind and Pen«, *Minnesota History*, Frühjahr 2002, sowie aus verschiedenen zeitgenössischen New Yorker und Londoner Zeitungen. Einzelheiten zu Lindberghs Empfang in London wur-

den verschiedenen Ausgaben der Londoner *Times* und den *Illustrated London News* vom 4. Juni 1927 entnommen.

8. Kapitel
Wenngleich Babe Ruths Autobiografie *The Babe Ruth Story*, die er mithilfe des Sportjournalisten Bob Considine verfasst hat, in vielen privaten Aspekten nicht einmal annähernd verlässlich ist, handelt es sich bei ihr trotzdem um die interessanteste und persönlichste Schilderung seines Lebens. Erwähnenswert sind außerdem *The House That Ruth Built* von Robert Weintraub, *The Big Bam* von Leigh Montville, *Babe Ruth: Launching the Legend* von Jim Reisler und *The Life That Ruth Built* von Marshall Smelser. Details über das Baltimore aus der Zeit von Ruths Kindheit stammen aus Sherry H. Olsons *Baltimore: The Building of an American City*.

9. Kapitel
Eines der faszinierendsten Bücher über Amerikas Lieblingsbeschäftigung ist Robert K. Adairs *The Physics of Baseball*, eines der unterhaltsamsten Lawrence S. Ritters Interviewsammlung *The Glory of Their Times*. Viele interessante Aspekte lieferten auch *The Baseball* von Zack Hample, *Spitballers* von C. F. und R. B. Faber, *Baseball: An Illustrated History* von Geoffrey C. Ward (unter Mitarbeit von Ken Burns), *Total Baseball* von John Thorn und Pete Palmer, *The Complete History of the Home-Run* von Mark Ribowsky und *Past Time: Baseball as History* von Jules Tygiel.

10. Kapitel
Der Flug der *Columbia* und die persönlichen Eigenheiten von Charles A. Levine sind in Clarence D. Chamberlins 1942 erschienener, aber noch immer hervorragend lesbarer Autobiografie *Record Flights* ausführlich beschrieben. Weitere Details zu dem Flug und seinem Nachspiel stammen überwiegend aus der *New York Times*. Eine faszinierende Erklärung dafür, weshalb von dem Spielfilm *Babe Comes Home* keine Kopie überlebt hat, liefert David Pierce' »The Legion of the Condemned – Why American Silent Films Perished«, *Film History*, Vol. 9, No. 1, 1997.

11. Kapitel
Die Marotten von Dwight Morrow wurden in einer Kurzbiografie im *New Yorker* vom 15. Oktober 1927 untersucht. Weitere Details sind in *The House of Morgan* von Ron Chernow zu finden. Die Renovierungsarbeiten am Weißen Haus im Sommer 1927 werden in *The White House: The History of an American Idea* von William Seale diskutiert. Die Anekdote über Präsident Coolidges Seekrankheit stammt aus dem *New Yorker* vom 25. Juni 1927. Einen guten Überblick über die Entwicklung des Rundfunks in der damaligen Epoche bietet »Radio Grows Up«, *American Heritage*, August/September 1983. Die Fakten zum Stadtleben stammen aus *Downtown: Its Rise and Fall* von Robert M. Fogelson. Gertrude Ederle und die Modewelle des Ärmelkanalschwimmens werden in *The Great Swim* von Gavin Mortimer diskutiert.

12. Kapitel
Zwei hervorragende Studien zur Prohibition sind Daniel Okrents *Last Call* und Michael A. Lerners *Dry Manhattan*. Weitere Details stammen aus *Texas Guinan: Queen of the Night Clubs* von Louise Berliner und aus *The Night Club Era* von Stanley Walker. Viele andere Fakten sind verschiedenen Ausgaben des *New Yorker* entnommen, der während der gesamten dreizehn Jahre der Prohibition ein beinahe obsessives Interesse an Alkohol hatte.

13. Kapitel
Richard Byrd erzählt seine Version des Flugs der *America* sowie damit zusammenhängender Ereignisse in seinem 1929 erschienenen Buch *Himmelwärts. Meine Flüge zum Nordpol über den Atlantik*. Außerdem schrieb er einen langen Artikel mit dem Titel »Our Transatlantic Flight«, veröffentlicht im September 1927 in der *National Geographic*. In starkem Kontrast dazu stehen die Berichte von zwei Männern, die Byrd gut kannten: *Der fliegende Holländer* von Anthony Fokker und *Come North With Me* von Bernt Balchen. Eine weitere Perspektive liefern *Oceans, Poles and Airmen* von Richard Montague und *The Last Explorer* von Edwin P. Hoyt. Die missmutigere Seite von Charles Lindbergh beleuchten zwei Kurzbiografien im *New Yorker* vom 20. und vom 27. September 1930.

14. Kapitel
The Autobiography of Calvin Coolidge, erschienen im Jahr 1929, ist natürlich befangen und selektiv, bietet jedoch eine klare, ungeschminkte Schilderung der Ereignisse in Coolidges Leben. Weitere Details stammen aus *Calvin Coolidge: The Quiet President* von Donald R. McCoy und aus der 2013 veröffentlichten Biografie *Coolidge* von Amity Shlaes. Letztere betrachtet nicht nur Coolidge, sondern auch Warren G. Harding aus einem interessanten neuen Blickwinkel. In einem völlig anderen Licht erscheint Harding in Nan Brittons *The President's Daughter,* das sich noch heute als atemberaubende Lektüre erweist. Einen Insiderbericht über Coolidges Eigenheiten findet man in »Aide to Four Presidents«, *American Heritage,* Februar 1955. Coolidges mentaler Zustand wird von Robert E. Gilbert in »Psychological Pain and the Presidency«, *Political Psychology,* März 1998, auf interessante Art und Weise seziert. Beachtenswert ist auch der Essay »Too Silent«, *Reviews of Politics,* Frühjahr 1999. Mehr über Coolidges seltsamen Widerwillen, seines Amtes zu walten, ist dem Artikel »Coolidge Refuses to Issue Proclamation Calling for Observance of Education Week« in der *New York Times* vom 18. Oktober 1927 zu entnehmen.

15. Kapitel
Die Geschichte vom Treffen der vier Zentralbanker auf Long Island im Sommer 1927 erzählt Liaquat Ahamed in *Die Herren des Geldes*. Weitere Details stammen aus *Once in Golconda* von John Brooks, aus *Golden Fetters: The Gold Standard and the Great Depression, 1919–1939* von Barry Eichengreen und aus *A History of the Federal Reserve* von Allan H. Meltzer. Eben-

falls sehr gut, wenn auch etwas veraltet, ist *The Lords of Creation: The Story of the Great Age of American Finance* von Frederick Lewis Allen. Aufstieg und Fall der Gold Coast wird in *Picture Windows: How the Suburbs Happened* von Rosalyn Baxandall und Elizabeth Ewen detailliert dargestellt. Louis Hyman erzählt in *Debtor Nation* die interessante Geschichte der Abhängigkeit Amerikas vom Verbraucherkredit.

16. Kapitel

Der umfassendste (und enthusiastischste) Bericht über das Team der Yankees im Jahr 1927 ist Harvey Frommers *Five O'Clock Lightning: Babe Ruth, Lou Gehrig and the Greatest Baseball Team in History, the 1927 New York Yankees*. Rückschlüsse auf Lou Gehrigs Charakter lassen sich aus *Luckiest Man: The Life and Death of Lou Gehrig* von Jonathan Eig ziehen und aus Kurzbiografien im *New Yorker* vom 10. August 1929 und in *Liberty* vom 19. August 1933 sowie aus sämtlichen anderen bereits genannten Baseball-Büchern. Über das Leben von Jacob Ruppert wurde nur sehr wenig geschrieben, im *New Yorker* vom 24. September 1932 findet sich jedoch eine informative Kurzbiografie.

17. Kapitel

Henry Fords Leben und seine geschäftlichen Aktivitäten werden in der zweibändigen Monografie *Ford* von Allan Nevins und Frank Ernest Hill ausführlich beschrieben, in Robert Laceys *Ford: The Men and the Machine* etwas bündiger. Neil Baldwin bietet in *Henry Ford and the Jews* eine wissenschaftliche Analyse von Fords ungewöhnlichem Antisemitismus. Eine liebevolle Beurteilung der Reize und Eigenarten früher Ford-Fahrzeuge ist in Floyd Clymers *Henry's Wonderful Model T* zu finden. Eine technischere Einschätzung nimmt Terry Smith in *Making the Modern: Industry, Art, and Design in America* vor. Charles E. Sorensens *Forty Years With Ford* und in E. G. Pipps *Henry Ford: Both Sides of Him* zeigen Ford aus der Perspektive von Männern, die ihn gut kannten.

18. Kapitel

Ein unentbehrlicher Bericht über die Abenteuer der Ford Motor Company in Amazonien ist Greg Grandins *Fordlandia: The Rise and Fall of Henry Ford's Forgotten Jungle City*. Was die Geschichte von Kautschuk im Allgemeinen anbetrifft, sind sowohl Henry Hobhouses *Seeds of Wealth* als auch Joe Jacksons *The Thief at the End of the World* zu empfehlen. Packende Berichte über Percy Fawcetts unbedachte Dschungelexpedition finden sich in *Die versunkene Stadt Z* von David Grann und in *Man Hunting in the Jungle: The Search for Colonel Fawcett* von George M. Dyott.

19. Kapitel

Der Immobilienboom sowie der Crash in Florida werden ausführlich behandelt in *Some Kind of Paradise* von Mark Derr sowie in zwei *American Heritage*-Artikeln mit den Titeln »Bubble in the Sun« vom August 1965 und

»The Man Who Invented Florida« vom Dezember 1975. Die Details zu Jack Dempsey und seinen Kämpfen stammen in erster Linie aus *A Flame of Pure Fire* von Roger Kahn und aus einer unregelmäßig erschienenen Serie im *New Yorker* mit dem Titel »That Was Pugilism«, insbesondere aus den Ausgaben vom 19. November 1949 und vom 4. November 1950. Weitere Details finden sich in »A Sporting Life« im *New Yorker* vom 2. Oktober 1999 und in »Destruction of a Giant« in *American Heritage* vom April 1977. Der beste Bericht über Charles Lindberghs Tournee durch Amerika ist »Seeing America With Lindbergh« in der *National Geographic* vom Januar 1928. Einzelheiten zur Sesquicentennial Exposition in Philadelphia finden sich in *Philadelphia: A 300-Year History*, herausgegeben von Russell F. Weigley.

20. Kapitel

Über den Fall Sacco und Vanzetti wurden unzählige Bücher geschrieben. Für allgemeine Hintergrundinformationen sind Francis Russells *Tragedy in Dedham* und *Sacco & Vanzetti: The Case Resolved* exzellent. Die mit Abstand beste Erklärung der politischen Motive der beiden Anarchisten liefert Paul Avrich in seiner 1991 erschienenen Studie *Sacco and Vanzetti: The Anarchist Background*. Die Stimmung im Land in den Jahren nach dem Ersten Weltkrieg schildern Leonard Dinnerstein und David M. Reimers in *Ethnic Americans* sowie Robert K. Murray in *Red Scare: A Study in National Hysteria, 1919–1920*.

21. Kapitel

The Carving of Mount Rushmore von Rex Alan Smith erzählt nicht nur die Geschichte von Gutzon Borglum und seinem großen Monument, sondern hat auch viele interessante Details über Calvin Coolidges Sommer in South Dakota parat. Die Skulptur wird auch in »Mt. Rushmore« im *Smithsonian* vom Mai 2006 und in »Carving the American Colossus« in *American Heritage* vom Juni 1977 besprochen. Wie sich der Tod seines Sohnes auf Calvin Coolidge ausgewirkt hat, wird in »Psychological Pain and the Presidency« in *Political Psychology* vom März 1998 und in »The Presidency of Calvin Coolidge« in *Presidential Studies Quarterly* vom September« 1999 diskutiert. Herbert H. Harwood, Jr., untersucht in *Invisible Giants* eingehend das Leben der wunderbar exzentrischen Brüder Van Sweringen.

22. Kapitel

In der *New York Times* erschienen im Sommer 1927 etwa 500 Artikel über Langstreckenflüge, und die Fakten in diesem Kapitel stammen fast ausschließlich aus diesen Beiträgen. Edward R. Armstrongs Pläne, im Atlantik mehrere schwimmende Plattformen zu bauen, werden in »Airports Across the Ocean« in *American Heritage Invention & Technology* vom Sommer 2001 diskutiert. Die Freuden und Gefahren von Schiffsreisen in der damaligen Zeit werden von John Maxtone-Graham in *Der Weg über den Atlantik* auf unterhaltsame Weise beleuchtet. Eine ausführliche Schilderung von Charles Lindberghs Besuch in Springfield, Illinois, findet sich in der Oktober-Ausgabe des *Journal of the Illinois State Historical Society* aus dem Jahr 1927.

23. Kapitel

Die Dreharbeiten zu *Wings* beschreibt Robert Wohl hervorragend in *The Spectacle of Flight: Aviation and the Western Imagination, 1920–1950*. Die Fakten zu Clara Bows bewegtem jungem Leben stammen aus David Stenns trefflich betitelter Biografie *Clara Bow: Runnin' Wild*. Weitere Aspekte zu Bow sind dem Artikel »Making ›It‹ in Hollywood« im *Cinema Journal* vom Sommer 2003 zu entnehmen. Bücher über den Stummfilm und den Übergang zum Tonfilm gibt es wie Sand am Meer, besonders nützlich für dieses Buch waren jedoch *American Silent Film* von William K. Everson, *The Speed of Sound: Hollywood and the Talkie Revolution, 1926 – 1930* von Scott Eyman, *The Genius of the System: Hollywood Filmmaking in the Studio Era* von Thomas Schatz und *Movie-Made America: A Cultural History of American Movies* von Robert Sklar. Die Funktionsweise von Lee De Forests Audion-Röhre wird im *Scientific American* vom März 1965 im Detail erklärt.

24. Kapitel

Die Fakten zur Karriere von Robert G. Elliott stammen überwiegend aus seinen 1940 erschienenen Memoiren *Agent of Death: The Memoirs of an Executioner* (aufgezeichnet von Albert R. Beatty). Die Verärgerung des Zeitungsjournalisten Heywood Broun über die Hinrichtung von Sacco und Vanzetti sind Dale Kramers *Heywood Broun: A Biographical Portrait* entnommen. Eine im *New Yorker* vom 8. Mai 1937 erschienene Kurzbiografie von Charles Ponzi enthält viele interessante Fakten, die sonst nirgends zu finden sind. Einzelheiten zu den Ausschreitungen in Europa stammen größtenteils aus der *New York Times*, aber auch aus der Londoner *Times* aus jener Woche sowie aus den *Illustrated London News* vom 3. September 1927.

25. Kapitel

Das Ansonia und andere Apartment-Hotels der damaligen Zeit werden in *Elegant New York* von John Tauranac und in *New York, New York: How the Apartment House Transformed the Life of the City (1869 – 1930)* von Elizabeth Hawes geschildert. Literatur zum amerikanischen Schienenverkehr in den ersten Jahrzehnten des 20. Jahrhunderts ist überraschend dünn gesät. Zwei Bücher, die sowohl einen Teil der Romantik als auch der Langeweile des Reisens auf der Schiene in der damaligen Zeit einfangen, sind *Railroads and the American People*, geschrieben von H. Roger Grant, und *We Took the Train*, von Grant herausgegeben. Über Miller Huggins, den Trainer der Yankees, wurde ebenfalls nur wenig geschrieben. Der Großteil der hier präsentierten Informationen stammt aus einer Kurzbiografie im *New Yorker* vom 2. Oktober 1927. Charles Lindberghs Heimkehr wird in »Lindberghs Return to Minnesota«, *Minnesota History*, Winter 1970, ausführlich beschrieben.

26. Kapitel

Amerikas bizarre Vorliebe für die negative Eugenik wird besonders gut dargestellt in *The War Against the Weak: Eugenics and America's Campaign to Create a Master Race* von Edwin Black und in *Picture Imperfect: Photography and*

Eugenics, 1870 – 1940 von Anne Maxwell. Ebenfalls interessant ist *Popular Eugenics: National Efficiency and American Mass Culture in the 1930s,* herausgegeben von Susan Currell und Christina Cogdell, auch wenn das Buch sein Augenmerk auf das folgende Jahrzehnt legt. Die Geschichte des Ku-Klux-Klans wird in *The Fiery Cross* von Wyn Craig Wade beleuchtet; weitere Hinweise sind zu finden in »Hooded Populism«, *Reviews in American History,* Dezember 1994. *Not in My Neighborhood* von Antero Pietila ist besonders zu empfehlen, was Restriktionsmaßnahmen anbelangt. Mit anderen Aspekten des Rassenhasses in Amerika befassen sich *Hollywood and Anti-Semitism* von Steven Alan Carr und *Hellfire Nation* von James A. Morone. Die schrecklichen Auswirkungen der Eugenik in Deutschland werden in *Nazi Medicine and the Nuremberg Trials* von Paul Julian Weindling dargestellt. Der Fall »Buck gegen Bell« ist Thema eines ausgezeichneten Kapitels von *The Flamingo's Smile* des inzwischen verstorbenen Stephen Jay Gould.

27. Kapitel

Zwei herausragende Bücher zur Entwicklung des Fernsehens sind *The Last Lone Inventor: A Tale of Genius, Deceit and the Birth of Television* von David E. Fisher und Marshall Jon Fisher. Das traurige Ende von Philo T. Farnsworth beschreibt der Artikel »A Critic at Large« im *New Yorker* vom 27. Mai 2002. Mit John Logie Baird befassen sich Antony Kamm und Malcolm Baird in *John Logie Baird: A Life.* Weitere Details, insbesondere zu öffentlichen Demonstrationen des Fernsehens im Sommer 1927, stammen überwiegend aus der *New York Times.*

28. Kapitel

Zwei Bücher von Allen Churchill, *The Literary Decade* und *The Theatrical 20's,* bieten eine hervorragende Einführung in die Welt der Bücher und des Theaters in den zwanziger Jahren. Einen interessanten Einblick in das Leben in New York zur damaligen Zeit gewährt *About Town: The New Yorker and the World It Made* von Ben Yagoda. *Show Boat* wird besonders ausführlich behandelt in *Jerome Kern: His Life and Music* von Gerald M. Bordman und in *Enchanted Evenings: The Broadway Musical from* Show Boat *to Sondheim* von Geoffrey Block. Die Lebensgeschichten der beiden beliebtesten amerikanischen Autoren der damaligen Epoche werden in *Tarzan Forever: The Life of Edgar Rice Burroughs, Creator of Tarzan* von John Taliaferro und in *Zane Grey: His Life, His Adventures, His Women* von Thomas H. Pauly erzählt. *Firebrand: The Life of Horace Liveright* von Tom Dardis beleuchtet sowohl den Verleger als auch die literarischen Kreise, in denen er sich bewegte.

29. Kapitel

Nachdem Kenesaw Mountain Landis jahrzehntelang übergangen worden war, hat er 1998 in Form von David Pietruszas hervorragender Biografie *Judge and Jury: The Life and Times of Judge Kenesaw Mountain Landis* endlich Anerkennung erfahren. Weitere technische Details stammen aus *A Court That Shaped America: Chicago's Federal District Court from Abe Lincoln to*

Abbie Hoffman von Richard Cahan. Chicagos bekanntestem Gangster widmen sich *Al Capone. Sein Leben, seine (Un)taten, seine Zeit* von John Kobler, *Al Capone. Ein amerikanischer Mythos* von Laurence Bergreen und *Get Capone* von Jonathan Eig. Das Leben von Robert R. McCormick ist Thema von Richard Norton Smiths *The Colonel* und spielt in *The Magnificent Medills* von Megan McKinney ebenfalls eine bedeutende Rolle. Der ungebildete Bürgermeister Bill Thompson wird in »The Private Wars of Chicago's Big Bill Thompson« im *Journal of Library History* vom Sommer 1980 unter die Lupe genommen. Allgemeinere Informationen finden sich in *The Bootleggers* von Kenneth Allsop, *Organized Crime in Chicago* von John Landesco und *Chicago: A Biography* von Dominic A. Pacyga.

30. Kapitel
Die Beschreibungen des letzten Monats der Baseballsaison 1927 stammen aus den bereits genannten Baseballbüchern. Ebenfalls von Bedeutung für dieses Kapitel war Henry W. Thomas' fantastische und bewegende Biografie *Walter Johnson: Baseball's Big Train*.

Epilog
Eine umfassende Beschreibung von Nazideutschland, einschließlich der schockierenden Ereignisse der »Kristallnacht«, findet sich in *Hitlerland* von Andrew Nagorski. Anne Morrow Lindberghs Kommentare sind erschienen in *The Flower and the Nettle: Diaries and Letters of Anne Morrow Lindbergh, 1936 – 1939*. Charles Lindberghs außereheliche Affären von 1957 bis kurz vor seinem Tod machten im Jahr 2003 Schlagzeilen, nachdem sich eines seiner Kinder in Deutschland einem DNA-Test unterzogen hatte, der Lindberghs Vaterschaft bewies.

Dank

Wie immer bin ich einer Reihe von Menschen und Institutionen für ihre freundliche Unterstützung bei der Vorbereitung dieses Buchs zu Dank verpflichtet. Ganz besonders möchte ich mich bei Dr. Alex M. Spencer, Dr. Robert van der Linden und Dr. Dominick Pisano vom Smithsonian National Air and Space Museum in Washington, D. C., bedanken; bei meinen wunderbaren Lektorinnen und Lektoren Marianne Velmans, Gerry Howard und Kristin Cochrane; bei meiner britischen Agentin Carol Heaton; bei meinem geschätzten Freund Larry Finlay; und bei meinen außerordentlich klugen und gewissenhaften Korrektorinnen Nora Reicherd und Deborah Adams, die mich zusammen vor tausend Leichtsinnsfehlern bewahrt haben, wobei ich an allen, die noch übrig geblieben sein sollten, natürlich selbst schuld bin.

Überaus dankbar bin ich den stets hilfsbereiten Mitarbeitern der London Library; Jon Purcell und seinen Kollegen von der Bibliothek der Durham University; Bart Schmidt und seinen Kollegen von der Drake University Library in Des Moines; und den Mitarbeitern der öffentlichen Bibliotheken in New York und Boston, der Lauinger Library der Georgetown University und der Bibliothek der National Geographic Society in Washington, D. C.

Für ihren Rat, für ihre Ermutigung, für die Menschen, die sie mir vorgestellt haben, und für gelegentliche Mahlzeiten möchte ich mich ganz herzlich bei Keith und Win Blackmore bedanken, bei Jonathan und Rina Fenby, Tim und Elizabeth Burt, John und Anne Galbraith, Chris Higgins und Jenifer White, Anne Heywood, Larry und Lucinda Scott, Patrick Janson-Smith, Patrick Gallagher, Brad Martin, Oliver Payne, John und Jeri Flinn, Andrew und Alison Orme, Daniel und Erica Wiles sowie bei Jon, Donna, Max und Daisy Davidson.

Mein besonderer Dank gilt auch meinen Kindern Catherine und Sam Bryson für ihre großzügige und extrem kostengünstige Hilfe bei der Recherche und vor allem und wie immer meiner lieben, leidgeprüften, unerschütterlichen, alles verzeihenden Frau Cynthia.

Register

4. Juli, Nationalfeiertag 265, 283 ff., 296
18. Verfassungszusatz 223 f., 581

Abilene, Texas 538
Abstinenzler *siehe* Prohibition
Academy Awards 420, 426, 431
Acosta, Bert
  Ausdauerrekord 10, 67, 403
  in Paris 343
  späteres Leben 568
  Transatlantikflug mit Byrd 106, 237–247
Adams, Franklin Pierce 232
Aéro-Club de France 140, 343
Ahamed, Liaquat 281
Air Commerce Act 65
Aircraft Year Book 598
Aktienmarkt *siehe* Wall Street
Alcatraz 580
Alclad-Aluminium 71
Alcoa Incorporation 71
Alcock, Jack 16 ff.
Algonquin Round Table 376, 506
Alkohol *siehe* Prohibition
Allen, Frederick Lewis, Only Yesterday 225
Allen, Hervey 494
Amazonien, Fordlandia-Projekt 320–326, 536, 574
Ambassador Hotel, Los Angeles 416, 422
America (Flugzeug) 22 ff., 73, 103, 237–247, 267, 395, 568
America First 563
American Dictionary of National Biography 261, 481
American Eugenics Society 468–477
American Heritage 569, 599 ff.
American Jewish Congress 476
American League (Baseball) 152, 166, 287, 513, 544
American Legion (Flugzeug) 22
American Marconi 486
American Mercury (Zeitschrift) 44
American Museum of Natural History, New York 469 f.
American Relief Administration (ARA) 82
American Society for the Promotion of Aviation 101
Amerikanische Revolution 302
Amherst College, Massachusetts 197, 255 f.
Amsterdam 63
Amundsen, Roald 239
Anarchisten 291, 302, 355 ff., 437, 443 f., 604
Anderson, Florence 555
Anderson, Sherwood 503
Ansonia Hotel, New York 445, 528
Antarktis 166, 567

Anti-Saloon League
    (ASL) 220 ff., 390
Antisemitismus *siehe* Juden
Arbeiterunruhen 358
Arktischer Ozean 239
Argentinien 31, 376, 442, 579
Argonauten 19
Arkansas 75, 92
Arlen, Michael 506
Arlen, Richard 419, 421
Ärmelkanalschwimmen 207 f.,
    546, 601
Armstrong, Edward R. 395 f., 604
Armstrong, Edwin H. 491
Armstrong, Louis 229
Armstrong Seadrome Develop-
    ment Company 396
Arnold, Benedict 302
Asbury Park, New Jersey 263, 284
Associated Press 130, 345, 407
Astaire, Fred und Adele 505
Astor-Familie 267
Atherton, Gertrude 503
Atlanta, Georgia 386, 523
Atlantic City, New Jersey 284
Atlantic Limited Railroad 451
Atlantic Monthly 86, 377
Autoreifen 319
Avrich, Paul 372, 443 f.

Babe Comes Home (Film) 183 f.,
    214, 447, 601
Bagdad 581
Baird, John Logie 480 ff.
Baker, John Franklin 169
Baker Bowl, Philadelphia 161 f.
Balbo, Italo 581
Balchen, Bernt 101 f., 124,
    238–247, 343, 557, 568
Baldinger, Ora 252

Baltimore 64, 147, 196, 426, 437
Baltimore Orioles 148, 150, 152
Baltimore Terrapins 152
Bank of England 266 ff., 584
Bankers' Trust Company 268
Bankwesen
    Federal Reserve Bank 252,
        266 ff., 278 ff., 577
    Goldstandard 279
    Spekulationsblase (1928) 281
    Zahlungsplan 277
Bánky, Vilma 430
Banque de France 266 ff.
Barnstorming 570
Baron, Rosa 434
Barrow, Ed 167
Barry, Dave 533
Barrymore, Ethel 510
Barrymore, John 183, 509
Barton, Bruce 256
Baseball
    siehe auch einzelne Spieler und
        Teams
    At-Bats 155
    Auswärtsspieltouren 448–456
    Bälle 173 f.
    Barnstorming-Spiele 570
    Baseball Hall of Fame
    Bedeutung für
        Amerikaner 153
    in den 1920ern 156 ff.
    Kartellverfahren gegen Federal
        League 512 f.
    manipulierte World Series 171,
        313, 513 ff.
    Radiokommentare 200
    schwarze Spieler 585
    Spiel am 4. Juli 286, 296
    Spielereinkünfte 289 ff., 447
    Sportjournalisten 454

Basie, Count 229
Bates, Lindon 82
Bath, Michigan,
  Schulmassaker 117
Battling Siki 337
Beaumont, Texas 204
Behinderte 309, 473, 558
Belgien 80 ff.
Bell, Dr. John H. 473
Bell Telephone Labs, New
  York 479
Bellanca, Giuseppe 68, 105 ff.
Benchley, Robert 265, 376, 380
Bengough, Benny 292 f., 453
Bennett, Eddie 292
Bennett, Floyd 22, 24, 239, 557
Bent, Silas 53
Berardelli, Alessandro 353 ff.,
  373, 435, 444
Berengaria (Ozeandampfer) 274
Berg, A. Scott 62, 558, 566,
  599
Berger, Victor 512
Berlin 63, 97, 186, 190 ff., 424,
  441, 562 f.
Bertaud, Lloyd 105 ff., 411
Beverly Hills 412
Bewick, Moreing and Co. 79
Bier 165, 167, 223 ff., 524
Big Government 298
Bigotterie 442, 463 ff.
Biltmore Hotel, Los Angeles 416
Binet-Simon-Test 474
Bingham, Hiram 13 f., 598
Bismarck (Ozeandampfer) 274
Black, Edwin, War Against the
  Weak 471, 605
Black Bottom (Tanz) 97
Blake, Eubie 228
Blakeley, Willis 320 ff.

Blanchard, Lawrence 375
Blitzscheidung 98
Blythe, Richard 101, 120 ff.
Bodie, Ping 178
Boeing 555
Bogart, Humphrey 510
Bolling Field, Washington
  D.C. 556
Bomben
  Attentate 356–379
  Bath-Massaker 117
  im Ersten Weltkrieg 12
  Rote Angst 364
Boni & Liveright 503
Book Cadillac Hotel, Detroit 178
Book-of-the-Month Club 43
Borah, William 376
Borglum, Gutzon 384 ff., 584,
  604
Borotra, Jean 126, 129 ff.
Boston
  Arbeiter 204
  Baseball 152, 158, 162, 166,
    455
  Elmer Gantry zensiert 500
  Immigranten 364
  Lindberghs Amerikatour 349
  Mordrate 523
  Polizeistreik 257
  Sacco-Vanzetti-Fall 376 ff.,
    440
Boston Braves 572
Bostoner Polizeistreik 257
Boston Herald 377
Boston Red Sox 152, 167
Boulevardzeitungen 45 ff., 175
Boutilier, Bruder Matthias 150
Bow, Clara 420, 426, 447, 583
Boxen 331–340, 530–536
Brandeis, Louis D. 438, 464, 475

Brasilien
  Fordlandia-Projekt 320–328, 574
  Kautschuk 317 ff., 326, 507, 603
Brauereien 165, 223 ff., 524
Brest 242
Brevoort Hotel, New York 212, 231
Bridgewater, Massachusetts 355 f., 366 f.
Britisch-Malaya, Kautschukplantagen 318
Britton, Nan, 262 ff., 602
Broadway, New York 56, 120, 207, 284, 504–510, 578, 582 f.
Brock, William S. Billy 408
Brockton, Massachusetts 356, 435
Broening, William F. 437
Brokenshire, Norman 201
Bronte, Emory 405
Brooklyn Dodgers 160, 585
Brooks, John 276, 602
Broun, Heywood 376 ff., 605
Brown, Arthur Whitten 16 ff.
Brown, Wilson 259, 598, 599
Browning, Edward W. »Daddy« 47
Brugnon, Jacques 126, 130, 134
Brush, Katharine 454
Brüssel 63, 81, 141
Brzozowsky, Leo 345
Bücher 43, 494–504, 520
Buck, Carrie 473 ff.
Buck gegen Bell 473 ff.
Buckingham Palace, London 142
Buckner, Emory 229 ff., 519
Buda, Mario 355, 372

Buenos Aires 338, 441, 580 f.
Bureau of Standards 174
Burroughs, Edgar Rice 495 ff.
Butler, Pierce 475
Byrd, Harry 241
Byrd, Richard Evelyn 22 ff., 73, 100 ff., 202, 237–248, 343 ff., 406, 525, 567, 602
Byrn, Helmer 361

Cadillac 310
Cagney, James 510
Cain, James M. 56, 599
Cajuns 89
Calles, Plutarco 556
Calloway, Cab 228
Camp Wood, Texas 66
Campanelli, Ernesto 27
Camus, Albert 501
Cannadine, David 85, 559
Cantor, Eddie 300, 424
Capitol (Kino), New York 416
Capone, Al 111, 520–526, 531, 580, 607
Capone, Vincenzo 521
Carmen (Oper) 425
Carnegie-Familie 579
Carnegie Institution 476
Carpentier, Georges 30, 337 ff., 487
Carrel, Alexis 472, 557 ff., 584
Carroll, Earl 86
Caruso, Enrico 446
Cassidy, Sergeant William 116
Cates, Maxine 335
Challé, Leutnant 20
Chamberlin, Clarence 10 ff., 25, 67, 103 ff., 185–192, 244, 343 ff., 397, 569, 601

Chaplin, Charlie 340, 530
Chapman, Ray 160, 172
Charette, Marquis de 31
Charing Cross Ophthalmic
 Hospital, London 482
Charlestown-Gefängnis 379,
 434, 437
Cherbourg 133, 142, 344
Chevalier, Maurice 30
Chevrolet 310f.
Chicago
 Baseball 157, 171, 294, 455
 Dempsey-Tunney-Box-
  kampf 530ff.
 Eisenbahnen 451ff.
 Federal Reserve Bank 281
 Immigranten 364
 Kinos 413ff.
 Krawalle 358
 Lindberghs Amerika-
  tour 196ff., 457f.
 Pinedo und Faschisten 110
 Prohibition 219, 225ff., 524
 Schlachthöfe 307
 Speakeasies 219
 Verbrechen 57, 358, 458, 518,
  522ff.
 Zeitungen 515ff.
Chicago Tribune 45, 196, 302,
 512, 522ff.
Chicago White Sox 156ff., 158,
 160, 171ff., 286, 446, 455f.,
 513ff., 528ff.
China 79, 85, 517
Christian Krohg (Frachter) 407
Chrysler, Walter 276, 311, 390,
 530
Chrysler Building, New
 York 205, 311, 390
Chrysler Corporation 276, 311

Cicotte, Eddie 173, 513
Cincinnati 165, 449
Cincinnati Reds 449, 513
Clean Books League 99
Cleveland 127, 171, 204, 210,
 358, 364, 390ff., 452, 455ff.
Cleveland, Grover 511
Cleveland Indians 156, 159ff.,
 171, 456
Clubs, Prohibition 288ff.
Coacci, Ferruccio 355
Cobb, Ty 155, 157ff., 172, 295
Cochet, Henri 129f.
Cohan, George M. 300
Colbert, Claudette 510
Coli, Captain François 30–37,
 73f., 102, 124, 198, 567
Colosimo, Big Jim 522
Columbia (Flugzeug) 22, 26, 67,
 104ff., 185ff., 403, 569, 601
Columbia Broadcasting System
 (CBS) 488
Columbia Phonograph Corpora-
 tion 488
Columbia University 176, 294,
 476
Combs, Earle 291, 454, 544
Comiskey, Charles 513
Commission for Relief in
 Belgium (CRB) 80
Committee on Foreign
 Relations 376
Compton, Betty 505
Coney Island 284, 346, 523
Conflict Islands 328
Coolidge, Calvin 65, 84ff., 138,
 141, 176, 197ff., 203, 234ff.,
 252ff., 282, 297, 340, 380ff.,
 415, 538, 545ff., 577, 599ff.
Coolidge, Calvin, Jr. 381

Coolidge, Grace 380, 408, 545
Cooper, Gary 421
Corbett, Harvey W. 96
Cottbus 190
Cotter, Robert 164
Coué, Emile 271
Courteville, Roger 536 ff.
Couzens, James 309 f.
Cowling, W. C. 313
Cox, James M. 364
Cranwell Aerodrome, Lincolnshire 404
Crissinger, Daniel R. 252
Criterion Theatre, New York 417
Cronaca Sovversiva 443
Croydon Aerodrome, London 142, 403
Cummings, E. E. 503
Cunard 188, 274
Curtin, Lawrence 21
Curtiss Field, Long Island 99, 122, 560
Curzon, Lord 422
Custer State Park 234

Dahlinger, Ray 328
Daily Mirror 45 f., 411
Daly's 63rd Street Theatre, New York 121
Damiano, Catherine 285
Dampfer-Willis Sohn (Film) 428
D'Andrea, Anthony 518
Daniel Guggenheim Fund for the Promotion of Aeronautics 299
Darrow, Clarence 54
Daugherty, Harry M. 261
Davenport, Charles B. 467 ff.
Davis, Bette 510
Davis, Noel 26
Davis Cup 126 ff.

Davison, Henry 268
Dawes, Charles 415
Dawson, Coningsby 494
Dawson, James P. 534
Daily Illustrated News 45
Dayton, Ohio 236
De Cicco, James 285
De Forest, Lee 423 ff.
de la Roche, Mazo 494
De Putti, Lya 430
De Rochemont, Richard, 218
Dearborn Independent 312 ff.
Deauville 246
Deeping, Warwick 494
Delmonico's, New York 228
Dempsey, Edna 343
Dempsey, Jack 331–348, 487, 530–536, 578, 604
Dempsey, Johnny 343
Denby, Edwin 261
Denison, Iowa 187
Der Jazzsänger (Film) 417, 425 ff., 546
Dernburg, Dr. Bernhard 222
Des Moines, Iowa 564
Des Moines Register 565
Detroit 64, 110, 204, 304, 327, 363 ff., 455, 464, 523
Detroit Tigers 110, 177, 295, 495, 529
Deutsch, Bernard S. 476
Deutschland
    antideutsche Stimmung in Amerika 221 ff., 564 ff.
    Chamberlins Flug 189 ff.
    Erster Weltkrieg 12 f., 80 ff., 221 ff.
    Ford Model T 329
    Henry Ford 313 ff.
    Hyperinflation 272

Kristallnacht 562f., 607
Lindbergh 562ff., 566, 607
Long Island-Konferenz 266ff., 271
Luftfahrt 12f., 23, 63
Nazis 272, 313, 316, 431, 476, 562, 585, 606f.
Proteste gegen Sacco-Vanzetti-Hinrichtung 441
Reparationszahlungen 272, 274
Schauspieler 430
Untergang der Lusitania 222, 512
Devery, William S. 165
Dickey, Bill 570
Die Titanenstadt, Ausstellung, New York 96
Dietrich, Marlene 430
Dillingham Immigration Restriction Act 472
DiMaggio, Joe 128
Dinnerstein, Leonard 368, 604
Disney, Walt 138
Dixon, Dolores 180
Doheny, Edward L. 260
Dolan, A. 479
Dole, James D. 404
Dole Pacific Race 404ff.
Don Juan (Film) 183
Doran, James M. 227
Doran, Mildred 406
Dorena, Missouri 76
Dorgan, Tad 163
Dos Passos, John 376
Double Indemnity (Film) 599
Doubleday 501
Douglas DC 554
Douglas und Clydesdale, Marquis von 530

Doumergue, Gaston 140
Dracula (Theaterstück) 504
Dreher, Dr. Thomas E. 298
Dreiser, Theodore 446, 503
Dreyfuss, Barney 164
Drouhin, Maurice 403
Duff, Donald 121
Duncan, Isadora 134, 503
DuPont-Familie 267
Durant, Will 53
Durst, Cedric 454
Dykes, Jimmy 542
Dyott, George Miller 537

Earp, Wyatt 79
East Milton, Massachusetts 438
Ebbets, Charles Hercules 163
Ebbets Field, Brooklyn 163
Ederle, Gertrude (Trudie) 207, 601
Edison, Thomas 319
Edison Illuminating Company 304
Edward, Prince of Wales 344
Eig, Jonathan, 527, 603, 607
Einstein, Albert 484, 525
Eisenbahnen 95, 284, 393, 450ff.
El Fay Club, New York 229
Elektrischer Stuhl 432, 437ff., 574
Eliot, T. S. 494, 503
Elizabeth Ann Guild 263
Ellington, Duke 177, 228
Elliott, Robert G. 561, 574f.
Ellis Island, New York 472
Elwood, Walter 121
Empire State Building, New York 205, 311
Erster Weltkrieg
Baseball 166

Bomben 12
Darlehen für Europa 83 ff.
Hoovers Hilfsaktion in
  Belgien 80
Luftfahrt 12–16
Prohibition 221 ff.
Wings 417 ff.
Erwin, William 406
Espionage Act 356 ff.
Essen in Zügen 452
Étretat, France 34, 567
Eugenics Record Office
  (ERO) 470 ff.
Eugenik 468–477, 497, 502,
  558, 585, 605 f.
Evening Graphic 46, 103
Everest, Wesley 358

Fairbanks, Douglas 340, 418,
  447, 530
Falaise, Long Island 299
Fall, Albert 253, 260
Farnsworth, Philo T. 483–493
Farrell, Frank J. 165 f.
Faschismus 27 ff., 110, 369, 516
Faulkner, William 494, 501, 503
Fawcett, Percy 323 ff., 536 ff.,
  603
Federal Communications
  Commission 492
Federal League (Baseball) 152,
  166, 513
Federal Reserve Bank of New
  York 266 ff., 278 ff., 577
Federal Reserve Board 252,
  278 ff.
Federal Trade Commission
  (FTC) 417
Fenway Park, Boston 158, 295,
  455

Ferber, Edna 506 ff.
Fernsehen 86, 478–493
Fernverkehr 95
Fields, W. C. 463, 510
Filme *siehe*
  Filmindustrie, Kinos
Filmindustrie
  Babe Ruth 183 f.
  F. Scott Fitzgerald 501
  Frauenbild 98
  Kinos 412 ff., 423 ff., 441, 510,
    582
  Lindberghs Flug 138
  Schauspielereinkommen 428,
    447
  Snyder-Gray-Mordfall 41 ff.,
    48–56
  Stummfilme 417, 427 ff., 582,
    605
  Tonfilme 183, 417, 423–431,
    510, 582, 605
  Wings 417 ff.
  wirtschaftliche Bedeutung 94,
    412 ff.
  Wochenschauen 175, 183,
    234, 414
Firpo, Luis Angel 338 ff., 533,
  579
First National-Studios 183
Fisher, Carl 331
Fisher, Irving 469
Fitzgerald, F. Scott 275, 494 ff.,
  501
Fitzgerald, Zelda 300
Flack, Max 160
Fahnenmastsitzen 193 ff.
Flappers 98
Fletcher, Henry P. 29
Fließbandfertigung 307, 312
Flood Control Act 297

Florida 330f., 436, 446, 580, 583, 603
Flugbenzin 71
Flugzeug *siehe* Luftfahrt
Foch, Marshal Ferdinand 577
Fokker, Anthony 23ff., 104, 123ff., 237, 602
Fokker-Flugzeuge 23, 397, 405
Fonck, René 19f., 100, 123
Forbes, Charles 253, 262
Ford, Edsel 326, 389, 574
Ford, Henry
  als Arbeitgeber 308f.
  Antisemitismus 313ff., 603
  Dearborn Independent 311ff.
  Flugzeuge 389, 554
  Fordlandia-Projekt 320–326, 536, 574
  Kindheit und Jugend 304
  Mein Leben und Werk (Autobiografie) 304, 328, 589
  Model A 327ff., 573
  Model T 303ff., 326ff., 603
  Sapiros Verleumdungsklage 314
  Sojabohnen 311ff.
  und Nazideutschland 313ff.
  Unwissenheit 301ff.
  Verleumdungsklage gegen Chicago Tribune 302, 512
Ford Model A 327ff., 573
Ford Model T 303ff., 326ff., 603
Ford Motor Company 304, 603
Fordlandia-Projekt, Brasilien 320–326, 536, 574, 603
Forster, E. M. 501
Fox Filmgesellschaft 416, 552
Fox Movietone 183

Frankreich
  Bombenattentat auf Herrick 375
  Byrds Transatlantikflug 244ff., 343f.
  Haltung gegenüber Amerika 83, 102, 130, 143, 273
  Lindberghs Flug 34ff., 132, 139
  Long Island-Konferenz 266ff.
  Luftfahrt 12ff., 19ff., 37, 63
  Prohibition 226
  Reaktion auf Sacco und Vanzetti 375, 441
  Ruhrbesetzung 272f.
France (Ozeandampfer) 35
Frankfurter, Felix 377
Franklin, Harold E. 414
Franklin, Rabbi Leo 314
Frazee, Harrison Herbert 167, 208, 313
Freeman, Milton H. 116
Freiheitsstatue, New York 34
Freud, Sigmund 501
Frick-Familie 267
Fuller, Alvan T. 377ff., 439, 578
Fulton Theatre, New York 504

Gable, Clark 510
Gade, Mille 208
Galbraith, John Kenneth 303
Gale, Zona 494
Galeries Lafayette, Paris 14
Galleani, Luigi 442
Gallico, Paul 175, 355f., 531
Gandhi, Mahatma 525
Gandil, Chick 513f.
Gangster, in Chicago 57, 112, 358, 458, 518–526
Garbo, Greta 430

Gardner, Larry 151
Garfield, James 302
Gehrig, Lou 292–296, 454ff., 527, 541ff., 570ff., 603
General Electric 480, 488
General Motors (GM) 310, 329, 412, 573
Genf 441
George V, König von England 142
Gershwin, George und Ira 505
Gibbs, Wolcott 44
Gibson, Sam 529
Gide, André 501
Gift, in Alkohol 216ff.
Gilbert, John 422
Gilbert, Robert E. 85, 600, 602
Gilliatt, Penelope 420
Gimbel Brothers 359, 362
Glyn, Elinor 421f.
Goddard, Paulette 510
Gold Coast, Eisenbahnlinie 451
Gold Coast, Long Island 300, 603
Golden Gate Bridge, San Francisco 576
Goldreserven 94, 274, 279
Goldstandard 279
Goldstein, Benny 55
Goldstein, Robert 357
Goodhue, Lemira Barrett 256
Gordon, Waxey 447
Göring, Hermann 562
G. P. Putnam's Sons 299
Grand Central Station, New York 451
Grandin, Greg 312, 603
Grange, Red 434
Grant, Cary 510
Grant, Madison 467f.
Grant, Robert 378
Grauman's Chinese Theatre, Los Angeles 414
Gravesend-Bay-Versicherungsmord 55
Gray, Judd 43, 48–57, 116, 369, 434, 478, 574, 599
Graybar Building, New York 206
Great Atlantic Air Derby 18
Great Migration 297
Greb, Harry 531
Greeley, Horace 271
Green, Colonel Ned 226
Green, Fitzhugh 202
Greenly Island 557
Greer, USS 564
Gresham, Walter O. 511
Grey, Zane 495f., 606
Griffith, Clark 541
Griffith, D. W. 53
Griffith Stadium, Washington D.C. 158, 176
Grimes, Burleigh 160, 173
Großbritannien
  Kautschuksteuer 319
  Lindbergh-Besuche 141, 561
  Long Island-Konferenz 266ff., 274
  Luftfahrt 12ff., 63
  Proteste gegen Sacco-Vanzetti-Hinrichtung 441
  Verurteilung wegen Beleidigung 357
Grove, Lefty 539
Guardian Bank of Cleveland 392
Guggenheim-Familie 300
Guinan, Texas 229f.

Haas, Robert 162
Hadden, Briton 44

Hall, Donald 69
Hall, Mordaunt 425
Halliburton, Richard 99
Hamill, John 83
Hamilton, Cosmo 494
Hamilton, Lester 410
Hammerstein, Oscar II 508, 583
Hammond and Field 256
Hampton Roads, Virginia 199
Hamsun, Knut 494
Handelsministerium 65
Harding, Warren G. 198, 221, 251–254, 260 ff., 275, 364, 465, 602
Harding, William L. 223
Hardwick, Thomas R. 359
Harlem 228
Harper & Brothers 496, 501
Harris, Bucky 539
Hart, William S. 521
Hartford, Connecticut 363
Harvard University 377 f., 443, 469 ff.
Harwood, Herbert H., Jr. 392, 604
Hatmaker, Consuelo 31
Hauptmann, Bruno 48 f., 190, 561
Havenstein, Rudolf 272
Hawaii 36, 73, 404 ff., 566
Hearst, William Randolph 46 f., 410 f., 520
Hearst-Familie 267
Hecht, Ben 53
Heeney, Tom 536
Hegenberger, Albert f. 405
Heilmann, Harry 172
Hemingway, Ernest 494, 500 ff.
Hendry, William 440
Herald and Examiner 520

Herald Tribune 56
Hermann, Sport 520
Heron, Samuel 72
Herrick, Myron 37, 81, 126, 135, 139 ff., 220, 375, 577 f., 600
Herrick, Parmely 135
Hesshaimer, Brigitte und Marietta 566
Hickox, Wilson B. 216
Hill, Frank Ernest 303, 603
Hill, James DeWitt 411
Hinchliffe, Captain Walter 404
Hindenburg (Luftschiff) 95
Hitler, Adolf 190, 272, 313, 316, 562
Hodgson, Claire Merritt 448
Holland, Clifford M. 115
Holland Tunnel, New York 115 f., 546
Hollywood 56, 138, 412 ff., 431, 510, 599, 605 f.
siehe auch Filmindustrie, Kinos
Holmes, Oliver Wendell, Jr. 475
Hooper, Harry 178, 445, 572
Hoover, Herbert 78–90, 202, 252, 281, 297, 319, 383, 469, 478, 489, 525, 545, 575 ff., 599
Hoover, J. Edgar 362 f.
Hoover, Lou Henry 79
Hoover-Talsperre 576
Hopkins, Paul 539
Hopper, DeWolf 424
Hot dogs 163
Hotel Brevoort, New York 212, 231
Hotel Commodore, New York 211
Houghton Mifflin 501
House Committee on Immigration and Naturalization 472

House Judiciary Committee 224
Howard, Leslie 300, 510
Howard, Tom 575
Hoyt, Waite 175, 177 ff., 288, 453, 572, 599, 602
Hudlin, Willis 171
Hudson, J. L. 204
Huggins, Miller 179, 181, 449 f., 577, 605
Hughes, Charles Evans 252
Hunnefield, Bill 513
Hunt, Marshall 152, 178
Hunter, Francis T. 126, 130, 134
Hurrikane 331, 446
Huston, Tillinghast L'Hommedieu 165
Hutchinson, C. C. 457
Huyck, Emory 118
Hyman, Louis, 277, 603

Ile de France (Ozeandampfer) 397
Illinois 75, 77, 91, 511, 519, 524
Immigranten 204, 221, 308, 364, 368 ff.
Imperator (Ozeandampfer) 274
Imperial Airways 404
Indiana 233, 357, 464 ff.
Indianapolis 466
Industrial Workers of the World (IWW, Wobblies) 358, 512
International Academy of Motion Picture Arts and Sciences 416
International Harvester 516
Interstate Commerce Commission 89
Iowa 95, 223
IQ-Test 474
Isolationismus 131
It-Girl 421

Italien 12 f., 27, 29, 581
Italienische Einwanderer 365, 368 ff.

Jackson, Shoeless Joe 155, 513 f.
Jannings, Emil 427, 430
Jazz 97 f., 183, 313, 463
Jeffers, Robinson 503
Jefferson, Thomas 387
Jefferson Highway 95
Jenkins, Charles Francis 480 f.
Jennings, Herbert Spencer 476
Juden 269, 273, 301, 313 ff., 369, 464 ff., 501, 520, 563 f.
Johnson, Jack 332
Johnson, Lt. J. Thad 299
Johnson, Walter 155, 160, 174, 542 f.
Johnston, Alva 236
Johnston, Archibald 326
Johnston, Bill 128
Jolson, Al 230, 336, 426 f., 530, 546
Jones, Bobby 525
Jones, Harry 398
Jordan, David Starr 472
Joyce, James 494, 503
Judge, Joe 287
Jung, Carl Gustav 269
Juster, Dr. Vincent 42

Kafka, Franz 501
Kahn, Albert 313, 328
Kahn, Otto 267
Kahn, Roger 335, 421, 535, 604
Kanada in der Prohibition 226
Kansas 92, 94, 451
Kansas City 400, 452, 458
Kaufman, George S. 463, 506–510

Kautschuk 317 ff., 326, 507, 603
Keaton, Buster 427 f., 447
Keeler, Ruby 230
Kehoe, Andrew 117 ff., 600
Kellogg, Frank B. 87, 259, 340
Kellogg's 223
Kelly, Shipwreck 193 ff.
Kennedy, Joseph P. 276, 371
Kern, Jerome 506, 583, 606
Kew Gardens, London 318
Keyserling, Hermann 494
Kingsford-Kohlebrikett 319
Kinos 284, 412–417, 423 ff., 582
KLM 63
Knickerbocker Hotel, New York 231
Knights of Columbus 212
Knopf, Alfred A. 501, 503, 505
Knudsen, William 311
Koenig, Mark 293, 529, 541
Kommunisten 356, 362 ff., 441
Konfettiparaden 206 f.
Kongress
  Alliierte im Ersten Weltkrieg 83
  Eugenik 472
  Ku-Klux-Klan 464 ff.
  Luftstreitkraft im Ersten Weltkrieg 13 f.
  Prohibition 167, 218, 224, 581
  Verfolgung Radikaler 512
Kristallnacht 562, 607
Kuba 165, 177
Ku-Klux-Klan 386, 464 ff., 520, 606

Lacoste, René 130
Ladies' Home Journal 276
Lahr, John 506
Lambert, Major Albert B. 64, 67
Lambert Field, St. Louis 64, 92
Lamont, Thomas 268
Landis, Kenesaw Mountain 359, 511, 515, 585, 606
Lardner, John 579
Lardner, Ring 200
Lasky, Bessie und Jesse 418
Lauder, Polly 579
Laughlin, Harry H. 471–477, 498
Lawrence, D. H. 501
Lawrence, Ernest 485
Lazzeri, Tony 290, 544
Le Boeuf, Ada B. 298
Le Bourget Flugplatz, Paris 30, 34, 132 ff., 244, 343, 403
Le Havre 35, 244
Le Touquet 344
Leblanc, Maurice 479
Lee, Sammy 508
Lefkowitz, Joe 55
Legendre, Captain 248
Lescop, Marianne 246
Lesen, Popularität 43 ff., 495
Levasseur, Pierre 32, 35
Leviathan (Ozeandampfer) 274, 344, 346, 396 f.
Levine, Charles A. 25, 67 f., 104 ff., 185–192, 343 f., 395, 401–411, 441, 568 f., 601
Lewis, Sinclair 60, 499
Lieb, Fred 178, 527
Lights of New York (Film) 430
Lincoln, Abraham 387, 401, 606
Lincoln, Nebraska 66
Lincoln Highway 95
Lindbergh Aeronautics Corporation 210
Lindbergh, Anne Morrow 560, 585, 607
Lindbergh, Charles
  als öffentliche Person 203 ff.,

214, 236, 350, 399, 457, 525, 547, 560
Amerikatour 298, 349, 389, 397, 399 ff., 538, 546
Antisemitismus 563 ff.
Atlantiküberquerung 123–126, 132–135
auf der Memphis 192
Ausgaben Flugvorbereitung 101
Auszeichnungen und Ehrungen 138, 140, 199, 234, 402, 417, 548, 562
Autobiografie 299 f., 344
Baby, Entführung 48, 561
Bedeutung seines Flugs 548, 554
Byrds Heimkehr 346
Flugausbildung 65
Freundschaftsbesuch in Mexiko 555 ff.
geheime Familien 566
im Zweiten Weltkrieg 565
in Deutschland 562
in Europa 561
Heimkehr 198 ff.
Heirat 560
Kanadabesuch 299
Kindheit und Jugend 59 ff.
macht sich unbeliebt 564 ff.
Perfusionspumpe 559
Radioübertragungen 201, 564
Reaktionen auf seinen Flug 134–142, 198 ff., 203 ff.
Rettungseinsatz für Bennett 557
Tod 566
und Chamberlins Atlantikflug 242 f.
und Eugenik 468, 472, 559
und Levine 67 f.
Lindbergh, Charles August (C. A.) 59 ff., 278
Lindbergh, Evangeline Lodge 61, 196, 585
L'Intransigeant (Zeitung) 34
Lippmann, Walter 259
Lisenbee, Horace »Hod« 539
Literary Digest 176
Literary Guild 43
Little Falls, Minnesota 60 ff., 187, 458, 465
Liveright, Horace 503 ff.
Lloyd, Harold 447, 530
Loesch, Frank J. 467
Loew's Kinos 413
Logan, Dr. Dorothy Cochrane 546
L'Oiseau Blanc (Flugzeug) 32–37
Lolordo, Patsy 518
London 16, 63, 204, 274, 396, 403, 441, 483, 515, 600
London, Jack 79
Long Island 10, 25, 41, 57, 65, 99, 132, 161, 206, 470, 549, 602
Long Island-Konferenz 266 ff.
Longworth, Alice Roosevelt 254, 360
Loos, Anita 503
Lorre, Peter 430
Los Angeles 204, 412, 414, 416, 523
Los Angeles, USS (Luftschiff) 35, 198, 204, 412 ff., 523, 555
Los Angeles Examiner 498
Lowell, Abbott Lawrence 378, 443

Lowell Commission 379
Löwenstein-Wertheim, Prinzessin 410
Lubin, Herbert 415
Lubitsch, Ernst 418
Luce, Henry 44, 517
Ludwig, Emil, 503
Luftfahrt
  Atlantiküberquerungen 16 f., 28, 33–37 *siehe auch* Byrd, Lindbergh
  Ausdauerrekorde 10 f., 22, 67, 189, 403
  Bedeutung von Lindberghs Flug 548, 554 ff.
  Byrds Flug zum Nordpol 239 f.
  Byrds Transatlantikflug 241–248
  Dole Pacific Race 404–408
  Erster Weltkrieg 12–16
  in Amerika 63–67
  Lindberghs Autobiografie 299 f.
  Lindberghs Amerikatournee 298
  Lindberghs Mittelamerikatournee 555 ff.
  Lindberghs Transatlantikflug 123–126, 132–135
  Luftschiffe 95 f., 139, 198, 239, 419
  Pinedos Flüge 28 f., 110 f., 184 f., 581 f.
  Pläne für kommerzielle Passagierflüge 395 ff.
  Redferns Flug nach Rio de Janeiro 406 ff.
  Startbahnen auf Schiffen 397
  Stuntpiloten 66, 237, 407, 419
  Wasserflugzeuge 26 f;
  Weltumrundungsversuche 408 f.
  Wolkenkratzer-Flugplätze 96
Luftpost 65 ff.
Luftschiffe 95 f., 139, 198, 239, 419
Lugosi, Bela 504
Lusitania (Ozeandampfer) 222, 512
Lynd, Robert und Helen 310

MacDonald, Carlyle 299 f.
Macfadden, Bernarr 46 f., 347, 599
Mackay, Clarence H. 209
MacMurray, Fred 56
Madden, Owney 229
Madeiros, Celestino 375, 438 ff.
Madison, Maury 509
Magazine 44, 175 f., 337, 489, 495
Mahoney, B. f. 69, 192
Maitland, Lt. Lester J. 405
Majestic (Ozeandampfer) 274
Maloney, Jim 126, 342
Manaus 317
Manhattan Hotel, New York 231
Manley, Dorothy 121
Mann, Thomas 501
Mansfeld, Deutschland 189
Månsson, Ola 59 f.
Manton, Martin Thomas 113 f.
Manville, Sir Edward 482
March, Fredric 510
Maris, Roger 544
Markey, Morris 304
Martin, Jack 160
Martin du Gard, Roger, 503
Martinelli, Giovanni 425

Marx Brothers 165
Mary Celeste (Frachter) 53
Massachusetts 198, 255 f., 361, 371, 377, 438
Massachusetts Supreme Court 375
Masters, Edgar Lee 503
Mathewson, Christy 155
Mato Grosso 536
Maugham, Somerset 530, 532
Mauretania (Linienschiff) 188, 273
Maxtone-Graham, John 396, 604
Maxwell Motor Company 311
Mayflower (Präsidentenyacht) 199
Mays, Carl 160 f.
McAvoy, May 546
McCarthy, Joe 571
McCormick, Cyrus 515
McCormick, Robert Rutherford 45, 515 ff., 525 f., 607
McGeehan, W. O. 200
McGraw, John 165 f., 175, 450
McKim, W. Duncan, 467
McNamee, Graham 199 ff., 447, 533
McPherson, Aimee Semple 54
McReynolds, James C. 464
Medcalf, Lt. James 411
Medill School of Journalism 525
Mellon, Andrew 85, 282, 309
Meltzer, Allan H. 279
Melville, Louisiana 90
Memphis, Tennessee 88, 110, 524
Memphis, USS (Kreuzer) 140, 189 ff., 198
Mencken, H. L. 338, 412

Metropolitan Life Insurance Company 56, 97
Meusel, Bob 179, 291
Mexiko 121, 198, 302, 555, 578
Mexico City 441, 555 ff.
MGM 413
Miami 330, 523
Miami Herald 330
Michigan 117, 319, 321, 389, 451, 512
Michigansee 346, 358, 390
Mickey Mouse 139
Millay, Edna St. Vincent 376
Miller, Arthur 285
Miller, Colonel Thomas W. 261
Mills, Ogden Livingston 266 f.
Minchin, Lt. Col. Frederick 410
Minneapolis 138, 281, 457 f.
Minneapolis Tribune 457
Minnesota 138, 451
Mississippi-Flut 76 f., 87 ff., 110, 204, 297, 599
Missouri 76, 92
Mistinguett 30
MIT 378
Mix, Tom 347, 447
Molokai, Hawaii 405
Moms of America 86
Montana (Frachter) 565
Montville, Leigh 448, 601
Moore, Fred 378, 438, 443
Moore, Wilcy 287, 290, 454, 528
Moralischer Verfall 97 ff.
Mordfälle
  Bath-Schulmassaker 117
  Gravesend-Bay-Versicherungsmord 55
  in Chicago 57, 358, 458, 518, 522 ff.

Parmenter und Berardelli 353
patriotische 222, 358
während Mississippi-Flut 298
während der Prohibition 216, 225, 232
Moreau, Emile 273
Morelli-Gang 373
Morgan, J. P. 197, 359
Morgan, J. P. & Co. 197, 268, 301, 371
Morgan, Thomas Hunt 475
Morgan City, Louisiana 298
Morgan-Familie 267
Morrow, Dwight 46, 65, 100, 196 ff., 256, 268, 371, 555 ff., 578, 601
Mounds Landing, Mississippi 76
Mouneyres, Hervé 37
Mount Everest 530
Mount Rushmore 384, 388, 437, 546, 584, 604
Mulligan, Edward 109
Mumford, Lewis 376, 503
Muncie, Indiana 310
Muni, Paul 510
Murray, George 523
Murtha, James 114, 116
Musik
  Harlem 228
  Jazz 97 f., 183, 313, 463
  Lindbergh 139
  Musicals 120, 505 ff., 583, 606
Mussolini, Benito 27, 29, 402, 525

Nagorski, Andrew, 563, 607
National Aeronautic Association of America 134
National Broadcasting Company (NBC) 199, 488, 533
National Education Week 259
National Geographic 243, 602, 604
National Geographic Society 100
National German-American Alliance 223
National League (Baseball) 152, 166, 513
National Origins Act 472
National Theatre, Washington 508
Nazis 272, 313, 316, 431, 476, 562, 585, 606 f.
Nebraska 85, 92, 223
Negri, Pola 430
Neimeyer, Bernard 528
Neuengland 75, 432 f., 326, 545
Neufundland 36, 226
Nevada 95, 98
Nevins, Allan 303
New Deal 576
New Jersey 284, 429, 569, 578
New Mexico 302, 335
New Orleans 77, 90, 523
New York Academy of Medicine 559
New York American 98, 338
New York City 45, 64, 95, 97, 115, 204 ff., 219, 225 ff., 345, 361
New York Daily Mirror 46
New York Daily News 152, 178, 335, 516, 574
New York Evening Telegram 178
New York Evening World 137
New York Giants 158
New York Life Insurance Company 577
New York State 57, 219, 333

New York Telegram 219
New York Times 96, 119, 126, 185, 188, 190, 344, 478, 483, 575, 600–607
New York Weltausstellung 492
New York World 232, 287
New York Yankees 159f., 164ff., 171ff., 286–296, 447–457, 527ff., 539ff., 571f., 577, 583, 603, 605
siehe auch Gehrig, Lou; Ruth, Babe
New Yorker 44, 197, 227, 264, 415, 422, 463, 599–607
Nieuport-Kampfflugzeug 141
Nilsson, Anna Q. 183f.
Nipkow, Paul 480ff.
Nobelpreis 500, 503, 558
Nobile, Umberto 239
Nordpol, Byrds Flug 239f.
Norman, Sir Montagu 266
Normandie 34, 132, 245, 344, 567
Norshore-Kino, Chicago 414
North American Review 137, 600
North Manchester, Indiana 465
Northampton, Massachusetts 256, 557
Notre Dame University, South Bend 465
Noville, George 568
Nungesser, Captain Charles 30–37, 73f., 93, 131, 139, 198, 211, 273, 337, 343, 567
Nürnberger Prozesse 273
Nutt, Clarence 108

O'ahu 405
Oakland, Kalifornien 405

Oberholtzer, Madge 465f.
Österreich 82
Ozeandampfer 274
Ohio 13, 126, 220f., 364
Ohio State University 240
Oklahoma 464, 546
Okrent, Daniel 581, 602
Old Glory (Flugzeug) 140, 410f.
Old Orchard Beach, Maine 398, 410
Olympische Spiele, Berlin 562
O'Neill, Eugene 122, 503, 508
Orciani, Riccardo 366
Oregon 75, 464
Orlean, Susan 426
Orteig, Raymond 18, 188, 214, 231, 547, 584
Orteig-Preis 19, 23, 26, 31, 95, 111, 212, 214, 241
Osborn, Henry Fairfield 469
Oshkosh, Wisconsin 99
Ottawa 299
Oxholm, Einar 325

Pacino, Al 365
Packard 378
Palm Beach, Florida 259, 331
Palma, Joseph 315
Palmer, A. Mitchell 359–364, 444
Palmisano, Anthony 367
Pan Am 561
Paraguay 442
Paramount 418, 430, 582
Paramount-Kino, New York 416
Paris 18, 30, 35, 63, 126, 139, 204, 222, 247, 337, 343, 346, 395, 413, 515
Paris, Weltausstellung 480
Paris Press 34

Parker, Dorothy 264, 376, 422, 494, 500, 503
Parmenter, Frederick 353
Paschal, Ben 454
Patriots' League 520
Patterson, Cissy 196
Patterson, Joseph Medill 45, 516
Pauly, Thomas H. 496, 606
Payne, Philip A. 411
Pazifik 73, 404
Pearl Harbor 565
Pelzer, Lewis 373
Pendlerstädte 393
Pennock, Herb 288 ff., 454
Pennsylvania 47, 340
Pennsylvania Railroad 284, 450, 546
Perkins, Maxwell 502
Perskyi, Constantin 480
Peterkin, Julia 494
Petit, Louis 37
Philadelphia
  Arbeiter 204
  Baseball 158, 161 ff., 173, 213, 539
  Bombenattentate 361, 437
  Federal Reserve Bank 281
  Sesquicentennial Exposition 340, 470
Philadelphia Athletics 156, 169, 173, 287, 528
Philadelphia Phillies 161, 164
Philco 491
Phinney, Floyd M. 410
Physcultopathy 46
Pinedo, Francesco de 27 ff., 93, 110 ff., 118, 184, 581
Pipgras, George 287
Pipp, Edwin 314
Pipp, Wally 295
Pittsburgh 162, 204, 361, 490, 518, 530
Pittsburgh Pirates 164, 545
Pius XI, Papst 402
Plane Crazy (Zeichentrickfilm) 138
Polen 369, 467
Polo Grounds, New York 158, 163, 175, 336, 339
Ponzi, Charles 434 ff., 580, 605
Poplar Bluff, Missouri 91
Porter, Katherine Anne 376, 434, 443
Portland, Maine 398 f.
Portland, Oregon 400
Pound, Ezra 494, 503
President's Aircraft Board 65
Pride of Detroit (Flugzeug) 410
Princeton University 471
Prohibition
  18. Verfassungszusatz 223 f., 581
  Agenten 218, 225, 521
  Alkoholschmuggel 218, 226
  antideutsche Stimmung 221 ff.
  Auswirkungen 167, 217, 219, 225–232, 515, 524 ff.
  denaturierter Alkohol 217
  Ende 581
  Gesetzeslücken 217, 227
  in Chicago 219, 225 ff., 524
  in Fordlandia 321
  Speakeasies 219
  Verbrechen 216, 225, 232
  Volstead Act 167, 224, 229
  Wayne Bidwell Wheeler 219–233, 390
  Zwangsschließungen 229 ff.

Public Health Service 252
Puppe, Dr. Julius 192
Putnam, Lisa 385

Quäker 78, 289, 360, 363, 541
Queensberry, Marquess of 49

Rassismus 332, 471, 502
Radio
  Dempsey-Tunney-Box-
    kampf 533
  Entwicklung 601
  Lindberghs Heimkehr 199 f.
  Sarnoff 486–493, 530
  Sportveranstaltungen 200,
    487, 533
  Werbung 489
Radio and Television Manufacturers Association of America 492
Radio Corporation of America (RCA) 276, 486
Radiowerbung 489
Rains, Claude 510
Randolph, Charlie 70
Raphaelson, Samuel 425, 546
Rapid City High School, South Dakota 234, 380
Rascoe, Burton 495
Raskob, John Jacob 276
Rathbone, Basil 510
Ratlam, Maharadscha von 347
Reach, A. J. 174
Reader's Digest 44
Redfern, Paul 406 ff.
Reed, Donna 187
Reed, John 511
Reichsbank 266, 271 f.
Reid, Wallace 340
Reilly, Edward 49

Reimers, David M. 368, 604
Religionsgemeinschaften und Prohibition 227
Republic Finance Company 277
Republikaner 84, 252, 376, 466, 565, 578, 580
Restaurants, Prohibition 228 ff.
Rice, Alexander Hamilton 324
Rice, Grantland 336, 339
Rice, Sam 540
Rice and Hutchins 353, 374
Richmond, Virginia 475
Rickard, Tex 333, 336, 338
Rin Tin Tin 426
Rinehart, Mary Roberts 53
Río de Janeiro 375, 536
Rio Rita (Musical) 120, 208, 211, 508, 600
Ripley, Robert 139
Risberg, Swede 513
Rist, Charles 266, 273
Ritter, Lawrence 179, 601
RKO 582
Robinson, Doane 384, 386
Robinson, Edward G. 510
Robinson, Jackie 585
Robinson, Dr. William 467
Roche, Paul Somers 494
Rockefeller, John D. 100, 276, 359, 436
Rockefeller, Percy 276
Rockefeller Foundation 297
Rockefeller Institute 472, 557 f., 584
Rocky Mountains 93
Rodgers, Commander John 36
Rodgers, Richard 583
Rodin, Auguste 385
Rogers, Buddy 421
Rogers, Will 88, 382

Roosevelt, Franklin Delano 347, 360, 564
Roosevelt, Quentin 100
Roosevelt, Theodore 62, 387
Roosevelt, Theodore, Jr. 257
Roosevelt Field, Long Island 10, 21, 23, 31, 100, 549, 600
Roosevelt Hotel, New York 216
Root, Waverly 218
Ross, E. A. 369
Ross, Harold 463
Ross, Samuel L. 200
Rote Angst 356, 363 f.
Rotes Kreuz 50, 89, 222, 297, 357
Roth, Braggo 155
Rothafel, Samuel Lionel (Roxy) 415, 582
Rothstein, Arnold 300, 446
Roxy Fund 567
Roxy Theatre, New York 183, 211, 414, 567, 582
Royal Botanic Gardens, Kew 318
Ruddiman, Edsel 312
Ruether, Dutch 288
Ruhrgebiet 272 f.
Runyon, Damon 48, 334, 338, 532
Ruppert, Jacob 165–168, 175, 177, 293, 330 ff., 348, 446 ff., 453, 567, 583, 603
Ruppert Beach, Florida 330 f.
Ruppert-Brauerei 165, 584
Rushmore, Charles 384
Rushmore, Mount 384 ff., 437, 442, 546, 584, 604
Russell, Bertrand 503
Russell, Francis 376, 434, 443, 604
Russische Revolution 19, 363
Ruth, George Herman (Babe)
　Affäre mit Claire Merritt Hodgson 448
　als öffentliche Person 175 ff., 445
　ausschweifender Lebenswandel 178 ff.
　Auswärtsspieltouren 448, 570 ff.
　Autobiografie 153, 161, 601
　Babe Comes Home 183
　bei den Baltimore Orioles 150
　bei den Boston Red Sox 152
　bei den New York Yankees 167
　Einkommen 446
　Freundschaft mit Lou Gehrig 296, 570
　Kindheit und Jugend 147 ff.
　Krankheit 180
　Leben nach der Karriere 572
　Persönlichkeit 151 ff., 176
　Rekorde 154, 170 ff., 292, 527, 540 ff., 544
　Spiel am Unabhängigkeitstag 286
　Tod 572
　Training in Florida 331
　und Lindberghs Heimkehr 212
Ruth, Helen Woodford 153
Ryan Airlines 68 f., 192
Sacco, Nicola
　Bombenattentate nach Urteil 375, 437 f., 441, 575
　Entwicklung und Persönlichkeit 365
　Fuller 378 f., 439
　Gnadengesuch 389
　Hinrichtung 437, 439
　Lowell Commission 378 f.

Proteste gegen Urteil 375 ff., 441
Prozess 373 ff.
Schuldfrage 366, 377, 434, 442 ff.
Todesurteil 379
Verhaftung und Mordanklage 356
Vollzugsaufschub 438
Sacco, Rose 438
Sacramento, Kalifornien 427, 438
Sagaland (Frachter) 396
Saint Pierre und Miquelon 226
Saint Roman, Pierre de 37
Salisbury, Wiltshire 410
San Francisco 64, 95, 226, 251, 281, 484, 490, 580
Sands, Nellie 31
Sands Point, Long Island 300
Sanger, Margaret 469
Santa Monica, Kalifornien 412
Santarém 317
Sapiro, Aaron 314 ff.
Saratoga Lake, New York State 342
Sarnoff, David 276, 486–493, 530
Sarnoff, Lizette 276
Sartre, Jean-Paul 501
Saturday Evening Post 81
Sauk Centre, Minnesota 60, 499
Saunders, John Monk 417 ff., 583
Schacht, Hjalmar 266, 271 ff.
Scheidungsrate 98
Schiebefenster-Gegengewichts-Mordfall 41 ff., 48–56
Schildkraut, Joseph 430
Schlee, Edward f. 408 ff.

Schlesinger, Arthur M., Jr. 85, 258
Schmuggel, während der Prohibition 218, 226
Schriftsteller 376, 446, 494–503
Schwartz, Bernard 114
Schwarze
Aufstände 358
Baseballspieler 585
Boxer 332
Great Migration 297
in der Ford Motor Company 309
Rassismus 332, 471, 502
Show Boat 505
Schwimmende Plattformen 604
Science and Invention, Zeitschrift 96
Scientific American 64, 415, 480, 498, 600, 605
Scribner's 501 ff.
Scudder, Townsend 53, 57
Seaton, Devon 409
Seattle 99, 555
Selfridge Field, Michigan 299, 419
Seltsames Zwischenspiel (Theaterstück) 122
Seybold, Socks 156
Shaker Heights, Ohio 393
Sharkey, Jack 126, 342, 347 ff., 536
Shaw, George Bernard 338, 424, 525, 579
Shawkey, Bob 288
Sheehy, Pete 543
Sheldrick, Lawrence 329
Sherry-Netherland Hotel, New York 9 ff.
Shibe, Ben 173

Shippy, George 519
Shocker, Urban 288 f.
Shore, Ernie 151
Show Boat (Musical) 505–510, 583, 606
Shubert-Brüder 230
Shubert Theatre, New Haven 504
Sikorsky, Igor 19 ff., 489
Silver Slipper, Club, New York 229
Sinclair, Harry 260
Sinclair, Upton 376, 443, 499
Sinclair Oil 261
Sing-Sing-Gefängnis, New York City 114, 574
Sioux City, Iowa 570
Sioux-Indianer 383
Sir John Carling (Flugzeug) 411
Skinner, Professor Clarence 269
Slater & Morrill Shoe Company 353
Slemp, C. Bascom 258
Sloan, Alfred, Jr. 311
Smart Set (Magazin) 44
Smelser, Marshall 159, 171, 601
Smith, Al 266
Smith, Bessie 228
Smith, Ernest 405
Smith, J. Emil 401
Smith, Jess 261
Smith, Red 176
Smithsonian National Air and Space Museum, Washington DC 72, 553
Snow, Mary 392
Snyder, Albert 41 ff., 223
Snyder, Ruth
  Affäre mit Gray 50
  Darstellung in der Presse 54 f., 98
  Hinrichtung 574 f.
  Mord an Ehemann 51 f.
  Prozess 53, 57
  Transport nach Sing Sing 114 ff.
  Vorlage für Bücher, Filme und Theaterstücke 56
Sojabohnen 311 ff.
Sorensen, Charles E. 307, 329, 603
South Braintree, Massachusetts 353 ff.
South Dakota 234, 265, 380, 387, 604
South Orange, New Jersey 285
Southard, E. E. 469
Spanischer Bürgerkrieg 568
Spanische Grippe 166
Sparkes, Rev. C. S. 499
Speakeasies 219
Spekulationsblase 281
Spellbound (Theaterstück) 121
Spencer, Dr. Alex M. 553 ff.
Spionage- und Volksverhetzungsverordnung 356
Spirit of St. Louis (Flugzeug)
  Henry Ford 389
  Konstruktion 70 ff.
  Landung in Le Bourget 134
  Smithsonian Institution 553
  Testflüge 73
  Transatlantikflug 123–126, 132–135
Spitzbergen 239 f.
Splaine, Mary 374
Sports Illustrated 171, 540
Sprechfilme 430
Springfield, Illinois 401 f., 604

St. Francis Hotel, Newark 193
St. Louis 64, 222, 236, 402, 450 ff., 455, 456 ff., 527
St. Louis Browns 212, 261
St. Louis Cardinals 449
St. Mary's Industrial School for Boys, Baltimore 148, 426
St. Paul, Minnesota 415, 457
St. Petersburg, Florida 331, 452
St. Vincent's Hospital, New York 181, 577
Stade Français, Saint-Cloud 126, 130
Stage Door (Theaterstück) 510
Standard Oil 54, 512
Stanford University 472
Stanwyck, Barbara 56, 230
Starling, Colonel E. W. 255
State Game Lodge, Custer State Park 234
Staten Island 65, 284, 345 f.
Stein, Gertrude 494
Stephenson, David C. 465 f.
Sterilisationsgesetze 477
Steuern 85, 117 f., 525
Stevens, Harry 163
Stewart, Jimmy 566
Stewart, Chief Michael E. 355 ff.
Stigma (Theaterstück) 121
Stinson-Detroiter-Flugzeuge 406, 409
Stoddard, Henry L. 260
Stoddard, Lothrop 502
Stone, Harlan Fiske 439
Stone Mountain, Georgia 386
Story, A. M. Somerville 313
Straton, Rev. John Roach 54, 233
Stratton, Samuel 378
Stratton-Porter, Gene 494

Stribling, T. S. 494
Streiks 257, 358, 370, 525
Strong, Benjamin 266 ff., 279 ff.
Strychnin 216
Stummfilme 417, 427 ff., 582, 605
Stumpf, George 101 ff., 457
Südamerika 28, 316, 442, 536
Südpol 568
Sullivan, Manley 113 ff.
Sunday, Billy 54, 499
Supreme Court 375, 449
Swanson, Gloria 530
Schweden 59, 141

Taft, William Howard 439, 449, 475
Tampa Bay, Florida 330
Tannehill, Lee 160
Tänze 97, 139
Tapajós, Rio 320, 323
Tarzan 346, 497, 606
Taylor, Estelle 340
Teapot-Dome-Skandal 260 ff.
Teilchenbeschleuniger 485
Telefon 94, 223, 254, 429
Tennis 126 ff., 381
Terrorismus *siehe* Bombenanschläge
Texas 91 f., 204, 221, 419
Thalberg, Irving 413
That Smith Boy (Theaterstück) 130
Thayer, Judge Webster 368, 373 ff., 438, 444
Theater 120 ff., 153, 505–510
Theaterstücke 120, 425, 488, 504 f., 507–510, 606
The Day (Zeitung) 191
Thomason, John 28

Thompson, General John Taliaferro 524
Thompson, William Hale (Big Bill) 517 ff., 525, 580, 585, 607
Thompson-Maschinenpistole 524
Thurston (Zauberer) 54
Tiffany-Familie 470
Tilden, Bill 126 ff., 579, 600
Tilden, Herbert Marmaduke 127
Tilden, Samuel 127
Times Square, New York 95, 487
Titanic (Ozeandampfer) 53, 193, 486
Tivoli-Kino, Chicago 413
Toledo, Ohio 333
Tolman, Justin 484, 492
Tornados 91 ff., 110, 540
Torrio, Johnny 521 f.
Toscanini, Arturo 446
Tracy, Spencer 510
Transatlantikflüge
   Alcock und Whitten 16–18
   Byrd 241–248
   Chamberlin 185–190
   Lindbergh 123–126, 132–135
   Orteig-Preis 18–31, 95, 111, 188, 212–214, 241
   Pläne für kommerzielle Passagierflüge 395 ff.
   Schlee und Brock 408 f.
Transcontinental Air Transport 561
Treadwell, Sophie, 56
Tresca, Carlo 443
True Story 46
Tully, Captain Terrence 411
Tunney, Gene 337, 341 ff., 348, 526, 530–536, 549, 579 f.
Tunney, John 579

Turkey Ridge, Ohio 393
TWA 561, 565
Twentieth Century (Filmstudio) 582
Twitchell, Eleanor 570

Überschwemmungen 76 ff., 88 ff., 204, 297, 346, 599
Unabhängigkeitserklärung 340, 386, 470
Union-Pacific-Züge 453
Union of Russian Workers 363
Union Terminal, Cleveland 204, 390 ff.
United Daughters of the Confederacy 386
United Press International 538
Universal Studios 430, 582
Universität Heidelberg 476
University of Chicago 197, 472
University of Wisconsin 369, 517
Urban, Joseph 508
US Navy 199, 406
US Open (Tennis) 130
Utah 99, 221

Valdinoci, Carlo 361, 372, 442
Valentino, Rudolph 47, 422
Van Loon, Hendrik Willem 214
Van Sweringen, Oris and Mantis 391–394, 451, 604
Vanderbilt-Familie 267
Vanzetti, Bartolomeo
   Bombenattentate nach Urteil 375, 437 f., 441, 575
   Entwicklung und Persönlichkeit 365
   Fuller 378 f., 439
   Gnadengesuch 389

Hinrichtung 437, 439
Lowell Commission 378 f.
Proteste gegen Urteil 375 ff., 441
Prozess 373 ff.
Schuldfrage 366, 377, 434, 442 ff.
Todesurteil 379
Verhaftung und Mordanklage 356
Vollzugsaufschub 438
Variety (Zeitschrift) 430
Vaterland (Ozeandampfer) 274
Védrines, Jules 15
Veendam (Ozeandampfer) 396
Vejdt, Conrad 430
Verbrechen
  siehe auch Mordfälle
  Fernsehen 98
  in Chicago 57, 358, 458, 518, 522 ff.
  Lindberghs Amerikatour 458
  Prohibition 216, 225, 232
  Todesstrafe 57, 379, 432, 574
Verfassung, amerikanische 113, 223, 386, 388, 575
Verlage 43, 501–505
Vermont 357
Ver-sur-Mer, Frankreich 245 ff.
Veterans' Bureau 89
Vickers Vimy, Flugzeug 16
Vicksburg, Mississippi 88
Vidmer, Richards 252, 454 f.
Villa, Pancho 302
Villard, Oswald Garrison 257
Virginia 22, 477
Vitaphone 425
Volksverhetzungsverordnung 356
Volstead, Andrew J. 224

Volstead Act 167, 224, 229
Vorortstädte 393

Walker, Jimmy 97, 179, 336, 441, 567, 568
Wall Street 260, 410, 578
Wallace, Dana 53
Wallace, Henry C. 252
Waller, Fats 228
Walter Reed Hospital, Washington D.C. 203, 416
Wanamaker, Rodman 23, 100, 130, 206, 238
Ward, Hugh 167
Warner, Jack 427
Warner Brothers 417, 425 ff.
Warschau, Flugplatz 190
Washington, George 387
Washington Monument 202
Washington Senators 160, 258, 286, 539, 541
Washington Square Bookshop, New York 503
Washington State 358
Waters, Captain William 32
WEAF 200
Weltwirtschaftskrise 266, 326, 394, 410, 489, 576, 582
Weather Bureau 89
Weaver, Buck 514
Wein, Prohibition 225, 227 f., 581
Weiss, Pierre, Major 20
Weißes Haus, Washington D.C. 234, 264, 545, 564, 601
Weissmüller, Johnny 346
Wellington, Duke of 177
Wellman, William 418 ff., 583
Wera, Julie 287, 450
West, Mae 53

West Virginia 75, 335
Western Electric 424
Western Union 48, 138, 381
Westinghouse 16, 307, 488, 490
Wetter
   Hitzewellen 252, 283, 342, 345
   Hurrikane 331, 446
   Regen 75, 110, 244, 314, 345, 347
   Stürme 17, 75, 91 f., 110, 161, 195, 331, 345
   Tornados 91 ff., 110, 540
Weyant, Helen W. 584
WGN-Radiosender 517
Wheeler, Harry 135
Wheeler, Wayne B. 219–233, 390
Wheelerism 221
Whisky, für medizinische Zwecke 227
White, Elise 398
White (L. Q.) Shoe Company 367
White Star Line 274
Whitney-Familie 267
WHN-Radiosender 201
Wickham, Henry 317 ff.
Widener, Eleanor 324
Wilder, Billy 56
Wilder, Thornton 501
Wilhelm II, Kaiser 512
Willard, Jess 332 ff.
Willebrandt, Mabel Walker 112 ff., 464, 581, 600
William Burns Agency 261
Williams, Bert 463
Willkie, Wendell 565
Wilson, Edmund 54, 599
Wilson, Woodrow 82, 166, 222, 302, 385

Wimbledon, Tennis 129, 579
Wings (Film) 417 ff., 583, 605
Winslow, Thyra Samter 494
Winterville, Mississippi 76
Wirtschaft
   Aktienmarkt 275 ff.
   Aktienspekulationen 94, 210, 276
   Boom 260, 274 ff.
   Börsencrash 266, 281, 576
   Buchverlage 43, 501–505
   Filmindustrie 412–431
   Goldstandard 279
   Konsumentenkredite 276
   Krise in Deutschland 274 ff.
   Weltwirtschaftskrise 266 ff., 326, 394, 489, 582
   Zeitungen 44
Wodehouse, P. G. 300
Wolkenkratzer 204 f., 301
Woods, Doc 178
Woolf, Virginia 494
Woolworth Building, New York 68, 205
Wooster, Stanton H. 26, 102
World (Zeitung) 434
World Series (Baseball) 49, 153, 169, 171, 182, 200, 313, 446, 513, 545, 576
Wray, Fay 583
Wright, Harold Bell 494
Wright, Orville 236
Wright Corporation 101, 107
Wynn, Ed 300
Wyoming 92

Xaverian Brothers 148

Yale University 197, 472
Yankee Stadium, New York 126, 158, 162, 175, 188, 212 ff., 286, 336, 347 ff., 532 ff., 539 ff., 572
Yellowstone National Park 442
Young, Joe 332
Young, Stark 494
Youngstown, Ohio 362, 443

Z, verschollene Stadt 323, 536, 603
Zachary, Tom 213, 541 ff.
Zahlungspläne 277
Zeitschriften 44, 175 f., 337, 489, 495
Zeitungen 44 ff., 107, 137, 153, 156, 175, 201, 247, 489, 522, 573
Ziegfeld, Florenz 300, 446, 530
Ziegfeld Theatre, New York 120, 208, 508
Zinssätze und Spekulationsblase 280 f.
Zukor, Adolph 56, 421
Zwangssterilisation 468 – 477
Zweiter Weltkrieg 261, 273
Zworykin, Vladimir 489 ff.

Fotonachweis

Alvin »Shipwreck« Kelly; *America* im Wasser; Clarence Chamberlin und andere mit der *Columbia;* Robert G. Elliott; Boxkampf zwischen Jack Dempsey und Gene Tunney: picture alliance / AP Images

Union Terminal in Cleveland: Union Station Area: Cleveland Union Terminal Collection, Michael Schwartz Library, Cleveland State University

Al Capone; Albert B. Fall und Edward Doheny; Babe Ruth, seinen Schläger küssend; Bath-Morde; Charles Lindbergh und Henry Ford; Charles Ponzi; Cotton Club; Dwight W. Morrow; Flappers; Lou Gehrig und Babe Ruth; Judd Gray; Mabel Walker Willebrandt; Philo T. Farnsworth; Ruth Snyder; Texas Guinan; Die Brüder Van Sweringen; Charles Lindbergh mit Fliegerbrille: Corbis Images

Mississippi-Flut: Courtesy of the Archives & Records Services Division

Banker: Federal Reserve Bank of New York – Curating Section

Babe Ruth; Calvin Coolidge im Cowboy-Kostüm; David Sarnoff; Kenesaw M. Landis; Charles Lindbergh, Sir Alan Cobham und Myron Herrick; Roxy Theatre; Bartolomeo Vanzetti und Nicola Sacco; Verkauf von »denaturiertem« Alkohol. Getty Images

Charles Nungesser und François Coli: Mary Evans Picture Library

Herbert Hoover und Flut-Kinder: Clifton R. Adams / National Geographic Creative

Clara Bow: Photofest, Inc., New York

Trauerzug von Sacco and Vanzetti; Nan Britton und Tochter: Superstock

Lindbergh in Washington DC: The Art Archive / National Archives Washington DC

Lindbergh in New York: The Art Archive / Culver Pictures

Fordlandia: The Collections of The Henry Ford

Al Jolson; Francesco de Pinedo; Wayne B. Wheeler: ullstein Bild – The Granger Collection

Lindbergh am Croydon Aerodome: The Images Works / TopFoto

Gutzon Borglum vor seinem Modell: The Library of Congress

Bert Acosta, Richard Byrd und die Crew der *America;* Henry Ford: The New York Public Library / Art Resource, NY

Bill Bryson

wurde 1951 in Des Moines, Iowa, geboren. 1977 zog er nach Großbritannien und schrieb dort mehrere Jahre u. a. für die *Times* und den *Independent*. Mit seinem Englandbuch »Reif für die Insel« gelang Bryson der Durchbruch. Heute ist er in Großbritannien der erfolgreichste Sachbuchautor der Gegenwart. Seine Bücher werden in viele Sprachen übersetzt und stürmen stets die internationalen Bestsellerlisten. 1996 kehrte Bill Bryson mit seiner Familie in die USA zurück, wo es ihn jedoch nicht lange hielt. Er war erneut »Reif für die Insel«, wo er heute auch wieder lebt.

Von Bill Bryson ist bei Goldmann außerdem lieferbar:

It's teatime, my dear. Wieder reif für die Insel (gebundene Ausgabe)

Sommer 1927 (gebundene Ausgabe)

Shakespeare – wie ich ihn sehe

Eine kurze Geschichte der alltäglichen Dinge

Streiflichter aus Amerika. Die USA für Anfänger und Fortgeschrittene

Mein Amerika

Straßen der Erinnerung. Reisen durch das vergessene Amerika

Eine kurze Geschichte von fast allem

Frühstück mit Kängurus. Australische Abenteuer

Streifzüge durch das Abendland. Europa für Anfänger und Fortgeschrittene

Picknick mit Bären

Reif für die Insel. England für Anfänger und Fortgeschrittene

(Alle auch als E-Book erhältlich)